2002 泰安电视台、泰安人民广播电台、泰安市地方史志办公室 联合推出

泰安市10件大事

- 12月3日，中共泰安市七届十三次全委会议确定建设经济强市“三步走”的奋斗目标：第一步，人均GDP进入全国大中城市100强；第二步，到2010年，人均GDP基本达到全省平均水平；第三步，再经过几年的努力，提前实现全面建设小康社会的目标。

- 12月15日，中共山东省委决定：中共泰安市委书记鲍志强调济南市任领导职务；耿文清任中共泰安市委书记（12月20日辞去泰安市市长职务）；贾学英任副书记（12月20日任代理市长）。

- 全市GDP达到515.2亿元，人均超过1000美元，人均GDP在全国的位次达到95位，首次进入全国大中城市100强。

- 泰城建设取得重大进展，其中，完成泰城南部（高新技术开发区）50平方公里、东部（泰山区）27.6平方公里、西部（岱岳区）13.03平方公里的新区建设规划，并进入实施阶段；完成18条城区道路建设。

- 全市招商引资实现重大突破,其中，引进国内资金项目1192个,合同引资额138.37亿元；批准外资项目55个,合同外资额1.22亿美元。

- 全市农业“1113”工程3年目标全面实现：优质小麦面积达到110万亩，优质果品面积106万亩，亩收入5000元以上的高质田102万亩，优质畜产品达到36万吨。

- 全面实施政府提速工程，进一步优化发展环境。改革行政审批制度，全面推行政务公开，健全行政监察制度，建立完善行政效能评估机制和考核奖惩办法。

- 按照商品化、专业化、市场化的原则，实施集约化、标准化市直机关行政服务改革，在全国引起强烈反响。

- 整合市属高等、中等教育资源，其中，泰山学院提升为本科层次的普通高等学校；市机电工程学校与泰安农业学校组建高等职业技术学院（筹）；市属6所技工学校合并组建市技工学校。

- 全市出现特大旱情，全年降水301.2毫米，比常年值675.2毫米少55.4%，为历史极低值。

泰安年鉴

TAIAN YEARBOOK

2003

（第13卷）

泰安市人民政府主办
泰安市地方史志办公室编

泰安市地方史志编纂委员会

名誉主任　耿文清
主　　任　贾学英
常务副主任　李惠东
副 主 任　唐昭林　孙丰刚　支建立　程建达
　　　　　刘士平　陈建中　郑成尧
委　　员　王明新　皇甫炳胜　孙洋德　古庆根
　　　　　牛之营　孙士杰　闫新建　卞同德
　　　　　尹衍祥　任先德　杜卓群　胡立东
　　　　　张书盈　孙兆玲　胡志鹏　于庆明
　　　　　王笃银　周　谦

泰安市地方史志办公室

主　　任　郑成尧
副 主 任　于庆明　王笃银　周　谦

《泰安年鉴》(2003)编审人员

主　　审　贾学英
副 主 审　李惠东
主　　编　郑成尧
常务副主编　于庆明
副 主 编　周美广　李　林
编　　辑（以姓氏笔画为序）
　　　　　王建伦　安　丽　武永明　欧阳宏飞
　　　　　周美广　范宝品　赵　兵
彩页组编　李　林　甄广明　李　静
编　　务　杨树国　安　丽　贾冉冉
数据审核　郝金荣　张吉峰　陈希锋　纪　萍
装帧设计　九　江
封面摄影　九　江

编 辑 说 明

一、《泰安年鉴》是综合性地方年鉴。全书以马列主义、毛泽东思想、邓小平理论和“三个代表”重要思想为指导，记载上一年度全市政治、经济和社会事业发展的最新资料，旨在为领导机关提供决策依据，为社会各界提供信息资料，为宣传、研究和建设泰安服务。

二、《泰安年鉴》每年出版一卷，本卷为第13卷。本市资料为记载主体，酌量收录外地资料。资料时限为2002年1月1日至12月31日，部分资料的时限适当上溯或下延。

三、《泰安年鉴》采用分类编辑法。框架结构的主体由栏目、分目、条目三个层次组成，有的栏目增设子分目层次。以条目为基本记载单元，条目标题以黑体字加【】标示。

四、本卷设25个栏目，即：特载、大事纪要、全市概况、政治、法制、经济管理、农业、工业、建设●环保、交通●邮电、国内贸易、对外经济贸易、经济园区●民营经济、财政●税务、金融、泰山●旅游、科学技术、教育、文化、卫生●体育、社会●生活、县乡概览、人物、统计资料、附录。

五、本卷框架设计坚持“相对稳定、适度调整”的原则。本卷《法制》栏目增设《律师与公证事务》分目。《对外经济贸易》栏目增设《利用外资》、《货物进出口贸易》、《对外服务贸易》3个分目。《经济园区●民营经济》栏目设《园区建设综述》、《泰安高新技术产业开发区》、《泰安旅游经济开发区》、《民营经济》4个分目。

六、本卷内容记载体现以经济建设为中心的方针，进一步规范了综述、概况等综合性条目内容，增加了关联信息、小资料的收录量。数据比较在加强与其他地市横比的同时，鉴于政府换届，主要数据与上届政府（即1997年末）进行比较。

七、本卷资料和数据均由市直部门、各县（市、区）及有关单位提供，并经负责人审核。全市综合性数据由市统计局提供或审定。增加值、绝对数均按当年价格，增长速度按可比价格计算。

八、本卷年鉴的编辑出版得到全市各级、各部门（单位）及社会各界的大力支持，在此谨表谢忱。对于书中存在的不足，祈盼读者雅正。

2003年6月

《泰安年鉴》（2003）单位审稿人名单

（以姓氏笔画为序）

万传友　　于庆明　　马方谟　　马泉裕　　亓利群　　亓宗宝　　孔德胜　　尤连春　　尹逊祥　　支建立　　王　成
王文明　　王业生　　王业营　　王立学　　王运海　　王宝玉　　王明新　　王明镇　　王树国　　王晓明　　王培昌
冯承伟　　古庆根　　左　峰　　申成强　　石占银　　石道菊　　石德金　　任昭华　　刘　军　　刘卫东　　刘士平
刘书礼　　刘传国　　刘秀萍　　刘佳友　　刘忠义　　刘明华　　刘绍连　　刘政军　　刘斌范　　刘道戍　　刘新民
孙　波　　孙兆柏　　孙岱峰　　孙洋德　　孙福远　　孙增良　　毕玉奎　　毕玉春　　江　平　　朱桂云　　纪兴本
邢　铁　　阴向勇　　何贵臣　　吴来安　　吴道乾　　宋士奎　　张　清　　张　韬　　张义岭　　张广旭　　张为民
张仁明　　张玉刚　　张甲军　　张训茂　　张传金　　张庆国　　张有勤　　张进善　　张忠河　　张国华　　张武宗
张茂寅　　张献群　　张德华　　李　生　　李　泷　　李　哲　　李　勇　　李玉亭　　李克智　　李茂山　　李恒满
李俊荣　　李美玲　　李海平　　李爱国　　李躬川　　李清霞　　杜卓群　　杨庆森　　杨淑东　　肖一祥　　辛生业
邵俊生　　陈存亮　　陈宗库　　陈舒民　　单传海　　单传起　　单建军　　周卫民　　周玉昌　　周传平　　周国顺
和玺章　　孟祥彬　　宗德峰　　林洪亮　　林晓时　　范庆刚　　郑　平　　姚　光　　姚太中　　姚圣贤　　姚同喜
姜广智　　姜云省　　宫继平　　胡志鹏　　胥　明　　赵玉镇　　赵成岩　　赵德健　　郝　军　　徐　鑫　　徐桂华
徐勤贺　　贾锡钧　　郭向军　　郭庆华　　陶常利　　高　玲　　高怀玉　　高洪雷　　高树顺　　宿基国　　崔锡铭
焦在林　　程悦明　　董　萍　　韩延宏　　韩延岭　　韩绪国　　解相明　　谭业刚　　魏丕强

《泰安年鉴》（2003）单位中心撰稿人名单

（以姓氏笔画为序）

万学文　　于建平　　马书唐　　马方文　　马庆明　　马成立　　亓建国　　亓慧亭　　王　戈　　王　筱　　王　勇
王书顶　　王玉坚　　王玉建　　王延耀　　王岩立　　王金明　　王金海　　王荣芝　　王欲晓　　王新明　　丛洪军
卢桂峰　　史　鑫　　左冬梅　　石　斌　　石振东　　石锡波　　乔　鹏　　任延勇　　任德胜　　刘　勇　　刘　艳
刘圣忠　　刘永勤　　刘玉朴　　刘传国　　刘庆炜　　刘建广　　刘奎林　　刘珊珊　　吕华章　　孙　莉　　孙立柱
孙龙杰　　孙秀君　　孙晓明　　孙德常　　安　鲁　　朱继章　　朱君章　　朱效建　　朱桂云　　朱培新　　毕元新
米　宾　　纪　萍　　许在安　　邢介斌　　佟　伟　　吴　生　　吴　蕾　　宋国素　　张　冰　　张　杰　　张　勇
张　峰　　张　耀　　张鲁玉　　张仁新　　张训茂　　张吉峰　　张庆安　　张延平　　张均康　　张灿勇　　张佳宾
张国良　　张建春　　张俊峰　　张树鹏　　张烈泉　　时立强　　李　军　　李　岩　　李　荣　　李　强　　李　森
李　锐　　李正国　　李安庆　　李执钢　　李克强　　李形生　　李建水　　李经纬　　李钦雨　　李家成　　李智勇
杨万鲁　　杨启航　　杨其伦　　杨晓光　　杨晓明　　步衍金　　陈长举　　陈世峰　　陈占峰　　陈克忆　　陈希锋
陈连明　　陈学文　　陈宝英　　陈建军　　陈泽旺　　陈绪锋　　单光德　　周长顺　　周玉玲　　周建东　　周树国
周秋玉　　周脉柱　　宗成山　　宗呈亮　　范宝品　　范昭峰　　郑有权　　郑宗平　　郑维山　　姜　颖　　姜胜利
禹　强　　禹朴森　　赵　勇　　赵　森　　赵传莹　　赵先法　　姚玉梓　　徐西昌　　徐建英　　聂圣江　　莫振强
袁成书　　袁恒常　　贾贞刚　　郭　涛　　郭纪钰　　郭志刚　　陶明星　　高　萍　　崔玉安　　崔拥军　　崔耕和
曹长钰　　梁进涛　　阎修山　　蒋志谦　　韩德鹏　　韩姝梅　　解品刚　　翟汝江　　翟作莲　　暴勇生　　潘利军
颜丙洪　　薛　华　　薛晓光　　鞠晓帆　　魏云芹　　瞿祥耀

泰安市地图

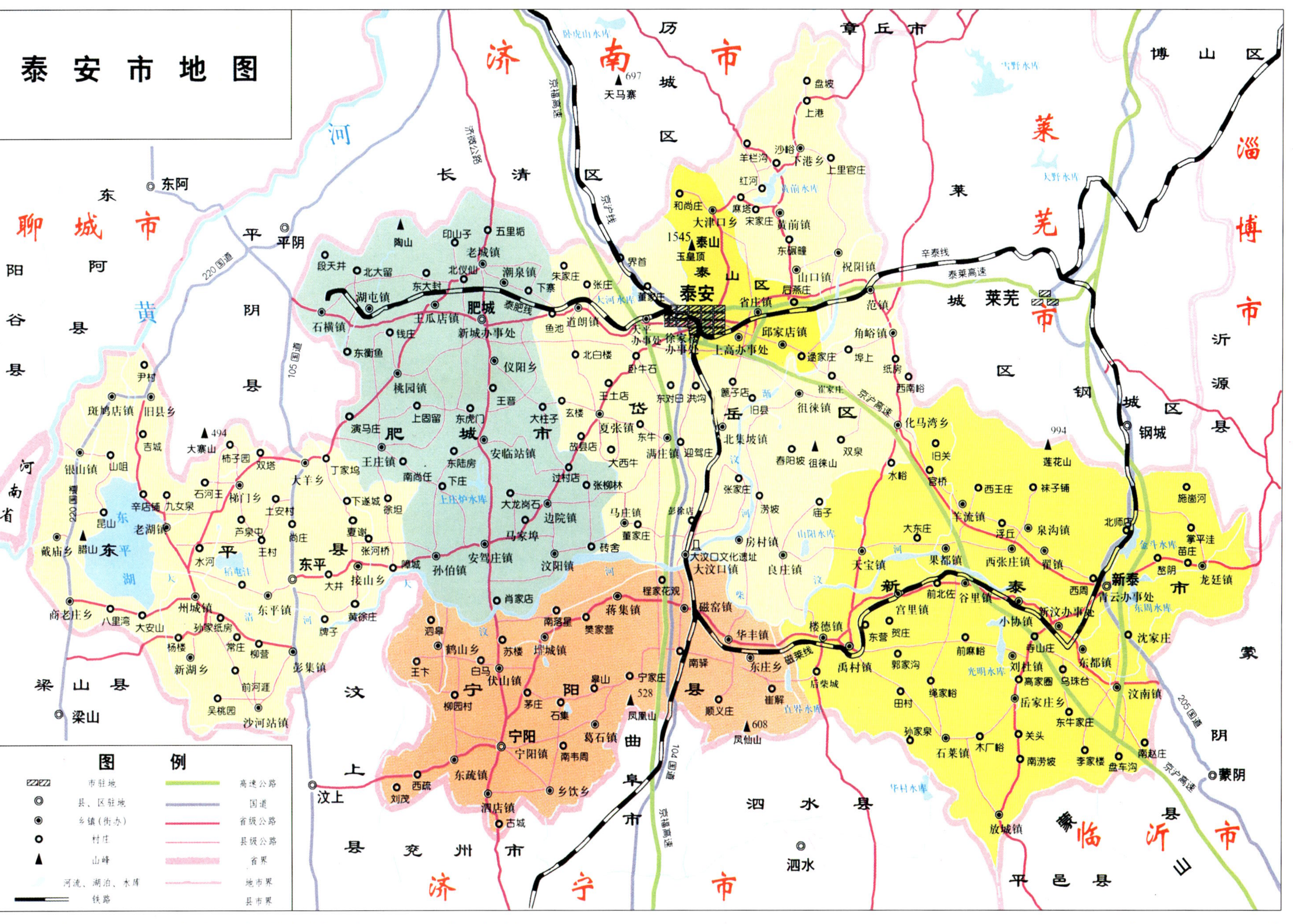

注：泰安城区设泰山区的岱庙、财源、泰前3个街道办事处及岱岳区的粥店街道办事处；泰山区、岱岳区机关均驻泰城。

鲁SG（2002）038号

刘　水　摄影

泰山雄姿
辛巳年初春泰山画家张伟明画于泰山之阳

作者　张伟明

2002年，泰城建设取得重大进展，其中，完成泰城南部（高新技术产业开发区）50平方公里、东部（泰山区）27.6平方公里、西部（岱岳区）13.03平方公里的新区建设规划，并进入实施阶段；完成老城区、高新技术产业开发区18条道路改造和新建任务

⊙左为新建成通车的泰城城市景观大道——长城路（徐伟　摄）。⊙上为新建成的高新技术产业开发区政务大厅。⊙右、下分别为新建通车的擂鼓石大街、普照寺路（刘延斌　摄）

2002年1月24日，中共中央政治局委员、山东省委书记吴官正（右二）来泰安考察调研，泰安市委副书记、市长耿文清（前左一）陪同活动　　（曲建春　摄）

2002年6月10日，全国政协副主席任建新（左一）在泰安市委书记鲍志强（前右一）的陪同下视察泰安城市建设及泰山的保护管理工作　　（曲建春　摄）

2002年6月26日，中共山东省委副书记、省长张高丽（右二）来泰安视察高新技术产业开发区工作。泰安市委书记鲍志强（右），市委副书记、市长耿文清（左二）陪同活动　（李　明　摄）

2002年11月20日，乌克兰总统列昂尼德·达尼洛维奇·库奇马来泰安访问。泰安市委副书记、市长耿文清向库奇马（左）赠送泰山浮雕纪念品

（李 明 摄）

2003年5月12日，新任泰安市委书记耿文清（右二）到东平县检查东平湖防汛准备工作

（李 明 摄）

2003年6月，新任泰安市委副书记、市长贾学英（前左一）到宁阳县视察工作

（李 明 摄）

2002年8月17～18日，'2002泰山经济论坛在泰城举行。原全国人大常委、中国社科院副院长、现中国社科院特邀顾问刘国光，全国政协财经委员会副主任、著名经济学家董辅礽等十多位著名经济学家出席论坛并作报告　　　　（李 明　摄）

▷ 2002年11月23～24日，2002中国泰山国际投资贸易洽谈会在泰城举行。保加利亚驻华大使以及来自亚洲、欧洲、美洲等31个国家和港澳台地区的商务官员及288家公司、商社、财团的代表共500多位客商参加洽谈会　（曲建春　摄）

▽ 2002年1月1日，由中国旅游协会、山东省旅游局和泰安市人民政府联合主办的2002年中国（山东）民间艺术游首游式在泰安天地广场举行　（曲建春　摄）

2003年2月26～28日，中国共产党泰安市第八次代表大会在泰山影剧院召开　（曲建春　摄）

2003年2月28日新当选的泰安市委书记耿文清（中），副书记贾学英（右六）、高儒林（左六）、李洪峰（右五）、唐家品（左五）、黄龙华（右四），常委连传学（左四）、孙承志（右三）、杨忠海（左三）、李学法（右二）、李同道（左二）、邹斌芳（右一）、朱玉合（左一）　（李 明　摄）

2003年2月19～24日，泰安市第十四届人民代表大会第一次会议在泰山影剧院召开　（曲建春　摄）

2003年2月24日新当选的泰安市十四届人大常委会主任耿文清（右五），副主任李秀兰（左五）、周克峰（右四）、李金明（左四）、高玉章（右三）、姜吉叩（左三）、张显义（右二）、王尹成（左二）、滕先森（右一），秘书长孙运飞（左一）
（曲建春　摄）

庄严的一票　（曲建春　摄）

2003年2月24日新当选的泰安市长贾学英（中），副市长李同道（右五）、李惠东（左五）、白玉翠（右四）、齐承芳（左四）、林华勇（右三）、彭华（左三）、宋鲁（右二）、刘汉玲（左二），市中级人民法院院长高峰岭（右一），市人民检察院检察长傅光仁（左一）

（曲建春　摄）

2003年2月18～22日，中国人民政治协商会议第十届泰安市委员会第一次会议在泰山影剧院召开　（姜　勇　摄）

2003年2月22日新当选的政协第十届泰安市委员会主席张树禹（中），副主席李凤明（右五）、于连荣（左五）、李正明（右四）、夏作理（右三）、赵成道（左四）、温孚江（右二）、黄自伟（左三）、张庆明（左二）、孙宗明（右一），秘书长张进善（左一）　（陈立君　摄）

目　　录

特　　载

大事纪要

全市概况

政　　治

法　制

经济管理

农　业

工　业

建设·环保

交通·邮电

国内贸易

对外经济贸易

经济园区·民营经济

财政·税务

金　融

泰山·旅游

科学技术

教　育

文 化

卫生·体育

社会·生活

县乡概览

人 物

统计资料

附　录

彩 页

Contents

Politics

Legal Affairs

Economy Management

Agriculture

Industry

Construction and Environmental Protection

Transportation, Post and Telecommunication

Domestic Trade

International Economy and Trade

Economic Zones and Private Economy

Finance · Tax Revenue

Financial Institutions

Mount Tai and Tourism

Science and Technology

Education

Culture

Hygiene and Sports

Social Life

Summary of Cities, Districts and Counties

Figures

Statistics

Appendix

特 载

认真实践"三个代表"重要思想 实现建设经济强市进程的新跨越

——在中国共产党泰安市第八次代表大会上的报告(摘要)

(2003年2月26日)

耿文清

同志们:

这次大会,是进入二十一世纪后,在我市经济和社会发展的关键时期召开的一次继往开来的大会。大会的主要任务是,回顾总结第七次党代表大会以来的工作,部署今后五年的工作任务,选举产生新一届中共泰安市委员会和市纪律检查委员会,动员全市各级党组织和广大共产党员,高举邓小平理论伟大旗帜,认真实践"三个代表"重要思想,全面贯彻党的十六大和省八次党代会精神,解放思想,开拓创新,努力实现建设经济强市进程的新跨越,为全面建设小康社会而奋斗。

一、七次党代会以来的工作,为实现新跨越奠定了坚实基础

国民经济综合实力明显增强。2002年,全市国内生产总值达到515.2亿元,是1994年的2.7倍,年均增长13.2%,高于全省、全国增长速度。地方财政收入达到23.8亿元,是1994年的4.9倍,年均增长21.9%。产业结构不断优化,一二三产业比例由1994年的27.8∶40.4∶31.8调整为2002年的14.7∶47.8∶37.5。

改革开放不断深入。以产权制度改革为重点,国有企业改革实现了新的突破。非公有制经济快速发展,多种所有制经济共同发展的格局基本形成。以家庭承包经营为基础、统分结合的双层经营体制得到巩固和完善,各项农村政策得到很好的贯彻和落实。社会保障体系逐步形成,城镇住房制度、医疗保险、投融资体制等各项改革取得新的进展。党政机构改革阶段性任务基本完成,政府职能转变稳步推进。对外开放迈出新步伐,对外贸易和经济技术合作不断拓展,经济、文化交流日益活跃。

城乡建设面貌一新。大力推进城市管理体制改革,合理调整行政区划,泰城的规划、建设、管理和经营不断加强,中心城市的聚集辐射作用进一步提高。泰山风景名胜区的保护、管理和利用成效显著,旅游业快速发展,泰山被评为中华名山之首,吸引力进一步增强。经济开发区和工业园区发展迅猛,有力地推动了县(市)城和小城镇建设,形成了一批区域性的经济中心。全市城市化水平达到41%。

人民生活水平总体达到小康。2002年,城镇居民人均可支配收入和农民人均纯收入分别为7369元和3135元,均比1994年增长1.3倍。城乡居民人均储蓄存款达到4532元,比1994年增加3174元。城镇居民人均住宅使用面积达到18.8平方米,居住条件得到明显改善。就业再就业工作得到加强,困难群众的基本生活得到保障。

精神文明和民主法制建设取得新的进展。群众性精神文明创建活动深入开展,市民素质和城市文明程度逐步提高。科教兴泰战略深入实施,科技、教育对经济和社会发展的推动作用不断增强。人口与计划生育工作成效显著,稳定了低生育水平。文化、卫生、体育、广播电视、新闻出版、文物保护等各项社会事业都取得了新的成绩。爱国统一战线发展壮大,民族、宗教、侨务工作取得新的成绩,工、青、妇等群团组织较好地发挥了联系群众的桥梁纽带作用。普法教育广泛开展,依法治市全面推进,全市保持了社会稳定。

党的建设进一步加强。坚持用邓小平理论和"三个代表"重要思想武装头脑,深入开展"三讲"教育和"三个代表"学习活动,各级党组织的凝聚力和战斗力明显增强。干部人事制度改革逐步深化,干部队伍整体素质不断提高。基层党组织的战斗堡垒作用和党员的先锋模范作用得到了较好的发挥。深入开展党风廉政建设,认真落实党风廉政建设责任制,查处了一批大案要案和有影响的违法违纪案件,纠正部门和行业不正之风工作取得阶段性成果。

在八年的工作实践中,我们积累了许多宝贵的经验,应当在今后的工作中继续坚持和发扬。

——必须坚持解放思想,实事求是,与时俱进。

——必须坚持以经济建设为中心，抓住发展不放松。

——必须坚持开拓创新，不断改进领导方式和方法。

——必须坚持群策群力，充分调动各方面的积极性。

——必须坚持“两手抓，两手都要硬”，正确处理改革、发展、稳定的关系。

——必须坚持党要管党，切实加强党的自身建设。

二、紧紧围绕建设经济强市，明确今后一个时期的目标和任务

今后五年全市工作总的要求是：**全面贯彻党的十六大和省八次党代会精神，以建设经济强市统揽全局，深化改革，扩大开放，突出工业经济、民营经济、招商引资三大工作重点，实施科教兴泰、经济国际化、城市化和可持续发展四大战略，经济建设实现新突破，政治文明建设开创新局面，精神文明建设迈出新步伐，党的建设达到新水平，推进社会全面进步，实现建设经济强市进程的新跨越。**

根据以上要求，今后五年的主要工作任务是：

经济综合竞争力显著增强。国内生产总值年均增长12%以上，地方财政收入实现较大增长。经济结构优化升级，三次产业比例达到10：50：40；民营经济的比重达到65%以上；城市化水平达到47%；高新技术工业产品产值占工业总产值的比重达到25%以上。投资环境全面优化，成长起一批支柱产业、企业集团和利税大户。

人民生活显著改善。就业方式灵活多样，社会保障制度基本健全；公共服务设施建设得到加强，消费领域进一步拓宽，物质文化需求得到更大满足；建立起适应群众需求的新型医疗卫生服务体系，城乡居民的医疗保健提高到新水平；城镇居民收入和农民收入有较大增长，让人民群众切实从改革和发展的成果中得到更多实惠，过上更加殷实的小康生活。

社会文明显著进步。实现物质文明、政治文明、精神文明协调发展，人民的政治、经济和文化权益切实得到尊重和保障；全市各民族和睦相处，团结一心谋发展；人们的思想道德素质、科学文化素质和健康素质明显提高；治安状况良好，社会秩序规范；各项社会事业蓬勃发展，在全社会形成追求文明、进步、健康、向上的浓厚氛围。

党建水平显著提高。“三个代表”重要思想成为全市共产党员的行为规范，各级领导班子的驾驭能力进一步提高，基层党组织的战斗力进一步增强，广大党员的先锋模范作用进一步发挥，能够经受住各种挑战和风险的考验，团结带领全市人民不断把改革开放和现代化建设事业推向前进。

根据以上目标和任务的要求，在工作中必须认真把握好以下几点：一是与时俱进。二是突出重点。三是立足赶超。四是统筹兼顾。

三、以加快发展为第一要务，经济建设实现新突破

（一）调整优化经济结构。今后五年，必须始终抓住调整这条主线，真正把结构调优，速度调快，效益调好，后劲调足。

调整产业结构，促进产业优化升级。一是大力发展工业。突出培优支柱产业、做强规模企业、发展名牌产品、壮大企业家队伍四个重点，走科技含量高、经济效益好、资源消耗低、环境污染少、人力资源优势得到充分发挥的新型工业化道路，经过五年的努力，使工业增加值占全市国内生产总值的比重达到45%以上。从我市实际出发，大力发展电子信息、新材料、生物工程、节能与环保等高新技术产业，不断用高新技术改造提升机电、建材、化工、纺织、食品等传统产业，形成以高新技术产业为先导、特色突出、支撑作用明显的产业发展格局。下大气力培育起主业突出、核心竞争力强的大公司和企业集团群体，每年都新增一批利税过千万元的骨干企业。以市场为导向，争创消费者认可的名牌商品，在巩固扩大现有骨干产品市场份额的基础上，争取在汽车配件、特种汽车、生物制药等行业创出一批新的拳头产品。二是积极发展服务业。要做大做强旅游业，加强对泰山这一世界遗产的有效保护和合理利用，加快旅游经济开发区建设步伐，努力提高旅游综合服务水平，使旅游业迅速壮大成长为我市的支柱产业。采用新型流通业态和现代营销方式，整合现有商贸、仓储、运输等行业，突出抓好连锁经营、物流配送和现代批发市场建设，尽快发展起我市以泰山国际保税物流中心为标志的现代物流业。鼓励发展与人民生活密切相关的社区服务业和公共服务业，加快发展金融保险业、中介服务业、房地产业、会展经济等，全面繁荣第三产业。三是加快发展现代农业。把有机瓜菜、畜牧养殖、优质果品和花卉苗木作为主攻方向，逐步实现种植业、畜牧业、林果花卉等业产值各占三分之一的中期目标。高度重视农业标准化生产，确保农产品质量安全。突出抓好龙头企业建设，巩固发展农村合作经济组织，努力提高农业产业化水平。大力发展农村二、三产业，搞好劳务输出，加快农村劳动力转移步伐。切实加强水利、农机、气象、农业综合开发等工作，提高农业综合生产能力和抗御自然灾害的能力。加强乡镇财源建设，搞好扶贫开发，加快农村全面建设小康社会的步伐。

调整所有制结构，大力发展民营经济。促进民营经济向集约化、规模化、公司化、国际化方向发展，逐步使民营经济在市场竞争中“唱主角”。鼓励骨干民营企业加大投入力度，积极参与国有、集体企业改制，积极与大财团合资合作，提高民营经济的发展档次和水平。加强民营经济园区建设，为其加快发展创造良好的载体和平台。坚持多种所有制经济共同发展的方针，在投融资、税收、土地使用、对外贸易、市场准入等方面一视同仁，创造公正、平等的竞争环境。加强对民营经济的指导和服务。通过政策环境的优化，使民间投资的活力真正迸发出来。

调整城乡结构，形成协调发展、共同繁荣的新格局。推进城市化和城市现代化，努力提高城市的综合管理水平。泰城要加快发展，扩大规模，增强辐射带动作用，尽快跨入大城市行列。充分发挥县（市）城在城市化进程中的重要作用，加快人口和产业聚集，有条件的向中等城市发展。大力培育中心镇，提高小城镇建设水平，增强吸纳农村劳动力的能力和为农服务的功能。把经济建设与生态建设结合起来，走生产发展、生活富裕、生态良好的文明发展道路，努力改善生态环境和居住环境，建设蓝天、碧水、青山的绿色家园，实施城市建筑精品工程，塑造优美的城市形象。

（二）全面推进改革开放。企业改革，要以建立现代企业制度为目标，以产权制度改革为重点，以股份制为基本改制形式，国有资本最大限度退出，实现投资主体多元化，形成多种形式的市场竞争主体。高度重视改制企业职工权益问题，切实维护广大职工的根本利益。继续深化国有资产管理体制改革。以养老、失业、医疗保险为重点，建立起资金来源多渠道、覆盖城镇各类企业和职工的社会保障体系。积极稳妥地搞好事业单位改革。搞好金融改革，积极创建金融安全区，吸引金融机构加大信贷投放。实行“引进来”和“走出去”相结合，下大气力抓好招商引资工作，有针对性地策划和推出好项目、大项目，吸引国内外大企业特别是世界500强来泰安投资。加大市场开拓力度，努力扩大我市产品在国内外市场上的占有率。支持有比较优势的企业开展跨国经营。认真学习对外经贸知识，善于运用国际法律和规则，提高对外经济合作的成功率。

（三）加快科技创新步伐。坚持“发展高科技，实现产业化”的宗旨，增强科技对经济增长的拉动力。加快建设以企业为主体、引进消化吸收和自主创新相结合的科技创新体系。鼓励各类企业建立研究开发机构，创办一批国家级、省级工程技术研究中心，增强企业的技术创新能力。加强与高等院校、科研单位的合作，特别是发挥驻泰高校的优势，促进科研成果尽快转化为现实生产力。加快建设“数字化泰安”，搞好信息资源的开发应用和信息技术的普及应用，推进电子政务和公共服务领域的数字化、网络化。进一步完善技术、管理要素参与收益分配的政策。大力开发人才资源，培养和造就一大批政治素质好、知识层次高、思想观念新、创新能力强的各类专业技术人才。加强招才引智工作，吸引各类高层次人才在我市施展才华，营造人才辈出、人尽其才、竞相发展的浓厚社会氛围。

（四）努力改善发展环境。要继续加强基础设施建设，特别是加快高新技术产业开发区和各类工业园区的开发建设，为在更广阔的天地里招商引资、聚集生产要素，打造良好的载体和平台。更重要的是营造有利于招商引资和经济发展的软环境。加快行政管理体制改革步伐，减少行政审批事项，规范审批程序，提高行政效率，形成行为规范、运转协调、公正透明、廉洁高效的行政管理体制。坚决制止“三乱”，切实维护企业和投资者的合法权益。控制和减少安全事故的发生，形成安全文明的生产环境。努力建设信用泰安。优化法制环境，依法整顿和规范市场经济秩序。

四、坚持执政为民，政治文明建设开创新局面

加强和改进党的领导。党的领导，主要是政治、思想和组织的领导，从泰安现实出发，体现为出主意，用干部，抓督查，造环境。党委要总揽全局、协调各方，支持各个领导班子独立负责、步调一致地开展工作，通过科学化、规范化、制度化的机制，调动一切积极因素，团结一切可以团结的力量，形成加快发展的强大合力。坚持和完善民主集中制，建立和完善深入了解民情、充分反映民主、广泛集中民智、切实珍惜民力的决策机制。

积极推进民主政治建设。坚持和完善人民代表大会制度，保证各级人大及其常委会更好地依法履行国家权力机关的职能。巩固和发展最广泛的爱国统一战线，坚持和完善共产党领导的多党合作和政治协商制度。认真贯彻党的民族政策、宗教政策和侨务政策。加强和改善党对工会、共青团、妇联等群团组织的领导，发挥他们联系广大人民群众的桥梁纽带作用。大力推进基层民主政治建设，推行政务公开、村务公开和厂务公开制度，进一步完善基层民主选举、民主决策、民主管理和民主监督的各项制度。要把完善村民自治制度，健全村党组织领导的村民自治机制，完善城市居民自治，建设管理有序、文明祥和的新型社区，作为基层民主政治建设的近期工作重点。建立健全经常性、制度化的人民内部矛盾调处机制，正确对待和处理人民群众来信来访，积极预防和妥善处置群体性事件，努力把问题化解在基层，解决在萌芽状态。

大力加强社会主义法制建设。深入开展普法宣传教育活动，提高全民法律素质，尤其要增强公职人员的法制观念和依法办事能力。坚持依法行政，规范行政行为和行政执法活动。切实加强政法和行政执法队伍建设，严格要求，强化监督，提高执法水平。深化司法改革，强化司法监督，建立健全法律保障和法律服务体系，切实维护人民群众的合法权益。高度重视社会稳定工作，健全完善责任追究制度。加强政法工作，依法严厉打击各种犯罪活动，特别是重点打击带有黑社会性质的有组织犯罪、影响群众安全感的多发性犯罪和各类严重经济犯罪。认真落实社会治安综合治理各项措施，强化群防群治，做好基层基础工作，及时排查发现不安定因素，建立打、防、控、管一体化的社会治安长效机制。坚决扫除黄赌毒等丑恶现象，防范和惩治邪教组织的犯罪活动。

不断改进执政方式。改革和完善决策机制，推进决策的科学化、民主化。规范各部门的职能和权限，解决好层次过多、职能交叉、多头多重执法等问题。加强制度建设，积极探索决策、执行、监督相协调的管理制度，用制度制约权力，靠制度维护公平，建立结构合理、程序科学、制约有效的权力运行机制，保证把人民赋予的权力真正用来为人民谋利益。

五、坚持弘扬先进文化，精神文明建设迈出新步伐

进一步解放思想。进一步解放思想，更新观念，与时俱进，以正确的认识、崭新的观念、科学的思维指导实践。一切妨碍发展的思想观念都要坚决冲破，一切束缚发展的陈规旧习都要坚决改变，一切影响发展的体制弊端都要坚决革除。要联系本地区、本部门、本单位的实际，坚持“三个有利于”的标准，克服小富即安、小成即满的小农经济意识，发扬敢闯、敢试、敢冒的精神，把与时俱进体现在行动上、落实在工作中。善于在解放思想中统一思想，用发展的办法解决前进中的问题，用市场经济的手段抓经济工作，用创新的精神培植发展后劲，在全市上下营造鼓励人们勇往直前、干事创业的良好社会氛围。

加强思想道德建设。深入进行党的基本理论、基本路线、基本纲领、基本经验教育，在全社会形成共同理想与精神支柱。认真贯彻落实公民道德建设实施纲要，以为人民服务为核心、以集体主义为原则、以诚实守信为重点，加强社会公德、职业道德和家庭美德教育，引导人们在遵守基本行为准则的基础上，追求更高的思想目标和道德风尚。坚持不懈地进行马克思主义唯物论、无神论教育，反对迷信和伪科学，树立正确的价值取向和科学精神。继续深入开展文明城市、文明行业、文明村镇、文明社区等群众性精神文明创建活动。

全面发展各项社会事业。继续实施科教兴泰战略，坚持把教育放在优先发展的战略地位，进一步巩固“两基”成果，基本普及高中段教育，大力发展职业成人教育和各种形式的继续教育，提高劳动者的知识水平和技术水平。优化配置教育资源，支持社会力量办学，支持驻泰高校的发展，发挥高校的带动作用，真正把教育产业做大做强。牢牢把握正确的舆论导向，积极推进新闻出版、广播电视事业的改革发展，抓好精品工程，繁荣文艺创作。做好党史和地方史志工作，务求历史资料的客观翔实。深化文化体制改革，积极发展文化产业，多渠道增加投入，建设一批现代文化设施，加强基层文化建设。继续搞好城乡医疗卫生体制改革，不断改善医疗卫生条件，建立和完善新型农村医疗保障网络和卫生服务、卫生监督执法体系。大力发展体育事业，提高人民群众身体素质和体育竞技水平。认真做好妇女、儿童、残疾人和老龄工作，在全社会形成尊老爱幼的良好风气。认真做好新时期国防教育、民兵预备役和人防工作，努力提高双拥工作水平。

推进经济和社会可持续发展。树立正确的可持续发展观，正确处理经济发展同人口、资源、环境的关系，追求人与自然的和谐共存和经济、社会、环境的协调发展。稳定低生育水平，提高出生人口素质。加强城乡环境污染治理，搞好生态保护和建设。合理开发和利用各种自然资源，提高资源的开发利用效率。强化国土资源保护，努力建立节水型社会。要坚持经济效益、生态效益和社会效益的统一，决不能以大量消耗资源和牺牲生态环境为代价，换取经济的一时发展。

六、坚持创造性地开展工作，党的建设达到新水平

加强党的思想政治建设。当前和今后一个时期，要认真组织广大党员干部深入学习党的十六大精神，深刻理解“三个代表”重要思想的科学内涵和根本要求。高度重视对干部的知识更新、业务培训和实践锻炼，组织干部认真学习市场经济、现代科技和法律法规等专业知识，使之精通业务，胜任工作。各级党员领导干部要做勤奋学习、勤于思考的模范，解放思想、与时俱进的模范，勇于开拓、锐意进取的模范，不断提高科学判断形势的能力、驾驭市场经济的能力、应对复杂局面的能力和总揽全局的能力。

加强领导班子和干部队伍建设。要把我市各级领导班子建设成为坚决贯彻党的路线方针政策、全心全意为人民服务、具有领导现代化建设能力、团结坚强的领导集体。进一步优化领导班子结构，重视选拔年轻干部、妇女干部、党外干部和少数民族干部。坚持民主集中制，严格党的组织生活，增强班子团结。树立正确的用人导向，坚持从事业需要出发选人用人，真正把那些德才兼备、实绩突出、群众公认和想干事、能干事的优秀人才及时选拔到领导岗位上来。积极深化干部人事制度改革，严格执行《党政领导干部选拔任用工作条例》，认真落实广大党员、干部和群众对干部选拔任用的知情权、参与权、选择权、监督权，确保把人选准用好。坚持干部能上能下，决不能让事业迁就人。要满怀热情地关心照顾好离退休老干部，千方百计帮助他们解决实际困难，注意倾听他们的意见和建议。

加强党的基层组织和党员队伍建设。按照村党支部“五个好”、乡镇党委“六个好”的要求，坚持不懈地抓好农村基层组织建设。尤其是选好配强乡镇党委书记和村党支部书记，建设一支高素质的农村干部队伍。适应改革和发展的新形势，切实加强和推进企业党的建设，重视加强机关、学校、街道社区等基层党组织建设，抓好新型经济组织、社会团体、中介组织党的建设，不断扩大党的工作覆盖面和影响力。积极稳妥地做好发展党员工作，增强党在全社会的影响力和凝聚力。开展保持党员先进性教育活动，提高党员素质，充分发挥党员的先锋模范作用。

加强党风廉政建设。要牢记“两个务必”，增强忧患意识、责任意识，全面贯彻“八个坚持、八个反对”，着力解决工作作风、领导作风和干部生活作风方面的突出问题。全面落实党风廉政建设责任制。进一步抓好领导干部廉洁自律、查办大案要案、纠正部门和行业不正之风、创新体制机制制度四项工作，深入开展反腐败斗争。加强党内监督、法律监督、群众监督和舆论监督，发挥司法机关和行政监察、审计等职能部门的作用，建立健全对权力的制约机制和监督机制。着眼于防范在前，坚持关口前移，从源头上铲除滋生腐败的土壤和条件，从根本上制止腐败现象的发生，维护党的形象，纯洁党的队伍。

政府工作报告(摘要)

——2003年2月19日在泰安市第十四届人民代表大会第一次会议上

贾学英

一、五年来我市经济和社会事业取得显著成绩

国民经济持续快速发展。2002年，全市实现国内生产总值515.2亿元，五年年均增长12.1%，其中一二三产业增加值年均增长3.7%、14.9%和13.3%。实现地方财政收入23.8亿元.同口径年均增长15.5%，连年实现收支平衡。规模工业实现增加值134.7亿元、销售收入340.6亿元、利税33.1亿元、利润13.3亿元，年均增长15.5%、11.2%、10.7%和14.7%。实现社会消费品零售额162亿元，年均增长8.6%。金融机构各项存、贷款余额分别达到351.6亿元和254亿元，年均增长12.2%和5.3%。

经济结构逐步优化。三次产业结构由23.4∶44.6∶32.0调整为14.7∶47.8∶37.5。粮食总产基本稳定，农业结构调整、产业化经营取得较大进展。高新技术产业发展较快，全市省级以上高新技术企业发展到102家，其中国家级12家；规模工业企业达到600家，利税过千万元的达到74家，其中过亿元的4家。旅游总收入达到34.9亿元，年均增长17.3%，占GDP的比重达到6.8%。民营经济增加值、实缴税金占GDP和地方财政收入的比重达到33.9%和45%。

固定资产投资增势强劲。累计全社会完成固定资产投资521.3亿元，年均增长11.2%，其中去年完成167.4亿元，比上年增长56.6%，新增投资是“九五”投资增量的2倍。县以上固定资产投资累计完成300.4亿元，年均增长14.3%，其中工业投资年均增长5.9%，所占比重达到46.6%。集体和私人投资年均增长5.6%和4%。

对外开放日益扩大。2001、2002年累计引进内资项目2338个，市外到位资金107.2亿元。五年累计批准利用外资项目157个，实际利用外资1.71亿美元，年均增长41.9%，其中去年实际利用外资7006万美元；累计完成进出口总额10.51亿美元，其中出口7.1亿美元，年均增长16.3%和20.9%；累计完成对外承包劳务合作营业额1.8亿美元，境外生产经营机构达到19家。

各项改革不断深化。稳定完善党在农村的基本政策，土地承包期延长30年不变得到较好落实；农村税费改革全面推开，农民人均减负45.6元。企业改革攻坚力度加大，市、县属多数企业已完成改制任务；鲁润股份、华阳科技2家企业成功上市发行股票，5家上市公司累计直接融资20.1亿元，培植上市资源企业12家。泰山玻璃纤维有限公司在全国首批实施债转股。稳妥有效地实施了地方金融机构资产重组和风险化解工作。积极探索建立了国有资产监管营运体系并取得初步成效。以养老、医疗、失业保险为重点的社会保障覆盖面不断扩大，市、县、乡新一轮机构改革顺利完成，行政审批制度改革和行政事业性收费清理取得阶段性成果，住房货币化、商品化分配全面推行，财税、金融、外经贸、

投融资、粮食流通体制、人口与计划生育、机关后勤管理服务等项改革取得新进展。

城镇和园区开发建设取得重大突破。实施了泰山区、岱岳区部分区划调整。加强规划管理控制，泰城控制性详细规划覆盖率达到89%。先后实施了天外村路综合保护、时代发展线一期等重点工程和一批道路、供水、燃气、供暖、污水处理等城市基础设施建设及环境综合整治工程。泰城建成区、人均道路、集中供热面积分别增长59.5%、94%和1.1倍。县市驻地和以14个中心镇为重点的小城镇也都规划实施了一批开发建设项目。泰城被评为"中国优秀旅游城市"，卫生城市成果得到巩固提高。规划面积50平方公里的市高新技术产业开发区新区10.8平方公里起步区建设进展顺利，泰安旅游经济开发区开始启动建设。各级规划建设的57个各类园区也都取得新的进展。

社会事业全面发展。累计完成科技三项经费投入1.5亿元，取得省科技进步奖138项，国家科技进步奖2项，"泰安旅游城市数字化示范工程"项目列入国家"十五"信息化建设示范工程，连续两次荣获"全国科教兴市先进城市"称号。教育改革与资源优化配置力度加大，办学质量和效益不断提高。积极支持驻泰高校的改革与发展，泰山学院建成招生。计划生育工作连年获得省考核一等奖。泰山风景名胜资源和其它社会自然资源得到有效保护和利用。文化事业繁荣发展，有32件作品获省以上精品工程奖。医疗卫生改革与发展迈出新步伐，基本实现人人享有初级卫生保健的目标。全民健身活动广泛开展，竞技体育取得优异成绩。广播电视、新闻出版、外事侨务、民族宗教、安全生产、经济协作、人防、气象、地震、档案、史志、老龄、妇女儿童、残联、仲裁等工作取得新进展。人民生活水平明显提高，城镇居民人均可支配收入和农民人均纯收入分别达到7369元和3135元，年均增长8.4%和5.4%。

精神文明和民主法制建设不断加强。坚持用邓小平理论和"三个代表"重要思想武装干部群众，精神文明创建活动取得明显成效，讲求文明、崇尚科学、爱岗敬业、拼搏奋斗、扶贫济困等美德得到发扬光大。军民双拥共建、国防教育和民兵预备役建设取得新成绩。依法治市、依法行政进一步推进，民主政治建设得到加强，深入开展廉政建设和反腐败斗争，妥善处理新形势下人民内部矛盾，依法严厉打击各类犯罪行为和"法轮功"等邪教组织，加强社会治安综合治理，社会保持稳定。

总结过去五年改革与发展的实践，基本经验是：确立了建设经济强市的宏伟目标，指明了方向，凝聚了人心，鼓舞了斗志，激发了广大干部群众加快发展的热情和积极性；坚持以经济建设为中心，理出了突出三大重点、整体推进各项工作的清晰思路，实施了一系列重大举措，强化措施，重点突破，取得了显著成效；加大了体制和机制创新力度，运用改革的思路、市场的手段，探索加快发展的途径和办法；倡导和弘扬了求真务实、团结拼搏的良好作风，营造了一个奋发图强、埋头苦干、干事创业的浓厚氛围；坚持了两手抓、两手都要硬的方针，推进了经济与社会的协调发展和可持续发展。

二、今后五年全市经济和社会发展的总体要求与目标任务

全市经济和社会发展的总体要求是：**以邓小平理论和"三个代表"重要思想为指导，深入贯彻党的十六大精神，进一步解放思想，与时俱进，抢抓机遇，紧紧围绕建设经济强市"三步走"战略目标，以结构调整为主线，继续突出抓好工业经济、民营经济和招商引资三大重点，实施科教兴泰、经济国际化、城市化和可持续发展四大战略，努力提高农业发展水平，加快发展旅游和服务业，加大体制机制创新力度，多渠道增加建设投入，高质量优化发展环境，大力加强精神文明和民主法制建设，确保国民经济持续快速健康发展和社会全面进步。**

今后五年，政府工作总的奋斗目标是：

——经济综合实力显著增强。国内生产总值、地方财政收入年均分别增长12%、13%以上，人均占有水平在全国、全省的位次前移；全社会固定资产投资累计突破1350亿元，其中生产性投入60%以上。

——经济结构实现优化升级。民营经济成为国民经济发展的一支骨干力量。三次产业结构调整为10：50：40。工业主导力量明显增强，高新技术产业快速发展。工业高新技术产品产值占工业总产值的比重达到25%；旅游和服务业在第三产业中的比重有大的增长；农业质量效益和产业化水平明显提高。

——各项改革进一步深化。建立起较为完善的社会主义市场经济体制和运行机制，市场配置资源的基础性作用明显增强。现代企业制度进一步健全完善，企业的市场主体地位更加突出。其它各项改革稳妥推进，取得大的进展。

——对外开放不断扩大。累计实际利用外资和外贸出口突破8亿美元和20亿美元，年均增幅高于全省平均水平；初步建立起符合国际规范的外经贸服务、投资保障体系，逐步把泰安建设成为我省重要的生产制造、加工出口基地及劳务合作、国际旅游基地，把高新区和各类园区建设成为对外开放的示范区和新的经济、财政增长点。

——城市化进程明显加快。逐步建成以泰城为龙头、以县市中等城市和中心镇为骨架，产业优势突出、基础设施配套、服务体系完善、人居和生态环境优美、具有较强竞争实力和辐射带动作用的现代化城镇格局，城市控制性详细规划覆盖率达到100%，城市化水平达到47%以上。尤其是泰城建设，要一年一个样，五年大变样。

——社会文明程度有大的提高。科教兴泰和可持续发展战略深入实施，社会事业繁荣发展，精神文明与民主法制建设得到加强，全民的科技文化素质、思想道德水平和现代文明程度有大的提升。

——人民生活质量明显改善。城镇居民人均可支配收入和农民人均纯收入年均分别增长8%和6%。农村基础设施建设不断加强，乡村柏油路普及率达到100%，水资源得到有效保护与开发利用。实现就业再就业25万人，转移农村劳动力15万人，城镇登记失业率控制在4%以内。健全完善社会化、广覆盖、多层次的社会保障体系，困难群众的基本生活得到有效保障。

今年国民经济和社会发展的主要预期任务目标是：国内生产总值增长13%，其中一二三产业分别增长4%、16%和13%；工业增加值增长16%；地方财政收入增长14%；全社会固定资产投资增长25%；社会消费品零售额增长11%；实际利用外资增长30%，外贸出口增长20%；城镇居民人均可支配收入增长9%，农民人均纯收入增长6%；城镇登记失业率和人口自然增长率分别控制在4%和8‰以内。在工作上，要进一步增强加快发展的紧迫感，充分发挥和保护好全市上下想发展、干事业的热情和积极性，审时度势，抢抓机遇，埋头苦干，奋力拼搏，确保各项指标完成得更好一些.努力实现地方财源培植、利用外资、开发区和工业园区运行质量、繁荣服务业、生态与居住环境建设五个方面的突破。

三、强力推进全市经济快速发展与社会全面进步

(一)突出抓好经济工作三大重点,力求实现大的突破

工业经济。深入实施"13511"工程,加快培植一批规模大、实力强、带动作用明显的大企业、大集团。围绕技术含量高、附加值高、市场前景好的产品,集中资金、技术等生产要素,加快培植一批新的经济增长点,年内重点抓好136个投资过千万元、特别是28个投资过亿元的技改大项目。要坚持抓增量带存量,通过挂靠、联合等方式,依托国内外大企业、大集团的资金、技术、管理、市场等优势,激活企业内力,带动存量迅速膨胀扩大。要重视加强企业文化和新产品开发队伍、营销队伍建设,切实增强企业核心竞争力。

民营经济。毫不动摇地鼓励和支持民营经济快速发展,年内实现增加值、实缴税金均增长30%以上。今年重点抓好220个投资过千万元的基建、技改项目,确保年内规模企业突破800家。突出项目填充和基础设施配套。大力发展区域特色经济。要着力研究解决民营经济发展中的融资、人才、项目、技术、信息、环境等方面的障碍因素,帮助民营企业搞好现代企业制度建设,完善各类行业协会、中介组织、信用担保机构等服务体系,为民营经济发展提供优质高效的服务。

招商引资。力争年内引进国内资金100亿元,实际利用外资突破1亿美元。坚持政府引导、企业为主、社会参与,走出去与请进来相结合,组织精干的小分队,面向国内外大企业、大集团、外国大公司驻中国办事处和国内经济发达地区,加强联络,寻求合作的商机;通过举办和承办泰山登山节、各种形式的洽谈会,诚邀国内外客商来泰洽谈贸易、投资创业。要创新招商机制,实施以商招商、项目招商、园区招商和代理招商;完善落实鼓励招商引资的各项政策措施和目标责任制,在全社会形成关心、支持、参与招商引资的格局。进一步强化对外经贸工作,调整优化出口商品结构,扩大出口规模。鼓励支持有条件的企业对外投资办厂,开展经济技术与劳务合作,以带动商品、技术、设备、原材料增加出口。

(二)围绕农民增收,加快农村经济结构调整

加大农业结构战略性调整力度。要按照种植业、畜牧业和林果花卉等业各占三分之一的中期目标,重点组织实施好100万亩标准化优质蔬菜、100万亩标准化优质果品、15万亩花卉苗木、50万吨标准化优质畜产品基地建设。加强农产品质量安全体系和监测认证体系建设,努力提高农业标准化水平。

加快推进农业产业化进程。围绕优势农产品和规模种养基地,培育壮大一批生产带动型、加工拉动型、营销推动型龙头企业,突出抓好20家市级和80家县级重点龙头企业建设。积极发展和完善各类有影响力的专业协会、合作社和研究会等农村合作经济组织。加强市场体系建设,重点抓好10处区域性大型专业批发市场的扩建与培育完善。

努力提高农业综合生产能力。大力加强以治水为重点的农业基础设施建设和生态环境建设,重点抓好大汶河、东平湖、黄河泰安段综合治理和大中型水库除险加固,搞好农业综合开发、扶贫开发及小流域综合治理,大力发展农业机械化,努力改善生态环境和生产条件。

(三)着力抓好旅游和服务业,带动第三产业全面快速发展

加大旅游支柱产业培植力度。按照营造大泰山的思路,组织实施好徂徕山、东平湖等景区(点)的开发建设,逐步形成以泰山为主体,以徂徕山、东平湖生态观光游等为补充的旅游格局。围绕吃住行游购娱六大要素进行系统规划和开发建设,大力发展特色旅游项目和产品,特别是旅游经济开发区年内要开工建设一批项目。培强做大旅行社,提高旅游市场开发能力。年内实现国内外旅游收入均增长24%以上。

繁荣发展服务业。发展现代批发市场、物流配送和连锁经营,重点抓好泰山国际保税物流中心、泰城温州商业步行街和新世纪精品商业广场建设,争取年内建成投入使用。积极培育各类交易市场。加快实施"数字化泰安"工程,合理开发利用信息资源。推动社区服务业快速发展。引进国内外优秀管理人才和先进管理方式、经营理念,提高餐饮娱乐业的经营服务水平,带动我市整个服务业的良性快速发展。

积极培育新的消费热点。进一步提高广大人民群众的收入水平,增强消费需求和即期消费能力。进一步完善消费政策,开拓消费市场,着力抓好住宅、汽车、通讯、旅游、教育等消费热点的培植,启动和扩大城乡消费需求。

(四)努力增加投入,增强经济发展后劲

多渠道筹集融通资金。以项目为核心,充分发挥企业的投资主体作用,通过企业发展积累一块、争取银行多投放一块、企业进入资本市场融一块、扩大招商引一块、启动民间投资筹一块、项目承接国债资金争取一块等途径,拓宽筹融资渠道,确保今年全社会固定资产投资突破220亿元。

调整优化资金投向。突出工业投入,把资金重点用在高新技术产业及产品、劳动密集型产业、传统产业嫁接改造、重点基建技改项目和工业园区、基础设施建设上,集中力量协调抓好泰山抽水蓄能电站、南水北调工程泰安段和华建旋窑水泥生产线、诚泰数码掌上电脑等在建工程项目,年内争取开工建设50万伏输变电、济菏高速公路东平段、泰山玻纤四期技改等工程项目。同时,加强对各类投资项目特别是重点项目的调度、检查和督导,积极推行项目法人制、招投标制、质量监理制等工程建管新机制,确保工程质量,提高投资效益。

(五)加大城镇开发建设力度,加快推进城市化进程

加强城镇规划建设。进一步强化政府对规划的集中统一管理和控制,搞好详细规划、专业规划的编制与完善,提高规划的覆盖率。按照严格保护泰山景区、改造提升老城区、大力开发建设新区的要求,遵循生态规律,注重景观效果,实施精品工程,年内泰城重点抓好时代发展线二期工程建设、东湖整治、渿河等三河综合治理和龙潭路、环山路等五路建设改造,开工建设第二污水处理厂等工程项目。切实搞好县级城市和中心镇、小城镇的路网、供电、供水、排污、垃圾处理等基础设施建设以及城镇经济园区、居住区及配套设施的规划布局。

加快高新区和园区建设步伐。市里重点抓好高新技术产业开发区新区建设,年内要在进区项目的数量和质量上取得重大进展,力争引进项目180个以上。对已入区的项目,要加大协调、服务、督促力度,促其资金尽快到位,及早开工建设,加快建设进度。

强化城市经营管理。完善土地管理体制,强化政府对土地一级市场的高度垄断。加大城市基础设施市场化运作力度,努力提高城市资产运营效益。深化户籍制度改革,降低城市"门槛",加快城市社区建设,营造良好的人居环境。建立和实施以相对集中行政处罚权为主要内容的综合执法机制,依法查处各类违法建设,全面提升城市的特色、形象和品位。

(六)全面推进体制创新,增强经济发展的动力和活力

进一步深化企业改革。年内重点抓好未改制企业的攻坚扫尾,坚持因企制宜、一厂一策,采取多种途径,加大推进力度,力争全部完成改制任务。继续抓好已改制企业法人治理结构的规范完善,建立起较为完善的现代企业制度。加快培育泰山玻纤、泰和东新、瑞星化工等一批上市资源,使更多的企业直接进入资本市场。坚持效率优先、兼顾公平的原则,进一步完善资本、技术、管理等生产要素参与分配的办法。

深化其它各项改革。全面落实“两个确保”和“一个低保”政策措施,完善以养老、医疗、失业保险为主要内容的社会保障体系。尤其是要重视抓好就业再就业工作,采取小额贷款、税费优惠等扶持政策,努力扩大就业再就业。认真落实党在农村的各项政策,逐步发展规模经营。巩固提高农村税费改革成果,切实防止农民负担反弹。深化中小型水利工程产权、林木经营管护制度改革,调动广大群众兴办水利和造林、营林的积极性。积极稳妥地推进政府机构、事业单位和科技、教育、医疗卫生、人口与计划生育等项改革。

(七)重视做好财税金融工作,促进经济健康发展

大力加强财税工作。通过抓好三大经济工作重点、培植利税大户、搞好国有资产经营、盘活各类闲置资产、做好经营城市和以地生财的文章、发展创税农业、加强预算外资金调节与监管等途径,千方百计增加财政收入。突出抓好税源的培植壮大,优化收入结构。重视加强乡镇财源建设,逐步改变困难乡镇的财政状况。坚持依法治税、以率计征,加强对重点税源的监控和征收,真正把经济发展的成果反映到财政增收上来。继续按照保工资、保稳定、保法定支出的顺序安排预算,集中财力保重点、办大事。扩大政府采购和国库集中支付范围,提高财政支出效益,确保实现财政收支平衡。

充分发挥金融对经济发展的重要促进作用。深入开展创建金融安全区活动,改善和优化金融环境。构建新型银企关系,吸引金融机构扩大信贷投放。办好城市信用社、农村信用联社等地方性金融机构,防范风险,增强竞争能力。加强与股份制银行的联系,支持他们在泰安设立分支机构。加强与金融资产管理公司的联系,加快不良资产的处置,促进经济发展。

(八)加快实施科教兴泰和可持续发展战略,促进经济社会协调发展

大力发展科技教育。建立和完善以企业为主体、产学研紧密结合的技术创新体系。培育和完善人才市场,加大引智力度,特别重视抓好高层次人才的引进和培养。完善技术市场,通过联合建立高新技术产业孵化器和科技中介机构、引进技术和项目等,加快高新技术和先进适用技术成果的推广转化。调整优化教育资源配置,巩固提高“两基”成果,全面推进素质教育,加快发展高中段教育和高等职业技术教育,努力提高办学质量、效益和劳动者素质。继续实施政策扶持,支持驻泰高校扩大规模、加快发展。搞好泰山学院二期工程和泰山职业技术学院建设。认真贯彻《民办教育促进法》,调动社会各方面兴办教育的积极性。

加快发展文化、卫生、体育等项社会事业。坚持“二为”方向和“双百”方针,强化精品意识,繁荣文艺创作,发展文化产业,丰富群众的文化生活。大力开展爱国卫生运动,完善医疗卫生服务体系,努力提高城乡居民的医疗保健水平。深入开展全民健身运动,提升竞技体育和全民健康水平。加强国防教育,搞好双拥共建,做好民兵预备役工作。认真做好《泰安市志》的编修和新闻出版、广播电视、外事侨务、档案、地震、气象、人防、老龄、妇女儿童、残联等项工作。

努力做好人口、资源、环境工作。加强农村、城市社区和流动人口等特殊人群的管理与服务,稳定低生育水平,提高出生人口素质。依法加强对土地资源的综合管理,确保耕地总量平衡。切实加强水资源管理,大力发展节水产业。依法严格保护泰山风景名胜资源,合理利用各类矿产资源。认真落实环境目标责任制,依法强化城乡污染治理,着力抓好大汶河、东平湖等污染防治和城市大气污染治理,努力创建蓝天、碧水、青山的绿色家园。

(九)大力加强精神文明建设,努力提高全社会的文明程度

加强社会主义思想道德建设,用邓小平理论和“三个代表”的重要思想武装广大干部群众,深入开展爱国主义、集体主义和社会主义教育,弘扬和培育以爱国主义为核心的民族精神。认真贯彻落实《公民道德建设实施纲要》,大力宣传爱国守法、明礼诚信、团结友善、勤俭自强、敬业奉献的基本道德规范;加强社会公德、职业道德和家庭美德建设,大力倡导尊重劳动、尊重知识、尊重人才、尊重创造的良好社会风尚;突出诚信教育,努力建设信用泰安。广泛深入地开展群众性精神文明创建活动,提倡科学、健康、文明的生活方式,不断提高人们的思想道德水平和文明程度。

(十)切实加强民主与法制建设,加快推进依法治市进程

要切实加强政府法制建设,不断提高依法决策、依法管理、依法办事的能力和水平。要坚持向人大报告工作和向政协通报工作制度,认真执行人大及其常委会的决议、决定,自觉接受人大的法律监督和政协的民主监督。加强同各民主党派、工商联、人民团体和社会各界人士的联系,认真听取各个方面的意见和建议。加强基层民主政治建设,健全完善基层自治组织、民主管理和政务、村务、厂务公开制度。切实做好群众来信来访工作,化解矛盾,促进稳定。认真落实民族宗教政策,维护民族团结,发展少数民族经济。认真实施“四五”普法和“三五”依法治市规划,推动区域、行业、基层依法治理的深入开展。积极推行仲裁法律制度,充分发挥律师、公证等社会中介组织为市场经济服务的作用。坚持打防并举、标本兼治,进一步完善社会治安防范机制和综合治理措施,依法打击各类违法犯罪活动和各种黑恶势力,坚决打击“法轮功”等邪教组织,保持社会稳定。

四、进一步加强和改进政府工作

加强学习,努力提高公务员素质。各级政府及其工作人员要切实加强对科学理论、现代科技、法律法规、世贸组织规则和市场经济等知识的学习,善于用改革的思路、发展的观点、市场的手段思考和处理问题,不断提高适应和驾驭市场经济的能力。

优化发展环境,消除发展障碍。各级政府要把环境建设作为招商引资乃至经济发展的生命线,着力消除制约经济发展的各种障碍。正确处理行政执法与经济发展的关系,坚决制止和查处推诿扯皮、刁难客商、行政扰民等损害经济发展环境的行为;要建立和实行收费、罚款听证和举报投诉制度,完善罚缴分离和收支两条线办法,坚决制止和查处侵犯企业合法权益的行为;要大力整顿和规范市场秩序,依法打击各种干扰和破坏经济发展的行为,努力营造一个亲商、富商、安商的良好社会环境。

坚持勤政为民,提高工作效率。顺应市场经济要求,真

正把政府职能转到强化经济调节、市场监管、社会管理和公共服务上来。建立和实行决策论证、社会公示、专家咨询等制度，努力提高行政决策水平。大力倡导和实践勤政务实、拼搏奉献、开拓创业的良好风气，勤勤恳恳，扎实工作。深入实施"政府提速"工程，改进行政管理方式，减少和规范行政审批，加快政务服务中心建设，提高工作效率和服务水平。

加强廉政建设，强化宗旨观念。全面落实廉政建设责任制和廉政准则，依法严厉查处违法违纪案件，认真纠正部门和行业不正之风。各级政府成员特别是领导同志要率先垂范，廉洁自律，切实带出一支好队伍。正确对待和行使人民赋予的权力，真心实意为群众办好事、解难题，特别重视解决好就业再就业、工资和养老金发放、困难群众帮扶救助、减轻企业和农民负担、安全生产等群众关注的热点难点问题，密切政府与人民群众的血肉联系。

转变工作作风，狠抓工作落实。各级政府要建立健全目标责任制和快捷的落实机制，强化落实意识，把更多的时间和精力放在调查研究、督促落实、解决问题上来。各级政府领导同志要身体力行，真抓实干，集中精力抓好经济工作的运行和调度，以更加扎实有效的工作，为群众赢得更多、更大的实惠。

2003年中共泰安市委、市人大、市政协换届选举情况

2003年2月，中共泰安市第八次代表大会暨八届一次全委会、市十四届人大一次会议、市政协十届一次会议分别召开，选举产生了新一届市委、市纪委、市人大常委会、市政协常委会组成人员，市十四届人大一次会议选举了市政府市长、副市长和市中级法院院长、市检察院检察长。

中共泰安市第八届委员会

书　　记：耿文清

副 书 记：贾学英　高儒林　李洪峰　刘渊*　唐家品　黄龙华

常　　委：耿文清　贾学英　高儒林　李洪峰　刘渊*　唐家品　黄龙华　连传学　孙承志　杨忠海　李学法　李同道　邹斌芳(女)　朱玉合

委　　员：(按姓氏笔画为序)

王润君　白玉翠(女)　朱玉合　朱永强　刘渊*　刘卫东　刘玉勤(女)　刘汉玲(女)　齐承芳　闫新建　孙承志　李同道　李学法　李洪峰　杨忠海　连传学　邹斌芳(女)　辛显明　宋　鲁　张庆建　张树友　张瑞东　陈　刚　林华勇　郎庆田　赵成道　耿文清　贾学英　高峰岭　高儒林　唐昭林　唐家品　黄龙华　梁兴泰　彭　华　傅光仁

候补委员：(按得票多少为序，得票相同者，按姓氏笔画为序)

孙丰刚　张广胜　程建达　支建立　孙士杰　王希荣　任先德

中共泰安市纪律检察委员会

书　　记：高儒林

副 书 记：卞同德　胡献兴　孟兆营

常　　委：高儒林　卞同德　胡献兴　孟兆营　杨淑东　张步军　景胜学　许冬晨　姜美荣(女)

委　　员：(按姓氏笔画为序)

王菊萌(女)　卞同德　卢传鑫　成坤志　任玉涛　刘孝孔　刘学保　许冬晨　孙友运　杨淑东　张书盈　张步军　张道民　孟兆营　胡献兴　姜兴春　姜美荣(女)　高洪雷　高儒林　郭前美　梁树礼　葛　新(女)　景胜学

泰安市第十四届人民代表大会常务委员会

主　　任：耿文清

副 主 任：李秀兰　周克峰　李金明　高玉章　姜吉卯　张显义　王尹成　滕先森

秘 书 长：孙运飞

常　　委：(按姓氏笔画为序)

马玉新　马西元　王兴富　王润君　支建立　史效让　冯永军　成秉文　刘玉勤　孙守珂　苏元华　李培义　李培林　李新生　宋文新　张志法　郑晓明　赵德建　段有志　韩兴印

泰安市人民政府

市　　长：贾学英

副 市 长：李同道　李惠东　白玉翠　齐承芳　林华勇　彭　华　宋　鲁　刘汉玲

泰安市中级人民法院

院　　长：高峰岭

泰安市人民检察院

检 察 长：傅光仁

政协第十届泰安市委员会

主　　席：张树禹

副 主 席：李凤明(女)　于连荣(女)　李正明　夏作理　赵成道　温乎江　黄自伟　张庆明　孙宗明

秘 书 长：张进善

常　　委：(按姓氏笔画为序)

马　辉　马树升　王永栋　王运海　王希荣　王荣生　王培昌　艾庆森　左　峰(女)　田东流　司嘉林　吕爱民(女)　吕爱钟　朱殿利　刘　君　刘　陇　刘世琦　刘传廷　刘志超　刘明华(女)　刘振海　刘斌范　米恒玉　许光华　孙兆玲(女)　孙启凯　孙岱峰　杜卓群(女)　吴　云　张文泉　张业胜　张廷妍(女)　张克峰　张忠河　张建忠　张海茂　张肇慧(女)　英　玲(女)　范恩军　周玉昌　周脉柱　赵玉良　皇甫炳胜　姜　明　姜　岩　姜作明　弭兆杰　贺茂寅　袁久党　贾凤岐(女)　徐　坤　徐永平　徐树平　徐恩虎　高洪雷　郭居新(女)　郭敬元　崔秀国　梁　阜(女)　韩华军　程卫民　傅雨海　谢崇国

* 刘渊作为省援疆干部总带队，由省委直接公布到位

大事纪要

2002年泰安市大事记

1月

1日 中共山东省委副书记陈建国来泰安对高新技术企业、农业示范村建设进行调研。中共泰安市委书记鲍志强，市委副书记、市长耿文清等陪同。

△由中国旅游协会、山东省旅游局和泰安市人民政府联合主办的2002年中国(山东)民间艺术游首游式在泰安天地广场举行。省人大常委会副主任王克玉，省政协副主席李殿魁，泰安市委副书记、市长耿文清等出席。

5日 中国民主建国会泰安市第三次会员大会在泰城召开。会议审议了市民建第二届委员会工作报告，选举产生第三届委员会。

6日 中国农工民主党泰安市第三次党员大会在泰城召开。会议审议了市农工党第二届委员会工作报告，选举产生第三届委员会。省政协副主席张敏出席会议。

7日 全市民营经济工作大会在泰城召开。会议总结民营经济发展状况，部署工作，表彰了2001年度全市民营经济工作先进单位。市领导鲍志强、耿文清、张知平、宋广吉等出席会议。

9～24日 市委书记鲍志强率团赴美国、巴西进行经贸考察和友好访问。考察期间，签订经贸合作协议4个、合作开发工业园区一个、合作贸易一宗。

10日 截至本日，全市78个乡镇党代会全部结束，完成乡镇党委领导班子换届。换届后，78个乡镇党委班子成员总数605人，比上届减少112人；平均年龄35.46岁；大专以上文化的585人。

10～11日 河北省廊坊市党政代表团一行18人来泰安考察工业、教育等工作。

11日 山东泰山金星乳业有限公司奠基仪式在泰城举行。该公司是由哈尔滨金星乳业集团公司投资2000余万元建立的，其成立将促进全市乳品行业及奶牛养殖业的发展。10月26日公司正式投产。

12日 中国民主同盟泰安市第五次盟员大会在泰城召开。会议审议了民盟泰安市第四届委员会工作报告，选举产生民盟泰安市第五届委员会。省政协副主席朱铭出席会议并讲话。

△泰安银座商城被中央宣传部、中央文明办等6部委授予全国百城万店无假货活动示范店称号揭牌仪式在该商城举行。

13日 中国民主促进会泰安市第三次会员大会在泰城召开。会议审议了民进泰安市第二届委员会工作报告，选举产生民进泰安市第三届委员会。省政协副主席苗永明出席会议。

15日 省委副书记王修智到东平县走访慰问贫困农户和困难职工。

17日 省委副书记、代省长张高丽来泰安，就工业企业、教育、城建等工作进行调研。张高丽强调，各级各部门要牢固树立市场意识、开放意识、创新意识，求真务实，实现经济发展的新跨越。市领导耿文清、张知平、宋广吉等陪同活动。

18日 中国国民党革命委员会泰安市第四次党员大会在泰城召开。会议审议了民革泰安市第三届委员会工作报告，选举产生民革泰安市第四届委员会。省政协副主席周鸿兴出席会议并讲话。

△市城信资产管理中心成立。其主要职能是对市政府注入资金后由市城市信用社剥离的信贷资产进行产权界定，集中管理、清收及运作。

19日 九三学社泰安市第五次社员大会召开。会议审议了九三学社泰安市第四届委员会工作报告，选举产生九三学社泰安市第五届委员会。

△泰山景区综合整治动员大会在泰城召开。会议部署泰山景区综合整治的重点是集中解决景区的违规开发、违法建设、乱打山石和景区“市场化”四个问题。市委副书记、市长耿文清出席会议并讲话。

21日 全市城市社区建设工作会议在泰城召开。市委副书记、市长耿文清在讲话中强调，社区工作要着重抓好调整理顺管理体制、发展社区服务和社区经济等工作。

23日 泰安军分区党委五届九次全体会议在泰城召开。会议审议了军分区党委工作报告，部署2002年工作。

△国土资源部检查组一行5人来泰安检查指导矿产资源勘查开采秩序整顿工作。检查组认为，全市各级加强监督管理，加大执法力度，矿产资源开采违法行为得以有效根治，从源头上杜绝了私采乱挖现象。

△国务院第53次常务会议批准泰安抽水蓄能电站开工报告，标志着电站主体工程进入正式施工阶段。泰安抽水蓄能电站施工准备期工程于2000年2月23日破土动工。

24日 中共中央政治局委员、山东省委书记吴官正在省委常委、秘书长杨传升陪同下，来泰安考察调研。

28日 市十三届人大常委会第31次会议在泰城召开。会议审议通过了市人大常委会补选代表的代表资格审查报告、关于召开市十三届人民代表大会第五次会议的决定，并表决通过有关人事任免事项。

△全市2万吨及以下造纸企业草浆生产线关闭工作通过省政府验收。

28～29日 政协第九届泰安市委员会第20次常委会议在泰城举行。会议协商讨论了《政府工作报告》(征求意见稿)，审议通过了关于召开市政协九届五次会议的决定及有关人事任免事项。

29日 副省长蔡秋芳来泰安走访慰问困难企业、职工和农村困难户。市委副书记、市长耿文清陪同活动。

△国家经贸委副主任张志刚来泰安视察加油站整顿治理情况。市委副书记、市长耿文清等陪同活动。

30日 市委、市政府办公大楼计算机信息网络开通。该系统总投资1500万元，设有37个弱电间，约6000个信息节点。

本月 省委公布，邹斌芳(妇)任市委常委。

本月 市卫生防疫站被国家卫生部授予全国消灭脊髓灰质炎工作先进集体称号。

△肥城市农业银行石横办事处被团中央授予国家级青年文明号荣誉称号。

2月

2日 全市宣传思想暨精神文明建设工作会议在泰城召开。会议通报了省以上及市委宣传部、市文明委表彰命名的各类先进单位和个人，并对2001年度395个市级文明单位、15个文明行业及精神文明建设精品工程和优秀工作者进行了表彰。

6日 中共泰安市纪委第十二次全体会议在泰城召开。会议主要是贯彻落实中共十五届六中全会和中纪委七次、省纪委七次全会精神，部署2002年反腐倡廉任务。市委书记鲍志强出席会议并讲话。

7日 市工商业联合会第七届会员代表大会在泰城召开。会议审议通过市工商联第六届执委会工作报告，选举产生市工商联第七届执委会。

10日 泰城擂鼓石大街工程开工。该街全长2133米，东起普照寺路，西至迎胜路，宽30米。该工程于8月26日竣工通车。

12日 省委副书记姜大明，省委常委、组织部长刘伟，副省长赵克志一行来泰安，走访慰问老干部并看望坚持节日生产的企业干部职工。市委书记鲍志强，市委副书记、市长耿文清陪同活动。

12～17日 (正月初一至初六)登泰山游客超过5万人，比上年同期客流量翻了一番，门票总收入430余万元，同比增长150%。

16～19日 全国第17届“新春杯”少年足球比赛在泰安举行。来自江苏、陕西、河南、山东等省的16支代表队参加比赛。

19日 泰城温泉路南段建设工程开工。该路全长1658米，北起岱宗大街，南至灵山大街。该工程于7月3日全线贯通。

21日 泰城普照寺路建设工程开工。该路全长1336.06米，北起环山路，南至岱宗大街，规划红线宽20米。该工程于6月20日全线贯通。

22日 泰安市与青岛科信投资发展有限公司合作数字化城市项目签字仪式在泰城举行。青岛科信公司将利用泰安市“一环六横八纵”城市道路改造建设，投资2亿元用于规范泰城地下弱电集成管网建设。

27日 泰安抽水蓄能电站与国家开发银行在济南举行贷款合同签字仪式。省委常委、副省长韩寓群，国家开发银行总稽核师史善新等出席签字仪式。此次贷款总金额为11.48亿元。

28日 由尼日利亚人民民主党全国书记文森特·奥布拉富率领的尼日利亚人民民主党代表团一行9人，在山东省委副书记陈建国陪同下来泰安访问。市领导鲍志强、耿文清会见代表团一行并介绍有关情况。

28日～3月4日 政协第九届泰安市委员会第五次会议在泰城召开。会议通过了市政协关于九届五次会议提案审查情况的报告和政协第九届泰安市委员会第五次会议决议。

3月

1日 住泰九届全国人大代表温孚江、金兰英、李田祚、夏立德、董宜祥离泰赴京出席九届全国人大五次会议。

1～4日 泰安市十三届人民代表大会第五次会议在泰城举行。大会表决通过了市十三届人民代表大会第五次会议关于政府工作报告、关于国民经济和社会发展计划、关于市级财政预算、关于市人大常委会工作报告、关于市中级人民法院工作报告、关于市人民检察院工作报告的决议。

5日 省委副书记王修智来泰安检查指导经济工作。市领导鲍志强、耿文清等陪同活动。

5～6日 山东省地市科协学会部长会议在泰城召开。会上，省科协代表中国科协、国家经贸委向泰安市科协等5个地市科协颁发了全国千厂千会协作活动先进组织奖和6个先进个人奖。

6～17日 市委书记鲍志强带领市直有关部门、各县市区主要负责人，赴广东、福建、江苏三省学习考察工业经济发展、国有企业改革改制、开发区和工业园区建设经验。

8日 省人大常委会副主任张宗亮来泰安检查乡镇人大换届选举工作。

11日 中华全国工商业联合会(中国民间商会)和德国工商总会合作项目单位年会在泰城召开。

△副省长邵桂芳到泰山学院检查指导后勤社会化改革工作。

12日 全省高校后勤社会化改革工作会议在泰城召开。省直各部门、省内60多所大专院校的负责同志出席会议。与会人员实地参观了泰山学院后勤社会化改革工作，并决定在全省推广其做法和经验。

18日 市政府召开全体成员(扩大)会议。会议主要是贯彻落实省政府提速工程的要求，动员各级各部门进一步解放思想、转变职能、提高行政效率、优化发展环境，全面实施政府提速工程。市委副书记、市长耿文清出席会议并讲话。

20日 交通部副部长翁孟勇来泰安察看中国高速公路万里纪念塔建设情况。

21日 教育部正式下文批准泰安师范专科学校、泰安教育学院、泰山乡镇企业职工大学以及泰安市广播电视大学合并组建泰山学院。该院为本科层次的普通高等学校，由山东省领导和管理，实行省、市(泰安市)共建，以市为主的办学体制；学院目前以师范教育为主，可根据地方经济发展需要，适当发展非师范类教育。

22日 新泰市被评为全省十大食用菌生产基地市(县)。

23日 应全国友好协会邀请，以奥地利维也纳州议会议长约翰·哈策尔先生为团长的维也纳州高级代表团一行24人来泰安参观访问。

29日 “高举团旗跟党走”主题教育活动暨第二届泰安市青少年科技文化艺术节开幕。此项活动历时两个月，期间举办电脑网络大赛、导游员英语口语竞赛、时装设计展示大赛、合唱比赛等14项活动。

△泰安市中级人民法院执行局挂牌成立。

30～31日　首次国家统一司法考试举行，全市有来自法院、检察院和法律服务业的1647人参加考试。

31日　中共泰安市七届十二次全委会议在泰城召开。会议讨论通过了《关于召开泰安党代表会议的决议》和《泰安市出席省第八次党代会代表候选人预备人员名单》。

△以菲律宾锦绣庄氏宗亲总会名誉理事长、菲华商联总会副理事长庄金耀先生为总领队的庄氏宗亲考察团一行68人来泰安考察访问。

本月　泰安卫校青年志愿者服务集体被国际志愿者委员会授予2001年中国优秀志愿服务集体荣誉称号。

4月

1日　2002"齐鲁民间文化游"暨东岳庙会开幕式在泰城举行。此次"齐鲁民间文化游"，于4月1日至30日在山东、江苏、河北三省的12个市县陆续展开，包括东岳庙会、宁阳梨花艺术节、肥城桃花盛会、徐州西汉文化展示月等15项活动。

△从即日起，市级财政供养人员水电费由原来的财政"暗补"，改为发放个人补贴形式的"明补"。

△国家环保局副局长汪纪戎一行来泰安，对实施造纸业结构调整、关闭2万吨及以下草制浆生产线工作进行调研。

2日　截止本日，全市应换届的62个乡镇的人代会全部结束，分别选举产生新一届乡镇人大、政府领导班子。

△首届肥城桃花旅游节暨"桃乡之春"重点项目推介会在肥城举行。

△全市首家人才测评系统在宁阳县落成。

4日　经山东省人民政府批准，新泰市设立果都镇、刘杜镇。

6日　香港华润集团公司副董事长、总经理宁高宁一行在省委常委、秘书长杨传升陪同下来泰安考察。市委书记鲍志强会见并介绍有关情况。

7日　在南京举办的首届中国旅游纪念品设计大赛评选活动中，泰安市推荐的9件作品获奖，其中金奖1件("五岳独尊"青瓷盘)，银奖1件(大汶口陶器)，铜奖7件。

8日　夏张抗日武装起义展室在岱岳区夏张镇建成并开展。该展室是夏张起义纪念碑的配套工程，自1999年开始筹建。

△全市法院"作风建设年"活动动员大会在泰城召开。会议要求，全市法院系统要以作风建设为重点，提高领导水平，搞好法官职业道德教育。

10日　总投资2000多万元、年产20万立方的全市首家现代化商品混凝土搅拌站——泰新商品混凝土有限公司成立。

11～14日　由中央政策研究室、农业部举办的全国农村固定观察点培训班在泰城举行。来自全国29个省、市、自治区农村固定观察点系统的170余名人员参加了培训。泰安市于1986年被列为全国农村固定观察点联系单位。

12～13日　全国爱卫会专家组来泰安复查爱国卫生工作情况。

13日　新泰市周家庄发现战国古墓群，出土编钟和各类兵器300余件。该墓群的发现，为研究杞国的变迁史提供了宝贵史料。

14～15日　省委副书记姜大明来泰安调研农村税费改革和"三个代表"学教活动。市领导鲍志强、耿文清等陪同活动。

16日　全省供销系统经营业态调整现场会在新泰召开。与会人员现场参观了新泰市经营业态调整工作现场，并作为典型向全省推广。

16～17日　副省长蔡秋芳来泰安调研国土资源管理工作。

17日　市委、市政府派出首批30名干部赴广东省挂职学习。

△军民共建植树造林基地在徂徕山西部启动。该基地总规划面积80公顷，计划3年内建成。

18日　中国泰山花卉苗木会展中心在泰山区上高乡奠基。该中心建筑面积3.9万平方米，总投资3000万元，将于2004年全部竣工。

△东平中顺明兴纸业有限公司新区建设奠基仪式在东平县民营工业园举行。该项目总投资5000万元，新建厂房1.2万平方米。投产后，公司年产值可达2亿元，实现利税2000万元。市委书记鲍志强出席奠基仪式。

△省委常委、省纪委书记赵春兰来泰安检查工作。市领导鲍志强、耿文清等分别陪同活动。

△市公安局城建治安支队成立。

19日　印度泰卢固之乡党代表团一行10人来泰安访问。

20日　省委常委、副省长韩寓群来泰安考察工业经济和城市建设。市委副书记、市长耿文清等陪同活动。

△由省委宣传部、省文化厅和省文联共同主办的山东省刘宝纯美术馆开馆仪式在泰安举行。省委常委、副省长韩寓群，省人大常委会副主任莫振奎，市委副书记、市长耿文清等出席开馆仪式。该馆位于桃花源景区，主要陈列山东画院院长、全国美术协会理事、山东省美术协会名誉主席刘宝纯的国画作品。

21日　全国工商联合会副主席、中国民营科技实业家协会理事长王治国来泰安视察。

23～24日　泰安市十三届人大常委会第32次会议在泰城举行。会议审议通过了2001年市级财政决算的决议、2001年市级财政预算执行和其他财政收支情况的审计工作报告的决议，通过了关于检查《科技进步法》实施情况的报告、市中级法院执行情况的审议意见，表决通过人事任免事项。

26日　国家气象局局长秦大河在副省长陈延明的陪同下，来泰安检查指导工作。市领导鲍志强、耿文清等陪同活动。

26～27日　市委、市政府举办全市加快工业经济发展研讨班。市各大班子领导，各县市区、市直各部门及重点企业负责人参加了研讨。

28日　泰山国际保税物流中心在市高新技术产业开发区举行奠基仪式。该中心是集海关监管、物流集散、保税业务、生产加工、商品展示及综合服务等功能于一体的综合开发建设项目。一期工程总投资2900万元。

△庆祝中国共产主义青年团建团80周年暨第五届"泰安十大杰出青年"命名表彰大会在泰城举行。

△鲁西南最大的建材专业市场——东平建材园区开业。该园区总投资7000万元，总建筑面积13万平方米，建成后可实现年成交额3亿元。

30日　泰安综合高级中学正式成立。该校是市委、市政府依托原泰安贸易学校创办的全市第一家综合高级中学。该校设立计算机及应用、电子商务等12个专业，在校生规模2400人。

5月

1～7日　"黄金周"期间，来泰游客39.61万人次，其中进山游客19.03

万人次，旅游总收入2.18亿元。

2日 御碑楼路建设工程开工。该路南起东岳大街，北至环山路，路面宽16米，全长888.76米。该工程于8月30日竣工通车。

5～11日 以市委副书记、市长耿文清为团长的泰安市经贸代表团赴香港参加山东重点项目推介会，并举办泰安市投资贸易洽谈会。会议期间，签订外商投资项目合同(协议)额50054万美元，进出口贸易合同(协议)额4125万美元。

11日 中国共产党泰安市代表会议在泰城召开。会议选举产生出席省第八次党代会的代表43名，并于6月1日赴济南参加会议。

13～14日 由省工商联主办的中德工商合作项目"中国私营经济与国际市场研讨会"在泰城举行。德国经济合作与发展部局长艾特尔、中国德国商会国际商务总监赛茨等出席研讨会并作报告。

14日 泰山青少年图书馆(即泰山科学院科普阅览室)在泰山学院附中正式挂牌。

△市节约用水办公室正式挂牌办公。全市人均水资源量355立方米，仅为全国人均的七分之一，属于典型的贫水地区。

14～23日 市委副书记、市长耿文清率市政府代表团对澳大利亚麦克阿瑟地区进行友好访问，双方就如何开展实质性合作达成共识、签订协议。

15日 山东科技大学男子篮球队获第四届CUBA联赛总冠军。CUBA联赛是中国大学生篮坛的最高赛事。

16日 泰安市技工学校成立。该校是由原市劳动局技工学校、市纺织技工学校、市化工技工学校、市机械电子技工学校、市一轻工业技工学校、市商业技工学校等6所技校组建而成。

△国家计委副主任刘江、国家黄河委员会主任李国英带领有关部门及部分专家，在副省长陈延明的陪同下，到东平县考察南水北调、西水东调和黄河、东平湖防汛工作。

△国家林业局局长周生贤到泰山林场检查指导工作，对泰山森林防火和森林旅游工作给予高度评价。

16～22日 全市第二届科技活动周举行。本次活动周的主题是：扬科技风帆、建经济强市。

17～18日 国家税务总局党组副书记、副局长钱冠林来泰安检查指导工作。市委书记鲍志强等陪同活动。

18日 泰安高新技术产业开发区新区在泰城南部奠基。起步区9条道路和22个项目同时破土动工。年内，市委、市政府确定并经市人大常委会通过，在泰城南部规划50平方公里建设高新技术产业开发区新区，赋予高新区党工委、管委会市级经济、行政管理权限，对区内政治、经济和社会事务实行集中统一管理。至年底，批准进区项目85个，投资额55.1亿元。

18～21日 由国家体育总局田径管理中心主办的2002年全国少年田径锦标赛在泰城举行。来自全国各地的29支代表队362名运动员参加了比赛。

20～21日 齐齐哈尔市党政考察团一行30人来泰安考察农业及农村经济发展情况。

22日 市政府驻广州联络处更名为市政府驻广州办事处，机构规格为正县级；同时撤销市政府驻日照办事处。

23日 全市社会治安综合治理工作会议在泰城召开。会议要求，要以实施"网底工程"为载体，以推行社会治安防范承包责任制为切入点，城乡并举、突出城区，切块研究、分类推进，维护全市社会治安稳定。

△参加华东六省一市政协第十次提案工作座谈会的上海、江苏、浙江、山东等省市的政协委员一行46人，在省政协副主席周鸿兴的陪同下来泰安视察提案办理工作。

25日 中国2002年泰安优质专用小麦产销衔接会议在泰城举行。国家农业部原常务副部长万宝瑞、山东省副省长赵克志、泰安市委书记鲍志强等出席会议。

△泰康人寿泰安中心支公司成立。

28日 山东农业大学科教园区开工典礼举行。省人大常委会副主任王道玉，省政协副主席李殿魁，市委书记鲍志强，市委副书记、市长耿文清等出席典礼。该园区位于泰安市市区东南，规划用地138.6公顷，一期工程计划投资2.8亿元。

29日 市中级人民法院审判办公大楼正式落成并投入使用。该楼于2001年2月破土动工，占地1.13万平方米，建筑面积1.67万平方米，有大中小审判法庭23个。

△日本著名书法家、东京泰山会会长柳田泰山先生率书法家代表团一行30余人来泰安访问。市委副书记、市长耿文清会见并介绍有关情况。

31日 由市科协组织的市第五届青年科技奖和首届优秀科技工作者表彰新闻发布会在泰城举行。

△中国农业发展银行行长何林祥到中央储备粮总公司泰安直属库视察工作。

本月 全市开展"理想信念、廉政纪律"教育活动，主要是组织全市党员干部特别是县处级以上领导干部学习党纪政纪条规，增强廉政意识，增强纪律和法制观念。本次活动至9月底结束。

△新泰市地税局新汶征收分局、新泰市建设银行新汶矿区专业银行、泰山站客运服务房被团中央授予国家级青年文明号荣誉称号。

6月

1日 即日起，泰山、岱庙及内部各景点免费向现役军人开放。

6日 新泰市工商局被确定为"国家工商局政务信息直报点"。

8日 中国人民银行副行长蒋超良来泰安调研。

9日 泰山外国语学校与日本东京国际交流学院合作办学签字暨"泰山·东京国际交流学校"成立仪式在泰城举行。

△碧霞湖路开工建设。该路南起泰(安)化(马湾)高速公路连接线，北至碧霞湖(安家林水库)，全长6.5公里，宽40米，工程总投资1897万元。

10～13日 全国政协副主席任建新在省政协副主席时立军的陪同下，来泰安视察城市建设及泰山的保护管理等工作。

12日 全市银企合作签字仪式在泰城举行。全市筛选出52户企业签约，金额33.2亿元。

12～13日 由广西壮族自治区副主席袁凤兰带领的广西旅游经贸大篷车一行800多人来泰安，进行经贸洽谈、旅游促销、游览观光。

△中央社会治安综合治理委员会检查组一行5人来泰安检查指导工作。

13日 泰安经纬塑料有限公司与大连塑料研究所研制开发的轻质、高强塑料土工格栅生产线及产品鉴定会在泰城举行。鉴定委员会认为该项技术为国内外首创，可替代国外产品并向国际出口。

16日 中国国防基金会向泰安市国防教育训练基地无偿捐赠60万元捐赠仪式在泰城举行。中国国防基金会主任袁金生，市委副书记、市长、市国防教育委员会主任耿文清出席捐赠仪式。

18日 泰山广场举行二期建设工程开工典礼。该工程是泰山广场的续建工程，位于东岳大街和京沪铁路之间，建筑面积3万平方米，概算总投资

1.1亿元,具有地下商场、餐饮、娱乐、商住为一体的综合功能。

△泰安市国家公务员培训中心揭牌。该中心是在原行政干部中等专业学校的基础上成立的,增挂市专业技术人员培训中心的牌子,为非学历教育培训机构。

△新世纪中国农村卫生改革与发展学术研讨会在泰安召开。与会代表对泰安市以实施初级卫生保健为龙头,实行乡村卫生一体化管理"五结合"综合改革工作给予充分肯定。与会代表考察了宁阳县乡村卫生工作。

18~19日 市十三届人大常委会第33次会议在泰城举行。会议通过了市人大常委会关于同意《泰安市高新技术产业开发区总体规划》的决议,通过了《泰安市人大常委会讨论决定重大事项的实施办法》等,并表决了人事任免事项。

19日 泰城东部最大的交通枢纽工程——泰安交通旅游枢纽公路客货集疏服务东广场开工建设。该广场位于泰莱高速公路入口小井转盘东南部,规划占地10.7公顷,建筑面积2.5万平方米,总投资3800万元。

20日 市委副书记、市长耿文清会见美国专家罗伯特·史诺雷卡先生,并代省政府为史诺雷卡先生颁发2001年度山东省政府"齐鲁友谊奖"。史诺雷卡是美国新材料专家,1994年以来,先后15次到泰山玻璃纤维有限公司从事技术指导工作。

△应中国贸易促进委员会山东分会的邀请,突尼斯经贸代表团来泰安进行经贸考察和业务洽谈。

22日 全市热烈欢迎第三批援疆干部载誉归来。

△由市恒丰商贸有限公司兴建的泰山劝业场落成开业。泰山劝业场位于财源街西首路北,是批发零售兼营的小商品批发大卖场,市场面积2800平方米,内设摊位500余个。

25日 市委、市政府举行泰安高新技术产业开发区行使市级管理权限授权交接仪式。由市政府职能部门与高新区管委会分别签定行政管理权限委托书。

26日 中共山东省委副书记、省长张高丽来泰安走访慰问老党员。张高丽指出,要全面贯彻落实中央对农村工作的决策部署,以增加农民收入为中心,依法做好农民负担的监督和管理工作,同时要关心老党员的生活,切实为他们排忧解难。

27~29日 泰安市组团参加在青岛举行的"21世纪中国:国际化人才创业"项目洽谈会,签订协议4项,达成意向5项,聘用顾问3名。

28日 政协第九届泰安市委员会第23次常委会议在泰城召开。会议审议通过《泰安市园区规划建设情况调查报告》。

△上高街道办事处、徐家楼街道办事处揭牌仪式举行。经山东省人民政府批准,撤销上高乡、徐家楼乡,设立上高街道办事处、徐家楼街道办事处。

△国家人防局副局长李扬来泰安检查人防准军事化建设工作。

30日 全市首家流动人员党支部——中共泰安市人才交流服务中心流动人员支部委员会成立。

本月 泰安市公平交易局成立,同时挂山东省行政管理经济监察总队泰安支队和打击传销办公室的牌子,为市工商行政管理局的直属机构。

△迎胜南路建设工程开工。该路北起泰山大街,南至外环路,全长1330米,11月底全线竣工。

△望岳东、西路建设工程开工。该工程北起环山路,南至泰山大街。东路全长2360米,西路全长2380米,道路红线均为30米。年内完成市政大楼——环山路、东岳大街——铁路立交桥段的建设。

7月

1日 泰安市高新技术产业开发区(简称高新区)人民法院筹建处和市检察院驻高新区检察室成立。高新区人民法院筹建处是市中级人民法院派出的临时性办事机构,高新区检察室是市检察院机构改革后新设置的派出机构。

3日 全市组织收听收看全省农村"三个代表"重要思想学习教育活动总结表彰电视电话会议。全市有岱岳区良庄镇党委等7个(名)先进集体和个人受到了省委表彰。

6日 泰安超越农产品加工高科技工业园开工奠基仪式在泰山经济技术开发区举行。该工业园占地30公顷,总投资1.83亿元,主要建设"新含气调理食品项目"、"番茄红素项目"和"超临界萃取项目"。

7日 省委组织部传达省委关于组建泰山学院领导班子的决定:市委副书记张树禹兼任泰山学院党委书记,袁一堂任泰山学院党委副书记、院长,马春林任泰山学院党委副书记、副院长,韩兴印任泰山学院党委副书记,刘克宽、韩兆东、梁冰、张建东任泰山学院副院长、党委委员,武文山任泰山学院党委委员、纪委书记。

8日 中央金融工委副书记陈玉杰到肥城调研金融系统基层党建工作。

10日 泰安良友广场开业。该广场是一家中加合资,集现代购物、休闲、娱乐为一体的大型CBD(中央商务)购物中心。

11日 市公安局泰安高新区公安分局成立。

15日 海关青岛关区工作会议在泰城举行。省委常委、副省长林廷生出席会议并讲话。

△泰城、肥城最高气温达42.1℃,创历史最高记录。

16日 由民政部组织的全国首次救灾应急预案演习在东平县举行。国家民政部副部长杨衍银,山东省副省长王军民,市委副书记、市长耿文清,民政部、卫生部、解放军总参谋部和来自18个省、自治区、直辖市民政部门有关人员观摩了演练。

△哥伦比亚参议长卡洛斯·加西先生来泰安参观访问。

18日 泰安市内部审计师协会成立。

20日 副省长王军民率领省政府"八一"慰问团来泰安走访慰问伤残军人及军队离退休干部。市委副书记、市长耿文清等陪同活动。

21日 经2002年第6次市政府常务会议研究决定:保留市级审批事项621项(其中变更32项,转移3项);取消298项(其中下放25项),合并182项,取消率43.6%;有行政审批职能的部门要严格按照公布保留的项目,规范审批行为;对保留的市级审批项目实行动态管理。

22日 全市组织收看全国全省学习贯彻《党政领导干部选拔任用工作条例》(简称《条例》)电视电话会议。市委副书记、市长耿文清在讲话中强调,要切实提高对学习贯彻《条例》重要性的认识,在工作中认真贯彻执行。市委理论学习中心组于8月12日集体学习了《条例》。

△东湖路建设工程开工。东湖路西起迎春路,东至唐訾路,全长1369米,规划红线宽20米。该工程于12月30日竣工通车。

25日 市"严打"领导小组召开打击抢劫、抢夺等多发性侵财犯罪专项斗争电视电话会议。会议要求,各级各部门在开展好“严打”的同时，把严治、严防摆在重要位置，从根本上遏制“两抢”等侵财性犯罪。

25～26日　全省经济文化单位治安防范承包责任制现场会在泰安召开。会议推广了泰安市公安机关推行治安防范承包责任制的经验和做法，与会代表参观了泰安市7个经济文化单位实行治安防范承包的做法。

△泰安军分区帮扶暨双促活动经验交流会在泰城举行。省军区副政委幸胜标、市委书记鲍志强等出席会议。

26日　市总工会第十一届委员会第六次全体会议在泰城召开。会议选举市委常委邹斌芳为市总工会主席。

△泰山—上海西2147次列车正式开行。这是泰山站首次始发上海方向的旅客列车。

△全市城市市区户外广告综合整治动员大会在泰城召开。会议要求，要发动各有关部门和广大城市居民积极参与，争取到年底使泰城面貌有大的改观。

27日　全市选派的18位第四批援疆干部，由省委确定的山东进疆干部总带队、泰安市委副书记刘渊带队离泰，赴新疆工作。

28日　泰安高等职业技术学院(筹)被国家教育部、劳动和社会保障部、国家经济贸易委员会授予“全国职业教育先进单位”荣誉称号。

29日　泰山玻璃纤维股份有限公司第四条2万吨无碱玻璃纤维池窑点火仪式举行，该公司年生产能力将达7.8万吨。

30日～8月1日　全省妇联主席工作会议在泰城召开。省委常委、省委省直机关工委书记阎启俊出席会议并讲话。

本月　全市开展“绿色社区”创建活动。这标志着全市的环保工作逐步走入社区和家庭，贴近群众。

△新泰市人民法院荣获全国“人民满意的好法院”荣誉称号。

△蒙(阴)馆(陶)路泰安段改建工程全线贯通。该工程全长118.5公里，1999年开工，累计完成投资2亿多元。

△泰安市被国家农业部评为全国跨区机收工作先进地市。

△在2002年全国普通高考中，肥城市泰西中学的于凡成绩列全省理科第一名。

8月

1日　中共泰安市委常委议军会议在泰城召开。市领导鲍志强、耿文清、宋广吉等出席会议。

3日　省委常委、副省长韩寓群来泰安检查三峡移民安置工作情况。市领导鲍志强、耿文清陪同活动。

5日　市文化局(市新闻出版局、市版权局)被文化部评为“全国文化市场管理先进单位”。

6日　来自三峡库区重庆市开县的164户、705名移民迁居泰安，受到全市人民的热烈欢迎。

7日　全省机关事务工作座谈会在泰城召开。与会人员观摩了市政中心机关后勤管理和服务工作现场。

△北京市常务副市长孟学农率领有关部门负责人到肥城银宝食品有限公司考察验收进京销售肉菜厂点资质条件，并达成进京销售意向。副省长陈延明，市委副书记、市长耿文清等陪同考察。

8日　副省长王仁元来泰安检查指导经济运行及安全生产工作情况。市委副书记、市长耿文清等汇报有关情况。

△由新华鲁抗药业零售连锁有限公司与泰安市合作开办的国有控股企业——泰安新华鲁抗大药房开业。这是全市第一家以国有控股方式实施连锁经营的医药零售企业。

10日　山东省著名游泳运动员朱俊海成功横渡东平湖，整个里程为54公里，横渡时间为13小时42分钟。

17～18日　2002泰山经济论坛在泰城举行。原全国人大常委、中国社科院副院长、现中国社科院特邀顾问刘国光，全国政协财经委员会副主任、著名经济学家董辅礽等十多位著名经济学家出席论坛并作报告。副省长王仁元，市领导鲍志强、耿文清等出席开幕式。

18日　由山东巨力集团济南摩托车有限公司与山东泰工集团有限公司合资兴建的兰盾摩托生产线落成暨兰盾摩托城开业典礼在市高新区东区举行。

18～21日　参加第三期“中国——拉加南太国家经济管理官员研修班”的官员一行40人来泰安考察。

19日　中国国际贸易促进委员会副会长万季飞来泰安检查指导工作。市委书记鲍志强，市委副书记、市长耿文清会见并介绍有关情况。

19～20日　市十三届人大常委会第34次会议在泰城举行。会议通过了市人大常委会关于2002年上半年国民经济和社会发展计划及财政预算执行情况的审议意见、关于检查《水污染防治法》和《药品管理法》实施情况的报告、关于泰安市与巴西永贾伊市建立友好城市关系的决议。

21日　全市高新技术工作会议在泰城召开。市委书记鲍志强在会议讲话中要求，大力发展高新技术，在高新技术产品、高新技术企业和高新技术园区三个方面实现重点突破，推进全市经济跨越式发展。市领导耿文清、张知平、宋广吉等出席会议。

△副省长陈延明来泰安视察抗旱工作和苗木花卉基地建设情况。市委副书记、市长耿文清等陪同活动。

21～23日　九三学社山东省社务工作会议在泰安举行。九三学社中央副主席陈抗甫出席会议并就九三学社如何进一步加强机关建设讲了意见。

21～24日　全国高等农业院校“建行杯”第五届大学生田径运动会在泰安举行。来自全国35所高等农业院校的600余名运动员、教练员参加了本届运动会。教育部原副部长、中国高等教育学会会长周远清，山东省副省长陈延明出席开幕式。

27～28日　全省社会治安综合治理“泰安经验”座谈会在泰城召开。会议主要推广泰安市基层治安防范职业化承包责任制的做法。

27～30日　全国省级、副省级市工商联副会长培训班在泰城举行。中央统战部副部长胡德平，省委副书记、省政协主席吴爱英，全国工商联副主席王以铭、王治国，市领导鲍志强、耿文清、张知平、宋广吉等出席开班典礼。

28日　市光彩事业促进会成立。该促进会是由民营经济代表人士和在泰安投资的海内外工商人士自愿组成的具有法人地位的民间社会团体。中共中央统战部副部长、中国光彩事业促进会副会长兼秘书长胡德平，全国工商联副主席王治国，中国光彩事业促进会副会长刘志强、卢志强，市领导耿文清、张知平、宋广吉等出席成立大会。会后举行了由光彩事业促进会与山东明天房地产开发公司联合筹建的明天光彩工业园奠基仪式。

29～30日　海内外优秀学者(企业家)与泰安投资合作项目洽谈会在泰城举行。中国侨联常务副主席林明江，市委副书记、市长耿文清等出席洽谈会。洽谈会签订合作协议7个，合作意向16个。

30日　全国工商联党组副书记、副主席保育钧来泰安考察城市建设及企业情况。

本月　山东科技大学引进刘宝珺、刘盛刚两位中国科学院院士。

9月

1～3日　由山东、安徽、福建、河南、江苏、江西、浙江七省农机流通协会主办的2002年秋季山东省暨七省农业机械、工程机械新产品、新技术展示订货会在泰城举行。有1000多个生产厂家和经销商、5000多人参加订货会。

3日　市地方史志编纂委员会全体会议在泰城召开。会议审定了《泰安市志》(1985—2002)的编纂方案和篇目设计，部署市志编纂工作。市委副书记、市长、市地方史志编纂委员会主任耿文清在会议讲话中要求，要把修志工作纳入社会经济发展计划之中，做到领导到位、机构到位、经费到位、队伍到位、工作条件到位，确保修志工作正常开展。

5日　参加华东六省一市第十次政协工作座谈会的政协委员代表，在省政协副主席李殿魁、张敏的陪同下，来泰安视察。市领导鲍志强、耿文清、宋广吉等会见并陪同活动。

△市政府聘请加拿大国际贸易促进会会长徐勤为泰安市招商代理。

6日　武警泰安市支队武装巡逻分队成立，主要对泰城市区的交通干道、公共场所实施武装巡逻，维护正常的工作、生活秩序。

6～7日　2002年中国泰安投资合作洽谈会在泰城举行。来自海内外的300余名中外客商参加了洽谈会。达成内资合同、协议182个，合同、协议引资额50亿元；达成外资合同、协议26个，合同、协议引资额9756万美元。

6～10日　第十六届泰山国际登山节在泰城举行。省委常委、副省长林廷生，省军区副政委辛胜标，省里的老同志高逢五、张敬焘，韩国泰安郡议会议长金英雨，澳大利亚麦克阿瑟国际合作委员会主席保罗·布莱顿，日本大分县民友好协会会长冈宗由等出席开幕式。来自10个国家和地区的124名运动员、国内117个代表队的1185名运动员以及泰安市22个代表队的326名运动员参加了登泰山比赛。

7日　省委常委、副省长林廷生到市高新技术产业开发区检查工作。林廷生要求，市高新区要发挥优势，进一步加大招商引资力度，努力建设成为以现代工业、高新技术产业为主导的现代化工业新区。市领导鲍志强、耿文清陪同活动。

△湖北省委副书记、武汉市委书记罗清泉率领武汉市考察团来泰安考察。市委书记鲍志强会见并介绍有关情况。

8日　2002年“将军杯”中华蟋蟀友谊大赛在宁阳举行。来自北京、上海等20多个省市和港澳台地区的32个代表队及宁阳县部分乡镇的代表队参加了比赛。

11日　以皮扎莱先生为团长的意大利客商代表团一行5人来泰安考察投资项目。

12日　李玉国同志先进事迹报告会在泰城举行。李玉国是滨州市沾化县地税局的一名普通干部，虽然身患癌症，仍以顽强的毅力坚持工作，直到病逝。报告会要求，在全市迅速掀起学习李玉国先进事迹的热潮。

14日　泰山华侨大厦“金钥匙”授徽仪式在泰城举行，成为全市首家“金钥匙”饭店。中国饭店“金钥匙”是国家饭店的服务品牌，是现代饭店特色化、个性化的服务标志。

15～17日　省委党风廉政建设责任制考核组来泰安检查考核。考核组对全市强化落实党风廉政建设责任制，改革干部选拔任用、军转干部安置、政府公共采购、行政审批制度、后勤管理体制等措施给予充分肯定。市委书记鲍志强汇报有关情况。

17日　由香港中国基础建设投资有限公司与泰安经济开发投资公司等联合成立的泰安港泰基础建设有限公司合作签字仪式在泰城举行。公司成立后，将投资1.17亿元买断聊城至泰安天然气主管道所有权，投资1.03亿元建设泰安至磁窑、宁阳、曲阜的天然气管道。市委副书记、市长耿文清出席签字仪式。

18日　全市抗旱救灾和秋种工作会议在泰城召开。年内全市平均降雨量比常年同期偏少52%，受旱作物面积达27万公顷。市委副书记、市长耿文清出席会议并讲话。

19～20日　国家教育督导团来泰安检查《国务院关于基础教育改革与发展的决定》的贯彻落实情况。市委副书记、市长耿文清看望督导团一行。

21～23日　2002年国际苹果学术研讨会在山东农业大学召开。此次研讨会旨在加强学术交流与合作，促进苹果科学发展，推进中国苹果生产与国际市场接轨。来自美国、德国、法国的23位知名专家和国内60多位学者出席会议。

25日　京沪、京福高速公路(山东段)环境综合整治工作会议在泰安召开。副省长赵克志出席会议并讲话。

△韩国新任驻青岛总领事朴钟先一行4人来泰安访问。市委副书记、市长耿文清会见并介绍有关情况。

26日　政协第九届泰安市委员会第24次常委会议在泰城举行。会议审议通过市政协《关于对实施“政府提速工程”优化发展环境，民主监督情况的综合报告》。

30日　全市学习贯彻《山东省人口与计划生育条例》电视电话会议在泰城召开。

△市图书馆与中国数字图书馆有限责任公司(北京)合作建立的“中国数字图书馆泰安市分馆”建成开馆。该馆的建成，使读者可通过互联网查阅国家图书馆的图书。

本月　莱(芜)新(泰)高速公路泰安段竣工通车。该工程全长27.6公里，2000年9月开工建设，累计完成投资7.93亿元。

10月

1日　市委、市政府举行经济发展恳谈会，邀请泰安籍和在泰安工作过的省直机关厅级、副厅级领导人来泰安，共商发展大计。市领导鲍志强、耿文清、宋广吉出席恳谈会。

△泰安电业局正式更名为泰安供电公司，原属泰安电业局的电力行政管理职能移交市经济贸易委员会。

1～7日　旅游“黄金周”期间，来泰游客44万人，旅游总收入2.2亿元，比上年同期分别增长36.8%、28.7%。

2日　台湾名门开发集团主席、台湾工业区开发有限公司董事长林竹松一行6人来泰安市高新技术产业开发区考察。

△山东友好城市工业园奠基仪式在泰安市高新技术产业开发区新区举行。该项目投资4000万元，建筑面积3.5万平方米，主要建设智能化写字楼、标准厂房、综合服务大厅等。

10日　由中国劳动保护科学技术协会、山东科技大学等单位联合举办的2002安全科学与技术国际会议在泰城举行。来自美国、荷兰、日本等国家的近200名专家参加了会议。本次会议的主要议题是“安全科学与技术的发展与未来”。

△市信托投资公司撤销清算工作通过山东省清理整顿信托投资公司协调小组检查验收。

11日　岱岳区里峪和新泰龙溪河小流域治理工程被评为全国"十百千"示范小流域。

14日　中国铁道建筑总公司为公安战线一等功臣袁绪宏记功表彰大会在泰安召开。袁绪宏是铁道建筑公安局第十四公安处第二分处处长，5月，为捍卫人民生命财产而光荣负伤，10月9日，被公安部记个人一等功。

△2002年中国果树绿化用林良种苗木交流会暨中国泰山种子技术交易会在宁阳开幕。

16日　泰安市与驻鲁股份制银行合作项目推介会在济南举行。全市筛选推介53家企业的79个项目，总投资110亿元，申请项目贷款70亿元。市委副书记、市长耿文清等出席推介会。

16～17日　市十三届人大常委会第35次会议在泰城召开。会议审议通过市人大常委会关于全市招商引资工作情况的意见，关于检察院开展渎职侵权检察工作情况汇报的审议意见，关于检查《建筑法》、《动物防疫法》实施情况的意见，并表决人事任免事项。

17日　政协第九届泰安市委员会第25次常委会议在泰城举行。会议审议通过市政协人事任免事项。

18日　市公安局交巡警直属一大队民警陈强、崔传鑫在市民的帮助下，抓获公安部A级通缉令通缉的济南"8·16"特大杀人、抢劫枪支案件犯罪嫌疑人张勇杰。

20日　以俄罗斯大使罗高寿为团长的东欧及中亚地区22个国家驻华使节代表团一行36人，在外交部副部长刘古昌陪同下，来泰安参观考察。市委副书记、市长耿文清会见并介绍有关情况。

23日　泰城新区建设发展座谈会在泰城举行，邀请省里的老领导和济南军区老首长为泰城新区建设出谋划策、建言指导。

23～24日　山东省企业集团海外发展促进会2002年年会在泰城举行。市领导鲍志强、耿文清等出席会议。

△中国农业银行行长尚福林到农业银行泰安市分行进行"扁平化"管理改革调研。市领导鲍志强、耿文清陪同活动。

24日　泰国正大集团执行副总裁郑武樾、正大集团上海超市公司总经理汤宁扬来泰安考察，并就泰山广场大型超市合作项目进行洽谈。市委书记鲍志强会见并介绍有关情况。

25日　市十三届人大常委会第36次会议在泰城召开。会议通过市选举工作委员会《关于2003年全市县级以上人大换届选举工作安排意见》。

26～27日　"建设现代化法院"理论研讨会在泰城举行。省高级人民法院院长尹忠显，市委副书记、市长耿文清等出席会议。

△香港洲际联合发展公司董事长吕继刚先生一行9人来泰安参观考察，并就投资项目进行对接和洽谈。市委副书记、市长耿文清会见并介绍有关情况。

27日　泰山玻璃纤维股份有限公司博士后科研工作站挂牌暨与山东大学联合培养博士后研究人员签字仪式在泰城举行。全国博士后管委会主任、国家人事部原副部长徐颂陶出席挂牌暨签字仪式。

28日　泰安市专家咨询委员会2002年会在泰城举行。与会专家对全市提报的17个化工项目进行咨询、论证，签订13项技术合作协议书，并在新材料、生物工程、光机电一体化等高新技术领域提供大量科研信息。

28～30日　日本桥本市政府代表团在市长北村冀带领下来泰安进行友好访问。市委副书记、市长耿文清会见客人并介绍情况。

29日　长城路、104国道泰安段改建工程暨泰肥一级公路建设工程竣工通车。全国政协委员、原交通部常务副部长刘松金，市领导鲍志强、耿文清、宋广吉等出席通车仪式。长城路是在104国道的基础上改扩建的泰城新城区主要南北大街，北起石化饭店，南至河北大桥，4月6日开工，总投资3.1亿元，全长13.06公里，宽101米，时为全市标准最高的一条"城市景观大道"。投资1.36亿元的104国道改建工程，全长32.27公里，是连接泰安、曲阜的重要通道。泰肥一级公路全长23.26公里，2001年4月开工建设，东接泰山立交桥，西至肥城市济兖路。

△市人才市场新址在迎胜南路的原市纺织技校开业。

△泰山区财源街道办事处被评为全国创建文明村镇工作先进单位。

30日　市委市政府接访中心在市政大楼西北侧落成，建筑面积964平方米。

30日～11月1日　中国优秀旅游城市复核检查小组来泰安检查工作。

31日　华阳科技股份有限公司股票在上海证券交易所上市。

本月　在安徽芜湖召开的中国国际旅游商品博览会上，泰安市推荐的6件作品获奖，其中金奖1件（泰山紫铜浮雕），银奖1件，铜奖4件。

△市国税局被评为全国创建文明行业先进单位。

△新汶矿业集团鄂庄矿、翟镇矿分别被中国煤炭工业协会评为全国十佳煤矿、全国文明煤矿。

11月

1日　全市首家金融超市——中国农业银行泰安市分行金融超市开业。该超市主要为客户提供住房贷款、汽车消费贷款、个人住房公积金贷款等业务。

△总投资180万元的徂徕山林火微波电视监测系统开工建设。一期工程主要建设徂徕山森林防火指挥中心4个林火监测点。

2日　由山东润通管道工程有限公司、泰安鲁邦电力实业集团有限公司、新泰市高佐煤矿等联合发起的新泰明天热电有限公司热电项目开工奠基仪式在新泰举行。工程总投资4.2亿元，建设规模为4×24MW综合利用热电机组。

4日　山东汶正高新技术创业园奠基仪式举行。该创业园位于市高新技术产业开发区新区，计划投资3亿元建成科技成果转化和高新技术产业化基地。

△苏鲁豫皖毗邻地区第二次档案工作研讨会在泰城召开。来自苏鲁豫皖毗邻地区14个地市的档案局长就强化档案工作的现代化、信息化建设，更好地为经济建设和领导决策服务进行了研讨。

△泰安市十六大代表鲍志强、金兰英离泰赴京，出席中国共产党第十六次全国代表大会。市领导耿文清、张知平、宋广吉出席欢送仪式。

△全国政协常委、民建中央副主席路明来泰安考察调研，并与民建会员就思想建设、组织发展、参政议政等有关问题进行座谈。

5日　出席2002年中国作物学会理事年会暨全国作物栽培学科发展研讨会的农业部副部长刘坚，全国政协常委、民建中央副主席路明，中国农科院副院长刘旭来泰安参观山东农业大学教学实验基地。市委副书记、市长耿文清等陪同活动。

8日　市各大班子领导集中收听

收看中国共产党第十六次全国代表大会开幕式盛况和江泽民代表第十五届中央委员会所作的报告。17日，市委召开全市党员领导干部会议，传达贯彻党的十六大精神，会议要求，各级要精心组织，认真学习，把握实质，搞好宣传工作，扎实做好各项工作。

12日 泰山医学院新校区开工仪式举行。新校区位于泰安高新技术产业开发区新区的北部，占地180公顷，规划面积78万平方米，总投资6.9亿元。

13～14日 由中纪委党风室组织的国有企业党风廉政建设责任制工作座谈会在泰城召开。市委副书记、市长耿文清介绍有关情况。

18日 中国人民银行在全国发行第五套人民币5元纸币和5角硬币。新版5元纸币背面为泰山图案，图案中可见南天门、十八盘景点和“五岳独尊”字样。这是自1948年12月1日中国人民银行开始发行人民币以来，泰山图案首次出现在人民币上。

19日 泰安市与巴西永贾伊市建立友好城市关系。

△宁阳县电业局被国家电力公司评为“国家一流县供电企业”。

20日 乌克兰总统列昂尼德·达尼洛维奇·库奇马一行54人，在中国驻乌克兰大使李国邦夫妇和副省长邵桂芳陪同下来泰安访问。市委副书记、市长耿文清陪同活动并介绍情况。

20～21日 2002年全国旅游厕所建设与管理研讨会在泰城召开。全国有31个省市自治区旅游行政管理部门的负责人、4A级旅游景区(点)的管理者等220余人参加会议，国家旅游局副局长顾朝曦，市委副书记、市长耿文清等出席会议。

22日 山东省电信公司泰安市分公司更名为山东省通信公司泰安市分公司、泰安电信鲁通有限公司更名为泰安鲁通有限公司揭牌仪式在泰城举行。全国政协委员、中华全国集邮联合会秘书长、原邮电部副部长刘平源，市领导鲍志强、耿文清、宋广吉等出席揭牌仪式。

23～24日 2002中国泰山国际投资贸易洽谈会在泰城举行。保加利亚驻华大使查内夫以及来自亚洲、欧洲、美洲等31个国家和港澳台地区的商务官员及288家公司、商社、财团的代表共500多位客商参加了洽谈会，市领导鲍志强、耿文清、张知平、宋广吉等出席开幕式。洽谈会达成投资合同或协议83个，其中投资合同48个，合同金额2.65亿美元。

25日 肥城矿业集团公司大封铝厂首批铝锭下线，经化验检测，铝锭纯度达到99.70%以上，完全符合国际标准。第一批产品于12月出口美国。该铝厂2.5万吨起步工程于2001年9月底动工兴建。

27日 泰安市城市空气质量自动监测系统通过国家验收。

29日 全市第一条现代商业步行街——泰山温州商业步行街开工奠基。该步行街东起泰东路，西至迎胜路，全长1675米，总投资3.8亿元，其中一期工程由温州客商投资1.8亿元建设长597米的商业步行街。

30日 中澳合资山东米歇尔生物制品有限公司成立。该公司是以生物制品、血液制品、基因工程产品和生化制药为主体，集科研、生产、经营于一体的高新技术企业，公司首期投资总额为1.6亿元。中国金融工会主席、原卫生部副部长何界生，市委副书记、市长耿文清等出席揭牌仪式。

12月

2日 莫桑比克索法拉省省长扎卡里亚斯率政府代表团一行7人来泰安考察访问。

△牛山省级森林公园晋升为国家级森林公园。

3日 中共泰安市七届十三次全委会议在泰城召开。会议审议通过了《中共泰安市委关于深入学习贯彻党的十六大精神的决议》，确定建设经济强市“三步走”的奋斗目标。

△中共泰安市纪律检查委员会第十三次全体会议在泰城召开。会议要求，认真学习贯彻党的十六大精神，加大党风廉政建设和反腐败斗争力度。

4日 市人大常委会召开座谈会，纪念现行宪法颁布20周年。

△中国驻蒙古国大使黄家骙夫妇一行4人来泰安参观访问。

5日 市政协第九届泰安市委员会第26次常委会议在泰城召开，审议通过了市政协《关于深入学习贯彻中国共产党第十六次全国代表大会精神的决议》。

9日 新华人寿保险股份有限公司泰安中心支公司开业运营。

10日 市金桥投资担保有限公司成立，该公司主要为民营企业贷款提供担保。

11日 全市学习贯彻党的十六大精神宣讲报告会在泰城举行。省委学习十六大精神宣讲团成员、省社科院党委书记、院长宋士昌教授作了辅导报告。市委书记鲍志强出席报告会并讲话。会后，市、县、乡均组织了学习十六大精神宣讲队伍，深入农村、厂矿、企事业单位进行宣讲，全市掀起学习十六大精神的热潮。

12日 国家开发银行向泰安城建国有资产经营有限公司环泰山公路工程项目贷款1.4亿元人民币合同签字仪式在济南举行。环泰山公路工程项目由全长50.12公里的环泰山公路、19.5公里的登山步游路和4处配套停车场三部分组成。市委副书记、市长耿文清等出席签字仪式。

14日 齐鲁风采电视福利彩票在泰城发行。该彩票采取固定奖即开即兑和特等奖入围电视摇奖两种兑奖方式。

15日 市委召开全市领导干部会议，传达中共山东省委关于泰安市部分市级干部的任免决定：鲍志强任中共济南市领导职务，不再担任泰安市委书记、常委、委员和市委党校校长职务；耿文清任中共泰安市委书记兼市委党校校长；贾学英任中共泰安市委副书记，主持市政府全面工作；张树禹不再兼任泰山学院党委书记职务；高儒林兼任泰山学院党委书记，连传学、李同道任市委常委。

△全国税务系统思想政治工作干部培训班在泰安举行。与会人员参观了泰安市区国税局办税服务厅、肥城市地税局等单位的基层建设情况。

18日 泰安军分区办公楼在原办公楼旧址落成。新落成的办公楼占地1149平方米，建筑面积5248平方米，集办公、生活、作战、勤务于一体。省军区副参谋长徐文高，市领导耿文清、贾学英出席落成典礼。

△泰山生力源集团荣获“C”标志，成为全省首家荣获该项标志认证的企业。“C”标志管理是对定量包装商品计量状况的一种新型监督管理方式。

18～21日 泰安市组团参加在济南举行的“2002中国山东海外人才交流暨经贸技术合作洽谈会”。与海外留学人员达成合作意向51项，签定合资项目、合作协议9项。

19日 副省长张昭福来泰安，就市场经济秩序整顿和打击走私工作进行调研。

20日 市十三届人大常委会第37次会议在泰城举行。会议通过了耿文清辞去泰安市人民政府市长职务请求的决定，决定贾学英为泰安市人民政府代理市长，任命李同道为泰安市人民政府副市长。

21日　市公安局泰山广场分局成立。

24日　市作家协会第二次代表大会在泰城召开。会议审议通过了市作协第一届理事会工作报告和《泰安市作家协会章程》，选举产生了市作协第二届委员会。

26日　市政中心二期建设工程奠基仪式举行。该工程是时代发展线的重要组成部分，建筑面积1.36万平方米。

△市法院首次采用注射方式执行死刑。

27日　南水北调东线工程启动，长江水穿越黄河的东平至济南段工程，即济平干渠工程同时启动。济平干渠工程静态总投资12.63亿元。

28日　中国重型汽车集团泰安五岳专用汽车有限公司成立。该公司是由中国重型汽车集团有限公司和市国有资产经营有限公司、市基金投资担保有限公司合资成立的。

△泰安高新技术产业开发区发展论坛暨签约仪式在北京举行。中国国际经济协会副主席、全国政协经济委员会委员、香港国际企业联合会名誉会长罗元铮等专家、学者、企业家出席论坛，并就泰安高新区的发展方向、战略思路、科学管理进行了研讨。泰安高新区与香港国际企业联合会、美国蜜蜂软件有限公司、香港益通洲际（集团）有限公司签定了合作协议。

30日　全市救灾捐赠动员大会在泰城召开。至2003年1月，全市共为遭受特大干旱的灾区群众捐款997万元。

本月　市财政局被国家人事部、财政部授予“全国财政系统先进集体”荣誉称号。

△市文化局（市新闻出版局、市版权局）被国家新闻出版总署、公安部、全国扫黄打非领导小组办公室评为“全国扫黄打非先进单位”。

年内　市委、市政府继续把工业经济、民营经济、招商引资作为建设经济强市的三大战略重点，全市经济实力明显增强。全市实现国内生产总值515.2亿元，人均国内生产总值9458元，跨入全国地级以上大中城市百强行列。

△泰城建设取得重大进展，其中，完成泰城南部（高新技术开发区）50平方公里、东部（泰山区）27.6平方公里、西部（岱岳区）13.03平方公里的新区建设规划，并进入实施阶段；完成18条城区道路建设。

△全市招商引资工作实现重大突破，其中，签订引进国内资金项目1192个，合同引资额138.37亿元，市外到位资金68.78亿元；批准利用外资项目55个，合同外资额1.22万美元。

△全市农业“1113”工程3年目标全面完成：全市优质小麦面积达到110万亩，优质果品面积106万亩，亩收入5000元高质田102万亩，优质畜产品达到32万吨。

△市委、市政府抓住市直机关集中办公的契机，按照服务商品化、专业化、市场化的原则，改革传统体制下供给制、福利性、无偿式后勤服务模式，实施集约化、标准化服务，合理配置办公和后勤服务资源，降低社会公共管理成本，增强后勤服务工作的公开性和透明度，促进了机关政务工作和党风廉政建设。

△全市全年旅游收入突破30亿元，其中接待国内游客583.7万人次，国内旅游收入33.1亿元；接待海外旅游7万人次，旅游创汇2192万美元。

△全市出现特大旱情，全年降水301.2毫米，比常年值675.2毫米少55.4%，为历史极少值。

领导人视察泰安

【吴官正来泰考察调研】　1月24日，中共中央政治局委员、山东省委书记吴官正带领省总工会等省直有关部门的负责人来泰安市考察调研。市领导耿文清、张树禹、高儒林、李洪峰、杨忠海等陪同活动。

吴官正一行先后考察泰安市特种车制造厂、泰安华泰铝轮毂有限公司。在听取企业汇报、观看企业发展历程展之后，吴官正对企业跳跃式发展、技术创新及开拓市场能力表示赞同和满意；对市委、市政府大力发展工业，支持企业进行技术改造，并果断实施土地置换，改善企业环境，重点培植有发展后劲、有国内外市场发展潜力的特需产品的做法，给予了充分肯定。同时，吴官正对泰安市各级积极招商引资，盘活资产，壮大工业实力，加大出口力度的做法，感到满意和高兴。随后，吴官正又来到泰山广场、泰山学院（筹建）、天地广场进行参观考察。对泰安市城建高起点规划、建设现代化园林旅游城市的功能定位和建设速度表示赞赏；对泰安市采取的各种措施表示肯定，同时对泰安市今后在城市建设方面提出新的希望和要求。

【任建新来泰视察】　6月10～13日，全国政协副主席任建新在省政协副主席时立军的陪同下来泰安市视察工作。市领导鲍志强、耿文清、宋广吉、唐家品、李凤明等陪同活动。

在泰期间，任建新视察了泰安市的城市建设以及泰山的保护管理等工作，对泰山及各景点的保护给予高度评价，对泰安市在经营城市、加快城市建设方面高起点规划、高标准建设、产业化开发的做法表示肯定，认为泰安市探索的城市建设市场化、资金筹措多元化、资源利用商品化、基础设施社会化的“经营城市产业”格局，适应社会主义市场经济的要求，有利于加快城市化进程。在听取市委书记鲍志强关于泰安市工作情况汇报后，任建新给予肯定，同时希望泰安市进一步加大工作力度，继续加快科技进步，优化发展环境，切实加强精神文明建设、民主法制建设和党的建设，推动全市经济社会持续快速健康发展。他指出，泰安是旅游城市，在防治环境污染方面是好的，山清水秀，空气清新，今后还要进一步高度重视环境保护问题，发展高新技术项目，使泰安经济发展得更快，把泰安建设得更美好。

【张高丽来泰调查研究】　1月17日，省委副书记、代省长张高丽来泰安市调研工业企业、教育、城建等工作。市领导耿文清、高儒林、李洪峰等陪同活动。

张高丽一行听取泰安市的汇报并实地查看泰安高压开关集团公司、泰安特车厂、泰安华泰铝轮毂有限公司、岱银集团、厚丰有限责任公司、市场街社区、泰安玻璃纤维股份有限公司、泰山学院、泰山广场、天外村广场等。对泰安市工业、城建、旅游、教育等项事业的发展给予充分肯定和高度评价。对做好今后的工作，张高丽提出明确要求。他指出，一是要进一步解放思想，与时俱进，改革创新，加快发展；二是要用市场经济机制和市场化的办法来抓经济工作；三是狠抓调整这条主线，努力实现经济的跳跃式发展；四是求真务实，真抓实干，努力实现一季度开门红。在谈到城市建设和旅游业的发展时，张高丽指出，要高起点规划、高标准建设、高效能管理，把泰安建成闻名中外的历史名城、优美的风景旅游区和有新世纪气息的现代化城市。同时，要加大整治力度，凡是影响泰山自然景观的，都要逐步进行整治，努力把泰山建成文明中外的旅游景区。

6月26日，省委副书记、省长张高丽在省政府秘书长孙守璞，省委组织部副部长、老干部局局长董国勋的陪同下来泰安市走访慰问老党员。市领导鲍志强、耿文清、唐家品、杨忠海、李学法等陪同活动。

张高丽一行先后到泰山区泰前街道办事处泰前社区、艾洼村慰问老党员。张高丽指出，各级党员干部要心里装着群众，时刻关心群众的疾苦，同时，继承和发扬光荣传统，全面贯彻落实中央对农村工作的决策部署，以增加农民收入为中心，依法做好农民负担的监督和管理工作，坚决制止"三乱"，切实减轻农民负担。他鼓励村干部，要结合当地实际，以市场为导向，充分发挥区域优势，调整优化种植结构，调动和保护农民的积极性。

张高丽一行还实地察看了泰安高新技术产业开发区的建设情况。当了解到高新区目前管理体制已经理顺，市级权限也已落实，按照"高起点规划、高标准建设、高效能管理、高速度发展"的要求，各项建设全面启动时，张高丽非常高兴，对高新区取得的成绩给予充分肯定和高度评价。他希望泰安市继续抓住有利时机，进一步加大招商引资力度，加快入区项目的建设步伐，不断提高高新区的服务和依法办事水平，营造亲商、富商、安商的氛围，努力为中外客商创造一个服务周到高效、规范公正、舒心放心的创业环境。 （*左冬梅*）

第十六届泰山国际登山节

【概况】 9月6～10日，第十六届泰山国际登山节在泰安举行。本届登山节由中华全国体育总会、中国登山协会、中国科学技术协会、中国国际贸易促进委员会、中华全国工商业联合会、中国人民对外友好协会、中国国际广播电台、山东省体育局、山东电视台、泰安市人民政府主办，泰安市人民政府承办。

登山节开幕式 9月6日晚在市体育中心举行，开幕式与文艺晚会合二为一，采用市场化方式运作。山东省委常委、副省长林廷生宣布开幕，泰安市委副书记、市长耿文清致开幕辞。文艺晚会声光并茂，歌舞荟萃，全方位、多层面展示了泰山、泰安的良好形象。

"千年泸宝酒杯"第十六届泰山国际登山节第七届全国全民健身登泰山比赛 9月7日上午举行。来自美国、加拿大、瑞士、日本、韩国等10个国家和地区的124名运动员，国内114个代表队的967名运动员以及泰安市21个代表队的146名运动员参加了比赛。比赛分男子青年组、女子青年组、男子中年组、女子中年组、男子老年组、女子老年组。经过激烈角逐，北京长跑俱乐部一队、浙江广通房地产集团、沈阳体总长跑俱乐部一队、辽宁本溪水泥厂、连云港体育局、抚顺市长跑协会获得团体总分前六名。

经贸活动 9月5～7日举办的2002年中国泰安投资合作洽谈会，全市共筛选100个重点项目、100个存量资产项目、17个园区建设项目对外发布。签定内资合同122个、合同引资额40.8亿元，内资协议60个、协议引资额9.2亿元，其中合同投资额5000万元以上的项目23个；外资合同18个、合同利用外资额7659万美元，外资协议8个、协议利用外资额2097万美元，其中合同投资额100万美元以上的项目11个。9月7日开幕的中国泰山金秋旅游联谊会，邀请国家旅游局、省旅游局、国内各大旅行社、大专院校的160余名代表参会，主要安排泰山金秋旅游推介会、旅游线路考察等活动。会上推出20条精品路线，签订了部分组接团协议和网络经营合同，市旅游协会与加拿大GTS企业有限公司就建立泰安市金日国际旅行社有限公司签定合同。9月1～4日举行的2002年秋季山东省暨七省农业机械、工程机械新产品新技术展示订货会，有1000多个生产厂家、经销商共5000多人参加，成交额达5亿元。

文体活动 本届登山节期间安排的文艺活动，是历届登山节最丰富的一次。市文化局在天外村广场、市政广场组织市山东梆子剧团、市艺术团等演出团体进行文艺演出。泰山区政府举办的第五届中国泰山国际奇石大展，吸引来自广西、广东、江苏、内蒙古、河北等20多个省、市、自治区赏石专家、奇石收藏爱好者参观展览，交易额800余万元。2002年"将军杯"中华蟋蟀友谊大赛，有来自北京、上海、天津、江苏等18个省市和港澳台地区的32支代表队及宁阳县部分乡镇的代表队参加比赛。据统计，蟋蟀交易及其带动的相关产业的收入达5900万元。同时举办了泰山首届民间收藏精品展、山东军地联谊名家书画展、中国·泰山"御座杯"宫廷菜烹饪技能大赛等活动。 （*陈克忆*）

编辑·校对 安 丽

全市概况

环境 资源 人口

【位置面积】 泰安市位于山东省中部，地处东经116°20′～117°59′、北纬35°38′～36°28′之间。北以泰山与济南市为界，南与济宁市相连，西隔黄河与聊城市相望，东与莱芜市、临沂市相邻。东西长约176.6公里，南北宽约93.5公里，面积7762平方公里，占全省面积的6.2%。其中，泰山区337平方公里，岱岳区1750平方公里，新泰市1933平方公里，肥城市1277平方公里，宁阳县1125平方公里，东平县1340平方公里。

泰城为市政府驻地，位于泰山南麓，北距省会济南66.8公里，南至孔子故里曲阜74.6公里，处于山东省"一水、一山、一圣人"旅游热线的中间。泰城建成区面积59平方公里，城区居住人口60万人。

【建置沿革】 泰安因泰山而得名，"泰山安则四海皆安"，寓国泰民安之意。五万年前已有人类在泰山周围生息繁衍，4000～6000年前，汶河两岸的氏族部落创造了繁荣的"大汶口文化"。夏商时期属青州、徐州。周代分属齐国、鲁国。秦代，境内分属济北郡、东郡、薛郡。西汉初设泰山郡，隶兖州刺史部。北齐改为东平郡。隋初分属济北郡、鲁郡、琅琊郡。唐隶兖州、沂州。宋隶兖州。金天会十四年(1136年)，设泰安军，泰安之名由此始。金大定二十二年(1182年)设泰安州，隶山东西路。元隶东平路、中书省。明代隶济南府。清雍正二年(1724年)改为泰安直隶州，后改设泰安府，隶山东行省。1913年裁府，境内各县分属济南、济宁、东临三道。1925年，北洋军阀设泰安道，1928年撤销。1936年，境内泰安、新泰县隶第十二行政督察专署，肥城、东平、宁阳县分隶第六、第二、第一行政督察专署；1947年，泰安、新泰、宁阳、肥城县改隶第十五行政督察专署，东平隶第二行政督察专署。1939年，建立抗日民主政权，同年11月至次年3月，泰西行政督察专员公署、泰山行政督察专员公署相继诞生。1941年9月，成立泰南区行政联合办事处，后改为泰南区行政督察专员公署，1945年10月撤销。1950年5月，泰山、泰西合并成立泰安专署。1958年10月撤销泰安专署，辖县分属济南市和聊城专署。1961年7月复置泰安专署。1967年，成立"泰安地区革命委员会"替代专署。1978年7月撤销"泰安地区革命委员会"，成立泰安地区行政公署。1985年3月，撤销泰安地区，原县级泰安市升格为地级市，实行市管县体制。

【行政区划】 年末，泰安市辖泰山、岱岳两个区，宁阳、东平两个县，代省管辖新泰、肥城两个县级市。全市有乡、镇、办事处86个(乡15个、镇61个、办事处10个)、村(居)委会3733个，其中，泰山区有1乡2镇5个街道办事处、199个村(居)民委员会，岱岳区有2乡13镇2个街道办事处、684个村(居)民委员会，新泰市有1乡17镇2个街道办事处、918个村(居)民委员会，肥城市有1乡12镇1个街道办事处、607个村(居)民委员会，宁阳县有3乡9镇、567个村(居)民委员会，东平县有7乡7镇、716个村(居)民委员会。另外，归泰安高新技术产业开发区管理的北集坡镇有42个村(居)民委员会。

【人口状况】 2002年末，全市有人口546.4万人，比上年增加3.3万人，增长0.6%。其中男性277.8万人，女性268.6万人，男女性别比为103.4∶100。

总人口中，农业人口有378.8万人，占总人口的69.3%；非农业人口167.6万人，占总人口的30.7%。

总人口中，泰山区61.3万人，岱岳区95.9万人，新泰市134.8万人，肥城市96.7万人，宁阳县80.7万人，东平县77.0万人。

年末，全市人口密度为704人/平方公里，其中，泰山区1819人/平方公里，岱岳区548人/平方公里，新泰市为698人/平方公里，肥城市757人/平方公里，宁阳县717人/平方公里，东平县575人/平方公里。

年内，全市出生6.8万人，人口出生率12.5‰；死亡3.6万人，死亡率6.6‰；人口自然增加3.2万人，自然增长率5.9‰。 (陈希锋)

【民族概况】 年内，全市有汉、回、满、壮、蒙古、朝鲜、苗、侗、藏、维吾尔、彝、布依、瑶、白、土家、土、哈呢、傣、黎、傈僳、畲、水、纳西、达斡尔、仡佬、俄罗斯、仫佬、撒拉、毛南、鄂伦春等30个民族，其中汉族538.6万人，占全市总人口的98.5%；其他29个少数民族共7.8万人，占全市总人口的1.5%。在29个少数民族中，回族7.76万人，占全市少数民族总人口的99%。少数民族人口在全市呈大分散、小集中分布，6个县(市、区)的86个乡(镇、办事处)均有少数民族居住，较集中的有66个乡(镇、办事处)的145个村(居)。其中，少数民族人口占全村(居)人口50%以上的民族村(居)49个，少数民族人口2000人以上的乡(镇、办事处)11个，少数民族人口1万人以上的县(市、区)有泰山区、岱岳区、

新泰市、肥城市。 （张烈泉）

【土地资源及特征】 全市有土地面积77.62万公顷，耕地32.1万公顷，约占土地总面积的41.4%，其中有效灌溉面积23.06万公顷。全市人均占有耕地0.06公顷，农民人均占有耕地0.08公顷。泰安市地属鲁中山区的一部分，整个地势自东北向西南倾斜。境内有山地、丘陵、平原、洼地、湖泊等地貌类型。山地集中分布在境域北部和东部，占全市面积的18.3%，其中，泰山雄踞境内北部，其主峰玉皇顶海拔1545米，相对高度1400米，为山东省第一高峰。丘陵主要分布在新泰市西南部、宁阳县东部、岱岳区西北部、肥城盆地边缘及东平县北部，占全市面积的41.1%，海拔在120～400米之间。平原主要分布在山麓及河流沿岸，占全市面积的29.6%，海拔在60～120米之间，其中，山东省著名四大山麓平原之一的泰（安）莱（芜）肥（城）宁（阳）平原，大部分在泰安市境内。洼地主要分布在东平县“三湖”（老湖、新湖、稻屯洼）周围，占全市面积的11%，海拔在38～60米之间。湖泊集中在东平县，“三湖”水面6.35万公顷（含市外部分），其中东平湖系山东省第二大淡水湖，为古梁山水泊遗存水域。

【气候特征】 泰安市属于暖温带大陆性半湿润季风气候区，寒暑适宜，光温同步，雨热同季。全年光能辐射总量为117.9千卡/平方厘米。在3～11月份农作物生长发育期间，计有102亿千卡/公顷的能量供利用。年均日照时数2527.9小时，年日照百分率58.3%。年平均气温13℃，平均降水量675.3毫米。因受地形、地貌影响和地域的差异，形成局部小气候区，泰山山顶年平均气温5.4℃，年降水量1078.4毫米；徂徕山前、柴汶河畔的高温小区，年平均气温在14℃以上，≥0℃的积温5200℃，比全市平均积温高出三四百度，达到亚热带标准。这些不同类型的小气候区，孕育产生了许多地方特产。

【水源特征】 全市境内有大小河流100余条，分属黄河、淮河两大流域。大汶河属黄河流域，为市内第一大河，发源于沂源县松崮山南麓的沙崖子村，自东向西流经全市，由大清河流入东平湖注入黄河，在境流域面积6457平方公里，占全市面积的83.2%。新泰市的东汶河及宁阳县的汉马河、洸府河、宁阳沟属淮河流域的泗河、沂河水系，流域面积1305平方公里，占全市面积的16.8%。全市有水面270平方公里，占全市面积的3.5%，主要包括湖泊、水库、坑塘及部分矿区积水洼地，其中水库529座，总库容8.9亿立方米。发现温泉4处，其中，岱岳区桥沟温泉面积8.5万平方米，水深为0.5～8米，混合水温在41℃～49℃之间，水质清澈透明，无臭、无味、无毒，属一级水。全市水资源总量19.22亿立方米，其中地表水13.89亿立方米，地下水11.81亿立方米（地表水与地下水互相转化的重复量为6.48亿立方米），可利用量17.44亿立方米。

【生物资源】 全市有高等植物239科1212种，动物4纲385种，浮游生物35科136种，农作物害虫天敌3纲39科113种。

粮食作物主要有小麦、玉米、地瓜、高粱、大豆、大麦等；经济作物主要有花生、芝麻、棉花、大麻、烟草、蔬菜等，其中岱岳区大汶口和新泰花生，新泰芹菜、密刺黄瓜、汶南黄姜，岱岳区黄芽白菜，宁阳大刺黄瓜、辣椒等，均属优质品种。

木本植物分属71科471种（变种）。用材树种主要有泡桐、油松、赤松、刺槐、毛白杨等50余种；经济树种主要有苹果、梨、桃、板栗、核桃等30余种。其中肥城桃，宁阳梧桐、大枣，泰山板栗、金帅苹果，新泰天宝樱桃、马家寨子香椿芽等，为地方优质品种。观赏树种有40余种，主要有雪松、园柏、银杏等；有珍稀树木11种，名、古树木16种884株，主要有汉柏、唐槐、六朝松等。

牧草分属35科95属118种，以禾本科最多，菊科次之。全市天然草场年产鲜草约2.5亿千克。

中药材分属110科488种，其中泰山灵芝、何首乌、四叶参、紫草、黄精为泰山名贵药材。肥城栝楼属地方名优品种。

水生植物40种，分属2门18科30属，集中分布于东平“三湖”，主要有藕、芡实、菱角、苇、蒲草等。

畜禽品种50多个，主要有牛、马、羊、猪、鸡、鸭等，其中东平、宁阳一带的鲁西黄牛为全国四大良种牛之一，役肉兼用。小尾寒羊为稀有品种，主要产地东平县，列为全省小尾寒羊保种基地。地方良种有新泰大黑山羊和东平湖麻鸭等。

水生动物以东平湖、稻屯洼为最多，主要有中华绒螯蟹（毛蟹）、鳖、虾、蚌等。鱼类分属7目19科47属66种，主要有鲫、鲤、鲢、草鱼等。泰山涧溪中的赤鳞鱼，被列为省级保护的濒危鱼种；汶河鲢鱼肉质鲜美，属地方名种。

野生动物有两栖动物7种、爬行动物13种、鸟类197种。珍稀动物有属国家一类保护动物黑鹳，国家二类保护动物红角、金雕，农作物害虫天敌主要有胡蜂、益蝽、瓢虫等。兽类16种。

【矿产资源】 境内发现矿藏59种，有储量的23种，储量为497.9亿吨。其中，列入储量表的18种，主要有煤、铁、石膏、自然硫、岩盐、钾盐、石灰岩、花岗石等，储量为493.04亿吨，占全省已探明固体矿藏储量的59.4%。

铁主要分布在东平县和岱岳区角峪一带，探明储量4.58亿吨，占全省铁矿总量的22%，煤主要分布在新泰、肥城、宁阳、东平，探明储量22.66亿吨，保有储量13亿吨。自然硫系国内发现唯一的沉积型自然硫矿床，探明矿藏储量31.93亿吨，折合纯硫3.19亿吨。石膏主要分布在大汶口和汶东两盆地，探明储量355亿吨。岩盐矿分布在大汶口盆地中，地跨肥城、岱岳区两市区，面积约36.4平方公里，氯化钠平均含量86.76%，探明储量74.99亿吨。石灰岩除泰山区外，其余5县（市、区）均有分布，已勘探的4个矿区储量2.9亿吨。花岗石主要分布在岱岳区、新泰、肥城等地，探明储量1.8亿立方米，品种主要有泰山红、泰山花、泰山青、吉祥绿、龙岗红等。耐火粘土探明储量627万吨，主要分布在岱岳区、肥城等地。

国民经济与社会发展综述

2002年，在市委、市政府的正确领导下，全市人民全面贯彻邓小平理论和“三个代表”重要思想，围绕建设经济强市，整体推进工业经济、民营经济、招商引资三大工作重点，加快改革开放和结构调整步伐，国民经济持续快速健康发展，社会事业全面进步，人民生活不断改善。

综　合　①经济综合实力明显增强。全年实现国内生产总值515.2亿元，按可比价格计算，比上年增长13.9%，比1997年增长76.7%。其中，第一产业增加值75.8亿元，比上年增长2.1%，比1997年增长20.1%；第二产业增加值246.2亿元，比上年增长

18.8%，比1997年增长99.97%；第三产业增加值193.2亿元，比上年增长13.0%，比1997年增长86.6%。人均国内生产总值9458元，比上年增长13.3%，比1997年增长72.4%，跨入全国地级以上大中城市百强行列。②产业结构不断优化。2002年，三次产业结构由上年的16.5：45.1：38.4，调整为14.7：47.8：37.5。第二产业在经济增长中仍处主导地位，拉动GDP增长8.6个百分点，其中工业拉动6.8个百分点，比上年分别增加2.4和1.4个百分点。③民营经济不断发展壮大。年末，全市个体工商户发展到6.85万户，比上年增长1.3%；从业人员13.2万人，比上年减少1.8%；注册资金9.2亿元，比上年增长4.4%。私营企业发展到6360户，比上年增长4.7%；从业人员8.7万人，比上年增长5.4%；注册资金32.8亿元，比上年增长33.2%。个体工商户和私营企业平均每户注册资金分别比上年增长3.0%和27.2%。全年民营经济完成增加值174.4亿元，比上年增长31.1%；占GDP的比重为33.9%，比上年提高4.2个百分点。实现税收10.7亿元，比上年增长48.1%；占地方财政收入的比重为45.0%，比上年提高7.9个百分点。④企业改制力度加大。年底，全市县属以上企业改制面达到95.7%，组建股份有限公司41家。企业上市融资有较大突破，全年5家上市公司在证券市场直接融资3.3亿元。培植拟上市资源企业12家。但是，经济和社会发展中仍存在许多矛盾和问题，主要是：经济结构性矛盾仍较突出，经济外向度不高，就业和再就业的压力依然较大。

农业 ①农业生产平稳发展。全年农林牧渔业完成增加值75.8亿元，比上年增长2.1%，比1997年增长20.1%。其中，农业完成52.95亿元，渔业完成3.17亿元，分别比上年下降0.3%和0.1%；林业完成2.73亿元，牧业完成16.96亿元，分别比上年增长2.4%和11.6%。农林牧渔业增加值比例为69.8：3.6：22.4：4.2。粮食及部分经济作物受旱灾和播种面积减少的影响，出现减产。主要农产品产量如下：

品　名	产　量	增　长
粮食	186.1万吨	－16.0%
夏粮	80.0万吨	1.5%
秋粮	106.1万吨	－25.6%
棉花	3550吨	－12.2%
油料	13.1万吨	－28.6%
蔬菜、瓜类	737.5万吨	8.1%

②种植业结构逐步优化。粮食面积调减2533公顷，棉花面积调减267公顷，油料面积调减133公顷，蔬菜面积比上年增加8933公顷，果园面积增加2000公顷，全市粮经种植面积比例61：39。③牧业生产增长，渔业下降。主要畜产品中，肉类总产量31.7万吨，比上年增长12.7%；禽蛋总产量21.7万吨，增长14.3%；牛奶产量3.3万吨，增长81.8%。受旱灾影响，水产养殖面积由上年的1.39万公顷，减少为年内的1.23万公顷，水产品产量5.8万吨，下降11.1%。④农业生产条件继续改善。年末，农用机械总动力达303.2万千瓦，比上年增长4.7%。其中，农用排灌动力机械94.5万千瓦，增长4.1%；联合收割机达5277台，增长8.1%。农村用电量7.7亿千瓦小时，增长8.6%。全年化肥施用量（折纯）19.1万吨，增长4.0%。年末耕地面积32.1万公顷，有效灌溉面积23.1万公顷。

工业 ①工业经济保持较快增长势头。全部工业增加值实现207.3亿元，比上年增长17.5%，比1997年增长102.98%。在全部工业增加值中，规模以上工业134.7亿元，比上年增长18.5%。其中，国有及国有控股企业79.0亿元，比上年增长7.8%；集体企业13.3亿元，比上年增长29.7%；股份制企业72.8亿元，比上年增长24.6%；外商及港澳台商投资企业6.4亿元，比上年增长35.1%。主要产品产量如下：

品　名	产　量	增　长
原煤	2347万吨	6.4%
发电量	83.1亿千瓦时	8.3%
石膏板	7065万平方米	25.3%
化肥（折纯）	42.9万吨	15.2%
起重设备	46667吨	92.2%
高压开关板	1845面	48.2%
低压开关板	2650面	87.8%
电力电缆	1.1万公里	－17.7%
变压器	372.9万千伏安	32.0%
玻璃纤维纱	7.0万吨	89.3%
激光全息产品	605万平方米	46.2%
稀土	4350吨	117.0%

②工业效益显著提高。全市规模以上工业实现产品销售收入340.6亿元，比上年增长22.4%，比1997年增长70.2%；利润总额13.3亿元，比上年增长50.2%，比1997年增长98.9%；利税总额33.1亿元，比上年增长31.7%，比1997年增长66.4%。亏损面和亏损企业亏损额继续下降，分别下降5.4个百分点和49.0%。产成品占压减少，同比下降3.8%。产品销售率98.3%，提高1.3个百分点。经济效益综合指数达到108.3%，提高9.7个百分点。③“13511”工程进展顺利。全市“13511”工程企业累计实现产品销售收入273.0亿元，比上年增长13.7%，实现利税23.6亿元，增长17.0%，其中利润9.5亿元，增长15.5%，分别占全部规模工业的80.2%、71.4%和71.6%。

固定资产投资和建筑业 ①固定资产投资迅速膨胀。全社会固定资产投资完成167.4亿元，比上年增长56.6%，比1997年增长123.1%，增速比上年提高35.3个百分点。固定资产投资率达32.5%，比上年提高8.6个百分点，比1997年提高6.7个百分点。其中，城镇投资109.1亿元，增长47.5%；农村投资58.3亿元，增长76.8%。县以上固定资产投资新增固定资产54.4亿元，固定资产交付使用率53.8%。②投资规模快速扩张。全市城镇50万元以上固定资产投资项目619个，比上年增加130个，其中当年新开工项目446个。在建项目总规模达251.8亿元，比上年增加58.2亿元，增长30.1%。③投资结构明显改善。工业投资力度加大，完成投资75.8亿元，增长79.7%，占全社会固定资产投资的比重为45.3%，比上年提高5.3个百分点。国有投资比重下降，全市国有单位投资76.3亿元，增长37.1%，占全社会固定资产投资的比重为45.6%，同比下降6.4个百分点。重点建设项目进一步加强，泰山玻璃纤维有限公司三期第二条生产线、泰和集团2000万平方米纸面石膏板生产线、肥城矿业集团电解铝起步项目、莱新高速公路新泰段等一批重点基建、技改项目竣工投产或投入使用，为经济发展注入强劲后劲。④建筑业生产效益稳定提高。全年建筑业完成增加值38.9亿元，比上年增长26.8%，比1997年增长83.1%。全市原五级及五级以上建筑企业实现利润4.1亿元，比上年增长17.9%，比1997年增长64.9%；利税总额6.5亿元，比上年增长76.0%，比1997年增长53.5%；劳动生产率为4.2万元/人，比上年增长15.4%，比1997年增长16.7%。

交通运输、邮电业 ①交通运输业稳步发展。年末，全市等级公路通车里程达4350.5公里，比上年增加54.3公里。其中，高速公路通车里程达208.4公里，增加27.6公里；一级公路141.5公里，增加23.9公里。公路密度达56.1公里/百平方公里。全市营业性货运量4279万吨，货运周转量21.2亿吨公里，分别增长2.6%和3.6%；客运量2589万人，客运周转量17.2亿人公里，分别增长4.1%和5.7%。②邮电通信业持续快速发展。全年完成邮政业务总量1.3亿元，比上年增长7.9%；函件2903万件，增长22.0%；特快专递23.6万件，增长15.7%。完成电信业务总量4.4亿元，增长12.9%；长途业务电路10.1万路，净增2.9万路；程控交换机容量101.2万门，净增14.1万门；固定电话用户78.8万户，新增15.7万户，主线普及率为14.5线/百人，增加2.6线；上网用户13.1万户，增加3.6万户；宽带网用户4393户，增长2.6倍。全年完成移动业务收入3.9亿元，比上年增长13.9%，移动电话用户50.3万户，增长43.3%。

国内贸易　①城乡消费品市场逐渐趋活。全市实现社会消费品零售额162.0亿元，比上年增长11.2%，增幅同比提高2.9个百分点。其中批发零售贸易业实现零售额103.1亿元，增长12.8%；餐饮业实现零售额14.4亿元，增长14.8%。城镇、农村同步增长，全市城镇、农村分别完成消费品零售额106.6亿元和55.4亿元，分别增长11.2%和11.1%。全市国有及国有控股企业销售高速增长，实现零售额27.3亿元，增长17.5%。个体私营经济占据半壁江山，实现零售额85.5亿元，增长11.8%，市场份额达52.7%。②集贸市场交易额回落。2002年末，全市城乡集贸市场499个。全年集贸市场成交额170.1亿元，比上年下降11.5%，其中，城市市场成交46.6亿元，下降28.6%；农村市场成交123.5亿元，下降2.8%。

对外经济　①外贸出口实现历史性突破。全市累计完成进出口总额3.02亿美元，比上年增长7.9%，比1997年增长112.7%。出口首次突破2亿美元，完成2.27亿美元，比上年增长29.2%，比1997年增长157.95%。其中，获权企业出口15399万美元，增长45.5%；三资企业出口7350万美元，增长4.7%。进口7415万美元，比上年下降28.4%，比1997年增长37.4%。全年贸易顺差15334万美元。②利用外资增势强劲。全年批准利用外资项目55个，比上年增加40个；合同外资额1.22亿美元，增长1.8倍。其中，外商直接投资项目50个，合同外资额1.11亿美元，增长1.7倍。全市累计实际使用外资7006万美元，增长74.6%。其中，外商直接投资项目4614万美元，增长79.0%。③对外经济技术合作进一步拓展。全年共批准对外承包劳务合同231个，合同数比上年增长1.1倍，签订承包合同额3221万美元，下降35.8%；完成营业额3291万美元，下降21.8%；派出各类劳务和研修生2373人次，增长27.3%；期末在外人数6196人，增长70.4%。④旅游市场全面转旺。全年接待境外旅游者7.0万人次，比上年增长10.4%；国内游客583.7万人次，增长14.6%。全市旅游总收入达到34.9亿元，增长24.7%。其中，国际旅游创汇2192万美元，增长9.6%；国内旅游总收入33.1亿元，增长23.9%。

市交通部门积极把高速公路枢纽建成交通旅游枢纽。图为年内竣工的中国高速公路万公里纪念塔

财政金融　①财政收支平衡。全市地方财政收入完成23.8亿元，完成年度预算的103.9%，同口径比上年增长22.1%。其中，各项税收完成15.6亿元，比上年增长24.3%。全市财政总支出完成33.0亿元，比上年增长12.4%。其中，灶内支出31.2亿元，比上年增长14.6%；收支相抵，略有结余，连续第16年实现财政收支平衡。②金融运行状况良好。年末，全市人民币各项存款余额为351.6亿元，比年初增加51.5亿元，增长17.2%，比1997年末增长77.7%。企业存款大幅度提高，企业存款余额70.9亿元，比年初增加12.3亿元，增长21.0%；储蓄存款较快增长，全市储蓄存款余额247.6亿元，比年初增加29.2亿元，增长13.4%，比1997年末增长71.5%。贷款投放结构更加优化。全市各项贷款余额254.0亿元，比年初增加37.7亿元，增长17.4%，比1997年增长29.6%。农业贷款增势强劲，农业贷款余额42.0亿元，比年初增加9.1亿元，增长27.5%；工业贷款大幅增加，工业贷款余额52.0亿元，比年初增加11.7亿元，增长29.0%；基建贷款高速度增长，全市基建贷款余额17.8亿元，比年初增加4.6亿元，增长34.6%。

科学技术　①高新技术产业取得较快发展。全市高新技术产品达到578个，规模以上工业高新技术产品产值达62亿元，比上年增长32%。市级以上高新技术企业发展到338家，其中，国家火炬计划重点高新技术企业12家，省级高新技术企业102家，国家“863”科技成果产业基地2家。②民营科技发展迅猛。全年认定民营科技企业88家，全市民营科技企业累计达到1238家，实现产值54亿元，比上年增长35%。技工贸总收入超过百万元的有109家，其中，过千万元26家，过亿元7家，分别比上年增长27%、26%、133%。③科技创新和服务能力明显增强。全年取得科技成果263项，专利申请339项，专利累计申请量达到2852项；有44项科技成果获2002年度国家、省科学技术奖，有88项获市科学技术奖。争取省级以上各类科技计划45项，无偿补助经费988万元，其中，争取省高新技术发展资金112万元。成果推广等科技计划项目贷款额度2.1亿元。

城市建设与环境保护　①城市功能不断增强。全年泰城市政公用基础设施完成投资7.6亿元，比上年增加

2.3亿元。新增城市道路面积113.8万平方米。公交标准运营车辆达到325标台,增加83标台;市内出租车1290辆。城区供水日综合生产能力31万立方米,用水普及率为99%;集中供热面积555.6万平方米,比上年增加13.6万平方米;新增公共绿地面积15.7公顷;新增污水处理能力3万立方米/日。②环境保护工作取得新成绩。积极实施污染治理设施再提高和污染物全面达标工程,已有18家企业完成再提高工程治理任务,75家企业实现了全面达标排放。泰城大气飘尘年日平均值0.088毫克/立方米,大气二氧化硫年日平均值0.050毫克/立方米,大气二氧化氮年日平均值0.033毫克/立方米,达到环境空气质量二级标准。全年投放污染治理资金2.1亿元。建成烟尘控制区达84.5平方公里。全市工业废水达标率95.9%,工业废气二氧化硫达标率91.8%,工业废气烟尘达标率92.2%,工业固体废弃物综合利用率81.6%。

教育、卫生、文化、体育 ①教育事业不断发展。驻泰5所普通高等学校,招收本专科学生2.0万人,在校生5.7万人。中等职业技术学校23所,在校生4.9万人,其中普通中专7所,在校生1.6万人。普通高中40所,在校生9.2万人;普通初中184所,在校生28.4万人;小学895所,在校生29.5万人。幼儿园726所,在园儿童6.2万人。特殊教育学校7所,在校生860人。学龄儿童入学率100%;小学毕业生升学率99.5%;初中毕业生升学率58.2%;高考录取率65.1%。②卫生事业较快发展。全市有各类卫生机构809所(含诊所、卫生所、医务室526所,不含村卫生室),拥有病床1.5万张,其中医院及卫生院155所,拥有病床1.4万张。全市各类卫生技术人员2.0万人,其中执业医师6632人,助理执业医师2128人,执业护士6427人。全市中医医院拥有病床1033张,比上年末增加4张;中医医院卫生技术人员1372人,比上年末增加90人。③文化广播电视事业蓬勃发展。全市各种艺术表演团体3个;艺术表演场所7个;文化广场15个,面积23万平方米;群众艺术馆、文化馆7个;公共图书馆7个,总藏书量40.4万册;建成"中国数字图书馆泰安市分馆",成为全省第二家地市级数字图书馆,拥有电子图书1.2万册;档案馆7个,馆藏档案资料42.2万卷(册)。全市有广播电台1座,节目5套;电视台1座,节目6套;一千瓦以上电视发射台和转播台4座;拥有有线电视光缆2088公里。全市广播电台平均日播音时间达到63小时40分,电视台平均周播时间544小时37分,广播、电视人口覆盖率分别达97.9%和96.0%。④体育事业硕果累累。在第十四届釜山亚运会比赛中,泰安市培养输送的两名运动员为中国代表团取得8人赛艇金牌1枚和双人跳水银牌1枚。在山东省第20届运动会上,泰安市综合成绩金牌和总分均列全省第七位,青少年比赛金牌和总分列全省第七位和第六位。全市投资40多万元,新建10条健身路径。先后完成全国少年田径锦标赛、山东省青少年田径锦标赛、中韩足球友谊对抗赛、山东科技大—加拿大多伦多篮球对抗赛、足协杯鲁能泰山主场、山东省腕力王挑战赛等省以上大赛的承办工作。全年完成体育彩票发行任务2100万元,比上年增加800万元,筹集体育发展基金200余万元。

市场物价 市场物价低位运行。居民消费价格总水平较上年下降0.9%。除食品类、居住类分别上涨1.8%、0.2%外,其它类消费品价格均有不同程度的下降。下降幅度依次为:医疗保健和个人用品类下降5.0%,交通和通讯类下降3.8%,家庭设备及维修服务类下降2.9%,娱乐教育文化用品及服务类下降1.7%,衣着类下降1.5%,烟酒及用品类下降0.6%。服务项目价格下降1.0%;工业品出厂价格上升2.9%;原材料燃料动力购进价格上升0.4%。

人民生活和社会保障 ①城镇居民生活水平明显提高。全市城镇居民人均可支配收入为7369元,比上年增长14.9%;城镇居民人均生活费支出5442元,增长9.7%。居民膳食结构不断改善,肉、蛋、鱼、油、鲜奶消费均有不同程度增加,在外用餐支出增多,全年人均食品支出1894元,增长15.0%。恩格尔系数为34.8%,处于联合国粮农组织所规定的小康评价标准中富裕水平的范围。全市城镇居民人均住房使用面积18.8平方米。每百户城镇居民主要耐用消费品拥有量为:彩电117台、电冰箱85台、洗衣机88台、摩托车69辆、录放像机20台、微波炉22台、淋浴热水器62个、组合音响22套、影碟机54台、空调器27台、电脑22台、移动电话62部。②农民生活继续改善。全市农民人均纯收入3135元,比上年增加179元,增长6.0%;农民人均生活消费支出1687元,增长0.6%。全年农民人均食品消费800元,恩格尔系数为47.4%。全市农村居民人均居住面积26平方米,比上年增加1.4平方米。每百户农村居民主要耐用消费品拥有量如下:彩电58台、电冰箱13台、电话机60部、移动电话12部、摩托车46辆。③劳动就业形势较为稳定。2002年末,全市在岗职工47.0万人(不包括乡镇企业、私营单位和个体工商户),比上年减少0.7万人;全部在岗职工工资总额43.3亿元,增长10.7%;在岗职工平均工资9262元,增长11.7%。年末城镇登记失业率3.2%。④社会保障体系进一步完善。养老保险制度稳步推进,全市4.0万名企业离退休人员全部通过银行就近及时足额领取养老金,全年共发放企业离退休人员养老金3.1亿元,机关事业单位支付离退休人员养老金3.0亿元。全市企业参保职工28万人,覆盖面达95%;机关事业单位参保人数11.1万人,覆盖面达92%。40.6万名职工参加了失业保险。全市127万农民参加了农村养老保险。医疗保险制度改革进展顺利,全市参保人数已达35.2万人。⑤社会福利、救济工作成效显著。全市城市低保对象1.1万户、2.7万人,发放保障金1210.0万元;农村低保对象0.9万户、2.0万人,发放保障金389.5万元。全市共有95处敬老院,床位5108张,供养老人4686人,集中供养率50%。全市社会福利企业144处,安置残疾职工3185人。全年销售福利彩票1.4亿元,共筹集福利基金4755万元。710名三峡移民顺利迁居泰安市。⑥人口继续保持低速增长。全市人口出生率12.5‰,死亡率6.6‰,人口自然增长率5.9‰。年末总人口为546.4万人,男女性别比为103.4%。在总人口中,非农业人口167.6万人,占总人口的30.7%;农业人口378.8万人,占总人口的69.3%。

[注:国内生产总值(简称GDP)和各产业增加值指标按当年价格计算,增长速度按可比价计算。] (市统计局)

精神文明建设综述

2002年,全市精神文明建设以邓小平理论和"三个代表"重要思想为指导,以迎接、宣传、贯彻党的十六大,加快建设经济强市进程为主线,以贯彻实施《公民道德建设实施纲要》为重点,在求新、求实、求进上下功夫,提高了文明城市、文明村镇、文明行业创建水平,涌现出一批新典型,其中,有7个单位受到中央文明委的表彰,有18个单位受到省文明委的表彰。泰安市开展创建文明片区活动的经验受到中宣部、中央文明办的肯定,并在全国农村精神文明建设座谈会上作了典型发言。

思想道德教育 把学习宣传《公民道德建设实施纲要》作为加强精神文明建设的重点,大力普及"爱国守法、明礼诚信、团结友善、勤俭自强、敬业奉献"的公民基本道德规范。各新闻媒体开辟公民道德建设专栏专题,大版面、长时段、高频率地对《纲要》进行宣传。市文明办印制了《公民基本道德规范宣传画》,下发到基层单位和居民家庭,直观形象地宣传20字公民基本道德规范。各地、各单位通过宣传折页、宣传年画、编写公民道德建设四字歌等形式,普遍开展《纲要》宣传活动,增强了宣传效果。举办泰安市"地税杯"《诚信颂》大型文艺调演活动,展示各行各业精神文明建设的优异成果,对全市人民进行形象生动的思想道德教育。开展"公民道德格言征集活动",吸引广大干部、工人、农民、学生及其他各界人士踊跃参加,再次掀起普及公民基本道德规范的高潮。党的十六大召开后,将学习宣传贯彻十六大精神作为全市精神文明建设的重中之重,组织部分省级文明单位负责人参加了省文明办举办的学习十六大精神培训班,通过多种形式,及时宣传贯彻党的十六大精神,把思想统一到党的十六大精神上来,力量凝聚到加快建设经济强市进程、全面建设小康社会的奋斗目标上来。

创建文明城市活动 把创建文明城市作为统领城市两个文明建设的总抓手,开展评选泰安市第三届"十大文明市民标兵"和"百佳文明市民"活动,激发人们争做文明市民、创建文明城市、建设经济强市的积极性、创造性;开展创建文明社区活动,加强社区组织建设和基础设施建设,进一步完善社区服务体系,社区文明程度、居民素质和群众生活质量显著提高。市文明委与市综(合)治(理)委(员会)联合开展了创建安全文明小区活动,市文明办与市环保局开展了创建绿色社区活动,初步形成了社区精神文明齐抓共管的良好局面。开展城市市区户外广告综合整治活动,市文明办组织有关人员到先进地区参观学习,出台户外广告设计设置技术标准,制定了综合整治方案,由市建设、规划、工商三部门抽调人员成立了户外广告管理办公室,在报建大厅实行户外广告一条龙审批,龙潭路、迎胜北路和红门路、岱宗大街的户外广告整治初见成效。在7月底召开的全省精神文明建设会议上,泰安市介绍了创建文明城市的经验。12月15日,《大众日报》以《新风拂泰山——泰安市创建文明城市纪实》为题,专题报道了泰安市创建文明城市的做法。

创建文明村镇活动 紧紧围绕全面建设小康社会的奋斗目标,以促进农村经济发展为中心,不断深化十星级文明户、文明村、文明小城镇和精神文明建设先进县等创建活动。加大精神文明建设的创新力度,在全市广泛开展文明片区创建工作。市委宣传部、市文明办在宁阳县召开全市农村精神文明建设现场会,总结推广宁阳开展文明片区创建的做法。创建文明片区活动的开展,使农村精神文明建设形成了从文明户到文明村到文明片区、再到文明乡镇、文明县的梯级创建格局,有效地推动了农村两个文明建设的整体发展。新华社播报了宁阳县开展创建农村文明片区活动的情况。12月初,中宣部、中央文明办在广西百色召开全国农村精神文明建设工作座谈会,泰安市以《紧紧围绕全面建设小康社会目标,大力开展创建文明片区活动》为题,在会上作了典型发言。

创建文明行业活动 参加创建活动的行业由上年的34个扩展到40个,基本涵盖了与人民群众生产生活密切相关的各个服务行业和执法部门。明确了"有一个大主题,有一个新理念,有一套严规范,有一个亮窗口,有一个好形象"的"五个一"创建标准。年初,参加创建活动的行业通过《泰安日报》郑重向社会作出服务承诺。年底,又通过报纸公布了各行业的践诺情况,广泛接受社会监督。随后,市人大代表、政协委员分别视察了参加创建活动的部分行业,市直和县(市、区)共组织7万人对参加创建活动的行业进行民主评议,市文明办还组织各行业在新泰进行相互观摩评议,把文明行业创建活动推向高潮。全年创建文明行业活动有三个突出特点。一是领导重视。各行业都把创建文明行业作为一把手工程和两个文明建设的总抓手,思想重视,措施得力。二是特色鲜明。活动主题明确,整个创建文明行业活动围绕"服务人民,奉献社会"这个大主题扎实开展,各行业都开展了各具特色的主题活动;行业文化建设初见成效,标志着行业创建活动已上升到新的层次;窗口建设大有起色,已经成为一道亮丽的风景。通过文明行业创建活动,各执法部门都在工作正规化、制度化、规范化上做了大量工作,收到较好效果;中心意识日益牢固,各个行业,特别是省属以上驻泰行业在活动中都能做到服从服务于建设经济强市的大局。三是成效显著。无论是参加创建活动多年的行业,还是首次参加创建活动的行业,都提高了两个文明建设的整体水平。国税、教育、地税、民政、卫生、工商、检察院、供电、法院、劳动和社会保障等10个行业被市文明委表彰为2002年度泰安市"十大文明行业"。

实施示范带动工程,抓好示范点的建设、巩固和提高。把典型示范与普遍提高结合起来,通过多种途径和形式,认真宣传和推广示范点的工作经验,命名了一批创建文明行业示范点、创建文明社区示范点、创建文明村镇示范点、百城万店无假货示范点。加大对先进典型的宣传力度,通过泰安日报、泰安电视台、泰安广播电台,相继开办了"全国创建活动示范点巡礼"、"全省创建活动先进单位巡礼"、"新增省级文明单位巡礼"、"全市文明行业巡礼"等栏目,对精神文明创建工作典型集中进行宣传报道,大张旗鼓,形成声势。开展了第三届泰安市"百佳文明市民"和"十大文明市民标兵"评选活动,各地、各单位广泛发动、逐级推荐,在全社会营造了浓厚的精神文明创建氛围,极大地带动了各项创建活动质量和效益的全面提高。2002年,培养和选树典型工作取得丰硕成果。泰山区财源办事处、新泰市新汶办事处孙村被命名为"全国创建文明村镇工作先进单位",市国税局、市中心医院被命名为"全国创建文明行业工作先进单位",市地税局被命名为"全国精神文明建设先进单位",泰安市受表彰的全国精神文明建设典型数量居全省之首。 (步衍金)

2002年泰安市组织机构及负责人

市级领导班子

中共泰安市委员会

书　记　鲍志强(12月止)
耿文清(12月起)
副书记　耿文清(12月止)
贾学英(12月起)
张树禹
高儒林
李洪峰
刘　渊(7月起)
常　委　公信亮(12月止)
连传学(12月起)
唐家品
黄龙华
杨忠海
李学法
刘　渊
李同道(12月起)
邹斌芳(女,1月起)
秘书长　唐家品
副秘书长　刘世岱(正县)
徐玉生(正县)
邹成顺(正县)
孙丰刚(正县)
宗成泰
单传海
王润君(正县)
刘连功(正县)
姜作明(10月止)

泰安市人民代表大会常务委员会

主　任　张知平
副主任　刘静海
张品一
李秀兰(女)
刘来村(不驻会)
周克峰
高玉章
姜吉卯
张显义
王尹成
秘书长　万承平
副秘书长　孙运飞(正县,10月起)
王明新(正县)
史效让(正县)
孙守珂(正县)
郑晓明(正县)

泰安市人民政府

市　长　耿文清(12月止)
代市长　贾学英(12月起)
副市长　贾学英
李同道(12月起)
孙承志
赵一民
李金明
李惠东
白玉翠(女)
齐承芳
林华勇
市长助理　王　平
唐福生
孙淑申(女)
王殿臣(挂职)
秘书长　唐昭林
副秘书长　孙运飞(正县,10月止)
樊玉信(正县)
安顺林(正县)
董树平(正县)
杨福新(正县)
韩立忠(正县)
刘松义(正县)
张甲士(正县,3月起)
张甲军(3月起)
刘相玉(正县,10月起)

中国人民政治协商会议泰安市委员会

主　席　宋广吉
副主席　李凤明(女)
安海军(5月止)
于连荣(女)
李正明
夏作理(不驻会)
赵成道
温孚江(不驻会)
黄自伟(不驻会)
滕先森(不驻会)
张庆明(不驻会)
秘书长　韩兆东(6月止)
副秘书长　张进善(正县,10月起)
贺茂寅(正县)
皇甫炳胜(正县)
姜作明(正县,10月起)

中共泰安市纪律检查委员会

书　记　高儒林
副书记　卞同德
胡献兴
孟兆营
秘书长　黄道玉(正县,1月止)
杨淑东(正县,1月起)

市委工作部门

市委办公室

主　任　孙丰刚
副主任　姜作明(10月止)
　　　　宗成泰
　　　　单传海
　　　　朱玉春(3月起)

信访局

局　长　刘连功
副局长　韩延岭(正县,4月起)
　　　　程世进
　　　　张淑芳(女)
　　　　亓东芝

组织部

部　长　李学法
常务副部长　支建立(正县)
副部长　杜卓群(女,正县)
　　　　任玉涛(正县)
　　　　陶长江
　　　　宋洪银

老干部局

局　长　任玉涛
副局长　郭庆华
　　　　胡北云(女)
　　　　张开廷(4月起)

宣传部

部　长　李洪峰(1月止)
　　　　刘　渊(1月起)
常务副部长　程建达(正县)
副部长　陈舒民(正县,10月止)
　　　　高洪雷(正县)
　　　　盛红雁(女,正县,12月止)

精神文明建设委员会办公室

主　任　陈舒民(10月止)
副主任　刁诗木
　　　　陈玉玺
　　　　王广尧

统战部(台湾工作办公室挂市政府台湾事务办公室牌子与其合署)

部　长　赵成道
常务副部长　刘斌范(正县)
副部长　张佩勤(正县)
　　　　刘汝田(正县)
　　　　艾庆森(正县)
　　　　范正坤

台湾工作办公室

主　任　刘汝田
副主任　张有勤
　　　　张肇慧(女)
　　　　王　骞

政法委员会(社会治安综合治理委员会办公室与其合署)

书　记　黄龙华
常务副书记　张广胜(正县)
副书记　孙洋德(正县)
　　　　杜遵国(正县)
　　　　闫远东(正县)

社会治安综合治理委员会办公室

主　任　张广胜(6月止)
　　　　闫远东(6月起)
副主任　赵锡盛(9月止)
　　　　王教真(10月止)
　　　　颜廷贵
　　　　康俊学(2月起)

政策研究室

主　任　邹成顺
副主任　王安全(10月止)
　　　　宿基国
　　　　闫恂秋

市直机关工作委员会

书　记　王润君
常务副书记　仲兆溢(正县,10月止)
副书记　杨章英(女,正县)
　　　　江　平
　　　　闫立江
纪工委书记　王菊萌(女)
工会主任　于洪奎

市政府工作部门

市政府办公室

主　任　孙运飞(10月止)
　　　　樊玉信(10月起)
副主任　张甲士(正县,3月止)
　　　　张甲军(3月止)
　　　　朱　杰(10月起)
　　　　孙兰俊
　　　　陈建中(3月起)
　　　　赵　斌(3月起)
党组书记　唐昭林
副书记　孙运飞(10月止)
　　　　樊玉信(10月起)
纪检组长　赵　斌

无线电管理办公室

主　任　许兴春

市政府法制办公室(挂市政府调查研究室牌子)

主　任　韩立忠
副主任　赵玉镇
　　　　亓　涛
　　　　孟永辉
党组书记　韩立忠
纪检组长　张观富(3月起)

发展计划委员会

主　任　张庆建
副主任　阴向勇
　　　　王诗生(正县)
　　　　史志军
　　　　任广军(3月起)
党组书记　张庆建
纪检组长　马学忠

物价局
局 长 亓利群
副局长 潘士祥(正县)
明洪祥
杜玉奎
党组书记 亓利群
副书记 潘士祥
纪检组长 刘加民

经济贸易委员会
主 任 闫新建
副主任 辛生业(正县)
鹿庆福(正县,1月起)
胡庆升
董世武
张茂寅(10月起)
党委书记 闫新建
副书记 胡庆升(10月起)
纪委书记 傅建华(女)

教育局
局 长 梁 冰(10月止)
桑新华(女,10月起)
副局长 毕玉奎(正县)
高 峰
刘 康
朱树椿(3月起)
党委书记 梁 冰(10月止)
桑新华(女,10月起)
副书记 毕玉奎(正县)
孟昭英(女,3月起)
纪委书记 宋其瑞
工会主席 刘宽仁

科学技术局
局 长 孙士杰
副局长 周庆忠(3月止)
葛衍民
聂成瑛(女)
张秀峰(女)
党组书记 孙士杰
纪检组长 霍振民(4月止)
郑 民(4月起)

知识产权局
局 长 刘桂选

公安局
局 长 张树友(享受副市级干部待遇)
政 委 李效阗
副局长 史建民(正县)
杜寒青(4月起正县)
薛观森(4月起正县)
王本斌(4月起正县)
高荣国
赵元恒(挂职,10月止)
高黎明(3月起)
亓子海(3月起)
副政委 李长祥(3月起)
党委书记 张树友
副书记 李效阗
纪委书记 李长祥(7月止)
胥 明(10月起)

监察局(与纪律检查委员会机关合署)
局 长 卞同德
副局长 杨淑东(1月止)
张步军
景胜学(1月起)
姜美荣(女,1月起)

民政局
局 长 尹衍祥
副局长 陈贞民
王德年
黄春生
党委书记 尹衍祥
副书记 吕淑珍(女)
纪委书记 李建臣

司法局
局 长 姜成全(4月止)
张政英(4月起)
副局长 张政英(4月止)
陈力超(10月止)
王成银
王淑玲(女)
于修明(10月起)
党组书记 姜成全(4月止)
张政英(4月起)
副书记 张政英(4月止)
纪检组长 于修明(10月止)
李 彤(10月起)

财政局
局 长 任先德
副局长 尹逊祥
李诚实
刘 斌(3月起)
伍红梅(女,挂职,12月止)
党委书记 任先德
副书记 尹逊祥
许光明(3月起)
纪委书记 辛海明(3月起)

人事局(机构编制委员会办公室与其合署)
局 长 杜卓群(女)
副局长 朱英超
王宪鸿
牛国新(3月起)
党组书记 杜卓群(女)
纪检组长 侯存珠(正县)

机构编制委员会办公室
主 任 杜卓群(女)
副主任 牛国新
张新生

劳动和社会保障局
局 长 刘传银
副局长 姜英德
崔 颖(女)
刘增祥
梁国言

党委书记 刘传银
纪委书记 孙承勇(3月起)

国土资源局

局　长 谷　龙
副局长 李恒满
刘文泉
马灵芝(女)
柏合章
党组书记 谷　龙
副书记 李恒满
纪检组长 李淑兰(女)
工会主席 王庆平

交通局

局　长 潘玉忠
副局长 马永福(正县,12月止)
张成利(正县)
姜衍山
杨卫平
安增利
党委书记 潘玉忠
副书记 王晓明
纪委书记 刘云生(9月起)
工会主席 张树常

水利与渔业局

局　长 武嘉宏
副局长 和玺章
赵爱兰(女)
孙庆进
李旭光(6月起)
董文信(8月起)
党委书记 武嘉宏
副书记 和玺章(4月起)
纪委书记 张西印(4月止)
鹿润洪(4月起)
工会主席 赵锡阳

农业局

局　长 侯存乾
副局长 杜允盈(正县,6月止)
赵明华(10月起)
叶余江(10月起正县)
侯　力
张培岳
姜云省(10月起)
党委书记 侯存乾
副书记 杜允盈(正县,4月止)
赵明华(10月起)
纪委书记 陶建华
工会主席 贺文奎

对外贸易经济合作局

局　长 张　平
副局长 徐福林
孟祥平
刘学永(10月起)
党委书记 张　平
副书记 李华明(4月止)
徐福林(10月起)

纪委书记 褚世岗
工会主席 刘秀萍(女)

文化局(挂市新闻出版局、市版权局牌子)

局　长 胡立东
副局长 宋士奎
蔺振友
吴立安
郭信真
党委书记 胡立东

卫生局

局　长 肖力勇
副局长 艾宪淮
徐桂华
李永江
杨乐姝(女)
党委书记 肖力勇
纪委书记 焦成吉
工会主席 华　夏(3月起)

人口与计划生育委员会

主　任 王笃成
副主任 李天柱
张灿成
宋　华(女)
刘道戌
党组书记 王笃成
纪检组长 高建忠

审计局

局　长 张书盈
副局长 王文明
陈惠菊(女)
朱家兑
王　峰
党组书记 张书盈
纪检组长 董业水

统计局

局　长 孙兆玲(女)
副局长 刘汉新
杜连生
万传友
张成稳
党组书记 孙兆玲(女)
纪检组长 段思友

环保局

局　长 侯方桐
副局长 孙新海
李树和
张传金
乔建博
党组书记 侯方桐
纪检组长 张义英(女)

规划局

局　长 牛玉忠
副局长 吴洪建
张春国
刘忠义
张兴华(3月起)

党组书记 牛玉忠
纪检组长 杨兴伟(3月起)

建设局

局　长 李际山
副局长 卢宝平(7月止)
张广银
张启智
翟立安(正县,6月起)
党委书记 李际山
纪委书记 张合利
工会主席 解相明

体育局

局　长 殷培联
副局长 何贵臣
石柱清
任广中
彭国胜
党组书记 殷培联
纪检组长 张吉庆

林业局

局　长 赵正玉
副局长 宗德峰
丁承河
李寿第
张军峰(6月起)
陈玉泉(8月起)
党委书记 赵正玉
副书记 马存成(正县)
纪委书记 刘传谦(正县)
工会主席 靳化礼

粮食局

局　长 吕军德
副局长 王鲁明
侯永涛
尹承泰
朱效光
党委书记 吕军德
纪委书记 魏东辉
工会主席 郑　平

广播电视局(台)

局(台)长 孙立才
副局(台)长 胡志鹏(正县)
袁久亮
李梦祥
张安旺
党组书记 孙立才
副书记 胡志鹏
纪检组长 张习宗
工会主席 惠作信

旅游局

局　长 单建军
副局长 陈　峰
张清民
尹燕鸣
党组书记 单建军
纪检组长 高　勤(女,3月起)

民族与宗教事务局

局　长 左　峰(女)
副局长 崔曰法(10月止)
韩荣宽
丁永峰
金兰英(女,11月起)
党组书记 左　峰(女)

中小企业局

局　长 王光锋
副局长 李继政(10月止)
李玉洋(正县,10月起)
石广友
刘书礼
孔祥湖(6月止)
徐淑然(女)
党组书记 王光锋
副书记 李玉洋(正县,10月起)
纪检组长 宿燕峰
工会主席 丁爱国(6月止)
武艾明(女,10月起)

外事办公室(挂侨务办公室牌子)

主　任 桑新华(女,10月止)
程　明(10月起)
副主任 焦在林(10月止)
刘　华
邵　明(10月起)
于守海(10月起)
党组书记 桑新华(女,10月止)
程　明(10月起)
纪检组长 邵　明(10月止)
刘　勇(10月起)

市政府议事协调机构的办事机构

经济体制改革办公室

主　任 孙淑申(女)
副主任 吕乃文
刘伟明
董　军
党组书记 孙淑申(女)
副书记 吕乃文(3月起)
纪检组长 李正勤

人民防空办公室

主　任 宗仁贤(10月止)
袁宪祥(10月起)
副主任 陈立树
李广滨
袁宪祥(10月止)
党组书记 宗仁贤(10月止)
袁宪祥(10月起)
纪检组长 孙兆柏(3月起)

市政府直属机构

安全监督管理局

局　长　马方谟
副局长　孙善平
王　震(1月起)
焦兆印
党组书记　马方谟
副书记　孙善平

市政府派出机构

泰安经济开发区(泰安高新技术产业开发区、泰山旅游度假区)管理委员会(4月撤销)

党工委书记　唐福生(4月止)
副书记　胡家庆(4月止)
张传华(4月止)
陈　强(正县,4月止)
纪工委书记　岳自评(4月止)
主　任　唐福生(6月止)
副主任　胡家庆(6月止)
张传华(6月止)
陈　强(正县,6月止)
王鲁生(6月止)
孙卫连(挂职)
高树顺(3月起,6月止)
工会主席　刘　黎(6月止)

泰安经济开发区、泰安高新技术产业开发区工作委员会(4月设立)

党工委书记　唐福生(4月起)
副书记　胡家庆(正县,4月起)
张传华(4月起)
孔祥湖(10月起)
主　任　唐福生(6月起)
副主任　胡家庆(正县,6月起)
张传华(6月起)
孔祥湖(6月起)
白咸忠(6月起)
王鲁生(6月起)
孙卫连(挂职,10月起留任)
高树顺(6月起)
吴洪建(6月起)
张广银(6月起)
律云彪(6月起)
工会主席　刘　黎(4月起)

泰安旅游经济开发区管理委员会(10月设立)

党工委书记　刘相玉(10月起)
主　任　刘相玉(10月起)
副主任　陈　强(正县,10月起)
王教真(10月起)
文　平(10月起)
王万里(10月起)

泰山风景名胜区管理委员会(挂文物事业管理局牌子)

主　任(局长)李传旺
副主任(局长)尤连春
米运昌(3月止)
曹星奎
李　锋(女,3月止)
万庆海
吕继祥
刘　慧(3月起)
党委书记　李传旺
副书记　尤连春
李　锋(女,3月起)
纪委书记　王吉茂
工会主席　刘洪训(3月起)

市属事业单位

市委党校

校　长　鲍志强(兼,12月止)
耿文清(兼,12月起)
副校长　王希荣
孟宪彬
孙　波
管相贵
张传华
党委书记　王希荣
纪委副书记　郗厚军(副县)

泰安日报社

社　长　闫贵生(10月止)
陈舒民(10月起)
副社长　王化敏
总编辑　何树华(10月止)
王安全(10月起)
副总编辑　赵学法
姜　华
宋绍富
戴　冰
党委书记　张进善(10月止)
陈舒民(10月起)
副书记　闫贵生(10月止)
何树华(10月止)
王安全(10月起)

市委党史征集研究办公室

主　任　牛之营
副主任　宋洪江(10月止)
马泉裕(1月起)
吴秀成(10月止)

档案馆(局)

馆(局)长　古庆根
副馆(局)长　赵希淑(女)
孟宪立
孙培贤
党组书记　古庆根
纪检组长　曹伟星

经济协作办公室(登山节组织委员会办公室与其合署)

主　任　曹　明
副主任　崔锡铭
孙爱萍(女,6月止)
施新芳

李　胜
党组书记　曹　明
副书记　崔锡铭(3月起)
纪检组长　王新林(3月止)

地方史志办公室
主　任　郑成尧
副主任　孙瑞琪
于庆明
王笃银
周　谦
党组书记　郑成尧

接待处
处　长　李恒亮
副处长　李焕峰
陈宗库
刘养俊
赵　军
党委书记　李焕峰
副书记　李恒亮
纪委书记　苏延广
工会主席　董　涛

国有资产管理委员会办公室(国有资产管理局)
主　任(局长)　彭德刚
副主任(副局长)　韩绪国
张耀禄(3月起)
党组书记　彭德刚
纪检组长　孙　辉(3月起)
财务总监办公室
主　任　李宝明(副县)

市直机关事务管理局
局　长　杨福新
副局长　李　生(正县)
孟昭宏
韩克双
党委书记　杨福新
副书记　李　生
纪委书记　黄久习(9月起)

招商引资办公室(10月成立)
主　任　张　斌(10月起)

老龄工作委员会办公室
主　任　姚　光
副主任　王东琚
秦立波
岳自评(6月起)
党组书记　姚　光

仲裁委员会办公室
主　任　刘传国
副主任　董庆木(3月止)
宋洪超
张　平(女,3月止)
赵发栋(3月起)
党组书记　刘传国
副书记　董庆木(3月止)

爱国卫生运动委员会办公室
主　任　范培玉(女)
副主任　李建国(6月起)
徐　鑫
党组书记　范培玉(女)
纪检组长　刘晓明(3月起)

房产管理局(2月设立,4月建立中共泰安市房产管理局委员会)
局　长　裴建华(6月起)
副局长　曹家振(6月起)
吴来安(6月起)
杨鸿璋(6月起)
宋洪波(6月起)
党委书记　曹家振(4月起)
副书记　裴建华(4月起)
纪委书记　周黎明(4月起)

农业机械管理办公室
主　任　魏传昌
副主任　张守海(8月止)
贾锡钧
井厚新(1月起,10月去世)
窦敬丽(女,8月起)
党委书记　魏传昌
副书记　贾锡钧(10月起)
纪委书记　李金庆
工会主席　毕杰春

畜牧办公室
主　任　高怀玉
副主任　闫光木
张兆雷
鹿道新(3月起)
党委书记　高怀玉
纪委书记　刘永海
工会主席　孟庆新(3月起)

菜篮子工程办公室
主　任　范庆玉
副主任　张　伟(副县)
党组书记　范庆玉

农业综合开发办公室(10月升格为正县级)
主　任　杜允盈(正县,6月止)
叶余江(6月起,10月起正县)
副主任　张玉刚(副县)
马士文(副县)

地震局(原地震办公室,5月更名)
主　任　韩延宏(10月止)
局　长　韩延宏(10月起)
副局长　吴秀成(10月起)
党组书记　韩延宏(10月起)
纪检组长　逄锦亮(10月起)

行业管理办公室(2001年12月31日组建)
主　任　辛生业(1月起)
副主任　聂文峰(1月起)
张传本(1月起)
张　伟(1月起,6月止)
陈建平(1月起)
张宪廷(1月起)
协会秘书长　张永胜(1月起)
党委书记　辛生业(10月起)

行业资产管理中心(2001年12月31日组建)

主　任　　单建民(1月起)
副主任　　林晓时(1月起)
　　　　　何广文(1月起)
党委书记　单建民(10月起)

贸易促进委员会(2001年12月31日重新组建)

会　长　　单传起(1月起)
副会长　　汪培东(正县,1月起)
　　　　　裴黎明(6月起)
　　　　　柴　力(6月起)
党委书记　单传起(10月起)
副书记　　汪培东(10月起)

供销合作社联合社

理事会主任　刘　军
副主任　　吴　晨
　　　　　时延桐
　　　　　于　震
　　　　　赵　明(1月起)
监事会副主席　李　旭
党委书记　刘　军
副书记　　吴　晨
纪委书记　李　旭
工会主席　侯建成

法院、检察院

泰安市中级人民法院

院　长　　高峰岭
副院长　　杨玉茹(女,正县)
　　　　　孙福远(正县)
　　　　　亓宗宝(3月起正县)
　　　　　李连玉(3月起正县)
　　　　　李　宏(1月起)
党组书记　高峰岭
副书记　　杨玉茹
纪检组长　辛德玲
政治部主任　朱建国(3月起)

执行局

局　长　　亓宗宝(兼)

泰安市人民检察院

检察长　　傅光仁
副检察长　曹建安(正县)
　　　　　张培军(正县)
　　　　　卢传鑫(3月起正县)
　　　　　袁　超
党组书记　傅光仁
副书记　　曹建安
纪检组长　倪锡山(3月起)
政治部主任　刘新力(女,4月起)

反贪污贿赂局

局　长　　岳荣胜

人大、政协、纪委(委、室)

市人大办事机构

办公室

主　任　　郑晓明
副主任　　姚新中
　　　　　郑　涛
　　　　　周长安(3月起)

人事选举代表工作室

主　任　　史效让
副主任　　李东举
　　　　　张武杰(3月起)

研究室

主　任　　王明新
副主任　　庞泰新
　　　　　董庆木(3月起)

法制工作委员会

主　任　　苏元华
副主任　　王登俭

财政经济工作委员会

主　任　　侯秀华(女)
副主任　　张保全(6月止)
　　　　　张晓东(10月去世)

农村经济工作委员会

主　任　　王兴富
副主任　　郝振斌(3月起)

城乡建设环境保护工作委员会

主　任　　沈荣勤(10月止)
　　　　　孙守珂(10月起)
副主任　　刘栋梁(10月起)

教育科学文化卫生工作委员会

主　任　　李新生
副主任　　袁明英(正县,10月起)
　　　　　张巿杰

民族侨务外事旅游工作委员会

主　任　　李培义
副主任　　姜德庆

市政协办事机构

办公室

主　任　　贺茂寅
副主任　　聂生文(1月止)
　　　　　石峻岭
　　　　　苗光利
　　　　　程振中(3月起)

研究室

主　任　　皇甫炳胜
副主任　　贾培平

提案委员会

主　任　　徐树平
副主任　　张传芝(兼)
　　　　　冯殿胜(兼)
　　　　　樊玉信(兼)
　　　　　杜卓群(女,兼)

学习宣传委员会
主　任　崔秀国
副主任　臧敬存(10月止)
姜　勇(10月起)
程建达(兼)
王希荣(兼)
孙立才(兼)

文史资料委员会
主　任　刘秀池(10月止)
赵玉良(10月起)
副主任　赵玉良(10月止)
牛之营(兼)
尤连春(兼)
张志法(兼)

经济委员会
主　任　鹿庆福(1月止)
韩华军(1月起)
副主任　李佩云
徐兴华
王润君(兼)
史兆斌(兼)
曹金连(兼)
彭德刚(兼)

科教文卫委员会
主　任　张海茂(3月起)
副主任　张海茂(3月止)
鲁法干(正县)
洪声芝(兼)
毕玉奎(兼)
聂成英(女,兼)
艾宪淮(兼)

社会法制委员会
主　任　马　辉(3月起)
副主任　王可让
左　峰(女,兼)
耿寿贵(兼)
闫远东(兼)
宋其栋(兼)
李效阗(兼)
杨玉茹(女,兼)
刘传银(兼)

台港澳侨联络委员会
主　任　朱友村
副主任　侯迎孔(3月起)
陈全庚(兼)
桑新华(女,兼)
刘斌范(兼)
周庆利(兼)
单建军(兼)

市纪委办事机构

办公室
主　任　董伟刚(3月起)

监察综合室
主　任　李大山

研究室
主　任　李和军(3月起)

干部室
主　任　许冬晨

宣传教育室
主　任　张立新(3月起)

案件审理室
主　任　孙永玲(女)

信访室
主　任　孙友运

执法监察室
主　任　吴钦明

党风廉政办公室
主　任　明传亮

纪检监察一室
主　任　吉玉柱(3月起)

纪检监察二室
主　任　方建军

纪检监察三室
主　任　孙宝国

民主党派

中国国民党革命委员会泰安市委员会
主任委员　战守嵘(1月止)
李惠东(1月起)
副主任委员　周广太(1月止)
李惠东(1月止)
徐恩虎
张建忠
王培昌(1月起)
刘世琦(1月起)
秘书长　王培昌(兼)

中国民主同盟泰安市委员会
主任委员　温孚江
副主任委员　冯宏敏(女,1月止)
徐永平
陈兴泰(12月去世)
程卫民
秘书长　张　清(女)

中国民主建国会泰安市委员会
主任委员　汤贵仁(1月止)
滕先森(1月起)
副主任委员　滕先森(1月止)
牛其英(1月止)
刘明华(女)
英　玲(女,1月起)
张文泉(1月起)

中国民主促进会泰安市委员会
主任委员　孙宗明
副主任委员　刘振海
张业胜
陶常利

中国农工民主党泰安市委员会
主任委员　夏作理
副主任委员　郭裕新(1月止)
刘来村(1月止)

谢崇国
贾风岐(女)
王永栋(1月起)
秘书长 王运海

九三学社泰安市委员会

主任委员 於益民(1月止)
黄自伟(1月起)
副主任委员 魏钦平(1月止)
黄自伟(1月止)
冯永军
张 欣
马树升(1月起)
秘书长 张忠河

群众团体

总工会

主 席 赵范旺(7月止)
邹斌芳(女,7月起)
副主席 李克智
曹丽华(女)
陈立新(10月起)
党组书记 赵范旺(3月止)
邹斌芳(女,3月起)
纪检组长 陈立新(10月止)
王晓晨(10月起)

共青团泰安市委员会

书 记 刘 渊(1月止)
窦敬丽(女,3月起,7月止)
赵德健(9月起)
副书记 朱 杰(9月止)
窦敬丽(女,3月止)
张成伟

妇女联合会

主 席 刘玉勤(女)
副主席 王宝玉(女)
王 蕾(女)
于桂香(女)
党组书记 刘玉勤(女)

科学技术协会

主 席 温乎江(不驻会)
副主席 张辛东
张纯彦(正县,1月起)
孔祥仁
张广宪
王春秋(不驻会)
董树亭(不驻会)
聂成瑛(女,不驻会)
党组副书记 张辛东
纪检组长 邓传祥

文学艺术界联合会

主 席 姚太中
副主席 曹 健
姜岱东(不驻会)
郝瑞芝(女,不驻会)
窦致平(不驻会,11月去世)
杨绍路(不驻会)
杨万云(女,不驻会)
秘书长 曹前进
党组书记 姚太中

社会科学联合会

主 席 吴振田
副主席 闫贵生(正县,10月起)
王慎元(10月止)
张成茂(1月起)
王明新(不驻会)
刘斌范(不驻会)
孙洪烈(不驻会)
魏 杰(不驻会)
毕玉奎(不驻会)
李德臣(不驻会)
童培孚(不驻会)
郭永礼(不驻会)
张序江(不驻会)
秘书长 王学光
党组书记 吴振田(10月止)
闫贵生(10月起)

工商业联合会(总商会)

会 长 彭 璞(2月止)
张庆明(2月起)
副会长 艾庆森(正县)
张智安
冯甲胜
张元生(2月止,不驻会)
陈 君(女,2月止,不驻会)
张 峰(2月止,不驻会)
苏忠道(2月止,不驻会)
王田军(2月起,不驻会)
刘书礼(2月起,不驻会)
尹绪珠(2月起,不驻会)
吕兴福(2月起,不驻会)
宋绪山(2月起,不驻会)
王元成(2月起,不驻会)
秘书长 肖一祥
党组书记 艾庆森

残疾人联合会

理事长 冯苏东(3月起正县)
副理事长 任尚旺(10月止)
狄雪红(女)
于西银(9月起)
党组书记 冯苏东

归国华侨联合会

主 席 郭居新(女,不驻会)
副主席 林荣池(不驻会)

泰安军分区、武警支队

泰安军分区

司令员 成秉文
政 委 公信亮(8月止)

连传学(8月起)
副司令员 王凤驰
陈和平
副政委 田东流
李庆海
参谋长 刘士平
政治部主任 柴中修
后勤部部长 葛乐山
副参谋长 尹绪亮

武警泰安市支队
支队长 郑岐周
第一政委 张树友
政 委 羊爱平
副支队长 焦念利(12月止)
高建强
仲兆国(12月起)
副政委 任昭华
参谋长 李卫东
政治处主任 苏宗信
后勤处长 翟永胜(1月起)
第一书记 张树友
书 记 羊爱平
副书记 郑岐周

双重管理部门

工商行政管理局
局 长 张现贵
副局长 高 玲(女)
王田军
张树昌
党组书记 张现贵
副书记 高 玲(女)
纪检组长 郑金钟

质量技术监督局
局 长 肖长征(5月止)
乔法尧(5月起)
副局长 史亮峰
于明磊
张广旭
党组书记 肖长征(5月止)
乔法尧(5月起)
副书记 史亮峰(5月起)
纪检组长 杨金祥

药品监督管理局
局 长 赵 森
副局长 华希浩(1月止)
王训珍(1月止)
于新增(1月起)
邓志华
孟祥彬(1月起)
党委书记 赵 森(1月止)
党组书记 赵 森(1月起)
纪委书记 张志金(1月止)
纪检组长 王承龙(1月起)
工会主席 王衍来(1月止)

国税局
局 长 胡立升(8月止)
赵秦鲁(10月起)
副局长 高炳立(女,12月止)
宋义海
张焕昌
周鑫生(挂职,10月起)
党组书记 胡立升(8月止)
赵秦鲁(10月起)
纪检组长 孙 杰(女)

地税局
局 长 郭凤晓
副局长 姚同喜
韩方庆(10月止)
郝 玲(女,10月起)
张继颖(10月起)
党组书记 郭凤晓
副书记 姚同喜
纪检组长 郝 玲(女,10月止)
马绍乐(10月起)

气象局
局 长 邢建忠
副局长 田方正(9月止)
姚圣贤
党组书记 田方正(9月止)
邢建忠(9月起)
副书记 邢建忠(9月止)

泰安海关
关 长 刘 元
副关长 邢 铁
党组书记 刘 元

泰安出入境检验检疫局
局 长 隋本清(12月止)
王杰锋(12月起)
副局长 李茂山
党组书记 隋本清(12月止)
王杰锋(12月起)
纪检组长 李茂山(兼)

中国人民银行泰安市中心支行
行 长 段有志
副行长 常忠仁
韩 伟
张仁明
党委书记 常忠仁
纪委书记 陈树涛

中国工商银行泰安市分行
行 长 郭明三
副行长 李躬川
郭 义
孟凡柱
王向东
党委书记 郭明三
纪委书记 周成芳(女)
工会主任 吕济山

中国农业银行泰安市分行
行 长 陈 军

副行长　周卫民(正县)
刘纯泉
孟宪军(4月起)
党委书记　陈　军
副书记　周卫民
纪委书记　安保国
工会主任　安保国(1月起)

中国银行泰安分行

行　长　秦锐明(2月起)
副行长　秦锐明(2月止)
王联中
尹云岳(挂职,12月起)
纪委书记　石道菊(女)
工会主任　孙庆河

中国建设银行泰安市分行

行　长　张维国(10月止)
杨安生(12月起)
副行长　陈绪忠(4月止)
朱晓磊(12月止)
李　建
杨明铎
党委书记　张维国(10月止)
杨安生(11月起)
副书记　杨安生(11月止)
纪委书记　张岱山(4月止)
刘佳友(4月起)
工会主任　杨安生(兼)

交通银行泰安分行

行　长　刘新亭(5月止)
方建春(5月起)
副行长　李锡军
艾传琦(3月借调青岛)
张　勇
党委书记　刘新亭(5月止)
方建春(5月起)
纪委书记　刘政军(女)
工会主任　刘政军(女)

中国农业发展银行泰安市分行

行　长　田　青
副行长　张为民
孔庆才(11月起)
党委书记　田　青
纪委书记　张为民
工会主任　张为民

中国人民保险公司泰安分公司

总经理　王树国
副总经理　李　勇
郭建明
赵玉强(10月起)
张泰宁(10月起)
党委书记　王树国(2月起)
纪委书记　郑　敏(女,10月止)
孙　静(女,10月起)
工会主席　王锡芬(10月止)
郭建明(兼,10月起)

中国人寿保险公司泰安分公司

副总经理　王铁林(主持工作)
李海荣(女)
党委副书记　王铁林(主持工作)
纪委书记　王业营
工会主任　田继殿

泰安供电公司(原名泰安电业局,10月更名)

总经理　李培林
副总经理　张永明
孙明信
党委书记　刘　轩(1月止)
吕黎村(1月起)
纪委书记　万志军
工会主席　李长林(1月止)
高　强(1月起)

山东省通信公司泰安市分公司(原名山东省电信公司泰安市分公司,10月更名)

总经理　周玉昌(10月止)
王　君(10月起)
副总经理　赵玉生
侯　忠
刘廷金
王　平(10月起)
党委书记　周玉昌
纪委书记　侯　忠
工会主席　赵玉生

泰安市邮政局

局　长　杜孝沛(6月止)
林洪亮(6月起)
副局长　高广泉(6月止)
石　磊
孙江涛
党委书记　杜孝沛(6月止)
林洪亮(6月起)
纪委书记　高广泉(6月止)
工会主席　石　磊

(市委组织部)

编辑·校对　周美广

政　治

中国共产党泰安市委员会

【概况】　2002年，发展新党员8751名，其中：35岁以下的6544名，占74.8%；高中文化程度以上的7579名，占86.6%；妇女党员2284名，占26.1%；发展一线党员4533名，占51.8%。至年底，全市有党员32.21万名，其中：正式党员31.36万名，预备党员8526名；女党员4.29万名；少数民族党员3231名；年龄25岁以下的1.40万名，26～35岁的6.18万名，36～45岁的8.64万名，46～54岁的7.51万名，55～59岁的3.56万名，60岁以上的4.93万名；大专文化程度以上的6.66万名，中专4.72万名，高中6.21万名，初中8.86万名，小学5.26万名.文盲5001名。

乡镇及乡镇以下管理的党员17.98万名，其中：女党员1.94万名；年龄35岁及以下的4.06万名，36～45岁的4.61万名，46～54岁的4.30万名，55～59岁的2.12万名，60岁以上的2.89万名；在乡镇企业中的党员1.24万名，在村务农的11.48万名，务工经商的6951名；高中文化程度以上的7.61万名，初中5.96万名，小学3.95万名，文盲4533名。

乡镇(街道)基层党委86个，党委委员646名，其中：年龄35岁以下的184名，36岁以上的462名，大专文化程度以上的375名。行政村支部、总支、党委3678个，支部、总支、党委委员1.27万名，其中：年龄在35岁以下的2705名，36～45岁的5404名，46～54岁的3639名，55～59岁的916名，60岁以上的56名；高中文化程度以上的8449名，初中3805名，小学458名，文盲8名。

工业、建筑企业党的基层组织927个，其中：大中型企业72个，建党委的68个，建党总支的4个。

乡镇企业9825个，其中建党组织的595个，党员1.24万名。私营企业3353个，其中建党组织320个，党员5777名。外商投资企业32个，建党组织的22个，有党员554名。个体工商户6.77万家，其中建党组织的430个，有党员1.22万名。

年内，中共泰安市委全面贯彻党的十六大和省八次党代会精神，以建设经济强市统揽全局，深化改革，扩大开放，突出工业经济、民营经济、招商引资三大工作重点，实施科教兴泰、经济国际化、城市化和可持续发展四大战略，经济建设实现新突破，政治文明建设开创新局面，精神文明建设迈出新步伐，党的建设达到新水平，推进社会全面进步，实现建设经济强市进程的新跨越。　（杨晓光）

·重要会议和决定·

【全市民营经济工作会议】　1月7日，全市民营经济工作会议在泰城召开。会议的主要任务是贯彻市委七届十一次全会精神，总结成绩，部署任务，推进民营经济跨越式发展。

市委书记鲍志强在讲话中指出，2001年，市委、市政府把民营经济作为建设经济强市的战略重点来抓，真抓实干，严格考核，促进民营经济的快速健康发展。一是总量增加，贡献加大，民营经济已成为建设经济强市的重要力量；二是集中精力，加快发展，重点工作实现大的突破；三是投入增加，项目增多，出现了竞相发展的态势；四是深化改革，转换机制，发展活力不断增强；五是齐抓共管，密切配合，形成加快发展的强大合力。他提出，年内，全市民营经济工作要坚持内涵外延并举、增量增效并重，发挥比较优势，突出培植规模企业、搞好载体建设、发展壮大区域特色经济三个重点，狠抓深化改革、增加投入、技术进步、企业家队伍建设四项关键措施，强化领导，优化环境，努力实现民营经济发展的新跨越，确保增加值和实缴税金增长30%以上。要认真解决制约发展的关键问题，一要深化改革，增强企业发展活力；二要加大投入，增强企业发展后劲；三要推进技术进步，提高企业素质；四要加强队伍建设，创造企业家脱颖而出的机制。

鲍志强要求，各级党委、政府一定要加强领导，转变作风，做到思想认识到位、领导力量到位、政策落实到位、考核奖惩到位，努力为民营经济跨越式发展创造良好的发展环境；要进一步加大宣传力度，营造良好的舆论氛围，使全社会关心支持民营经济，理直气壮地发展民营经济；要加大政策落实力度，切实搞好服务，优化政策环境；要健全考核体系，完善激励机制，加强工作调度，狠抓工作落实；要切实转变作风，着力解决民营经济发展中的实际问题。

对全市民营经济工作先进单位进行了表彰奖励，印发了《中共泰安市委、泰安市人民政府〈关于进一步加快民营经济发展的意见〉》(讨论稿)和9个民营经济工作先进单位的典型材料。

【中共泰安市七届十二次全委会议】　3月31日，中共泰安市七届十二次全委会议在泰城召开。会议讨论通过《关于召开泰安市党代表会议的决议》和《泰安市出席省第八次党代会代表候选人预备人选名单》。

市委书记鲍志强在讲话中指出，按照省委的要求选好代表、选出高素质的代表、选出真正体现全市广大党员意志和心愿的代表，既是对全市各级党组织领导水平、领导能力和广大党员干部政治觉悟、政治素质的一次考验，也是对全市党建水平的一次检验；同时，也关系到泰安市的整体形象。他特别强调，一定要增强政治责任感和历史使命感，按照《党章》和省委的规定要求，以对党对人民高度负责的精神，认真把会议筹备好，集中精力把会议开好，把代表选好，为省第八次党代会的胜利召开提供坚实基础。

【全市加快工业经济发展研讨班】 4月26～27日，市委举办全市加快工业经济发展研讨班。学习发达地区的先进经验，进一步增强发展的危机感和紧迫感，明确任务，强化责任，加快工业经济发展，推进建设经济强市的进程。

市委书记鲍志强在研讨班上作了题为《学先进，理思路，攀高峰》的中心发言。认为泰安市工业发展不快，深层次的原因主要有四个：一是思想观念上的差距，二是体制机制上的差距，三是产品结构上的差距，四是发展环境上的差距。只有在差距面前不丧失赶超的信心和勇气，理清思路，扎实奋斗，才能在“十五”期间实现工业经济的跨越式发展。一要更新观念，努力增强广大干部群众的创造力；二要加强体制和机制创新，增强企业发展活力；三要做大做强骨干企业，增强工业经济的支撑力；四要调整产品结构，增强产品的市场竞争力；五要加快载体建设，增强工业园区的吸引力。

鲍志强指出，加快全市工业经济的发展，必须解放思想，放宽视野，以更大的气魄，在更宽的范围内培植生产要素，以增量的扩大优化全市工业的经济结构。基于这个认识，市委、市政府决定，以载体建设为突破口，全力建设“泰安市高新技术产业开发区”(简称高新区，下同)，努力实现高新区的“二次创业”。总的要求是，瞄准全国一流水平，坚持“高起点规划、高标准建设、高效能管理、高速度发展”，把高新区建设成为以高新技术产业为主题、工业发达、设施齐全、功能完善、环境优美的现代化园林旅游城市新城区。

【中国共产党泰安市代表会议】 5月11日，中国共产党泰安市代表会议在泰城召开。会议选举产生泰安市出席中国共产党山东省第八次代表大会的代表43名。

会前，根据全省组织部长会议和市委常委会研究的意见，市委专门召开会议，下发文件，对泰安市出席省第八次党代会代表候选人预备人选推选工作进行动员部署，统一思想，明确了任务及有关要求。组织全市各级党组织和广大党员，严格按照省委规定的“三上三下”程序，层层推荐，逐级遴选，反复酝酿。全市99.7％的基层党支部和92.8％的党员参加酝酿推荐，确保推荐人选具有广泛的群众基础。制定了考察实施方案，从市委组织部、市纪委等有关部门抽调21名人员，分9个组，用一周时间进行认真考察。同时，分别征求纪检、政法、信访、计生等部门的意见，确保了代表人选的质量。

会议期间，市委书记鲍志强在会上总结了全市的工作，认为年内全市各项工作开局良好，经济运行质量有新的提高，党的建设、精神文明建设和民主法制建设也取得新的成绩。但在加快建设经济强市的进程中必然会出现一些新情况、新问题，特别是面对各地竞相发展的新形势，更需要进一步增强紧迫感和责任感，千方百计加快发展。他强调，要加快发展，必须保持奋发有为的精神状态，必须突出工作重点，必须进一步转变工作作风，必须狠抓落实。要明确肩负的责任，保持与时俱进的思想观念、奋发有为的精神状态和扎实有效的工作作风，创造性地开展工作，以优异成绩向省第八次党代会和党的十六大献礼。

【全市领导干部会议】 6月1日，市委召开全市领导干部会议，传达学习中国共产党山东省第八次代表大会精神。市委书记鲍志强，市委副书记、市长耿文清，市委副书记张树禹、高儒林、李洪峰出席会议。

鲍志强在会上传达了中共山东省第八次代表大会精神。他说，省八次党代会，是在山东省经济社会发展的关键时期召开的一次继往开来的重要会议。省委书记吴官正代表七届省委所作的报告，突出“高举邓小平理论伟大旗帜，全面贯彻“三个代表”重要思想，与时俱进，开拓创新，动员全省党员干部和人民群众，更加紧密地团结在以江泽民同志为核心的党中央周围，为建设大而强、富而美的社会主义新山东而努力奋斗”的主题，是指导全省改革开放和现代化建设的纲领性文件，是动员和鼓舞全省人民团结奋斗的宏伟目标。实现这一宏伟目标，要坚持以经济建设为中心，加快发展生产力；要切实加强精神文明建设和民主法制建设，大力弘扬先进文化；要密切同群众的血肉联系，努力实现最广大人民的根本利益；要加强和改进党的建设，增强党组织的创造力、凝聚力和战斗力。鲍志强强调，学习贯彻省第八次党代会精神，一要正确领会，把握实质；二要联系实际，搞好结合；三要转变作风，狠抓落实。

耿文清主持会议并就学习贯彻好大会精神提出要求。一是要把学习贯彻大会精神与学习贯彻江泽民“5·31”讲话精神结合起来，认真把握精神实质；二是要把学习贯彻大会精神同泰安实际相结合，努力把泰安的事情办好；三是要把学习贯彻大会精神与正在做的工作相结合，全面完成年内的各项任务。

12月15日，市委召开全市领导干部会议，传达中共山东省委关于泰安市部分市级干部的任免决定。

会上宣读了中共山东省委关于泰安市部分市级干部的任免决定。鲍志强任中共济南市委领导职务，不再担任泰安市委书记、常委、委员和市委党校校长职务；耿文清同志任中共泰安市委书记兼市委党校校长；贾学英同志任中共泰安市委副书记，主持市政府全面工作；张树禹同志不再兼任泰山学院党委书记职务；高儒林同志兼任泰山学院党委书记。

鲍志强、耿文清、贾学英同志分别在会上讲话。

耿文清在讲话中表示，要以这次调整为新的起点，注重加强市委班子的自身建设，紧密团结，改进领导作风，提高工作效率，不断增强领导班子的凝聚力和战斗力。一是要认真贯彻实践邓小平理论、党的十六大精神和“三个代表”重要思想，进一步解放思想，更新观念，与时俱进，以更强烈的开放意识，更大胆的创新精神，做好结合的文章，办好泰安的事情；二是要把发展作为第一要务，加快推进经济强市建设；三是要继续改进党的领导方式；四是要不断加强党组织和干部队伍建设；五是要坚持全心全意为人民服务。

省委组织部副部长贺可存在讲话中充分肯定泰安市近年来经济和社会各项事业发展所取得的成绩，并提出四点要求：一是要坚决拥护省委的决定，全力支持耿文清、贾学英两位同志的工作；二是深入学习贯彻党的十六大精神，以大会精神统一全市干部群众的思想；三是以“三个代表”为指导，切实加强与改进党的建设；四是集中力量，加快发展。

【全市经济形势分析会议】 7月28～31日，市委、市政府召开全市经济形势分析会。会议回顾上半年的经济工作,交流工业经济特别是园区建设进展情况,研究分析当前经济形势,安排部署进一步加快经济发展的措施,确保完成和超额完成全年各项任务目标。

会议分两段进行:前三天半进行现场检查,市领导鲍志强、耿文清、张树禹、高儒林、李洪峰、张知平、宋广吉、贾学英、唐家品、黄龙华、杨忠海、李学法、孙承志、齐承芳、林华勇及各县(市、区)委书记、县(市、区)长、人大常委会主任、政协主席,市直有关部门负责人出席会议,现场查看县(市、区)、市直18个工业园区及园区外的27个重点工业建设项目;31日下午召开会议,参加人员扩大到市各大班子领导人及市直各部门主要负责人。市委书记鲍志强,市委副书记、市长耿文清分别作了重要讲话。

市委书记鲍志强在讲话中指出,要正确认识当前经济形势,进一步增强加快发展的责任感;要把握经济发展的关键环节,实现经济发展的新突破。从上半年经济运行的情况看,实现突破的时机已经成熟,要乘势而上,确保实现新的更大突破:一是在结构调整上实现大的突破;二是在增强后劲上实现大的突破;三是在载体建设上实现大的突破。他强调,要适应新形势要求,进一步提高驾驭全局工作的能力:一要把加快发展作为第一要务来抓;二要进一步深化改革;三要下大气力做好社会稳定工作;四要认真做好市第八次党代会的筹备工作。

市委副书记、市长耿文清综合分析了上半年的经济运行情况:一是经济发展速度全面加快;二是经济效益逐步提高;三是经济结构趋于优化;四是发展后劲显著增强;五是招商引资成效明显;六是城市基础设施和载体建设力度加大。关于下半年的工作,耿文清强调,在工业经济方面,当前要加快规模企业群体膨胀,大力培植利税大户,加大技术改造力度,大力发展高新技术产业及其产品;在民营经济方面,要加快培植民营企业大户,大力发展区域特色经济;在农业农村经济方面,要在提高农产品质量的同时,把畜牧业、林果业和花卉苗木作为发展重点,培养发展一批亩收入过万元的典型,大力推进农业产业化进程。下半年,要突出产权制度改革这个重点,继续加大深化企业改革的力度,做好深化和规范的工作;要积极推进企业内部各项改革,尽快建立有效的激励和约束机制;要继续把城镇开发建设与园区建设、产业发展和当地的资源优势紧密结合起来,抓好经济发展的载体建设;要加快高新技术产业开发区和各类经济园区建设步伐;要按照市场运作、经营城市的要求,确保超额完成城市土地经营增收任务目标。

【'2002泰山经济论坛】 8月17～18日,'2002泰山经济论坛在泰城举行。副省长王仁元,市委书记鲍志强,市委副书记、市长耿文清,济南军区联勤部副部长王金义出席开幕式。

原全国人大常委、中国社会科学院副院长、中国社会科学院特邀顾问刘国光,全国政协财经委员会副主任、著名经济学家董辅礽,中国商业联合会会长何济海,中国社会科学院研究员、经济学家王国刚,北京工商大学校长助理、教授谢志华,中央金融工委监事会办公室主任、经济学家庄恩岳,中国社科院经济所研究员、经济学家杨帆分别作了题为《当前经济形势与走势》、《加入WTO后民营企业的发展与金融的改革创新》、《中国金融发展中的几个新问题》、《流通在城市中的地位以法治商有序竞争》、《WTO与企业制度》、《经济改革与观念更新》、《证券市场前景和以水循环为中心的资源环境》的讲座。原国家审计署副审计长、中国审计协会副会长罗进新,中国会计学会副会长余秉坚,中国审计协会副会长、经济学家张以宽,中央企业工委技术顾问董佑咙等参加经济论坛。

【全市高新技术工作会议】 8月21日,全市高新技术工作会议召开。会议传达贯彻全省高新技术工作会议精神,提出了全市高新技术工作的指导思想和奋斗目标:坚持"发展高科技,实现产业化"的宗旨,以市场为导向,以企业为主题,以创新为动力,突出抓好高新技术产品、高新技术企业、高新技术园区三大重点,深化改革,扩大开放,重视人才,提高市场竞争力,大力推进工业经济跨越式发展,加快建设经济强市进程。到2005年,高新技术产品发展到1000个;市级以上高新技术企业发展到600家,其中省级以上达到200家;高新技术园区发展到15个以上;工业高新技术产品产值占工业总产值的比重达到20%以上。

市委书记鲍志强在讲话中指出,要提高认识,增强发展高新技术的紧迫感和责任感;要理清思路,牢牢把握发展高新技术的主动权;要把握原则,坚持以市场为导、以企业为主题、以创新为动力,内涵外延并举;要突出重点,在高新技术产品、高新技术企业和高新技术园区三个方面实现重点突破;要强化措施,狠抓工作落实;要深化改革,增强发展活力;要扩大开放,借助外部推力;要重视人才,提高创新能力;要加强组织领导,切实做到领导到位、责任到位、政策到位。

会议下发市委、市政府《关于进一步加快高新技术产业发展的意见》,为2000年度、2001年度省、市科技进步奖获奖单位和个人颁发了证书。

【市委常委扩大会议】 11月6日,市委召开常委扩大会议,传达学习党的十六大精神,研究贯彻落实意见。

市委书记鲍志强在会上传达党的十六大精神。他说,江泽民同志的报告高举邓小平理论伟大旗帜,全面贯彻"三个代表"重要思想,回顾总结过去五年的工作和十三年的基本经验,站在时代的高度,提出全面建设小康社会的奋斗目标,对推进改革开放和社会主义现代化建设、加强党的建设作出全面部署,是党团结和带领全国各族人民在新世纪新阶段奋勇前进的政治宣言和行动纲领。大会审议通过的《中国共产党章程(修正案)》,对《党章》作了多处重要修改,增写和补充了许多新内容。全市要认真学习和深入贯彻党的十六大精神,把广大干部群众的思想统一到十六大精神上来。一是通过各种会议,迅速把党的十六大精神传达到各级干部和广大群众中去;二是在全市迅速掀起学习贯彻十六大精神的热潮;三是坚持理论联系实际,做好结合文章;四是切实做好当前工作。

【全市党员领导干部会议】 11月7日,市委召开全市党员领导干部会议,传达贯彻党的十六大精神,部署安排全市贯彻意见和要求。

市委书记鲍志强传达党的十六大精神,并就贯彻落实十六大精神提出重要意见。各级要精心组织,领导带头,迅速掀起学习热潮;全面准确地把握实质,进一步统一思想认识;做好宣传工作,营造浓厚的学习氛围;坚持理论联系实际,认真研究解决经济社会发展中的重大问题;以学习贯彻十六大精神为动力,扎实做好当前各项工作。

市委副书记、市长耿文清主持会议。

【中共泰安市七届十三次全委会议】 12月3日,中共泰安市七届十三次全委会议召开。会议主要是深入学习贯彻十六大和省委八届二次全委会议精神,紧密结合泰安实际,对建设经济强市的任务作出新的部署。

会议审议并通过《中共泰安市委关于深入学习贯彻党的十六大精神的决议》。决议提出,当前和今后一个时期,深入学习贯彻党的十六大精神是全市的首要政治任务，全市各级党组织要高度重视，精心组织，采取有力措施，切实把党的十六大精神学习好、宣传好、贯彻好。决议认为，市委提出的建设经济强市的奋斗目标，体现了全面建设小康社会的总要求。按照十六大关于有条件的地方可以发展得更快一些的要求，泰安市建设经济强市的奋斗目标是：第一步，人均国内生产总值进入全国大中城市100强；第二步，到2010年，人均国内生产总值基本达到全省平均水平；第三步，再经过几年的努力，提前实现全面建设小康社会的目标。实现上述目标，必须把发展作为第一要务，以建设经济强市统揽全局；继续突出工业经济、民营经济、招商引资三大战略重点，努力提高农业、第三产业和城市化水平；推进改革开放，加快科技进步，努力开创建设经济强市新局面。

鲍志强在讲话中就深入贯彻党的十六大精神，努力开创建设经济强市的新局面讲了六点意见：一是经济发展要有新目标，不断丰富建设经济强市的内涵；二是解放思想要有新境界，以思想的大解放促进经济的大发展；三是结构调整要有新举措，不断提高经济的综合竞争力；四是深化改革要有新突破，不断为经济建设提供强大动力；五是对外开放要有新进展，努力创造加快发展的良好环境；六是党的建设要有新面貌，为建设经济强市提供坚强的组织保证。（*左冬梅*）

·组织工作·

【概况】　*党员队伍建设与管理*　年内，突出在农村和企业生产一线以及青年、知识分子、妇女、科技能手、致富带头人中发展党员，新发展党员8751名。调整党组织设置，理顺关系，严格党费收缴制度，加强流动党员管理，坚持民主评议党员，妥善处置不合格党员，保持了党员队伍的纯洁性。组织广大党员学习“三个代表”重要思想、科技致富知识和政策法规知识。十六大召开以后，市委组织部从市管党费中拨出50多万元，为市直部门、单位党员购买学习资料，满足了广大党员学习十六大精神的需要。“七一”、元旦、春节期间，对建国前入党的生活困难党员进行救助，全市发放救助慰问金200多万元，其中市管党费下拨救助慰问金60.47万元，体现了党的关怀和温暖。

基层组织建设　①农村基层组织建设。一是针对税费改革后的新情况、新问题，组织实施以增强党组织创造力、凝聚力、战斗力为主要内容的“三力”工程，认真研究发展农村经济、增加村级收入的对策和措施。二是开展现代化示范村创建工作，对市里确定重点培养的10个现代化建设示范村，实行市级领导联系制度，派驻工作组，集中力量帮促，使创建工作取得明显成效。三是市委组织部、市委宣传部、市委政法委、市计生委、市民政局、市农业局等6部门，联合下发120个后进村综合整治意见，并逐一落实“四帮一”（每一个后进村都有一名县或乡级领导干部联系、有一个市或县部门包村、有一个工作组蹲驻、有一个强村或强企业挂靠）措施，促进了后进村的转化。②城市街道社区党建。制定下发《关于进一步加强和改进城市街道社区党建工作的实施意见》，明确街道社区党建工作的指导思想、目标任务和工作措施，确立泰山区重点抓规范，岱岳区、市高新区、新泰市、肥城市重点抓起步，宁阳、东平县城关镇及中心镇重点抓延伸的工作思路，强化调度，提高社区党建工作水平。8月份，在泰山区召开全市街道社区党建工作座谈会，推广泰山区加强社区党建工作的经验，对全市街道社区党建工作作出了全面部署。在泰安电视台制作五集电视系列片，宣传城市街道社区党建工作，推动了全市社区党建工作的开展。10月份，在全省城市社区党建工作研讨会上，泰安市作了《加强党的建设与提升社区服务水平问题研究》的发言。③非公有制经济组织党建。突出“扩大党的工作覆盖面”、“发挥党组织的政治核心作用”两个重点，年内全市非公有制企业党组织达697个，占符合条件企业总数的98.7%。同时，按照有利于加强党的领导、有利于党组织开展活动、有利于促进企业发展的原则，采取属地管理、部门管理或指定管理等形式，理顺非公有制经济组织党的工作隶属关系。对发展较快、规模较大、非公有制企业比较集中的工业园区或民营经济园区，采取依托园区建党委的办法，加强对非公有制企业党的工作的领导和管理。9月份，在新泰市召开全市非公有制经济组织党建工作经验交流会。会后，组织非公有制经济组织党建工作经验报告团，在全市6个县市区和市直作报告7场，全市有3000多人听取报告，营造了加强非公有制党建工作的良好氛围。

领导干部选拔任用　①认真贯彻落实领导干部选拔任用工作条例，继续做好领导干部选拔任用工作。年内，公开选拔市高新区7个局（室）局长（主任）、市中心医院副院长、市中医院副院长和市建设疗养院副院长，对公开选拔的领导职位实行试用期制和聘任制。推进市直机关中层干部竞争上岗，市直有22个部门的140多个岗位实行竞争上岗，一大批优秀年轻干部走上中层领导岗位。②调整部分单位的领导班子。根据市委的要求，年内先后6次对部分市直部门和单位领导班子进行调整充实，涉及部门领导班子45个、干部331名，其中提拔175名、交流128名、退出班子38名。调整充实企事业单位领导班子60个、领导干部226名，其中对2001年度民主测评不称职档次的6名企事业单位领导干部，免职2名、调离原单位1名。③做好县市区领导班子换届人事安排工作。从10月下旬至12月下旬，市委组织考察组对6个县市区领导班子进行全面考察。6个县市区参加民主测评推荐会议的1600余人，发放征求意见表近8000份，是各县市区历次换届考察接触面最广、参与人数最多的一次，为各县市区领导班子的换届打下基础。

人才队伍建设　①组织科技副职咨询服务团，到县市区、高新区和市直骨干企业开展集体咨询服务活动。年内实地考察企业26家，对64个企业进行集体“会诊”，帮助解决生产技术难题102个，提出意见、建议83条。发挥科技副职的牵线搭桥作用，与中科院联合召开院地合作与科技副职工作座谈会，与中科院长春分院签订“科技合作协议”，与中科院国家天文台联合建立“科普教育基地”。解决了华阳集团“戊唑醇合成工艺改进”等一批科研攻关项目。选派3名优秀年轻干部到中科院挂职锻炼，开辟了培养锻炼干部的新途径。②组织进行第六批市级拔尖人才评选，选拔市级专业技术拔尖人才65名；编辑出版《岱下英才》一书，收录全市152名有突出贡献的专业技术人才的模范事迹。③按照抓大放小、管精管好的原则，把一些因产权关系发生变化、国有股所占比例较小的企业领导人员的管理权下放到国资公司。年底，由市委备案管理领导干部的企业从21家减少到16家。④年内，从省内外高校选调49名优秀毕业生，并组织岗前培训。年底，全市有选调生504人，其中副科级以上的占27%。

干部教育培训　通过在职学习、集中学习、党委中心组学习和举办培训班等形式，组织广大干部特别是各级领导干部认真学习邓小平理论、“三个代表”重要思想、党的十六大精神、法律法规、WTO、市场经济和现代科技等知识。年内，在市委党校举办培训班12期，培训学员1330名；在市国家公务员培训中心举办各类任职培训班9个，培训学员561名。党的十六大召开以后，及时将十六大精神作为正在举办的各类培训班

次的重要内容，并专门举办两期全市领导干部十六大精神培训班，培训市直部门、单位和各县市区党政领导干部、政工人事干部540多名，加深了广大党员干部对十六大精神的理解，有力地推动了全市学习十六大精神活动的开展。注重干部学习培训成果的转化利用，对赴新加坡高级经济管理培训班和市委党校第12期中青年干部培训班学员论文进行总结提炼，编辑出版《追赶与超越》、《学习、实践、探索》，发挥了很好的指导借鉴作用。

干部监督管理　一是制定2002年度领导干部经济责任审计工作计划，对33名市直部门和事业单位领导干部进行经济责任审计。二是配合干部任前公示制度的落实，加大对公示对象问题的调查审理力度。全年对群众反映的18名公示对象和两个市直部门的问题进行调查核实，为17名干部澄清了问题，有1名干部的问题属实被取消任职资格，对2个市直部门的问题进行了纠正。三是狠抓干部监督工作制度的落实。坚持与执纪执法部门联系制度，召开联席会议24次，收集有关干部问题信息97条；坚持提拔任用干部征求纪检、检察机关意见制度，征求干部意见6次，涉及干部277名；坚持对有问题干部调查处理制度，全市对70名有问题反映的干部进行调查处理，其中，对61名干部进行谈话、打招呼，对1名干部进行函询，对8名干部给予降免职处理。四是认真落实中央和省委关于做好干部学历、学位认证工作精神，对全市干部学历、学位进行检查清理。

下派干部工作　年内，选派第十四批下派干部208人，其中包40个贫困后进村118人，包10个现代化建设示范村30人，向6个县市区分别派出农业产业化工作队，向12个列入"13511"工程的市属骨干企业派驻挂职干部。下派包村干部为所包村争取资金和物资折款5109.85万元，办成各类实事500余件；组织10个现代化建设示范村支部书记、包村工作组长到先进地区进行考察学习，10个示范村面貌发生了较大变化；6个农业产业化工作队共争取各类建设开发项目36个，项目资金1.17亿元，培植一批主导产业，促进当地农业产业化发展；驻企业挂职干部为企业提供技术信息300余条，引进技改项目80个，清欠资金8500万元，促进了企业的改革与发展。年内，选派60名干部分两批赴广东省挂职锻炼，挂职干部认真学习、广交朋友、牵线搭桥、招商引资，介绍20多个考察团来泰安市考察，有18个项目初步达成协议，协议投资额4亿多元，签定外销商品协议600多万美元，签定合资合作意向11个。

党员电化教育　年内，全市党员电化教育工作坚持"两个服务"（为宣传贯彻党的基本路线服务、为加强基层组织建设和提高党员素质服务）的指导思想，制作各类专题片38部，有13部被省委组织部《山东党员电教》采用，其中《金兰英的故事》一片，被香港《凤凰卫视》采用，在英、美等国家播放，实现泰安市党员电教片境外播放零的突破。加大全市党员电教基础设施建设投入，市电教中心筹资60多万元，在市政大楼装修90平方米的演播大厅，配齐了设备。宁阳县投资200多万元，建起全省第一座县级党员电教大楼。5月，召开全市深化党员电教科技工程研讨会，以岱岳区良庄镇瓜果蔬菜评比活动为观摩现场，精选了全市8个党员电教科技致富典型，在会上进行交流，理出了深化党员电教科技工程的思路。十六大召开以后，在市电视台《泰安新闻》开办学习十六大精神访谈栏目，在《党的生活》栏目推出学习十六大精神专访，收到很好的宣传效果。

【继续开展农村"三个代表"学习教育活动】　农村"三个代表"学习教育活动自2000年12月开始，先后在全市86个乡（镇、办事处）、843个县（市、区）直部门单位、122个垂直管理部门、2548个乡镇站所、3294个村中开展，有12万名党员、2.38万名村级干部参加学习教育活动。年内，在农村"三个代表"学习教育活动中，重点做好整改措施落实和回访复查工作。(1)指导各县市区、各部门认真落实"三个代表"学教活动整改方案。年内，全市"学教"活动中制定的2.12万条整改措施落实2.08万条，占98%以上，为群众办好事、实事3.80万件。(2)坚持领导干部联系点制度。市"学教"办向市级领导干部每人发出一封信，市级领导干部积极到各自的联系点回访复查，指导落实整改措施。(3)发挥各级"学教"办及工作组的督导作用。"学教"办先后明查暗访11次，督查52个乡镇、43个县直部门和109个村，对22个工作不够认真的单位提出了批评，促进了回访复查工作的顺利进行。(4)注重"学教"活动的回顾总结。市、县、乡三级组织专门力量，对"学教"活动情况进行认真调研，层层写出总结报告。围绕建立"干部受教育、农民得实惠"的长效机制，对"学教"活动的成功经验进行了理性思考和科学总结，全市有7篇理论研讨文章被省委"学教"活动理论研讨会采用。在6月29日召开的省"学教"活动电视电话会议上，泰安市岱岳区良庄镇党委、新泰市新汶办事处汶河村党支部和东平县州城镇师柳林村党支部等3个基层党组织被评为全省农村学习实践"三个代表"重要思想先进集体；宋宪春等4名同志被评为全省农村学习实践"三个代表"重要思想先进个人。

【乡村班子换届选举】　年内，圆满完成78个乡镇党委、62个乡镇的人大和政府、3658个行政村的"两委"换届选举任务。工作中，突出加强党委的集中统一领导、加强工作指导和思想政治工作，制定下发了《关于做好乡村领导班子换届选举工作的意见》，先后3次召开换届选举工作调度会议，对工作进展情况进行检查调度。(1)严把乡镇班子人事安排方案、代表选举、会议组织3个关键环节。换届后，全市78个乡镇新一届党政班子成员856人，比上届减少188人；平均年龄35岁；大专以上学历的793人，占93%，整体结构得到进一步优化。(2)稳妥开展村级"两委"换届选举。从全市确定了12个乡镇、20个村先行试点，在此基础上，加强对全市工作的指导，突出抓好党支部成员"两推一选"（党员推选、群众推选和正式选举）、村"两委"成员交叉任职，积极推进农村干部"四定"（定编制、定岗位、定职责、定报酬）、村会计"四制"（公开选拔制度、持证上岗制度、异村任职制度、政府聘任制度）改革，保证了村"两委"换届选举工作的健康顺利进行。全市3658个村换届后，党支部书记兼任村主任的占69%，"两委"成员交叉任职的占67.3%，大大精减了村干部职数。

【援疆干部工作】　一是做好泰安市第三批援疆干部返回的有关工作。6月22日，市委组织部在市政大楼举行隆重欢迎大会，欢迎第三批援疆干部返回。根据省委组织部、省人事厅要求，制定下发《关于做好我市援疆干部返回后工作安排等有关问题的通知》，根据援疆干部在疆所任职务和表现情况，提出援疆干部安置方案。对在疆担任县级党政领导职务的，都安排相应领导职务；对专业技术干部按进疆前的岗位进行安排，专业技术职务也予以聘任。二是选派泰安市第四批援疆干部。根据全省选派第四批援疆干部工作会议的统一部署，制定下发《关于做好为新疆选派第四批干部工作有关问题的通知》，对选派任务、名额分配、援疆干部条件、选派的方法和时间安排及援疆干部的管理、待遇等问题作出明确规定。5月31日，召开全市为新疆选派第四批干部工作会议，对选派工作进行动员和部署。经个人申请、所在党组织推荐、组织部门审核、市委研究，确定17名进疆干部(未含1名省委直接确定的副厅级领导干部)，其中副县级党政领导干部5名、专业技术干部12名。省委确定泰安市委副书记、宣传部长刘渊为山东省援疆干部总带队。援疆干部于7月下旬赴新疆喀什地区工作。

(杨晓光)

·老干部工作·

【概况】 年底，全市有离休干部5013人，其中市直1432人，县(市、区)3581人；享受省级单项待遇的2人，厅局级及享受厅局级待遇的185人，县(处)级及享受县(处)级待遇的1779人，科级及享受科级待遇的669人，享受其他待遇的2378人。全市设有老干部工作专门机构139个，专职工作人员408人；建有老干部党总支23个、党支部334个、党小组1014个。

落实老干部待遇 一是落实老干部政治待遇。组织老干部学习贯彻邓小平理论、“三个代表”重要思想和党的十六大精神，全年举办老干部学习班、读书班224期，有4000余名老干部参加。加强老干部党支部建设和思想政治工作，坚持老干部阅文、参加会议、参观视察、情况通报等制度。二是兑现拖欠的离休干部“两费”(离休费、医药费)。年内，建立和完善离休干部离休费、医疗费保障机制和财政支持机制，制定下发《关于离休干部离休费、医药费财政保障工作的意见(试行)》、《关于进一步完善离休干部离休费保障工作的意见(试行)》和《泰安市离休人员医疗保障管理暂行规定》，全市补发2001年离休干部“两费”计2041.2万元，按时足额发放2002年离休干部“两费”961.32万元。三是深化老干部服务工作。各级按照政策规定，为老干部发放住房补贴；对职级较高、年龄较大、体弱多病、易地安置的离休干部和离休干部遗属，进行重点服务和特殊照顾；全市接待老干部来访386人次，来信58件，均予以妥善处理。

老年教育与老干部活动 年内，全市有县以上老年大学4处，乡镇老年大学(学校)56处，在校学员2000余人，其中，市老年大学2002年招生16个班、456人。全市老年大学累计有4620人次就读。全市建立市、县两级老干部活动中心7处，乡镇老干部活动室113处，单位老干部活动室350处。年内，组织举办老干部门球、乒乓球、登山比赛等文体活动13项，有万余名老干部参加活动；举办“喜迎十六大老干部书画展”，展出作品120件；组织老干部视察工农业生产和重点项目建设，并经常向老干部通报情况和征求意见；组织老同志表演队到农村、企业、部队、社区进行演出，宣传党的方针政策和科技文化知识。

信息调研和宣传工作 年内，针对“三个机制”(离休干部离休费保障机制、医药费保障机制、财政支持机制)的建立和完善、加强老干部党支部建设、利用社区优势为老干部服务等重点问题进行深入调研，分别形成调研报告，其中《关于企业离退休干部党支部建设情况调查与思考》获全省调研成果一等奖。结合纪念中共中央《关于建立老干部退休制度的决定》颁布20周年和庆祝党的十六大召开的有利时机，举办泰安市老干部工作20年图片展，出版全市第一部老干部工作画册——《与时俱进铸辉煌——泰安市老干部工作20年》，编发《老干部工作信息》20期、《情况反映》5期，宣传老干部工作方针政策，宣传新形势下做好老干部工作的重要意义，宣传老干部的丰功伟绩和先进事迹。(鞠晓帆)

·宣传思想工作·

【概况】 年内，全市各级宣传部门以邓小平理论和“三个代表”重要思想为指导，以迎接和学习宣传贯彻党的十六大为主线，按照“三个代表”要求，服务全市工作大局，唱响加快建设经济强市进程的主旋律；端正学风，与时俱进，进一步强化理论武装工作；夯实宣传思想工作基础，切实做好社会宣传和思想政治工作；加强精神文明建设工作，努力提高城乡文明程度；推进优秀作品创作生产，促进文化事业繁荣发展；加大对上对下对外宣传力度，增强泰山、泰安的对外影响；强化管理，提高素质，加强宣传思想工作队伍建设；开拓创新，团结一致，各项工作都取得明显成绩，为全市的改革、发展、稳定的大局创造了良好的舆论环境，提供了强有力的思想保证和精神动力。

新闻宣传工作 ①加大改革开放和经济发展宣传力度。围绕市委、市政府建设经济强市的总体安排，制定周密详尽的宣传计划；建立经济典型筛选、报批制度，《泰安日报》开设《与时俱进，开拓进取，加快建设经济强市》专栏，泰安电视台推出系列访谈节目《实现工业经济跨越式发展访谈》、互动对话节目《激情跨越》栏目，其它新闻媒体也分别开辟宣传经济工作专栏，在社会上产生积极影响，成为群众心目中的好栏目。组织经济新闻宣传供需见面会，组织经济部门、重点企业与新闻单位负责人座谈会，了解经济新闻宣传重点，增强新闻宣传的针对性和服务性。②加强对重大活动、重点工程的宣传。组织新闻媒体成立宣传报道组，对人大和政协会议、全市经济工作会议、全市民营经济工作会议、对外开放和招商引资工作会议、泰山国际登山节、“五一”、“十一”旅游黄金周、全市重点建设工程等重大活动靠上服务，并在各新闻媒体开辟专栏、专题，多角度、多层面、全方位的宣传报道，产生良好效果。宣传市直机关后勤改革，分别在中央、省主要新闻媒体作大篇幅报道，其中在《人民日报》头版以《除弊创新天地宽》为题作了4000字的长篇报道，并配发编者按，高度评价“泰安经验”，在全国引起较大反响。③对上报道成绩突出。年内，在中央电视台播发各类新闻、专题45件，其中新闻·综合频道《新闻联播》栏目用稿9件；中央人民广播电台播发67件，其中《新闻与报摘》栏目播发14件；《大众日报》头版头条刊发10件；山东电视台发稿542件。

理论工作 ①市理论学习委员会(简称学委会)制定下发全年党委理论学习中心组工作计划，建立健全学习、检查、考核、评比制度，精选内容，形成有效的学习机制。先后举办加快工业经济发展研讨班、WTO与农业经济、人口经济理论、泰山经济论坛、“中小城市发展战略”研讨、干部任用《条例》座谈、加入世贸组织与法制建设等专题报告和中心组读书会，形成领导带头、时间集中、形式多样的理论学习格局。市直及各县(市、区)党委理论学习中心组坚持年初一份学习计划，全年一本学习记录，每季度一次集中学习，每个成员一本学习笔记，每人每年撰写2篇体会文章，做到时间、内容、材料、考勤、效果“五落实”。年内，泰山区、宁阳县、新汶矿业集团公司被评为全省先进党委理论学习中心组，全市有5个单位被评为全省先进理论教育工作单位、5人被评为全省先进理论教育工作者。②理论宣传和理论研究取得成效。以学习“5·31”讲话和学习十六大精神为主题，组织《泰安日报》、泰安电视台、泰安人民广播电台和市属刊物，开辟“领会讲话实质，抓好贯彻落实”和“深入学习讲话，统一思想行动”栏目，开展系列理论宣传活动。年内，栏目发表各类消息和文章600多篇，发表理论文章80多篇，发表言论、述评120多篇。围绕干部群众关心的热点、难点问题，组织专家编写《当代中国马克思主义理论的创新

与发展》一书，指导各级开展理论学习。

思想政治工作 ①开展“转变作风年”、“调查研究年”活动，采取召开座谈会、走访、发放问卷等形式，深入基层就思想政治工作情况进行调研，形成了调研报告。②加强企业思想政治工作，召开企业文化推进会，提升企业文化内涵；组织企业思想政治工作者编辑出版《企业宣传思想工作探索与研究》；在全市企业中开展以诚信为主题的职工思想道德教育活动。年内，泰安市获全省职工道德修养知识竞赛组织奖，山东电力管道工程公司获“山东省思想政治工作最佳企业”称号，泰安建筑工程公司、新泰市韩庄煤矿等单位获“山东省思想政治工作优秀企业”称号。③典型宣传取得突破，在全省首届思想政治工作创新奖评选中，泰山区市场街道居委会党支部书记金兰英同志获得个人创新奖，列全省3名个人奖首位。④贯彻实施《公民道德建设实施纲要》(简称《纲要》)，大力普及公民基本道德规范。召开各届人士学习《纲要》座谈会和文明市民标兵学习《纲要》报告会；开展学习《纲要》宣传周活动，发放宣传资料10万余份，印制下发《公民基本道德规范宣传画》4万份；开展“公民道德格言”征集活动，收到征稿3.10万条，评出获奖格言100条；在全市青少年中开展公民道德教育和道德实践活动，举办“学纲要、讲道德”知识竞赛、“读书做人”征文活动，并评选出道德教育示范学校和青少年道德标兵，全市有3个单位被推荐为全省公民道德建设示范点；新汶矿业集团在全省公民道德建设经验交流会上，作为唯一的企业典型作大会发言；在全市少年儿童中实施中国“小公民”道德建设计划。⑤加强政工队伍建设，制定《泰安市政工专业职务评聘管理办法》，充实调整市思想政治工作研究会机构，并修订思想政治工作研究会《章程》。

党员教育工作 突出党课教育，增强党课的针对性和吸引力。下发《关于在全市集中开展党课教育活动的通知》，组织各级领导干部和党员教育工作者，编写党课讲稿，全市撰写党课讲稿900多篇；经现场观摩评选出优秀党课10堂、优秀党课讲稿34篇。年内，泰安市获山东省党课教育组织工作奖，宁阳县、肥城市被评为全省党员教育工作先进县，有4个基层单位被评为全省党员教育工作先进单位，5名同志被评为全省优秀党员教育工作者。

文化教育工作 ①加强“精品工程”制度建设，制定《关于“精品工程”的实施意见》和《“精品工程”申报评选暂行》办法，召开全市精品工程座谈会，为2003年评选做好了准备工作。②创作完成由江泽民命名的反映“军中女药王”于慧芹、陆克平夫妇事迹的长篇纪实传记，录制完成由著名歌唱家张明敏演唱的歌曲《登上泰山与日月交谈》。③群众性文化活动丰富多彩。组织泰城春节文化系列活动、庆祝建党81周年系列活动、泰山广场文化长廊首届书画展等专题活动；组织毛泽东《在延安文艺座谈会上的讲话》发表60周年纪念活动，举办广场文艺晚会3场；在城市开展文化广场活动，在农村开展文化大院活动，活跃了群众文化生活。

“三下乡”活动 年内，全市文化下乡送图书6万册，建村级文体活动室648个，送戏2176场，送电影6292场，培训农村文化骨干2014人；送科技录像带1192盘，送科技资料240万份；举办科技大集2万场，举办科技培训班1365期；送药品器械折合人民币950万元，建农村卫生室460个，举办医务人员培训班327次，为农民义珍16万人次。

外宣工作 年内，邀请国内外记者100人次来泰采访，起到了宣传泰安、泰山的良好效果。利用全市重大经贸、文化、旅游活动，集中性、战役性的对外宣传报道，并发放对外宣传作品3万册。在省以上报刊发表泰安外宣稿件600篇，电视新闻150条，播出广播稿100篇。全年制作完成并在省级以上电视台播发外宣专题片10部，其中，专题片《泰山风情》、《泰山新城》、《泰山晨曲》、《东平湖的故事》先后在山东卫视、中央电视台、凤凰卫视播出，受到海内外观众的广泛好评。制作完成《华夏明珠——泰安》招商引资专题片。配合《求是》杂志社等单位完成大型电视系列片《东方之光》在泰安、泰山的拍摄任务。编辑出版《新世纪、新泰安》、《泰安投资指南》、《东平湖畔抗洪图》、《新泰投资指南》等大型画册，编辑出版中英双语《岱庙》、《走遍泰山—泰山旅游指南》等宣传册，出版发行中英日韩文《中华泰山》折页、《中华泰山》招贴画等20种5万册外宣品。

【开展十六大精神宣传教育活动】 十六大召开前，组织学习“三个代表”重要思想，尤其是江泽民“5·31”重要讲话。开展以“看成就、谈体会”为主题的群众性宣传教育活动，宣传改革开放以来，特别是党的十三届四中全会以来取得的巨大成就。在市各新闻媒体开辟《展示新成就，喜迎十六大》、《喜迎十六大，再创新辉煌》等专栏，集中制作、集中播发专题节目，形成强大的舆论声势，创造了浓厚的舆论氛围。全市各级各单位，纷纷组织开展征文活动、文化活动、青年歌手大赛、大型文艺晚会、电影专场晚会等活动，在全市营造了浓厚的迎接、庆祝十六大的社会氛围。

十六大召开后，全市各级精心安排，采取多种形式，抓好学习宣传。市委和市学委会分别下发《通知》，召开学习十六大精神座谈会，举办学习十六大精神理论骨干培训班。市委成立学习十六大精神宣讲团，印发学习贯彻十六大精神宣讲提纲，举办大规模的学习十六大精神宣讲报告会，以电视直播的形式向市、县、乡三级领导干部和宣讲骨干进行宣讲培训。年内，全市各级举办十六大精神学习宣讲报告会1万多场次，听众80多万人。

为巩固学习效果，吸引群众参与学习，组织全市10万余人参加全省十六大精神学习竞赛活动；市委宣传部与市社联、泰安日报社联合开展学习十六大精神征文活动，与市教育局、团市委联合在全市青少年中组织以学习贯彻十六大精神为主题的“走向世界的中国”读书教育和社会实践活动，引导青少年学习十六大精神，深刻领会“三个代表”重要思想。年内，泰安市获得全省党的十六大精神学习竞赛活动组织奖。

(赵 勇 苏 萍)

·统战工作·

【概况】 年底，全市有统战干部职工59人，其中市委统战部16人。年内，加强统战干部队伍建设，全市86个乡(镇、办事处)全部配备专职或兼职委员，其中专职16人、兼职70人。全市各级统战部门紧紧围绕各民主党派成员，无党派人士，党外知识分子，少数民族人士，宗教界人士，非公有制经济人士，香港、澳门同胞，台湾同胞、去台湾人员留在大陆的亲属和回大陆定居的台胞，出国和归国留学人员，海外侨胞和归侨侨眷，原工商业者，起义和投诚的原国民党军政人员等开展工作，以“三个代表”重要思想和党的十六大精神为指导，以继续深入贯彻落实全国、全省和全市统战工作会议精神为主线，解放思想，与时俱进，真抓实干，开拓创新，紧扣建设经济强市这个中心，组织广大统战成员宏观献策谋大事，微观服务办实事，发挥优势，突出重点，保稳定，促发展，全面推进统一战线各个领域的工作，为全市的改革、发展和稳定做出了积极贡献。

理论学习 年内，围绕全市工作大局，组织各民主党派、工商联、宗教爱国团体的无党派人士,学习党的方针政策。①召开全市各民主党派、工商联、无党派代表人士十六大精神通报会,下发《关于认真学习贯彻十六大精神的通知》,举办培训班、学习班11期,召开座谈会8次,宣传学习贯彻十六大精神。各民主党派、工商联和宗教爱国团体分别组织专题学习,进一步统一思想,增强为全面建设小康社会和推进建设经济强市进程而奋斗的信心和决心。②全市举办学习"三个代表"重要思想学习班、培训班9期,召开座谈会6次,用"三个代表"重要思想和江泽民"5·31"重要讲话精神统一思想,提高新形势下统战工作实践的能力。③组织学习江泽民在全国统战工作会议上的重要讲话、《中共中央关于加强统一战线工作的决定》以及中央三代领导人关于统战工作的重要论述,组织全市统战系统围绕中央、省、市统战会议精神的贯彻落实撰写理论调研文章,加深统战理论方针政策理解,增强工作责任感。

政治协商　①各级建立牵头协商工作机制和部门联席会议制度,定期通报情况,进行民主协商。年内,全市召开党外人士协商会、通报会、座谈会7次,分别就"两会人事安排"、政府工作报告、市委全委会、省八次党代会、党的十六大以及其他重要事项进行协商或通报,听取意见或建议。在对九届市政协400余名委员情况全面调查、摸清底子的基础上,完成十届市政协委员人选推荐提名工作,完成全国、省人大党外代表和全国、省政协党外委员的推荐工作。②协助各民主党派、工商联完成换届工作,实现组织交替和政治交接。在换届工作中,贯彻执行上级关于换届工作的指示精神,发扬民主,反复酝酿、协商,广泛征求意见,严格办事程序,把好人选政治关;制定严格考察程序和标准,注意尊重本党派及其省委会的意见,做好深入细致的思想政治工作,确保换届成功。③民主党派机关自身建设取得新成效。一是召开民主党派组织建设工作会,总结两年来民主党派组织建设的经验,对下一步工作提出要求。二是在党派机关工作人员中开展以"讲学习、讲政治、讲正气、讲团结、讲奉献、讲纪律"为主要内容的"六讲"学习教育活动,促进党派机关作风的转变。三是在民主党派机关科以下干部中开展轮岗交流,并组织部分机关干部学习外地党派机关工作经验,提高党派机关工作人员的积极性和创造性。四是调整党派机关公共事务管理办公室,增拨办公经费,改善办公条件,健全各项规章制度,实现党派机关工作规范化、制度化。④年内,续聘、改聘民主党派、工商联特约纪检监察员15名。

民族宗教工作　①开展"帮扶工程"和"鲁羊扶贫工程",年内累计投资600万元,改善少数民族群众的生产、生活条件,推进少数民族经济发展。②开展"宗教法规宣传月"和"民族团结进步宣传月"活动,发放宣传材料3万余份,全面宣传党的民族宗教政策,增强依法管理宗教事务和民族团结进步观念。举办伊斯兰教界人士培训班,培训50人。③开展学习调研活动,协助市委、市政府召开全市宗教工作会议,传达全国、全省宗教工作会议精神,总结交流全市宗教工作经验,部署新形势下全市宗教工作。④全省各爱国宗教团体换届后,泰安市有3人当选省宗教爱国会副会长、7人当选常委(常务理事)、8人当选委员(理事)。

参政议政　在民主党派成员中开展"精品提案"评选活动,参评提案91件。市政协九届五次会议期间,各民主党派及其成员所提交的提案被立案173件(团体66件,个人107件),占79%;市政协确定的10件重点提案中,民主党派及其成员提交9件。

为经济建设服务　①全市统战系统围绕建设经济强市总目标,紧扣工业经济、民营经济、招商引资三大重点,发挥人才荟萃、智力集中和联系面广的优势,积极为经济建设服务。年内,引进投资项目42个,到位资金2115万元。②在民主党派成员中开展"为经济建设服务调查"活动,印发《泰安市民主党派成员为经济建设服务调查表》1300余份,提出招商引资意向21个,提供项目37个。③发挥海外联谊会自身优势,加强联系交流。建立泰安招商引资项目库,积极向海内外工商社团、财团推介。年内,邀请、接待海外客商18批、89人次,达成合作意向9项,意向投资1.5亿元,合同投资3000万元,到位资金650万元。④以创建科技示范基地为抓手,带动地方经济发展,建成科技示范基地3个。年内,协助各民主党派开展"三下乡"活动19次,组织民主党派负责人赴外地考察学习2次。⑤开展"双思教育"(致富思源、富而思进)、"双万帮带"(1万名个体私营大户帮扶1万名贫困户)和"争做社会主义合格建设者"活动,全市民营企业安排下岗职工2.10万人。⑥成立泰安市光彩事业促进会,中央统战部副部长、中国光彩事业促进会副会长兼秘书长胡德平及20多位海内外知名企业家出席,在市高新技术开发区建立"泰安明天光彩工业园",为推进全市光彩事业和对外招商引资发展创造了良好条件。

党外干部和知识分子工作　年内,调查全市党外干部特别是担任副科级以上职务党外干部情况,汇总形成新的党外干部情况资料库,形成党外干部情况调研报告。2002年,增补市政协党外常委2名,增补市人大党外常委1名;提拔党外副县级领导2名,提拔少数民族副县级干部1名;在市县两级工商联组织换届中,安排党外会长6名。年末,全市科级以上党外干部166名,其中市级7名、县级47名、科级112名(含副乡镇长27名)。举办党外人士培训班6期,培训378人次。加强与民主党派、工商联联络员的联系,反映他们的意见和要求,引导联络员为建设经济强市献计出力。年内,落实党外人士政策,为符合条件的党外人士增加生活费,对需要调资的200名原工商业者进行审核认定。

调研信息宣传　①以开展调查研究年活动为契机,制定年度调研计划,确定重点调研课题,立足研究新阶层、探讨新变化、总结新经验、开拓新思路,开展调查研究,完成调研课题15个。②抓住各民主党派工商联换届时机,利用新闻媒体,宣传共产党领导的多党合作和政治协商制度,宣传民主党派、工商联的光荣传统和社会贡献。换届期间发表评论员文章和专题报道20篇(次),扩大了统一战线和各民主党派工商联的社会影响。③年内,在中央和省市级报刊发表宣传文章80篇,提报16篇文章参加全省调研宣传精品工程评选,其中获特别奖1个、二等奖1个、三等奖2个。在全省2002年度统战宣传评比工作中,全市获一等奖1个、二等奖2个、三等奖2个,先进个人1名;受中央统战部表彰的先进单位1个、先进个人1名。编发《泰安统战信息》13期、《泰安统战简讯》8期,上报统战信息270条,获全省统战信息工作二等奖,列全省第4位。

(杨启航)

·涉台事务·

【概况】 对台经贸　年内,全市新批台资企业4家,实际利用台资165.8万美元,泰(安)台(湾)间贸易额779万美元。年内,全市接待经贸考察团153批678人次,签订合同协议31个,投资额7616万美元,其中合同12个、合同台资额3533万美元;组织赴台经贸考察团2批12人,达成合作协议27个。

泰(安)台(湾)交往交流　年内,全市接待来泰台胞1.08万人次,比上年增长14%。一是接待台湾高球贵宾旅游团、台湾孔孟学会文教参访团、中国历史文化教育交流团、台湾雕刻工业协会、全国台联台商经贸考察团等团组40批690人次，比上年增加32批562人次。二是办理赴台78人次，其中应邀赴台交流11批28人次，因私赴台50人次；处理涉台婚姻、丧葬、医疗、生育、遗产继承等问题50起，涉台公证30起，提供政策咨询服务100多次。

对台宣传　年内，撰写对台宣传稿件80篇，其中向中新社、人民日报(海外版)等媒体供稿50篇，向华夏经纬网提供信息18篇；完成《山水圣人游》(泰山部分)5万字、162幅图片的组编工作。利用团组赴台和台胞来泰进行对台宣传，向台胞赠送画册、光盘、投资指南等宣传品2000多份。

涉台教育　开展多种形式的涉台教育，积极宣传对台政策，在党校举办涉台知识讲座30场，培训领导干部2000多人次；在政协委员、离退休干部和台属中开展涉台教育课140次；在全市中小学校、旅行社、宾馆、商场广泛开展涉台知识教育培训。(任延勇)

·保密工作·

【概况】　保密宣传教育　一是开展群众性宣传教育活动。年内，组织开展保密宣传月活动、全市保密知识竞赛、收看《创举——中国普法之路》大型专题片和山东省保密知识电视大赛等活动。二是为县级干部进修班、科级干部班、乡镇党委书记班、初任公务员培训班等班次授课8次，培训320人次。三是组织相关人员参加全国保密技术培训班、全省保密技术干部培训班、全省保密局长培训班，同时举办全市保密干部培训班，培训保密干部200人，进一步提高保密干部和涉密人员的业务水平。

保密管理与监督　一是严格执行《泰安市公文处理保密工作暂行规定》，强化管理，逐步规范保密工作。7月份，对泰安市档案局拟公开上架的55个部门的554份文件进行保密审查。二是加强对国家秘密载体定点复制单位的保密管理。12月份，对全市16家定点单位进行检查年审。三是加强对废旧文件的保密管理。确定废旧文件收购点，签订保密协议，明确保密责任，定期进行检查。四是开展保密工作检查。12月份，在各单位自查的基础上，对各县(市、区)、矿业集团及部分市直部门的保密工作进行检查，有力地促进了保密工作的开展。(左冬梅)

·政策研究·

【概况】　2002年，市委政策研究室紧紧围绕全市中心工作，先后起草领导讲话、工作汇报、调查报告、署名文章等各类文稿100多篇、120余万字；编辑出版《泰安工作》14期、《领导参阅》2期，充分发挥了参谋助手作用。

年内，各级党委政府，认真贯彻中央提出的开展“转变作风年、调查研究年”活动要求，加强调查研究。市委政策研究室在调查研究年活动中，注重超前研究、超前预测、超前准备，紧紧围绕中心和大局、党委决策、热点和难点问题，发现和总结典型，积极开展调查研究。一是围绕加快建设经济强市进程，确定调研课题，并按分工负责的原则，对市委、市政府领导班子成员进行明确分工，市领导带头深入基层、深入实际，就工业经济、园区建设、重点项目建设等工作开展专题调研，提出一系列推进工作、促进发展的意见和措施。二是注重调动各方面力量，充分发挥人大、政协、群团组织人才荟萃的优势，全面发动，形成了大调研格局，为市委决策提供了大量翔实的一手资料；同时，高度重视调研成果，认真听取并积极采纳良好建议。三是组织市政协、市计委、市经委、市中小企业局等有关单位，就园区建设、扩大固定资产投资、发展骨干企业、培植规模企业、壮大高新技术企业、招商引资、农民增收等方面开展调查研究，形成调研报告8份，为全市经济形势分析会的召开奠定了基础。四是把调查研究与推进工作紧密结合，两次集中市各大班子、各县(市、区)、市直有关部门主要领导进行领导集体调研，为全市经济和社会事业健康快速发展起到巨大推动作用。五是针对全市工业经济相对薄弱特别是载体建设严重滞后的实际，市委书记鲍志强带队到南方发达市地进行考察学习，随后组织力量在市内进行调查研究，并举办全市加快工业经济发展研讨班，找出了影响全市工业发展的不利因素，提出了建设“泰安市高新技术产业开发区”的战略决策，有力地推动了全市工业经济的快速发展。(郭　涛)

·机关党建·

【概况】　思想政治建设　年内，市直机关工委组织机关党员干部认真学习江泽民“5·31”讲话、中央和省、市委重大会议精神，特别是党的十六大精神，从党费中拿出十余万元为机关党员购买十六大文件汇编和学习辅导材料，并通过专家大会辅导、理论骨干培训、学习交流等形式，指导帮助基层党组织搞好学习。同时，组织机关千余名党员干部参加全省十六大精神学习竞赛活动。年内，市直机关工委被省直机关工委评为机关党建宣传报道先进单位。

组织建设　一是对市直各部门贯彻《条例》和省委《实施意见》情况进行调查，提出加强和改进工作的意见。二是组织32个机关党组织完成换届选举，指导新建、改建机关党组织21个，充实调整222名专、兼职党务干部。三是抓好入党积极分子培养和党员发展对象集中培训考察工作，实行党员发展公示制和发展工作责任追究制，全年累计培训发展对象104人，发展新党员120人，预备党员转正124人。

机关作风建设　一是以转变机关作风、提高工作效率为核心，继续在市直机关深入开展作风建设年活动。围绕转变职能、转变作风、提高服务质量和工作效率，认真做好清理法规文件、压缩审批事项、简化办事程序、深化政务公开和服务承诺等工作。二是调度检查作风建设年活动面上工作，召开系统情况交流会10次，作风建设年活动现场会1次，并组织30个部门在调查研究的基础上撰写作风建设调研文章30篇。

党风廉政建设　一是组织7000名党员干部参加全省“理想信念、廉政纪律教育”统一学习考试。二是对131个市直机关工作人员借用公款问题进行集中清理，并对市直各部门党员领导干部廉政情况、收受礼金和有价证券问题、配偶子女从业情况进行认真检查，及时处理违纪问题。三是健全和完善党风廉政建设责任制并分解细化和落实，在定期调度检查各系统、各部门党风廉政建设责任情况的基础上，进行全面考核，经考核干部群众满意率为90%。四是审理机关党员违纪案件3起，处理违纪党员3人，接待处理群众信访3人次。

精神文明建设　一是在机关干部职工中广泛开展“三义”(社会主义、爱国主义、集体主义)和“三德”(社会公德、职业道德、家庭美德)教育，培植、宣传建设经济强市、招商引资、优质高效服务等方面的先进典型。二是组织6800名市直干部职工参加全省《公民道德建设实施纲要》知识竞赛活动，同时开展公民道德格言征集活动。三是评选表彰市直文明机关30个、优秀公仆145名、精神文明建设活动先进单位15个、先进个人103名；评选全市第三届百佳文明市民11名；检查评选47个市级文明单位和27

个新审报单位；开展文明行业万人评选活动。

机关活动　年内，市直机关工委认真组织市直机关开展多种形式的活动，提高市直机关广大干部职工的素质，丰富广大干部职工的业余文化生活。①以学习贯彻新《工会法》为重点，积极推进基层工会“四会建设”（以法治会、实力强会、民主兴会、开门办会）；组织干部职工参加《工会法》知识竞赛，完成45名市以上劳动模范重新填表建档、98名特困企业职工帮扶、4万余张送温暖工程明信卡发售、为残疾儿童捐款捐物等工作。②组织开展第四届市直机关“十大杰出青年”评选活动，举办“十杰”和“优秀青年”表彰及事迹报告会，开展“五好文明家庭”、“爱心献老人”、“十佳军人妻子”、“十佳军人母亲”等创建和评选活动。全年评选表彰先进单位（集体）71个，先进个人146名，其中报省以上表彰2人。③以“巾帼建功”活动为主线，重点推进“巾帼文明示范岗”建设活动，先后培植和推广泰山大酒店总机班、岱庙票务所等5个先进典型。④开展“永远跟着党走”主题宣传和学习WTO知识青年读书活动，继续开展“青年文明号”、“青年志愿者”活动，组织市直机关“诚信颂”大型文艺演出、参加全省青年金融知识学习竞赛、机关妇女岗位读书活动、迎新春拔河比赛、“三·八”女职工跳绳比赛、机关乒乓球比赛、篮球比赛、登山比赛、全市干部任用《条例》学习知识电视大奖赛等活动，与市委宣传部、市文化局等单位共同组织全民读书月活动。

【市直机关招商引资】　年内，市直机关认真落实市委、市政府的战略决策，全党动员，人人参与，形成了大开放、大招商的浓厚氛围，招商引资工作取得明显成效。市直机关工委作为市直机关招商引资的组织和综合调度部门，制定下发市直机关招商引资工作意见，召开动员大会进行部署，并通过情况通报会、现场会、经验交流会、工作调度会、月进度统计与情况通报等形式，及时掌握工作情况，发现推广典型经验，有利地促进了市直机关招商引资工作的发展。年内，70个市直部门引进项目144个，合同额53.57亿元，对方投资额27.67亿元，引进市外项目资金实际到位7.74亿元；向上级争取无偿资金实际到位6.16亿元；为企业融资9.79亿元，其中为市属企业借贷资金4.8亿元。引进的合同项目中，落实在市本级的50个，资金到位5.43亿元；落实在高新区的15个，资金到位0.5亿元。年底，市直机关有46个部门引进的91个项目均已完成并投入运营；合同项目资金到位额300万元以上的单位38个，500万元以上的26个，800万元以上的15个；引进项目资金到位800万元以上的、引进上级无偿资金到位3000万元以上的、引进信贷资金到位4000万元以上的市直单位达到23个；引进项目资金到位300万元以上、向上级争取无偿资金500万元以上、协助企业向市外金融部门融资2000万元以上的先进个人有27名；有44个市直部门完成和超额完成了招商引资目标任务；借贷款项4000万元以上的单位8个；有2个市直机关向上级争取项目资金6.17亿元；争取项目资金500万元以上的单位13个，3000万元以上的单位5个。年内，引进合同项目、对上级争取项目资金、借贷融资三项合计共到位23.69亿元。（贾贞刚）

·党史征集与研究·

【概况】　2002年，全市党史工作以“三个代表”重要思想为指导，认真贯彻全省党史工作会议精神和党的十六大精神，紧紧围绕并服务于全市经济工作大局，与时俱进，开拓创新，为推进全市两个文明建设做出积极贡献。年内，泰山区委、宁阳县委分别把党史办从组织部分离出来与史志办合署办公，成立党史史志办公室。东平县委在县直部门和乡镇配备专职或兼职党史工作人员，建立起党史工作网络，加强了全市党史机构和队伍建设。年末，全市有市、县两级党史工作机构7个，党史工作人员69人，其中，市委党史办13人，县（市、区）56人。

党史资料的征集、编辑与出版　全年征集党史资料1000万字，编辑文字70多万字，编选图片1688幅，征集回忆文章20篇，征集资料80份。先后完成省重要党史专题征集工作和全市3部地方党史资料书的编纂出版工作，《中共鲁中地方史》导言和抗战部分（共四章）的初稿撰写工作，《叶飞传》“挺进齐鲁”、“泰蒙战役”、“叶飞在泰安活动年谱20条”部分初稿撰写任务，《走进新世纪的山东——从十五大到十六大》泰安部分撰稿任务，完成《“一五”时期泰安地区的经济建设》、《泰安地区的“大跃进”运动》、《泰安地区六十年代前期的国民经济调整》、《一九七五年泰安地区的全面整顿》的撰稿任务。出版《泰安先驱》第四集，撰写党史、英烈人物传略25篇。编印全面反映泰安跨入新世纪以来改革发展巨大成就和崭新面貌的大型纪实画册《新世纪·新泰安》，编辑出版《泰安地区的农田水利基本建设》。先后与市委宣传部联合编辑出版《胡耀邦同志在泰安》纪念画册，与市委办公室合作完成《中共山东年鉴》的组稿任务。为宣传党的历史、弘扬优良传统、讴歌时代精神、服务改革现实，党史办与党史学会共同创办的《泰汶春秋》杂志（季刊）创刊发行。出版《中共宁阳县组织史资料》续编，东平县党史办与县委、县政府办公室联合征集出版《乡音乡情——天南地北东平人》。

党史宣传　年内，利用党史资料宣传先烈的业绩和党领导人民建设社会主义新中国的成就，激励民众的爱党爱国爱家乡热情。4月份，会同市社科联、市委党校联合召开“邓小平南方谈话与改革开放新阶段理论研讨会”，收到论文100篇，其中党史系统撰写80篇。清明节期间，在《泰安日报》开辟“缅怀先烈业绩，继承革命遗志”专栏，宣传介绍重要革命英烈人物、泰安市主要革命遗址。“七一”期间与市委组织部、宣传部等有关部门联合举办“辉煌的五年——迎接党的十六大胜利召开”图片展。东平县党史办在东平县工委诞生地建立“东平县革命传统教育基地”。（李执钢）

·党校工作·

【概况】　年底，全市有市、县两级党校7个，有在职教职工311人，专职教师166人（副教授及高级讲师64人、讲师58人、助教27人），外聘教师35人；其中，市委党校有在职职工103人，专职教师50人（教授6人、副教授及高级讲师14人、讲师23人、助教3人），外聘教师7人。年内，全市党校主体班次毕业学员5930人，进修班毕业学员1302人，培训班毕业学员4100人，中青年干部班毕业159人，研讨班毕业320人，理论班毕业49人；其中，市委党校主体班次毕业学员508人、进修班毕业学员200人、培训班毕业学员130人、中青年干部班毕业49人、研讨班毕业80人、理论班毕业49人。

培训工作　年内，市、县两级党校举办进修班、培训班、研讨班、理论班等主体班次60期，培训学员6530人，其中市委党校举办培训14期，学员1310人。

教学工作　年内，设有中央党校函授本、专科班，省委党校业余大专、本科及研究生班，在校学员7166人，其中，研究生84人、本科3449人、专科3633人；市直学员2641人（研究生84人、本科1299人、专科1258人）。教学中，一是推行四单元式教学模式，成立学术委员会，对新上专题实行试讲，通过后才能上主体班次讲授；二是改变以往老师讲、学员听的单一模式，突出“三个结合”（教师授课与学员论坛相结合，参观考察与调研报告相结合，本校老师与外聘教师教学相结合）；三是改革教学质量评估办法，实行学员分单元对教师授课进行打分，调动了教师的积极性。

科研工作　年内，全市党校在省以上刊物发表论文 67 篇，出版著作、教材 6 部，获省以上奖励 6 项。市委党校编写党校教学新布局教材 4 本（《新时期共产党员党性修养》、《当代世界若干重大问题》、《马克思主义理论基础》、《泰安建设经济强市战略研究》）。（亓慧亭）

·信访工作·

【概况】　年内，市委、市政府就信访问题召开会议 34 次，下发有关文件 35 件，组织部分市人大代表、市政协委员对全市信访工作情况进行视察，为做好信访工作发挥了重要的指导作用。市、县两级信访部门进一步建立健全信访工作管理制度和激励机制，出台实施《关于实施信访工作领导责任追究制的若干规定》、《泰安市信访老户管理办法》、《泰安市信访预警预报制度》等一系列信访工作制度。开展信访调研活动 5 次，形成调研报告 45 篇，有 39 篇分别被《人民信访》、《山东信访》等刊物采用，发挥了信访工作的参谋助手作用。为提高基层信访干部的工作水平，举办全市信访干部培训班两期，并在全市开展信访法规集中宣传教育活动，增强了广大干部群众依法从信的自觉性。

各级各部门继续实施领导包案责任制，积极完善和落实调研排查、督促检查、回访三个环节，切实转变工作作风，主动化解矛盾，标本兼治，综合治理，认真解决群众反映强烈的热点问题。年内，全市处理群众来信来访 8636 件（起），其中市信访局处理来信 2652 件、来访 658 起 8376 人。来信来访反映的主要问题是：企业拖欠职工工资、养老保险金、离退休金、生活费、医疗费、集资款等问题占 30%；城镇建设、拆迁、安置、补偿、环境污染、交通管理、市容监察中的问题占 15%；农村换届选举、干部作风、财务管理及农民负担等问题占 25%；各类集资、融资、合同、承包、劳务等经济纠纷和劳动争议等问题占 10%；涉法问题占 10%；各类求决、民事等其他问题占 10%。全年全市发生进京上访 32 起 43 人，未发生进京集体上访；到省上访 99 起 661 人，其中集体访 16 起 368 人；到市集体访 130 起 7292 人。对发生的集体上访，有关部门和信访部门跟踪处理，及时妥善解决。省以上要查处结果和市领导批示交办的 53 件案件全部按期处结。（刘永勤）

·接待工作·

【概况】　年内，接待宾客 19 万人次，其中，五大班子重点客人 982 批、1.03 万人次。国家级领导 3 人（全国人民代表大会常务委员会副委员长姜春云、中国人民政治协商会议副主席任建新、中国人民政治协商会议副主席罗豪才），省部级领导 280 人，厅局级领导 1916 人。工作中：一是对接待人员加强经济知识和业务知识培训，不断提高接待人员综合素质，以进一步提高全市接待水平；二是转变接待观念，牢固树立为经济建设服务的思想，积极主动做好各项接待工作；三是充分利用现代化办公手段，建立健全接待工作数据，不断提高接待工作的基础水平和工作效率；四是树立“人人都是泰安形象、处处都是投资环境”的意识，维护泰安良好形象，广泛宣传泰安旅游资源、投资环境和优惠政策，进一步宣传泰山，增进友谊，提高泰安知名度；五是热情周到，勤俭节约，健全规章制度，认真执行有关规定，突出地方特色，积极推介使用泰安地方产品，降低成本，节约开支；六是指导下属单位强化内部管理，加大资金投入，优化接待环境，提高服务、管理、效益水平。

年内，御座宾馆通过 ISO9001：2000 国际标准质量体系认证，成为泰安市旅游饭店业首家通过该体系的宾馆。由中国烹饪协会、泰山御膳研究中心主办，御座宾馆承办的“中国·泰山‘御座杯’宫廷菜烹饪技能大赛”于 9 月 4 日在泰城举行，来自全国各地的 27 个代表队的 60 名选手参加了比赛。泰山大酒店成立万德福食品分公司，为弘扬民族餐饮文化、增进友谊、加强交流，泰山大酒店与陕西延安宾馆联合举办了“陕北风味”美食节。（周玉玲）

泰安市人民代表大会

【市十三届人民代表大会第五次会议】　市十三届人民代表大会第五次会议 3 月 1～4 日在泰城召开。会议应到代表 452 名，实到 452 名，列席 134 名。会议审议通过市长耿文清《关于泰安市人民政府工作报告》、市发展计划委员会主任张庆建《关于泰安市 2001 年国民经济和社会发展计划执行情况与 2002 年国民经济和社会发展计划（草案）》的报告、市财政局局长任先德《关于泰安市 2001 年财政预算执行情况和 2002 年财政预算（草案）》的报告、市人大常委会主任张知平《关于泰安市人大常委会工作报告》、市中级人民法院院长高峰岭《关于泰安市中级人民法院工作报告》、市人民检察院检察长傅光仁《关于泰安市人民检察院工作报告》。会议补选支建立、冯永军为泰安市第十三届人民代表大会常务委员会委员。会议收到代表提出的议案 36 件，经议案审查委员会审查，大会主席团通过，决定将《关于按照农业标准化要求，大力发展无公害蔬菜的议案》作为议案，提出办理意见。其余 35 件议案作建议办理，连同会议期间代表提出的 35 件建议和意见共 70 件，交市政府和有关部门办理，并于 7 月底向代表作出答复。

【市人大常委会会议】　年内，召开市十三届人大常委会会议 7 次，即本届第 31～37 次会议。

第 31 次会议　1 月 28 日召开。会议听取并审议通过市妇联主席刘玉勤作的《市人大常委会代表资格审查委员会关于补选代表的代表资格审查报告》；市人大常委会秘书长万承平作的《关于召开泰安市第十三届人民代表大会第五次会议有关情况的说明》；市人大常委会副秘书长、人事选举代表工作室主任史效让作的《关于调整代表资格审查委员会组成人员的报告》；市中级人民法院院长高峰岭作的《关于提请任命市中级人民法院审判人员职务的报告》；市人民检察院检察长傅光仁作的《关于提请任命市检察院检察人员职务的报告》。会议书面印发《关于召开泰安市第十三届人民代表大会第五次会议的决定（草案）》、《泰安市人大常委会工作报告（草案）》、《泰安市人大常委会 2002 年工作要点（草案）》、《关于调整市人大常委会代表资格审查委员会组成人员名单（草案）》、《市十三届人民代表大会第五次会议主席团、秘书长建议名单（草案）》、《市十三届人民代表大会第五次会议议案审查委员会建议名单（草案）》、《市十三届人民代表大会第五次会议计划预算审查委员会建议名单（草案）》、《市十三届人民代表大会第五次会议列席人员范围（草案）》等。通过市人大常委会代表资格审查委员会《关于补选代表的代表资格审查报告》;通过《关于召开泰安市第十三届人民代表大会第五次会议的决定》;原则通过《泰安市人民代表大会常务委员会工作报告(草案)》;通过《泰安市人大常委会2002年工作要点》;原则通过了市十三届人大五次会议主席团、秘书长及议案、计划预算审查委员会建议名单(草案);通过《市十三届人大五次会议列席人员范围》;通过《市人大常委会代表资格审查委员会组成人员调整名单》。表决人事任命事项;市人大常委会主任张知平向被任命人员颁发任命书。

第32次会议 4月23～24日召开。会议听取并审议通过市财政局局长任先德受市政府委托作的《关于2001年市级财政决算(草案)的报告》;市审计局局长张书盈受市政府委托作的《关于2001年市级预算执行和其他财政收支情况的审计工作报告》;市人大常委会财经工委主任侯秀华作的《关于2001年市级财政决算的审查报告》;市人大常委会副主任张显义作的《关于检查〈科学技术进步法〉实施情况的报告》;市中级人民法院副院长亓宗宝受院长高峰岭委托作的《关于全市法院执行工作情况的报告》;市人大常委会法工委主任苏元华作的《关于人民法院执行工作情况的调查报告》;市人大常委会秘书长万承平宣读的主任会议《关于提请任命市人大常委会机关工作人员职务的报告》;市中级人民法院院长高峰岭宣读的《关于提请任免市中级人民法院审判人员职务的报告》。会议书面印发市人大常委会报送市委的《关于视察泰山景区综合整治工作的报告》;市财政局关于《泰安市2001年市级决算表》;市人大教科文卫工委《关于赴临沂、日照、威海、烟台、潍坊等地学习考察情况的报告》;通过了《泰安市人大常委会关于泰安市2001年市级财政决算的决议》;《泰安市人大常委会关于审议〈关于2001年市级预算执行和其他财政收支的审计工作报告〉的决议》;《泰安市人大常委会关于人民法院执行工作情况的审议意见》和市人大常委会执法检查组《关于检查〈科学技术进步法〉实施情况的报告》。表决通过人事任免事项;市人大常委会主任张知平向被任命人员颁发任命书。

第33次会议 6月18～19日召开。会议听取并审议通过市人大常委会副主任周克峰作的《市人大常委会执法检查组关于检查〈归侨侨眷权益保护法〉实施情况的报告》;市人大常委会副主任姜吉叩受主任会议委托作的《关于泰安市人民代表大会常务委员会讨论决定重大事项的实施办法(草案)的说明》;市审计局受市政府委托作的《关于〈山东省机关事业单位及国有企业法定代表人离任审计条例〉实施情况的报告》;市人大常委会财经工委主任侯秀华作的《关于〈山东省机关事业单位及国有企业法定代表人离任审计条例〉实施情况的调查报告》;市林业局受市政府委托作的《关于林业经济发展情况的汇报》;市人大常委会农经工委主任王兴富作的《关于全市林业经济发展情况的调查报告》;市人大常委会副秘书长、人事选举代表工作室主任史效让作的《关于全市乡镇人民代表大会换届选举工作情况报告》;市政府市长助理、市高新技术产业开发区管委会主任唐福生受市政府委托作的《关于〈泰安高新技术产业开发区总体规划〉的报告》;市人大常委会副秘书长、人事选举代表工作室主任史效让受主任会议委托作的《关于提请免去市人大常委会机关工作人员职务的报告》;市政府副市长孙承志受市长耿文清委托作的《关于提请任免市政府组成人员职务的报告》;市中级人民法院院长高峰岭作的《关于提请免去市中级人民法院审判人员职务的报告》;市人民检察院检察长傅光仁作的《关于提请批准辞职和任免检察人员职务的报告》。会议书面印发市人大常委会教科文卫工委《关于〈食品卫生法〉实施情况的检查报告》。通过了泰安市人大常委会《关于泰安市人民代表大会常务委员会讨论决定重大事项的实施办法》、《关于泰安高新技术产业开发区总体规划的决议》、《关于〈山东省机关事业单位及国有企业法定代表人离任审计条例〉实施情况的审议意见》、关于全市林业经济发展情况的审议意见。表决了人事任免事项;人大常委会主任张知平向被任命人员颁发任命书。

第34次会议 8月19～20日召开。会议听取并审议通过市财政局局长任先德《关于市政府2002年上半年全市及市级财政预算执行情况的汇报》;市人大常委会财经工委主任侯秀华《关于2002年上半年国民经济和社会发展计划及财政预算执行情况的调查报告》;市人大常委会副主任王尹成《关于检查〈水污染防治法〉实施情况的报告》;市人大常委会副主任张显义《关于检查〈药品管理法〉实施情况的报告》;市民政局局长尹衍祥《关于村民委员会换届选举工作情况的汇报》;市人大常委会法工委副主任王登俭《关于村民委员会换届选举工作情况的调查报告》;市外事办公室主任桑新华《关于与巴西永贾伊市建立友好城市关系的议案》。通过市人大常委会《关于2002年上半年国民经济和社会发展计划及财政预算执行情况的审议意见》、《关于检查〈药品管理法〉实施情况的报告》、《关于村民委员会换届选举工作情况的审议意见》、《关于泰安市与巴西永贾伊市建立友好城市关系的决议》;市人大常委会执法检查组《关于检查〈水污染防治法〉实施情况的报告》。

第35次会议 10月16～17日召开。会议听取并审议通过市招商办主任张斌受市政府委托作的《关于全市招商引资工作的汇报》;市人民检察院院长傅光仁作的《关于全市检察机关开展渎职侵权检察工作情况的汇报》;市人大常委会法工委主任苏元华作的《关于全市渎职侵权检察工作情况的调查报告》;市人大常委会副主任王尹成作的《关于检查〈建筑法〉实施情况的报告》;市人大常委会副主任李秀兰委托农经委主任王兴富作的《关于检查〈动物防疫法〉实施情况的报告》。听取市农业局局长侯存乾、市体育局局长殷培联、市中小企业局局长王光锋的述职报告,市人大常委会秘书长万承平受主任会议委托作的《关于提请任免市人大常委会机关工作人员职务的报告》,市政府副市长李金明受市长耿文清的委托作的《关于提请任免市政府组成人员职务的报告》。会议书面印发市人大常委会《关于对全市整顿和规范旅游市场秩序情况的视察报告》和关于侯存乾、殷培联、王光锋任职情况的调查报告。会议经过分组审议和投票评鉴,通过了市人大常委会《关于全市招商引资工作情况的审议意见》、《关于全市检察机关开展渎职侵权检察工作情况的审议意见》、《关于对市政府三名组成人员的评议意见》。表决了人事任免事项;市人大常委会主任张知平向被任命人员颁发任命书。

第36次会议 10月25日召开。会议听取并审议通过市人大常委会副秘书长、市选举工作委员会委员孙运飞宣读的《泰安市选举工作委员会关于2003年全市县级以上人大换届选举工作安排意见(草案)》,通过了《泰安市选举工作委员会关于2003年全市县级以上人大换届选举工作安排意见》。

第37次会议 12月20日召开。会议听取并审议通过市政府副市长赵一民宣读的《耿文清市长提请任命市人民政府副市长职务的报告》、《耿文清的辞呈》和市人大常委会秘书长万承平宣读的主任会议《关于提名贾学英任泰安市人民政府代理市长职务的报告》。决定贾学英代理泰安市人民政府市长职务。决定任命李同道为泰安市人民政府副市长。

【民主法制工作】 参见《法制·综述》

【人事任免】 年内，市人大常委会任命市人民政府、市大常委会办事机构、市中级人民法院、市人民检察院工作人员44名，免职36人，接受辞职7人。

1月28日，市十三届人大常委会第31次会议，任命李宏为泰安市中级人民法院副院长、审判委员会委员、审判员；任命秦理为泰安市人民检察院副检察长、检察委员会委员、检察员。

4月24日，市十三届人大常委会第32次会议，任命周长安为市人大常委会办公室副主任、董庆木为市人大常委会研究室副主任、张武杰为市人大常委会人事代表选举工作室副主任、郝振斌为市大常委会农村经济工作委员会副主任；通过了市中级人民法院的任免事项。

6月18日，市十三届人大常委会第33次会议，任命张政英为泰安市司法局局长；决定免去姜成全泰安市司法局局长职务、张保全泰安市人大常委会财经工作委员会副主任职务；通过了市中级人民法院和市人民检察院的任免事项。

10月16日，市十三届人大常委会第35次会议，任命孙运飞为市人大常委会副秘书长、孙守珂为市人大常委会城建环保工作委员会主任、刘栋梁为市人大常委会城建环保工作委员会副主任、袁玥英为市人大常委会教科文卫工作委员会副主任、桑新华为泰安市教育局局长；免去沈荣勤市人大常委会城建环保工作委员会主任职务、梁冰泰安市教育局局长职务。

12月20日，市十三届人大常委会第37次会议，根据耿文清的辞职报告，决定接受其辞去泰安市人民政府市长职务；任命贾学英为泰安市人民政府代理市长；任命李同道为泰安市人民政府副市长。

【人大代表议案、建议办理】 市十三届五次会议期间，人大代表提出议案1件，批评、意见和建议69件；代表建议的答复率为96%，满意率为98%。编印代表建议合订本和承办情况汇编，与市政府联合召开交办大会，会同泰安电视台创办《人大代表视点》栏目，对办理过程进行跟踪报道。同时，对重点建议的办理情况组织专题视察，开展优秀议案、人大代表建议和先进承办单位评选活动。

【人大信访工作】 年内，建立并坚持领导阅批、“一口对外”、转办函回执、跟踪督查等制度，加大工作力度。受理人民群众来信来访539件次（来信182件、来访357起），其中，申诉类173件，占32.1%；经济纠纷类70件，占13.0%；土地、房产纠纷类62件，占11.5%；企改下岗、拖欠工资类81件，占15%；违规违纪类78件，占14.5%；其他75件，占13.9%。发生群体性上访5起。全市信访处结率98%。（宗呈亮）

泰安市人民政府

【市政府全体成员（扩大）会议】 市政府全体成员（扩大）会议3月18日召开。会议重点就实施政府提速工程、营造发展环境进行研究部署。（1）政府提速与环境优化。围绕提高行政效率、优化发展环境，精减行政审批事项，减少审批环节，规范审批程序，缩短审批时间，实行政务公开，坚持依法行政。同时，要求各部门制定明确具体、操作性强的工作措施，在《泰安日报》上公布，接受社会监督，认真抓好落实。（2）解放思想与工作创新。适应形势的发展变化，打破因循守旧观念，树立敢冒风险、敢想敢试观念，各级都做到敢干、想干、主动干。工作创新主要是解决会干的问题，围绕化解矛盾、促进发展，学法律、学政策、学现代科技和管理技术、学外地先进经验，尊重群众的首创精神，善于吸取教训，善于倾听意见，体现民主作风，改进领导方法。旗帜鲜明地支持保护改革者，鼓励创业者，营造干事创业的良好环境。（3）顾全大局与政令畅通。坚决落实市委决定，落实人大决议，维护党的领导，体现人民的意志。政府部门要坚决维护市政府的施政权威，决不能各行其是，对违背政府指令、妨碍决策实施的，要采取行政监察手段进行追查。各单位、各县（市、区）要顾全大局，当局部利益与全局利益发生冲突时，局部要服从全局；领导成员要敢于负责，市直各部门和县（市、区）主要负责人，都要履行好工作职责，大胆行使职权，保证贯彻好集体决议。

（陈建军）

【重要决策决定】 1月9日，市政府印发《关于进一步深化政务公开工作的实施意见》。就进一步深化政务公开工作，加强和改进政府机关工作作风，树立政府机关良好形象，密切政府同人民群众联系，促进改革、发展和稳定提出意见和措施。

1月15日，市政府印发《泰安妇女发展规划（2001－2010年）》和《泰安儿童发展规划（2001－2010年）》。《泰安妇女发展规划（2001－2010年）》就2001－2010年妇女工作发展的总目标、主要目标与策略措施、妇女与经济、妇女参与决策与管理、妇女与教育、妇女与健康、妇女与法律、妇女与环境、组织与实施、监测与评估等内容作详细规划。《泰安儿童发展规划（2001－2010年）》就全市2001－2010年儿童发展的总目标、主要目标及策略措施、儿童与健康、儿童与教育、儿童与法律保护、儿童与环境、组织实施、监测与评估等内容作详细规划。

1月28日，市政府下发《关于加快城市市区村庄改造工作的通知》。该《通知》提出：为推进全市城市化进程，改善城市居民的居住环境，促进城市市区内村庄村民向市民的转化及城市意识的提高，决定从2002年开始，力争用三至五年的时间，对市区内的村庄改造完毕。对城市市区内的村庄改造工作，要通过尽快编制村庄改造规划、分期分批实施村庄改造计划、加强配套设施建设、完善村民住宅区域功能、实行积极扶持政策、加强领导等措施认真完成。

1月29日，市政府下发《关于制定实施三峡移民安置优惠政策的通知》。该《通知》就顺利完成三峡库区移民安置工作，确保移民“稳得住、逐步能致富”，制定5项优惠政策：一是移民入住后3年内免交“三提五统”和农业税、农业特产税；二是移民新建住房免收施工许可证、产权证等证件工本费；三是移民子女入学前班和高中就读的，一年内减半收取学费，入小学、初中就读的，免收第一学年学杂费；四是移民从事个体经营经济，一年内免交属县（市、区）级收入部分的各种收费；五是移民办理户口迁移时，免收办理户口本、身份证、准迁证等证件的各种费用。

3月30日，市政府印发《关于做好市属中等职业学校布局结构调整工作的通知》。该《通知》对全市24所市属中等职业学校，通过“留”、“并”、“改”、“撤”的方式进行调整。具体是：保留山东省泰安卫生学校、泰安市体育运动学校、山东省泰安艺术学校、山东省农业广播电视学校泰安市分校，学校规格、经费形式和管理体制不变；将泰安市机械电子工程学校（泰安市第一职业中等专业学校）、山东省泰安农业学校两校整建制合并，组建泰安市高等职业技术学院，由市教育局主管；以泰安市劳动局技工学校为依托，将泰安市机械电子技工学校（泰安市机械电子职工中等专业学校）、泰安市商业技工学校（泰安市商业职工中等专业学校）、泰安市化工技工学校（泰安市化工职工中等专业学校）、泰安市一轻工业技工学校、泰安市纺织技工学校5所技工学校与其合并，重新组建“泰安市技工学校”，由市劳动和社会保障局主管；山东省泰安贸易学校改办为综合高中，一校两牌，在办好普通中专的同时，举办普通高中，逐步过渡到以举办普通高中为主，其中专专业待条件成熟后并入市高等职业技术学院；将泰安市行政干部中等专业学校等6所学校更名，改为非学历教育培训机构，学校规格、经费形式和管理体制不变，其中，泰安市行政干部中等专业学校更名为泰安市国家公务员培训中心、泰安市财政干部学校更名为泰安市财政干部教育中心、泰安市公安干部中等专业学校更名为泰安市人民警察培训中心，泰安市审计职工中等专业学校更名为泰安市审计教育中心、泰安市交通技工学校更名为泰安市交通培训中心、泰安市供销技工学校（泰安市供销干部学校、泰安市供销职工中等专业学校）更名为泰安市供销培训中心；撤销泰安市经济管理干部学校、泰安市人口中等专业学校、泰安市职工中等专业学校市直分校、泰安市农业机械化学校、交通部电视中等专业学校山东省泰安市分校，其人员安置、资产处置工作由主管部门负责。

3月31日，市政府印发《关于印发泰安市民营经济工作考核奖励办法的通知》。该《通知》就民营经济工作的考核形式和内容、考核记分办法、考核程序、奖励办法等作详尽的规定和说明。

4月25日，市政府印发《泰安市2002年国民经济和社会发展计划的通知》，提出2002年全市国民经济和社会发展的主要预期目标是：国内生产总值增长12%，其中第一产业增长4%、第二产业增长14%、第三产业增长14%；财政收入增长13%；全社会固定资产投资增长40%；招商引资到位资金人均1000元；社会消费品零售额增长10%；实际利用外资增长30%；外贸出口增长15%；城镇居民人均可支配收入增长10%；农民人均纯收入增长6%；城镇登记失业率和人口自然增长率分别控制在4%和9.16‰以内。

4月28日，市政府印发《泰安市离休人员医疗保障管理暂行规定的通知》。该《通知》要求：离休人员医疗保障实行社会统筹与个人帐户相结合、分级管理的办法，以市直和县（市、区）为统筹单位，对离休人员医药费在规定范围内据实报销。《通知》还就医药费的筹集、管理和使用、医药统筹费的缴纳数额和方式、报销形式等方面作明确规定。

5月10日，市政府印发《关于加快畜牧业发展的意见》。该《意见》提出全市畜牧业发展的总体要求和目标，并就调整优化畜牧业结构、加快畜牧产业化发展步伐、推进畜牧业标准化生产、推进畜牧业科技进步、培育发展饲料工业、完善畜牧业执法保护体系、加强领导和加大扶持力度等方面作明确规定。

5月31日，市政府印发《关于开展清费治乱优化发展环境工作实施方案的通知》。该《通知》提出：清费治乱、优化发展环境，做到与精简行政审批项目相衔接、与政务公开工作相结合，以清理涉农、涉企收费为重点，全面推行收费公示制度，增强收费政策的透明度，加大监督检查力度。通过清理，取消一批乱收费项目，降低一部分收费标准，切实减轻企业和农民负担。

6月22日，市政府印发《〈市属国有企业改革资产处置暂行办法〉等四个办法的通知》。分别是《市属国有企业改革资产处置暂行办法》、《市属国有企业改革划拨土地使用权处置暂行办法》、《市属国有企业改革处理职工劳动关系暂行办法》、《市属国有企业改革离退休人员各项经费提取和管理暂行办法》。四个《办法》对如何规范企业改革行为、加强国有企业土地资产管理、加快建立市场导向的就业机制和新型的用人机制、切实保证落实改制企业离退休人员各项待遇，维护其合法权益等方面作具体规定。

6月25日，市政府印发《泰安市依法行政第三个五年规划的通知》。该《通知》提出全市依法行政第三个五年规划的指导思想、基本目标、主要任务和保障措施，并明确依法行政第三个五年计划的主要任务：加强法律知识培训，提高行政机关干部特别是领导干部依法行政的能力和水平；改进领导方式和方法，综合运用法制、经济和行政手段管理经济和社会事务；建立和完善科学的行政决策运行机制，实现行政决策程序化、民主化、法制化；积极进行行政管理体制改革，建立适应市场经济发展的行政管理机制；大力推进行政审批制度改革，推行政务公开，提高行政效率；加快规范性文件制定步伐，提高文件质量；理顺执法体制，加大执法力度，创建良好的社会法制环境；加强执法队伍建设，提高行政执法水平。

6月29日，市政府下发《关于加强职业培训教育全面提高劳动者素质的通知》，提出要通过合理调整技校布局、突出技校办学特色、抓好招生和就业工作、加大资金投入、加强师资队伍建设等措施，进一步巩固发展技工教育，加快技能人才培养；要求各级各有关部门大力开展再就业培训，全面推行劳动预备制度。广泛开展企业职工培训，提高职工队伍素质；积极开展职业技能鉴定工作，落实职业资格证书制度。

7月3日，市政府印发《关于加快农村卫生改革与发展的意见》。该《意见》就大力实施初级卫生保健、改革农村卫生管理体制、深化乡（镇、办事处）卫生院改革、建立多种形式的农民健康保障制度、健全卫生服务网络、加强农村卫生技术队伍建设、完善卫生经济政策、加强乡村卫生机构药品管理、加强对农村卫生工作的领导等方面的工作进行部署和安排。

9月6日，市政府下发《关于大力组织实施名牌战略的通知》。该《通知》就全市组织实施名牌战略的主要目标和任务、切实加强组织领导等方面作明确规定。

11月8日，市政府下发《关于进一步放开搞活住房二级市场的通知》，提出全市搞活住房二级市场的目标和要求，并就搞活住房二级市场的措施、降低房地产交易税费、搞好配套服务建设等方面作明确规定。

11月15日，市政府印发《泰安市生态环境建设与保护规划》。该《规划》就全市生态环境建设与保护规划编制的依据和原则、基本情况、生态环境建设与保护的指导思想、基本原则与目标、主要任务以及生态环境保护对策与措施作说明和规定。

11月27日，市政府下发《关于大力推进流通现代化建设的通知》。该《通知》从充分认识流通现代化建设的重要性和必要性，明确流通现代化建设的总体要求、目标任务、工作原则和重点，加强领导、加快流通现代化建设步伐，落实措施、为流通现代化建设提供有力保障等四个方面对加快全市流通现代化建设步伐，改造提升流通产业，促进国民经济持续、快速、健康发展作规定和要求。（李天波）

【政府调研】 年内，市政府调研室紧紧围绕市委、市政府中心工作及全市改革开放、经济建设和社会发展等重大问题，积极开展调查研究，参与政务，搞好服务，为领导决策服务发挥了较好的参谋助手作用。①组织或参与全市经济运行情况、全市财源建设情况、全市民间资本投资情况、全市旅游业发展情况、泰安城市规划建设管理情况、实施早餐工程情况、民营工业园区建设情况等调研活动10次，形成调查报告10份；多数调研成果被领导讲话或市委、市政府文件吸收采纳，其中《突出山城特色，搞好保护开发，促进泰山泰城可持续发展》被《当代市长》采用、《营造大泰山，开拓大市场，发展大旅游，构筑大产业》被《中国城市年鉴》刊发。②精心组织开展课题研究，积极申报、承担市重点科技课题项目的研究工作，现已全部结题。③坚持高质、高效、及时的原则，起草或参与起草《政府工作报告》、全市经济工作会议、全市加快工业经济发展研讨班、市政府全体成员（扩大）会议、全市县（市、区）长会议、全市金融财税招商引资工作会议、全市农业产业化工作会议、全市山区综合开发工作会议等各类会议领导讲话30余篇，起草领导署名文章、审核各类文电60余份，40余万字。④认真总结全市经济发展、国有企业改革、机关后勤改革、对外开放、城市建设等方面的实践经验，加大对外宣传力度，不断扩大泰安的影响。年内，完成全省规划建设管理工作会议典型发言等材料10篇，向新闻媒体提供新闻资料10份，编发《参阅文件》18期。（吴　生）

【政务信息】 发挥政务信息在领导决策、经济建设中的作用，围绕工业经济、民营经济、招商引资三大工作重点，围绕重大突发事件，围绕社会热点难点问题，及时准确地为领导科学决策、随时掌握事态发展、掌握真实情况提供有价值、有影响的信息，列全省政务信息工作第七位。年内，刊发《泰安政务信息》552期，其中，下发52期，报市五大班子100期，专报市政府领导134期，上报省及国务院办公厅266期，《山东政务信息》采用68篇，《每日要情》采用26篇，国务院办公厅采用1篇，市以上领导批示72件（次）。（唐衍刚）

【人大代表建议、政协提案办理】 年内，承办全国九届人大五次会议代表建议1件，省九届人大五次会议代表建议7件，省政协八届五次会议提案6件，市十三届人大五次会议代表议案1件、建议65件，市政协九届五次会议提案203件，按期办结率100%，面复率为86.2%，满意率99%。（连军波）

【电子政务】 ①实现政府公文网上传输。11月1日，市政府、市政府办公室公文与120个收文单位全部实现计算机网络传输。建立应急群呼系统，保证电子公文的及时、畅通，减少政府公文流转环节，提高政府公文传递效率，促进政府工作“提速”。②丰富完善中国泰山信息网。泰山信息网设有“今日泰安”、“市长之窗”、“泰安概况”、“政务公开”、“企业博览”、“工业经济”、“招商引资”、“中华泰山”、“旅游指南”、“公众监督”、“为民服务”、“市情资料库”等18个主栏目，主栏目下设子栏目，数据资料150多兆，网页2700多页，图片1000多幅，成为宣传泰安、泰山的重要渠道。③建立政府机关办公网站——泰安政务信息网。泰安政务信息网设有“泰安市情”、“电子公文”、“领导讲话”、“政策法规库”等16个主要栏目，数据资料1800兆空间，网页5000多个，联接网站微机400多台，为广大机关工作者查询数据资料提供了方便，实现了信息和资源共享。（宋西军）

【市直机关事务管理】 年内，健全服务机构，在物业管理服务中心设管理一科、管理二科，在财务结算管理服务中心设结算科和供应科，在车辆管理服务中心设综合科和调度科；完善服务工作规则，整理编印包括体制改革、资产管理、物业管理、财务管理、车辆管理及安全保卫等内容的《政策法规汇编》，制定《岗位职责、管理制度、工作规范汇编》，形成严密的内部管理和约束机制，促进后勤管理工作的科学化、标准化和规范化。8月6～8日，“全省机关后勤事务工作座谈会”在泰安召开，对泰安市后勤改革工作给予高度评价；中央电视台、中央人民广播电台、人民日报、山东电视台、山东人民广播电台、大众日报等新闻媒体先后报道泰安市后勤改革工作经验。

资产管理　年内，协调有关部门完成原市政府等11处办公场所的资产评估；为新成立的机关事业单位和临时性机构调整办公室338间，配置办公用品147件；组织市招商办等6个单位于10月16日迁入市政大楼。

财务结算管理　1月1日，市直机关财务结算管理服务中心（以下简称结算中心）正式运转。市政大楼内56个部门分别保留兼职报帐员1名，其财务科室撤销、帐户注销、资金划转至结算中心。在保证部门所有权、使用权和理财自主权不变前提下，由结算中心统一管理，部门分户使用。引进全国一流的政府财务软件，实现管理服务电算化，准确、及时的搞好服务。年内，划转资金2.2亿元，办理业务8700多笔，业务金额2.06亿元。

车辆管理　4月1日，车辆管理服务中心（以下简称车管中心）正式运转。同日，协调公共交通公司开通班车23辆，实行机关人员凭证乘坐班车，满足机关人员上下班交通的需要。车管中心成立以后，市政大楼内各部门分别保留工作用车1部，车管中心收交车辆140辆，由车管中心统一管理、调度使用；并按每交一部车每年8000元的标准发给部门用车代币券，部门凭券用车，当年结算，超支不补，节约归己。开发GPS（卫星定位）车辆指挥调度系统，实现车辆管理调度自动化和智能化。全年为部门提供车辆服务4万余车次，行程350万公里。

物业管理　为方便部门购买办公用品，建立市政大楼办公用品超市，经营办公用品632种，年营业额83万元，节省财政资金25万元。拓展物业管理服务领域，引进医疗、银行、邮政、商务、理发等服务项目，提升市政大楼服务功能。7月1日，组建物业管理服务站，对市委、市政府宿舍区及原市政府办公院的卫生保洁、安全保卫、设备维修、美化绿化等实施委托管理，接收宿舍区14个、楼房67幢、居民1324户、5500人；宿舍区面积14.53万平方米，绿化面积1.81万平方米，保洁面积6.01万平方米，设备23套。

安全保卫　4月29日，召开市政大楼各部门会议，部署安全生产和安全保卫工作，与市政大楼各部门签订安全责任书。建立市政大楼安防指挥调度中心，形成人防技防结合的安全防范体系。11月2日，武警、公安、保安100人，在市政大楼进行“三防”演练，提高了处理突发事件的能力。（袁成书）

·人事工作·

【概况】 人才资源开发与管理 ①人才培养。强化对高层次人才培训力度,全年派出国(境)培训24人次,组织参加现代项目管理培训(PMP)34人次。为适应加入世贸组织的新形势,组织实施"三个一"("十五"期间,培养掌握世贸组织规则的公务员1000名、专业技术人员1万名、企业管理人员1万名)培训工程。拓宽人才培养渠道,先后与陕西、湖北等地的7所高等院校签定委托培养协议,培养学员70人,其中本科42人、专科28人。②人才引进。年内,实施"511"(从2002年起,用五年时间,培养吸纳博士、硕士500名,具有高级职称的人才智力1万名,本科毕业生1万名)引才引智工程,全市引进国内外各类人才智力3.46万人次,其中,引进国内中高级人才智力2104人次,本科毕业生1328名;引进国外专家30人次,执行项目20个,服务项目单位17个,培训各类技术人员5000余人次。在人才引进中,一是突出高层次人才"载体"建设,加强泰山留学人员创业园的建设管理;泰山玻璃纤维股份有限公司企业博士后科研工作站正式揭牌,与山东大学签订联合培养企业博士后科研人员的协议;经国家人事部批准,在山东华阳农药化工集团有限公司设立全市第二家企业博士后科研工作站。二是组团参加青岛"21世纪中国:国际化人才创业"活动和济南"2002年中国山东海外人才交流暨经贸技术合作洽谈会",达成合作意向562项,签订合作协议105项,聘请顾问9名,建立联系513人次,邀请4人到泰安进行了实地考察。会同组织部门,开展驻泰专家、教授技术服务项目推介活动,有137位专家教授参加活动,达成合作意向230项。三是制定出台《关于进一步支持加快民营经济发展的实施意见》,为民营企业引进各类人才智力5496人次,引导3187名大中专毕业生到民营企业工作。③专业技术职务资格评审与聘任。年内,组织全市专业技术职务任职资格评审29个系列,收到评审材料8275份,其中,1696名被推荐到省高评委参加评审,5208名通过中级职务任职资格评审。同时,为市直916名符合任职条件的全日制院校毕业生确认专业技术职务。积极探索非国有单位专业技术人员培养选拔的新路子,在全市开展乡镇、民营建筑企业建筑工程职称评审工作,有2669名专业技术人员取得中级职务任职资格。④专家管理与服务。为28名享受政府特殊津贴人员发放政府特殊津贴;会同有关部门,审查批准知识分子家属子女"农转非"440户、643人。

国家公务员管理 年内,创新管理制度,加强国家公务员的能力建设和作风建设,提高管理水平。①会同组织部门,研究出台《关于进一步规范国家公务员(机关工作者)管理的通知》。结合机构改革,推进和规范竞争上岗工作,全市有2987人参加1108个职位的竞争。落实回避、辞职、辞退等制度。严格标准程序,完成干部学历学位检查清理工作,年内,按照干部管理权限,认定干部学历学位2977人、认定为培训类材料的116人。②人员录用与干部调配。年内,全市公开招考录用国家公务员和机关工作者245名(含单独为市委组织部、市委办公室等单位招考的人员),人民警察75名;办理市直干部调动手续122个;办理市直聘用制干部聘用备案手续315个;办理自费电大毕业生录用干部手续42个。

机关事业单位考核 年内,全市政府机关有1.49万人参加年度考核,参考率为99.8%。其中,优秀2122人、占14.2%,称职1.26万人、占84.98%,不称职11人、占0.07%,未定等次112人、占0.75%。全市事业单位有10.13万人参加考核,参考率为99.77%。其中,优秀1.36万人,合格8.51万人,不合格34人,被告诫3人,未定等次2501人。

行政任免和奖惩 全年提交市人大常委会和市政府任免副县级以上工作人员242人次,其中任职151人次、免职91人次。全年推荐省部级以上先进集体66个、先进个人124名;报请市政府表彰先进集体187个;与有关部门联合表彰先进集体155个、先进个人636名。办理行政处分或解除处分备案手续3个。与组织、宣传等部门联合,部署开展全市第一届"人民满意的公务员"和"人民满意的公务员集体"评选表彰活动,评选出"泰安市人民满意的公务员"20名和"泰安市人民满意的公务员集体"10个。

机关事业单位工资福利 年内,办理机关事业单位工作人员正常晋升职务工资档次审批手续1.88万个;完成首次年终一次性奖金发放工作;办理市直机关事业单位工资福利审批手续9575个。

离退休干部管理与服务 年内,为市直机关4439名离退休人员增加离退休费;为223名机关事业单位工作人员办理退休手续;为12名有特殊贡献的退休干部办理享受特殊贡献待遇、提高退休费比例手续;为304名退休人员办理退休费变动手续;为45名去世人员的遗属办理享受生活困难补助手续。妥善做好全市机关事业单位工作人员伤病残鉴定工作,鉴定符合申请条件人员146名,其中74人经鉴定确认为完全丧失劳动能力。元旦、春节期间,走访慰问离退休干部并发放慰问品。组织市直离退休干部450人参观"崇尚科学、反对邪教"展览。

干部教育培训 ①年内,制定出台《泰安市国家公务员"十五"培训规划》。举办公务员任职培训、专业知识培训、更新知识培训和市直科级干部理论培训等培训班7期,受训8397人次,其中培训新晋升领导职务的国家公务员200名,培训新录用的国家公务员和机关工作者64名,组织133名组织人事干部进行专门业务培训。②适应加入WTO的新形势,加强专业技术人员继续教育工作。组织参加全省第一期WTO高层次专业人才培训班、第二期领导干部WTO知识培训班及WTO专题知识师资培训班,编印《WTO知识读本》,组织1.4万名专业技术人员和8000名国家公务员参加WTO知识培训。

军队转业干部安置 认真贯彻落实《军队转业干部安置暂行办法》和《实施细则》精神,实行计划安置和自主择业相结合,突出安置重点,搞好管理服务,圆满完成安置任务。年内,接收安置军转干部100名,其中计划安置82名、自主择业18名,安置随调随迁家属28名,培训军转干部37名。

大中专毕业生就业 加强政策宣传和就业指导,发挥市场机制在毕业生资源配置中的主体作用,推进毕业生就业制度改革。年内,举办泰安市2002年大中专毕业生就业市场和2002年泰安市秋季人才交流会,到会用人单位456个、与会人员1.5万余人,签订就业协议2424个,达成就业意向5338个。全年接收非师范类毕业生9600余人,专科以上学历毕业生就业率为74.16%。

人事考试 年内,完成9个执业资格考试和6个专业技术资格考试,完成全国专业技术人员职称外语等级考试和质量、出版专业技术职业资格考试等考务工作,全市报考2.68万人次,发放资格证书7615个。完成军队转业干部安置、面向社会公开招考国家公务员(机关工作者)和人民警察等考试任务。完成机关事业单位工人技术等级考核考务工作,全市报考4601人,涉及56类、190个工种。

人事法制建设与人事调研 年内,开展全市人事执法大检查,对6个县(市、区)和10个市直部门进行重点检查,并指导有关单位进行整改,促进了全市人事法制工作建设。健全了全市人事系统调研信息网络,聘请兼职人事调研信息员24名。实行考核奖惩制度、督促检查制度、定期通报制度。年内,形成人事调研信息材料506篇,省级以上报刊采用94件,进入领导决策40件,编印《泰安人事》6期、《人事工作简报》60期,刊发稿件228篇。组织参加全省第一届人事科研成果评审申报活动,全市上报科研成果24项,获一等奖3个,二等奖2个,三等奖7个,荣获团体总分第一名。

【机构编制管理】 年内,推进市级审判机关、检察机关的机构改革,做好市高新区领导及管理体制、市直机关后勤服务体制改革;参与完成市直6个行业办公室和商业、物资集团的体制调整管理工作,分流安置人员142人;改革调整市房产管理体制、泰安旅游经济开发区管理体制、行政审批服务体制、市招商引资机构、市直中等专业学校布局结构;建立机构编制和人员情况"电子台帐";部署开展全市中小学教职工编制核定工作。

年内,在全市开展全国统一的事业单位法人初始登记和重新登记工作,受理登记事项3219件,办结2499件。

【党政机关机构改革】 ①市级党政机关机构改革检查验收。按照市委办公室《关于进行市级党政机关机构改革总结和检查验收的通知》要求,组成3个检查验收小组,对47个部门的机构改革工作进行检查验收。②县乡机构改革。年内,通过改革,县市区党政工作机构由改革前的224个精简为180个,精简26.2%;行政编制总量由改革前的3437人精简为2927人,精简21.9%;政法机关专项编制总量由改革前的2988人精简为2689人,精简10%。改革后,全市乡(镇、办事处)党政机构和财政拨款事业单位由原来的1978个精简为774个,精简61%;人员编制由改革前的每乡镇143人精简为每乡镇82人,精简43%。全市分流安置人员4262人。认真总结市县乡机构改革的主要做法和成效,汇集有关材料,编印出版《2000~2002泰安机构改革》一书。

【人才市场建设】 年内,将原泰安纺织技校改造建成市级人才市场。该市场占地0.43公顷,建筑面积5400平方米,拥有1000多平方米的人才交流大厅、大型电子显示屏、标准摊位和监控系统。开通泰安人才网站,为各用人单位、各类求职人员和大中专毕业生提供择业、就业、代理"一条龙"服务。完善大中专毕业生信息库、流动人员信息库、岗位需求信息库、专业技术人才信息库,库存信息4万余条。年内,全市举办招聘人才专场48次,进场求职人员1.36万人次,提供就业岗位5914个,达成就业意向3862个,优化调整各类人才1410人。拓展人事代理的对象范围和业务项目,为763家单位、1.07万名各类人才办理了代理业务。成立泰安市人才交流服务中心流动人员党支部。落实《山东省人才市场管理条例》,强化对人才招聘广告的监管,为58家用人单位审批招聘人才广告手续。

(聂圣江 张 鹏)

2002年专业技术人员统计表

单位:人

单位	合计	高级职称	中级职称	初级职称
合计	155931	5866	38316	111749
市直	19988	2262	6092	11634
泰山区	6890	221	1750	4919
岱岳区	16253	604	5299	10350
新泰市	47208	1130	9191	36887
肥城市	31791	742	5763	25286
宁阳县	19721	496	5610	13615
东平县	14080	411	4611	9058

2002年干部统计表

单位:人

项目 单位	合计	党群机关干部					国家公务员					企业管理人员
		小计	地厅级	县处级	科级	科办员	小计	地厅级	县处级	科级	科办员	
合计	15718	5074	41	503	2933	1597	10644	10	503	4411	5720	11616
市直	4209	969	41	296	480	152	3240	10	445	1555	1230	3945
泰山区	1019	389	—	30	191	168	630	—	13	242	375	381
岱岳区	1172	496	—	34	282	180	676	—	10	256	410	330
新泰市	2153	663	—	33	354	276	1490	—	12	551	927	2521
肥城市	1521	499	—	41	238	220	1022	—	7	383	632	1578
宁阳县	1473	405	—	34	193	178	1068	—	8	376	684	1855
东平县	1333	398	—	35	203	160	935	—	8	376	551	1006
乡镇	2838	1255	—	—	992	263	1583	—	—	672	911	—

·外事与侨务·

【概况】 友好城市及友好关系 年内,泰安市与巴西永贾伊市结为国际友好城市,市海外交流协会分别与巴中经贸促进会、利比亚米苏拉塔省工商总会建立友好社会团体关系,泰山学院与马来西亚史丹福学院、山东服装职业学院与泰国中央语言学院、泰安市青少年宫与韩国庆山文化院建立友好校际关系。到年底,累计发展国际友好关系城市7个,国际区域友好合作关系城市4个,发展国际友好基层关系41对。

接待与出访 年内,接待外宾37批725人次,其中总理级2批150人次、部长级12批304人次;全市派出因公出访团组227批570人次,其中市级领导出访20批20人次、县级领导出访57批155人次。

维护归侨侨眷权益 年内,受理归侨侨眷来信来访132人次(件),处结率95%;为89户贫困归侨侨眷解决救济款2.8万元,帮助贫困归侨侨眷脱贫致富或下岗归侨侨眷再就业;走访归侨侨眷和在泰华侨华人120户,在元旦、春节期间,走访特困归侨侨眷12家,并发放救济资金和生活急用物资。

对外文化交流 继续开展主题寻根活动(中国寻根之旅——泰山文化故里行),活动期间接待海外华侨华人、港澳同胞、外国友人3.85万人次。全年接待来自美国、韩国、泰国、菲律宾、港澳台等国家和地区的海外华裔青少年夏(冬)令营团队6批380人。分别向泰国、英国、秘鲁、印尼、文莱等5个国家派遣中文、声乐、舞蹈、器乐、武术、体育等6个专业的专职教师7批14名。

为经济建设和社会发展服务 年内,市外事办充分发挥部门优势,积极招商引资,完成北京明天科技及其在美合作方投资5000万元与泰安合作建立泰山明天科技园;美国华侨谢清禄投资130万美元兴建泰安和信德餐饮娱乐有限公司;澳大利亚客商与泰山区达成投资1200万元人民币建立华侨主题公园的意向;马来西亚客商与岱岳区达成投资4000万元人民币开发高档别墅区协议;意大利客商与肥城市达成投资800万元人民币合作生产泡聚笨二稀发泡建材项目协议;浙江新湖集团在泰安市建立综合商贸城项目,到位资金1200余万元人民币。

海外捐赠工作 年内,接受海外华侨华人、港澳同胞捐赠98万元人民币,其中香港"应善良福利基金会"和台湾"慈心慈基金会"在泰安市捐建希望小学5处。 (张树鹏)

2002年部分外国政府官员、团组来泰访问情况一览表

时 间	来访者
2月28日	尼日利亚人民民主党代表团一行30人
3月23日	奥地利维也纳州高级代表团一行32人
4月19日	印度泰卢固之乡党代表团一行26人
5月17日	危地马拉大法官团一行16人
5月22～23日	以色列军队后勤代表团一行27人
5月24日	古巴共产党国际关系部代表团一行12人
6月21日	印度安德拉邦印中友协代表团一行10人
7月15日	哥伦比亚参议长一行15人
9月10日	越共中央思想文化部干部培训考察团一行16人
10月1日	日本和歌山县议会友好考察团一行16人
10月20日	东欧及中亚地区驻华使节团一行100人
11月20日	乌克兰库奇马总统访华团一行104人
11月30日	布隆迪国防部长团一行8人
12月8日	缅甸陆军参谋长一行12人

【尼日利亚人民民主党代表团来泰访问】 2月28日,在省委副书记陈建国陪同下,由尼日利亚人民民主党全国书记文森特·奥布拉富率领的尼日利亚人民民主党代表团一行30人来泰安市访问。市委书记鲍志强,市委副书记、市长耿文清,市委副书记李洪峰亲切会见代表团一行。

会见中,市委书记鲍志强向代表团介绍了泰安市的基本情况,并表示通过加深同尼日利亚的了解,增进友谊,扩大合作领域和范围,建立更加广泛的联系渠道,创造一个良好的合作氛围,共同发展双方的经济。 (左冬梅)

关联信息

巴西永贯伊市简介

巴西永贯伊市人口约30万,位于巴西圣保罗和坎皮纳斯这两个重要的经济中心之间,地理位置优越。便利的交通和不断发展的经济使永贯伊市逐渐成为一个至关重要的、吸引外来投资的热点。永贯伊市距圣保罗约60公里,拥有多种多样的现代制造业,尤其是轻工业比较发达。近几年,永贯伊市在日用消费品和汽车配件方面作为一个重要的分配中心享誉盛名,第二产业一直保持着上升趋势,第三产业发展迅速。永贯伊市与坎皮纳斯和其他地区的工业中心连接,一直向北部和西北部延伸,形成大圣保罗州的一条重要工业带,沿途全部由高速公路连接。许多公司倾向于选择圣保罗—永贯伊—坎皮纳斯区来开展业务。永贯伊市有便捷的交通,公路可直通圣保罗、桑托斯港口,高速公路可直通巴西最大的消费市场:圣保罗首府区、圣保罗州、米纳斯格雷斯、圣保罗和里约之间的帕鲁巴流域以及国家的南部州区。在联邦资金的资助下,圣保罗首府外围又开始修建一条重要的外环路,这将使永贯伊市的地理优势得到进一步加强。永贯伊市市内还有加皮山自然保护区。(张树鹏)

【侨联工作】 一是为经济建设服务。年内,接待来自美国、新加坡、澳大利亚、马来西亚、法国、香港、澳门、台湾等国家和地区侨胞18批220人次,向侨胞介绍宣传泰安市情和投资环境。8月份,与中国侨联、中国科学院、省侨联、泰安市人民政府联合举办"海内外优秀学者(企业家)与泰安投资项目洽谈会暨泰山中小城市发展战略论坛",有来自美国、英国、德国、日本等国家的30名海外优秀学者(企业家)和12名中科院、农科院专家参加,中国侨联常务副主席林明江、中国侨联经济科技部副部长陈桦、省侨联主席林淑娘、省侨联副主席陈文兵、市领导耿文清等参加洽谈会,洽谈会上签订合作协议7个、合作意向16个。二是社会公益事业。年内,接受侨胞捐赠65万元,完成肥城成慧侨心学校基础建设和聋哑学校语训室建设,奖助学生335名。三是丰富侨胞生活。组织侨界专家、教授和老归侨参观市高新区和泰安新城区规划展、参加肥城市桃花节,举办"庆国庆,迎十六大"座谈会,帮助老归侨举办喜迎"十六大"家庭奇石展,并制作专题节目在泰安电视台播放。四是对外联络。到香港、澳门进行参观考察,与当地工商界人士进行广泛交流,为双方经济合作和推动全市旅游事业发展打下基础;发挥泰山优势,扩大对外联络与交流,努力实现侨务资源共享和优势互补。五是维护侨胞权益。年内,处理归侨侨眷和海外侨胞来信来访80件次,不定期走访老归侨、特困归侨侨眷,并给予积极帮助,维护了归侨、侨眷和侨胞的合法权益。年内,在山东农业大学成立全省高校第一个侨联组织——山东农业大学归侨侨眷联合会。 (吴 蕾)

·民族与宗教工作·

【概况】 年末,全市有回、满、壮等少数民族29个,7.8万人,占全市总人口的1.46%,其中回族7.76万人,占全市少数民族总人口的99%。全市6个县(市、区)的86个乡(镇、办事处)均有少数民族居住,其中:少数民族人口万人以上的县(市、区)有泰山区、岱岳区、新泰市、肥城市,2000人以上的乡(镇、办事处)11个,少数民族人口占全村人口50%以上的民族村(居)49个。全市有宗教团体8个,其中市级3个、县级5个;依法批准登记的宗教活动场所163处,其中正式登记的150处、临时登记的13处。各宗教教职人员231人,信教群众10.49万人(不含佛、道教信徒)。在各教中,天主教活动场所22处,神甫5人,信教群众4459人(其中望友321人),集中分布在岱岳区、肥城市和东平县;基督教活动场所78处,教职人员71人,信教群众2.32万人(其中慕道友6613人),全市各地均有分布;道教宫观2处(泰山碧霞祠、王母池),教职人员33人;伊斯兰教清真寺61处,教职人员122人,信教群众7.73万人。泰山区、岱岳区、新泰市、肥城市信教群众超过1.5万人;信教群众聚居村(居)73个(其中伊斯兰教70个,天主教2个,基督教1个)。

民族经济 ①实施"鲁羊扶贫工程"。年内,抓住西部大开发的有利时机,把鲁羊扶贫工程作为全市的重点工作,把小尾寒羊养殖销售作为扶贫工程的关键环节,以增加"定单"外调为突破口,拉动东平县戴庙、梯门、商老庄、新泰市禹村等乡镇的小尾寒羊基地建设,扩大规模,膨胀总量。年内,全市完成购销合同8份,向宁夏、甘肃、新疆等省区调拨小尾寒羊4.8万只。年底,全市小尾寒羊存栏50万只,其中存栏百只以上的良种场120个、30只以上的重点户660个。②实施"帮扶工程"。年内,重点帮助少数民族村解决水利、交通、电力、通信等基础设施,采取水、电、路、林和种植结构调整等综合帮扶办法,改善全市民族经济发展条件。18个村的37个工程项目列入计划,投入资金达434万元,完成工程项目31个。其中,市交通局投入资金80万元,完成道路建设项目9个,修路30公里;市电业公司投入85.85万元,解决了6个村的用电问题;水利部门帮助打井7眼,建拦河蓄水工程7处、扬水站1处;农业部门帮助发展桑园53.33公顷、蔬菜大棚14个。③发展"两高一优"农业。年内,安驾庄镇陈埠村发展桑园34.67公顷,养蚕户160户,建养蚕大棚82个,年增收60余万元,成为桑蚕专业村。边院镇大王村新植优质樱桃13.33公顷,建成千亩樱桃园;建立优质苗木基地,全年销售苗木10万株,收入20余万元。化马湾乡辛店村新发展板栗6.67公顷,桑园4公顷,泰山红石榴3.33公顷,向高效农业迈出第一步。④大力发展特色养殖、屠宰、加工业。泰山区省庄镇依托"山东亚奥特乳品中心",扶持岗上、岳庄、东孙等民族村发展奶牛养殖,奶牛存栏量突破2000头,年增收1000万元。新泰市放城镇、禹村镇建成养殖小区300多处,大力发展利木赞牛、西门塔尔牛、鲁西黄牛等优良品种,存栏量1万头;小尾寒羊、波尔山羊饲养量50万只,牛羊养殖专业户1300户。年内,全市涌现出宁阳县西台村、太平庄村和东平县马庄村等20多个屠宰加工专业村,3万多回族群众走上致富之路。⑤开辟农贸市场。年内,全市新开辟农贸市场8处,取得了良好的经济效益。其中,新泰市放城镇建成长500米、宽22米的商业街;禹村镇沈东村牛羊交易市场,云集周边10个省(市、区)的客商,年交易额1000万元以上;岱岳区投资150万元,对祝阳梭庄畜产品、马庄西界畜牧交易、夏张周家坡综合农贸、粥店上旺村建材等四大专业市场进行扩建和完善,日成交额80万元,辐射10个省(市、自治区)。⑥发展民营经济。各级民族工作部门把民营经济作为发展少数民族经济的新亮点,从资金、技术、信息、场地等方面提供全方位服务,有效地推动了全市少数民族民营经济的发展。其中,新泰少数民族民营企业10万元以上的18家,10万元以下的1300家;个体经营人均收入3000元以上,有4000人从事服务业;宁阳县的屠宰、饮食、购销、运输、加工等项目发展到490家。

宗教事务 年内,民族宗教事务部门以贯彻落实全国宗教工作会议精神为契机,研究分析宗教工作面临的新形势、新任务,强化措施,努力做好宗教工作,为改革、发展、稳定大局服务。①圆满完成年检工作。年初,市宗教局专门召开年检工作会议,学习年检的有关规定,明确年检任务,按程序分阶段做好年检工作。通过年检,全市163个宗教活动场所全部合格,合格率达到100%。②加强爱国宗教团体的组织建设。市民族宗教局协助各爱国宗教团体从教育培训入手,把具有一定代表性、政治可靠、信仰虔诚、宗教学识好、文化素质高、全局观念强、有组织协调能力的人选进管理组织。推荐4名基督教徒、4名海里凡参加省级培训班,协助省基督教"两会"选拔按立牧师1名、长老3名,协助省各宗教团体推荐选举全省代表会代表,顺利完成换届筹备工作。岱岳区、宁阳县建立了伊斯兰教协会,加强爱国宗教团体组织建设,促进了宗教团体的稳定。③依法打击邪教组织和非法宗教活动。岱岳区依法查处违法宗教活动点7处,取缔非法家庭聚会点1个,取缔邪教聚会点6处,处罚30人,其中劳教1人、治安拘留8人、警告21人。东平县民族宗教办公室会同公安部门,对深入到东平的"灵灵教"、"东方闪电"等邪教人员进行了严厉打击。根据上级部署,先后开展了查禁境外非法光盘,防止"法轮功"分子到宗教活动场所进行非法活动,制止乱建寺庙等活动,有力地打击了邪教及非法活动,抵御了境外敌对势力的渗透。

民族宗教政策培训 ①基层干部教育。年内,举办乡镇村居基层干部培训班2期,受训128人,对党的民族宗教政策和国家的法律法规进行重点学习,解决了基层干部对民族宗教工作不会管、不敢管、不愿管、不去管的问题。通过加大基层工作力度,遏制了个别人借宗教信仰自由乱设点、乱传道、乱发展信徒的混乱现象。②少数民族群众和信教群众教育。年内,先后开展了"民族团结进步先进单位"评选、"向金兰英同志学习"、"民族团结进步宣传月"、"宗教政策法规宣传月"等活动,利用广播、电视、报纸、宣传栏等形式向广大群众宣传党的民族宗教政策和法律法规。翻印宣传材料3.8万份,在重点乡镇、村街和宗教活动场所张贴,提高了群众遵纪守法的自觉性。③爱国宗教团体和宗教活动场所负责人教育。为了让爱国宗教团体和宗教活动场所负责人经常接受教育,全市民族宗教部门举办培训班3期,受训人员200余人次,进行党和国家大政方针、时事政治教育,宗教政策、法律法规教育,澄清模糊认识,自觉带领广大信教群众走爱国爱教道路。

【开展民族团结进步宣传月活动】 10月,会同市委宣传部、统战部在全市范围内开展了第二次民族团结进步宣传月活动。活动中,市委副书记张树禹发表署名文章。市旅游局举办泰城各有关宾馆饭店负责人及餐饮部经理参加的民族政策及清真食品常识学习培训班。市电台、电视台、泰安日报社进行帮扶工程、民族团结进步模范村(居)事迹系列报道和民族政策法规知识连载。6个县(市、区)和各大中专院校及中小学在沿街显要位置和各学校门口悬挂宣传标语。新泰市组织2000人参加了山东省"福彩杯"民族知识有奖竞赛活动。全市出动宣传车50辆,发放宣传材料4万份,挂过街联100幅,张贴标语口号300条。 (张烈泉)

·史志与年鉴工作·

【概况】 年底,有市、县两级史志工作机构7个,在6个县级机构中,1家独立,4家与党史办合署,1家与政府办公室督查室合署;市县两级有在职人员76名(含聘用人员26名),大学以上文化程度68名,其中市史志办有24名(含聘用人员7名)。年内,全市史志系统认真贯彻全省史志编委会及全市史志编委会会议精神,围绕市委、市政府的中心工作,在志书编纂、年鉴编辑及地情资料的征集、研究、开发利用等方面均完成既定工作目标。在全省17市史志工作量化考核中获优秀等次,《泰安三千年人物传》、《泰安五千年大事记》两部市情丛书分册分获山东省人事系统论文(著作)一等奖、泰安市社科一等奖及泰安市2002年“五个一”精品工程奖。

志书编纂 ①按照国务院关于史志工作要“一纳入、五到位”(纳入国民经济和社会发展规划,领导到位、机构到位、队伍到位、经费到位、工作条件到位)的要求,工作条件进一步改善。一是成立《泰安市志》编审领导机构;二是由市长、市地方史志编委会主任耿文清主持召开泰安市地方史志编纂委员会全体成员会议,专题研究《泰安市志》编修工作;三是增设信息资料科(加挂泰安市方志馆的牌子),专门从事市情信息库建设和方志馆的管理工作;四是各县(市、区)重视程度进一步加强,工作条件均有不同程度改善。②《泰安市志》编修工作稳步推进。一是制订《泰安市志》(1985~2002)篇目框架(征求意见稿);二是召开《泰安市志》篇目研讨会4次,并分别与市志的各承编单位进行对接;三是召开由有关专家参加的《泰安市志》篇目论证会;四是在东平县举办编修《泰安市志》业务培训班,市直及县(市、区)各承撰单位的100名主要撰稿人参加培训。③县(市、区)志书编修工作进展顺利。《泰山区志》编纂工作完成总纂任务的70%;《新泰市志》完成组稿任务,进入总纂合成阶段;《肥城市志》、《宁阳县志》、《东平县志》篇目进入设计和研讨阶段。④基层志、专业志的编纂又有新发展。先后出版了《肥城地理志》、肥城《孙庄村志》等。

年鉴编辑 年内,全市编辑出版地方综合年鉴《泰安年鉴》(2002卷)1部,《泰安统计年鉴》、《泰安政协年鉴》等专业年鉴5部。《泰安年鉴》(2002卷)的框架设计进一步优化,概况条目的编写进一步规范,加大了随文图片、分析性文章的比重。为提高年鉴组编工作水平,举办年鉴撰稿人研讨班4期、编辑专题研讨活动8次,就组编工作中遇到的问题进行研讨,并逐步达成共识。年底,举办优秀年鉴编辑评选活动,褒扬先进,鼓励编辑人员钻研业务、默默奉献。

为现实服务 年内,市地方史志办公室先后出版了《泰安民营经济》、《东岳志稿》等书刊,与市委组织部联合编辑出版了《岱下英才》等市情丛书。东平县史志办公室与县委、县政府办公室联合编辑《乡音乡情——天南地北东平人》。市、县两级史志办为全市经济建设和社会事业的发展积极提供资料咨询,较好地发挥了史志部门和史志成果资政、存史、教化作用。(范宝品)

【召开市地方史志编纂委员会全体会议】 9月3日,市地方史志编纂委员会全体会议召开。会议主要听取市史志办对全市续修新志工作的汇报和编修《泰安市志》(1985~2002)篇目的说明,审定编修《泰安市志》(1985~2002)篇目和编纂领导机构,部署编修《泰安市志》编纂工作,研究解决市志编纂工作中的一些重要问题。市委副书记、市长、市地方史志编纂委员会主任耿文清,副市长、市地方史志编纂委员会常务副主任李惠东及史志编纂委员会全体成员出席会议。

会议认为,2001年11月全市续修新志工作会议召开以后,各单位、各部门认真贯彻省、市史志工作会议精神,把修志工作摆上了议事日程,市史志编纂委员会成员从全局上关心支持修志工作,编修《泰安市志》的篇目框架结构已经搭起,为《泰安市志》的编纂工作打下了良好的基础。

会议要求各级各部门各单位要进一步统一思想认识,高度重视修志工作。修志工作是政府行为,是“官职”、“官责”,是各级政府义不容辞的责任。要按照国务院和全国地方史志工作会议的要求,切实做到“一纳入”、“五到位”,确保全市修志工作的正常开展。要进一步加强对编修《泰安市志》编纂的领导,全市上下、社会各界要搞好协作和配合,机构人员和条件要有保证,要充分发挥编委会的领导职能,科学分工,严格把关。要继续加强研究,确保志书编纂质量。要突出“全、实、准、雅”四个方面,既要横不缺项,又要纵不断线,反映方方面面的重要事情应尽可能全面,反映事物的本来面貌,应做到真实可靠。对事物评价分寸的把握要准确,同时做到文笔格调高雅,语言优美。要科学设置志书编纂篇目。市史志办要与有关部门进一步衔接,力求使篇目分类科学,设置合理。

会议还研究解决了充实修志人员和改善办公条件等问题。 (吴 婷)

中国人民政治协商会议泰安市委员会

【市政协九届五次会议】 2月27日至3月4日在泰城举行。会议应到委员407名,实到398人,因事因病请假9人。会议听取并讨论中共泰安市委书记鲍志强的重要讲话;讨论审议市政协副主席李凤明代表九届市政协常务委员会所作的工作报告,市政协副主席安海军代表九届市政协常务委员会所作的市政协九届四次会议以来提案工作情况的报告;列席市人大十三届五次会议,听取并讨论市委副书记、市长耿文清所作的《政府工作报告》和其他工作报告。会议通过市政协提案委员会关于九届五次会议提案审查情况的报告和市政协九届五次会议决议。会议补选王元成、刘斌范、孙兆玲、周玉昌、赵守泉、徐恩虎为九届市政协常务委员。市政协主席宋广吉作了题为《认真反映社情民意,全面推进政协工作》的讲话。

【市政协常委会议】 年内,市政协召开常委会议7次。

第20次会议 1月28日召开。会议协商讨论《政府工作报告》(征求意见稿);听取市计划委员会关于“13511”工程实施情况的汇报;审议通过关于召开市政协九届五次会议的决定和会议的议程、日程(草案);审议通过政协第九届泰安市委员会常务委员会工作报告,推举李凤明副主席代表常务委员会作工作报告;审议通过政协第九届泰安市委员会常务委员会关于九届四次会议以来提案工作情况的报告,推举安海军副主席代表常务委员会作工作报告;审议通过市政协2002年工作要点;审议通过市政协九届五次会议实施方案,秘书长、副秘书长名单,常委轮值名单,小组召集人名单,列席人员(单位)名单和有关人事事项。会议决定聂生文担任政协泰安市委员会办公室助理调研员,不再担任政协泰安市委员会办公室副主任职务;鹿庆福不再担任政协泰安市委员会经济委员会主任职务。会议增补李来芳、公丕炎为九届市政协委员。

第21次会议 3月3日召开。会议的主要内容是:审议通过增补九届市政协委员;听取市委常委、组织部长李学法作关于增补九届市政协常务委员候选人的说明;协商增补九届市政协常务委员候选人名单;协商市政协九届五次会议选举办法;协商总监票、监票人名单;协商市政协九届五次会议决议;协商市政协九届五次会议提案审查情况的报告。

第22次会议 3月3日召开。会议的主要内容是:听取市委组织部作关于九届市政协常务委员候选人酝酿情况的说明;审议通过增选九届市政协常务委员候选人名单(草案);审议通过市政协九届五次会议选举办法(草案);审议总监票、监票人名单(草案);审议通过市政协九届五次会议决议(草案);审议通过市政协九届五次会议提案审查情况的报告(草案);审议通过市政协机关工作人员任免职名单;通报九届五次会议的进展情况。

第23次会议 6月28日召开。会议审议通过《泰安市园区规划建设情况调查报告》。

第24次会议 9月26日召开。会议听取市计划委员会等9个部门通报"政府提速工程"工作情况;审议通过市政协《关于对实施"政府提速工程"优化发展环境民主监督情况的综合报告》;对政府有关部门"政府提速工程"工作进行民主评议。市政协主席宋广吉在会议结束时讲话。

第25次会议 10月17日召开。会议审议通过市政协人事任免职事项。会议决定:张进善担任政协泰安市委员会副秘书长(原正县级不变);姜作明担任政协泰安市委员会副秘书长(正县级);赵玉良担任政协泰安市委员会文史资料委员会主任;姜勇担任政协泰安市委员会学习宣传委员会副主任;刘秀池担任政协泰安市委员会文史资料委员会调研员,不再担任政协泰安市委员会文史资料委员会主任职务;臧敬存担任政协泰安市委员会学习宣传委员会助理调研员,不再担任政协泰安市委员会学习宣传委员会副主任职务;韩兆东同志不再担任政协泰安市委员会秘书长职务。

第26次会议 12月5日召开。会议学习《中共泰安市委关于认真学习贯彻党的十六大精神的决议》;审议通过市政协关于学习贯彻十六大精神的决议;市各民主党派、工商联围绕学习贯彻十六大精神发言。宋广吉主席在会议结束时讲话。

【专题调查及视察活动】 年内,紧紧围绕建设经济强市工作大局,认真履行政协职能,搞好专题调研,努力提高参政议政水平。①开展全市"13511"工程企业跟踪调研活动。市、县两级政协上下联动,组织部分委员、专家组成15个调查组,对列入"13511"工程企业的"十五"计划进展情况和一年来的经济运行情况进行跟踪调研,摸清了企业的发展现状及"十五"发展规划,提出了加快全市重点工业企业发展的具体意见和建议,为市委、市政府推进"13511"工程的实施提供了重要参考依据。②开展全市园区规划建设情况调研活动。组成7个调研组利用两个多月的时间,深入到全市57个县以上人民政府批准认可的园区进行调研,摸清了全市园区规划建设的基本现状,向市委提交了《泰安市园区规划建设情况调查报告》,并在市委常委会议上作专题汇报,同时形成全市各园区单行调查报告、基本情况统计等30万字的调查评估材料。③对实施"政府提速工程"情况进行民主监督。对全市62个市直部门、单位和省直驻泰单位进行为期5个月的集中民主监督活动,活动分为准备动员、专题调研视察、民主评议、反馈回复四个阶段,活动期间召开各类座谈会116次,发放征求意见表428份,收集意见和建议近千条,对62个单位的提速工作情况采取现场划票的方式进行民主评议,向市委提交了《关于实施"政府提速工程"优化发展环境民主监督评议情况的报告》,指出了有关部门和单位在工作"提速"、优化环境中存在的问题,并就进一步转变职能、优化服务、提高效率、优化全市发展环境提出建议。④开展对泰山景区综合整治情况的视察。委员们就推进依法治山、彻底根治景区内"城市化、人工化和市场化"倾向,提出意见和建议,其中向市委提交的《关于泰山景区综合整治情况的视察报告》得到市委、市政府高度重视,并以市委文件下发。⑤围绕社会关心的热点、难点、焦点工作开展一系列调研视察活动。如:泰城道路建设工程视察、城市社区计划生育工作情况视察、全市体育设施情况视察、全市农村卫生改革与发展调研、全市文明行业创建活动视察、全市信访工作视察等。

【提案办理】 年内,收到提案272件,经审查立案221件,其中民主党派、工商联、政协专委会等党派团体提案立案66件。确定立案的提案由市直和县(市、区)62个单位研究办理,提案所提问题已经解决和基本解决134件,占立案总数的61%,所提问题正在解决或留作参考的66件,占立案总数的30%;解决有困难并由承办单位向提案人说明情况的21件,占9%,提案办复率100%,委员对办理情况满意或基本满意的占97%。提案内容涉及:经济建设方面52件,占23.5%;城建环保方面93件,占42.1%;科教文卫体方面42件,占19%;党的建设、法制、劳动人事、统一战线方面29件,占13.1%;其他方面5件,占2.3%。其中有10件被主席会议列为重点提案,报送市委、市政府领导阅批并引起高度重视。 (单光德)

纪检·监察

【落实反腐败三项任务】 领导干部廉洁自律工作 结合贯彻十五届六中全会《决定》,加强和改进作风建设,加大对领导干部廉洁自律规定执行情况监督检查的力度。开展全市党政机关和事业单位工作人员借欠公款专项清理工作,清出借款人员4943人,借款金额2473万元,还款人数3099人,还款金额2120万元,占85.7%。

案件查办工作 2002年,全市立查案件659件,同比增长9%;结案642件,结案率97.4%。其中,万元以上案件196件,同比增长36%;涉及县级干部案件3件、科级干部案件84件。通过办案,为国家和集体挽回经济损失700多万元。

纠正部门和行业不正之风工作 纠正医药购销中的不正之风,全市34家县级以上医院实行药品集中招标采购。推行农村税费改革,认真落实涉农税收、价格和收费公示制、村级订阅报刊费用限额制等制度,农民人均负担下降30%以上。治理向企业乱收费、乱罚款和乱摊派问题,推行"两证一卡"收费制度,规范收费行为,减轻企业负担。巩固治理公路"三乱"和中小学校乱收费工作成果。年内,全市纪检监察机关针对一些部门、单位存在的突出问题,开展执法监察39项,检查单位2417个,避免和挽回经济损失4757万元,提出整改建议4620件,协助建章立制679项。

【抓源治本】 向被查单位加强对党员干部的教育和监督 组织党员认真学习贯彻"三个代表"重要思想和十六大精神,加大党风廉政宣传教育力度。组织开展"理想信念、廉政纪律"教育活动,全市1089名县级以上领导干部参加全省党纪政纪条规知识考试,平均成绩96.1分。各级纪委通过讲课、作报告等形式,加强对广大党员干部的党性党风党纪教育。继续落实中央关于加强党内监督的5项规定和省委制定的5项监督制度。坚持上级领导参加下级领导班子专题民主生活会制度和纪委常委与下级党政主要领导同志谈话制度。全面推行领导干部任期经济责任审计制度。实行提拔任用领导干部在提交党委常委会讨论前征求同级纪委意见制度。

深化改革，铲除腐败现象滋生的土壤和条件 深化干部选拔任用制度改革，提高干部选拔任用工作透明度。深化军转干部安置制度改革，避免军转干部安置工作暗箱操作。深化行政审批制度改革，取消、变更、合并、下放市级行政审批事项537项，取消率43.6%。深化行政收费和行政罚款制度改革，实行罚缴分离和票款分离制度，落实“收支两条线”管理规定。深化政府公共采购制度改革，年内，市级政府采购16.73亿元，节约资金3.22亿元，节支16.1%。深化建筑市场管理制度改革，实施“阳光工程”，推行项目法人制、方案评审制、工程招投标制、工程监理制、全过程财务管理监督和跟踪审计制。推行机关后勤服务体制改革，对市直机关车辆、财务和物业实行集约化管理、标准化服务和市场化运作。

党风廉政建设责任制落实 全市纪检监察机关以落实责任制作为反腐倡廉工作总抓手，健全制度，加强对落实责任制工作领导，明确市委、市政府领导班子每个成员在党风廉政建设方面的责任，将反腐倡廉任务逐一分解落实到各职能部门，建立有效工作机制和工作制度。年内，市委党风廉政建设领导小组反馈2001年落实党风廉政建设责任制考核结果，对2002年工作提出明确要求；检查考核6个县(市、区)、12个市直部门2002年度落实党风廉政建设责任制情况。同时加强责任追究工作，2002年全市追究党员干部162人。

【为改革发展稳定服务】 在改革发展稳定大局中把握反腐倡廉，着力解决在党风政风方面严重影响经济发展的突出问题，为全市经济发展创造良好环境。一是实行政务公开，通过设立集中办事服务大厅，实行一个窗口对外、一条龙服务等形式，促进政府提速工程实施。年内，全市设立政务公开栏1550个，公开电话780部，开通政务公开网站18个，建立政务公开大厅52个。同时，进一步规范厂务公开、村务公开。二是开展行政效能监察。市、县两级都成立行政效能投诉中心，向社会和企业公布投诉电话，开展面向企业的专项举报和投诉活动。年内，接到投诉372件，处结率100%。三是加强监督。对机构改革、企业改制、农村税费改革、机关后勤服务体制改革、重点工程项目建设和县(市、区)、乡(镇、办事处)领导班子换届考察等工作派员参与监督，防止不廉洁行为的发生。年内，市县两级纪检监察机关派出监督干部345人次，监督工程招投标项目307个。 (李 强)

民主党派 工商联

·中国国民党革命委员会泰安市委员会·

【概况】 组织建设 年内，发展新党员6名。年末，有基层支部9个，委员11人，党员130人。1月18日，召开民革泰安市第四次党员大会，选举产生民革泰安市第四届委员会。市委主委李惠东在5月13～15日召开的民革山东省第十次代表大会上当选为民革省委副主委，在12月3日～9日召开的民革第十次全国代表大会上当选为民革中央常委。民革泰安市委会成立参政议政、学习宣传与思想政治、妇女工作、祖统工作4个专门工作小组，为各项工作的开展提供组织保证；同时，制定、修订《民革泰安市委会主委会议议事规则》、《民革泰安市委会议议事规则》等工作制度，使各项工作逐步制度化、规范化。年内，选派10名民革党员参加省委统战部、民革省委会共同举办的四期党外干部、党派成员骨干培训班。

思想建设 一是召开市委扩大会议，学习贯彻十六大精神；学习民革十大和山东省第十次代表大会会议精神，进一步提高对中国共产党先进性的认识，坚定自觉接受中国共产党领导的信念，在思想上政治上与中共中央保持高度一致。二是加强宣传报道工作，认真总结整理先进事迹，并分别被《团结报》、《联合日报》登载。三是创刊发行市委会机关内部刊物《泰安民革工作》。

参政议政 年内，加大提案力度，提高提案质量，是积极参与或开展国民经济和社会发展课题的调研。在省、市人大会议上，提出议案26件；在省、市政协会议上，提出提案54件，其中市委会团体提案17件、委员个人提案37件，是历年来提案最多的一年。其中，《关于加快泰安农业发展的几点建议》被市政协列为一号提案，《关于进一步搞好“13511”工程的几点建议》被列为重点提案。向省委会推荐提案4件，其中《关于恢复(或重建)冯玉祥泰山纪念馆的建议》、《关于进一步规范和改善中小民营企业财务管理制度的建议》被民革山东省委员会采用。协助民革山东省委员会开展《关于发展旅游业的同时要重视生态和环保问题的建议》等课题的调研。

为社会服务 年内，引入泰国“北京发琪鑫投资公司”在泰安建立“泰安市发琪鑫食业有限公司”，引入济南同力琴行有限公司在泰安设立分公司。市直二支部继续捐款资助泰安市社会福利院的36名孤儿，新泰支部继续出资帮扶龙廷镇的两名贫困高中生。“六一”期间，部分民革党员到泰山冯玉祥小学与同学们一起欢庆节日，并赠送书籍和学习用品；山东科技大学支部自筹资金，向新风蓓蕾幼儿园捐赠儿童服装。 (亓建国)

·中国民主同盟泰安市委员会·

【概况】 组织建设 年内，发展新盟员11人。年末，民盟泰安市委会下设1个总支、13个支部，有盟员275人。1月12日，召开民盟泰安市第五次盟员大会，选举产生民盟泰安市第五届委员会。11月30日，召开五届三次全委会补选市委委员1名。完成民盟山东科技大学支部、民盟山东农业大学总支、民盟泰安市综合支部、民盟新泰支部的换届工作；完成原民盟泰安师专支部和原民盟泰安市教育支部的合并工作，成立民盟泰山学院支部；调整成立新的民盟泰安市中教支部。民盟泰安市委主委温孚江在5月12日～14日召开的民盟山东省第七次代表大会上当选为省民盟七届委员会副主委，徐永平当选为省民盟七届委员会委员，温孚江、冯宏敏当选为民盟全国第九次代表大会代表；在中国民主同盟九届一次会议上温孚江当选为常委。

思想建设 下发《关于认真学习贯彻党的十六大精神的通知》，组织基层组织和党员认真学习贯彻党的十六大精神，并注重学习与参政议政相结合，为建设经济强市再立新功。

参政议政 在市政协会上，民盟

市委会提交集体提案6件，委员提交提案33件，其中《加快泰安市旅游业可持续发展的对策》，被市政协列为重点提案。

为社会服务　①组织广大盟员认真填写“泰安市民主党派成员为经济建设服务调查表”，积极配合市委统战部在全市民主党派成员中开展的“为经济建设服务调查”活动。②组织专家医疗队到泰前办事处下峪村开展义诊活动，诊治各类患者120人，免费做心电图40人，并为育龄妇女和小学生进行健康查体。③与市委统战部共同组织山东农业大学专家，到肥城市安驾庄镇赵家颜子村进行科技服务，并对该村的养蚕业和银杏树管理进行技术指导。

（崔拥军）

·中国民主建国会泰安市委员会·

【概况】　组织建设　年内，新发展会员7人，其中博士生1人。年末，民建泰安市委会下设6个支部，有会员89人。年内，召开民建泰安市第三次会员大会，选举产生民建泰安市第三届委员会和出席民建山东省第六次代表大会代表；滕先森在民建山东省第六次代表大会上当选为民建山东省第六届委员会常务委员，并当选民建第八次全国代表大会代表，刘明华当选为省委委员。年内，完成泰西、新泰、东岳、中心、泰汽、教育6个支部的换届工作；组建议政调研工作委员会、学习宣传工作委员会、企业家联谊会、女会员联谊会4个工作机构。

思想建设　①认真贯彻落实《民建中央关于加强思想建设工作的意见》，下发《关于认真学习贯彻中共十六大精神的通知》，通过召开市委（扩大）会、学习座谈会、宣讲交流会等形式，组织会员认真学习“三个代表”重要思想和党的十六大精神，学习全国、省、市“两会”与各级统战工作会议精神，广泛开展会章、会史和民建优良传统教育。②举办新会员培训班、骨干会员培训班和联谊活动，进一步增强新时期思想政治工作的针对性和实效性，促进自我教育活动深入开展。4月20日，民建山东省直一支部与民建东岳支部在泰安举行联谊活动，交流参政议政、为经济建设服务经验，介绍支部建设和会务活动情况，并参观考察巨菱集团。③年内，市委会编印《泰安民建》2期，撰写文章、简讯、信息16篇。其中，《民讯》采用2篇、《联合日报》采用1篇。

参政议政　在省市“两会”期间提交提案和建议44件，其中市委会13件、个人31件（提案25件、建议6件）。在市委会的提案中，《保护历史名城，建设现代化园林旅游城市》和《关于进一步加大招商引资工作力度的建议》两项提案作大会发言；《加入WTO对泰安市煤炭企业的影响及其应对措施》和《关于加快实施城市化进程的建议》被列为重点提案。

为社会服务　年内，组织开展义诊等多种形式的服务活动，受到当地群众热烈欢迎。同时，充分发挥自身优势，积极做好招商引资工作。民建会员，金星实业集团有限公司董事长兼总经理陈君引进10万美元，在泰安创办英思达家具有限公司；会员曹成涓融、投资1200万元建成“新泰市金斗泉酿酒厂”，成为私营企业亮点；泰安鲁普耐特塑料有限公司总经理沈明，安置下岗职工和社会劳动力150人，并于11月24日与美国金卓国际贸易有限公司签订来泰合资办厂协议。

（郑宗平）

·中国民主促进会泰安市委员会·

【概况】　组织建设　年末，民进泰安市委下设6个支部和1个直属小组，有会员98名。年内，召开中国民主促进会泰安市第三次会员大会，选举产生民进泰安市第三届委员会和出席民进山东省第四次代表大会的代表；孙宗明在民进山东省第四次代表大会上当选民进山东省第四届委员会常委、委员和民进第九次全国代表大会代表；并在民进第九次全国代表大会当选民进第十一届中央委员会委员。年内，民进泰山学院支部、泰安市泰城中区支部被评为民进山东省先进支部，9位会员被评为民进山东省先进会员，孙宗明被国际数学联盟编辑出版的《世界数学家名录》第12版收录。

思想建设　①年内，下发《关于学习贯彻“两会”精神的意见》、《关于学习贯彻民进山东省四大会议精神的意见》、《关于学习贯彻中共山东省八大精神的意见》，并召开专题会议和座谈会，座谈交流学习情况。②8月9日，召开以“发扬民进与中共长期通力合作的优良传统”为主题的骨干培训会议，为新一届市委会和新一届各支部委员会做好会务工作奠定坚实基础。③召开三届十一次主委会议和三届二次全委（扩大）会议，下发《民进泰安市委关于学习贯彻中共十六大精神的决定》，组织全市各级民进组织和全体民进会员，认真学习十六大精神。④年内，全市会员出版著作、教材5部，发表论文36篇，考取博士研究生2名、硕士研究生5名，主持泰安市科技攻关项目2项。⑤在全市会员中，提出“会内人人争当理论家”口号，广泛开展统战理论学习和研究活动。召开统战理论研究征文组稿会，选送9篇论文报民进山东省委，其中3篇被民进山东省委选送民进中央。

参政议政　在市政协会上，民进泰安市委递交提案24件，其中集体提案15件、个人提案9件。市委会《关于市政中心等建筑应开辟为新的旅游景点的建议》提案被列为2002年市政协六件重点提案之一。年内，关于预防高校校园腐败问题、关于政府加大对基础教育的投入问题、关于公款消费规范化问题和关于克服评比过多过滥的问题在齐鲁电视台制作四期人大代表视点节目，产生积极推动作用和社会影响。

为社会服务　在全国范围内推广“英语24字教学法”，在英语教学界产生一定影响。在泰山学院、聊城大学、泰山医学院等学校广泛宣传第24届国际数学大会，8月份，孙宗明同志应邀出席2002年国际数学大会。

（郑宗平　周脉柱）

·中国农工民主党泰安市委员会·

【概况】　组织建设　年内，发展新党员8名，其中高级职称3名。年末，农工党泰安市委会有总支2个、支部12个，党员168人。1月5日，召开中国农工民主党泰安市第三次党员大会，选举产生第三届市委会领导班子。举办新党员培训班，注重加强党史教育、接受中国共产党领导教育、多党合作教育。5月20日，农工党中央副主席宋金升在省政协副主席、农工党山东省委主委张敏等同志的陪同下来泰安考察工作。

思想建设　年内，下发有关通知，要求广大党员和干部认真学习、深刻领会“三个代表”重要思想。组织内容丰富、形式多样的教育活动，并注重学习与实际结合、与参政兴市结合、与爱国主义教育活动结合，全面加强自身建设，提高参政议政能力，为开创新世纪多党合作新局面、实现中共十六大提出的战略目标和各项任务、全面建设小康社会、加快推进社会主义现代化作出更大贡献。

参政议政　围绕市委、市政府中心工作，充分发挥政治协商、民主监督作用，注重加强与政府有关部门的联系，广泛深入开展社会调研工作，积极建言献策。在市政协九届五次会议上，市委会向大会提交提案6件。

为社会服务　①到工厂、农村、学校义诊1800人次，在爱牙日、爱婴日、“六一”儿童节等节日开展义务查体，上街发放宣传材料2600余份。派专家到宁阳县、岱岳区进行科技咨询服务，组织成员参加希望工程。组织医疗专家到东平县接山乡进行医疗咨询，受到当地群众热烈欢迎。②岱岳区范镇基地通过引进优良品种，科学安排蔬菜茬口，采用高效低毒农药防虫病农害，测土施肥等综合技术，蔬菜质量、产量有所提高。全市民主党派第一个单独立项的科研项目“生姜信息系统”研发项目正式立项。11月份，市委会与岱岳区范镇达成中药种植帮扶协议。宁阳县葛石镇林果示范基地，利用自繁自育良种苗木和普通品种幼树进行嫁接改良，实现了农业增产和农民增收。

（王运海　孙德常）

·九三学社泰安市委员会·

【概况】　组织建设　年内，发展新社员15名。年末，九三学社泰安市委会有基层委员会2个，支社13个，直属小组1个，社员306人。1月19日，召开社市委第五次社员大会，选举产生新一届市委会领导班子。1月份，成立科教委员会、医疗卫生委员会、资源环境委员会、法律委员会，为开展调查研究奠定基础。年内，成立山东农业大学基层委员会和山东科技大学基层委员会，完成中心医院支社、山东科技大学支社和泰山医学院支社换届工作。7月份，九三学社泰安市委员会被社中央授予“九三学社科教服务支边扶贫工作先进集体”称号。

思想建设　十六大前期，配合社省委通过调查问卷形式，对60岁以下的社员进行思想调研，掌握社员思想的基本现状及动态，探索新形势下开展思想建设的新思路。召开五届三次全委扩大会和五届四次市委（扩大）会，深入学习江泽民“5·31”讲话、十六大精神、九三学社山东省第四次代表大会精神和社中央八大精神，并转发《九三学社山东省委员会关于学习贯彻中共十六大精神的通知》。组织驻会人员参加省社会主义学院举办的全省第一期民主党派机关领导干部培训班和市委党校的领导干部十六大精神培训班。

参政议政　在市政协会上，九三学社泰安市委员会提出集体提案11件。其中，《关于泰安市应适时成立大财务结算中心的建议》被列为重点提案，《关于泰安市水资源形势报告》引起市委市政府高度重视，并专门召开市长会议，研究解决城市用水问题。

为社会服务　组织医疗专家和书法家，到泰山区大津口乡给山区百姓义务诊病、写春联，给困难户送去免费药品，深受群众欢迎。9月份，捐款8000元帮助菏泽市曹县普连集镇贫困生上学。

（徐建英）

·泰安市工商业联合会·

【概况】　组织建设　年末，全市工商联有会员7728个。其中，企业会员1683个，个人会员5976个，团体会员69个；行业协会14个，乡镇商会82个，街道商会9个，村级商会1个。年内，完成市、县两级工商联换届工作；注重基层商会组织建设，下发《关于加强组织建设的意见》，并在11月份召开全市工商联基层组织建设工作经验交流现场会，全市乡镇全部建立起基层组织。年内，发展新会员400名。

思想政治工作　召开全市非公有制经济代表人士座谈会和全市非公有制经济人士纪念江泽民“七·一”讲话发表一周年座谈会，加深对“三个代表”重要思想的理解。中共十六大召开后，向全市非公有制经济人士发出《认真学习贯彻党的十六大精神，努力争当社会主义事业合格建设者》倡议书，组织会员认真学习、深刻领会十六大精神。在会员企业中开展“五比五看”（比政治觉悟、比社会贡献、比奉献精神、比诚实守信、比文化素质）活动，在非公有制经济代表人士中开展“双思”（致富思源、富而思进）、“三观”（社会主义的公私观、义利观、信用观）、“三个结合”（把自身企业的发展与国家的发展结合起来、把个人富裕与全体人民的共同富裕结合起来、把遵守市场法则与发展社会主义道德结合起来）、“四信”（坚定对马克思主义的信仰、对建设有中国特色社会主义的信念、对改革开放和现代化建设的信心、对党和政府的信任）等教育，组织部分民营企业家赴南方学习考察，组织机关党员及直属企业会员到聊城参观孔繁森纪念馆，提高创新、奉献意识。印发《工作交流》8期、简讯14期，在省以上报刊杂志刊发各类稿件40篇，报送信息36条，宣传报道会员企业和个人的先进事迹。年内，市工商联副会长、东方电脑信息产业有限公司总经理王元成，作为第三届全国十大杰出进城务工青年代表，出席中国共产主义青年团成立80周年大会；市工商联执委、山东裕鑫玻纤公司总经理李天爱被团中央评为全国青年兴业带头人。

参政议政　年内，围绕市委、市政府中心工作积极开展调查研究，组织调研活动7次，形成调研报告13篇。在全市“两会”期间，工商联系统提交各类提案58件，建议案4件，其中6件被市县列为重点提案。11月份，市工商联专门成立泰安市参政议政委员会，指导会员积极参政议政。

为经济建设服务　①协助质量技术监督部门对民营企业进行质量管理，帮助13家企业取得质量认证标准；协助农业部门指导60家会员企业投身农业开发、参与农业产业化经营，帮助16家民营企业获得自营进出口权；动员80家企业安置国有企业下岗职工4000余人。②邀请客商40人来泰安考察洽谈，参加各种商贸活动。全年工商联系统引进项目24个，资金4000万元。8月份，与全国工商联、省工商联共同举办全国省级副省级市工商联副会长培训班，邀请全国百余名知名企业家来泰安培训考察。③动员并组织民营企业、会员企业参加贸易洽谈会、WTO知识培训、质量体系认证资格培训及研讨班7次。组织20名企业家出国学习考察，先后与德国巴伐利亚州山东代表处、美中国际合作交流促进会、葡萄牙中国商会和德国商会驻中国代表处建立密切联系和合作关系；引见30名会员企业与台商、港商接洽，拓展对台港交往和业务合作领域。5月份，与德国工商总会中德项目合作部共同举办“中国私营经济与国际市场研讨会”；12月份，组织5名企业家参加德国工商总会中德项目合作部与全国工商联在昆明举行的“政府商会与民营企业经济发展论坛”。④市县两级工商联全年向会员提供经济、技术、人才、项目等各类信息180余条，协调贷款及其它资金4000万元，帮助外地客商来泰办理营业执照43份，协调解决土地、水电、房产、专利、维权等问题300余次。

光彩事业　年内，成立泰安市光彩事业促进会，规范运行机制。延伸“双万帮带”致富工程，鼓励民营企业家多形式、多渠道帮助贫困家庭脱贫致富。8月份，在高新技术产业开发区成立国内第一家光彩事业工业园区；11

月份，开工兴建全市第一所光彩学校。年内，全市实施光彩项目56项，注入资金1000万元，惠及群众2000人；有180家企业为社会公益事业捐款800余万元。（阎修山）

群众团体

·泰安市总工会·

【概况】 年底，泰安市总工会辖2区（泰山、岱岳），2市（新泰、肥城），2县（宁阳、东平）总工会；直属41个局（公司）工会；直属文化宫、南天宾馆2个事业单位；有专职工会干部2891名，其中市总工会机关35名。

基层组织建设 年末，全市有基层工会4137家，会员57.30万人，专职工作人员3891人，其中，非公有制企业建会单位2913家，会员18.2万人。年内，协助有关县（市、区）、部门党委对泰山区总工会等10家工会的领导班子和领导干部进行调整、配备；新成立工会5家，调整理顺基层工会隶属关系120个；成立泰山区岱庙办事处迎暄社区工会，开辟全市工会组织建设新领域。

职工宣传教育 年内，组织全市37万名职工开展《工会法》学习和竞赛活动，收回知识竞赛答卷30万份，表彰竞赛先进单位20个和先进个人300名；组织《工会法》知识大赛，18支代表队参加，增强广大职工的依法维权意识。积极做好工会工作、职工劳动模范和先进人物宣传工作，在《工人日报》、《山东工人报》、《泰安日报》、山东电视台、泰安电视台等媒体发表稿件、专访200篇。

劳动福利事业 年末，全市有职工劳动福利事业项目218家，其中职工消费合作社212家，商品销售额400万元，让利职工45万元。市总工会采取整体租赁方式，完成下属单位南天宾馆改革，实现资产保值增值。

妇女职工工作 “三八”节前夕，召开市总工会女职工委员会三届四次会议，表彰先进集体21个、先进个人100名、文明家庭30个、先进妇女职工工作者40名。7月份，对36家公有制企业和22家非公有制企业的妇女职工劳动保护情况进行调查，同时进行全面提高妇女职工素质工作情况的调查，并形成调查报告。举办全市妇女职工干部培训班，救助困难妇女职工287名。

职工活动 与市安全生产监督管理局联合开展三次安全生产督查活动，组织1000多名职工参加全国安全生产知识培训。开展“安康杯”竞赛和安全生产月活动，有176家企事业单位的38.5万人次参加竞赛。市总工会获全省“安康杯”竞赛优秀组织奖。6月，组织80名职工参加山东省第四届职工运动会，获团体总分第十一名，并获优秀组织奖和体育道德风尚奖。

评选表彰工作 年内，承办2002年度泰安市劳动模范和先进工作者评选和表彰大会，评选出泰安市劳动模范和先进工作者94名，其中职工劳动模范78名、民营企业家劳动模范8名、农业劳动模范8名。同时，评选推荐全国“五一”劳动奖章获得者2名、山东省“富民兴鲁”先进集体2个、“富民兴鲁”劳动奖状先进班组2个、“富民兴鲁”劳动奖章获得者个人22名和山东省下岗再就业劳动模范1名，并分别受中华全国总工会、山东省政府、山东省总工会表彰。

【职工队伍状况普查与劳动模范调查】 8～10月，集中开展第五次全国职工队伍状况普查和劳动模范调查工作，4000人参与，摸清了全市职工队伍状况和工会工作开展情况，掌握了建国以来全市41名全国劳动模范和488名省部级劳动模范的基本情况，为抓好工会工作和搞好劳模管理、服务、救助工作提供了依据。

【经济技术创新工程】 年内，全市有348家企业工会组织职工实施以“技术创新、管理创新、服务创新”为主题的经济技术创新工程，提出合理化建议7.56万条，实施5.21万条，创造价值1.58亿元；职工技术革新和技术发明2102项，创造经济效益3.31亿元；推广先进操作方法724项，创造经济效益3881万元。有16万人次参加劳动竞赛，有11.3万人次参加技术练兵、技术比武活动，有11.4万人次参加技术培训。全市有职工技术协会66家，会员1.81万人，开展技术攻关、技术推广、技术服务785项，创效益8600万元。举办技能培训班306期，培训职工1.89万人；举办下岗失业职工技能培训60期，培训职工3120人。

【送温暖工程】 年内，以纪念“送温暖工程”开展十周年为契机，继续开展帮扶困难职工群体活动。元旦、春节期间，全市筹集资金468.3万元，走访慰问困难企业502家、特困职工家庭1.19万户（次）。与市民政局联合利用福利彩票资金救助特困职工3000户，发放救助款80万元。利用市特殊困难救助基金救助家庭成员患重大疾病特困职工45名，发放救助金12.6万元。各级工会筹集资金45.3万元，资助特困职工子女441名入学；自1997年以来，全市累计筹集资金213.85万元，资助特困职工子女1925名上学。与市直机关工委联合，安排102个部门单位与102户特困职工家庭结成帮扶对子，帮扶资金4万余元，生活物品折合人民币3万元。协助民政部门调查核实享受当地最低生活保障金困难职工家庭1.02万户。为222户特困职工办理特困职工证，为335户困难企业军转干部办理困难军转干部证；1997年至2002年，全市为1112户特困职工办理特困职工证，其中市总工会办理787户，有339户实现脱贫。设立困难职工求助24小时热线电话，各县（市、区）、矿业集团工会也分别设立困难职工求助热线电话。年内，肥城矿业集团公司被评为全国“送温暖工程”先进单位，市总工会被评为全省“送温暖工程”先进单位。

【厂务公开】 5月份，与市纪委、市委组织部、市委宣传部、市经贸委、市监察局联合下发《关于进一步做好厂务公开工作的意见》，提出明确要求。全市国有、集体及其控股企业和文教卫体等事业单位厂务公开推行面为100%，厂务公开合格率为97%，职工满意率95.6%。在全省率先开展非公有制企业实行厂务公开试点工作，选树全省民营企业厂务公开典型新泰平阳纺织有限公司。年内，新泰惠普矸石电力有限公司被评为全国厂务公开工作先进单位，市总工会被评为全省厂务公开工作先进单位和全省民主管理工作先进单位。

【维护职工合法权益】 在全市范围内开展改制企业劳动关系状况和职工权益维护情况的调查，并形成有情况、有分析、有建议的调查报告，为市委、市政府制定国有企业改革和改制政策、从源头上维护职工利益提供科学依据。参与市委、市政府《全面推行集体合同和劳动合同制度的意见》和《泰安市协调劳动关系三方会议制度》等文件的制定，参与市劳动和社会保障局《关于进一步规范劳动关系有关问题的意见》的制定和修改，会同市劳动和社会保障局联合制定《泰安市企业工资集体协商试行办法》和《关于开展工资集体协商试点的意见》。

【计算机技术比武活动】 7月，与市劳动和社会保障局、市经贸委联合下发《在全市职工中开展计算机技术学习竞赛的通知》，全市有1.5万名职工参加不同层次的计算机知识和操作技能技术比武活动。9月份，选拔50名选手参加在山东农业大学进行的计算机知识竞赛，有46名选手获得全国计算机信息高新技术考试合格证书和美国ATA技术认证证书。10月份，选派5名选手参加全省的计算机技术比武，获团体第13名，并获优秀组织奖。

（陈长举）

·中国共产主义青年团泰安市委员会·

【概况】 年内，全市纳新团员4.63万名。年末，全市有共青团员30.31万人，团员占青年的28.97％；有团委489个，团总支953个，团支部9912个，专职团干部638人。

团组织建设　年内，对560个团组织进行全面整建，60％的新型经济组织建立团组织，80％的乡镇团委书记列席乡镇党委会，95％的企业团委书记落实中层正职待遇。启动市级“五四红旗团委”、“五四红旗团支部”、“团建先进乡镇”创建活动，实施基层组织建设“三级联创”（创建基层组织建设先进县、五四红旗团委、五四红旗团支部）活动。抓好阵地建设，实施“县县上网工程”，已有5个县（市、区）团委建立网站或网页。

青少年思想政治教育　①建立青年思想动态监测体系。年内，注重把握青年思想动态，构建多渠道（热线、网络、固定监测点、社会调查）、多层面（城市、农村、流动青年等）、多行业（机关、企业、工商、学校等）的青年思想动态监测体系，内容涉及价值观、道德、心理、婚恋、就业、文化娱乐、人际关系等方面。建立东平县瑞星化工集团公司、泰安卫校、泰山区岱庙办事处岱庙社区等监测点，成立泰安·联通青年服务热线。②开展丰富多彩的学习教育活动。年内，组织举办团干部学习十六大精神读书班2期，培训团干部200人。在建团八十周年之际，开展了“庆祝建团八十周年，喜迎十六大胜利召开——高举团旗跟随党走”主题系列教育活动，开展“读团史、学团史”、团知识竞赛、成人宣誓仪式、重温入团誓词等活动。组织开展第二届“泰安市青少年科技文化艺术节”、“心系共青团、寄语青少年”老团干征文、“千年春韵，青春之歌”盛中国小提琴音乐会等活动，取得很好的教育宣传效果。

青年投身经济建设　年内，各级团组织团结和带动各界青年，立足本职，投身经济建设。①“青年创新创效”活动。继续在“13511”重点企业中开展青年创新创效活动，在民营企业中组建30家青年科技创新创效协会，推行青年创新创效项目负责制，动员青工立足本职，开展科技攻关，实现创新成果800项，收到良好的经济效益、社会效益和人才效益。同时，深化青年岗位能手活动，举办计算机、WTO知识、英语和岗位技能等各类培训班100次，培训青工2万余人，为青年创新创效活动提供人才保障和智力支持。②下岗青工创业行动。年内，各级团组织建立下岗青工服务中心、培训基地、职业介绍相衔接的工作网络，提供就业信息1000余条，开展烹饪、初级计算机知识等培训30次，培训人员2000余人。选树、培养、扶持50名青年兴业领头人自主创业，带动下岗青工实现再就业。开展“全市青年文明号与下岗青工一助一行动”，106名下岗青工与全市106家国家级、省级“青年文明号”集体结成帮扶对子。年内，累计为困难企业团组织和下岗青工提供救助资金9万元，创办再就业项目23个，带领300人实现再就业。③农村团的工作。实施跨世纪青年农民科技培训工程，以农村青年科技书屋和图书站为培训点，围绕当地优势资源项目，对青年农民进行实用科技培训，举办培训班60次，培训1万余人。开展农村青年领办科技推广项目活动，依托青年星火带头人企业，采用“公司＋农户”的方式领办项目，领办科技项目50个，带动1500户农民脱贫致富。

青年志愿者活动　年内，组织12支青年志愿者队开展“弘扬雷锋精神，‘泰山红叶’青年志愿者在行动”、“社会各界学习雷锋事迹成果展”、义务为群众开展法律服务等活动；4月份，组织400名青年志愿者开展“捡拾白色垃圾，争做文明使者”青少年志愿者活动；组织1000名志愿者在全国助残日前夕与泰城69名残疾人结成“一助一”、“多助一”帮扶对子；组织全市文艺界青年志愿者在建军节期间开展送文化到军营活动；在“五一”、“十一”和泰山国际登山节期间，组织青年志愿者开展捡拾白色垃圾、义务导游、医疗救助等活动，受到国内外游客的广泛好评。

“青年文明号”创建活动　设立青年文明号168咨询监督热线，成立监督员队伍，实行“能上能下”动态管理制度。年底，组织相关行业青年文明号监察委员会委员对全市20个行业的40家“青年文明号”进行抽查，山东泰龙纺织集团有限责任公司大麻纺织细后车间丙班团支部等12家单位，因机构变更、人员变动已不符合青年文明号创建条件，被取消市级文明号称号。年内，新泰地税局新汶征收分局、新泰建行新汶矿区专业银行、肥城市农行石横办事处被授予国家级青年文明号，106家单位被授予省级青年文明号。

典型选树　开展以第五届“泰安十大杰出青年”为龙头的各项评选表彰活动，重点培养第三届“全国优秀青年兴业领头人”李天爱、山东省“五四青年奖章”称号获得者卢爱英、第十三届“山东十大杰出青年”谷志坚、省十大杰出青年农民李元乐、省十大杰出青年企业家张公民等优秀青年典型，展现泰安青少年积极进取、奋发向上的良好精神风貌。

【保护母亲河行动】 加强示范林监护力度，建立“保护母亲河”生态监护站，下设监护点，成立监护队，定期对青年生态林进行检查、维护，开辟监护热线和信箱。年内，建成“保护母亲河行动”青年生态林8处，完成造林面积1500公顷，栽植树木20万棵，成立监护站6个，实现“县县有工程”的工作目标。

【希望工程】 年内，收到社会捐款115.3万元，兴建泰安兴学社第二希望小学、肥城骏马希望小学、东平师柳林希望小学、宁阳王卞福恩希望小学等4所希望小学。动员20家行政、企事业单位及个人捐赠微机60台，在岱岳区徂徕镇希望小学、新泰市燕鸣希望小学、肥城市安临站镇牛庄希望小学、东平县梯门一中、东平县老湖镇九女泉小学、东平县老湖镇宋村共青电脑室等建立希望工程电脑学校。配合省青年基金会选拔、推荐、救助贫困大学生20名，每人给予救助金2000元。推荐3名优秀受助生免费就读于山东美澳国际学校“希望之星班”，9名优秀受助生获得“鲁能特困优秀共青团员奖金”。

【大中专学生“三下乡”社会实践活动】 年内，组织山东农业大学、泰山医学院等单位青年骨干80人，赴新泰市东都镇义务为群众查体1000人次，解答咨询3000人次，赠送图书1000册、苗木1500株、价值3000元的药品；举行泰安市大中专学生暑期社会实践活动启动仪式，组建“农村青年增收成才”实践服务团58支，“三个代表”服务队86支，“公民道德”实践服务团64支，志愿者服务队32支，参与学生3万余人；举办“三个代表”及“公民道德”报告会80场次，听众12万人；举办各类培训班20期，培训2.1万余人次；文艺演出15场次，观众8万人；医疗服务3500人次，咨询23余万人，发放明白纸6万余份。

【青少年维权工作】　①联合市综治办、公安局、文化局、工商局、电信局等有关部门在4月份对全市网吧进行集中检查活动，关闭违法经营网吧3家；同时聘任人大代表、政协委员、离退休老同志和社区青年志愿者成立“青少年安全放心网吧”监督队，定期对泰城网吧进行监督检查，对优化青少年成长环境起到积极作用。②11月份，联合市综治办、市委宣传部等部门组织开展《为了明天》青少年法制宣传教育活动。③充分利用“元成进城务工青年咨询热线”和“进城务工青年之家”，积极为弱势青年群体服务，年内共接到电话2400个，接待来访320人，受到广大进城务工青年的热烈欢迎。

（张　耀　马　俏）

·泰安市妇女联合会·

【概况】　年末，全市有县（市、区）妇联工作机构6个，乡（镇、办事处）妇联工作机构86个，村（居）妇代会3693个，市、县两级党政机关、科教文卫单位妇委会196个；市妇联机关工作人员21人，县（市、区）32人，乡镇86人，村（居）妇代会主任3693人。年内，完成3个县（市、区）妇联、43个乡镇妇联换届工作，合并市农村妇女“双学双比”协调小组和市城镇妇女“巾帼建功”竞赛活动协调小组为市妇女“双学双比”、“巾帼建功”竞赛活动领导小组，并对领导小组成员进行调整。年内，市妇联被省妇联授予省“三八”红旗集体、省信息工作先进单位；被全国妇联、全国普法办授予全国“新婚姻法知识竞赛”活动组织奖。

思想政治工作　①结合学习《公民道德建设实施纲要》，将“爱国守法、明礼诚信、团结友善、勤俭自强、敬业奉献”的基本道德规范融入妇联各项活动之中，教育引导妇女积极参与社会公德、职业道德和家庭美德建设，树立“四自”（自尊、自信、自立、自强）精神，不断提高自身素质。②下发《关于进一步加强“泰山巾帼文明队”建设的意见》，采取层层培训骨干、试点示范带动、组织开展活动等方式，吸引广大妇女积极参与，年末全市有“泰山巾帼文明队”875支。③与市文明办联合制定下发2002～2005年《关于“美在家庭”活动的实施意见》，开展示范乡（镇、办事处）、示范村（居）创建活动。同时在全市开展以“爱心献老人”为主题的家庭美德实践活动，市妇联表彰了“尊老敬老好儿女”20名，其中5人获省“尊老敬老好儿女”称号；联合有关部门评选表彰“十佳军人母亲”、“十佳军人妻子”，1人获省“十佳兵妈妈”称号。④“三八”期间，表彰“三八”红旗集体20个和“三八”红旗手59名，其中有4个集体和10名同志被省妇联分别授予“三八”红旗集体、“三八”红旗手荣誉称号；邀请省妇女干部管理学院、山东农业大学教授对妇女进行迎接入世挑战、提高妇女素质专题教育；与市国税局联合举办市直机关县级以上女领导干部庆“三八”联谊活动；开展“泰山巾帼文明队爱心奉献日”活动，近2万名巾帼文明队员走街串巷，进村入户，热情为妇女、为社会提供各种便民服务，深受群众欢迎。⑤在全市妇联系统开展“岗位读书”、争创“学习型”组织、争当“学习型”干部活动，有300名妇联干部参加各级各类培训。积极宣传妇女典型及妇女事业成就，在市以上新闻媒体发稿300余件（篇），编发妇工信息39期。

“双学双比”活动　①开展“庭院创收女杰杯”竞赛活动。培养树立庭院创收典型630名，带动38万名妇女开发庭院1.3万亩，31万户实现年庭院收入过千元。②推进农村妇女科技培训服务示范三个网络建设。年内，加强培训、服务、示范三个网络建设，先后成立由市妇联牵头，农业、林业、畜牧、科协、农大等有关部门和高等院校专家参加的泰安市农村妇女科技致富指导中心和泰安市妇女培训学校，举办农家女网络知识培训班、妇联干部维权培训班、学习宣传十六大培训班、妇女儿童发展规划宣传骨干培训班、女职工法律知识培训班等，培训妇女300人。年末，全市6个县（市、区）全部成立农村妇女科技致富指导中心；86个乡镇、2876个村建起农村妇女函授班和教学班；82个乡镇、2221个村成立农村妇女科技致富指导站和科技服务队；创办科技示范基地1379个、村级科技示范点（田、棚）2944个。各级妇联举办培训班560期，培训妇女11.12万人次，1497名获绿色证书，1222名获农民技术员职称。③组织开展“巾帼科技齐鲁行”活动。5月24日，与市科协、市农业局联合，在肥城市孙伯镇举行“巾帼科技齐鲁行”活动仪式，并拿出3000元与10户贫困妇女结成帮扶对子。活动中，为农村妇女传递农业科技信息1000余条，推广特色农业新产品20余种，开展各类技术咨询、培训220场次，培训妇女5万余人。

“巾帼建功”活动　①“巾帼文明示范岗”创建活动。年末，全市有全国“巾帼文明示范岗”2个、省“巾帼文明示范岗”37个、市“巾帼文明示范岗”40个、县级“巾帼文明示范岗”298个，参与创建活动行业30个，女职工9.5万名。4月份，下发《巾帼文明示范岗管理实施办法》，组织市级行业有关主管部门17个，对全市的全国和省“巾帼文明示范岗”进行检查。10月份，全市有1个巾帼建功协调组织、2个协调单位、11个巾帼文明示范岗、8名先进个人受省表彰。并推选出全国“巾帼文明示范岗”1个、先进个人1名；评选出市级先进协调组织2个、先进协调单位20个、“巾帼文明示范岗”60个、先进个人50名。②“巾帼社区服务工程”。联合有关部门创办社区服务实体756个，建立再就业培训基地48个，培训下岗女工3000人，帮助1663名下岗失业妇女实现再就业。③投身经济建设。开展“争当民营经济巾帼标兵、巾帼能手”和“争当优秀女企业家、先进女能手”竞赛活动，全市有4.7万名妇女投身民营经济，6.7万名妇女投身工业经济，年创税额30万元以上的优秀女民营企业家和工业企业家21名，年纳税额10万元以上的女个体工商户403户。“三八”期间，全市有2人被评为省优秀女企业家，1人被评为省优秀女私营企业家，6人被评为市优秀女企业家，3人被评为市优秀女私营企业家，并组织省优秀女企业家事迹报告会。全市各级妇联积极参与招商引资工作，引进资金530.6万元，其中市妇联引进207万元。

【维权工作】　①各级妇联把维护妇女儿童权益作为工作重点，对受虐待的妇女儿童进行伤残鉴定。6月份，与市中级人民法院联合成立泰安市家庭暴力致伤鉴定中心。年底，全市担任法院特邀陪审员的妇联干部103名，年内参与审理涉及妇女儿童案件68件。②参与社会治安综合治理工作，配合有关部门开展扫黄打非、打拐、禁娼专项斗争，打击家庭暴力犯罪，依法保护妇女儿童的人身权利。建立维护妇女儿童权益协调组，确定维权协调组的性质、任务、组成和工作制度。年内，市、县两级妇联组织处理来信来访380件(次)，处结率98.9%，其中市妇联处理133件(次)，处结率99%。③举办纪念《妇女法》颁布十周年维权干部培训班，培训维权干部70名，提高了妇女干部的素质。开展争创"优秀妇女维权岗"活动，动员各级妇女组织切实维护妇女儿童权益，为社会稳定作贡献。7月底，全省市妇联主席工作会议在泰安召开，对泰安市的妇女维权工作给予高度评价，市妇联和新泰市石莱镇妇联主席鲁德荣在会上作典型发言。

【儿童工作】 ①开展中国"小公民"道德建设计划系列活动。成立泰安市实施中国"小公民"道德建设计划组委会，制定活动方案，向全市儿童少年发出"我做合格小公民"倡议。在省"我做合格小公民"儿歌、童谣征集、评选活动中，全市获优秀组织奖1个、先进集体3个、先进个人4名。②提高家教工作水平。开展"争创市级示范家长学校活动"，检查申报15处家长学校；"六一"期间评选表彰优秀家长学校20处、优秀家长58名。③组织"六一"庆祝活动和"春蕾计划"献爱心活动。召开"六一"庆祝大会，表彰儿童工作先进集体60个、先进个人20名、优秀春蕾女童13名，向省妇联推荐省"优秀春蕾女童"2名。"六一"期间，社会各界为儿童捐款捐物折合人民币21万元。年内全市资助失学贫困儿童560人，金额6万余元。 (高 萍)

军 事

·泰安军分区·

【概况】 国防教育 ①召开国防教育工作会议。3月15日，全市国防教育工作会议在市民兵训练中心召开。市领导耿文清、刘静海、成秉文、公信亮，市国防教育委员会全体成员，各县(市、区)国防教育委员会、矿业集团国防教育领导小组成员参加会议。会议总结2001年国防教育工作情况，部署2002年国防教育工作任务，表彰全市关心国防建设十佳人物。②举办庆"八一"国防知识竞赛。为庆祝中国人民解放军建军75周年，7月下旬与中国国防基金会、市国防教育委员会办公室、泰安日报社联合举办庆"八一"国防知识竞赛，全市3182名干部群众参加。竞赛活动推动了国防法律知识的学习和普及，增强了全民的国防观念，激发了全民爱党、爱国、爱军的热情。9月21日，在天地广场开展第二个"全民国防教育日"活动，数千名市民及游客参加庆祝活动，市领导连传学、刘静海、孙承志参加。

军事训练 ①轮训基层武装干部。年内，分3期对全市335名大中型企业领导、民兵干部和乡(镇、办事处)、企事业单位武装部长进行武装工作轮训，重点学习国际国内安全形势、军事理论、民兵预备役业务、市场经济知识，增强了基层武装干部的国防观念和忧患意识，提高了围绕地方党委、政府中心工作开展武装工作的能力。②民兵训练。年内，培训民兵预备役人员6.24万人次。训练中，继续开展"以训促富、以富促训"活动，共培育示范性生产基地48个和民兵科技致富带头人173名。③迎接军事训练考核。3月26日，省军区对军分区机关进行战术标图、军事高技术和机关工作业务知识考核，泰安军分区被评为优秀。

征兵工作 开展以"依法服兵役是公民应尽的义务，做好征兵工作是全社会共同的责任"为主题的宣传教育活动，健全完善责任监督机制，组织对体检合格青年的文化测试，落实优待安置证和公示制度，突出政治条件兵、高原身体条件兵和专业特长兵员征集重点，制定出台《关于鼓励进西藏服役士兵的优待安置政策》，严把政治、身体、文化、户籍和年龄关口，确保新兵质量。实现连续7年无责任退兵。年内，征集新兵3366名，其中，政治条件兵180名，高原身体条件兵260名，专业技术特长兵20名；大专以上毕业生29名，高校在校生7名。5月30日，总参谋部动员部兵员征集局工作组到泰安市岱岳区技校就从技工学校招收士官工作进行调研。11月13日，山东省军区司令员张齐红、参谋长金培昌到泰安市宁阳县检查指导征兵工作，市委常委、军分区政委连传学陪同活动。

设施建设 ①机关营区改造建设。年内，完成军分区机关营区改造建设，提高正规化建设水平和组织指挥能力。改造自2000年11月份开始，历时两年，投资1602万元，新建办公楼、征兵接待楼、征兵办公室、大门和沿街库房共计13897平方米。12月18日，举办办公楼落成庆典仪式。②民兵装备仓库建设。贯彻落实全省民兵、预备役部队装备工作会议精神，在全市5座民兵装备仓库安装传感报警、电视监控、110联动报警系统，与原有的高压智能脉冲电网形成"四位一体"安全防护体系，全市民兵装备仓库安全设施建设迈上新台阶。③战备设施建设。按照"平战结合、着眼长远"的原则，投资54万余元安装开通电视会议和计算机网络系统，建成通信虚拟网，完善"三室两库"设施，提高指挥自动化水平。

【市委议军会议】 8月1日，泰安市委常委在市民兵训练中心召开议军会议。会议传达学习济南军区第三届国防动员会议精神，听取军分区主要工作情况汇报。市委书记鲍志强对过去一年军分区的工作给予充分肯定，对加强地方军事工作提出明确要求。会议研究明确3个问题：一是进一步提高农村义务兵家属优待金标准，年内全部达到不低于上年农民人均纯收入70%的标准。二是切实做好随军家属就业安置工作，搞好摸底排查，对有条件就业的家属要千方百计给予安置；没有就业条件的，由市财政在省补助基础上，再给予适当补助，并由劳动部门办理劳动代理，交纳养老保险，所需经费由市县财政解决。三是把民兵训练费纳入财政预算，农村费税改革后，县(市、区)民兵训练经费按每人每年不低于1元的标准列入县级财政预算，市直民兵训练经费仍由市财政每年一次性支付50万元。

(泰安军分区)

·武警泰安市支队·

【概况】 政治教育 年内，采取集中学习、经验交流、领导宣讲和专家辅导等形式，组织学习江泽民"七一"讲话、"5·31"讲话、十五届六中全会精神和党的十六大精神。教育中突出四个方面：一是以群众性大讨论为主的密切内部关系教育；二是以落实《公民道德建设实施纲要》、《军人道德规范》为主要内容，以树立革命人生观为核心的经常性思想教育和"践行军人道德密切内部关系"专题教育；三是"赞颂新成就，迎接十六大"专题教育；四是法律法规和新条令条例的学习教育。

战备执勤 ①规范执勤工作秩序，修订、完善各类处突预案和《反恐怖工作预案》，落实反恐怖力量编成，建立三级反恐体系；各中队统一制作《执勤工作栏》、《执勤编班牌》，统一印发《执勤工作资料》和《战备工作资料》，统一调制《执勤方案图》，统一印制、刻录执勤工作资料和光盘，提高部队正规执勤工作水平。采取“学、查、研、通、整”等措施，查出隐患22条并逐一进行整改落实；编写《哨兵防袭击手册》，提高执勤官兵的自我防范意识和应急处置能力，进一步规范基层中队哨兵防袭击训练。②参与社会治安综合治理和“严打整治”斗争，圆满完成各项临时勤务。年内，执行临时勤务63起，出动兵力1436人次，圆满完成党和国家领导人、外国元首在泰山国际登山节等重大节日的安全保卫工作，完成处置“8·23”阻塞京沪铁路交通事件、处置“9·7”暴力劫持人质事件、搜捕“8·16”特大抢劫枪支案件犯罪嫌疑人和多起押解、拘捕、货币押运等临时勤务，扑救山林大火2起。

军事训练　年内，举办新兵入伍训练、军事干部集训、预提指挥士官培训各1期，组织专勤专训4期，培训、轮训官兵771人次；进行应急小分队集训、冬训会操、军事会操各1次，组织拟任班长考核、新兵岗前培训考核、院校招生考核、干部提升前军事业务考核、每季度‘争红旗”军事训练考核和机关及直属单位干部实弹射击。召开处突战法研讨会，全面完成教导队训练配套设施建设，“九场、四室、一库”全面达标。10月份，在总部组织的优秀教练员评选活动中，有1名教练员被总部评选为优秀教练员。

后勤建设　①严格经费开支审批程序，规范基层代管经费管理，加大审计监督力度，落实季度审计、半年经费收支情况考评及军政主官离任审计等制度，年内审计离任基层主官和司务长30人。②基层营房和训练设施的维修、改造。建立机关“局域网”，购买微机、打印机及数码相机，为基层购置电饼铛、电炸锅及生活设施；完成教导队室内训练馆、攀登楼、观礼台的主体工程和大门、围墙、靶壕、大棚、鱼池、绿化管网、路面硬化任务；完成楼房改造维修工程和服务中心打井及绿化工作。③军备物资管理。清理清查公用物资，登记造册，计价入帐，规范部队实物资产管理；完善兵器室防护设施，统一配备存放兵器室钥匙的密码保险柜，调整兵器室及更换红外线报警器；规范支队粮秣及被装管理，年内，支队生产生活服务中心被总队后勤部评为“先进生产生活服务中心”。

双拥共建　年内，全支队有共建点36个，共建文明区、街2个，共建学校13所。先后参加天外村广场、高速公路绿化带、泰山学院、市政广场等城市重点工程建设和公益事业建设，累计出动兵力1100人次，车辆100台次，完成义务劳动日110个。在徂徕山建立“军民共建植树造林基地”，植树8千余株。支援地方农业生产180个劳动日，收割农作物18公顷，整修水利设施650米。派出260人次，军训青年学生5850人。组建学雷锋小组52个，为社会各界群众做好事1000余件，为驻地群众义务巡诊650人次。（潘利军）

·人民防空·

【概况】　全市人防系统贯彻落实党的十六大精神和“长期准备、重点建设、平战结合”的人防建设方针，最大限度地发挥现有人防工程的经济效益。年内，全市开发利用人防工程面积达7.54万平方米，开发利用率为89.45%，营业额8062万元，利润700万元，上缴利税221.46万元，安排就业人员561人，人防自身创收27.8万元。同时，利用早期人防工程引进开发真菌养殖基地项目和整体出租火车站地下商场，为人防工程开发利用探索了新路子。

人防宣传教育　利用新闻媒体，广泛宣传报道人防知识和人防工作，增强广大市民的国防观念和人防意识。组织开展“国防知识教育宣传”及“四五普法宣传”活动，散发宣传材料2万余份，解答群众问题200余条。制定并实施《人防教育工作目标及计划》，确定施教学校14个。7月份，对施教情况进行考核验收，5800名学生参加考试，教育普及率、及格率均达到100%。8月份，市人民防空办公室、东岳中学、英雄山中学3个单位被评为“山东省人防教育先进单位”，6人被评为“山东省人防教育先进个人”。

人防组织指挥与培训　年内，市人防办加强人防组织指挥与培训，提高组织指挥水平。一是利用40个训练日，组织全体机关工作人员开展以学政治理论、人防业务、军事知识和法律法规为主要内容的“人防通”人才培训，促进机关准军事化建设。二是更换电台电源，维护指挥通信设施，保证省市人防无线指挥网络和数字传输网的畅通。年内，派人赴广东省参观学习利用广播电视发放防空警报经验，并编拟脚本、购置设备。三是组织年度防空警报试鸣，增强市民防空意识。

人防工程建设管理　①年内，市肿瘤医院、山东农业大学、泰安二中3处防空地下室通过验收。完成市人防指挥工程的选址、立项、可行性研究和方案招标等前期准备工作。②全面普查全市人防工程和城市规划区内已开发的地下空间，摸清全市人防工程和地下空间的开发现状，并建立健全工程档案资料。年内，普查人防工程146处，建立工程档案438卷。③调整人防工程维护管理和防火安全领导小组，制定并实施《人防工程维护管理规划》、《泰安市人防工程维护管理规定》、《人防工程维护管理制度》。年内，累计投资80万元，维护人防工程面积9400平方米，完成全年计划的150%和120%，顺利通过省人民防空办公室检查组的验收。

人防行政执法　年内，全市审结建设项目66处，建筑面积53万平方米；查处违章建设项目15个，建筑面积25万平方米，收取人防易地建设费715万元。参加市政府统一组织的“泰安市城市市区土地、建筑和房产市场清理整顿”工作，查处违章建筑38个。（朱效建）

编辑·校对　**武永明**

泰安市福利彩票销售管理中心

2002年，全市共设400余个福彩销售站，销售福利彩票1.44亿元，其中电脑彩票销售1.41亿元，比上年增长173.4%；即开型彩票销售326万元。共筹集福利基金5029万元，其中上缴中央、山东省3294万元。上缴所得税904.6万元。年内，市福彩中心弘扬“扶老、助残、救孤、济困”的发行宗旨，从所筹集的福利基金中拿出709万元，资助了福利院、乡镇敬老院、社区服务中心、8处“星光老年之家”等公益事业建设，并先后资助了1100户特困职工、200名失学孤残儿童、300例白内障复明手术、500辆残疾人轮椅。目前，全市福利基金资助的福利项目达150多个。至年底，福利彩票已有电脑彩票、电视彩票和即开型彩票三大品种，其中“齐鲁风采”电脑福利彩票已形成30选7、36选7、23选5三种玩法，受到广大彩民的喜爱。2002年，全市共诞生“齐鲁风采·7/30”一等奖33个，其中有17人成为百万富翁，1人获奖金500万元；“齐鲁风采·5/23”诞生一等奖149个，共获奖金387.4万元。

中国福利彩票中心主任陈传书（右二）视察市福彩中心

泰安市副市长孙承志（前）出席“齐鲁风采”电视福利彩票首发仪式

泰安市福彩中心资助的市场社区“星光老年之家”落成

2003年1月，泰安市福彩中心捐资80万元救助3000户特困职工

中共泰安市

市委组织部领导集体研究工作（左五：市委常委、组织部长李学法，右五：常务副部长支建立；左四：副部长、人事局长杜卓群；右四：副部长、老干部局长任玉涛；左三：副部长陶长江；右三：副部长宋洪银；左二：助理调研员辛培佑；右二：助理调研员侯衍奎；左一：组织员办公室主任曾晓黎；右一：电教中心主任张庆云）

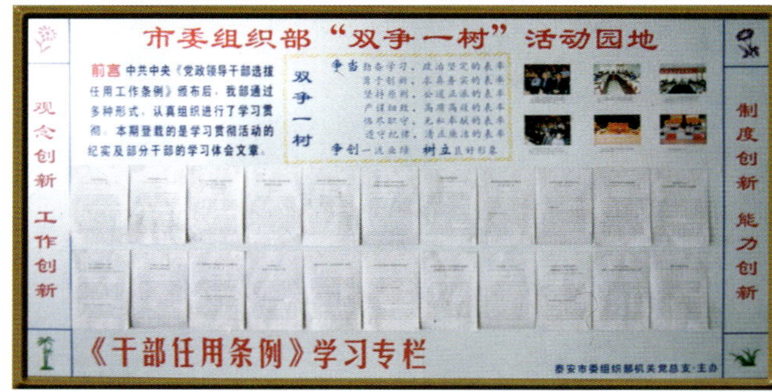

为进一步加强部机关自身建设，市委组织部认真开展了“双争一树”活动

市委常委、组织部长李学法（右）走访慰问困难党员

委 组 织 部

市委组织部全体人员认真学习十六大精神

一年来，市委组织部在市委的正确领导下，坚持以邓小平理论和“三个代表”重要思想为指导，与时俱进，开拓创新，转变作风，狠抓落实，领导班子和干部队伍建设得到全面加强，党的基层组织建设整体水平得到明显提高，人才队伍建设等项工作取得显著成效，为推进建设经济强市进程提供了坚强的组织保证。坚持把理论武装放在首位，突出抓好对党的十五届六中全会和十六大精神的学习，培训县级干部628人，科级干部2600多人，各级领导班子和干部队伍的思想政治素质有了明显提高。适应建设经济强市的需要，按照“提高素质、优化结构、增强整体功能”的总体要求，坚持用好的作风选人，紧紧围绕市委中心工作，以换届工作为重点，有力地加强了领导班子建设，领导班子适应率比上年提高了10.6%，没有不适应的领导班子和不称职的县级干部。认真贯彻落实《干部任用条例》，围绕健全干部选拔任用和监督管理两个机制，进一步加大了干部的培养和管理力度，先后选拔了49名优秀大学毕业选调生和320名国家公务员和机关工作者；对33名离任的领导干部进行了经济责任审计，为17名干部澄清了问题，对70名有问题的干部进行了调查处理，促进了干部健康成长。坚持人才兴业，实施人才战略，积极做好人才工作，组织进行了第六批市级拔尖人才的评选工作，编辑出版了《岱下英才》一书。认真贯彻中央和山东省委关于加强和改进党的基层组织建设的一系列指示精神，突出重点、分类指导、整体推进，提高了基层组织建设水平。抓好了农村“三个代表 ”学教活动，圆满完成了泰安市出席山东省八次党代会代表选举任务和乡村班子换届工作，使村两委交叉兼职的占67.3%，书记兼主任的占69%。坚持改革创新，探索加强了国有企业、街道社区和新型经济社会组织党建工作，得到了省委组织部的充分肯定。调研信息、党员电化教育、档案等各项工作也取得了显著成绩。对下派工作进行了有益探索，选派下派干部208人，为所包村争取资金和物资折款5109.85万元，办成各类实事500余件。选派了60名干部赴广东挂职锻炼，签定外销商品协议600多万美元，协议投资4亿多元。

市委常委、组织部长李学法（前排右二）和组织部常务副部长支建立（前排右三）到现代化示范村东平县东平镇李克村调研指导工作

泰安市人事局

泰安市委组织部副部长、市人事局局长、市编办主任杜卓群（右）向获得山东省2001年度"齐鲁友谊奖"的美国新材料专家罗伯特·史诺雷卡先生赠送礼物

全国博士后管委会主任、国家人事部原副部长徐颂陶，山东省人事厅副厅长杨照亮，泰安市委书记耿文清,市委副书记唐家品，市人大副主任张品一，市政府副市长齐承芳，市政协副主席赵成道出席泰山玻纤博士后科研工作站挂牌仪式

泰安市人事局（泰安市机构编制委员会办公室与其合署）现有科室16个，干部职工60人。下辖泰安市转业军官培训中心、泰安市国家公务员培训中心（泰安市专业技术人员培训中心）、泰安市泰山干部休养院等3个事业单位。2002年，先后被评为市直文明单位、全市招商引资工作先进单位、履行计划生育职责先进单位、包村工作先进单位、社会治安综合治理先进单位等。

泰安市人才交流服务中心（市人才市场）占地6.5亩，建筑面积5400平方米，设有1000多平方米人才交流大厅及高级人才洽谈室和人才网站室（http://www.taianrc.gov.cn/),200多个摊位；配有大型电子显示屏、人才供求信息网络、人才信息查询系统、人才测评、人才培训和办公自动化系统，是一处服务手段先进、服务功能完善的大型人才交流招聘场所。

泰安市国家公务员培训中心（泰安市专业技术人员培训中心），始建于1952年7月，前身为"泰安市行政干部中等专业学校"。承担全市国家公务员、专业技术人员和企业经营管理人员的培训。中心占地面积1.33万平方米，建筑面积8700平方米，教学设施、生活设施完备。现有在职教职工53人，其中高、中级专业技术职务人员30人。已累计培训各类干部6.5万余人次。

山东省人事厅副厅长黄麟英（右四），泰安市委副书记高儒林（右五），市委常委、宣传部长孙承志（左四），市人大副主任李秀兰（右三），市政协副主席李凤明（右二）出席泰安市人才市场新址开业典礼

帮您走向成功的桥梁

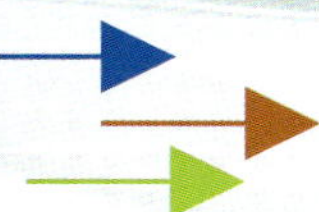

泰安市人才市场交流大厅

团结奋进的局领导班子

泰安市委常委、组织部长李学法（右三），泰安市政府副市长李惠东（右二），山东行政学院党委副书记王建勇（左二）出席泰安市国家公务员培训中心（泰安市专业技术人员培训中心）揭牌仪式

泰安市人才市场人才网站室

全国财政系统先进集体

泰安市

党委书记、局长　任先德

近年来，泰安市财政局紧紧围绕经济建设这个中心，不断解放思想，更新观念，以促进经济和社会事业发展为中心，以收支平衡为目标，以改革为总抓手，创造性地开展工作，财政工作实现了长足发展，至2002年已连续16年实现财政收支平衡。

认真落实积极的财政政策，支持经济结构调整，建立支持高新技术、外贸、旅游、民营经济以及科技型中小企业的专项发展资金，通过财政贴息、补助、奖励等多种形式，启动和吸纳社会资金增加投入，努力培植壮大财源。

大力推进财政改革与制度创新，先后推行综合预算、零基预算、部门预算编制改革，政府采购、国库集中支付制度，住房、职工住宅水电费等个人福利货币化分配，机关后勤服务管理体制改革，同时进行事业布局调整、支出范围清理等工作，优化了财政支出结构，保证了工资、社会保障等重点支出需要。

团结拼搏、开拓进取的领导班子

不断强化财政管理，积极推行行政事业单位会计集中核算，扩大会计委派制改革试点，实行会计帐簿统一监管。加强预算外资金管理，严格实行“收支两条线”和“票款分离”管理办法。加强重点项目建设管理监督，对重点基建工程全面实行财务审计制和政府采购制。认真清理整顿收费项目，大力精简行政审批事项，规范财经秩序，优化经济发展环境。

以转变工作作风、提高工作效率、树立良好形象为核心，坚持抓班子、带队伍、促理财，不断加强精神文明建设和干部队伍建设。2002年，有19项工作受到市以上表彰，18人次获得市以上先进个人称号，泰安市财政局荣获“全国财政系统先进集体”称号；局长任先德荣获“全省财政系统先进个人”和“山东省关心国防建设十佳人物”称号，并荣记二等功。

财 政 局

山东省财政厅厅长尹慧敏（右二）在泰安市市长贾学英陪同下视察泰安城市建设情况

党委书记、局长任先德到包村点走访困难群众

丰富多彩的文体活动

泰安市房

局 长、法人代表 裴建华

党委书记、副局长 曹家振

局领导班子成员（左起）周黎明、杨鸿章、曹家振、裴建华、吴来安、宋洪波在一起研究工作

房地产信息港

产 管 理 局

泰安市房产管理局为正县级单位，内设办公室、财务审计科、房改指导科、房产管理科（挂物业管理办公室牌子）、房产交易科、法规信息科6个职能科室，下设市房产交易中心和岱庙、财源、新区3个房管所及天元房地产开发公司5个直属单位。

市房产管理局的主要职责是：贯彻执行国家、省关于房产管理的方针、政策和法律、法规，研究制订泰安市房产管理工作的规范性文件并监督实施；负责协调全市房产权属登记、发证、产权产籍管理；指导全市房产交易管理工作；对全市房地产开发单位房屋销售实施管理监督，按照权限负责市区房产交易和住房置业担保的管理工作；负责物业行业管理和物业从业机构资质的申报、审批工作；负责指导全市住房制度改革工作；负责市区直管公房的管理；负责市属安居工程的开发建设管理；指导协调全市商品房销（预）售工作；负责全市房地产价格评估、房地产咨询、房地产经纪、房地产测绘等中介机构资质的审核、申报、认证等工作；负责全市落实私房政策、行政执法监督、行政复议、行政应诉等工作。

市房产局局长裴建华陪同原省建设厅厅长王军民、市委书记鲍志强等领导参观房产交易大厅

位于天烛峰景区，集吃、住、游、娱为一体的天竹花园度假区

全国物业管理示范住宅——乐园小区

法人代表　裴建华
电　　话　8228826
邮　　编　271000
地　　址　东岳大街115号
　　　　　建设大厦5楼

TAIAN SALT INC

泰安市盐务局
泰安盐业公司

泰安市盐务局局长、党委书记，泰安盐业公司经理　郝庆山

泰安市盐务局是泰安市人民政府盐业主管部门和盐业行政执法主体。负责本行政区域内的盐业行业管理、盐政执法和食盐专营的行政管理工作。下属机构主要有：第一分局、第二分局、肥城市盐务局、新泰市盐务局、宁阳县盐务局、东平县盐务局。

山东省泰安盐业公司是山东省盐业总公司的直属企业。依法从事本市的盐资源开发、利用和盐产品生产、加工、储运、批发经营业务。下属单位有：第一分公司、第二分公司、肥城盐业公司、新泰盐业公司、宁阳盐业公司、东平盐业公司、泰安市七星强化营养食品研究所、泰安市方兴物流有限公司。食品加工企业泰安市和美食品有限公司正在筹建中。

地　址:泰安市东岳大街 125 号

网　址:www.tayw.com

部分盐政执法人员

盐政“110”巡逻车

盐务局
业公司

泰安盐业系统全面实现网络办公

正在建设的泰山盐业大厦
（东岳大街 125 号）

泰安市盐务局领导班子成员正在研究发展规划

正在建设的泰安市食盐分装配送中心
（泰安市汶正高新技术创业园内）

泰安市盐务局网站 www.tayw.com

部分营养盐系列产品

泰安市岱岳区

岱岳区财政局局长、党委书记　马玉成

岱岳区财政局围绕"强区富民"目标，积极服务经济发展，加强财源建设，增收节支，开创了全区财政工作的新局面。连年被区委、区政府评为先进单位，连续六年被市委、市政府授予市级文明单位。2002年马庄财政所被评为全省财政系统先进集体。各级财政部门坚持把招商引资、培植税源作为工作的重中之重来抓，采取财政贴息、配套、奖励等办法，千方百计筹资育财。加大了对民营经济、高科技项目和利税大户的扶持，实施了农业"双增"工程，增收创税能力逐步得到加强。创新财税征管机制，严格依法组织收入，促进了财政收入的持续稳定增长。拓宽财政增收渠道，依托岱岳新城区和开发区建设，加大了土地招标、出售、租赁力度，2002年全区完成土地

岱岳区财政局领导班子成员合影

财 政 局

经营收益2159万元，增长31%。在改革创新方面，试行国库集中支付制度，对区直行政事业单位和乡镇教师工资实行全区统一发放。全面推行政府采购制度，2002年完成政府采购1802万元，节约资金259万元，平均节支率达到14.4%。按照省市的统一部署，稳妥推进农村税费改革。规范了税费制度，切实减轻了农民负担。在机关自身建设方面，岱岳区财政局积极响应区委、区政府的号召，在岱岳新城区建设了建筑面积8600平方米的新办公楼，并于2002年8月6日竣工启用，极大地改善了局机关的办公条件。

财政扶持的农业“双增”工程项目

电话： 8561316
地址：泰山大街西段岱岳财政大楼

岱岳区财政局新建办公大楼

中国平安财产保险股份有限公司泰安中心支公司

总经理　罗毅民

中国平安财产保险股份有限公司泰安中心支公司，1997年12月29日由山东省人民银行批准筹建，1998年5月28日获准开业。2002年10月28日由保监办批准更为现名。辖泰山区、岱岳区、新泰市、肥城市、宁阳县、东平县6个营销服务部，兼业代理机构68家，有职工108人。在泰安市行政辖区内经营企业财产保险业务，包括损失保险业务企业财产；家庭财产损失保险；机动车辆保险；货物运输保险；保证保险；信用保险；短期健康保险；意外伤害保险等业务。2002年实现保费收入累计1515.07万元，比上年增长15.7%。历年制赔付率为29.09%，比上年下降26.28个百分点。其中：车险保费收入655.72万元，占总保费收入的47.43%；水险保费收入26.22万元，占总保费收入的1.9%；非水险保费收入700.42万元，占总保费收入的50.67%。自成立以来，累计承保1500亿元的财产，赔付1538.7万元，有效起到了为社会服务的作用。年内，为支持残疾人教育及全民健身运动，向泰安市盲校捐款5000元，市运动会捐款10000元。在集团公司向社会捐献1000万元献血车活动中，组织全体员工无偿献血。

中层干部

公司地址：泰安市东岳大街45号三楼
报案电话：0538-8205912
咨询电话：0538-2181689

全体员工

现代化客户服务中心

中国太平洋财产保险股份有限公司

泰安中心支公司

党委书记、总经理　刘新民

地址　东岳大街156号
电话　8431000
邮编　271000

中国太平洋财产保险股份有限公司泰安中心支公司，除泰安城区外（泰山区），辖岱岳区、新泰市、肥城市、宁阳县、东平县5个营业部，兼业代理机构66家，业务遍及各县（市、区）乡镇。公司有工薪制员工59人，其中，中级以上技术职务的21人。2002年实现保费收入2340万元，同比增幅26%，完成计划的101.7%。全年累计支付赔款1407万元，综合赔付率为60.10%。

公司实行“加快分配机制改革步伐，打破档案工资界限，营销人员向直销人员同工同酬过度，收入上不封顶”的分配激励机制和“底薪（二线人员为岗位津贴）+业务提成”的分配办法。2002年的总保费中，营销保费占35%，成为公司业务新的增长点。公司根据业务发展的需要，加强了电子设备投入力度和实际工作中的应用范围，顺利实现了业务数据的集中、财务和业务数据对接、实施网上银行划款、清理业务应收保费以及车险费率市场化后的调整对接等工作。为适应竞争日趋激烈的保险市场，增加人均保费和市场占有率，公司班子带领干部员工抓了“三个突破”，一是在抓大项目方面有突破；二是在开办新险种方面有突破；三是在了解新信息掌握新保源方面有所突破。开展的险种增加到29个。

泰安市奥特控制工程有限责任公司

公司董事长、总经理　高　欣

山东省计算机软件产品
认定证书

根据山东省科技厅、国家税务局、地方税务局颁布的《山东省软件开发生产企业及软件产品认定管理办法》，认定 微机网络“五防”闭锁系统 为 2000 年度山东省计算机软件产品。

批准文件：鲁科高字[255]号
统一编号：鲁软产品[0071]号

批准单位：山东省科学技术厅
2000 年 7 月 27 日

高新技术企业认定证书

企业名称：泰安市奥特控制工程有限责任公司
统一编号：09051　批准文号：鲁科高字(2000)第 178 号

山东省科学技术厅
2000 年 6 月 9 日

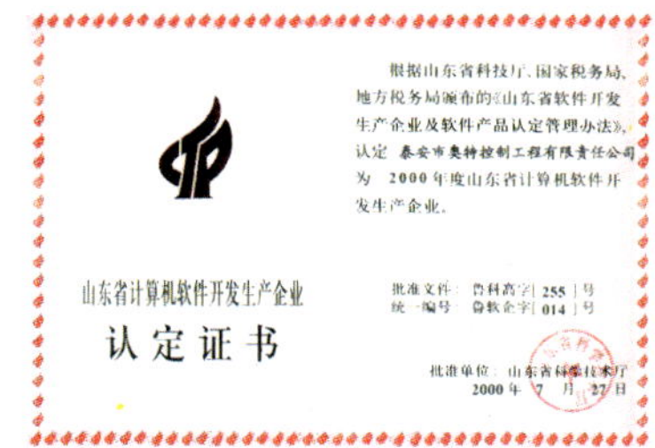

山东省计算机软件开发生产企业
认定证书

根据山东省科技厅、国家税务局、地方税务局颁布的《山东省软件开发生产企业及软件产品认定管理办法》，认定 泰安市奥特控制工程有限责任公司 为 2000 年度山东省计算机软件开发生产企业。

批准文件：鲁科高字[255]号
统一编号：鲁软企字[014]号

批准单位：山东省科学技术厅
2000 年 7 月 27 日

泰安市奥特控制工程有限责任公司位于风景秀丽的泰山脚下，是一家专门致力于新一代防误闭锁系统、电力自动化系统、煤炭自动化系统和智能小区与数字化家庭等领域的软硬件产品的研究、开发、生产与销售的高新技术企业。

奥特公司独立研制开发的“微机网络五防闭锁系统”软件于 1999 年 3 月通过国家电力公司主持的技术鉴定。2000 年 6 月奥特公司被山东省科技厅认定为高新技术企业，同年7月被山东省科技厅认定为“软件生产企业”（是山东省首批 17 家“软件生产企业”之一），“微机网络五防闭锁系统”和“操作票辅助生成系统”被认定为软件产品。2001 年 5 月又被山东省信息产业厅认定为双软企业。

“以高科技带动民族产业的发展”是奥特人孜孜以求的人生理想；“集结一流的人才，开发一流的产品，成就美好的事业”是奥特人的不懈追求。

公司联系电话：（0538）8505907　8507193
传真：8519207

奥特公司施工五防闭锁系统的变电站外景

法制

综述

·人大法制监督·

【概况】 年内，市人大常委会积极发挥地方国家权力机关的作用，大力加强民主法制建设，继续强化对同级"一府两院"的法制监督。

审议监督　年内，市人大常委会制定《泰安市人民代表大会常务委员会讨论决定重大事项的实施办法》，明确了重大事项的范围、讨论决定重大事项的程序和执行机关的责任。①审议批准市政府关于2001年市级决算的报告及2001年市级预算执行和其他财政收支情况的审计报告。对市级财政影响较大的主体税种没完成计划、财政收入结构不尽合理、收支管理存在的薄弱环节等问题，提出具体的意见和要求。②审议监督市政府关于2002年上半年国民经济和社会发展计划执行情况和市政府关于2002年上半年预算执行情况。针对计划和预算执行中存在的农民增收乏力、市属工业发展滞后、财政收支全年平衡压力大、经济发展的环境不够宽松等问题，要求市政府组织有关部门逐条研究落实措施，确保年初人民代表大会批准的计划和预算目标顺利实现。③对高新技术产业开发区总体规划作出决议。要求市政府依法行政，依法管理，为开发区提供良好的发展环境。④加强对经济工作的监督。市人大常委会分别对泰和集团、生力源集团、泰山集团等10家市属企业以及抽水蓄能电站等单位与民营经济的发展情况进行视察；听取审议市政府关于全市招商引资工作的汇报，就全市经济工作中存在的问题，向市政府提出相应的意见和建议，对个别问题要求市政府尽快整改。⑤关注农业和农村工作。重点对全市林业经济发展情况进行调查，听取审议市政府关于全市林业经济发展情况的汇报，通过了审议意见，要求市政府加大结构调整力度，加快改革步伐，完善经营机制，依法行政，搞好服务。⑥对旅游市场秩序进行视察。要求市政府进一步加大旅游法律法规的执法力度，依法规范旅游市场，促进全市旅游环境的改善。⑦审议监督司法工作。市人大常委会对全市法院执行工作情况进行审议，要求市中级法院进一步提高对执行工作的认识，加强队伍建设，提高执行人员素质，加大执行力度。市人大常委会听取审议了关于全市检察机关开展渎职侵权检察工作情况的汇报，针对存在的问题，要求检察机关突出打击重点，加大查处力度，坚持打防并举，预防和减少渎职侵权犯罪，建设高素质检察官队伍，努力提高办案质量。⑧审议监督泰山景区综合治理工作。针对泰山景区内存在一些违规开发、违法建设、乱打山石、毁林盗树和景区"市场化"、"城市化"问题，要求市政府及有关部门进一步统一思想认识，突出整治重点，切实解决好存在的问题。⑨加强对被任命干部的监督。市人大常委会对中小企业局局长、农业局局长和体育局局长进行述职评议，肯定成绩，指出工作中存在的问题，并及时向有关部门和被评议人员作出反馈。被评议人员根据评议意见，制定整改措施，向常委会提交了整改报告。常委会还对述职干部的整改情况进行跟踪调查。常委会听取审议了市政府关于山东省机关事业单位及国有企业法定代表人离任审计条例实施情况的汇报，要求审计部门对由市人大常委会选举、任命的国家工作人员离任审计的结果及时报送，作为选举和任免的依据。

执法检查　年内，市人大常委会分别对《科学技术进步法》、《建筑法》、《动物防疫法》、《归侨侨眷权益保护法》、《药品管理法》、《水污染防治法》等6部法律的实施情况进行检查和审议。各执法检查组深入实际调查研究，指出执法中存在的问题和不足，在6部法律的执法检查中，共提出建议32条。市人大常委会对执法检查办理情况进行跟踪监督，在2001年进行执法检查的基础上，年内对办理情况进行第二次跟踪监督，对再次发现的问题，向政府部门提出整改建议。市人大常委会重视全民普法教育，对全市"四五"普法和"三五"依法治市工作的情况进行了检查。　（宗呈亮）

·政府法制工作·

【概况】 年内，市政府法制办公室围绕市委、市政府的中心工作，起草审核全市的规范性文件，积极开展法制监督协调，受理查处行政复议应诉案件，清理审核行政审批制度，为全市经济和社会发展提供了良好的法制环境和有力的法制保障。

规范性文件制定　年内，审核规范性文件49件，发布39件(其中市长令7件)，经审查不宜发布的6件，待发布的4件。一是为加快城市化进程，保障城市道路建设的顺利进行，会同有关部门起草《关于加快城市市区村庄改造工作的通知》和《城市道路综合改造工程房屋拆迁补偿安置试行意见》，明确了房屋拆迁政策，提高了补偿安置标准；市区村庄改造实行免缴各项建设费用、政府支付改造补偿经费、新建住宅允许上市交易等6项优惠政策，加快村庄改造和基础设施建设步伐。二是为加强水资源管理，合理利用和节约保护水资源，研究制定了《泰安市实施〈山东省水资源费征收使用管理办法〉细则》，利用经济杠杆调控利用地表水、地下水，促进水资源合理开发利用和节约保护。三是根据国家、省高新技术产业政策、地方政府组织法等规定，坚持集中统一管理、合法有效的原则，起草了《关于加快泰安高新技术产业开发区建设的意见》和《泰安高新技术产业开发区行使市级管理权限的试行意见》，将市级党的管理权、行政管理权赋予和委托给高新区行使，为高新区的快速发展和高效运转提供了良好的法制环境。四是制定出台一系列保障困难群众生活、帮助发展生产的规范性文件。组织起草《关于进一步做好困难群众帮扶工作的意见》。《意见》在制度、政策上有所创新，明确了城乡最低生活保障和特殊困难临时救济等政策，建立实行经常性社会捐助制度，制定了困难群众看病、住房、子女上学等优惠政策，开展再就业援助；起草《泰安市城市居民最低生活保障实施细则》，对保障范围、对象、标准、资金来源、申办程序等作了明确规定，实现应保尽保，保障了城镇困难居民的基本生活，有力地维护了社会稳定；出台《泰安市按比例安排残疾人就业办法》、《泰安市法律援助实施办法》、《泰安市优待老年人规定》等文件。

法制监督协调　一是组织市、县两级行政执法部门符合条件的行政执法人员开展公共法律知识培训工作。通过培训，为3100名执法人员办理了申领执法证件的相关手续。二是先后对发展民营经济、行政审批制度改革、泰山索道、高新技术开发区管理权限、泰城供排水管理体制改革、泰山宗教管理、药乡林场违法开发建设、岱岳区原办公场所的房地产转让给泰山区的具体方案等方面的问题进行调查研究、反复论证，依法提出切实可行的意见和建议，多数被领导采纳后形成决策意见并付诸实施。三是依法协调处理华侨大厦与广东信托投资公司经济纠纷、大汶河砂资源管理、市排水管理处拖欠贷款、外贸中心资产问题、泰山石油折价入股划拨土地变更登记等多起行政纠纷。四是开展城市管理相对集中行政处罚权的调研和申报工作。对泰城开展城市管理相对集中行政处罚权工作的《方案》进行修改完善，经市政府常务会议研究同意，已将《方案》正式申报省政府。五是为利于全市各级领导干部和工作人员熟悉掌握国家的有关政策，提高政策水平和业务能力，组织编辑了《加快工业经济发展政策摘编》。六是及时向省政府办理市政府出台的8件规范性文件的备案手续；审查各县（市、区）报市备案的文件10件。

行政复议应诉工作　年内，共发生行政复议案件167件，其中市政府15件、县（市、区）政府126件、市政府部门26件。在167件行政复议案件中，受理158件，不予受理9件。在受理的案件中，申请人撤回申请20件，维持98件，撤销29件，变更5件，未审结6件。一审行政诉讼案件554件，在审结的511件中，维持106件，撤销或部分撤销209件，判决被告履行职责6件，驳回起诉17件，原告撤诉145件，变更14件，以其他方式结案14件。以市政府名义应诉的行政诉讼案件13件。

市级行政审批制度改革　为贯彻落实省政府确定的“提速工程”，进一步改革行政审批制度，自上年10月至年内6月底，由市政府法制办牵头与有关部门对市级行政审批事项进行全面清理、审核。全市有清理任务的单位64个，第一批清理完成37个单位；第二批清理完成25个单位；开发区和泰山管委属市政府的派出机构，情况比较特殊，作为最后一批进行清理。在清理完成的62个单位1101项行政审批项目中，保留621项（其中变更32项，转移3项），取消298项（其中下放25项），合并182项，取消率达43.6%。（吴　生）

·政法工作·

【概况】　年内，全市各级政法机关围绕维护社会政治稳定目标，全面开展社会治安综合治理，巩固和发展全市安定团结、政通人和的大好局面，保障和促进建设经济强市的顺利进行。

隐蔽战线斗争　加强情报信息工作，密切注视境内外敌对势力和暴力恐怖势力的动向。一是认真做好党的十六大、第十六届泰山国际登山节等重要会议和重大活动的安全保卫工作，确保重要时期的安全和有关任务的完成。二是坚持团结、教育、挽救大多数和依法打击极少数的政策，查缴各类非法宣传品、教育转化受蒙蔽的群众、打击极少数“法轮功”分子，取得了同“法轮功”邪教组织斗争的新胜利。

“严打”斗争　根据全国、全省的统一部署，继续开展“严打”整治斗争。年内，全市共破获各类刑事案件5111起，抓获各类犯罪嫌疑人2366人，摧毁犯罪团伙163个、成员700人，判决各类刑事犯罪分子1448人，遏制了刑事案件上升的势头，社会治安秩序明显好转。

社会治安综合整治工作　继续对治安混乱地区和突出的治安问题实施综合整治。一是整治落后乡镇7个、村83个和重点场所、部位191个。二是开展对泰山景区旅游秩序、城市建设和重点项目建设中治安秩序综合整治工作，拆除违章建筑91处，责令关停、取缔不法业户84户，查获倒客宰客车辆50余台次，打掉市霸、建筑霸等各类霸头37人。三是开展对流动人口、出租房屋清查工作，对2.99万处租赁房屋进行集中清理，登记暂住流动人口9.58万人、刑释解教人员6915人、重点管控人口9321人，做到了重点人口、外来人员底子清、情况明。

基层治安防范工作　年内，全市盗窃、抢劫、爆炸案件分别比上年同期下降10.68%、5.89%和15.79%。一是以实施“网底工程”为载体，按照城乡一体，突出城区，切块研究，整体推进的思路，全面加强基层治安防范工作，健全“五个网络”（城乡防控、基层创安、流动人口、矛盾纠纷调处、法制道德教育），完善“三个机制”（组织领导、经费保障、责任查究），做到“六个落实”（领导责任、组织建设、防范措施、法制教育、重点人员管理、工作制度），推行社会治安防范承包责任制，全面向村街、企业、商场（商业街）普及，普及率达70%。这一做法，得到中央和省委的肯定，在4月份召开的全国社会治安综合治理工作会议和5月份召开的全省社会治安综合治理工作会议上，泰安市分别作了典型经验介绍；8月，省综治办在泰安市召开了“泰安经验”专题座谈会。二是落实社会治安综合治理领导责任制，对存在治安问题的单位先后予以黄牌警告36个、查究11个、否决18个，并对17名责任人给予党纪、政纪处分。

政法队伍建设　以作风建设为重点，深化“创满意”活动，开展各种形式的教育整顿活动，一大批模范集体和先进个人受到表彰。新泰市公安局王奎新被省委、省政府授予“人民满意政法干警”称号；泰安市中级人民法院等3个单位和泰安市人民检察院公诉处长魏海军等2人被省委政法委、省人事厅分别授予“人民满意政法单位”和“人民满意政法干警”称号；泰山区人民检察院等10个单位和泰山区公安分局苏庆华等10人分别被市委、市政府授予“人民满意政法单位”和“人民满意政法干警”称号。

【表彰社会治安综合治理先进单位和个人】　年底，市社会治安综合治理委员会

(简称综治委)对全市社会治安综合治理责任书执行情况进行了全面检查考核,各县(市、区)、新汶、肥城矿业集团和市综治委成员部门普遍完成了责任书规定的任务目标,涌现出一批先进单位和个人。新泰市、肥城市和岱岳区委常委、政法委书记张继华被省委、省政府分别授予"社会治安综合治理先进集体"和"社会治安综合治理先进个人"称号,泰山区邱家店镇等3个单位和泰山区委政法委秦广河等2人被省综治委、人事厅分别授予"社会治安综合治理先进单位"和"社会治安综合治理先进个人"称号,泰山区泰前街道办事处等35个单位和泰山区岱庙办事处刘志国等30人被市委、市政府分别授予"社会治安综合治理先进集体"和"社会治安综合治理先进个人"称号,泰山区岱庙办事处金星村等50个单位和泰山区省庄镇米清贺等30人被市综治委分别授予"基层创安工作先进单位"和"社会治安综合治理先进个人"称号,泰山区上高办事处凤凰小区等5个小区被市综治委、文明委授予"安全文明小区"称号。

【表彰见义勇为先进分子】 年内,市综治委、市社会治安见义勇为基金会表彰奖励了6名见义勇为先进分子:泰山管委监察大队队员赵军、肥城市安驾庄镇刘颜子村农民刘兆勇、岱岳区范镇谷庄村农民周美杰、泰山区财源办事处更新村居民徐继国、泰安市旅游局职工朱成洋、肥城市安驾庄镇马埠村农民王庆金,分别颁发了荣誉证书并奖励现金2000～3000元。 (张训 张峰)

公 安

【概况】 年内,全市各级公安机关服从服务于经济社会发展大局,充分发挥职能作用,积极主动开展工作,有效维护了社会稳定。全年有2名个人荣立一等功,5个集体和9名个人荣立二等功,33个集体和87名个人荣立三等功,30个单位荣获"人民满意基层单位"称号,46名民警荣获"人民满意民警"称号。

治安管理 年内,全市公安机关受理治安案件2.48万起,查处2.45万起,查处违法人员3.25万人。加大对枪支弹药和爆炸危险物品的管理力度,集中开展环京"护城河"行动,全市共查处涉枪涉爆案件717起,整改隐患48处,收缴各类枪支584支、子弹6971发、炸药3635千克、雷管5797枚、导火索2366米,打击处理各类违法犯罪人员518名。开展公共娱乐场所整治,严厉打击"黄赌毒"等违法犯罪活动,共查破黄赌毒案件1710起,查处各类违法人员5652名,整顿压减不合要求的娱乐服务场所234个。

严打整治斗争 年内,全市公安机关立查各类刑事案件9849起,破案5111起,摧毁犯罪团伙163个,抓获各类犯罪嫌疑人2366人,缴获赃款赃物折款420.45万元。①将斗争锋芒对准黑恶势力犯罪和"两盗、两抢"等影响群众安全感的多发性犯罪。通过采取包案到人、挂牌督办、异地关押审查等措施,破获各类涉黑涉恶案件289起,打掉各类霸头81个和带有黑社会性质的犯罪团伙35个,抓获涉案成员136人。采取并案侦查、易发案地区巡逻守候、阵地控制、破案会战、集中统一行动等多措并举,破获"两盗、两抢"案件1935起,抓获犯罪嫌疑人755名。②强化侦查破案,相继破获了泰城2001年"12·24"入室抢劫案、岱岳区"5·25"投毒案、"10·1"抢劫杀害女出租车司机案、"10·25"绑架人质案等一系列有影响的大要案。共侦破积案1408起,追回逃犯516名。③严打各类毒品违法犯罪活动,共破获涉毒案件135起,铲除罂粟1.21万株,缴获杜冷丁270支,抓获犯罪嫌疑人118名。④因地制宜开展专项打击、治安清查和重点治理行动。全市共整治治安落后乡镇28个、村庄169个、集贸市场47个、公共复杂场所19个、学校周边地区213个。

服务经济建设 对各类诈骗、制假售假等经济犯罪活动开展统一行动和专项打击,先后破获李景村、胡华117.78万元非法吸收公众存款案,董业富220万元伪造金融票证案等一批大要案件,净化了市场经济秩序。年内,全市共侦破经济犯罪案件143起,抓获犯罪嫌疑人223名,挽回经济损失2587.65万元。

重大活动安全保卫 一是在中共十六大召开之前和召开期间,加强全市安全保卫工作,制定《十六大安全保卫工作实施方案》,做到全警动员,对重点人、地、物、事全面加强控制。二是圆满完成了各级"两会"及其他重要会议、重大活动和乌克兰总统库奇马来泰访问等222批次重大警卫任务的安全保卫工作,杜绝了安全事故的发生。

【城乡治安防控体系建设】 110工作 年内,调整市公安局和县(市、区)公安局指挥中心运作机制,将泰山区、岱岳区部分乡镇由二级接警改为一级接警,泰城周边6个查报站纳入110直接指挥调度。全市110共接警7.43万次,处警5.32万次,先期处置刑事案件5288起、治安案件1.58万起,抓获各类违法犯罪人员2866名,调解各类纠纷7846起,救助群众5141人。

查缉堵控网络 修缮泰城周边原有5个查报站,修建高标准、功能齐全的北黄查报站。完成了泰城200人专职巡逻联防队伍建设,首批30名武警上街巡逻,党的十六大期间,市公安局每天抽调三分之一的警力开展城区巡防。交巡警、派出所和各种治安辅助力量有机结合,加大巡逻力度,提高了整体打防控能力。

群防群治工作 在全市范围内进一步推行治安防范承包责任制,重点向机关、事业单位和高校延伸。全市实行治安承包责任制的企事业单位2104个、村庄3190个、居民小区51个、学校21所,普及率达70%以上,泰安市被确定为全国社会治安综合治理典型。实施"创安"工程,建立完善联防办公室、治安室、治安岗亭;对5149个治保会1.77万名治保人员、297个治安联防队5466名队员进行了集中整顿考核。

基层基础工作 ①实施"科技强警"战略,狠抓刑侦基础业务建设。全市共收集各类犯罪资料档案1.43万份输入微机,实现信息网络化管理。②加强责任区刑警中队规范化建设。全市有7个责任区中队和1个技术中队分别达到全国一、二级责任区中队和二级技术中队标准。③改革和加强派出所工作。市、县两级充实80人到派出所工作全部到位,全市消除5人以下派出所。

【公安消防】 消防工作社会化 ①年内,市、县、乡层层签订《2002年度消防安全责任书》。认真宣传贯彻《机关、团体、企业、事业单位消防安全管理规定》(公安部61号令),共印制《规定》8000份、宣传公告1万份,先后2次开展《规定》宣传日活动,确定1562家消防重点单位并进行公告,对其中24家重点单位进行试点,形成全社会重视消防安全的氛围。②编制全市小城镇消防规划,全市累计建设市政消火栓1055具,建成率达100%；新建5个中心镇消防站，全市共达到11处；泰城城区及4个县(市)全部实现119集中接处警，全市值勤车辆总数52台，达到国家规定标准。③深化宣传培训。年内，印制、发放消防常识工艺扑克牌10万余副、警示牌5万份、《泰安消防》和《中小学消防常识必读》50万份；全市定期向社会开放13处消防站，消防支队被公安部评为“消防站对外开放先进支队”；组织举办119消防文艺专场晚会和“银座杯”消防知识电视大奖赛，在新闻媒介开辟消防栏目和专题节目，集中宣传报道消防工作。全年举办各类消防安全培训班12期，培训人员1400人。

消防监督管理　全市组织各类消防安全检查治理10余次，检查单位1064家，查出隐患4659条，责令停产停业23家，下发责令限期整改通知书2157份。投入资金1600多万元，将全省通报泰安市的33处重大火灾隐患全部整改完毕。为提高社会灭火救援能力，挂牌成立了“泰安市抢险救援、社会救助服务站”。全年接警出动2104次，出动车辆2982台次、警力1.63万人次，救助遇险群众67人，保护财产价值2亿余元。

【交巡管理】　道路交通管理　年内，开展道路交通安全整治活动，处理违章87.80万人次，教育33.52万人次，处罚45.83万人次，暂扣车辆10.63万辆次，暂扣证件7.02万个。完成省、市确定的14处事故黑点的整治任务。在泰城内实施畅通工程，一是实施城区调流一、二期工程，泰城主干道通行能力增加一倍；二是整治占道经营、乱停乱放、乱搭乱建现象，拆除各类违章建筑198间、9.58万平方米，清理占路市场等非交通占道1376处；三是施划了3000多个停车泊位，设置40处出租车招呼站，规范停车秩序；四是投资1819万元改善全市交通设施建设。

道路治安管理　市公安局交巡支队在治安管理向岗勤延伸的基础上，继续向车管、事故等业务岗位延伸，为110中队增配、更新了部分装备。全年接处警6327起，先期受理刑事案件495起、治安案件2863起，调解民事纠纷1004起，抓获违法犯罪嫌疑人1567名。

车辆管理　全年新车注册9392辆，报废762辆，为2100辆机动车办理抵押登记手续，检审机动车9.79万辆，审验驾驶员9.23万人，教考中心培训驾驶员7171名，考核驾驶员5.20万人次，办理各类驾驶证2.76万个。

事故处理　年内，全市发生道路交通事故1673起，死亡428人，伤1393人，经济损失781万余元。在事故处理中，一是坚持事故处理“一权三分”(现场勘察、责任认定、调解处理三项工作流水作业，分别进行)工作制度，推行警务公开；二是推行事故处理简易程序，提高效率；三是加强对交通肇事逃逸案件的打击力度。

【出入境管理】　①加大对境外人员的管理。年内，办理临时出入境人员住宿登记4.79万人次，住宿登记申报率达100%，及时率和合格率在98%以上；严厉打击各类非法劳务输出活动，共查处各类涉外案件9起；参与重要涉外警卫任务13批次。②在全省率先开展国家公务员等特殊身份人员出国管理系统、不准出入境人员报备系统建设试点。③规范和加强公民出境工作。年内，审批公民出境申请5199人次，其中出国4550人次，赴港澳593人次，赴台湾56人次。　（李登伦　王书项）

检　察

【概况】　年内，全市检察机关设有市级检察院1个，县(市、区)检察院6个，共有干警608人(市检察院147人)，其中检察委员会委员68人、检察员335人、助理检察员17人、书记员67人、法警11人、其他工作人员110人；大学本科以上学历326人，占人员总数的53.6%。全市检察机关以检风建设、业务建设、规范化建设和基层院建设为重点，认真履行检察职责，突出查办职务犯罪、“严打”整治斗争和诉讼监督三项重点工作，队伍建设和各项业务工作实现了新的发展和进步。市检察院和东平县检察院被省检察院记集体一等功；肥城市检察院被省检察院表彰为先进检察院；新泰市检察院被省委政法委表彰为“人民满意政法单位”；泰山区检察院、岱岳区检察院、东平县检察院、市检察院反贪污贿赂局被市委、市政府表彰为“人民满意政法单位”；岱岳区检察院、肥城市检察院、宁阳县检察院、市检察院公诉处被市委政法委、市人事局表彰为“全市人民满意政法单位”。1人被记个人一等功，4人被记个人二等功，46人被记个人三等功。

经济犯罪检察　年内，全市受理经济犯罪线索330件，立案侦查217件，同比上升1.8%。通过办案，为国家和集体挽回经济损失1168万元。①大要案比例继续增长。共立查贪污贿赂大要案174件，占立案数的80.2%，大要案比例同比上升2.5个百分点。其中贪污、受贿10万元、挪用公款50万元以上的特大案20件，县处级干部犯罪要案7件。②办案重点更加突出。围绕加强和改进党的作风建设，坚决惩治官吏腐败和司法腐败，依法查办了25件党政机关、行政执法机关和司法机关工作人员贪污贿赂犯罪案件。围绕保障和促进经济改革与发展，查办经济管理部门和国有企业工作人员利用企业改革、改制之机贪污贿赂、挪用公款、私分国有资产等犯罪案件131件，其中国有企业人员犯罪案件129件。特别是深入到特困企业、非正常亏损企业和“庙穷方丈富”的企业深挖“蛀虫”，立查职务犯罪案件15件。③查办窝案串案力度加大。针对职务犯罪窝案串案增多的特点，加大查办“案中案”的力度，立查经济犯罪窝案串案41起121件，占立案总数的55.7%。④办案质量进一步提高。坚持质量为本，结合案件质量大检查，强化措施，完善制度，办案质量不断提高。至年末，侦查终结200件，移送起诉190件，分别占立案数的92.2%和87.6%；提起公诉137件，占立案数的63.1%；法院判决160件，全部为有罪判决，其中当年立案的124件，占立案数的57%。

渎职侵权犯罪检察　年内，立案侦查渎职侵权案件71件，其中重特大案36件，占立案总数的50.7%。通过办案，为国家挽回经济损失460余万元。年底侦结62件，全部移送起诉，占立案总数的87.3%；提起公诉26件，占立案数的36.6%；法院判决19件，全部为有罪判决。①突出查办党政机关工作人员弄权渎职案件。共查办此类案件23件，涉及13个部门。通过查办这类案件，增强了反腐败斗争的声威，得到了人民群众的拥护和支持。②认真查办司法人员执法不严、执法不公犯罪案件。全市两级检察机关加大监督力度，强化侦查意识，抓住群众反映强烈的有案不立、有罪不究、以罚代刑等执法不严、执法不公问题，依法查办了10件司法人员贪赃枉法、徇私舞弊、滥用职权犯罪案件，有力地惩治了司法腐败，促进了司法公正，维护了法律尊严。③积极查办行政执法和经济管理部门人员渎职犯罪案件。共查办此类案件37件，占立案数的52%。查办此类案件，对促进依法行政，保护国家和社会公共利益，起到了重要作用。④严肃查办国家机关工作人员侵犯公民人身权利和民主权利犯罪案件。共查办侵权犯罪案件6件，维护了公民的合法权益，密切了党群干群关系，促进了社会稳定。

刑事犯罪检察　年内，受理提请逮捕刑事犯罪嫌疑人1297人，批准逮捕1146人；受理移送起诉2095人，提起公诉1763人。①突出严打重点。把打击锋芒对准黑社会性质组织及流氓恶势力犯罪、严重暴力犯罪和严重影响群众安全的多发性犯罪等三类重点案件。全年共批准逮捕三类重点案件犯罪嫌疑人558人，提起公诉1013人；批捕起诉犯罪团伙307个。同时，积极参加整顿和规范市场经济秩序活动，依法严厉打击制贩假冒伪劣商品、偷税骗税、走私贩私、金融诈骗等严重破坏市场经济秩序的犯罪活动，共批准逮捕36人，提起公诉34人。②提高办案效率。贯彻依法"从重从快"方针，通过采取完善引导侦查取证、深化普通程序简化审、试行量刑建议、推进办案方式改革等措施，依法快捕快诉。批捕案件平均3天办结，起诉案件平均11天办结，大大低于法定时限。③确保办案质量。把办案质量放在首位，忠实于法律，忠实于事实和证据，所办案件无错捕、漏捕、错诉、漏诉，法院审结的全部为有罪判决。共防止错捕64人，依法不起诉8人；改变案件定性89件，建议撤案20件；调查补充证据1400余份。同时，办案人员的业务素质和综合素质也得到全面提高，在全省优秀公诉人评比中，2名公诉人分别被评为"十佳"公诉人和优秀公诉人。

诉讼监督　①立案监督。以纠正有案不立、以罚代刑等违法行为为重点，拓展立案监督的深度和广度。全年受理立案监督案件110件，经审查，全部要求公安机关说明不立案理由，公安机关直接立案65件，通知公安机关立案45件，提起公诉81件，法院已判决78件，全部为有罪判决。②侦查监督和刑事审判监督。共提出书面纠正违法意见14件，追捕犯罪嫌疑人4人，追诉漏犯38人，追诉漏罪93条；对确有错误的刑事判决、裁定提出抗诉2件，有力地维护了司法公正。③刑罚执行监督。以派驻检察室规范化建设为载体，全面推进刑罚执行监督工作，批捕起诉又犯罪69人，办理立案监督7件，纠正减刑假释暂予监外执行不当2人次；认真开展安全检查，消除事故隐患25起；对羁押期限实行微机化管理，落实倒计时和催办制度，防止了超期羁押。肥城市检察院、新泰市检察院、东平县检察院驻所检察室被评为省级规范化驻所检察室。④刑事申诉。受理刑事申诉案件89件，立案复查14件，依法改变原处理决定9件；办理刑事赔偿案4件，决定赔偿1件并执行完毕。同时，认真开展了控申积案专项清理工作，清理积压案件2件，依法作了妥善处理。⑤民事行政检察。受理民行申诉案399件，立案298件，经审查，市检察院提出提请抗诉175件，法院已审结88件，改判72件(其中调解21件)，改判率为81.9%，为当事人挽回经济损失287万余元。为防止国有资产流失，积极探索提起公诉和支持公诉的有效途径，受理国有资产流失案260件，支持起诉45件，法院已审结9件，挽回经济损失284万元。⑥检察技术工作。办理各类案件5354件，纠正错误鉴定6件，实现了办案数量和质量的同步提高。年内，市检察院成立泰安司法鉴定中心，拓宽了为民服务的渠道。

服务大局　年内，全市检察机关把服务经济建设作为检察工作的根本出发点和落脚点，探索服务新途径，实现了由自然服务向积极服务、由被动服务向主动服务、由单一服务向综合服务的转变。①积极查办党委、人大交办和因干群矛盾激化引发集体上访、严重影响社会稳定的职务犯罪案件。年内立查党委政府交办、引发群众集体上访案件31件，立查严重损害生产、导致企业破产倒闭案件15件。其中，肥城焦化厂近年来由于管理混乱，亏损严重，导致职工因下岗和工资问题多次集体越级上访，肥城市检察院根据党委指示，迅速进驻该厂，仅用半个月时间就查清原任副厂长和现任副厂长等7人贪污受贿17万余元问题，稳定了职工情绪，促进了企业发展。②改善执法活动，维护企业正常的生产经营秩序。以促进企业发展稳定为己任，查办企业案件讲究策略方法，慎重初查、慎重立案、慎重采取强制措施，不轻易查封扣押企业财产，不轻易冻结企业流动资金和银行账户，在打击犯罪的同时维护企业正常的生产经营和业务往来。结合办案，提出检察建议251条，帮助建章立制227项，为促进企业发展发挥了重要作用。③正确处理政策与法律的关系。准确区分罪与非罪的界限，做到该打击的坚决打击，该保护的依法保护，能挽救的尽力挽救，年内共对11名确属诬告错告的人员恢复了名誉，对3名犯罪数额不大、情节较轻、认罪态度好的关键岗位人员依法作了妥善处理，收到了很好的社会效果。④积极推动职务犯罪预防工作的系统化、规范化和制度化。年内，成立预防职务犯罪领导小组和指导小组，与工商、税务、国企、教育、监狱、金融证券等重点行业部门的74个单位建立预防网络，与联系单位签订预防协议160余份，聘请预防联络员123名。突出重点，积极开展专项预防，对9项重点工程实行同步预防，对242个案发单位进行个案预防。开展法制宣传，发表宣传稿件108篇，举办法制讲座162次，开展法律宣传咨询16场次。深入研究职务犯罪的特点和规律，向党委、政府和有关部门提出建议、意见和调查报告24件，特别是围绕华源光明机器制造有限公司腐败与破产的关系，深入进行调研分析，形成了针对性很强的调查报告，对预防此类问题的发生起到了较好的警示作用。（周建东　王增爱）

审　判

【概况】　年内，泰安市中级法院暨下辖的6个基层法院共有法官及其他工作人员899名(市中级法院162名)。其中，审判员568人，助理审判员68人，书记员156人，法警47人；具有大学以上学历的296人，占人员总数的33%。市、县两级法院以建设现代化法院、培养职业化法官、树立公正司法形象为目标，着力加强物质装备建设、法官队伍的教育培训工作和司法行政的科学化管理，提高了审判质量与效率。全年受理各类诉讼案件3.43万件，审结3.38万件，人均结案37.5件，当年结案率98.4%，结案标的额14.42亿元，收、结案数及结案标的额分别比上年增长1%、1%、－5.3%。处理人民来信5097件次，接待人民来访4345人次。全市法院系统有6个先进集体、13名先进个人受到上级单位表彰，其中受省委政法委、省人事厅表彰的先进集体1个，受省高级法院表彰的先进集体3个、先进个人11名，受市委市政府、市委政法委、市人事局表彰的先进集体2个、先进个人1名。

刑事审判　年内，全市法院的刑事案件收、结案数均呈下降态势。全年新受理一审刑事案件1319件、审结1313件，当年结案率99.6%，收、结案数分别比上年下降10.4%和12.8%。判处罪犯1443人，比上年下降7.7%，其中判处死刑和无期徒刑50人、五年以上有期徒刑的重刑犯192人，占罪犯总数的16.7%，判处五年以下有期徒刑369人，判处其他刑罚791人，免刑46人，宣告无罪4人。市法院受理二审刑事案件195件，连同上年结存案件14件，收案下降9.1%。年内，刑事审判的重点是以法轮功邪教组织、黑社会组织为代表的有组织犯罪，审结1件，1人；以车匪路霸、抢劫、抢夺为代表的暴力犯罪，审结137件，272人；以走私、骗税为代表的破坏经济秩序犯罪，审结12件，31人；以贪污、受贿为代表的渎职犯罪，审结102件，135人。

民事审判　年内，人民法院取消了经济审判庭设置和经济类案件的分类，原经济审判庭转为民事审判庭，原经济类案件并入民事类案件。全市法院受理一审民事案件3.04万件，审结2.97万件，当年结案率为97.6%，结案标的额为14.42亿元；收、结案及结案标的额分别比上年上升3.7%、2.8%和一5.3%。民事案件占法院全部一审案件的94.2%。市法院新受理民事二审案件1456件，上诉率为4.9%；审结1578件，当年结案率为108.4%。民事审判调解率达到26.8%。

行政审判　年内，全市法院受理一审行政案件452件，审结511件，当年结案率为113.1%，收结案数分别比上年下降50.6%、43.6%。受理非诉执行案件117件，执结117件，同比分别上升33.3%和4.5%。在已审结的一审行政诉讼案件中，维持行政机关处理和处罚决定的32件，占6.3%；原告撤诉的186件，占36%；撤销和变更行政机关具体行政行为的11件。

执行工作　年内，全市法院受理执行案件1.80万件，执结1.80万件，执行标的额8.9亿元，分别比上年增长12%、6.3%、一1.4%。未结案件1701件，比上年上升22.6%。其中市法院新受理477件，执结430件，分别比上年增长25.5%和1.7%。

审判监督　年内，全市法院受理再审案件350件，审结353件，分别比上年下降12%、6.3%。其中，维持原判217件，发回重审14件，改判72件，发回改判率为24.4%。

【物质装备建设】　自2001年开始的全市法院五大基本建设工程，年内全部竣工并先后投入使用，市法院、岱岳区法院、肥城市法院新建了审判大楼和审判法庭，实现了整体搬迁；宁阳县、东平县法院在原址上增建了立案、执行办公楼和法官综合服务楼。市法院新建的审判大楼位于泰城新区，时代发展线北侧，泰山广场东邻，占地面积1.13万平方米，建筑面积1.67万平方米，共有办公室140间，法官沙龙18个，大中小审判法庭23个，审判大楼与审判法庭呈分体式建筑，中间有走廊相连，实现了最高人民法院提出的立案、审判、办公三区分开的建设要求。全市五大基本建设项目的建成从根本上改善了全市法院的执法条件。

【设立固定刑场　执行首例"针决"死刑】　按照上级法院的要求，市法院在市郊设立执行死刑的固定刑场，结束了在野外执行死刑的历史。12月26日，市法院首次采用注射方式执行死刑，故意杀人犯崔克伍被注射执行死刑，标志着泰安市法院执行死刑方式实现了从"枪决"到"针决"的历史性转变。

【案例选介】　傅毅军受贿、贪污案　1988年8月至2001年9月，被告人傅毅军在担任济南市供电局党委书记、山东电力设备厂厂长兼党委书记、山东鲁信实业公司经理、山东国际投资实业股份有限公司董事长、总经理期间，利用职务之便共索取或非法收受个人和单位财物总价值人民币89.45万元。自1993年初至1999年5月，采取侵吞、骗取等手段非法占有公共财物总价值人民币16.61万元。被告人在被采取强制措施后，如实供述司法机关尚未掌握的本人贪污16.61万元和受贿17.84万元的犯罪事实。经审理认为，被告人傅毅军身为国家工作人员，利用职务上的便利索取和非法收受他人财物，为他人谋取利益；采取侵吞、骗取等手段非法占有公共财物，其行为分别构成受贿罪、贪污罪，论罪应予严惩，但其归案后认罪态度较好，确有悔过表现，涉案赃款、赃物已全部追回，且能主动坦白司法机关尚未掌握的贪污犯罪事实和部分受贿犯罪事实，其贪污犯罪应以自首论，对其贪污犯罪依法可减轻处罚，对其受贿犯罪依法可从轻处罚。12月2日上午，泰安市中级法院对傅毅军受贿、贪污案作出一审判决。被告人傅毅军犯受贿罪，判处有期徒刑十五年，犯贪污罪判处有期徒刑五年，决定执行有期徒刑十七年，并追缴全部赃款。

徐彬挪用公款案　1998年9月被告人徐彬在泰安市建行营业部任出纳员期间，曾因挪用公款炒股被岱岳区人民法院判处有期徒刑二年，缓刑二年。后调入泰山区建行营业室继续干出纳，缓刑考验期满后，徐彬仍挪用公款购买彩票，中大奖后弥补自己曾因炒股亏损而欠下的大量债务。2002年6月11日至7月5日，被告人徐彬利用初点现金和管理现金的职务便利，采用从多笔存款中截取一笔不入账，从现金库中挪走现金等手段，先后8次挪用现金844585.70元，其中将824585.70元用于个人购买彩票。2002年7月8日存款单位到泰山区建行营业室对账，被告人徐彬怕事情败露遂向区行及市行的领导如实交代了挪用公款的犯罪事实。泰安市中级法院审理认为，被告人徐彬身为国家工作人员，利用职务便利，挪用巨额公款用于个人盈利，给国家造成了80余万元的巨大损失，且因本罪被判刑，仍不思悔改，继续犯罪，虽有自首情节，尚不足以对其依法从轻处罚，2002年10月22日，泰安市中级法院以挪用公款罪，依法判处被告人徐彬无期徒刑，剥夺政治权利终身。

李克军利用邪教组织破坏法律实施案　李克军系新泰市无业人员，自1998年夏开始练习法轮功，1999年7月国家取缔法轮功后，李仍痴迷不悟，继续练习。2002年6月，他先后在新泰市物资交流会、市政府、公、检、法等机关宿舍散发法轮功宣传单460份。6月25日，李再次到新泰市政府宿舍散发传单时，被当场抓获，并从其家中搜出法轮功传单300份。新泰市法院审理认为，李克军传播法轮功邪教宣传品，宣扬国家已明令禁止的法轮功，破坏法律实施，其行为已构成利用邪教组织破坏法律实施罪，判处其有期徒刑四年。

王世民、张明霞、侯宪坤、李存芹贩卖毒品案　2000年11月，家住山东省郓城县的王世民、张明霞、侯宪坤共同预谋贩卖杜冷丁发财。3人利用伪造的"麻醉药品专用卡"和假病历、假诊断证明、假身份证、假单位证明等，从某药品检验所骗取麻醉特殊使用卡后，由张明霞进行化名，先后198次从肥城市18个医院骗买杜冷丁108.8克，后又分别转卖给河南省台前县农民李存芹等人。2001年11月23日，肥城药品检验所发现有人使用假麻醉药品专用卡，遂报案。4名犯罪嫌疑人很快被捉拿归案，并从其暂住处提取到未出售的规格100mg/支的杜冷丁一盒十支及空瓶91支。肥城市法院审理后认为，4被告人明知杜冷丁是能使人形成瘾癖的麻醉药品，却利用伪造或骗取的麻醉药品专用卡骗买、并以高价贩卖，数额较大，其行为均已构成贩卖毒品罪。根据各被告人犯罪的情节、数额以及在共同犯罪中所起的作用，遂以贩卖毒品罪判处被告人王世民有期徒刑七年，并处罚金2000元；判处被告人张明霞有期徒刑三年，缓刑五年，并处罚金2000元；判处被告人侯宪坤有期徒刑三年，并处罚金1000元；判处被告人李存芹有期徒刑一年，并处罚金1000元。

（王 勇）

司法行政

【概况】 年内，全市各级司法行政机关自觉服从服务于党的中心工作和大局，全力维护社会稳定，各项工作都取得新进展。全市各级法律服务机构担任常年法律顾问2593家，办理各类法律事务4.68万件，法律援助案件384件，为国家挽回经济损失2.58亿元。加强"148"法律服务专线建设，巩固基层调解组织，提高司法队伍素质。年内，泰山区岱庙办事处市场街调委会被司法部授予全国模范调解委员会，6个法律服务所被评为省级文明法律服务单位，156名司法工作者受到市级以上表彰奖励。

法制宣传教育工作 年内，市、县（市、区）两级调整充实法制教育依法治理工作领导小组，健全领导干部理论中心组学法、拟任前普法考试、法制讲座和党校干校培训制度。全市举办"四五"普法骨干培训班20余期，举办WTO专题讲座100期，参加听讲的各级干部达1万余人次。在全市推广东平县法律知识进校园专题系列教育活动，集中开展形式多样的"四五"普法宣传月和全省法制宣传周、全国"12·4"法制宣传日等大型宣传咨询活动，市直80多个单位和县（市、区）直190多个单位先后在泰城及县（市、区）驻地设立340多个宣传咨询点，出动28部宣传车上街巡回宣传，发放法制宣传资料13万份，受教育人数达30万人。年内，全市2.1万名副科级以上干部参加全省组织的普法考试，参考率达到95%。

基层工作 ①人民调解组织建设。年内，各县（市、区）重视调解队伍建设，整顿调解委员会（简称调委会）2863个，培训调委会主任4197名。为确保十六大安全召开，开展了民间纠纷集中排查，共排查纠纷912起，调结786起。至年末，全市有调委会4461个，调解人员2.69万名。受理各类民间纠纷1.62万起，调解1.54万起，调解成功率达95%。其中，防止因民间纠纷引起自杀案件92起，137人；防止民转刑案件147起，378人；防止群体性上访107起，1533人；制止群众性械斗111件，确保了社会治安。②基层法律服务所建设。对627名基层法律服务工作者办理执业资格手续，其中116个法律服务所的558名基层法律工作者通过了年检注册。全市清理非法业务站（点）9处，清退无执业资格人员36名，查处社会假冒法律工作者人员9名，净化了法律服务市场环境。全市基层法律服务所业务收费644万元，担任法律顾问4581家，代理诉讼事务9727件，非诉讼事务1.15万件，协办公证9462件，见（鉴）证9066件，代书2.26万份，解答法律咨询3.63万人次，办理法律援助事务738件，挽回经济损失1.15亿元。③司法所、司法调解中心建设。年内，受理纠纷1.15万件，调解纠纷1.10万件，协助调委会调解纠纷4350件，制止群体性上访250起、群众性械斗136起，法律宣传1869场，受教育人员达69万人次，参与专项治理严打斗争1041人次。④安置帮教工作。年内，全市接收刑释、解教人员916名，由各级司法行政机关协调有关部门在原单位安置106名，落实责任田的532名，从事个体经营的188名，安置率达90%。5月，各县（市、区）结合综合治理检查，组织有关部门对全市86个乡（镇、办事处）刑释解教人员安置帮教工作情况进行调查摸底，召开了全市刑释解教人员安置帮教工作经验交流会，10个单位和20名个人受到表彰，5个单位作了典型发言。

"148"专线工作 年内，全市"148"法律服务专线解答群众的法律咨询求助电话1.15万个，接待来访5276人次。为群众办理法律服务事项4476件，向有关部门移交747件，通过工作减少纠纷4310件，避免民转刑案件2178件，减少信访2471件。市及县（市、区）"148"法律服务专线实现与省司法厅的联网，并分别在省司法行政"148"法律服务网站上建起自己的宣传网页。8月，按照司法部、信息产业部《关于在全国启用"12348"法律服务专线特殊号码的通知》要求，泰安市和新泰市、肥城市、宁阳县、东平县全面开通"12348"法律服务专线特殊号码。

法规教育工作 年内，中国政法大学录取成人教育专升本学员104名。巩固律师函授阵地，把法律专业（本科）、律师专业（专、本科）的自考报名工作纳入全市法律人才培训中心管理，完成4次自学考试报名工作及法律专业专升本远程学历教育招生工作。4月，通过了省成人教育办公室、自学考试办公室和省政法管理干部学院对全市法学教育社会力量办学、自考助学和教学点的核查评估工作。

法律援助工作 年内，贯彻市政府颁布的《泰安市法律援助实施办法》，全年向律师、公证员、基层法律工作者下达法律援助义务370件，实际完成384件。其中民事198件，刑事135件，行政3件，公证18件。代写各类法律文书505份，免费法律咨询7500人次。

律师与公证事务管理 根据司法厅《关于2002年律师事务所年检及律师执业证注册工作的通知》精神，对全市的律师事务所和执业律师年检注册工作进行全面的布置和检查，全市顺利通过省司法厅的检查验收。举办律师业务培训班3期，受训律师（含实习律师）达357人，占应培训人数的99%。鼓励律师参加在职学历继续教育或进修学习，有79名执业律师参加各种培训和继续教育学历班的学习。对全市公证员进行以行政、民事证据规则和WTO框架下的法律服务为主要内容的业务培训。

【首次国家司法考试】 年内，根据司法部统一部署，在全市首次组织国家司法考试，有1647人报名，实际参加考试1577人，127名考生取得国家法律职业资格证书，通过率为8.52%。12月2日，按照省司法厅《关于2002年法律职业资格证书颁发及管理工作的通知》要求，组织全市取得法律职业资格证书的人员进行为期一天的培训，学习了《法律职业资格证书管理办法》、《法律职业资格证书编号方法》、《法官法》、《检察官法》、《律师法》等法律法规，确保了首次国家司法考试的圆满成功。

（周长城 姜胜利）

律师与公证事务

【律师事务】 年内，全市有律师事务所23家，其中国资所1家、合伙所12家、合作所9家、以个人命名的所1家。年内，对292名执业律师全部进行年检，其中办理律师执业证82个，实习律师71人，收回执业证5个。审核上报批准新成立律师事务所1家。全市建成省级文明律师事务所3个、市级文明律师事务所11个、文明示范窗口3个；被评为省、市十佳律师83人、优秀律师27人。全市律师事务所担任常年法律顾问1012家，办理各种诉讼案件8000件。全市律师办理刑事案件1110件，民事案件3922件，为企事业担任法律顾问916家，涉及财产标的额3.02亿元。组建法律顾问团41个，为各级政府提供法律咨询意见和建议1321条。参与办理"严打"案件400余件，紧密配合了"严打"统一行动。

【公证事务】 年内，全市有公证处7家，公证员61人。泰山区、东平县公证处被评为市级文明公证处，肥城市公证处被推荐为省级文明单位，并通过了省司法厅考核小组的检查验收。全市办理各类公证业务2.69万件，涉及金额4.5亿元，公证业务收费192万元，为党委、政府提司法建议47件。全市抽查公证卷宗210个，当场核查，发现问题及时整改，提高公证业务质量，妥善处理公证投诉，结合年检注册工作，督促全市各公证处参加了中国公证员协会统一投保的公证职业责任保险。全市审查涉台公证卷宗82件，其中12件因存在问题，被退回补充或责令整改，确保了涉台公证的质量。

（周长城　姜胜利）

仲　裁

【概况】 年内，泰安仲裁委员会受理案件32起，标的额6730万元，为上年的6倍。案件审结25起，调解（和解）率为62.5%，自动履行率为66.7%，审限内结案率达100%，没有被法院撤销和不予执行的案件。在仲裁过程中，一是确保案审质量。严格按程序审查批准立案，保证了立案合格率100%；凡案情复杂、标的额较大的案件都定3人庭，选用专家办案；选定仲裁员后，仲裁员本人签署承诺书，强化自我约束；严格遵守法定办案时限和程序，年内所办案件平均42天审结，时限内提前结案率达100%；仲裁员在庭前阅卷，做到有的放矢搞审理；先后2次召开专家咨询委员会议，对案件审理中的疑难问题提出咨询意见；经常开展案件讨论、案例分析，对复杂案件多次进行讨论分析；积极探索办案规律和特点，进一步补充完善修改办案程序和方法，使案审工作法制化、规范化，提高案件审理质量，年内所办案件未出现一例错案。二是狠抓仲裁员的教育、培训、管理、使用、监督。先后2次组织新聘任的仲裁员进行培训，提高业务技能。用仲裁员管理办法规范约束仲裁员的仲裁行为，年内杜绝仲裁员违法违纪办案、吃请受贿等现象，树立了公正廉洁的办案形象。建立仲裁员业绩档案，以德、能、勤、绩、廉等情况评价仲裁员。召开3次仲裁员工作会议，总结工作、查摆问题，及时纠正案审工作中存在的问题。三是宣传仲裁法律知识。仲裁办先后与市人事局、市司法局、市经贸委等单位联合举办仲裁法律培训班8期，3000余名企业厂长、经理及业务人员参加培训；9月1日，市政府召开纪念《仲裁法》颁布八周年座谈会；"人大、政协"两会召开期间，向人大代表、政协委员发放宣传材料2000份；利用法制宣传日上街设置宣传站，发宣传材料5000份；在十六大期间利用电影投影宣传仲裁法，观众人数达1.5万人次，发放仲裁简介9000余份；向列入市"13511"工程的企业分发宣传《仲裁法》的资料6000份；在《山东法制行政》、《泰安日报》等省市级刊物上发表理论文章及工作动态报道16篇，电视报道6次。四是突出仲裁优势，参与重大问题的解决。年内，紧紧围绕市委、市政府的中心工作，充分发挥仲裁法律制度的优势，解决经济建设中特别是企业改制中的突出问题，维护了社会稳定。对金融系统出现的大量超期贷款，主动介入，帮助清收，年内经仲裁方式收回贷款2400余万元。

【仲裁制度建设】 ①第一届仲裁委员会完成了换届任务，新一届仲裁委员会增加到15名，新聘仲裁员266人，制定完善了仲裁委工作规则和有关工作制度，拟定了任期工作规划。②年内，市政府重视仲裁制度的推行工作，召开专门会议，推广先进单位的典型经验。4月28日，市政府印发《关于大力推进仲裁法律制度建设的通知》（泰政发[2002]21号），要求全市认真贯彻落实《仲裁法》，加大推行仲裁法律制度的力度。③构建网络，利用社会力量推行仲裁制度。年内，在经济总量大、易产生纠纷的有关县（市、区）、乡镇、企业和市建设局、经贸委等单位，新组建仲裁办事处、联络处28个，发展仲裁联络员6000余人；先后3次分片召开联络处、办事处工作会议，举办联络员培训班2期，受训人员达300名；制定联络处、办事处管理办法，使联络处、办事处成为仲裁事业发展的骨干力量和社会支持网络。④与工商等部门联合发出通知，宣传仲裁制度，促使各单位在订立合同、对外经济交往中，自觉选择仲裁，签订规范的仲裁条款；坚持走访企业、送法上门，帮助企业规范仲裁条款，规避可能产生的经济纠纷。全年走访企业600多家，3600多人次，补充完善规范仲裁条款1万余份，规避可能产生的经济纠纷60余件，计1.2亿元的经济损失。

（安　鲁）

编辑·校对　范宝品

经济管理

发展计划

【概况】 年末，市级计划系统有干部职工103人，其中市发展计划委员会有45人。年内，全市计划管理工作继续发挥总体指导、宏观调控、协调服务的作用，在策划、论证、推介项目的同时，积极向上争取项目、资金，抓好重点项目建设的指导、监测，搞好调查研究和信息服务，为市委、市政府提供决策依据。

年度计划及执行情况 年内，全市继续围绕建设经济强市这一目标，以结构调整为主线，突出工业经济、民营经济、招商引资三大重点，实施科技兴泰、经济国际化、城市化和可持续发展战略，经济呈现快速发展的好势头。全市计划国内生产总值503亿元，实际完成515.2亿元，比上年增长13.9%，列全省第6位，五年(1998～2002年，下同)来平均增长12.1%。其中计划一、二、三产业增加值分别为77亿元、230亿元和196亿元，实际完成75.8亿元、246.2亿元和193.2亿元，分别增长2.1%、18.8%和13%。计划完成工业增加值196亿元，实际完成207.3亿元，增长17.5%。计划完成地方财政收入22.9亿元，实际完成23.8亿元，比上年增长22.1%，列全省15位，平均增长15.5%。计划完成金融机构存、贷款余额340亿元和234亿元，实际完成351.6亿元和254亿元，分别比年初增长17.2%和17.4%。计划完成外贸出口总值2亿美元，实际完成2.3亿美元，增长29.2%。计划利用外资5215万美元，实际利用外资7006万美元，比上年增长74.6%，五年来累计达1.7亿美元，平均增长41.9%。计划实现社会消费品零售额160亿元，实际为162亿元，增长11.2%。计划完成全社会固定资产投资150亿元，实际完成167.4亿元，增长56.6%。计划居民消费价格指数为101%，实际控制在99.1%。计划实现城镇居民人均可支配收入7826元(老口径)、农民人均纯收入3133元，实际达7369元和3135元，分别增长14.9%和6%。计划城镇登记失业率和人口自然增长率为4%和9.2‰，实际控制在3.2%和5.9‰以内。

长期规划及实施情况监测 年内，跟踪监测“十五”计划实施情况，设计筛选10个大项、22个小项的指标进行监测分析，同时组织、调度各县(市、区)进行相应的监测，收集分析有关数据2000组，形成了“九五”情况和“十五”计划主要指标测算表，为全市经济运行提供基础资料。在认真把握宏观经济走势、深入分析泰安市加快发展有利条件和不利因素的基础上，研究提出了未来五年(2005—2010年)“三步走”的发展战略：第一步，人均GDP进入全国大中城市100强；第二步，到2010年，全市人均GDP基本达全省平均水平；第三步，再经过一段时间的努力，提前实现全面建设小康社会的目标。这些思路符合上级精神和国际、国内经济形势变化的要求，也符合泰安经济发展的实际，被市委、市政府采纳。

调查研究及协调服务 ①年内，针对全市经济和发展的热点、难点问题，进一步加大调查研究力度，及时发现经济运行中存在的突出问题和制约因素，提出相应的对策措施。一是加强入世对泰安市经济影响与对策的调查研究。相继完成《加入WTO后对泰安工业经济的影响与对策》、《加入WTO后对泰安市农业的影响与对策》、《关于加快泰安市服务业发展的报告》和《改革开放以来对外经济发展情况》等调研报告。二是加强重点工作的阶段性研究。深入各县市区和市直有关单位，开展1995年以来全市固定资产投资调查、2002年全社会固定资产投资调查和重点项目调查，形成报告，总结经验，查找问题，提出建议，并作为参阅件在全市经济形势分析会上印发，受到各级各单位肯定。三是围绕经济生活中的一些难点热点问题和重点工作，先后进行招商引资调查、新技术产业发展情况调查、食品工业调查、稀土生产企业调查、农业龙头企业调查、国民经济动员等专题调研，并形成专门报告，为市委、市政府决策提供科学依据。②加强全市数据资料库、项目库、泰山招商网站建设。初步建成240万字内容的中英文对照的大型项目库，该库包括850个储备项目、209个筹建项目、109个存量资产项目和22个工业园区，涉及600个图表、100张图片。编辑出版简、繁体中文和英文3种版本的《中国泰安投资指南》多媒体光盘，在国内30家搜索引擎上注册泰山招商网，向200家世界500强和400家中国500强企业发送招商信息，为全市经济发展提供支持。定期编发《信息参考》资料，创办《经济信息》刊物，及时让领导和社会各界了解国内外经济动态。组织、协调有关部门争取国家和省审批项目106个，总投资90.1亿元，落实资金12.6亿元，其中上级无偿资金2.9亿元。③年内，围绕新材料、生物工程、光电一体等领域，策划、论证项目187个，对全市56个重点建设项目进行咨询论证，并利用多种形式向外推介，其中仅9月中旬举办的中国泰安投资合作洽谈会上就签订内资合同107个、外资合同18个。④年内，协调做好泰城西区教育配套设施建设，协调教育、劳动部门编制了普通高校和技校招生计划；协调做好金山口集团企业债券兑付；协调浪潮集团电子政务开发平台项目上报国家计委；协调开发区、岱岳区、水利、城建等部门解决了胜利水库作为开发区水源地问题；积极为第二期农网建设改造、县级城市电网建设改造、乡村公路建设、黄河滩区安全建设、抽水蓄能电站及京沪高速铁路等重点工程等，搞好协调服务，推进重大项目的建设进程。做好压煤搬迁的协调工作，完成2002年两大矿区涉及20多个乡镇、100多万人口的搬迁任务。⑤实施“政府提速工程”，计划下放权限，减少审批环节，全面推行政务公开，加大督查力度，定期通报办理情况和办结率，推动工作质量和效率的提高。

【固定资产投资】　市发展计划委员会简化固定资产投资审批手续，清理不符合市场经济规律和WTO规则的审批事项8项；分别对1995年后的全市固定资产投资、2002年全社会固定资产投资和重点项目进行调查；与在建的17个国债项目签订责任书，推动全市固定资产投资持续高速增长。年内全市固定资产投资达167.4亿元，新增投资是整个“九五”期间增量的2倍。在投资规模迅速膨胀的同时，投资结构不断调整，民间投资加速增长，全市集体经济和个体私营经济投资分别增长68.5%和79.9%；工业投资大幅度增长，占固定资产投资总额的45.3%。

【项目策划论证与推介】　年内，围绕新材料、生物工程、光机电一体化等领域，策划新材料工业园及“中国·泰山新材料工业基地”、泰山国际会展中心、西部住宅小区等项目187个，总投资383亿元。加大项目咨询论证力度，召开化学工业项目论证会和重点建设项目论证会，对全市56个重点建设项目进行咨询论证，形成《2002年泰安市重点建设项目咨询论证意见》，指导全市项目建设。登山节期间，成功举办中国泰安投资合作洽谈会，签订内资合同107个，合同引资额为39.9亿元；内资协议64个，协议引资额为33亿元；外资合同18个，合同利用外资额为3391万美元；以人民币注册的外资项目合同8个，引资额为3亿元。

【项目与资金争取】　全年争取国家和省审批项目106个，总投资90.1亿元（其中争取资金项目93个，总投资75.2亿元），落实资金12.6亿元，其中上级无偿资金2.9亿元。在所争取的项目中，第二期农网建设改造项目，争取资金2.8亿元，已全部到位；莱新高速公路新泰段和泰肥一级公路分别争取省补助投资2.5亿元和1亿元，并竣工通车；黄前水库、胜利水库、直界水库除险加固项目、堽城坝灌区节水改造工程、农村人畜饮水应急工程、徂徕山国家森林公园保护项目等26个农业项目经国家计委或省计委批复建设，总投资4.2亿元，其中安排无偿投资1亿元；继新泰、肥城两市污水处理厂项目之后，泰安市争取的泰安市第二污水处理厂、宁阳县污水处理厂、东平县污水处理厂和新汶污水处理厂全部列入国家“三河三湖”（淮河、辽河、海河、太湖、巢湖、滇池）流域中央预算内投资计划，争取无偿资金3800万元；宝来利来生物饲料项目被国家计委批准为高技术产业化推进项目，省计委无偿扶持资金70万元；泰安市大蒜专业批发市场、宁阳蔬菜良种批发市场争取国家扶持资金建设项目，列入国家计委重点农副产品批发市场规划目录；岱岳国家储备粮库新建工程项目通过国家验收，肥城国家粮食储备库扩建工程项目开工建设。

申报利用外国政府贷款项目13个，总投资5.7亿元，利用外国贷款3695.3万美元。争取的项目和投资还有：泰安超越科技有限公司等两家企业办理免税，节约资金592万元；山东瑞星化学工业集团等12家企业争取玉米、羊毛等农产品进口配额3.03万吨；泰山铝电公司争取优惠电量0.5亿千瓦时；引进山东世盛发展有限公司在市高新区建设“泰山国际学校”，在校生规模为5000人，概算总投资1.5亿元。

【“13511”工程实施】　2002年提出，到“十五”末，全市“13511”工程工业销售收入过亿元的企业要实现两个“6”的发展目标，即年工业销售收入突破600亿元，工业利税突破60亿元。为实现这一目标，对纳入“13511”工程的企业实行动态管理。年内，新纳入发展快、有后劲的企业11家，淘汰9家，年底达137家。完善调度和通报制度，加强对“13511”工程企业运行情况的监测与分析，并将每月的调度情况，通过《项目动态》向社会通报，为市领导决策提供依据。2002年，全市“13511”工程企业实现销售收入273.0亿元，利税23.6亿元，利润9.5亿元，比上年分别增长13.7%、17%和15.5%，分别占全市规模以上工业企业销售收入、利税和利润的80.2%、71.4%和71.6%。“13511”工程企业在建项目165个，年内完成投资36.3亿元，累计49.3亿元（年内竣工项目94个，年内完成投资23.4亿元，累计32.5亿元；未竣工项目71个，年内完成投资12.9亿元，累计16.8亿元）。

（薛晓东）

经济体制改革

【概况】　年内，全市经济体制改革的内容仍以产权制度改革为重点，以建立现代企业制度为目的，以提高企业经济效益为根本，采取灵活多样的改制形式，取得新进展。年底，全市561家企业改制537家，改制面为95.72%，其中，市直企业92家；县（市、区）属企业466家，完成445家，完成率为95.4%。①企业上市融资。9月27日，山东港岳永昌股份有限公司重新挂牌交易。山东华阳科技股份有限公司发行的A股股票在上海证券交易所正式挂牌交易（见《工业》）。②培植上市资源。年内，全市培植拟上市企业12家。其中：拟上A股企业8家，创业板企业4家；进入辅导期3家，辅导期满2家，正在与券商协商进入辅导期的7家。新组建山东中圣药业股份有限公司和山东宝法医疗科技股份公司，全市股份有限公司累计达41家。③资产重组。年内，与加拿大赛德拉集团、香港创升集团、新加坡龙置地集团以及韩国高佩克投资集团等境内外投资机构进行合作，对发展前景较好、产品科技含量高的拟上市公司进行资产重组，推进上市融资的速度。其中，泰山能源股份公司与明天科技股份公司资产重组成功，泰和东新、瑞星集团等公司的资产重组拉开帷幕，中介机构对山东光明热电、山东宝来利来、山东四维制药等公司境外上市的可行性进行充分的论证。④引进战略投资、风险投资。年内，引进战略投资、风险投资10.76亿元，达历史最好水平。其中与明天控股公司共同建立泰安泰山投资控股公司，签订内容广泛、长期合作的备忘录和协议书。明天控股公司先后向城市信用社、华阳科技股份公司泰山投资公司控股公司等企业投资3.53亿元。

（姚玉梓）

经济协作

【概况】 泰安市经济协作办公室(简称经协办)及所辖单位有职工138人。其中,市经协办(登山办)21人;下属经济协作总公司、经济联合发展公司、登山实业总公司、登山节组委会办公室服务中心4个经营单位有职工86人;受市政府委托管理的北京、上海、广州、海口等4个办事处有职工31人。

资金与项目争取　年内,组织两次进京争取资金与项目活动,争取项目121个,到位资金7.78亿元和3044万美元;争取科技、配额、会议等项目113个;招商引资项目签订合同6项,合同资金额为2.76亿元,签订协议10项,协议资金额为5.81亿元和1550万美元。

经济技术联合与协作　年内,市经协办引进经济技术合作项目5个,引进资金3671万元和50万美元。俄罗斯"斯泰乐"木制房屋有限公司投资80万元人民币买断泰安东方木器加工厂,同时投资50万美元,在泰山区艾洼兴建旅游度假村项目。北京建筑艺术公司投资4560万元在泰安高新技术开发区(东区)建设综合商贸广场,完成投资1700万元。上海恒基生物科技有限公司与泰安三泰药业公司联合进行药业开发,总投资1000万元。海南椰风集团有限公司以品牌、技术和销售网络入股建立椰风矿泉水(泰安)有限公司,总投资1000万元。

推进"产学研"联合　年内,市政府采取"请进来、走出去"、参加洽谈会、投发征解科研难题、搜集最新科研信息等形式,继续推进"产、学、研"联合。9月份,邀请北京金英豪企业管理有限公司来泰就企业托管、投融资及高级企管人员培训等进行座谈,市内7家企业负责人参加座谈并与市华鲁机械厂、四维制药等企业就投融资、企业托管上市等项目达成合作意向。10月,组织市内36家企业参加在济南举办的"山东省与国防科工委科技合作洽谈会",达成各类经济技术合作12项,有4项在会议上签约。市经协部门将市内企事业单位的科研难题与技术需求汇编成册,发送全国各大专院校、科研单位;收集各大专院校、科研单位最新科研项目5000项,精心筛选出2000项编印成册,向全市企业发布。

市政府驻外办事处　5月22日撤销了市政府驻日照办事处;市政府驻广州联络处更名为市政府驻广州办事处,机构由副县级升格为正县级。北京办事处投资2400万元,购建4000平方米的泰山大厦,完成土建。年内,各驻外办事处转变职能,实现由接待服务性向经济服务性的转变,为泰安引进项目3个,引进资金2700万元,介绍劳务输出400人次,推销地产品500万元,提供接待服务3000人次,提供各类信息50条。

【参加中国第六届东西部合作与投资贸易洽谈会】 4月6日～10日,市经协办组织各县(市、区)和市属企业参加在西安举办的第六届中国东西部合作与投资贸易洽谈会,展出30类400个品种的产品,推出涉及机械、化工、建材、纺织、旅游、食品、农副产品等行业的经济合作项目130项。签订各类经济合作项目23项,签订商品贸易合同63项,合同贸易额为5.6亿元。在签订的各类经济合作项目中,引进外资项目5项,合同利用外资30万美元,协议引进外资4410万美元;国内经济合作项目11项,合同引进国内资金1.66亿元,协议引进资金0.8亿元;高新技术成果交易7项,合同交易额为0.48亿元,协议金额为0.88亿元。主要有:新泰市兰得染料化工有限公司与韩国韦里特公司签订合作生产化工染料氨基蒽醌项目合同,外方提供生产工艺和技术,投资30万美元;宁阳县建设局与北京世福经济开发公司签订合作开发宁阳西关农贸市场项目合同,对方投资额6600万元;肥城阿斯德公司与西安华陆工程公司签订合资生产混甲胺项目合同,项目总投资7800万元,对方投资3120万元;肥城云光纸业公司与浙江省民营企业家方东明签订厂房租赁合同,对方投资1400万元,租赁云光纸业公司厂房生产高中档文化用纸,盘活云光纸业公司的存量资产。签订的商品贸易合同主要有:新泰赛特电磁线厂与咸阳偏转集团股份有限公司签订销售漆包线合同,成交额为6090万元;新泰液压机械总厂与陕西皇宫四平拖拉机厂签订销售提升器合同,销售额为1300万元;华阳集团与陕西省植保总站签订销售神农丹、灭多威系列农药合同,销售额为3460万元;宁阳县粮油购销公司与西安国家粮食储备公司签订粮食购销合同,顺价销售小麦3000万公斤,购销额为3800万元;肥城泰山轮胎厂分别与西安市公交公司、四川省公路机械厂、重庆轮胎销售公司签订销售轮胎合同,销售额为2800万元;岱岳区的泰山工程机械制造公司分别与大庆油建安装公司、青海油建公司、中国石油物资装备总公司签订销售系列吊管机合同,销售额为3420万元;泰山玻璃纤维股份有限公司分别与新疆永昌复合材料公司、克拉玛依茂华环保设备公司、渭南方正电器公司签订销售玻璃纤维缠绕纱、环氧纱合同,销售额为2022万元;山东巨菱集团分别与西安市园林处、西安市建筑公司、宝鸡农机公司、商州农机公司、新疆钻井公司等单位签订销售工程机械、农业机械和石油机械的合同,销售额为570万元。

【参加鲁宁经贸洽谈会】 8月16～17日,山东省政府和宁夏回族自治区政府在银川市共同举办鲁宁经贸洽谈会。泰安市在会上发布经济合作项目34项,其中投资项目14个、招商引资项目20个。达成合作项目协议5个,项目投资额为3亿元,其中,新汶矿业集团与宁夏石嘴山金力建材集团就合作开发利用窑尾余热发电项目签订合作意向书,总投资3亿元;泰山区外经贸局与宁夏奇石馆就奇石文化交流和办展方面进行合作达成协议;泰山区人民政府与石嘴山大武口区人民政府就建立友好市区关系达成初步意向;岱岳区天平耐火材料厂与宁夏海原县石膏建材开发总公司就合作开发年产5万吨K型石膏项目达成合作意向;岱岳区天平办事处与宁夏隆德县计划经济局就新建年产1500吨豆类系列产品加工厂项目达成初步合作意向。

【'2002泰山经济论坛】 参见《政治》

(陈克忆)

招商引资

【概况】 年内,市政府实行全民招商、资源招商,优化招商引资环境,完善工作体系,全市招商引资工作较上年有新的突破。签约国内引资项目1192个,合同引资额为138.37亿元。市外到位资金68.78亿元,比上年增长79%,其中到位500万元以上的大项目有412个,到位资金54.5亿元,比上年增长74%。对上争取资金15.06亿元,市外借贷款24.8亿元。批准利用外资项目55个,合同利用外资额12162万美元,实际利用外资7006万美元,比上年增长74.63%。截至年底,全市累计实际利用外资4.9亿美元,占全省的1.2%;外资项目平均投资规模55.7万美元,比全省平均水平低65.1万美元。

招商引资项目建设 年内,全社会固定资产投资167.4亿元,增幅居全省前列,招商引资所形成的固定资产投资占相当大的比重,成为拉动固定资产投资增长的重要力量。①从项目规模看,在外来投资项目中,青岛科泰城地下弱电集成项目、香港中基投资的天然气管道经营项目、肥城矿业集团投资的电解铝项目等投资额都在2亿元以上,成为全市的重点建设项目。②从引资结构看,市外到位资金的70%投入工业,推动工业经济的增长,改善工业结构。年内引进资金的10%投入高新技术产业,如落户市高新区的美国成功集团掌上电脑项目、澳大利亚米歇尔生物工程有限公司的无血型冻干人血浆项目等等。浙江皇星麟实业发展公司投资3.8亿元,建设泰山温州商业步行街、新世纪商业精品广场。福建石狮客商黄炳展先生投资2753万元新上的东信纺织项目等知名民营企业的入驻,促进了全市民营经济的发展。③从招商引资效果看,招商引资建成投产的项目对全市财政贡献达4.17亿元,安排3.2万人就业。70%的招商引资项目在建设中,这些项目的建成,将成为全市重要的财税来源,对增加就业数量、维护社会稳定、加快建设经济强市起到积极的作用。

载体建设 年内,市委、市政府做出建设南部高新技术开发区的决策,规划实施南部50平方公里市高新技术开发区、东部20平方公里泰山经济开发区和西部13平方公里岱岳经济开发区,市高新区10.8平方公里的起步区初具规模。年内,高新区引进市外项目31个,计划总投资25.4亿元,到位市外资金2.5亿元。各县(市、区)立足产业、资源和区位优势,规划建设具有鲜明特色的工业园区,市场前景好、科技含量高的项目进区安家落户。全市各类开发区、工业园区、民营园区已发展到57个,其中54个达到"四通一平"(水、电、气、暖、路),进区项目780个。

优化招商环境 硬环境方面,在道路建设、供水、供电、城市基础设施配套上不断加大投入,新市政中心、泰山大街等重点建设项目以及年内开工的泰城18条道路建设,城市面貌改善,泰安的城市品位和综合服务功能提高。软环境方面,市政府制定出台《关于扩大开放促进招商引资的政策规定》,市、县两级的招商政策日臻完善,服务逐步到位。结合政府提速工程,市开发区及大部分县(市、区)设立"全程一站式"服务大厅,为外来客商提供方便、快捷、廉洁、高效的服务。

丰富招商引资手段和工作方式 ①实施定向招商。招商方式多以小团组形式,把项目集中起来,瞄准知名大企业、大集团、上市公司,有针对性地主动出击。②聘任招商代理。市招商办正式聘任南非永全船务代理公司董事长许家昌先生、台湾永泰水产进出口公司董事长叶宇展先生、加拿大国际贸易促进会会长徐勤先生等知名人士为招商引资顾问,拓宽了招商引资的渠道。③积极开展网络招商。"泰山招商网"在互联网上的正常运行,为全市开展网上招商创造了条件。同时,市招商办投资制发中文、英文、繁体版本的《泰安投资指南》光盘,印制《泰安市工业园区简介》、《泰安市资产转让项目》等宣传册,系统介绍泰安的投资项目、环境、政策等,多方位地宣传泰安,推介项目,取得较好效果。市招商办对全市的"三属"(在外从政与经商人员及亲属,港、澳、台同胞及亲属,归国华侨与侨眷)人员进行摸底调查,为有效利用"三属"人员这一宝贵资源搞好亲情招商打下基础。

泰安的招商引资水平与泰安所处的地理位置、资源优势、交通条件、科教水平很不相称。主要表现在:一是发展不平衡。个别地方的部分干部群众对招商引资认识不够,发展的欲望不够强烈,存在着畏难发愁和消极应付倾向,办法不多,措施不力,效果不明显。二是引进的项目结构不合理,工业项目高科技含量、高附加值、高市场占有率、高税收、融资能力强、规模大的项目仍然偏少。在年内引进的外资项目中,餐饮、宾馆、房地产开发项目居多,高科技项目所占比例仅为10%。三是对招商引资中的规律性问题研究不够。政府推动多,企业动作少,作为招商引资主体的企业没有发挥应有的作用,市场化的招商运作机制没有建立起来。四是招商网络建设投入不足,发展缓慢,中介招商、代理招商等多种有效的招商方式在实际工作中需要逐步完善。五是政府部门办事效率、执法水平、服务质量有待于提高。有些对客商的承诺不能及时兑现,客商投诉事件时有发生,影响泰安的投资形象。六是招商队伍素质有待提高。现有专业招商队伍中,懂经济、精外语的专业人才少,业务素质有待提高,新生力量急需充实。这些问题成为制约全市招商引资快速发展的重要因素,需要在工作中认真研究解决。 (孙龙杰)

国土资源管理

【概况】 年内,国土资源管理机构合并为7个,比上年减少4个。泰安市国土资源局设直属分局,泰安市高新技术产业开发区设国土资源分局。全市有国土资源管理工作人员700人,比上年增加35人,其中行政编制人员169人,比上年减少15人。全市实现政府土地纯收益4.6亿元,比省政府下达的计划指标超出0.8亿元;征收矿产资源补偿费2435.1万元,比上年增加428.2万元,比省下达的计划指标超出53.3%。

土地资源与管理 年末,全市土地总面积有77.62万公顷,人均占有土地0.14公顷。①耕地面积35.46万公顷,约占土地总面积45.7%,比上年减少1793.33公顷。耕地减少的主要原因是:居民点及工矿用地,城市发展、新建高新技术开发区、集体建设用地,安居工程、个体私营园区、农业结构调整等用地较多。全市人均占有耕地0.07公顷,农民人均占有耕地0.09公顷。耕地主要分布在市域中部和西部大汶河中游沿岸、肥城盆地、东平湖大清河南岸平原、市域东部的岱岳区和新泰河谷平原地带。②园地面积5.86万公顷,约占土地总面积的7.5%,比上年减少125.71公顷。减少的主要原因是农业内部结构调整。园地主要分布在市域北部泰山和东部徂徕山、莲花山等中低山丘陵区及宁阳西部和肥城南部的平原地区。③林地面积7.95万公顷,约占土地总面积的10.2%,比上年增加119.29公顷。主要分布在市域北部泰山和东部徂徕山、莲花山等山区。④居民点及工矿用地面积9.22万公顷,约占土地总面积的11.9%,比上年增加1699公顷。增加的主要原因是:国家重点项目建设,独立工矿和高新技术开发区建设,以及农村居民点扩建。居民点及工矿用地主要分布在平原和工矿区。⑤交通用地面积2.54万公顷,占土地总面积的3.2%,比上年增加515.71公顷。增加的主要原因是泰肥、莱新高速公路建设和农村道路建设。⑥水域面积6.72万公顷,约占土地总面积的8.7%,比上年减少62.76公顷。减少的主要原因是:涝洼地改造和矿区塌陷地治理。⑦未利用土地面积9.87万公顷,约占土地总面积的12.8%,比上年减少352.2公顷。减少的主要原因是土地开发复垦整理的力度加大。按县(市、区)分:泰山区土地面积3.37万公顷,其中耕地1.03万公顷,比上年减少0.04万公顷;岱岳区土地面积17.50万公顷,其中耕地7.41万公顷,比上年减少0.02万公顷;新泰市土地面积19.33万公顷,其中耕地7.00万公顷,比上年减少0.05万公顷;肥城市土地面积12.77万公顷,其中耕地6.40万公顷,比上年减少0.05万公顷;宁阳县土地面积11.24万公顷,其中耕地6.84万公顷,比上年减少0.02万公顷;东平县土地面积13.40万公顷,其中耕地6.78万公顷,与上年持平。⑧年内,全市各级实施《土地利用总体规划》,强化土地用途管理制度,加强耕地和基本农田保护,落实耕地占补平衡措施,国土资源的保护与管理趋于规范。严格执行土地利用总体规划、计划耕地占补平衡。依法调整泰安市高新技术开发区新区、东平县东平镇的土地利用总体规划,调整建设用地规划指标9233.33公顷,其中耕地626.67公顷。全市审批审核建设用地申请215件,审批各类非农业建设用地402.63公顷,收取新增建设用地有偿使用费4337.34万元,征地管理费313.7万元。全市经省、市审批的建设项目占用耕地322.14公顷,落实耕地占补平衡358.1公顷。⑨土地使用有序流转。年内,推进以土地有偿使用为重点的土地收购储备、地租征收、有形市场建设,全市国有土地招标拍卖挂牌出让使用权93宗,面积199.9公顷,政府土地纯收益1.69亿元,分别比上年增加73宗、172.38公顷和1.38亿元。全市土地使用权转让58宗,面积18.09公顷,转让金1639.25万元,分别比上年减少38宗、0.66公顷和增加516.31万元;出租349宗,面积374.44公顷,租金1174.46万元,分别比上年增加331宗、202.65公顷和348.1万元;抵押64宗,面积177.298公顷,抵押金1.19亿元,分别比上年减少4宗、190.032公顷和8942.7万元。依法处置泰安制药厂、煤田地质机械厂、泰安试验设备厂等改制企业的土地资产。全市土地作价出资(入股)16宗,面积68.4公顷,作价额4337.68万元。⑩充实地籍信息,夯实土地管理基础。年内,6个县(市、区)均建成农村地籍信息基础库,泰安城区、肥城市、东平县建成城镇地籍信息库。完成年度土地利用现状变更调查,变更图斑2389个,变更总量5519.87公顷。全市国土资源资料立卷归档175.32万卷、图件7991幅,其中市本级立卷2.01万卷、图件200幅。完成耕地后备资源调查评价工作,全市可开垦土地8086.91公顷、可复垦土地5958.01公顷。市本级测绘土地83宗,面积280.16;办理土地登记600宗,他项权利登记50宗。协助法院查封土地70宗,解除查封土地19宗,调处土地权属纠纷3起。提供业务咨询350人次;接待群众上访91起、249人次,受理人民来信161件、电话举报52件,其中全市信访量比上年下降20%。

2002年审批用地情况统计表

单位:公顷

	申报用地面积			批准用地面积		
	合　计	农用地转用	耕　地	合　计	农用地转用	耕　地
总　计	588.65	469.64	355.21	402.63	327.80	235.40
泰山区	4.77	4.77	—	4.77	4.77	—
岱岳区	122.70	108.39	86.73	10.21	9.91	6.00
宁阳县	20.08	17.56	17.39	10.73	10.61	10.61
东平县	18.85	17.97	17.97	18.85	17.97	17.97
新泰市	53.17	51.72	49.28	53.17	51.72	49.28
肥城市	163.00	84.30	78.93	98.82	47.93	46.67

矿产资源与管理　①全市境内矿产资源主要有煤、铁、金、铝等59种,矿产地303处。探明储量的矿产资源有31种,探明储量497.5亿吨。其中:煤炭探明储量24.15亿吨,比上年增加1.5亿吨,保有储量12.2亿吨,居全省第四位,主要分布在新泰市、肥城市、宁阳县、东平县;铁矿储量4.58亿吨,居全省第三位,主要分布在东平县、岱岳区;硫铁矿储量60.2万吨,主要分布在新泰市;耐火粘土探明储量627万吨;石膏探明储量356.8亿吨,居全国首位;岩盐探明储量76.3亿吨,居全省第一位;钾盐探明储量944万吨,居全省第一位;主要分布在岱岳区、肥城市;金刚石探明储量28.36千克,主要分布在新泰市;自然硫探明储量3.28亿吨,居全国首位,主要分布在岱岳区。②年内,加强对矿业权出让中资源储量的管理,依法对采矿许可证到期延续的59家矿山企业的资源储量和5家公开进行拍卖的资源储量进行认定。在完成2001年矿产资源储量统计年报、建设全市矿产资源储量信息数据库的基础上,开展矿种储量的调查工作。对肥城、新汶矿业集团12家矿山企业占有的资源储量进行审核确认,增加可利用基础储量近3亿吨,可采储量1.8亿吨,可供开采10年。选择新泰市作为对煤矿企业进行年度储量开采"块段法"动态管理的试点。采用年度开采储量、开采储量上图、销售煤量"三统一"管理的方法,将资源储量管理由事后管理变为事前监督,提高资源回收率。③矿产勘察。年内,全市依法登记的各类勘察项目43个,其中,国家级矿产资源补偿费项目3个,地方矿产资源补偿费项目4个,市场项目36个。结合矿产资源勘察开采秩序整顿,对地质勘察单位、施工项目进行抽查验收,没有发现违法施工、无证施工、越界越矿种施工现象。地质勘察找矿方面,国土资源部和省国土资源厅编制的矿产资源总体规划都把泰安市大部分区域列为黄金、金刚石、煤炭、非金属矿、建材原料矿等矿产资源的勘察评价区。泰安市被列为鲁西南区黄金评价项目的重点区。勘察项目方面,初步查清东平戴庙煤田可利用储量2亿吨、宁阳东述煤田可利用储量1.5亿吨,新增水泥用石灰岩6984万吨,新增煤炭储量1800万吨。查清石膏资源可供建矿开发储量4.6亿吨。完成2000年度3个省级地质勘察项目的验收和地方矿产资源补偿费项目的申报工作。争取地质矿产勘察项目5个、资金250万元。④矿产资源开发。年末,全市矿石产量为3062.86万吨,实现原矿产品销售收入37.64亿元、从业人员13.91万人。年内,按照《泰安市矿产资源开发规划方案》的要求,界定禁采区、限采区、可采区和重点矿种规模开采标准。全市的矿产资源利用水平比上年提高1.33个百分点。对627处固体矿产的开发进行年度"三率"回收情况的审查复核。严格审核延续办证资料,为19处矿山办理延续登记手续,纠正办证资料6件,提供有关图纸、资料52件,形成结论意见19份。初审新设立探矿权4家。完成矿山开发利用统计年报、年度动用储量统计年报和相关资料软盘的录制工作。⑤矿业权使用制度改革。全市招标拍卖出让采矿权5处,获得采矿权价款627.6万元;挂牌有偿出让采矿权72处,收取采矿权价款93.51万元。完成

宁阳县彩石庄地质金矿普查项目招标工作。为国有中型以上矿山企业改制服务，完成采矿权价款处置2处，获得价款2550万元；出售石膏采矿权1处，获得价款350万元；对企业合理处置采矿权2.2亿元转入国有企业资本金；将股权转让采矿权7.39亿元注入国有企业资本金，增强企业在市场上的竞争力。⑥勘察开采秩序治理整顿。2000年9月至2002年5月，全市开展矿产资源勘察开采秩序治理整顿工作。依法取缔证件到期但又不能进行采矿权招标拍卖的采砂点23处。对19处地质地貌景观保护区的保护情况进行拉网式大检查。对华丰矿区田家院、西磁村的滥采乱挖行为进行严查，炸毁小煤井33处，没收非法开采工具68套。对违法采矿的查处做到一事一例、一总结、一评议、一档案，处结率达100%。年内，开展采矿许可证清理整顿，依法查处超层越界开采17处，取缔无证开采29处，调解处理矿界纠纷4起，充实完善协议15个，关闭不合格矿山10处，责令停产整顿矿山16处，依法处罚违法采矿点81个，追究刑事责任14人，追缴越界开采矿产资源补偿费36万元。

执法监察　年内，以主要公路沿线、城乡结合部、各类经济园区等为重点，开展春季、夏季巡回检查。全市立案查处各类土地违法案件1369件，面积为373.1公顷。拆除构建物4.02万平方米，没收建筑物212.6平方米；收回土地18公顷，罚款852.9万元；移送司法机关4件、党纪处分4人。其中，市局立案查处土地违法案件192件，面积21.41公顷；收取各种费用210万元，罚款80万元；拆除房屋45间，面积650平方米；申请法院强制执行案件2起。立案查处矿产资源违法案件35件，吊销采矿许可证1件，罚款52.1万元。

【土地收购储备及地租征收】　年末，市及6个县(市、区)均成立土地收购储备中心。按照规划引导、超前储备、总量控制的路子开展土地收购储备，使之纳入负债经营、滚动发展、良性循环的运作轨道。全市收购储备土地327.23公顷，出让96.09公顷。其中，市本级收购储备土地192.2公顷，出让65.53公顷，实现政府土地纯收益2.4亿元。

全年市区确认纳租土地438宗，面积达285.16公顷，纳租金额为663.29万元，实际征收地租272.03万元，比上年提高42.6%。2001年市本级地租的收取以区属以上企事业单位为主，年内转入街道办事处、村街居委会企业国有划拨土地的有偿使用，调查确认国有划拨用地154处，面积为95公顷，纳租金额为192.7万元，实收地租10万元。

【土地开发复垦整理】　年内，对省国土资源厅返还的1214万元新增建设用地有偿使用费和市级收缴的132万元耕地开垦费编制土地开发整理项目计划，确定46个扶持项目(示范项目3个，重点项目11个，补助项目32个)，总面积为1913.33公顷，可新增耕地700公顷。对批准的土地开发整理项目，实行跟踪检查和工程进度季报制度，督促各级项目单位按时、保质、保量完成任务。全市开展土地开发复垦整理项目122个，开发面积为4332.66公顷，新增耕地1671.28公顷。对省、市、县三级土地开发复垦项目储备库补充项目79个，总规模为3546.67公顷，可新增耕地1073.33公顷。全市累计储备耕地926.67公顷，其中，市级480公顷，县(市、区)446.67公顷。选择申报有利于保护和改善生态环境和增加有效耕地面积大的国家、省投资项目8个，争取资金4272万元，其中，国家投资项目3个、资金3388万元，农业开发办投资项目1个、资金100万元，省投资项目4个、资金784万元。

【地质环境保护与地质灾害防治】　年初，对全市地质地貌景观保护区和主要交通干道保护带进行检查，特别是对泰山地质地貌景观保护区的开山打石进行全面清理整顿，依法取缔采石点50处。为加强矿山地质环境保护，减少煤田塌陷区和矸石山污染，对全市地下

矿产资源主要技术经济指标分矿种汇总表

矿产名称	矿山数(个)	从业人数(人)	年产矿石量(万吨)	工业总产值(万元)	综合利用产值(万元)	工业销售产值(万元)	利润总额(万元)
总　计	585	131918	33109.747	491364.64	4088.64	443897.67	4288.16
煤	63	116030	2190.470	468126.87	4088.64	421083.73	41016.55
铁　矿	3	135	7.000	597.00	—	588.00	59.00
砂　金	1	40	—	—	—	—	—
金　矿	2	101	—	1.00	—	—	—
耐火粘土	7	123	0.700	21.00	—	21.00	1.00
含钾岩石	2	15	—	—	—	—	—
岩　盐	6	912	23.800	4168.85	—	4168.85	238.30
长　石	12	123	4.090	209.70	—	206.70	22.98
石　膏	5	1762	99.400	3519.85	—	3353.36	264.00
水泥用灰岩	21	1544	89.601	4793.60	—	4775.90	120.15
建筑石料用灰岩	140	1745	116.092	839.41	—	827.21	100.12
制灰用灰岩	35	429	22.450	923.45	—	933.95	67.43
建筑用沙	111	1775	447.045	2982.48	—	2937.23	393.82
玻璃用石英岩	4	36	3.800	231.60	—	216.60	18.90
陶瓷土	1	150	0.400	122.50	—	122.50	30.00
砖瓦用粘土	145	5462	97.255	3511.63	—	3399.39	295.97
建筑用闪长岩	1	50	2.470	480.00	—	642.40	59.94
建筑用花岗石	202	1253	4.333	676.70	—	642.40	59.94
饰面用花岗岩	2	59	0.841	70.00	—	60.00	5.60
矿泉水	4	174	—	89.00	—	80.85	34.40

开采矿山进行调查，县以上矿山企业均编制矿山地质环境综合治理方案，发展矸石电厂5座、矸石砖厂15座、矸石厂7座。开发利用地质遗迹资源，开展省级地质公园创建工作，徂徕山、青云山地质公园被省国土资源厅批准为省级地质公园。对诚泰科技、浪潮科技、泰安高科等9个建设项目进行地质环境评价。年内，地质灾害防治工作领导小组、汛期地质灾害防治领导小组和汛期地质灾害应急机动抢险小分队建立完善值班制度、巡查制度和责任制度。对全市地质灾害隐患点进行调查，调查出地质灾害点207处、重点区段7处。各重点村成立地质灾害防治小组，地质灾害危险区设立警示标志，对重点区段实施24小时监控，确保安全渡汛。组织协调实施国土资源部投资50万元的岱岳区地质灾害调查及治理工程项目和省国土资源厅投资17万元的宁阳县地质灾害调查与区划项目。

【地图市场整顿规范】 自2001年12月至2002年11月，全市开展整顿和规范地图市场秩序工作。市政府成立整顿和规范地图市场秩序工作领导小组，市国土资源局印发《关于整顿和规范全市地图市场秩序的通知》。通过组织人员对泰城市区内的文化市场、旅游景点、商店、车站等公共场所销售或展示的地图和地图产品进行暗访，调查核准地图和地图产品50种，收集样品30种，初步摸清市内地图市场现状。依法查处中国移动泰安公司以中国版图为背景的1860、1861客户服务热线广告、存在政治性问题的地球仪5个、各类违法地图(册)600份(册)。 (周树国)

国有资产管理

【概况】 年末，全市有市及县(市、区)两级有国有资产管理机构8个(含高新技术开发区财政局)、职工58人，具有中级以上技术职称的40人；市国有资产管理办(局)职工18人，具有中级以上技术职称的16人。年内，改革国有资产评估行政管理方式，实行核准和备案制，提高行政效率。市国有资产管理办(局)核准、备案国有资产评估项目45项，评估值2.5亿元，增值3000万元，增值率为12%；核准企业改制15户，评估净资产6500万元；办理行政事业单位资产划转、处置47项，资产总额1.56亿元；办理行政事业单位产权登记年度检查599户，企业国有资产产权登记年度检查492户；处置房产58套，处置收益300万元；收缴2002年度授权经营国有资产收益2588万元。

企业国有资产管理 ①授权经营。为保证各授权营运机构的健康发展，委托中介机构对各授权营运机构2001年经费收支情况和财务决算进行审计，核定各营运机构2002年度经费预算。对影响国有资产保值增值的主客观因素分析、测算，提出授权营运机构国有资产保值增值考核奖惩方案，并根据《泰安市国有资产授权营运机构经营业绩考核奖惩试行办法》，兑现营运机构风险收入，提高各营运机构的责任意识和积极性。②产权改革。年内，市政府出台《关于市属国有企业改革资产处置暂行办法》等4个相关配套文件，对财产清查、产权界定、资产评估、资产处置、产权转让等方面进行详细规定，规范企业改制行为，为企业改革提供统一的操作依据。先后完成山东华阳科技的新股发行上市工作；办理泰和总厂、城市建筑安装工程公司等企业改制国有资产处置；完成亚太制药厂、天地广告公司等企业国有产权转让、东岳精制盐厂盐业体制上划资产划转工作。③国有股权管理。年内，对全市股份有限公司2001年度股本情况、运营效益状况、收益分配情况及存在的问题等进行调查，编制股份有限公司2001年度国有股权管理报表。全市汇总股份公司14户，股本总额为8.24亿元，其中国有股4.09亿元，占总股本的49.69%。利润总额为1909万元，净资产收益率为－1.4%，资产负债率为65.93%。在此基础上形成《泰安市2001年度股份有限公司国有股权管理分析报告》。年内，主要完成对浪潮软件放弃国家股配股权、泰和东新股份国有股股权转让、山东升华玻璃股份公司国有股股权转让、山东保法医疗科技股份公司设立国有股股权设置等股份公司股权管理有关事宜的报批工作。泰安市股权管理工作在全省评比中获得第二名。④国有资产收益管理。根据政府年初安排的预算收入任务，对市属企业2001年度国有资产收益进行认真调查测算，并据此将收益任务分解落实。对国有参、控股公司制企业，按照同股同权同利的原则，足额收取国有股分红；对国有独资企业，完善利润分配制度，从税后利润中核定比例作为国有资产收益上缴，再集中用于国有企业的结构调整。年内收缴国有资产收益2588万元。⑤做好债权债务转帐对接(见专条)。

行政事业国有资产管理 年内，全市加大行政事业单位改革的力度，各单位资产进行重新整合和配置。①撤并单位资产划转。年内，市国有资产管理部门按照各级政府的部署，对铁路中学、贸易学校、开发区公安分局、8个行业办公室职工宿舍划转进行监交。组织参与因调整布局结构而撤并的市属高等学校、中等专业学校、技校以及撤销的8个行业办公室等各单位的财产物资清查、资产财务审计，强化资产监交，划转国有资产1.8亿元。②行政事业闲置资产管理。为防止市政府西迁可能造成的国有资产流失，市国有资产管理办(局)联合市财政局组成清房工作小组，对搬入新大楼的单位原办公用房及其占地情况进行摸底调查，摸清底数，对拟处置资产的评估严格把关，保证国有资产的安全完整，提高资产的使用效率。腾空院落评估资产价值7406万元，为下一步资产处置创造有利条件。③公有住房处置管理。为加强对行政事业单位闲置公有住房的监督管理，防止国有资产流失，制定《行政事业单位闲置公有住房处置管理意见》，规定市直行政机关属非集资建设的公有住房，处置收入要作为国有资产收益，上缴市国有资产管理部门专户储存，用于国有资产再投入。对单位要求用处置公有住房收入归还新建住房欠款的，要经国资、财政、审计、监察部门审查核实后，予以拨付归还。在各单位处置公有住房的过程中，严把评估价值关，评估后委托有资质的拍卖机构公开拍卖，并严格按拍卖程序操作，杜绝私下交易。截至年底，处置房产58套，处置收益300万元。④市政大楼资产管理。市国资产管理办(局)委托市直机关事务管理局对市政大楼内各单位的实物资产进行统一监督管理，重新对市政大楼各部门实物资产进行详细登记建档，并规定涉及资产调拨、处置等国有资产变动事宜的单位均要按规定权限报市直机关事务管理局、市国资办(局)审批，有效地加强行政事业单位国有资产管理。

【产权登记】 年内，组织2001年度企业国有资产产权登记年度检查和全市行政事业单位产权占有登记，下发《行政事业单位产权登记证》，并结合年检完善产权变动手续。企业国有资产产权登记年检工作在全省评比中获一等奖,行政事业单位产权登记工作获二等奖。

企业产权登记年检　全市有492户企业办理产权登记年检,登记国家资本34.85亿元,国家资本应享有权益7.56亿元,国有法人资本10.03亿元,国有法人资本应享有权益1.29亿元,其他国有资产0.28亿元,合计国有资产总额54.01亿元;资产总额235.19亿元,负债总额175.30亿元,所有者权益总额59.89亿元,长期投资总额15.59亿元,总资产负债率为74.54%。①从国有资产区域分布情况看,市级企业197户,占用国有资产总额32.85亿元,占全市国有资产总额的60.82%;县级企业295户,占用国有资产总额21.16亿元,占全市国有资产总额的39.18%。其中,新泰市55户,2.96亿元;肥城市44户,7.29亿元;宁阳县53户,6.23亿元;东平县58户,2.40亿元;泰山区36户,1.37亿元;岱岳区49户,0.92亿元。②从企业组织形式结构看,非公司制企业416户,公司制企业76户,分别占登记企业总户数的84.55%和15.45%。非公司制企业中有国有企业409户,占登记企业总户数的83.13%。公司制企业中有有限责任公司62户(含3户国有资产授权营运机构)、股份有限公司8户、中外合资公司6户,分别占登记企业总户数的12.6%、1.63%和1.22%。国有企业占用国有资产23.20亿元,有限责任公司占用26.30亿元,股份有限公司占用4.39亿元,中外合资公司占用0.02亿元,分别占国有资产总额54.01亿元的42.96%、48.69%、8.13%和0.04%。③从产业结构看,第一产业企业14户,占用国有资产0.48亿元;第二产业163户,占用国有资产26.91亿元;第三产业315户,占用国有资产26.62亿元,分别占全市国有资产总额的0.89%、49.83%和49.28%。

行政事业单位产权登记　全市登记行政事业单位599户(不含乡镇),登记资产总额64.55亿元,负债总额16.70亿元,国有净资产总额为47.85亿元(市级125户行政事业单位,资产总额21.76亿元,负债总额6.66亿元,国有净资产总额15.10亿元);登记行政事业单位占地0.8万公顷(市直200公顷)、房屋建筑物484万平方米、汽车1.06万辆、主要仪器设备3.32万台。从分布行业来看文教卫生部门占用资产总额27.94亿元,占全部行政事业单位资产总量的44.28%;行政管理部门占用9.81亿元,占15.20%;农林水气部门占用12.77亿元,占19.78%;工交建筑部门占用3.07亿元,占4.76%;公检法部门占用3.44亿元,占5.33%;抚恤和社会福利部门占用1.26亿元,占1.95%;商粮贸部门占用0.60亿元,占0.93%;其他占用5.66亿元,占8.77%。(范昭峰)

【泰安市行业资产管理中心】　泰安市行业资产管理中心于2002年元月7日成立,为正县级事业单位,经费实行财政全额预算管理。主要职能是:负责管理原市轻纺、机电、化学、煤炭、建材工业办公室,贸易办公室和商业集团、物资集团管理的自收自支事业单位及部分企业;贯彻执行国家有关国有资产管理的法律、法规和政策规定;研究所属单位有关改革改制的意见和措施;负责原所属单位国有资产的管理和债权债务的处置工作;负责所属单位的改革、改制工作,推动所属单位向企业化和市场化转变,指导所属单位利用现有资产搞好经营与管理,监督所属单位国有资产的保值、增值。内设秘书科、政工科、资产管理科、法规调研科、财务管理科,有干部职工25人。行业资产管理中心所属单位有48家,其中,事业单位9家,企业39家,共有职工7125人,总资产为4.7亿元,总负债为8亿元。这些单位多是计划经济时期承担政府计划职能的企业和上世纪90年代初机关兴办的实体。全系统约有三分之一的职工下岗失业,拖欠职工工资、养老金5000多万元;三分之一的单位是无资金、无场所、无营业执照的单位,存在较多潜在的不稳定因素,人员和债务包袱沉重。全年有2家企业实现破产终结,3家企业进入破产程序,2家企业完成改制,解除债务负担7000多万元,1000余名职工转换身份;解除政府对职工的无限责任,重组民营公司6家,安置2000名职工再就业。(张均康)

【信托投资公司债权债务全额转帐对接】　年内,根据原信托投资公司债权人大会通过的"采取债权债务全额转帐对接,剩余资产用投资证券分红和回收贷款分年偿还,清偿各债权人的本金和合法利息"的清偿方案,按照"合法合理、分类对接"的实施方案,对原信托投资公司债权债务进行全额转帐对接。制定《关于原泰安市信托投资公司债权债务全额转帐对接的实施意见》,根据《泰安市信托投资公司债务清偿方案》及信贷资产的质量,合理搭配对接债权债务人。完成对接金额1.83亿元(包括市基金担保公司移交后自行处理1628万元),占应对接金额2.10亿元的88%。在剩余应对接金额2622万元中,债务单位已盖章同意对接,债权单位认为对接的债务单位资产质量差,不予对接的有810万元;债权单位同意对接,因债务单位改制脱壳、吊销营业执照、停业或法院判决执行中止、无场地无人员等原因无法对接的有1812万元。对债权债务实施转帐对接,既确保地方金融秩序稳定,又减轻财政支付压力。10月10日,泰安市信托投资公司撤销清算工作通过山东省清理整顿信托投资公司协调小组检查验收。

(范昭峰)

审　计

【概况】　年末,全市有审计机构687个,其中,市、县(市、区)两级有审计机关7个、社会审计机构9个、内部审计机构671个;审计工作人员1457名,其中政府审计机关工作人员143名,社会审计机构230名,内部审计机构人员1084名。年内,完成审计项目单位348个,查出各类违纪违规金额19.51亿元,上缴财政2533万元,落实审计建议516条。

财政审计　年内,开展同级预算执行和其他财政决算审计。审计69个单位,延伸检查90个单位,查出违纪违规金额4.25亿元,其中,漏税费457万元,隐瞒收入752万元,挪用资金2174万元,促进资金归位4149万元,增加财政收入2691万元。

经济责任审计　年内,制定并实行《领导干部廉洁自律情况互通制度》,在全国率先建立经济责任审计信息数据,实现信息共享。全年完成162个部门单位主要负责人的经济责任审计,其中市审计局完成43个。查出各种违纪违规金额5.77亿元,损失浪费39万元,决定处理处罚0.77亿元,指明纠正金额5.21亿元。有关部门参照审计结果,平调干部89人,免职29人,晋升6人,给予党纪政纪处理1人。市第十三届人大常委会第一次会议做出专门决议,要求各级加强经济责任审计工作。市纪委根据审计结果,对存在问题比较

2002年审计完成情况表

单位：万元

单位＼项目	审计单位(个)			违规金额			应交财政金额			罚款金额			已交财政金额		
	本期数	上年同期数	增减％	本期数	上年同期数	增减％	本期数	上年同期数	增减％	本期数	上年同期数	增减％	本期数	上年同期数	增减％
合　计	348	357	－3	195133	161947	20	3129	4505	－31	193	262	－26	2533	2160	17
市局小计	85	71	20	79275	56303	41	1340	1724	－22	91	65	40	1078	378	185
县局小计	263	286	－8	115858	105644	10	1789	2781	－36	102	197	－48	1455	1782	－18
泰山区	43	33	30	7558	5296	43	164	48	242	3	2	50	132	42	214
岱岳区	46	63	－27	34227	29234	17	518	878	－41	16	42	－62	456	395	15
新泰区	39	56	－30	8016	11961	－33	84	771	－89	26	12	117	44	541	－92
肥城市	50	27	85	35000	15888	120	168	122	38	12	17	－29	150	97	55
宁阳县	43	51	－16	11800	3884	204	312	640	－51	28	19	47	312	640	－51
东平县	42	56	－25	19257	39381	－51	543	322	69	17	105	－84	361	67	439

严重的部门(单位)进行通报批评。审计结果被省、市政府《政务信息》和省纪委《纪检通讯》刊载，市审计局在全省经济责任审计座谈会上作典型介绍。

专项资金审计　年内，对泰安市公安局北集坡派出所、泰西派出所6月底前的资产及财务状况进行审计，摸清资产家底，为两个派出所顺利交接到高新区提供可靠依据。对山东华源光明机械制造有限公司、市化工机械厂、大麻纺织集团和市外贸中心资产、负债、损益情况进行审计。查出华源光明机械制造公司为其公司新股发行上市所做出的转移成本及费用、进行利润包装等虚假财务行为，并及时将这一问题向市政府驻华源光明机械制造厂工作组提交审计报告，为该公司进入破产程序提供依据。

专业审计　①加强金融审计。年内，完成中国农业发展银行泰安市分行及所属支行2001年度的资产、负债、损益情况的审计，查出违纪、违规金额530万元。查实该行存在信贷资产质量较差、“两呆”(呆滞、呆帐)贷款比例较高、信贷资产潜在风险较大、仓储设施落后、粮食企业库存粮食单价与发行记录不一致等问题。②加强对重点企业的审计。完成对泰山旅游索道有限责任公司上年度资产负债、损益情况的审计，查出该公司在资产置换过程中及在上市公司期间存在不合规定的问题，对企业外部环境进行审计调查，帮助该公司寻找解决问题的途径；完成对山东移动通信公司泰安分公司的审计，查出自1999年成立以来欠缴频占费、入网费、邮电附加费等有问题资金3069万元。针对该行业的特点，延伸调查占业务成本支出金额较大的代理商佣金发放和管理情况。查实存在管理不规范、记录不全面、标准不统一等问题。所形成的《佣金问题不容忽视》的审计情况反映被市委信息杂志刊发。③对泰安供电局直供区及4个县(市)农村电网工程建设与改造项目进行审计。④对泰安市企业职工基本养老保险金、福利彩票资金、体育彩票资金和体育经费等经费、资金、基金进行审计。查出违规存储、挤占挪用、财务核算不实等各类违纪违规金额8820万元。⑤对两个县(市)的物价部门专项资金及物价政策执行情况及全市的行政事业性收费和罚没收入“收支两条线”情况进行专项审计和调查。查出违纪违规金额6504万元，其中，市局查出应缴未缴国库和应缴未缴财政专户及违规收费等违纪违规金额1561万元、违反物价政策执行方面的问题金额4943万元。

内部审计　年内，泰安市审计局制发《关于加强内部审计工作的意见》，对全年的内审工作进行全面安排。成立内部审计师协会，制定内审协会的规章制度，加强内部审计工作。全年内部审计单位项目1578个，查出损失浪费金额1407万元，提出审计建议和意见1219条，促进增收节支1219万元。

(李家成)

统　计

【概况】　年末，全市有统计机构93个，其中市统计局1个、县(市、区)统计局6个、乡镇统计站86个；专兼职统计人员316人，其中具有中级以上技术职务的285人。年内，全市统计工作以提高统计数据质量为中心，以搞好统计服务为根本，推进统计改革和信息化建设，统计信息、咨询、监督的整体功能得到充分发挥。

调查与报表　年内，有年报72种，月、季报40种，纳入政府统计的报表种类有国民经济核算、基本单位、农业、工业、交通运输业、能源、商品零售贸易及餐饮业、对外经济、固定资产投资、建筑业、劳动工资、科技、市县社会经济基本情况等统计报表。纳入政府统计范围的调查有农村住户、城镇住户、物价、房地产、现代企业制度跟踪监测、企业集团统计、企业景气、规模以下工业企业抽样、农村多目标抽样、资产负债抽样、国内旅游抽样、人口变动情况抽样、妇女儿童规划监测统计等调查。临时性的专项调查有群众安全感、私营企业发展环境、非国有企业养老保险情况、东岳庙会专题、电视观众满意度、居民家庭财产、2002年经济形势展望、居民消费意向、职工生活状况等专项调查。全市统计工作者准确、及时地完成了上述各项统计任务。

信息发布　年内,利用新闻媒体及时发布月报、季报、年报主要统计信息,编发《统计摘要》、《统计月报》等刊物,使市民全面掌握和了解全市经济与社会发展现状,为各级单位提供决策服务。政务信息报送工作得到加强,在局内建立政务信息报道网络,全年有286篇政务信息被上级及新闻部门采用。对《泰安统计年鉴》(2002)进行全新改版,采用国际标准16开,版面设计更加美观,内容充实,可读性和实用性增强。

成果与分析　年内,市、县两级统计部门撰写统计分析395篇,综合采用率达58.2%,其中市统计局撰写182篇,采用率达94.0%。为提高统计分析的写作水平,继续在全局推行统计分析课题制和课题招标制,确定的9个招标课题和14个自报课题年底全部完成,多篇有份量、有深度的统计分析报告受到领导的好评。其中《泰安市农业结构调整目标分析》、《泰安工业发展现状及展望》受到领导极大关注,并给予高度评价。《上半年全市经济运行情况分析及全年趋势判断》、《对经济强市建设进程现状及未来的分析判断》等分析报告被市委、市政府领导纳入决策。

法制建设　①"四五"普法收效明显。年内,按照全省统计"四五"普法规划的要求,认真加强领导,不断强化措施,突出工作重点,统计普法取得显著成绩。市、县两级统计局成立统计"四五"普法领导小组,确定办事机构,保障全市统计普法工作顺利开展。制定印发《泰安市2002年统计法制宣传教育"四五"规划》,从指导思想、目标任务、对象要求及保障措施等方面做了具体要求。联合市司法局、市法制办下发《关于对全市领导干部进行普法考试的通知》,对全市3050名领导干部进行普法考试。②提高统计执法水平。加强统计执法队伍建设,及时转发《山东省〈统计执法检查证〉管理办法》,加强对统计执法检查证和检查员队伍的管理。采用全省统一教材,由省法规处领导授课,分两期对204名市、县两级检查员进行培训。③开展统计执法大检查。市、县两级检查281家、立案查处34起,其中市统计局检查36家、查处2家。

（纪　萍）

附：泰安市非国有企业社会养老保险情况分析

年内,为反映市非国有企业参加社会养老保险的情况,深入了解非国有企业参加社会养老保险过程中存在的问题和困难,为政府和有关部门的决策提供科学依据,市企业调查队于5月份对全市26家私营企业、外商投资企业、港、澳、台投资企业(私营企业15家,占57.7%;外商投资企业8家,占30.8%;港澳台企业3家,占11.5%)进行非国有企业社会养老保险情况专项调查。调查结果显示,被调查的26家企业中,有16家企业参加社会养老保险,参保率仅为61.5%,由此推断,全市非国有企业总体的参保率还要大大低于此比率。

调查问卷显示,未参加社会养老保险的主要是企业的临时职工、农村户口职工和未签订劳动合同的职工。16家参保企业2001年末有从业人员5308人,未参加保险的1510人,占28.4%。从参保企业养老保险金交纳情况看,按时足额交纳的10家,占62.5%;按时未足额交纳的1家,占6.3%;不按时但足额交纳的3家,占18.7%;不按时不足额缴纳的2家,占12.5%。从社会养老保险金交纳比例看,企业按单位工资总额20%、个人按工资总额5%交纳的企业8家,占50%;单位按18%、个人按5%交纳的企业2家,占12.5%;单位按23%、个人按4%交纳的企业2家,单位按18%、个人按5%交纳的企业2家,占12.5%;单位按23%、个人不交纳的企业1家,占6.25%;单位按19%、个人不交纳的企业1家,占6.25%。由此看出,各企业的缴纳比例不统一。从走访调查了解的情况看,企业是否参加社会养老保险,与企业的经营状况、企业领导人的认识程度和企业对养老保险政策知晓程度有直接的关系。比如调查人员在东平某油脂厂了解到,该企业自1998年底组建以来,经营状况良好,企业领导人对参加社会养老保险认识程度高,积极参加养老保险,投保金额包括职工个人应缴部分全部由厂里负责,年缴保险金40余万元。但对10名农民临时工,由于对农村户口人员的养老保险政策不了解,至今还未参加保险。泰安某饲料有限公司,2001年末该厂有从业人员1300多人,参加社会老保险的只有46人,同时还给中层以上领导干部购买商业保险,实行双保险。从以上可以看出,在非国有企业中推行社会养老保险制度还存在许多困难与问题,情况复杂,形势严峻,需引起高度重视。

存在困难和问题　随着市场经济不断完善和发展,国有企业的大规模改组、改造及鼓励和发展个体私营经济政策的实施,非国有企业总量迅速膨胀;从业人员不断增加,人员流动加快,结构日趋多样化,社会养老保险事业面对诸多新情况、新问题,亟待解决。主要表现在:①就从业人员而言,在私营企业、外商投资企业和港澳台投资企业的从业人员,尤其是农村户口职工、临时职工和未签订劳动合同的职工,参加社会养老保险的观念淡漠,不能自觉地运用法律来维护自己的切身利益。②就企业而言,企业领导者参加社会养老保险的意识不强。企业领导层虽认识到企业参加社会养老保险,有利于社会的稳定、企业的发展和解除职工的后顾之忧、吸引外资、招聘人才,但在实际工作中多因企业资金紧张或利益驱动或短期行为而不参加社会养老保险。③就政府而言,政府既是社会养老保险政策法规的制定者,又是社会养老保险实施的监管者。从26份调查问卷中显示,随着非国有经济的不断发展壮大,尤其是从业人员下岗分流,转岗就业,流动速度的加快,与之相配套的社会养老保险的法规政策还不够完善,与之相适应的保障措施还不够健全,执法监管力度不强,给非国有企业参加社会养老保险带来很大影响。譬如:企业的农村户口职工、临时工、未签定劳动合同的从业人员数量在逐步增加,他们的社会养老保险将如何解决?下岗、转岗、分流人员的社会养老保险将如何接续保险关系?企业人员增减变化快,工资额度浮动大,职工的养老保险如何适应这些变化等等。再如养老保险金的缴纳比例也很不统一。从对16家参保企业的调查结果看,缴纳比例最高的是按工资总额的27%,缴纳比例最低的只有19%,并且出现6种不同的缴纳比例。④26家被调查企业在回答"企业参加社会养老保险最担心的问题"是什么时,一致回答"企业担心缴纳养老保险金达不到为本企业职工养老的目的"、"企业担心缴纳的养老保险金被挪用"、"企业担心职工退休时领不到养老金"。反映了企业对参加社会养老保险心有余悸。经济在转轨,企业在改制,"国退民进"已成潮流的情况下,社会保障要加强,决不能为了降低企业改制成本而牺牲职工的切身利益。

对非国有企业社会养老保险工作的建议　随着市场经济的不断发展,非国有企业数量规模的扩张,进一步规范私营企业、外资企业的社会养老保险工作势在必行。①加大宣传力度,营造良好环境。要面向社会、面向各级党政领导、面向企业法人代表、面向广大企业职工,广泛宣传,营造关心社会养老保险就是关心自己的氛围。通过宣传,进一步引起政府重视、社会关注,进一步提高企业领导者和劳动者的法律意识,做到积极参保,自觉缴费,保证社会养老保险事业健康发展。②加大工作力度,扩大参保面积。私企、外企与国有企业相比,分布广,情况复杂,参保率低,工作难度大,必须加大工作力度。要根据政府有关部门提供的非国有企业登记情况,逐一排查企业的参保情况和从业人员的参保情况。要把从业人员较多、效益较好、管理规范的企业作为重点,摸清底数,逐户纳入,不留死角。对私企和外企从业人员可采取先纳入、后规范的办法,简化参保手续,提高办事效率。对拒不参保的企业,要运用行政、法律、舆论多种手段,依法强制企业参加社会养老保险,依法维护劳动者的切身利益。③完善政策措施,实现规范管理。制定相应的政策,采取配套的措施,解决非国有企业的参保问题。要采取措施解决缴费比例不统一问题,应使非国有企业职工享受与国有企业"正式"职工同等的社会保障待遇。对从业人员参加社会养老保险的管理,实行社会养老保险的"卡式"管理,即建立健全个人保险帐户,从业人员人手一卡,持卡上岗就业,持卡参加社会保险,不管岗位如何变,养老保险接着算,这样既有利于解决职工因下岗分流、转岗就业而造成的停保、断保、续保问题,也有利于职工在就业岗位依法监督企业的参保行为。　(宋洪新)

工商行政管理

【概况】　年末,全市有工商行政管理机构218个、职工干部1916人。市工商局下设4个分局和4个县(市)工商局、基层工商所108个(专业所4个)。全市有注册内资企业9465户,实有外商投资企业179户、私营企业6360户、个体工商户6.85万户。鉴证各类经济合同2.18万份。各类交易市场发展到499处。工商系统查处各类经济违法违章案件1.86万件,受理消费者投诉2891件,为消费者挽回损失307万元。

工商企业登记管理　①年内,全市新登记内资企业733户,注、吊销企业1867户。年末,全市注册内资企业达9465户,比上年减少1134户,下降10.7%;注册资金192.5亿元,比上年增加0.98亿元,增长0.51%。内资企业发展的主要特点是:新登记户数继续减少,公司制企业户数增多,户均注册资本数额增大。②年内,新增外商投资企业43户,投资总额1.67亿美元,注册资本8619万美元,外方认缴6139万美元,分别是上年同期的3倍、9.4倍、7.9倍、6.9倍。年末,全市实有外商投资企业179户,比上年增加18户,增长11.18%。其中,合资企业115户,合作企业18户,独资企业46户。外商投资企业投资总额4.9亿美元,注册资本2.9亿美元,外方认缴1.7亿美元。年内,外商投资企业发展呈现出新的特点:发展速度加快,投资规模增大,科技含量提高,外商独资企业发展迅速。③年末,全市有个体工商户6.85万户、私营企业0.64万户,比上年增长1.3%、4.7%。私营企业发展规模扩大,实力增强,全市私营企业注册资本32.7亿元,比上年增长33.2%。金太经纬集团有限公司成为泰安市首家注册资本过亿元的私营企业。从工商企业的行业分布情况看,新登记房地产企业增幅较大,年末房地产内资企业55户,比上年增长48.65%;从企业设立形式看,公司制企业在各类企业中比重逐年加大,全市按照《公司法》设立的公司制企业4376户、注册资金126.1亿元,比上年分别增长21.08%、21.48%,公司制企业注册资本占全市企业注册资金总额的50.6%,成为各类经营主体的中坚力量。

经济合同管理　年内,合同鉴证、抵押登记和拍卖的监管力度加大,鉴证各类经济合同2.18万份、金额9.5亿元,分别比上年减少48.46%、29.39%,其中,加工承揽合同鉴证24份,比上年增长140%;工矿产品购销鉴证303份,比上年减少79.5%;农副产品购销鉴证1.99万份,分别比上年减少48.59%。检查各类经济合同4019份,查处违法合同15件。办理抵押登记225件,比上年减少17.88%;抵押物价值14.2亿元,增长15.23%,其中私营企业抵押物价值2.79亿元,比上年增长180.29%,反映私营企业不断发展壮大,信用增强。全市实施现场监管拍卖21场次,监督拍卖委托合同26份,金额为1.19亿元。严厉查处合同欺诈行为,为企业避免损失200万元。全年新批"守合同、重信用"企业391家(省级以上128家)。

商标广告管理　①实施商标广告战略,全市新增企业注册商标300件,其中新增省级著名商标2件,累计达10件。商标保护措施得到加强,查处各类商标违法案件70件(商标侵权假冒案件15件),收缴和消除商标标识31.69万件(套),比上年分别减少11.39%和47.85%。②支持发展广告经营单位,规范广告经营行为。年末,全市广告经营单位达到274家,有从业人员2800人,年经营额为9796万元,比上年分别增长8.3%、45.8%、12.7%。从经营机制看,专营广告公司129家,比上年增长34.3%;兼营广告公司40家,比上年减少33.3%。从广告经营单位的构成情况看,个体私营广告业户209家,占广告经营单位总数的76.3%,比上年增加54家,增长34.8%;广告经营额2874万元,比上年增长40.3%,占广告经营总额的29.3%。年内,对泰城户外广告、印刷品广告及乱贴乱画广告进行专项治理。整治门头牌匾4000块,拆除429块,翻修2712块。登记大型户外广告195块,新上霓虹灯广告47块,美化、亮化旅游城市环境。检查广告经营单位51家,现场查看广告1658条,督促各单位限期查办案件54起。全市立案197起,严厉打击虚假广告,促进广告业健康有序发展。举办"泰安市第七届优秀广告作品展暨首届广告人书画作品展",评出金、银、铜奖及优秀奖45件、组织奖6件。在山东省广告协会"第八届广告节"上,泰安市获得1金3铜的好成绩。

集贸市场管理　年末,全市有各类商品交易市场499处,其中,消费品市场478处,生产资料市场21处。各县(市、区)拥有市场数:泰山区72个,岱岳区111个,新泰市122个,宁阳县62个,肥城市77个,东平县53个,市直2个。总成交额为170.2亿元,比上年减少11.49%,其中消费品市场成交额151.1亿元,生产资料市场成交额19.1亿元。年内,泰安市工商局创新市场监管方式，在肉类市场实行备案证和信誉卡制度，在农资市场实行登记台帐和信誉卡制度，使经营者自律、消费者监督和市场检查有机结合，较好地实现对肉类和农资市场的全程监控，有效地维护了消费者的权益。5月25日，中央电视台在《午间新闻》栏目对此作报道。整治泰城市场的环境卫生和经营秩序，市场容貌明显改观。全市清理整顿市场125处，其中7处重点市场通过山东省工商局验收。查处商品交易市场违法违章案件1155件，比上年增加578件，增长100.17%，其中出售假冒伪劣商品案件200件，比上年增加155件，增长344.44%。

【公平交易执法】 6月，泰安市工商局设立公平交易局，同时挂山东省工商行政管理经济监察总队泰安支队和打击传销办公室的牌子，为副处级单位，内设科室3个，执法力量和案件查处力度均得以加强。全市公平交易执法部门查处各类经济违法违章案件1.36万件，比上年增长22.04%；查处案件总值9596万元，比上年增长21.81%。其中，万元以上的案件251件，百万元以上的6件，处理违法案件323件。

继续加大对垄断行业或部门不正当竞争行为的查处力度，监管执法领域拓展到铁路、煤气、盐业、建筑等行业，查处不正当竞争案件32件，维护了公平交易秩序。查处传销案件8起，取缔传销活动10次，遣散人员240人次，移送司法机关处理3起。打假扶优，确定重点保护企业41家、保护品牌62个。年内仅与上海恒源祥、皮尔·卡丹、泰山生力源和山东亚奥特等企业联手，就查办案件31件，查获假冒伪劣商品案值120万元。对市内的泰山生力源、山东亚奥特等名牌企业，协调枣庄、临沂等市工商管理局打假保名牌，巩固上述产品的市场占有率。

【消费者权益保护与消费投诉】 年内，突出“科学消费年”主题，实施《泰安市消费者协会消费纠纷披露制度》，实行消费警示制度。市消协推荐消费者满意商店(单位)74家，其中省级19家；推荐产品8件，与29家食品生产单位、经营单位签订食品安全承诺书。强化“12315”申诉举报网络建设，全市设立1个市级指挥中心、8个县级举报中心、105个基层举报站。认真处理消费者申诉，解答咨询2万人次，受理投诉2891件(消费者协会受理1271件)，行政调解592件，其中加倍赔偿125件。立案查处侵害消费者权益案件181件，比上年增加90件，增长98.9%，为消费者挽回损失307万元。

全市工商机关受理消费者申诉1620件，比上年增长318.6%。其中，商品消费申诉1030件，占总数的64%，比上年增长244.5%；服务消费申诉590件，占总数的36%，比上年增长570.5%。调解成功1267件，为消费者加倍赔偿金额15万元。从消费者投诉的对象看，多数为家用电器、家用机械、日用百货和烟酒饮料食品等四大类商品，占商品消费申诉总件数的76%。从申诉内容看，主要是质量、价格方面，分别占总件数的54%、14%。从被诉方看，个体工商户和自然人比重较大，分别占总件数的51.4%和41%。

(刘建广)

物价管理

【概况】 年末，全市有物价管理机构7个、干部职工200人，其中市物价局有52人。年内，全市市场价格有升有降，总体保持稳中有降的态势。

价格总水平 年内，居民消费价格总水平比上年下降0.9%，居民消费定基价格指数从1月份的100.3降至12月份的99.3。列入居民消费价格指数统计的八类消费品(按用途分类，含服务)价格中，只有食品类、居住类分别上涨1.8%、0.2%，其它均下降。①食品类价格继续回升，上涨1.8%。其中淀粉及薯类、干豆类及制品、肉禽及其制品、蛋、菜、调味品、干鲜瓜果等价格分别上涨19%、3.6%、0.1%、0.3%、17.7%、13.8%、12.6%；粮食、水产品、糖、茶及饮料、糕点饼干面包类、奶及奶制品、在外用膳食品、其它食品及食品加工服务等价格则分别下降4.7%、2.6%、2.2%、4.3%、1.2%、1.1%、1.1%、2.9%。②工业消费品价格继续下降。由于工业消费品总量仍供过于求，特别是一般工业消费品严重过剩，市场竞争特别是价格竞争仍很激烈，价格水平继续保持稳中有降的运行态势。烟酒及日用品、衣着、家庭设备用品及维修服务、医疗保健和个人用品、交通和通讯、娱乐教育文化用品及服务等类分别下降0.6%、1.5%、2.9%、5%、4.8%、1.7%。③服务价格由上涨转为下降。服务价格在政策性调价因素影响下一直上涨，是全市价格总水平上涨的主要动力。但在下岗、失业人员增多，低收入阶层人数扩大的情况下，价格调整的空间相对缩小，因此政策性调价对价格总水平的拉动作用减弱。年内服务价格由上涨转为下降，比上年下降1.0%。

【清费治乱】 年内，市政府把清费治乱作为全市优化发展环境的大事来抓，制定下发《关于认真做好清理整顿收费项目、标准工作的通知》、《关于全面推行收费公示制度的实施意见》和《泰安市清费治乱收费公示工作考核办法》等文件，物价局设清费治乱领导小组办公室。市物价局抽调14名业务骨干，对市内(包括省级以上驻泰单位)88个部门的874项收费进行全面清理审查。经市政府审定，减少收费项目375项，降低收费标准32项，行政性事业性收费改为经营性服务收费67项，每年减轻企业和群众负担8000万元。推行收费公示制。全市发放收费明白卡59.7万张，市直55个收费系统(部门)的302个收费单位全部实行公示制度，3681个行政村制作公示牌4445个，公示面积达95%。

价格管理与价格监督检查 ①年内，对泰城18个企事业单位的用水数量、节水措施、水费负担水平等进行调查，对生产成本进行调价前的监审，召开价格调整听证会，听取有关方面意见，提出并经市政府出台《城市供水和污水处理价格调整方案》。②落实国家和省383种药品降价政策，审核批复8家医疗单位联合招标采购的48种药品价格以及八十八医院等单位50种自制剂价格。③实施全市城乡居民用电同网同价，减轻居民用电负担7300万元，其中减轻农民用电负担4500万元。年内，上报8个小火电厂11个机组的上网电价，其中省局批复了6个小火电厂9个机组的上网电价。④制定和调整部分公用事业价格，批复大河水库向鲁邦大河热电厂供水价格及鲁邦正阳热电厂工业用气价格、市公交公司公共汽车IC卡等价格，居民供热价恢复为每平方米18元的原定价格。⑤检查粮食收购价格政策执行情况，规范收费秩序。⑥加强对中介机构和社会力量办学收费及短期培训班的管理，治理整顿泰城停车场收费，批复8家物业管理服务收费标准和泰山广场服务收费标准，调整、批复东平腊山门票价格和部分医

2002 年制定和调整价格(收费)项目表

项 目	原价格	定、调后价格
居民生活用水	1.10 元/立方米	1.86 元/立方米
机关团体用水	1.44 元/立方米	2.25 元/立方米
工业用水	1.81 元/立方米	2.46 元/立方米
经营服务性	2.08 元/立方米	3.11 元/立方米
特种用水	2.62 元/立方米	3.65 元/立方米
污水处理费(工业、经营、特种)	0.30 元/立方米	0.45 元/立方米
污水处理费(居民、机关团体)	0.15 元/立方米	0.25 元/立方米
大河水库向鲁邦大河热电厂供水价格		0.60 元/立方米
宁阳鲁邦正阳热电有限公司		一级抽气(2.45Mpa)85 元/吨
居民采暖	15.30 元/120 天	18 元/120 天
9 路公交车票价(虎山公园至泮河大街)		1 元/人次
公交环线夜班车票价		1 元/人次
41、42、43、46、48、49、50 路公交车票价		1 元/人次
东平县污水处理费(生活)		0.15 元/立方米
东平县污水处理费(其它)		0.25 元/立方米

院、学校收费标准等。⑦提高收费员业务素质,分 12 期对市直 550 名收费员进行了收费管理知识培训。⑧审验 352 个收费单位 1229 个收费项目,年内收费 6.4 亿元,审验出有乱收费行为的单位 35 个、乱收费额 440 万元。⑨开展涉农价格和收费、土地和建设项目收费、药品及医疗服务价格、工商收费等专项检查。对外出和外来劳务人员收费及“五一”、“十一”旅游黄金周市场进行检查,查处各类价格违法案件 521 件,查处违法所得 2615 万元,实行经济制裁 1025 万元。其中,退还用户 686 万元,收缴入库 339 万元。⑩发挥“12358”价格举报电话的窗口作用,受理群众投诉举报案件 242 件,查结 236 件,退还消费者价款 121 万元,实施罚款 1.7 万元。

成本调查与信息服务　年内,全市完成国家和省定小麦、玉米、花生等 7 种农产品生产成本及收益情况调查、分析与上报。增加 12 个调查点,建立成本资料农户反馈制度,企业定期上报成本资料和定期审价制度。对泰城居民住房开发、建设、流通等情况进行调查并撰写调查报告,被市领导采用。加强对粮食等重要商品的价格监测,完成国家计委和省物价局部署的价格监测任务,及时上报 420 种商品和服务价格监测资料。

【价格认证】 5 月 20 日,市机构编制委员会办公室批准成立泰安市价格认证中心,为全额拨款科级事业单位。10 月,实施《山东省涉案物品价格鉴定认证条例》。负责车辆定损、旧车交易价格认证、涉案物品价值认定、贷款抵押物价格鉴定等认证工作。全年完成各类价格鉴定认证业务 7226 件,鉴定认证总额 4.5 亿元。　(史　鑫)

质量技术监督

【概况】 年内,泰安市质量技术监督局根据山东省人事厅、省机构编制委员会办公室、省质量技术监督局下发《关于省以下质量技术监督系统机构编制和人员上划交接有关问题的通知》的要求,机构、人员全部上划给省局。年末,市、县(市、区)两级有质量技术监督行政管理机构 7 个、行政执法机构 8 个;计量、质量、锅炉压力容器、纤维检验、特种设备、情报等技术机构 26 个;职工 668 人,其中市质量技术监督局及直属技术机构职工 188 人(在岗位的中级以上工程技术人员 129 名)。

质量监督管理　①年内,全市继续开展“3·15”全国“质量月、安全月”等活动,提高全民的质量意识。实施名牌战略,重奖企业创出的“中国名牌产品”。壮大质量管理队伍,有 380 人参加质量工程师考试培训,70 人考取质量工程师,通过率达 18.4%,比上年提高 8.2%。建立质量管理服务网,首批吸纳 38 户企业入网。②加强对工业产品生产许可证获证企业的日常监督管理,实地审查 7 家农药、化肥获证企业。补充完善全市生产许可证数据库,全市 189 家企业的 241 个产品获得生产许可证,30 家企业生产的 39 种产品列入国家第一批强制性产品认证范畴。完成水泥、脱粒机、化妆品、起重机、溶解乙炔、洗涤用品、塔机等产品的 52 家生产企业换(发)生产许可证申报、初审工作。配合国家、省完成生产水泥、白酒、脱粒机、化妆品、洗涤用品、起重机、叉车等产品的 62 家企业生产条件验收工作。17 家企业的 23 种产品获山东省免于流通领域检查产品称号。泰安建筑工程公司承建的泰安电信第二枢纽工程荣获省政府工程质量奖。6 家企业通过 ISO9002 质量体系认证审核,全市累计有 107 家企业通过质量体系认证。③在开展生产领域产品定期监督检查和流通领域商品日常监督检查的同时,对旅游市场进行专项整顿,对食品、“土炼油”进行专项打假,对充气瓶、地条钢、化肥、水泥等 30 种群众关心的热点商品进行专项检查,完成监督检验任务 5572 批次,产品质量合格率为 89%。④试行产品抽检分离工作试点,将检验人员同企业分离开来,增强监督检查工作的公正性。在全省率先试行缺陷产品“召回”制度,“召回”2 种存在安全隐患的产品。岱岳区政府依法关闭在省监督抽查中受到通报批评的泰安大汶口平板玻璃厂。⑤对小麦粉、大米、植物油、酱油、食醋等 5 类产品实行质量安全市场准入制度,完成承担检验的质检机构资格申报、第一批申请获证企业现场审查工作。承担 3650 吨国家储备棉的检验任务,公证检验经营性棉花 1.5 万吨。年内,省以上质量监督抽查产品合格率为 85%,好于全省平均水平。从产品质量情况通报看,太阳能热水器、卫生纸、复混肥、小麦粉等产品质量问题比较严重。在乳制品、肉制品、茶叶、调味品、饮用水等五类食品质量定期监督检查中,不合格项目多为菌落总数等卫生项目,总体合格率仅为 57%。分析产生这些问题的原因,一是有些企业尤其是中小企业、民营企业质量基础工作薄弱,不重视质量管理,缺少技术投入和人员培训;二是个别地方在发展地方经济过程中不重视质量工作,甚至把建立和完善投资环境同整顿市场经济秩序相对立,地方保护主义现象严重;三是执法监督力度有待于进一步加强。

标准化管理　①办理组织机构代

码。全年共2.47万个单位办理组织机构代码证书，其中新增、变更、换证单位3594个(市直1412个)；年检8880个(市直3480个)，年检率为35.93%(市直52.26%)，发IC卡3440张；为280人次提供各类标准810个。②推行企业标准化生产。15家企业的18种产品采用国际标准，4种产品获准使用采标标志；为2513家企业的4969种产品进行登记，680家企业的1136种产品新办、换发执行标准登记证书；依法办理企业产品标准备案205项；对珠宝玉石及贵金属饰品标识、室内空调器安装规范等强制性标准执行情况进行监督，检查企业516户，产(商)品1350次，对不符合要求的进行处理；开展5类产品无标生产专项治理，为385户生产企业配备产品标准；全市有195家企业的450种商品使用商品条码。③推广农业标准化生产与加工。岱岳区桑蚕种养国家级农业标准化示范区投入运行。生产肥桃、大蒜等2项农产品的肥城市、东平县斑鸠店被列入山东省第一批农业标准化示范区。发布农业地方规范30项，农业企业产品标准备案达75项。制定《泰安市国家无公害农产品标志管理办法》，全市13个单位的20种产品获准使用无公害农产品标志。但从全市来看，多数农产品没有产品标准，无公害农产品产地、栽培、质量系列标准覆盖产品少，部分农产品农药残留超标。究其原因，主要是农业标准质量意识不强，部分群众和加工经营企业标准化和质量品牌意识淡薄，对农业标准化投入不足，经费不到位；实施农业标准化力度不够，农业标准体系不够完善，只基本建立粮食、油料作物体系；农产品质量检验监测体系有待完善，申请检验的主动性不强。

计量管理　年内，147家企业通过计量确认。山东泰山生力源集团股份有限公司在全省首家申请使用“C”标志(全国统一计量保证能力合格标准)。对4个县级电力部门电能计量实施授权，明确监督管理职能。颁发制造计量器具许可证2个、修理计量器具许可证3个、销售计量器具许可证59个。全市强检计量器具5.11万台(件)，非强检计量器具5.69万台(件)。对90个集贸市场、483个加油站实施计量专项整治。对436个审核(复查)合格的加油站发放“计量认可合格证”，并建立计量档案。对定量包装商品、出租车计价器、医用“三源”(医用辐射源、激光源、超声源)、民用“四表”(水、电、气、暖)等计量产品进行执法检查，全市检查定量包装商品3114件，合格率达85.9%。出租车计价器强检管理步入正规，医用“三源”实现建档管理，岱岳新区住宅工程率先实施民用“四表”首检。开展电子皮带秤、核子皮带秤以及锅炉压力容器、压力管道特种设备领域的14种计量器具的检定业务。从计量检验的情况看，部分企业不重视计量基础工作，“民用四表”首检工作难度较大，定量包装商品的监督管理还有待加强，法定计量检定机构检测手段不适应形势的发展。究其原因，一是企业追求短期效益，不舍得投入；二是社会计量法制意识不强，消费者自我保护意识较弱；三是监督管理力度不大。

特种设备安全监察　年内，分别在元旦、春节、“五一”、“十一”、“十六大”、“安全月”期间组织特种设备安全大检查6次，累计检查348家单位1918台次；举办安全培训班20期，培训各类特殊作业人员2424人次。通过努力，全市杜绝重大安全质量事故。年内，全市普查锅炉2235台、压力容器4972台、电梯432台、起重机械1435台、游乐设施96台、厂内机动车辆454辆、客运索道4条，对查出的问题督促有关单位进行整改。全年检验锅炉2580台，压力容器2776台、特种设备1704台次、钢瓶1.03万只、压力管道2.64万米。开展特种设备普查整治和专项整治活动。在“土锅炉”和气瓶专项安全整治活动中，检查生产、销售、使用“土锅炉”单位400家，下发监察意见书138份，处理使用“土锅炉”单位300家，现场割除小锅炉60台，取缔非法生产“土锅炉”业户80家，印制气瓶充装记录检查表2064本，依法关闭气瓶无证充装站20家，查扣违规充装气瓶1500支，没收倒气工具6套。在对游乐设施和快开门式压力容器进行专项安全检查治理活动中，检查游乐设施96台，封存风光观览车1台，对超期未检验的1台电动火车、19条水上游船、21台碰碰车责令停止使用。检查80家使用的快开门式压力容器157台，其中120台不具备安全使用条件，对业主当场下发监察意见书，责令停止运行。

行政执法　年内，加大行政执法力度，在打假方面突出4个重点：一是影响人民群众安全健康的劣质食品、劣质电器、劣质建材；二是人民群众普遍关心的生产、生活用品，如化肥、农药、农业机械、洗化用品、儿童用品等；三是根据季节特点集中打击冬季的掺假煤炭、黑心棉等；四是违反国家产业政策，严重扰乱市场秩序的违法行为，如地条钢、土炼油、土锅炉等。在打假行动中，全市出动执法检查人员11.5万人次，查处制假售假违法案件1945起(其中万元以上案件160件)，端掉制假售假窝点118个，没收假冒伪劣产品货值198.1万元，罚没款616.3万元，极大地震慑制假售假违法犯罪分子。在农资产品专项打假中检查农资生产、经营单位1700家，立案查处制售假冒伪劣农资案件243件，查获违法货值120万元，端掉制假售假窝点20个。在“地条钢”专项打假中，端掉地条钢窝点24个，查获非法地条钢270吨，货值30万元。在煤炭专项打假中，检查各类煤炭生产经营单位168家，查处掺杂使假煤炭3800吨，没收矸石粉碎机10台，查处违法案件78起，货值90万元。在酒类、饮料类食品专项打假中，查处制售假冒劣质白酒、饮料案件138起，查获各种假冒劣质白酒1.2万瓶、饮料2.5万瓶(袋)。

【服务经济建设】　一是开展“建立联系点为企业服务”活动。全市选择104家企业为重点服务对象，按照企业隶属关系、企业特点和各单位职能，将服务的内容、措施、目标落实到各县(市、区)局、市局各业务科(所)，开展对口服务。二是开展“打假保名优”活动。建起“打假保名优”、“举报投诉”和“内线举报”网络。吸收40家名优企业入网，建立名优企业档案，给予特殊保护。开通“12365”打假举报电话和名优产品真假识别信息系统，“12365”举报投诉电话24小时有人值班，接到举报随时出击。成立质量投诉办公室，全面受理消费者对产品质量的投诉，为鼓励企业参与打假向企业承诺：入网不收费，打假不收费；只要企业需要，无论在市内、市外都可以举报、投诉。三是开展创建“无假冒商店(场)”活动。在参与创建企业设立咨询服务台、公平秤，实行坐堂服务，公布举报投诉电话，安排专业技术人员、执法人员进行对口培训，认真处理消费者投诉，并及时帮助企业解决经营中遇到的难题。企业则对大宗进货实行委托检验和验货检验。　(王金海)

药品监督

【概况】　年末，全市有药品监督管理机

年内，市药品监督管理局加大执法力度。图为集中销毁查获的假劣药品、一次性医疗器械

构7个，包括市药品监督管理局、岱岳区分局、4个县(市)药品监督管理局和1个技术机构(泰安市药检所)，有在职职工178人，其中市局有36人。年末，全市有执业药师230人、注册药师155人，分别比上年增长22.8%、19.2%。其中，药品生产单位有12人，注册药师6人；药品经营单位有83人，注册药师70人；使用单位有123人，注册药师79人；药品研制单位和医学、药学院校有18人。为弥补执业药师的不足，在药品经营单位实行从业药师资格认定制度。年内，全市有从业药师276人，比上年增长148.6%。

药品生产管理　年内，市药品监督管理局对21家药品生产企业进行年审，合格18家，合格率85.7%，年审不合格责令限期整改3家。全市有11家原料药和制剂生产企业须于2004年6月30日前通过GMP认证。2002年4月份，泰安制药厂输液车间通过国家药品监督管理局组织的GMP认证现场检查，6月份取得《药品GMP证书》。1月4日，查处泰来制药有限公司制售假劣药品案，没收并销毁胎盘肽等价值140万元的假劣药品，给予当事人经济处罚，从源头上杜绝假劣药品的出现。

医疗机构制剂管理　年内，按照《医疗机构制剂质量管理规范》(GPP)的要求，年审医疗机构制剂室18家，其中合格的有17家，不合格责令限期整改1家。另外，通过医疗机构制剂室年度验证工作，依法查处一家医疗机构使用外单位非法制剂，给予没收非法制剂、罚没金额2万元的行政处罚。

药品经营管理　年内，按照《药品经营质量管理规范》(GPS)及其实施细则的要求，做好药品批发、零售及医疗机构药房用药的监督管理。一是对全市57家药品批发企业的药品质量进行全方位监管。二是按照"合理布局、方便群众购药"的原则，发展药品零售企业，放开搞活药品零售市场。年内，收到开办药品零售企业申请321份，经初审，符合条件允许筹建的单位有132家，建成合格率100%。通过放开药品零售市场，全市药品零售企业逐步形成多种经济成份并存的竞争格局。三是加大对全市医疗机构药房药品抽验力度，查处10起医疗机构使用假劣药品案。四是推行药品分类管理，健全药品经营单位质量管理、非处方药销售、处方药销售、咨询服务等制度，规范药品分类摆放形式，将药品分为处方药、非处方药、双轨制管理3个区域，既方便群众自主择药，又保障用药的安全有效。

药品质量管理　全年完成药品监督和计划抽验841批次，比上年减少66.4%，其中，省局下达抽验计划800批次，抽验合格677批次，合格率为84.6%；委托检验41批，合格25批，合格率为61%。

特殊药品管理　特殊药品管理是指对麻醉药品、精神药品、医疗用毒性药品、放射性药品的监督管理。年内，一是在工商、卫生、公安治安支队配合下，对全市20家特殊药品经营使用单位进行"查领导、查制度、查管理、查隐患整改、查事故处理"的"五查"安全检查活动，对查出的问题责令有关单位立即整改，改善特殊药品储存设施和管理措施。二是在全市范围内对特殊药品、易制毒化学药品、中药饮片炮制、换证遗留问题、产品注册合法性、生产配制行为的合法性等进行全面检查。年内检查单位50家，规范管理环节，查处违法行为。三是完成《麻醉药品专用卡》的核发工作和二类精神药品的定点工作。核准91家二类精神药品定点零售企业，初审通过51家二类精神药品定点批发企业并上报省药监局。四是配合药品GSP认证工作的开展，根据《毒性药品管理办法》制定验收标准，对符合要求的3家毒性药品零售企业予以定点。

医疗器械监督管理　年审医疗器械生产企业10家，合格7家，合格率为70%。年审99家医疗器械经营企业(包括非法人企业)，合格95家，合格率为96%。对全市17家医疗器械生产企业和18家法人、38家非法人医疗器械经营单位的92名一次性使用无菌医疗器械(包含一次性使用无菌注射器、输液器、输血器、滴定管式输液器、静脉输液针、无菌注射针、塑料血袋、采血器、麻醉穿刺包等)销售人员进行登记备案。年内，全市3家医疗器械生产企业，65家医疗器械经营企业、14家医疗器械经营企业增加一次性使用无菌医疗器械的验收工作。

年末，全市有药品研制单位8个，比上年增加1个；药品生产单位21个，比上年增加2个；医疗机构制剂室为19个，与上年持平；药品经营单位511个，其中零售单位455个，比上年增加162个；批发单位为56个，与上年持平。药品使用单位670家(乡镇以上医疗机构及厂矿医院、诊所110家，村卫生室560家)，比上年增加76家。医疗器械生产单位18家，比上年减少2家；经营单位175家，比上年增加77家；使用单位695家，比上年增加153家。

【药品、医疗器械质量与经营综合行政执法】　年内，全市先后开展两次以农村用药质量、中药饮片质量、医疗机构药剂质量、药品非法经营、一次性使用医疗器械质量为内容的专项检查活动，连同日常执法检查活动，出动执法人员4200人次，检查药品生产、经营、医疗单位1200家(含个体诊所110家、村卫生室560个)。受理举报投诉案件137起，立案查处假劣药品、医疗器械案165件，结案152件，移交公安机关处理1起，涉案标价300万元。取缔无证经营药品、医疗器械户63个。查处假药222批，劣药79批，查处假许可证5个，超经营方式、超范围经营25家，违法药品广告7件，捣毁制售假劣药品窝点3处、假劣医疗器械窝点1处。

(刘传国)

安全监督管理

【概况】 全市有安全监督机构92个、401人，其中：市本级安全监督机构1个、22人；县级安全监督机构6个、53人；乡镇(办事处)安全监督机构85个、326人。全市96%的规模以上企业配备专职安全管理人员，安全管理网络健全。年内，全市工矿商贸企业杜绝了一次死亡3人以上的重特大事故，实现了“安全生产年”的目标。市安监局、宁阳县安监局被省安全委员会授予全省安全生产监督管理工作先进单位，市安全监督局获得“安康杯”竞赛优秀组织奖。新建项目安全卫生设施检查验收按照国家“三同时”S(劳动安全卫生同时设计、同时施工、同时竣工验收)管理规定，对泰山复合材料有限公司等9个单位的新建、扩建项目的劳动安全卫生设施进行审查和竣工验收。

安全生产目标管理 市政府按照“大安全”的工作思路和“属地管理”的原则，向各县(市、区)政府及38个部门和单位下达安全生产控制指标，逐级分解，层层签订责任书，实行月调度、季通报、年考核，奖惩兑现。经年底考核，39个单位完成市政府下达的控制指标，占总数的88.6%。对没有完成安全生产控制指标的在“评先树优”活动中实行“一票否决”。41个单位和67名安全管理人员被市政府授予2002年度安全生产先进集体和先进个人。

安全监督 市、县(市、区)两级组织各类安全检查106次，组成检查组453个，检查1860人次，检查企、事业单位2219个，查出事故隐患7224条，督促整改7156条，整改率占99%。对重大危险源和重大隐患的排查、评估建档、监控整改等，实行“分级管理、企业负责”，督促银山浮桥、山东瑞星集团公司及鲁岳化工公司等单位对存在的重大事故隐患彻底整改。

安全宣传教育和技术培训 年内，组织开展全市“安全生产月”活动，组织有8000人参加的“安全咨询日”活动，宣传《安全生产法》和《山东省安全生产监督管理规定》等法律法规。年内，全市举办各类企业负责人、安全管理人员、特种作业人员培训班173期，培训9223人，其中培训电工、焊工、超重工等特种作业人员7516人。70%的企业主要负责人、95%的安全管理人员、91%的特种作业人员接受安全培训，提高了企业及职工的安全意识和安全技能。

安全生产专项整治 年内，全市开展煤矿、化学危险品、道路和水上交通、非煤矿山、公众聚集场所、民用爆炸物品和烟花爆竹、土锅炉和充气瓶等方面的安全生产专项整治活动。组织16次专项整治督查，地方煤矿43处投入资金9000万元，整改后解决隐患问题302个。全市有非煤矿山998处，其中，验收合格发证174处，关闭824处。在市内实行的县、乡(镇)政府向地方煤矿派驻1～2名安全督察员的做法，被省安全委员会作为典型在全省推广。在摸清底子的基础上，对11处重大危险源和剧毒化学品加大监控力度。整治14个重点路段，东平湖及黄河东平段等水上交通安全状况明显改善。规范爆破器材和烟花爆竹生产、经营、储存单位的安全行为，遏制了群死群伤火灾事故的发生。消除非法制造土锅炉及无证非法气瓶充装等安全隐患。

安全事故统计及处理 年内，全市发生各类伤亡事故3165起，比上年增长7.3%，死亡485人，受伤1407人，直接经济损失1320.5万元，分别比上年下降18.4%、16.7%和0.5%。年内，151名有关责任人因安全事故受到处理，其中，党籍处分6人，行政处分48人，经济处罚73人，追究刑事责任9人，其他处理15人。

全市安全生产存在的主要问题是：年内，安全生产基层和基础工作仍比较薄弱，火灾事故有所上升，发生火灾1437起，比上年增长69.3%；道路交通事故居高不下，发生1673起，占事故总数的52.9%；部分工矿商贸企业伤亡事故时有发生。造成上述问题的主要原因：一是有些部门和单位安全生产工作没有落到实处；二是有的企业安全投入不足，安全设施不完善，事故隐患不能及时消除；三是有些部门和单位没有按规定配备安全管理人员，安全管理比较薄弱；四是有的企业对职工的安全教育和技术培训不够，安全生产素质较低，违章指挥、违章作业、违反劳动纪律的“三违”现象时有发生。 (毕元新)

2002年安全事故统计表

类别	事故数(起)			死亡数(人)			受伤数(人)			经济损失(万元)		
	累计	上年同期	同比(±%)	累计	上年同期	同比(±%)	累计	上年同期	同比(±%)	累计	上年同期	同比(±%)
合计	3165	2949	7.3	485	594	－18.4	1407	1689	－16.7	1320.5	1326.7	－0.5
道路交通	1673	2051	－18.4	428	521	－17.9	1393	1653	－15.7	781.4	875.4	－10.7
火灾	1437	849	69.3	6	4	50	6	9	－33.3	221.8	190.5	16.4
森林火警	5	3	66.7	0	0	#DIV/0!	0	0	#DIV/0!	0	0	#DIV/0!
森林火灾	0	2	－100.00	0	0	#DIV/0!	0	0	#DIV/0!	0	0.7	－100
工矿商贸业事故	50	44	13.6	51	69	－26.1	8	27	－70.4	317.3	260.1	22
工商业(非煤矿)	28	15	47.4	27	22	22.7	8	4	100	232.3	143.1	62.3
煤矿	22	25	－12	24	47	－48.9	0	23	－100	85	117	－27.4

编辑·校对 欧阳宏飞

农 业

综 述

【概况】 年内，全市农业和农村经济工作以农业增效、农民增收、财政增长和农村稳定为目标，突出农业结构调整、农业标准化生产、农业产业化经营、农业科技推广等工作重点，农业和农村经济稳定发展。

全年农林牧渔业完成增加值 75.8 亿元，比上年和 1997 年分别增长 2.1% 和 20.2%。其中，农业完成 52.95 亿元，渔业完成 3.17 亿元，分别比上年下降 0.3% 和 0.1%，林业完成 2.73 亿元，牧业完成 16.96 亿元，分别比上年增长 2.4% 和 11.6%。农林牧渔业增加值比例为 69.8∶3.6∶22.4∶4.2。森林覆盖率 21.56%，比上年提高 0.26 个百分点。全年肉类总产量 31.7 万吨，比上年增长 12.7%；禽蛋产量 21.7 万吨，增长 14.3%；奶类产量 3.3 万吨，增长 81.8%。全市水产品产量 5.8 万吨，比上年下降 11.1%。全年农民人均纯收入 3135 元，比上年增长 6.0%。农民人均生活消费支出 1687 元，比上年增长 0.6%。全年农民人均食品消费 800 元，恩格尔系数为 47.4%。全市农村居民人均居住面积 26 平方米，比上年增加 1.4 平方米。每百户农村居民主要耐用消费品拥有量为彩电 58 台、电冰箱 13 台、电话机 60 部、移动电话 12 部、摩托车 46 辆。

调整农业结构　年内，农业结构调整步伐加快，全市优质小麦面积 7.33 万公顷，优质果品面积 7.07 万公顷，优质畜产品 36 万吨，比上年分别增加 0.66 万公顷、1.4 万公顷和 6 万吨；公顷收入 7.5 万元（亩收入 5000 元）以上高值田面积达到 6.8 万公顷，增加 0.8 万公顷。种植业在遭受百年不遇的特大干旱的情况下，粮油作物减产，优质高效经济作物面积和效益继续增加。全市粮食作物面积调减 2500 公顷，棉花面积调减 266.7 公顷，油料面积调减 133.3 公顷，果园面积增加 2000 公顷，扩大瓜菜面积 8900 公顷，粮食和经济作物种植面积比例调整到了 61∶39。由于种植结构调整，加之遭受几十年不遇的夏秋连旱，粮油作物减产。全年粮食总产 186.1 万吨，减产 16.0%（夏粮 80.0 万吨，增长 1.5%；秋粮 106.1 万吨，减少 25.6%）；棉花总产 3550 吨，减产 12.2%；花生总产 12.57 万吨，减产 31.6%；蔬菜及瓜菜总产 737.5 万吨，比上年增长 8.1%。

加快科教兴农步伐　全年组织实施大型科技开发和推广项目（种子工程、农业丰收计划、优质农产品开发、设施农业开发、高新技术农业开发等）43 项，获省市科技进步、农牧渔业丰收奖励 27 项。开展各类农民实用技术培训和农村会计、农业标准化、绿色证书、青年农民等专题培训 60 多万人次，其中跨世纪青年农民培训 1.75 万人次。投资 6000 万元农业科技示范园区建设，建成核心区面积 222 公顷，规划区面积 0.12 万公顷，辐射区面积达到 1.67 万公顷。引进名优特新品种 98 个，推广应用农业新技术、新成果 91 项，提供种苗 3000 万株。省农业厅与岱岳区 17 个乡镇结成了帮扶对子，赠送了科技书刊和仪器设备，举办农业新技术培训班 16 期，培训农民 1 万人次。全市大宗农作物的良种普及率为 98%。农畜良种的优质化率为 60%，比上年增加 10 个百分点；实用技术到位率 85%；农业科技贡献率 52%。

改善农业生产条件　年末，农业机械总动力为 303.2 万千瓦，比上年增长 4.7%（农用排灌动力机械 94.5 万千瓦，增长 4.1%；联合收割机 5277 台，增长 8.1%）。全年农村用电量 7.7 亿千瓦时，增长 8.6%。化肥施用量（折纯）19.1 万吨，增长 4.0%。年末常用耕地面积 32.1 万公顷，其中有效灌溉面积 23.1 万公顷。农业综合开发投资 5265 万元，扶持市乳制品开发中心等龙头企业项目 3 个，利用世界银行贷款二期项目和土地综合治理项目 8 个，改造中低产田及涝洼地 0.64 万公顷。完成扶贫开发项目 58 个，投资 1000 万元，所扶持的 30 个贫困村，年人均纯收入 1500 多元，比上年增加 300 多元。

发展外向型农业　全年签订农业项目利用外资合同 3097 万美元，实际利用外资 2592 万美元，分别比上年增长 10.3% 和 19.9%。农产品出口保持了较快增长势头。全年农副产品出口额 5640 万美元，比上年增长 20%。争取国家计委和农业部批准项目 3 个，投资额 1670 万元，其中农业部无偿资金 910 万元。在年内举办的“中国优质专用小麦产销衔接会”上，签订产销合同 11 项，合同额 2.89 亿元；协议 37 项，协议额 7.76 亿元。

落实农村政策　年内，全市农村试行税费改革，全市农民负担总额为 3.92 亿元，农民人均负担 92.63 元，分别比税费改革前减少 1.79 亿元和 42.29 元，人均减负率 33.8%。全市土地流转面积 1.17 万公顷，占总耕地面积的 3.55%；涉及农户 7.06 万户，占农户总数的6.33%，为土地规模化经营和农业结构调整创造了条件。全市农村推行财务公开、规范公开的村3114个，占总村数的85.17%。建立民主理财组织的村3612个，占总村数的99.42%。推行农村会计"四制"（公开选拔、持证上岗、政府聘任、异村交流）和财务电算化管理，农村合作经济组织建设、农村集体资产管理、粮食征购、农村劳动力转移等有关政策也得到落实。

农业执法　年内，市及6个县（市、区）农业局都成立农业行政执法领导小组，组建了政策法规科和农业综合执法机构，全市有专业执法人员179人，其中124人获得《农业行政执法证》、82人获得《行政执法证》。针对农资市场存在的问题，确定不同农时季节的整治范围和打假重点，出动执法人员2420人次，对全市6个县（市、区）、32个乡镇（办事处）、2500多个生产经营单位或业户进行了检查，查处各类违法案件310起，取缔非法经营业户45户，取缔非法种子经营点87个，查获假冒伪劣农资446吨，总价值49.4万元。

【扶贫开发】　年内，全市扶贫开发工作以实施扶贫开发十年规划为总目标，增加资金投入，搞好项目建设，大力开展科技扶贫。特别是对市里确定的30个贫困村，采取市县两级部门包扶的办法，每个村派工作组3人，一包两年，不脱贫不脱钩。至年底，连同省帮扶的3个乡镇、市帮扶的30个贫困村，共完成扶贫开发项目58个，投入资金2200万元，建设高产稳产基本农田146.67公顷；改造涝洼地、沙化地333.33公顷，发展池藕533.33公顷、水产养殖466.67公顷；建水产科技示范园1处；发展小尾寒羊3万只，建大型小尾寒羊交易市场1处；发展高产优质果园200公顷，冬暖式大棚1000多个；打深井40眼，建扬水站46座、塘坝35座、蓄水池172个，修水渠及埋设暗管25千米，修生产路68千米，建大桥及桥涵36座；发展个体私营大户126家；发展鲁西黄牛6000头，养猪9000头，养兔1.5万只。促进了贫困村经济发展和农民收入的增长。

【"1113"工程完成】　2000年，市委、市政府决定实施"1113"工程，即用三年时间，全市建成100万亩（6.67万公顷）优质小麦、100万亩（6.67万公顷）优质果品、100万亩（6.67万公顷）亩收入5000元以上的高值田和30万吨优质肉蛋奶基地。三年间，各级都把"1113"工程建设作为农业结构调整的重中之重来抓。一是加强领导。各级都把"1113"工程建设列入重要议事日程，通过经济工作会议、农村工作会议和农业工作会议等进行部署，层层分解任务，落实责任，实行年度目标考核，加强检查指导，培植样板典型，有力地促进了工程的实施。二是加大农业结构调整力度。种植业压缩低效益作物的播种面积，扩大高效益的优质专用粮食、经济作物、瓜菜、桑、花卉、食用菌的播种面积，全市粮食和非粮食作物播种面积比例由2000年的64∶36调整到2002年的61∶39。林果业加大引优培优、精品园建设和对劣质果园的更新改造；畜牧业加大了食草畜禽和特种动物饲养的发展速度。三是提高农产品质量。引进推广名、优、新、稀、特等品种，加快对劣质品种的更新改造，实现了农畜良种的优质化、专用化；推行了农业标准化生产，加快无公害农产品、绿色食品和有机食品的发展步伐；大力整治农业生态环境，减轻废气、废水等对农田的污染，促进农产品质量的稳步提高。四是提高农业生产的科技含量。突出农业科技示范园区建设、农业实用技术的推广应用、设施农业、节水农业和特色农业开发等关键技术措施的落实，为"1113"工程实施提供技术支撑。年末，全市优质小麦播种面积达到110万亩（7.33万公顷），占总播种面积的53%，超计划10万亩（0.67万公顷）；以大枣、桃、苹果、葡萄、核桃、樱桃、板栗为主的优质果品种植面积106万亩（7.07万公顷），超计划6万亩（0.4万公顷），其中设施果树发展1万亩（0.67万公顷）；优质畜产品生产36万吨，超计划6万吨；亩收入5000元（公顷收入7.5万元）以上的高值田面积达到102万亩（6.8万公顷），超计划2万亩（0.13万公顷），总产值达51亿元。

【农业标准化生产】　全市把推行农业标准化生产作为开拓国内外市场，提高农产品市场竞争力的战略措施来抓，按照农产品的国际标准、国家标准、行业标准和地方标准组织农产品的生产，组织实施各类农产品标准100多项。农业标准化生产基地管理逐步规范，全市建立了岱岳区、肥城市两个农业标准化示范县，岱岳区、肥城市、宁阳县被列为省级标准化示范基地。全市通过省级认证的无公害农产品59个，基地面积6.08万公顷，年产量170万吨，认证产品个数和基地面积位居全省17个地市首位。绿色食品有9个，面积达0.43万公顷，年产量为23万吨；有机食品有8个，面积达0.4万公顷，年产量为26万吨，继续保持了在全省的领先地位。无公害农产品直销专营工作开局良好，全市建立无公害蔬菜专营市场1处，市场专营区3处，无公害蔬菜"配送中心"、专卖店、专营柜发展到14处。首批与北京市"场地挂钩"无公害蔬菜和肉类产品基地有18个，占全省总数的三分之一。

【农业产业化龙头企业建设】　年内，市委、市政府制定下发了《关于加快发展产业化经营的意见》（泰发［2002］13号），市政府对20家重点培植的市级龙头企业、80家县级龙头企业进行200万元贷款贴息扶持。全年重点龙头企业共铺开新上、扩建、技改项目12个，投资3.8亿元。全市龙头企业销售收入过亿元的有16家，比上年增加3家；过500万元的有130家，增加23家。泰安泰山亚细亚食品有限公司、肥城银宝食品有限公司、山东亚奥特乳业有限公司、泰安经纬油脂有限公司、泰安超越科技有限公司、山东双盛食品有限公司6家企业被省政府确定为省级龙头企业，其中，泰安泰山亚细亚食品有限公司和肥城银宝食品有限公司被国家农业部、财政部、国家发展计划委员会等9部委确定为国家级龙头企业。泰安市在争创省级和国家级龙头企业方面均实现了零的突破。　（任德胜）

【农业综合开发】　年内，全市争取项目和引进资金争取国家和省立项项目11个，总投资规模5609.8万元（省以上无偿资金1795.9万元，财政周转金945.3万元，市财政资金209.3万元，县市区财政配套305.2万元，县以下集体和农民自筹2154.1万元，银行贷款200万元）。

灌溉农业二期项目　2002年是市世界银行二期项目建设的最后一年。计划改造中低产田9万亩，总投资2399.8万元。年内，全市本着配套完善、巩固提高的原则，突出节水灌溉工程，加大结构调整力度，完成了各项计划建设任务。一是发展节水灌溉工程。全年开挖疏浚沟渠52.3万立方米，新修防渗渠2.9万平方米，埋设地下管道225千米，新打机井48眼，建桥涵闸230座，建喷、滴灌面积达182公顷，修农田道路170千米，深翻整平土地2666.68公顷，新建防护林466.67公顷，改善了项目区农业生产条件。二是狠抓农业子项目建设。年内配套建设县农技推广中心、种子公司4个,完善乡镇农技推广服务体系5个,建种子仓库500平方米、晒场4000平方米、培训教室60平方米。三是加大了SIDD(自主管理灌排区)试点推广力度。在抓好肥城市安驾庄镇尚庄炉水库一支渠SIDD试点区基础上,年内新建SIDD推广区16处,成立农民用水者协会16个,涉及10个乡镇7416个农户,灌溉面积达2466.67公顷。四是加快结构调整步伐。全市4万公顷项目区新建冬暖式大棚2.14万个、拱棚4.52万个,发展露地瓜菜1.36万公顷、蚕桑2173.34公顷、林果0.36万公顷,初步形成了区域化布局、规模化生产的格局。通过结构调整,项目区粮食生产能力亩增180千克,农民人均纯收入年增316元。

土地治理项目 年内,全市投资1670万元,完成土地治理项目3个,改造中低产田0.12万公顷,治理东平湖涝洼地0.67万公顷。新修农田道路141.8千米,新打、修复旧井76眼,开挖疏浚沟渠223.5千米,建桥涵211座,开挖鱼池648个,形成水面166公顷、台面366.67公顷,埋设地下暗管32.8千米。整个工程框架方正、网络规范、配套完善。其中新湖乡433.34公顷涝洼地改造工程全部达到"四防"(防旱、防涝、防浸、防污染)、"三通"(电通、路通、沟渠通)、"八配套"(沟、渠、路、电、桥、涵、闸、房)、"一适应"(适应南水北调后东平湖高水位蓄水)的标准要求。通过综合治理,项目区亩增粮食生产能力270千克,农业总产值年增3590万元。

多种经营项目 年内,全市投资1540万元,扶持多种经营项目3个,即泰安市泰山乳制品开发中心扩建、肥城市浓缩桃汁加工和岱岳区板栗加工项目。累计建成高标准厂房7300平方米(超计划完成4300平方米),购置仪器、设备29台套,扶持发展奶牛饲养户200户。其中泰山乳制品中心扩建项目完成后,产品由3个系列20个品种增加到5个系列32个品种,日处理鲜奶由原来的65吨增加到100吨,除覆盖山东市场外,还远销豫、晋、陕、苏诸省,年增销售收入3385万元、利税300万元,增加农民收入525万元,安置闲散劳动力2000人。

农业新技术开发区建设 2002年,在农业新技术开发区建设上,继续坚持以培植农业科技增长点为出发点,以加快农业高新科技产业化示范推广为目标,内抓管理,外抓联合,较好地发挥了示范带动作用。其中,泰山植物组培中心与山东农业大学联合完成四季草莓的组培快繁研究课题,并顺利通过专家鉴定,繁育种苗80万株,推广到全国20个省(市、区),创经济效益2400万元;泰山名优特水产养殖繁育示范基地育种苗200万尾,带动养殖户500户。泰山正泰农业科技开发中心实施洋香瓜进口种子国产化项目,繁育"白雪公主"、"富豪"等品种优质种子750千克,推广面积133.33公顷,公顷产突破3.37万千克。 (李钦雨)

种植业

【概况】 全年农作物总播种面积56.56万公顷,比上年增加0.71万公顷。粮食作物34.5万公顷,比上年减少0.20万公顷;总产186.1万吨,减少35.4万吨,公顷单产5394千克,减少980千克。棉花面积0.44万公顷,减少269公顷;总产3550吨,减少492吨,公顷单产815千克,减少59千克。花生面积4.69万公顷,减少0.17万公顷;总产12.57万吨,减少5.8万吨,公顷单产2681千克,减少1104千克。蔬菜及瓜菜面积15.77万公顷,增加0.89万公顷;总产737.5万吨,增加55.3万吨。种植业完成增加值51.15亿元,比上年减少0.5亿元,占农林牧渔业增加值的67.5%。全市种植业发展的特点:①扩大高效经济作物播种面积,压缩粮食作物播种面积。全市粮食作物播种面积调减2500公顷,棉花面积调减269公顷,油料面积调减116公顷,果园面积增加2000公顷,瓜菜面积扩大8900公顷,瓜菜总产达到737.5万吨,增加55.3万吨。瓜菜已成为种植业的一大主导产业和农民增收的重要来源。粮食和经济作物种植面积比例调整到了61∶39。公顷收入7.5万元(亩收入5000元)以上的高值田6.8万公顷。②农产品质量提高。粮食作物扩大了优质专用小麦和优质玉米的种植面积,其中全市优质小麦7.33万公顷;油料作物扩大了适宜出口的优质花生的种植面积;瓜菜作物扩大了名优稀特品种的种植面积。通过实施农业标准化生产,获得省级认证的无公害农产品59个,基地面积6.08万公顷;绿色食品9个,面积0.43万公顷;有机食品8个,面积0.4万公顷。③设施农业进一步发展。全市有塑料大棚面积2.21万公顷,冬暖式塑料大棚面积0.72万公顷,有30个乡镇的高标准冬暖式大棚面积均超过400公顷,其中良庄镇、伏山镇等乡镇达1500～2000公顷。④区域特色优势明显。各地按照市场需求,发挥区域和资源优势,确定主导产业和特色产品,优质粮食、优质花生、瓜菜、食用菌、花卉、桑蚕面积进一步扩大,并向重点产区集中。全市形成宁阳黄瓜制种、新泰办事处食用菌、新城办事处大棚西瓜、良庄镇瓜菜、房村镇西红柿、范镇生姜大蒜、汶南镇黄花菜、宫里镇土豆、伏山镇芸豆、肥城边院镇有机蔬菜、接山镇西瓜、彭集镇花生、斑鸠店镇大蒜等一大批各具特色的规模开发片和优势产业带,并通过标准化生产、系列化加工、商标注册等措施,在优质粮油、无公害蔬菜、绿色食品、有机食品、蔬菜良种、生姜、大蒜、食用菌等方面培植起支柱产品和品牌农业。 (任德胜)

2002年泰安市粮棉油菜生产情况表

单位:公顷、吨、千克

名称	农作物面积	粮食			棉花			花生			瓜菜	
		面积	总产	单产	面积	总产	单产	面积	总产	单产	面积	总产
合计	565586	344951	1860662	5394	4355	3550	815	46885	12571	2681	157672	7375222
泰山区	15436	10108	71386	7062	—	—	—	31	69	2226	4114	134491
岱岳区	127372	60272	366099	6074	458	235	513	6014	14437	2401	59288	2880101
宁阳县	114237	62451	374081	5990	1948	1406	722	18243	60830	3334	25840	1122815
东平县	103484	73117	333995	4568	1186	1558	1314	4903	18342	3741	22140	798853
新泰市	103051	66785	341836	5118	5	8	1600	15574	28267	1815	20677	1006749
肥城市	102006	72218	373265	5169	758	343	453	2120	3767	1777	25613	1432213

2002年泰安市农业科技成果一览表

项　目　名　称	获奖等级	完成单位
优质小麦新品种济南17号引进及高产技术开发	省丰收计划二等奖	市种子管理站
泰安市百万亩玉米新品种高产示范开发	省丰收计划三等奖	泰安市农业局
有机蔬菜高产高效模式化栽培技术推广	省丰收计划三等奖	泰安市科教站
新泰市10万亩旱作小麦综合技术推广	省丰收计划三等奖	新泰市农技站
东平县20万亩优质小麦新品种及配套技术推广	省丰收计划三等奖	东平县农业局
肥城市万亩无公害蔬菜综合技术推广	省丰收计划三等奖	肥城市经作站
脱毒马铃薯种就地繁育技术推广	市丰收计划一等奖	岱岳区农业局
玉米杂交高产优质制种技术推广	市丰收计划一等奖	肥城市种子公司
西瓜高产平衡施肥技术推广	市丰收计划一等奖	东平县土肥站
高产优质高效农业综合技术推广	市丰收计划一等奖	泰安市科教站
四位一体综合技术推广	市丰收计划一等奖	东平县能源办

【粮食生产】 年内，全市粮食播种面积34.5万公顷，比上年压缩2500公顷，总产186.1万吨，公顷单产5394千克。因百年不遇的干旱和压缩播种面积，总产、单产分别比上年减少35.4万吨和980千克。其中，小麦播种面积15.26万公顷，比上年减少986.67公顷，总产80.02万吨，增加1.18万吨；玉米播种面积12.81万公顷，比上年增加323公顷，总产76.41万吨，减少22.03万吨；地瓜播种面积4.79万公顷，比上年增加67公顷，总产26.03万吨，减少13.17万吨。全市优质专用小麦面积达7.33万公顷，占小麦种植面积的50%以上，主要品种有淄麦12、烟农19、济麦19、济南17、山农优麦2号、D9401等。全市建立了集小麦新品种展示田、新技术试验田和高产高效示范田"三田"合一的小麦科技示范基地，展示小麦新品种(系)，开展新技术的试验研究和示范，高产高效示范田公顷产8935.5千克，充分发挥了科技示范的带动作用。小麦生产引进筛选了泰山21、V62036、莱州3279、山农664、邯郸6172等十几个品种(系)，玉米生产引进了鲁原单22、农玉1038、郁青1号、东岳518等十余个品种(系)，地瓜生产引进了鲁中黄、89121等品种，增加了品种储备。全市优良品种的推广普及率达98%以上。

(任德胜)

【蔬菜生产】 年内，全市有蔬菜播种面积14.9万公顷，总产701.7万吨，总收入64.6亿元，分别比上年增长4.5%、2.2%和4.9%，蔬菜纯收入40.3亿元，约占农业增加值的53%，比上年增加0.5个百分点。每个农业人口平均占有蔬菜纯收入1066元。为了促进蔬菜生产的健康发展，一是加快蔬菜市场和流通组织建设，年内，全市蔬菜市场发展到544处，(与农业部菜篮子信息联网25处，设有无公害检测室、仪器配套齐全的6处)，年交易量686.35万吨，交易额52.58亿元。蔬菜流通组织达到1.75万个，从业人员6.7万人，年销售额36.6亿元。二是继续加大种植结构调整，宁阳伏山镇的山药，泰山区范镇、东平县斑鸠店镇的大蒜，岱岳区良庄、东平县接山乡的西瓜，肥城过村的有机蔬菜等都集中联片，形成规模和特色。三是提高农产品加工能力。全市蔬菜加工冷藏企业达到444处，保鲜冷藏蔬菜29万吨，比上年增长16%；全年加工出口蔬菜10万吨，为上年的5.3倍。范镇的复发中记食品公司年加工大蒜8万吨、胡萝卜5万吨、苹果3万吨、梨1万吨，带动蔬菜基地0.33万公顷，创利税500万元。

【食用菌生产】 年内，全市食用菌生产总量达6.7万吨，产值1.8亿元。新泰市建成全省第一家一级菌种厂，发展食用菌大棚1.7万个，栽培面积700万平方米，总产达到3万吨，实现销售收入1亿元，被省农业厅评为十大食用菌生产基地市(县)。肥城市王庄镇、宁阳县堽城镇、东平县大羊乡等食用菌生产都具备了较大生产规模，并取得了良好的经济效益。

【无公害蔬菜专营】 年内，全市发展无公害蔬菜面积3万公顷，有机蔬菜0.43万公顷，经过上级认证的品牌50个，并有17个绿色产品认证获准进入北京市场。为控制从基地到餐桌的污染，本着"政府启动、市场运作、长期坚持、引导普及"的工作思路，市菜篮子办公室投资，在南关批发市场建立。农药残留检测中心，配齐检测设备，投资帮助岱岳区农业局成立无公害蔬菜配送中心，日供货能力2.5吨。配送中心成立以来，已与泰城银座、良友、三和等商家建立了配送关系，在其带动下，全市发展无公害超市已21处，其中秦城城区12处，有力地带动了无公害蔬菜的健康发展。　(马成立)

林果业

【概况】 2002年，全市有乡及乡以上林业管理服务机构134个，其中行政管理机构7个，在岗职工2948人，其中专业技术人员872人(高级技术职务47人)。年内全市造林1.25万公顷，比上年增加1879.9公顷；育苗4641公顷，比上年增加1685.1公顷；新建农田林网1.38万公顷，比上年增加705公顷；建成优质果品基地7.13万公顷，比上年增加1.46万公顷。干鲜果品总产量达55.04万吨，比上年增长2.4%。全年实现林业产业总产值18.45亿元，比上年增长27.1%；全市森林覆盖率22.85%，比上年提高1.29个百分点。

林木资源保护　①森林防火。年内，天气异常干旱，为做好防火工作，各级投入资金643万元，新建瞭望台2座，清理隔离带585千米，购置防火车1台、风力灭火机86台、油锯15台、对讲机10部。加强防火队伍建设，其中新泰市在2001年组建40人扑火专业队基础上，又新增加专业扑火队员60名。投资建设徂徕山林火微波电视监控系统，提高监控水平。全市林木区瞭望覆盖率达80%以上。全年发生火警5次，过火面积2.13公顷，没有造成人员伤亡。②防治病虫害。市政府投资30万元，用于治理赤松毛虫，全市2.1万公顷松林控制在低虫口或有虫不成灾水平，生态自控面积比上年增加1000公顷。严把产地检疫关和调运检疫关，对森林植物进行严格检疫，防止了危险性病虫在市内传播、扩散。年内，在东平县设立腊山市级自然保护区，岱岳区林业局场圃森保站被省林业局批准为标准站。③打击破坏林木资源行为。全年查处破坏林木案件49起，建成森林植被恢复整地6处，面积达253公顷，保持了森林资源的稳定发展。查处刑事、治安案件12起。全市林业公安、森保执法人员联合行动，集中开展"候鸟行动"，严厉打击了破坏林木鸟类资源的违法犯罪活动，查处非法猎捕鸟类案件31起，查获鸟类1984只。④重点防护林、特种用途林建设。全市列入全国首批试点的重点防护林和特种用途林面积为4.64万公顷，其中重点防护林41.27万公顷、特种用途林0.51万公顷，主要分布在河流源头和大型水库周围，涉及泰山区、岱岳区、新泰市、泰山林场、徂徕山林场等5个试点单位。在试点工作中，实行行政领导负责制和森林资源管护责任制，狠抓了管护人员选聘、资源档案卡建立和管护合同签订3个关键环节。全市投入中央财政资金348万元，聘用护林员1199人，并全部佩证上岗，在林区交通要道口设立公示牌18块，购置灭火机86部、机动喷雾喷粉机13部、对讲机40台、森林资源管理微机系统12台(套)。

林业科技工作　年内，全市引进林果、花卉良种100个，新建科技示范园54个，累计达500个，有10项林业科研成果获市(厅)级以上奖项，其中一等奖2项。市、县两级新上科技项目31项，争取科研资金340.8万元。年内，林业系统有2项产品(带木质芽接器、多向长柄液压果树剪子)和1项技术(杏树塑料大棚栽培方法)获得国家专利；组织科技人员参加市里统一组织的科技下乡活动，印发各类技术资料24.75万份，为林果农提供了技术服务；推广林业新技术、新成果30余项，推广面积达8万公顷；为适应入世对果品质量的要求，制定了《无公害果品生产栽培技术规程》，在果园管理中推广果实套袋、铺设反光膜、增施有机肥等果品标准化和无公害生产技术，促进果品质量升级上档。

林业改革与林政管理　各级政府按照稳定承包权、搞活使用权的原则，推行拍卖、规模承包以及以林招商、跨区承包，调动了群众和社会各界投资林业、经营管护的积极性。落实森林年采伐限额制度和采伐监督、林木采伐更新验收制度，杜绝超限额采伐现象，全市办理林木采伐许可证1274份，采伐林木5.59万立方米。加强林地管理，落实使用林地许可证制度，办理征占林地手续28起，占用土地面积8.9公顷。加强木材经营加工和木材运输管理，办理木材经营加工许可证19份，核发木材运输证1925份。

产业化经营　以林产品加工、苗木花卉、森林旅游为重点的林业产业化建设不断发展，特别是苗木花卉生产取得突破性进展，在促进农民增收、带动造林绿化方面发挥了巨大作用。全市苗木花卉总面积为4640.02公顷，增长57.1%，年产各类苗木花卉2.1亿株(盆)，涌现出一批年收入10万元以上的育苗大户。建立果品加工贮藏企业60个，年加工贮藏总量10万吨，其中，岱岳区超越科技有限公司板栗煲加工、个体企业黄前镇永兴彩印包装有限公司的板栗加工、肥城市台商企业超盟酿酒集团等发挥了较好的龙头作用。超越科技有限公司被列为全省百家农业产业化龙头企业。木材加工业发展迅速，全市有较大规模的加工企业70家，建成销售量在2万吨以上的大型果品批发市场6处，较大型的达到25处，累计注册果品商标30个，其中无公害品牌20个。

(张波　王玉坚　贺　华　张明　靳恩堂)

【严防松材线虫病传入】　年内，为严防松材线虫病传入泰安市，市政府办公室以泰政办发[2002]56号文转发了市林业局《关于加强松材线虫病预防工作的报告》。各地迅速展开松材线虫病监测普查工作，有针对性地采取了4项预防措施：一是制订了松材线虫病防治预案；二是加大监测力度，凡是有松林的地方，都划片落实到个人，不定期进行调查；三是加强检疫，各地对所辖贮木场、木材加工单位、苗木繁育基地等进行了拉网式检疫查防，对进出泰安市的松科植物调运加强了监管及复检；四是加大松材线虫病传播媒体——松墨天牛的治理力度，泰山林场、牛山林场和市林科所试验林场采用引诱剂诱杀、树干喷药、伐除致死木等措施进行综合治理，有效地控制了松墨天牛的发生及危害。

(李　波　孙　捷　王占龙　宋其星)

【牛山省级森林公园晋升为国家级森林公园】　12月，经中国森林风景资源评价委员会验收、审议，并经国家林业局审核，国家林业局林场发[2002]274号文批复同意建立牛山国家级森林公园，该公园原隶属关系、山林权属、经营范围不变。牛山国家森林公园位于肥城市内，北邻济南市长清区，西接济南市平阴县，东邻泰安市岱岳区，总面积3000公顷，森林覆盖率93%。公园内有木本植物192种，草本植物400种，林内有陆生脊椎动物40种，其中20种为国家二级保护动物。公园景观资源丰富，类别众多，具秀、险、幽、奇和历史悠久的特点。公园由主景区和副景区两个部分组成，主景区由陶山、小泰山、穆阁寨、牛山4个景区组成，副景区由桃园胜景、虎山公园、左丘明故里、温泉度假村组成，共有大小景点80处。　(卜文胜)

2002年泰安市林业科技成果一览表

授奖单位	项目名称	主要完成单位	获奖等级
省科委	泰山板栗良种选育及栽培技术研究	泰安市林科所	3
市科委	黑杨Ⅰ——107优良无性系栽培技术研究及推广	泰安市林业科技推广服务站	2
市科委	山东茶树良种选育	泰安市林科所	3
市科委	果园施肥与苹果主要真菌病害发生关系的研究	泰安市林科所	3
市科委	泰山古树名木管理系统	泰山风景区管理委员会	3
市科委	杏良种引进及丰产栽培技术	岱岳区山口镇林业站	3
省林业局	仙客来杂交育种及栽培技术研究	泰安市林科所	1
省林业局	大面积花椒低产园技术开发	泰安市林科所	1
省林业局	泰安市野生动植物保护及自然保护区建设工程总体规划	泰安市森保检疫站	2
省林业局	泰山古树与盆景根际环境及复壮技术的研究	泰山风景名胜区虎山管区	2

【优质果品基地建设工程】　年内，全市有优质果品基地7.13万公顷，其中新建1.46万公顷，超额完成了市政府“1113”工程确定的建设任务。8处果树良种园引进优质新品种100个，推广高新技术70项。市林业部门编发《无公害果品生产技术规程》，推进无公害果品生产，年内共有苹果、板栗、柿子、樱桃等13个树种、2.83万公顷的果品基地通过了省无公害果品认证，年产量29.04万吨。9月24～29日，市林业部门举办了全市名、特、优、新果品展评会，收到参评样品260份，评选出特优果品45个、优质果品62个、优质产品7个、推荐产品99个。

（李圣龙）

【种苗花卉生产】　年内，全市有育苗面积4641公顷，其中新育苗1950公顷，苗木产量3.08亿株，花卉种植面积498.1公顷。苗木生产由过去单一结构转变为园林花卉苗木、优良速生用材苗木、优质果树苗木并举的格局。8月，中国泰山花卉苗木展销中心一期工程建成投入使用。该中心总占地2.67万平方米，建筑面积3.9万平方米，总投资3000万元，分两期工程实施，一期建筑面积1.9万平方米。10月份，泰安市组织参加了山东省第三届花卉博览会，获得了4金7银20铜9个优秀奖的好成绩，泰山盆景以其古朴苍劲、虬曲多姿的特点成为花博会上的亮点。各地认真贯彻实施《种子法》，严格审核、发放林木种子生产经营许可证，保证种苗花卉生产沿着规范化、法制化的轨道实现可持续发展。（黄　剑）

畜牧业

【概况】　年末，全市有乡镇以上畜牧管理服务机构113个，科技人员1142人，其中高级技术职务72人、中级257人。全市以发展优质畜产品为重点，依靠科技创新，加大结构调整力度，推进产业化经营，畜牧业实现了持续、稳定、健康发展。年末，全市猪、牛、羊、禽存栏分别为225.2万头、33.96万头、248.7万只、3576.8万只，分别较上年增长11.2%、4.1%、8.7%、10.9%；与1997年相比，五年间平均增速分别为7.3%、3.8%、11.4%、13.3%。出栏分别达276.1万头、15.9万头、222.5万只、4257.8万只，较上年增长13.6%、9.8%、13.1%、15%，五年间平均增速分别为14.4%、8.3%、13.2%、7.2%。肉、蛋、奶产量分别达31.65万吨、21.67万吨和3.27万吨，分别增长12.7%、14.3%和81.8%，五年间平均增速为78%、13%和428%。畜牧业产值达38.97亿元，增长11.3%，五年间平均增速11.2%；占农业总产值的比重为29.7%。完成畜牧业增加值16.97亿元，增长12%，占农业增加值的比重为22.4%。

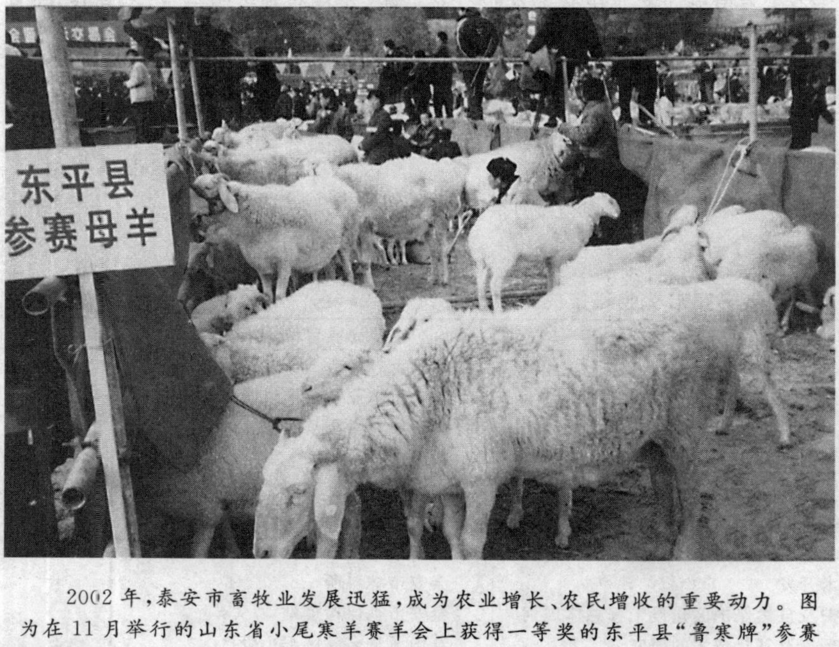

2002年，泰安市畜牧业发展迅猛，成为农业增长、农民增收的重要动力。图为在11月举行的山东省小尾寒羊赛羊会上获得一等奖的东平县“鲁寒牌”参赛母羊

畜牧产业结构调整　年内，全市在稳定生猪和蛋鸡生产的基础上，加快发展食草畜禽和特种养殖，大力发展奶牛养殖，优化畜牧产业结构。①优化生产结构。猪肉所占肉类比重降到65%，牛羊禽兔等肉类比重占35%，其中禽肉占肉类总产量的18.1%。奶牛生产迅速发展，奶牛存栏2.04万头，牛奶产量3.27万吨，分别比上年增长66.4%和81.8%。②优化产品结构。全市三元杂交瘦肉猪所占比重为80%，肉牛、肉羊改良率分别为46%和43%，优质肉鸡比重达95%。畜产品深加工率为40%。全市优质畜产品产量36万吨，完成农业“1113”工程中30万吨优质畜产品任务的120%。③发展规模饲养。各级本着“上山、进林、下滩、入园”的原则，全市发展规模饲养小区1240个，养殖专业村604个，规模饲养场9456个，饲养大户10.5万户，规模饲养畜禽占畜禽饲养总量的52%，培育出特色明显、优势突出的畜禽生产基地。④带动畜牧内部分支产业稳定发展。全年饲料产量42.5万吨，比上年增长12.5%，饲料工业产值15亿元。兽药生产产值3000万元，比上年增长18%。全市各类饲料、兽药、牧业机械制造及畜产品加工相关企业发展到152家，促进了畜牧业结构协调发展。

畜牧产业化经营　年内，继续实施产业化带动战略，畜产品加工销售取得新进展，畜产品市场得到进一步开拓。①畜产品加工龙头企业有新发展。年底，全市发展规模较大、有一定辐射带动能力的畜牧龙头企业16处，带动养殖专业户10万多户。畜牧企业推行标准化生产，提高产品质量，积极扩大出口。全年累计出口1.28万吨，创汇1880万美元，分别比上年增长31%和13%，产品相继打入日本、俄罗斯、比利时、新加坡等国际市场。其中：肥城市银宝食品有限公司开展猪肉制品的精深加工业务，出口优质猪肉制品7000吨，创汇1200万美元，分别比上年增长61.7%和66.4%；泰伟集团公司与宁阳华振集团合作建立了新的标准化生产加工基地，加工能力、基地规模不断扩大，带动发展1700个养鸡大户。②畜产品有组织地进入国内大城市。全市有8个单位和企业获得进京入沪的资格，进京入沪的生猪及猪肉比上年增长一倍。其中，肥城市银宝食品有限公司于7月份被指定为入京肉品放心企业，同时被认定为

2008年北京奥运会猪肉制品定点供应企业。③提高畜牧产业化组织程度。全市各类畜牧合作经济组织发展到61个，带动农户3万户，在加工龙头企业和农户之间架起了联接的桥梁。

畜牧标准化生产　年内，全市认真落实市政府下发的《关于畜禽生产标准化实施意见》，重点抓好生产、加工两个环节的标准化生产。①生产环节。推行出口企业畜禽饲养场认证登记制度，已认证出口企业畜禽饲养场133家。各畜禽饲养场，重点围绕场地规划、设备利用、环境卫生、激素药物残留控制、疫病监测、消毒免疫、检疫监督、内部管理等方面，制定详细的规模饲养场管理标准，严格按标准组织生产，从饲养环节上确保了畜产品质量。全市确定了6个畜牧业标准化生产示范乡镇，推动标准化生产的普及。其中，泰伟集团公司投资800万元，在宁阳县蒋集镇新建高标准的肉鸡饲养示范场1处，场址选择、鸡舍布局、饲料加工投喂、疫病防治、药物残留控制及饲养管理等完全达到出口商品肉鸡饲养标准。②加工环节。重点围绕检疫检验、产品分级、产品包装、贮藏运输等方面，帮助企业制定生产标准，按标准组织生产。畜牧业标准化生产的顺利实施，促进了泰安市畜产品标准与国际卫生质量标准接轨，推动全市外向型畜牧业的发展。

畜牧科技推广　年内，畜牧业科技含量进一步提高，科技贡献率达60%。①加快科技创新步伐。全市组织实施畜牧科技项目32项，12项通过组织验收。其中泰安市中标承担的山东省"高产奶牛胚胎移植基地建设项目"，通过与山东农业大学密切合作，项目进展顺利。年内冲胚98枚，移植高产奶牛胚胎76枚。东平波尔山羊的胚胎移植、新泰肉牛胚胎移植试验取得阶段性成果。②推广良种和良法综合配套实用技术。通过对高产奶牛的引进培育、肉牛改良、波尔山羊改良、瘦肉猪三元杂交繁育和推广环境控制、程序化免疫、科学喂养等实用技术，实现了良种、良法配套，生产水平明显提高。年内，生猪出栏率为136%，料肉比降低到3.2∶1，蛋鸡料蛋比降到2.2∶1，肉鸡肉料比降到1.9∶1。全市配混合饲料入户率达80%。完成青贮氨化饲料16亿千克，推广优质牧草和饲料作物种植面积980公顷，种草养畜为广大养殖户接受，逐步推广普及。③科技培训。泰安市畜牧兽医职工中专为畜牧生产第一线培养了大量优秀技术人才。各级畜牧部门利用报纸、电台、电视等新闻媒介，采取发放明白纸、举办技术讲座、开展技术咨询、开辟推广专栏等形式，推广畜牧实用技术，培训业务人员，全市畜牧从业者素质不断提高。

依法治牧　年内，全市畜牧系统相继开展种畜禽、饲料、兽药、动物防疫等执法培训31次。1月，泰安市人大常委会专门安排《动物防疫法》贯彻实施情况的执法检查，市十三届人大常委会第35次会议进行专题审议。11月份举办全市兽医行政执法培训班，聘请农业部、省畜牧办、市人大有关领导和专家进行法律培训和案例讲解。通过实施年度考核，重新录用416名动物检疫员、243名村级动物产地协检员。全市强制免疫率100%，是历年来最高的一年，连续十五年无重大疫情发生。产地检疫率为80%，所有的定点屠宰企业和屠宰点全部依法派驻了检疫员或监督员，屠宰检疫率为100%，确保了"放心肉"工程的顺利实施。年内，查处没收假劣饲料、兽药80个品种102吨，货值42.6万元，取缔无证经营业户92户。畜牧兽医行政执法管理体系初步理顺，岱岳区、东平县部分乡镇将畜牧兽医行政执法职能收归畜牧局。全市有33名兽医执法人员通过了省畜牧办的官方兽医考核认证，初步形成了适应畜牧业发展形势、与国际接轨的新型畜牧兽医行政执法管理体制。

【奶业生产】　年内，突出发展奶牛养殖，组织实施奶牛生产"十百千万"工程，即全市重点组织发展存栏10头以上的奶牛饲养专业户、存栏百头以上的奶牛专业村、存栏千头以上的奶牛基地乡镇和存栏万头以上的奶牛基地县(市、区)，全市奶牛生产呈现强劲发展势头。年末，奶牛存栏2.04万头，比上年增长66.4%，牛奶产量达3.27万吨，增长81.8%。其中，"亚奥特"股份有限公司为全市最大的牛奶加工企业，日生产能力达100吨，全年实际加工销售3.4万吨，销售收入达1.04亿元，上交税金420万元。10月份，"亚奥特"牛奶被定为济南市放心早餐工程专供牛奶。由该公司发起成立的泰安市奶牛合作社，吸纳奶牛专业户1100户，比上年增长80%，存栏奶牛达1.2万头，做到了原料奶、生产加工、销售平衡运作，促进了全市奶业生产的快速健康发展。在国家农业部在10月份召开的产业化研讨会上，泰安市奶牛合作社作了典型发言。

(张训茂　邢智慧　李涛)

2002年泰安市主要畜产品产量统计表

名称	肉		蛋		奶		绵羊毛	
	产量(千克)	同比±%	产量(千克)	同比±%	产量(千克)	同比±%	产量(千克)	同比±%
合计	316540619	12.75	216714922	14.26	32702075	81.81	3583214	10.14
泰山区	8507367	−9.29	8832510	16.19	13419000	114.50	21403	9.84
岱岳区	62946151	8.53	35538499	6.26	11359000	104.81	989127	11.51
新泰市	81977529	17.31	69572622	19.09	4072470	10.86	213279	11.35
肥城市	72593823	14.10	53188090	10.05	608200	32.22	1083301	14.99
宁阳县	53278284	16.72	25020176	25.22	2583405	46.46	202884	26.58
东平县	37237465	8.81	24563025	12.24	660000	129.97	1073220	1.83

2002 年泰安市畜牧业生产情况表

名称	畜牧业		牛				猪				羊	
	产值（万元）	同比±%	存栏（头）	同比±%	出栏（头）	同比±%	存栏（头）	同比±%	出栏（头）	同比±%	存栏（头）	同比±%
合计	389734	16.3	339627	4.07	159309	9.81	2252178	11.24	2761254	13.58	2486957	8.72
泰山区	14768	3.5	10190	49.19	1772	－24.14	62919	－21.25	75910	－12.57	34247	－12.76
岱岳区	76607	13.9	92551	－0.54	44242	3.55	491210	15.33	536464	13.73	645041	4.43
新泰市	94989	14.1	35979	11.45	22481	15.68	632460	12.10	756143	16.12	581194	9.90
肥城市	92637	9.8	62277	1.78	23214	20.60	420315	13.57	624410	13.83	702993	12.67
宁阳县	61369	18.2	78653	9.04	32363	16.33	450864	13.73	471661	16.13	271380	12.15
东平县	49364	9.8	59977	－1.46	35237	5.13	194410	3.35	296666	11.28	252102	6.97

（续表）

名称	羊		兔				禽			
	出栏（头）	同比±%	存栏（头）	同比±%	出栏（头）	同比±%	存栏（头）	同比±%	出栏（头）	同比±%
合计	2225007	13.08	1754971	10.28	1325217	26.67	35767543	10.92	42578117	15.04
泰山区	27248	－5.37	43687	－6.02	40981	5.61	1204438	－3.68	1660674	－2.04
岱岳区	388647	11.04	400705	10.39	295141	109.32	7403085	7.80	6929854	20.53
新泰市	631764	16.29	265240	18.08	201944	15.89	6561573	12.93	8962743	17.68
肥城市	607024	13.61	658727	12.32	358183	15.66	11534630	10.18	11127223	11.62
宁阳县	223505	17.38	251422	6.79	232078	28.22	6020617	26.09	8533463	20.79
东平县	346819	8.10	135190	－0.11	196890	－2.26	3043200	－0.95	5364160	9.05

水利与渔业

【水利工作概况】 2002 年，全市水利建设总投资 3 亿元，比上年减少 0.5 亿元，水利系统完成水利经济总收入 6.45 亿元。年末，全市有灌溉面积 25.37 万公顷，有效灌溉面积为 23.06 万公顷，节水灌溉面积 9.68 万公顷，旱涝保收面积 18.13 万公顷，累计治理水土流失面积 3208 平方公里。

农田水利基本建设　年内，农田水利基本建设呈现规模大、质量好、机制新、效益高的特点。全市投资 3 亿元，投入工日 5702 万个，完成各类水利工程 1.3 万项，搬动土石 7788 万方，扩大改善灌溉面积 2.24 万公顷，新增节水灌溉面积 1.67 万公顷，其中，高效“三灌（微灌、滴灌、喷灌）”面积 0.3 万公顷，除涝面积 0.17 万公顷。全市共有万人以上的会战工程 34 处、投资百万元以上的工程 120 处、万亩（666.67 公顷）以上的综合治理工程 30 处、5 平方公里以上的小流域治理工程 8 处。小型农田水利工程改制 4120 处，吸纳社会资金 8700 万元。大型水利基本建设工程有 2 项（东周水库除险加固工程年内投资 4161 万元进行大坝加固，该工程顺利通过省水利厅主持的阶段验收，工程质量达到优良等级。大汶河防洪综合治理四期工程总投资 1000 万元，完成险工护砌 4210 米，加固挑流坝工程 4 座 257 米，维修防洪涵闸 2 座，12 月 2 日通过省水利厅主持的验收，工程质量为优良等级）。

抗旱工作　年内，全市遭受百年不遇的特大干旱，平均降雨量为 326 毫米，比常年的 691.1 毫米少 53%，全市农作物受旱面积最高达 26.7 万公顷，其中，重旱 17.33 万公顷，纯收 5.33万公顷，造成 1386 个村的 105.05 万人、18.54 万头大牲畜饮水困难。面对春、夏、秋三季连旱，市政府及时召开全市抗旱救灾暨农田水利基本建设现场会议，发布《关于城市节约用水的通告》，水利部门编制了全市抗旱预案和城市应急供水预案，争取上级资金支持，开工建设肥城、宁阳等县（市）新的城市水源地。全市围绕“抗旱双保”共铺开各类水利工程 3870 项，动用各类抗旱机具 3 万套，新修加固塘坝 510 座、新修机电井 3100 眼，拦河截潜 260 处，灌溉农田 64 万公顷次。

防汛工作　年内，全市汛期平均降雨 179 毫米，比历年同期 517.2 毫米少 65.4%，比上年同期 498 毫米少 64%，其中 6 月份降雨 55 毫米、7 月份 66 毫米、8 月份 29 毫米、9 月份 29 毫米。降雨时空分布不均匀，北部山区相对较大，但降雨量仅在 200～300 毫米，局部在 300 毫米以上；东部、西部及南部地区偏少，一般在 100～200 毫米。年内汛期未出现强降雨过程。汛期各县（市、区）的降雨量为：泰山区 211 毫米，岱岳区 231 毫米，新泰市 183 毫米，肥城市 163 毫米，宁阳县 130 毫米，东平县 155 毫米。年内，为防患于未然，市水利局完成了防汛指挥中心会商室和中心网络建设，配备了大屏幕投影、多功能摄像及自动应答系统，把 DDN 专线改成光纤宽带传输，提高了信息传输速度和工作效率，实现了与省水利厅、市政府内网联网；会同水文局建成 27 处国家报汛站的雨情数字传输系统建设，实现了雨水情的自动测报，提高了防汛抗旱应急反应能力，水利信息化建设跨入全省先进行列，规模和现代化程度仅次于济南市和青岛市。

依法治水　年内，全市查处水事案件 95 宗，调解处理水事纠纷 17 起，行政复议 5 起，申请法院强制执行 26 起，挽回经济损失105万元。在全省水利系统依法行政工作评比中，肥城市水利局、大汶河管理处被评为“全省水政工作先进单位”，有4人被评为“全省水政工作先进个人”，并记三等功。

【水资源统一管理】　年内，岱岳区、宁阳县在全市率先成立水务局，将原来的县自来水公司等单位及有关职能纳入县水务局，为全市水务体制改革创出了新经验。4月30日市政府制定出台了《泰安市实施〈山东省水资源费征收使用管理办法〉细则》，全面提高水资源费的征收标准（新收费标准：取用地表水的0.30元/立方米；取用地下水用于公共供水的0.65元/立方米，自备水源取水的0.75元/立方米；在地下水超采区取用地下水的按前条规定标准的2倍征收，超采区范围由市水行政管理部门公布；矿坑生产和建设工程施工抽排地下水的0.13元/立方米，利用矿坑排水进行生产建设的，不再重复征收水资源费。旧的收费标准：取地下水用于生活的0.05元/立方米，用于工业的0.2元/立方米），并将泰城市区120平方公里范围内的水资源纳入市级统一管理。5月14日，全市节约用水办公室挂牌成立，为全市计划用水、节约用水工作的开展提供了组织保证。编制完成全市水资源保护规划、黄前水库水源地保护规划，对城市供水水源地的水位、水质实行定期监测。健全完善了取水许可制度，全年换发新取水许可证872套，审批水量1.82亿方。

【解决山区人畜吃水问题】　全年投资963万元，建成各类吃水工程154项，其中，打深井48眼、大口井19眼，建扬水站10处、引泉工程5处、水池72个，铺设管道259.8公里。解决了67个村5.42万人的吃水难问题，其中，泰山区7个村0.47万人，岱岳区12个村0.82万人，新泰市10个村1.4万人，肥城市14个村1.12万人，宁阳县13个村0.91万人，东平县11个村0.7万人。全市有42个村供水到户，3.66万人吃上自来水。

【水土保持】　年内，全市治理水土流失面积114.5平方公里，其中，完成坡改梯3986.69公顷，营造水保林2480公顷，发展经济林4540公顷，沟坝地66.6公顷，修建环山路236公里，建治沟骨干工程6座，塘坝42座，谷坊731座，建水池（水窖）338个，完成土石方1044.76万方，工日939.4万个，总投资3159万元。岱岳区里峪和新泰龙溪河小流域治理工程被评为全国“十百千”示范小流域。

【渔业概况】　年内，全市完成水产品产量5.76万吨，实现产值4.35亿元，生产各类苗种4.6亿尾，其中，名特优品种60%。因天气干旱，养殖面积1.2万公顷，比上年减少11.8%。其中名特优品种养殖面积0.53万公顷，比上年增加0.19万公顷。①加大对新《渔业法》的宣传力度。先后举办研讨培训班4期，发放《渔业法》单行本300份、辅导材料30份，增强渔民的法律意识，提高了养殖技能，促进了渔业生产的发展。②养殖基地建设。按照生产绿色无公害农产品规划要求，在东平县进行了试点，在新湖乡建设藕鱼、藕蟹混养标准化无公害产品示范基地1733.33公顷，年产鲜藕6500吨，鱼虾130吨。③完善水产养殖管理制度。在东平县新湖乡和商老庄开展水域养殖证制度试点工作，发放养殖证100本，落实养殖面积80公顷。

（梁进涛　宋　芳）

2002年泰安市渔业生产情况一览表

名　称	水产养殖面　积（公顷）	鱼苗种生产（万尾）	投　人鱼种量（吨）	水产品产量（吨）		水产品产值（万元）		
				总产量	海洋内陆捕捞	内陆养殖	总产值	比上年±%
合　计	12242	46410	5188	57587	15290	42297	43468	-8.3
市　直	10	30000	—	20	—	20	—	—
泰山区	206	300	78	420	—	420	242	-32.3
岱岳区	2133	1600	150	3640	—	3640	2355	0.6
新泰市	3000	1500	350	4000	400	3600	2500	-18.7
肥城市	636	450	140	1585	—	1585	996	-25.2
宁阳县	1790	560	170	1402	120	1282	992	-8.0
东平县	4467	12000	4300	46520	14770	31750	36383	-7.3

农业机械

【概况】　年内，全市有乡镇以上农机管理服务机构168个（农机管理机构126个），从业人员1965人，技术人员769人（具有高级技术职务的21人、中级191人）。全市农机总动力为303.2万千瓦，比2001年（下同）增长4.7%，每公顷耕地占有农机动力0.77千瓦。共有农用拖拉机5.17万台，增长0.2%，其中大中型拖拉机1.04万台，增长17.54%。共有各类配套机具为9.87万台（套），增长12%，机具配套比由1：1.73增长到1：1.91。全市机耕地作业面积达到26.49万公顷，机播面积达到18.6万公顷，机收面积达16.77万公顷，小麦生产过程中的机耕、机播、机收面积分别达到98%、96%和88%。农作物浇灌、运销、脱粒及农副产品加工基本实现机械化，农田基本建设、湖区涝洼地治理、山区综合开发及矿区塌陷地复垦等机械化施工率达80%以上。全市农业机械化水平保持在65%以上。

农机科技培训　年内，开展农机科技下乡活动，培训各类农机人员5.52万人次，其中，与厂家联手培训联合收割机操作手1862人，协助省农机办培训农机修理工监督员和考评员300人。实施新世纪农机管理人员培训工程和青年农民培训工程。全市培训农机管理干部690人，新训驾驶员2654人，完成省农机办下达任务的132.7%，发放绿色证书6547个。与省农机办修配站联合，对全市38名农机行业特有工种职业技能鉴定专职鉴定员进行了培训。年末，完成技能鉴定及修理工换证100人。

全市计划2004年推广玉米联合收获机2286台，基本实现玉米收获机械化。图为背负式玉米联合收获机作业示范现场

农机服务体系　实施农机服务产业化“十、百、千”工程活动，帮助乡镇农机站理思路、定措施，全市具有“管理执法、技术推广、生产组织、服务经营”四项服务功能的乡镇站有64个，占总数的74.4%。对原有农机龙头企业在跟踪管理的基础上，进行重点扶持，确定符合市统一标准的龙头企业13个、合作组织130个、农机大户1580个。在年底的全市经济工作会议上，对4个龙头企业、25个合作组织和70个农机大户进行了表彰奖励。

农机年检年审　年内，对全市拖拉机、联合收割机等农业机械及其驾驶操作人员统一进行调查摸底，建立人机档案2.95万份，占应建数的89%。采取县、乡结合，监理、财务、修配、学校四家联手“一站式”服务，在各检审点现场审车、验证、喷漆、培训。全年检审拖拉机3.3万台，检审率75%；审验驾驶员2.8万人次，检审率86%；拖拉机挂发牌证4.56万副，其中新挂发牌照1800副；检审联合收割机5250台，检审率100%；检审脱粒机2.45万台，占保有量的96%。

农机专项整治　年内，开展2次农机安全专项治理活动。其中3月份在乡村开展无牌无证机动车专项治理活动，巡查230次，查处各类违章2000多人次，补检拖拉机2000台，补审驾驶员1500人。5月份开展的农机安全生产专项整治和大检查活动，对参加夏秋生产的拖拉机、柴油机、收获机、脱粒机等农业机械和各农机供油站进行普查，对“三夏”、“三秋”参加跨区作业机械的转移和作业进行监督管理，及时解决个别地方拦机截机行为。“三夏”、“三秋”期间无农机引发的死亡及火灾事故，全年事故死亡率为0.5‰，较上年下降0.3个百分点。

农机产品质量监督　3～4月份，各县(市、区)农机管理部门与消消费品者协会、工商、技术监督、物价等部门联手在全市开展打假护农保春耕服务月活动。结合“3·15”活动，查处违法经营点28处、假冒产品30宗、价值120万元。规范了市场秩序，维护了农机消费者的合法权益。

【节本增效工程技术推广】　(1)推广新技术新机具。年内，新增小麦联合收割机410台，其中自走式76台，分别完成计划总数的102.5%和36%；保有量达5277台。以玉米联合机收及秸秆综合利用为重点，设立19个乡镇示范园区，新增玉米联合收获机29台，完成玉米联合机收0.79万公顷，分别增长40%和72%；秸秆还田机163台(保有量达650台)，秸秆还田1.51万公顷，分别增长6.3%和2%。新推广地瓜精收机74台，示范收获0.41万公顷。推广花生铺膜机543台，完成铺膜面积1.61万公顷；新推广花生收获机90台，机收花生1.40万公顷。新增青贮机械680台，完成机械化青贮8亿公斤。(2)开发旱作农业。全市投入机械2.8万台，其中新增各种型号链轨车66台。治理水土流失面积2万公顷，建成旱涝保收田1.09万公顷，新增有效灌溉面积0.67万公顷。

【农机个体私营经济】　年内，通过农机作业信息享用优先、购机资金补贴优先等帮扶措施，以54名农机大户为“龙头”，组建了跨省、市作业队54个，参加了三夏、三秋农机跨区作业，许多农机大户成了农机中、小户致富的“领头雁”。年末，全市各类农机经营户达10.87万余户，从业人员达16.20万人，其中农机作业专业户2.49万户，从业人员3.24万人，农机个体私营经济成为拉动农村经济增长的主力之一。

【农机跨区作业】　年内，把搞好农机跨区作业当作农机服务产业化发展的精品工程和在小规模家庭经营基础上新的农机作业服务模式来抓，为广大农机手致富奔小康开辟广阔市场。(1)作业规模提高。全市组织4.8万台次机械参加跨区作业，较上年提高18%。夏季参加小麦联合机收跨区作业的机具有5520台，作业面积达20.67万公顷，分别比上年增长16%、48%。秋季参加跨区作业机械达到4205台，作业面积为9.2万公顷，分别比上年提高40%和38%。其中，跨地市作业机具有1157台，作业面积35万公顷，分别比上年提高6%和8.4%。在秋冬农田基本建设中，农机承担的工程项目有1.52万项，机械参与工程项目占总项目的85%，上阵机械达3.9万台(次)，机械完成土石方量为9216万方，占工程土石方总量的70%。其中，完成新建和维修各类农田水利重点工程26项，机械完成土石方量达80%。(2)农机跨区作业范围扩大。年内扩展到安徽、河南、河北、天津、内蒙古等省(市、自治区)及省内烟台、青岛、威海等市，较上年扩大14%。秋冬农田水利基本建设机械化作业范围由本市拓展到临沂、聊城、济宁等附近地市。(3)组织化、市场化程度提高。各县局、乡镇农机站和农机大户组建跨区作业队108个，其中各县局组队20个、乡镇站组队35个、农机大户牵头组队53个。泰山区、肥城市、东平县仍然以县局和乡镇站组队为主。经过几年的跨区作业实践，跨县、跨地市、跨省作业的供需双方形成比较牢固的“作业对子”，市场调节占主导作用。(4)经济效益提高。全年跨区作业直接为机手增加收入6.2亿元，比上年增长4%。其中，三夏小麦联合机收跨区作业直接为机手增收9000万元，比上年增长14%。肥城市、东平县跨区作业队在麦收期间单机平均收入1.5万元，其他县（市、区）单机平均1.2万元。年内，泰安市被农业部评为全国跨区机收工作先进地市，农业机械办公室被省农机办评为全省农机跨区作业先进单位。

【华东七省农机产品订货会】 9月1日至3日，山东、安徽、福建、河南、江苏、江西、浙江七省农业机械流通协会在泰安联合举办了2002年秋季山东省暨七省农业机械、工程机械新产品新技术展示订货会。该会作为第十六届泰山国际登山节的内容之一，是七省农机流通系统主渠道传统订货会的首次联合。到会的有厂家1000家、人员5000人，成交额5亿元，为泰城增加综合效益640万元。期间，成功举办2002年山东省农机发展论坛，在全国尚属首届。（邢介斌）

2002年泰安市农业机械化程度表

单位：万公顷、万吨

单位	机耕作业面积	其中：深耕面积	机播作业面积	其中小麦播种面积	机收面积	其中小麦机收面积	机械加工农副产品量	秸粉碎还田面积	机械脱粒量	机械植保面积	化肥机械深施面积	机化青贮秸秆量
合计	26.49	17.30	18.60	14.84	16.77	15.34	298.19	4.59	157.73	8.10	7.56	238.70
泰山区	0.54	0.18	0.87	0.53	0.55	0.51	10.00	0.40	3.60	0.74	0.49	5.00
岱岳区	4.66	1.88	2.78	2.58	2.63	2.55	67.06	0.33	20.23	0.70	1.47	19.16
新泰市	7.12	6.17	2.41	1.67	3.12	2.80	53.60	0.35	29.60	1.03	2.40	32.96
肥城市	5.26	3.57	4.88	3.64	3.86	3.47	68.38	1.68	29.92	1.87	1.19	26.08
宁阳县	5.11	3.50	5.01	3.82	4.00	3.41	57.15	1.74	27.56	3.64	1.90	5.50
东平县	3.80	2.00	2.65	2.60	2.61	2.60	42.00	0.09	46.82	0.12	0.11	150.00

2002年泰安市农业机械统计表

单位	农机总动力（千瓦）	农用拖拉机（混合台）	柴油机（台）	电动机（台）	联合收割机（台）	其中：自走式（台）	玉米联合收获机（台）	农用汽车（辆）	农用运输车（辆）	播种机（台）	化肥深施机（台）	秸秆粉碎还田机（台）	农机经营总收入（万元）
合计	3031995	51698	90388	82485	5277	428	135	4311	52426	15288	1941	650	98862
市直	133	2	—	—	5	1	3	—	—	—	—	—	—
泰山区	118528	1693	2229	4897	273	24	5	349	1498	913	53	28	9308
岱岳区	600440	9323	32594	13121	830	32	4	1298	5156	2220	240	40	11245
新泰市	528536	10211	12581	9595	998	46	29	1082	8780	2069	74	72	26556
肥城市	571373	9436	7036	20870	1017	170	63	574	11915	3233	572	182	24059
宁阳县	564320	12141	27663	20649	1317	48	24	588	3262	3064	789	297	17093
东平县	648665	8892	8285	13353	837	107	7	420	21815	3789	213	31	10602

编辑·校对 欧阳宏飞

工 业

综 述

【概况】 年末，全市国有工业企业及年收入500万元以上的非国有工业企业(规模以上，下同)有 510 个，比上年增长22.6%。在企业总数中，按经济类型分，国有企业89个，集体企业82个，股份合作企业15个，联营企业4个，有限责任公司104个，股份有限公司25个，私营企业158个，港澳台商投资企业16个，外商投资企业17个。全部从业人员年平均人数为34.8万人。工业按行业分，主要有煤炭、电力、冶炼、机械、电子、仪器、仪表、化工、医药、建筑材料、橡胶、塑料、纺织、服装、皮革、木材、酿酒、食品、饮料、日用杂品等，其中煤炭工业、机械工业、化工工业、建筑材料工业等为支柱行业。产品达1500余种，主要有烧碱、硫酸、化肥、化学农药、轮胎、工业锅炉、精炼油、塑料制品、皮革、纱、布、印染布、呢绒、服装、电话机、拖拉机、高压开关、柴油机、汽车起重机、汽车底盘、改装车、电缆、变压器、锻压设备、油泵实验台、齿轮箱、啤酒、白酒、玻璃、原煤、水泥、纸面石膏板、玻璃纤维纱、电力电缆等，其中市调度的产品有120种。固定资产原值为260.5亿元，净值为172.2亿元。资产总计447.6亿元，比上年增长12.97%，其中，国有企业90.8亿元，集体企业30.65亿元，股份合作企业4.2亿元，联营企业1.87亿元，有限责任公司199.1亿元，股份有限公司75.96亿元，私营企业264亿元，港澳台商投资企业7.3亿元，外商投资企业10.3亿元。

工业生产快速增长 ①经济总量增长。年内，完成工业增加值207.3亿元，比上年增长17.5%，其中规模以上工业企业完成工业增加值134.7亿元，比上年增长18.5%，在全省名列第七位。规模以上工业企业中，国有及国有控股企业完成79.0亿元，增长7.8%；集体企业13.3亿元，增长29.7%；股份制企业72.8亿元，增长24.6%；外商及港澳台商投资企业6.4亿元，增长35.1%。从增加值增幅看，肥城市、新泰市工业经济持续增长，成为全市经济增长的主要支撑力量，拉动了全市工业提升。②产品销售收入稳定增长。全市规模以上工业企业实现产品销售收入340.6亿元，比上年增长22.4%。其中，市属工业实现61.8亿元，增长2%；县属工业实现112.6亿元，增长24.3%；乡属工业实现26.9亿元，增长43.8%。在重点调度的82户工业企业中，年销售收入过亿元的有65户，新汶矿业集团有限责任公司、鲁能泰山电缆股份有限公司、肥城矿业集团有限公司、石横特钢有限公司超过10亿元，山东岱银纺织集团股份有限公司、山口钢管有限公司、瑞星化学工业集团总公司年销售收入超过5亿元。市属及以下工业产销率98.4%，比上年提高1.7个百分点。其中，市属工业产销率96.7%，比上年提高2.8个百分点；县属工业产销率99.2%，比上年提高1个百分点。③经济效益大幅度提高。全市规模以上工业企业实现利税和利润分别为33.1亿元和13.3亿元，分别比上年增长31.7%和50.2%，增幅分别列全省第三、第二位。其中，市属工业实现利税和利润分别为7.4亿元、3.3亿元，分别比上年增长18.8%和15.7%；县属工业实现利税和利润分别为9.8亿元和4.5亿元，比上年增长25.2%和30.1%。在重点调度的82户工业企业中，山东鲁能泰山电缆股份有限公司利润达1.79亿元；利润超过1500万元的有20户，占总户数的4.39%；利润过1000万元的有34户，占总户数的41.46%。④经济运行质量大幅度提高。两项资金(应收帐款、产成品存货)占用增幅低于销售收入增幅21.4个百分点，工业企业经济效益综合指数为108.3%，比上年提高9.72个百分点。全市规模以上工业企业亏损面为7.45%，比上年下降5.38个百分点；亏损企业亏损额为0.86亿元，比上年下降48.99%。市属及以下工业企业亏损面为6.9%，比上年下降4.8个百分点。其中，市属工业企业亏损面为34.0%，比上年增6.8个百分点，亏损额为3186万元，比上年下降61.0%；县属工业亏损面为5.7%，下降6.9%，亏损额618万元，下降74.1%；乡属工业亏损面为1.3%，下降5.6%，亏损额为1万元，下降98.8%。

“13511”工程进展顺利 全市“13511”工程企业累计实现产品销售收入273.0亿元，比上年增长13.7%，实现利税23.6亿元，增长17.0%，其中利润9.5亿元，增长15.5%，分别占全部规模工业的80.2%、71.4%和71.6%。成为全市经济增长的主要支撑力量，拉动了全市工业的发展。(参见《经济管理》)

工业品出口保持较高增长 年内，全市工业制品出口总值完成2.00亿美元，比上年增长28.4%。其中，自营出口完成1.14亿美元，比上年增长38.8%；机电产品完成出口6478万元，比上年增长25.3%。自营出口过1000万美元的企业4户。其中：山东巨菱集团出口1868万美元，比上年增长14.25%；岱银集团出口2100万美元，比上年增长31.09%；泰山轮胎厂出口1344万美元，比上年增长14.25%；泰山复合材料厂出口2057万美元，比上年增长84.98%。

重点产品保持较快增长　在全市统一调度的120种工业产品中，产量增幅较高的主要有：稀土4350吨，增长117.0%；起重设备4.67万吨，增长92.2%；玻璃纤维纱7.0万吨，增长89.3%；低压开关板2650面，增长87.8%；高压开关板1845面，增长48.2%；激光全息产品605万平方米，增长46.2%；变压器372.9万千伏安，增长32.0%；石膏板7065万平方米，增长25.3%；化肥（折纯）42.9万吨，增长15.2%；原煤2347吨，增长6.4%。

技术改造　①围绕“品种、质量、效益和节能环保”这个中心，用高新技术和先进适用技术改造传统产业，增强工业发展后劲。年内，技术改造呈现出项目多、投资大、水平高、效果明显等特点，竣工技改项目142个，在建技术改造项目205个，其中，投资过1000万元的项目达141个，投资过亿元的项目有22个。全市工业企业完成技改投资52.2亿元，比上年增长45%，其中市属及以下企业完成投资42.94亿元，比上年增长35.5%。被列为山东省2002年导向计划项目有36个，比上年增加1倍；被列为国债计划项目6个，可拉动银行贷款4.67亿元，争取国债资金8400万元。②利用政策引导企业加大技术改造力度。年内，落实市政府制定的《关于技术进步发展基金的使用管理办法》，对泰山玻璃纤维有限公司等10户企业的14个项目的进口设备关税和进口环节增值税予以豁免达4900万元。兑现技术改造奖励政策，对上年技术改造工作突出的12户市属企业给予233万元的奖励，对市属10个具有较高技术含量、投资回报率高的项目给予市级贴息467万元。

企业管理　①工业企业产权制度改革步伐加快。年内，在220户市、县属工业企业中，改革改制218户，改制面为99%，比1997年提高40个百分点。在市直95户工商企业中，改革改制92户，改制面为96.84%。对于化工机械厂、大麻公司、泰龙服饰、市机电设备公司等破产关闭企业，政府把土地作为改制成本，用于职工权益补偿6946万元。泰和东新股份有限公司国有股由60.24%减少为30%，泰山集团泰安锅炉厂公有资产全部退出。泰安轴承厂、泰安电车线厂等老困难企业，通过民营化重组和租赁经营形式改革改组，逐步走出困境。大麻公司、华源光明等企业实施破产。②完善企业法人治理结构，内部机制转换加快。市政府突出抓好20户重点企业的现代企业制度建设，明确和规范改制企业的“三会一层（股东大会、董事会、监事会）”职责和运行规则，建立董事个人责任追溯制度，强化监事会的监督作用，使企业决策更加民主和科学。各企业普遍实行管理人员竞争上岗制度，选拔德才兼备的好干部。在分配环节，向科技人员倾斜，即定岗、定责、定年薪。③企业实施管理创新，不断提高竞争能力。广泛深入的开展“学邯钢、学海尔、学亚星”活动，重点推广邯钢倒逼成本管理、亚星比价购销管理和海尔、联想等企业管理信息化建设的经验，提高现代化管理水平。强化财务管理，压缩两项资金（应收帐款、产成品存货）占用，重点抓好规范账目、重点企业监测和冲销呆、坏帐3个环节，引导企业调整产品结构，增加适销对路产品的生产。对长期达不到合理占用水平的企业采取限产措施，对两项资金占用大户实行警戒线制度，对超过警戒线的企业实行黄牌警告。年内，两项资金占用增幅低于销售收入增幅21.4个百分点，流动资产周转次数达1.75次，比上年提高0.14次。④注重资源节约与综合利用。加强节能管理，加大资源综合利用的执法力度，推广新技术、新工艺和新产品，积极推行清洁生产年。年内，全市重点耗能企业综合资源消费332.98万吨，完成工业总产值（不变价，下同）141.69亿元，比上年分别增长12.59%和16.4%。每万元工业产值综合能耗由1997年的2.82吨标准煤下降到2.35吨，比上年下降3.29%。重点调度18项单位产品能源消耗指标有13项降低，稳定降低率为78%。70家重点耗能企业中万元工业总产值耗能有52家降低，稳定降低率为74%，节约11.34吨标准煤。全市综合利用废渣固体废渣392.81万吨，比上年上升13.28%；完成资源综合利用产品产值9.82亿元，比上年上升15.68%；应免税额为9086.90万元，实现利润9572.22万元。其中，经认定的资源综合利用电厂（机组）累计完成工业总产值2.55亿元，实现利润55.5万元，上缴税金2199.48万元。（朱培新）

附：　关于全市“13511”工程企业的跟踪调研（摘要）

2002年上半年，市政协组织部分委员、专家，组成15个调查组，对全市“13511”工程企业的“十五”计划进展情况，进行了为期两个多月跟踪调研。

一、企业主要经济指标实现情况

列入“13511”工程的137户企业，2001年实现销售收入266.39亿元，同比增长19.28%；实现利税26.45亿元，同比增长18.67%；分别完成年度计划的97.14%、94.23%。省属15户企业实现销售收入141.83亿元，同比增长17.77%；实现利税12.73亿元，同比增长19.19%；分别完成年度计划的97.13%、88.46%。市属18户企业（含新划入的原岱岳区先先食品有限公司），实现销售收入33.69亿元，同比减少0.33%；实现利税3.31亿元，同比增长2.48%；分别完成年度计划的90.86%、86.88%。县属104户企业实现销售收入90.87亿元，同比增长26.33%；实现利税10.41亿元，同比增长24.37%；分别完成年度计划的99.7%、105.47%。137户企业2001年实现销售收入、利税，分别占“十五”末计划目标的30.19%、18.75%。今年1～5月137户企业生产经营运行比较平稳，实现销售收入97.64亿元、利税9.97亿元，同比分别增长16.21%、21.59%。

从经济指标的完成情况看，137户企业大体可分为三个类型：超额完成年度计划的77户，占56.2%；基本完成年度计划的13户，占9.5%；因生产经营问题或在建项目延期，未完成年度计划的47户，占34.3%。2001年销售收入过亿元的企业达到52家，比上年增加11家。从列入“13511”工程“1351”位次22户企业（其中计划目标10亿元的13户）的生产经营及年度计划完成情况看，除6个企业未完成年度计划和1个在建项目，其余15个企业超额完成或基本完成年度计划，目前生产经营状况较好，工程项目进展也大体顺利。其中，新汶矿业集团去年完成销售收入50.1亿元，已实现原定“十五”末计划目标，经论证到“十五”末可实现销售收入100亿元、利税11.9亿元。鲁能、肥城矿业集团两个“十五”末计划实现销售收入50亿元的企业，发展态势良好。

二、存在问题

随着经济形势的发展，在“13511”工程的实施中，存在着一些突出的矛盾和问题，需引起各级重视。一是加入WTO后，我市企业产品面临着严峻的市场竞争形势。随着我国市场宏观调控政策的逐步到位，一些行业垄断市场的格局进一步打破，产品市场受到激烈挑战；在技术创新方面，也存在着技术投入不足，专业人才匮乏的现象，据调查统计，市属以上企业现缺乏急需专业人才650名。二是产权制度改革严重滞后，机制转换效果不明显。所调查企业，尚未改制的占企业总数的34%，改制不到位的占30%，这部分企业，其经营方式、决策方式没有实质性的转变，仍是"工厂制"运作。三是企业发展环境与加快发展的要求还很不适应。企业反映的主要问题有：对优惠政策、部门承诺，抓落实不够；政府有些职能部门说的多，做的少，办事效率低，服务态度差，仍存在"中梗阻"现象；投资环境不如外地市宽松，"一站式"服务问题落实不够，安商环境不够好。

三、几点建议

1、坚定不移地抓好企业改制工作。大家认为，做好下一步的改制工作，应当重视以下几点：坚持高标准、严要求，一步到位，不再吃夹生饭，吸纳先进地区的企业改制经验，尽快建立起适应市场竞争的现代企业制度；部分困难企业，因包袱沉重，负债率高，制约了改制步伐，需加强帮助和指导；认真研究解决好少数企业改制不到位，只是换换牌子的问题，切实转换经营机制。

2、要加大企业产品创新力度。一是在研发产品上，必须以国际市场定位，高起点，努力创一流水平；二是要重视加强企业技术开发中心建设，健全、升级技术创新机构；三是加大新产品技术开发的协作力度，拉紧拉牢产学研的链条。

3、要结合新情况帮助企业拓宽融资渠道。一是政府和有关部门牵头，多开展一些银企信息沟通、业务洽谈方面的活动；二是创造良好的信誉环境；三是进一步解决好信贷担保问题。

4、狠抓落实，进一步优化经济发展环境。各级党政机关应当采取适当形式，开展有效活动，加强对机关人员的优质服务教育，认真解决"中梗阻"问题，形成"亲商、富商、安商"的浓厚气氛。

5、进一步制定完善"13511"工程企业的扶持、优惠政策。委员们建议，在对"13511"工程企业的调度考核中，多重视一下利税指标的考核，扶持政策要向利税大户倾斜，并制定相应的激励政策，对计划指标完成好、成绩显著的企业和负责人及时给予表彰奖励。

6、狠抓协调、服务，进一步加强对"13511"工程的领导。一是要加强政府协调工作，各级政府都要强化协调服务工作，让外商"只进一个门，办成一切事"，实现全程"一站式"服务。二是对"13511"工程中"十五"末实现销售收入10亿元以上的企业，要加大管理和扶持力度。三是淡化企业隶属界限，密切与省属以上企业的联系。　（市政协）

【行业生产与管理】　市委、市政府为深化原轻纺、机电、化工、煤炭、建材、贸易及商业、物资8个部门、单位的机构改革，理顺职能关系，于12月31日新组建市行业管理办公室。该单位内设办公室、行政科、综合科、煤炭安全监察科、煤炭行业管理科、化工建材行业管理科、机电行业管理科、轻纺行业管理科等8个科室，年末有职工91人。

行业经济质量提高　年内，全市工业行业经济呈现良好的发展势头，骨干行业更加壮大，新兴行业实力逐步增强。①骨干行业继续发挥支柱作用。2002年，全市规模以上煤炭、机电、轻纺、化工、建材等行业分别实现工业总产值89.6亿元、90.5亿元、88.6亿元、48.8亿元、31.1亿元，分别比上年增长24.6%、29.1%、29.7%、36.1%、42.7%。其中，煤炭、机电等传统骨干行业分别实现工业增加值43.6亿元、25.9亿元，占全市国内生产总值的比重为8.5%、5.0%，在全市经济发展中继续起着支柱作用。②新兴行业逐步发展壮大。以玻璃纤维和纸面石膏板为代表的新型建材、以氨基甲酸酯类农药和羟丙基甲基纤维素醚为代表的精细化工、以高压电缆电器和特种车为代表的输变电及工程机械、以蔬菜加工和畜产品加工为代表的食品加工等新兴行业，年内实现工业销售收入104.4亿元，实现利税13.97亿元，比上年分别增长24.9%、39.4%。③高附加值产品越来越多。传统企业跳出依靠资源办工业的老框子，以市场为导向，大力发展高新技术产品，加快行业经济发展。全市规模以上行业企业实现新产品产值20.2亿元，高新技术产品产值48.6亿元，比上年分别增长17.4%、71.6%。特种汽车、多功能起重机、吊管机、玻璃纤维、石膏板、精细化工、新型农药等系列产品正蓬勃发展，显示出良好的发展前景。④市场占有率不断提高。各企业重视市场开拓，提高产品市场占有率。特别是玻璃纤维、纸面石膏板、甲酸、灭多威、3,3—二氯联苯胺、110千伏交联电缆和硬铜铰线等产品，市场占有率达20%以上，在全国属首位。⑤规模以上企业队伍不断扩大。按照做大做强骨干企业、增强工业经济支撑力的思路，各行业采取壮大一批、孵化一批、引进一批、新上一批等措施，扩张企业规模和队伍，收到好的效果。年末，全市煤炭、化工、机电、建材、轻纺等行业的规模以上工业企业达474家，比上年增加98家。⑥投资重点更加突出。各企业围绕技术创新、产品创新，加大项目资金投入，增强工业发展后劲。全市各行业列入国家及省级技术创新计划项目55项、技术改造计划项目36项，全部项目总投资60多亿元。特别是玻璃纤维公司两条池窑拉丝生产线、特车厂特种车技改、岱银集团气流纺织生产线等重大项目的建成投产，对重大工业经济的发展起到很大作用。

行业管理与服务水平提高　①转变观念，加快工业发展。转变工作重心，由过去以国有集体企业为主转变为大力发展民营经济和外商投资企业，由过去以增加企业数量为主转变为做大做强骨干企业，由过去依靠资源办工业转变为以市场为导向、大力发展高新技术产品。转变行业办公室的工作职能，由过去只管直属企业转变为面向全行业，由过去的直管代办转变为全行业搞好协调、指导、服务。转变管理方向，由过去注重引导企业以扩大内涵再生产为主，转变为扩大外延与内涵齐头并进，怎么有利于发展怎么办；由注重上游产品开发转向注重最终产品开发；由低起点起步转向高起点发展。在此基础上，市行业管理办公室加强对行业经济发展的引导与管理，为加快工业发展服务。②定准位，立足行业谋发展。一是注重加强与上下两级行业管理部门的联系与沟通，搞好工作衔接，理顺工作渠道。二是组织人员深入基层，在全面了解掌握行业经营状况的基础上，制定"巩固加强传统行业，大力发展新兴行业，搞好产业结构和产品结构调整，膨胀企业规模，大力发展有特色的行业经济，为建设经济强市做贡献"的工作思路。三是本着"立足行业搞服务，依靠政策抓引导"的原则，分头组织召开行业厂长经理座谈会，全面分析各行业的发展潜力与趋势，着手修订各行业"十五"后三年的发展规划，为引导企业搞好行业升级、企业升级、产品升级奠定基础。四是抓住新兴行业和骨干企业，实施重点扶持，引导企业做大规模、生产优质产品、打造强品牌。年内，重点组织煤炭、机电、轻纺、建材等行业12个省级技术创新项目的实施和调度；组织7家白酒生产企业11个品种参加全省评酒会，其中有8个品种被评为全省优质酒，有3个品种被认定为创新品牌；组织12个企业参加北京和济南中国国际纺织服装机械展览会，创品牌，搞展销，取得较好的经济效益，提高企业知名度。五是依托帮扶工作，指导企业深化改革，增强企业活力。按照市政府要求，行业管理办公室对市电机厂、水泵厂、地毯厂、印染厂、氧气厂、压力容器厂、光明机械厂等企业的改革改制进行帮扶，推动企业改革改制工作的开展。③规范市场秩序，开展清理整顿工作。年内，按照国家关于全面开展市场清理整顿活动的要求，在市政府的统一部署下，以落实特殊行业企业经营许可证制度为突破口，对全市煤炭和危险化学品市场进行全面清理整顿，规范行业经营秩序。通过清理整顿，全市查出无证经营煤炭业户500多家、无证经营危险化学品企业400多个。对50多家有严重违规行为和欺行霸市、掺杂使假的煤炭经营业户进行取缔，对16家严重不符合经营条件的化学品经营企业进行限期整顿，对其他经营业户和企业，严格按经营资格标准进行审查，凡符合条件的，责令其补办经营资格证书。"南京投毒事件"发生后，按照统一部署，配合有关部门，查禁收缴"三步倒"等剧毒鼠药10多个品种300多包(瓶)，对非法生产、销售"毒鼠强"等剧毒急性鼠药的企业全部予以取缔。

安全生产　年内，市行业办公室突出抓行业安全生产、化学武器监控等工作。一是结合全国"安全生产月"活动，重点在全市煤炭、化工行业组织开展煤矿安全生产和危险化学品安全专项整治活动，分别对全市42处地方煤矿矿井和500多家化工生产、经营企业进行全面安全检查，对发现的问题和存在的隐患全部进行整治，遏制重大恶性事故的发生。年内，全市地方煤矿发生死亡事故10起，死亡12人，比控制目标减少4人。全市化工企业查出事故隐患22条，全部进行整改。其他行业没有发生重大恶性事故，实现安全生产形势的稳定好转。二是按照《国际禁止化学武器公约》的要求，组织力量对全市21家"特定有机化学品"生产企业进行全面检查，对受控的49个化工产品实施监控，制定并逐部门、逐项落实接待国际核查源预案，完成受控化工产品数据的采集录入和上报，确保全市禁止化学武器工作的正常开展。

年内，全市行业经济虽然得到快速发展，但还存在着许多矛盾和问题。部分传统产业(如建材行业中的水泥、化肥行业中的碳酸氢铵等)发展较慢，规模小、产量低，产品的科技含量少，发展潜力和市场前景都不十分乐观。产业层次较低，多年形成的一些传统行业仍占有主导地位，新兴行业中的部分产业虽然发展较快，但总体规模仍然较小，高新技术产品总量不多，制约着行业经济的发展与创新。市场经营秩序仍需规范，特别是煤炭和危险化学品经营市场，仍存有业主依法经营观念淡薄和无证生产、无证经营等违法经营现象。各行业生产经营方式不一，行业标准不同，尚没有统一的行业管理模式可参照，这给开展行业管理工作带来难度。　（张　冰）

【技术进步】　(1)提高技术创新能力，增强企业核心竞争力。年内，全市完成技术创新项目510项，比上年增加60项，其中，达国际水平21项，填补国内空白29项，达国内先进水平50项。完成新产品销售收入68亿元，比上年增长39.89%，新产品销售收入比率达19.88%，比上年提高1.8个百分点。列入国家技术创新和重点新产品试产项目计划9项，落实山东省技术创新重点项目计划15项，国家、省电子信息应用贷款建议项目计划12项。(2)提高技术创新项目水平，争取国家政策扶持。争取并落实泰山玻璃纤维公司等企业的4个项目列入国家技术创新计划，5种产品列入国家新产品试产计划。申报并落实2002年山东省技术创新重点项目计划15项、国家电子信息应用贷款建议项目计划1项、省电子信息应用贷款建议项目计划8项。(3)加强企业技术中心建设。全市有国家级技术开发中心1个、省级技术开发中心8个、市级技术开发中心16个。年内，列入省技术中心推荐名单的3家企业进行预审和整改，鲁能泰山电缆电器有限公司国家级企业技术中心进一步规范和完善，泰山玻璃纤维股份公司做好争创国家级企业技术中心准备工作。(4)推进"产学研"联合。企业与高校和科研单位合作，加快了科技成果转化。市经济贸易委员会组织企业参加山东省首届民营企业"产学研"洽谈会，集中展示全市民营企业的实力和装备水平，促进民营企业在技术难题、人才需求等方面与高校和科研单位合作。洽谈会签订"产学研"合同12项、协议3项，合同及协议额为6亿元。

【经济运行中存在的问题与对策】　年内，全市工业经济运行存在的主要问题有：①结构性矛盾仍较突出。从企业结构看，中小企业多，规模以上工业企业群体偏小，具有大规模投资实力的企业少，仅有的3家上市公司融资情况也一般化，尚无能够带动全市工业经济快速发展的大企业、大集团。从产业、产品结构看，产业层次较低，多年形成的煤炭、建材、农机、纺织、化肥等传统产业占80%以上，产品技术含量低、附加值低，高新技术企业数量少、规模小，竞争力不强。从产业布局来看，区域重复性严重，特色不明显，企业开拓市场困难。从所有制结构上看，国有经济成分比重过大，民营经济不发达。②工业投入较少。工业投资尽管呈逐年上升趋势，但与省内先进市相比(烟台、青岛、潍坊3市的技改投入均超过100亿元)仍有很大差距，远远不能适应加快工业发展的要求。③企业核心竞争力较弱。企业技术开发能力薄弱，缺少高素质的科技带头人，具有自主知识产权的产品很少，具有国家驰名商标企业尚无一家，省级名牌产品数量少且市场占有率低。④工业经济开放度不高。虽然利用外资和工业品出口增幅较高，但总量小、水平低，与沿海发达地区的差距越来越大。⑤企业发展的外部环境不宽松，扶持企业发展的政策措施有的落实不到位。

解决的对策主要有以下几点：一是深化企业改革，增强企业发展的活力。继续按照国有资产最大限度地退出、理顺劳动关系、生产要素参与分配、经营层控股、经营者持大股的要求，深化企业产权制度改革，加大企业民营化改制步伐，规范企业法人治理结构。完善对企业经营者实行年薪制的办法，积极探索技术和管理参与分配的各种有效形式。二是推进技术进步，加快产业结构优化升级。加大技术创新力度和技改投入，发展高新技术产品和高新技术产业，实施"3630"工程，即2003～2005年集中力量发展电子信息、生物技术及制药、新材料3大高新技术产业，突出抓好纺织服装、特种车、工程机械、精细化工、新型建材、食品等6个产品链，重点发展无碱玻璃纤维及制品、电力电缆、纸面石膏板、计算机服务器、掌上电脑、高压开关、特种车、纤维素酶、无血型病毒灭活血浆、中药针剂、优质白酒、农药、甲酸等30大类拳头产品。大力推进制造业信息化建设，利用信息技术提升制造业水平。实施名牌带动战略，提升产品的技术含量和市场占有率，尽快实现全市中国名牌和国家驰名商标零的突破。三是强化企业管理，提高经济效益。强化以财务管理和成本管理为重点的基础管理，推进企业管理信息化，提高资源节约综合利用水平。积极推行清洁生产，大力发展环保产业，发展以资源综合利用为主要内容的循环经济，坚持走可持续发展的路子。四是加大招商引资力度。推进企业经营国际化。引导企业立足于工业招商，突出大项目招商，把利用外资与结构调整、企业改革重组结合起来，努力引进以跨国公司和世界行业领先企业为重点的战略投资者。在引进资本的同时引进先进技术管理、市场网络和人才。五是精心组织经济运行，提高经济运行质量。强化对经济运行动态的监测、预测，准确把握经济走势，对发现的问题和困难，及时采取对策措施。

2002年工业利润1000万元以上企业名单(33家)

单　位	利润总额(万元)	单　位	利润总额(万元)	单　位	利润总额(万元)
山东鲁能泰山电缆股份有限公司	17938	山东省吉明美工业有限公司	2031	山东华宁矿业集团有限公司	1310
新汶矿业集团有限责任公司	6619	肥城鲁岳化工公司	1899	宁阳正大煤业有限公司	1307
泰山玻璃纤维股份有限公司	4604	泰安市泰山工程机械制造有限公司	1761	泰安特种车制造厂	1304
山东泰和东新股份有限公司	3817	山东省肥城市化肥厂	1680	山东飞宇光缆(集团)厂	1184
山东石横特钢有限公司	3699	泰安市泰山起重机械有限公司	1660	泰安康平纳毛纺织有限公司	1160
万隆矿业集团有限公司	2911	泰安华兴纺织有限公司	1616	山东泰山恒泰彩色印刷有限公司	1160
新泰市韩庄煤矿	2657	山东明星矿业集团	1560	山东惠普矸石电力股份有限公司	1108
山东泰鹏纺织集团有限公司	2600	山东鲁能泰山开关集团	1528	新泰市莲花山煤矿	1089
山东岱银纺织集团股份有限公司	2385	山东省金阳矿业集团有限公司	1478	山东升华玻璃股份有限公司	1088
山东瑞泰化工有限公司	2271	新泰市汶南煤矿	1380	肥城阿斯德化工有限公司	1074
新泰市建新矿业集团	2108	山东泰山锅炉压力容器集团总公司	1359	山东隆源煤矿集团有限公司	1000

2002年工业利税1500万元以上企业名单(47家)

单　位	利税(万元)	单　位	利税(万元)	单　位	利税(万元)
新汶矿业集团有限责任公司	39932	新泰市建新矿业集团	3352	新泰市汶南煤矿	2052
山东鲁能泰山电缆股份有限公司	32243	泰安泰山啤酒有限公司	3094	山东省金阳矿业集团有限公司	2031
肥城矿业集团有限责任公司	13706	泰安市泰山起重机械有限公司	2950	山东惠普矸石电力股份有限公司	1954
山东泰山生力源集团股份有限公司	11323	山东省肥城市化肥厂	2838	山东华阳农药化工集团有限公司	1830
山东石横特钢有限公司	8490	山东瑞泰化工有限公司	2804	肥城阿斯德化工有限公司	1826
新泰市王家寨煤矿	7960	肥城鲁岳化工公司	2752	山东泰山染料股份有限公司	1817
泰山玻璃纤维股份有限公司	6414	泰安华兴纺织有限公司	2611	山东省瑞星化学工业集团总公司	1771
山东岱银纺织集团股份有限公司	6123	山东省吉明美工业有限公司	2604	山东飞宇光缆(集团)厂	1653
泰安电业局	6103	山东泰山锅炉压力容器集团总公司	2591	山东隆源煤矿集团有限公司	1647
山东泰和东新股份有限公司	4688	泰安华泰铝轮毂有限公司	2408	山东巨菱股份有限公司	1614
万隆矿业集团有限公司	3833	山东明星矿业集团	2393	山东泰山恒泰彩色印刷有限公司	1593
新泰市酿酒总厂	3670	山东升华玻璃股份有限公司	2343	山东清大实业集团有限公司	1593
山东鲁能泰山开关集团	3657	山东华宁矿业集团有限公司	2222	山东省傲饰集团有限公司	1554
山东泰山轮胎厂	3589	宁阳正大煤业有限公司	2175	新泰市黄泥庄煤矿	1540
新泰市韩庄煤矿	3498	泰安市泰山工程机械制造有限公司	2169	泰安康平纳毛纺织有限公司	1533
山东泰鹏纺织集团有限公司	3401	新泰市莲花山煤矿	2075		

2002年规模工业销售收入1亿元以上企业名单(65家)

单　位	销售收入(万元)	单　位	销售收入(万元)	单　位	销售收入(万元)
新汶矿业集团有限责任公司	477177	山东省吉明美工业有限公司	24244	山东明星矿业集团	15002
山东鲁能泰山电缆股份有限公司	177188	肥城银宝食品有限公司	23954	泰安经纬油脂有限公司	14842
肥城矿业集团公司有限责任公司	144150	山东海化魁星化工有限公司	22801	山东鲁能泰山电力设备有限公司	14072
山东石横特钢有限公司	125902	东平县光大油脂厂	22095	泰安市泰山起重机械有限公司	14004
山东岱银纺织集团股份有限公司	70953	泰安起重机械厂	21661	山东升华玻璃股份有限公司	13887
山东山口钢管集团有限公司	51298	山东省傲饰集团有限公司	21586	山东厚丰汽车散热器有限责任公司	13503
山东省瑞星化学工业集团总公司	50520	泰安特种车制造厂	21545	山东泰山染料股份有限公司	12980
济南钢铁集团石横特殊钢厂	45815	山东清大实业集团有限公司	20808	新泰市电力工业局	12870
泰山玻璃纤维股份有限公司	39424	泰安华泰铝轮毂有限公司	20805	新泰市建新矿业集团	12866
山东鲁能泰山开关集团	35809	东平县供电局	20755	泰安康平纳毛纺织有限公司	12857
山东泰鹏纺织集团有限公司	35650	泰安双丰化肥有限公司	20743	泰安市泰山工程机械制造有限公司	12814
山东泰山生力源集团股份有限公司	35600	新泰市王家寨煤矿	20052	山东省泰山农牧机械总厂	12801
泰安泰龙服饰发展有限责任公司	33197	万隆矿业集团有限公司	19655	肥城阿斯德化工有限公司	12721
山东泰山轮胎厂	32754	山东泰山锅炉压力容器集团总公司	18623	山东惠普矸石电力股份有限公司	12512
山东华阳农药化工集团有限公司	32693	山东省宁阳县飞达化工有限公司	18480	山东肥城水泥股份有限公司	12010
山东省肥城市化肥厂	30813	山东青云起重机械制造有限公司	18475	山东省东平县大麻纺织总厂	11774
山东泰和东新股份有限公司	30532	山东锦轮股份有限公司	17417	山东鲁通线缆有限公司	10640
泰安泰伟食品有限公司	30372	泰安华兴纺织有限公司	16830	山东鲁龙机械工业有限公司	10300
山东巨菱股份有限公司	29972	泰安泰山啤酒有限公司	16326	山东肥城云宇工程机械有限公司	10200
肥城市供电局	29395	新泰市酿酒总厂	16110	肥城市棉麻纺织总公司	10064
泰安专用汽车制造厂	28271	山东省东平中顺明兴纸业有限公司	15973	山东鲁峰专用汽车制造有限公司	10016
宁阳县电业局	24961	肥城鲁岳化工公司	15573		

【九五工业成就】　五年(1997～2002年)来工业经济取得的成绩主要有:(1)工业经济总量快速扩大。年内,全市企业总数为2.27万个,全市规模以上工业企业达510家,其中,大中型工业企业133家,大型企业12家。2002年全市规模以上工业企业完成增加值134.7亿元,为1998年(因1998年统计口径发生变化,故个别数字与1998年比较,下同)的1.8倍,年均增长15.8%。规模以上工业企业实现产品销售收入340.6亿元,为1998年的1.8倍,年均增长15.8%。规模以上企业总资产为447.6亿元,比1998年增长48.7%,其中固定资产净值为172.2亿元,比1998年增长32.9%。(2)工业经济效益快速提升。规模以上工业实现利税33.1亿元,实现利润13.3亿元,分别是1998年的1.87倍和2.79倍,年均分别增长16.9%和29.3%。(3)结构调整成效显著。企业产权制度改革步伐加快,所有制结构向多元化发展,非国有经济得到较快发展,国有和集体工业经济所占比重由1997年的90.9%下降到28.5%。其中,国有经济所占比重由1997年的62.7%下降到18.6%,股份制、三资企业和其他经济比重由9.1%上升到71.6%。通过调整,全市工业产品档次有较大提高,培植激光全息产品、玻璃纤维纱、通讯光缆、高压开关等一批高新技术产品,市场适应能力增强。实施名牌带动战略,培植泰山牌电力电缆、泰山玻璃纤维、泰山牌特曲、巨菱牌直喷系列柴油机、泰山牌纸面石膏板等省级名牌产品29个,培育市级名牌产品76个。集中人、财、物力,重点培植的电力电缆、玻璃纤维、高压开关、专用汽车、柴油机、纸面石膏板、农药、三聚氰胺等20个拳头产品,这些产品在市场上都具有较强的竞争力。(4)一批核心竞争力较强的骨干企业迅速发展壮大。全市销售收入过1亿元的企业有65家,比1997年增加47家。销售收入过10亿元企业有4家,其中,新汶矿业集团达47.7亿元,

鲁能泰山电缆电器有限公司达17.7亿元;销售收入过5亿元的企业有7家,比1997年增加4家。利税过5000万元的企业有9家,比1997年增加6家,其中过亿元的4家。(5)一些落后生产能力得以淘汰。五年来,淘汰、关闭小煤井16处、小水泥生产线12条(总生产能力25万吨)、小玻璃企业1家、小火电2.7万千瓦。(6)管理创新,企业经营水平提高。全市企业资源综合利用投入20亿元,节约能源80万吨标煤,万元工业产值综合能耗由2.82吨标准煤下降到2.35吨,节能增效10亿元,综合利用废渣1500万吨。(7)技术进步,技术改造投入加大。技术创新项目达2000余项,项目投产率为85%,形成高水平经济增长点。争取国家和省级技术创新项目500余项,争取项目拨款2000万元,减免税1.5亿元。全市技术改造总投资146.4亿元(不含省以上企业),争取国债和国家拨款项目12项,总投资10.34亿元。其中国债项目9项,固定资产总投资9.24亿元,国债贴息资金1.218亿元,拉动银行贷款6.92亿元。　(朱培新)

【工业园区建设】 参见《经济园区·民营经济》

【泰安市国有资产经营公司】 年末,泰安市国有资产经营公司(以下简称国资公司)是全市资产规模最大的国有资产运营机构,注册资本9.07亿元。年内,公司有职工5.09万人。根据企业规模、生产经营状况,33户权属企业可分为三类:骨干企业9户,分别为鲁能泰山电缆电器有限公司、泰山旅游索道有限公司、巨菱集团、泰和集团、泰山生力源集团、泰山玻璃纤维股份公司、泰山集团、泰安特种车制造厂、泰安专用汽车制造厂;一般企业6户,分别为山东齿轮箱厂、泰安阳光矿业集团、泰安华鲁机械有限公司、泰安交通汽车制造厂、泰安国利化工有限公司、泰安永佳塑料有限公司;困难企业18户,其中,空壳企业13户(泰龙集团、泰安毛纺厂、泰安电车线厂、泰安印染厂、丰柔皮革厂、泰安电讯三厂、泰安地毯厂、泰安电机厂、泰安轴承厂、泰安水泵厂、大麻纺织集团、泰安化工集团、泰安试验设备厂),停产企业3户(泰安化工机械厂、中国建筑石雕公司、泰安北斗电池厂),其他困难企业2户(山东光明机器厂、泰安造纸厂)。

年内,通过深化企业产权制度改革、调整优化产业结构,实现工业增加值15.4亿元,比上年增长15%;实现销售收入52.1亿元,增长9%;实现税金3.5亿元,增长36%;实现利润4亿元,增长20%;国有资产保值增值率完成103.5%,提高0.9个百分点。其中,鲁能泰山电缆电器有限公司、泰山旅游索道有限公司、巨菱集团等9户骨干企业完成工业增加值13.2亿元,比上年增长18%,占所属企业总数的85.9%;实现销售收入44.9亿元,增长11%,占所属企业总数的86.5%;实现利润4.1亿元,占所属企业总数的102.5%。年内,对泰和纸面石膏板总厂、泰安锅炉厂、中国建筑石雕公司、泰安化工机械厂等10户所属企业以及山东鲁能泰山电缆电器有限责任公司、阳光矿业集团公司等集团企业6个子公司进行产权制度改革,其中,9户企业完成改制任务,2户进入破产程序,5户正在实施中。结构性调整有新成效,全年完成技术创新项目76个,开发高新技术产品37个。完成招商引资项目20个,引资总额4.1亿元,比上年增加3亿元。其中,项目引资1.29亿元,向上争取资金4263.5万元,市外银行信贷融资2.38亿元。

产权制度改革　国资公司遵循因企制宜、重点突破、整体推进的原则,进行产权制度改革。通过改革,企业活力明显增强,生产经营工作呈现持续、稳定、快速增长的好势头。①骨干企业改革。泰和集团整体改革于9月底完成,国有股份由60.24%降至30%,2510万股国有股份转让给本企业干部职工,其中企业经营层持股36.27%、职工持股者协会占33.73%。泰安锅炉厂的改革工作于11月28日完成,国有资产全部退出。②一般企业改革。山东齿轮箱厂于9月12日完成民营化改制任务,新组建的民营公司全部接收原厂职工。在阳光集团所属的5个子公司中,有3个于上半年完成民营化改制、2个正在规范之中。鲁能泰山电缆电器有限公司所属的高压开关集团,于12月28日完成民营化改革,新成立的山东泰开电气有限公司开局运行良好。③困难企业的改革。主要是依据市政府30号文件进行操作,偿还权益,解除合同,实施资产重组,安置职工。其中:大麻纺织集团进入破产程序,全部职工与企业解除劳动关系,并于12月20日召开第一次债权人会议,通过破产处置方案。中国建筑石雕公司和泰安化工机械厂分别于8月30日、10月7日完成改革任务,还清企业以前所欠职工权益,妥善安置离退休职工等特殊群体,全部职工与企业解除劳动关系。北斗电池厂的改制方案于11月9日经企业职代会通过,667名职工与企业解除劳动合同,企业资产通过中介机构向社会公开拍卖。通过改革,企业活力明显增强,泰和集团主要经济指标增幅都在30%以上,山东齿轮箱厂改制后,主要经济指标均创出历史最好水平。特困企业与2600名职工解除劳动合同,通过资产重组和劳动市场配置,多数职工找到就业岗位,情绪比较稳定,为全市特困企业改革创造经验。

调整优化产业结构　国资公司把产业结构和产品结构调整作为提升工业运行质量、培植新的经济增长点的首要任务来抓,全年计划固定资产投资项目13个、投资额为5.41亿元,实际完成项目8个、投资额4亿元。完成技术创新项目76个,开发高新技术产品37个。①建材行业呈现出快速发展势头。泰山玻璃纤维公司三期工程第二条2万吨生产线,于8月份投入生产,企业生产能力达到7.8万吨,成为全国同行业生产规模最大、技术装备水平最高的企业,并跻身于世界同行业10强之列。泰和东新股份公司新建1000万平方米纸面石膏板生产线6月份投产,并通过对老生产线进行技术改造,新增生产能力1000万平方米。②汽车行业成为市属工业新的增长点。泰安专用汽车制造厂全年开发新产品39项,取得国家专利2项。特种车制造厂开发新产品22个,取得11项国家专利。泰安交通汽车制造厂通过技术革新,开发新车型17种。三家汽车制造企业工业增加值比上年分别增长105%、93%和113%,销售收入分别增长52%、45%和105%。③农机行业新产品开发效果显著。巨菱集团全年开发了12大系列新产品,投放市场10个,申报专利30多项,新产品的销售收入占总销售收入的20%以上。同时,加快了石油机械、工程机械、液压机械、柴油发电机组等非农机产品的发展,四大产业在集团生产经营中的拉动作用日益明显。通过结构调整,骨干企业主导产品的比例增大,市场占有率和盈利能力有较大幅度提高,全年实现出口创汇5315万美元,比上年增长51.8%。泰山玻璃纤维公司产品出口30多个国家,创汇2224万美元,比上年增加一倍。巨菱集团在海外设立3家企业、10个商务处、20多个服务网点,在全国农机行业大幅度下滑的情况下,出口创汇1860万美元,增长13.5%。泰安永佳塑料公司实现出口创汇405万美元,产品外销达51%,成

为中国最大的合成纤维绳索出口企业。

加大招商引资力度 国有资产经营公司加大优势企业和优质项目对外推介招商力度,全年招商引资5.92亿元,到位资金4.1亿元(引进市外银行信贷资金2.38亿元),比上年增加3亿元。国资公司与中国重型汽车集团、市基金投资担保公司共同出资成立中国重型汽车集团泰安五岳专用汽车有限公司。该公司注册资本1.8亿元,其中,重汽集团出资8990万元,国资公司以国有划拨土地使用权作价出资8376.6万元,市基金投资担保有限公司以原基建贷款本金投资450万元,于12月28日挂牌运营。国资公司与上海中亿科技投资有限公司、杭州恒翔贸易有限公司、泰山旅游索道有限公司合资成立山东泰山中亿投资控股有限公司。该公司注册资本5000万元,其中,上海方出资2000万元,杭州方出资1000万元,泰安方出资2000万元,于12月12日挂牌运营。泰安丰柔皮革有限公司分别与印度、韩国进行合资合作,引进外资折合人民币720万元。泰山玻璃纤维股份公司、泰安特种车制造厂、五岳专用汽车有限公司争取无偿科技补助金、科研资金和贷款贴息共计4263.5万元。 (吕华章)

煤炭工业

【概况】 年末,全市探明煤炭地质储量19.9亿吨、工业储量16.03亿吨、可采储量7.52亿吨。煤种主要有气煤、气肥煤、肥煤。全市煤炭工业有限额以上工业企业39个(限额以上地方煤炭工业36个),其中亏损企业1个。全部从业人员年平均人数为12.56万人。资产总额为136.78亿元,固定资产原值86.02亿元。全年完成工业产值88.64亿元,实现产品销售收入83.0亿元,实现工业增加值44.93亿元,实现利税10.24亿元,其中利润3.78亿元。亏损企业亏损额为0.6万元。

·新汶矿业集团·

【概况】 新汶矿业集团核心企业为新汶矿业集团有限责任公司。该集团是以国有资产为主体、多种所有制并存,以煤为主、多种产业共同发展的大型企业集团,是华东地区重要的煤炭基地。2002年,集团拥有全资或控股的子公司12个、分公司7个,其中生产矿井11个、报废矿井2个、非煤生产经营单位10个、服务性事业单位6个。全公司在册全民职工6.8万人、集体职工1.18万人、离退休人员3.00万人,矿区总人口为20万人。资产总额为83.51亿元,其中国有资产为72.14亿元,非国有资产11.37亿元,负债总额50.82亿元,资产负债率71.4%。全年实现销售收入51亿元,上缴税费3.89亿元,实现利润6028万元。年内施工项目50个,总投资8.1亿元,年末投产项目30个,为构建"煤炭主业、非煤工业、高效农业"三位一体的产业格局打下基础。①煤炭主业。新汶矿业集团煤炭产业老区辖新汶、莱芜两个煤田,总面积为912平方公里。累计探明地质储量11亿吨、工业储量6.73亿吨、可采储量3.93亿吨,有效可采储量3.03亿吨。设计能力为810万吨/年,实际生产能力达1200万吨/年。煤炭产品主要有冶炼精煤、动力精煤、洗混煤、块煤等,部分动力精煤出口国外。年内,原煤产量完成1158万吨、洗精煤377万吨,分别比上年增加19.5万吨和9.5万吨,原煤产量与1997年基本持平。商品煤销量完成1050万吨,其中精煤366万吨,比上年增加79万吨。商品煤销售收入25亿元,比上年增加4.8亿元;上缴税费2.73亿元,补贴后利润为1571万元。原煤百万吨死亡率为0.66;职工人均收入1.20万元,比上年增长16%。年内,在多数矿井采区延深、生产条件恶化的情况下,对重点工程、重点采区按形象进度考核,保证生产正常接续,同时完成优化项目20项,创造经济效益2800万元。全公司有14个采煤队完成规划目标,其中,翟镇矿采一区达年产60万吨以上水平,翟镇矿采二区、鄂庄矿采一区达50万吨以上。34个快掘队完成规划目标,其中,8个队达年折算标准煤平巷5000米以上,15个队达年折算标准煤平巷4500米以上,11个队达年折算标准煤平巷4000米以上,综合单进比上年提高4.76米。翟镇、良庄、潘西、鄂庄、张庄矿原煤产量创历史最高水平。②非煤经济。年内新汶矿业集团加大资金投入,加快重点工程项目建设。10月份国家"十五"期间重点工程龙固矿井建设项目经国家发展计划委员会批复立项,年设计能力为600万吨。1号主井、2号主井分别于8月、11月相继开工,1号主井完成钻孔570米、2号完成主井200米。张庄电厂一期、华丰电厂二期工程竣工发电。良庄电厂一期工程现具备发电条件。潘西电厂、华丰水泥厂技改工程分别完成工程量的80%、60%。莱新铁矿主、副井贯通,并见到矿体。商河林纸一体化工程,完成3300平方米的组培室,形成2000万株组培能力,种植树木3000万株,正在组织苗木生产。年内,建成投产项目30个。其中骨干项目有:年产1000万平方米的纸面石膏板生产流水线,全国最大的金属钕生产厂家——良庄稀土金属冶炼厂,水泥公司泰安混凝土搅拌站,供销公司对化工厂进行技改项目,协庄、鄂庄两个地下煤层气化站,新泉

2002年,新汶矿业集团建成投产项目达30个。图为骨干项目——年生产能力1000万平方米的纸面石膏板生产流水线

沟矿建成的种植、养殖千亩园示范基地，孙村、良庄矿洗煤厂实施重介改造，禹村水泥厂开发热发电项目。非煤产品和业务主要有水泥、石膏、电力、制药、建筑建材、机械制修、轻纺化工、育林造纸等。全年非煤收入26亿元，比上年增加13亿元，上缴税费1.16亿元，完成利润4457万元。

企业管理　①强化煤炭营销集中管理。为应对市场竞争，围绕"提质、保价、增收、回款、服务"这一中心，精心组织煤炭生产和洗选加工，先后开展营销管理创水平、洗煤厂达标竞赛、煤场标准化建设、货款清欠决战年等一系列活动。以市场为导向，优化产品结构，加大洗煤技改投入，在对孙村、良庄矿实施重介洗煤改造的基础上，先后对华丰、张庄、协庄、翟镇矿洗煤厂进行工艺改造，降低洗煤成本，使精煤市场份额和经济效益大大提高，精煤比上年增收1.2亿元。首次实现炼焦精煤出口。全年煤炭销售收入和精煤销量创出集团公司历史最好水平。②强化物流集中管理。改革物流管理体制，撤销11个生产矿井供应部门，成立供销公司驻各矿（公司）分部，对11个生产矿井进行集中采购、集中储备、集中配送。形成由物流信息中心实施宏观协调、监督考核、综合管理及由供销公司集中采购、仓储、配送和统一结算供应物流新体系。通过改革，各单位物资采购价格比统管前平均下降7.8%，节约采购成本2700万元。及时处理积压和待报废物资，盘活资产。对各单位抵押和待报废物资，邀请111家厂商进行公开竞买，处理闲置物资原值2255.32万元，收回资金387.34万元。通过各类招标比价采购节约采购，成本4963.87万元。③强化资金集中管理。围绕生产经营、重点项目建设、技术改造等工作重心，加强以控制现金流量为重点的财务管理，实行资金预算制度，严格收支两条线管理。每季度对各单位资金收支两条线的执行情况进行检查，保证集团公司资金高度集中和资金管理办法的落实。加大货款清欠回收力度，建立用户信息资料库，杜绝新的拖欠。组织开展货款清欠决战年和债务债权清理活动。统销煤应收帐款比年初减少2700万元，自销煤欠款比年初减少6700万元，全年应收帐款控制在5亿元以内。严格控制煤炭产品非货币结算，累计发生非货币结算7938.6万元。其中，以物抵款4898.73万元、以煤抵款1753.93万元，债权债务置换1285.95万元，合计比上年下降3981.1万元。严格工程资金管理，压缩非生产性工程，减少零星工程项目，累计审批各类资金工程预算、结算810份，资金额度为3.1亿元，审减资金4120万元。

结构调整　全年引入外部资金14.39亿元，用于结构调整。①通过资本运营，加快经济结构调整。一是对存量资产进行产权置换。先后完成光明电力、泰山能源、华丰和张庄两电厂的股权转让；与有关债权银行及资产管理公司签署额度为3.03亿元的债转股协议，初步完成新公司组建工作。二是对增量资产或新的经营项目发展多元投资主体。按照"产权清晰、权责明确、股权多元、风险共担"的原则，通过内引外联、招商引资、合资合作建设一批多元参与的、技术含量高、发展前景好的骨干项目。如新绿源公司商河林纸一体化基地、潘西矸石电厂、莱新铁矿、华丰矸石砖厂、华丰矿水泥技术改造和协庄特种造纸厂等等，集团公司经济结构呈现出多元化和社会化的特点。②通过资产重组，推进产权结构优化，推动资产人格化管理。集团公司机关对各类办公设备产权全部由个人买断，由公司向个人租赁设备，生产经营设备设施拍卖给职工个人。推动矿区民营经济发展，协庄、良庄、孙村矿、通力公司等新上项目均为民营性质，鄂庄矿发动职工投资入股建设矸石砖厂，龙固矿井建设吸收职工入股1亿元。推进对禹村、张庄、西港3个资源枯竭矿井的关闭破产，关闭破产预案经上级批复立项。

安全生产　①以落实各级安全生产责任制为主线，完善各项安全管理制度。各单位深刻吸取汶南"12·27"、孙村"12·28"事故教训，广泛开展安全文化建设和安全教育培训工作，强化安全事故（重大隐患）责任追究制和安全生产责任制，加大安全处罚力度。全年追究安全责任20次，处理70人。②突出强化"一通三防"（通风、综合防尘、防治瓦斯、防火）管理，集团公司调整充实各级通防管理机构，结合实际坚持"以风定产、监测监控"的原则，细化通防管理内容。在所有采掘工作面推广使用风钻、风煤钻，整顿放炮员队伍，提高安全系数。③依靠科技进步深化安全整治，全面推进质量标准化。年内，加大安全投入，投入资金1.27亿元，完成安全整治项目446项，安全基础工作得到巩固和提高。鄂庄煤矿实现安全生产3906天、安全产煤921万吨，协庄煤矿实现安全生产700天。

年内，新汶矿业集团获省经贸委首批授予的"山东省管理创新优秀企业"称号，《生产企业主导工序控制管理》获国家级管理创新成果奖二等奖。全年完成各类科研成果501项，创直接经济效益2亿元。其中，19项成果获得省部级奖励，7项技术创新成果列入省经贸委和国家经贸委计划，煤炭地下气化项目列入国家"863"计划。

【新汶矿业集团继续居中国企业500强】

8月21日，中国企业联合会、中国企

2002年新汶矿业集团煤矿基本情况表

单位	职工数（人）	主要产品	产量（万吨）		产值（万元）		销售收入（万元）	
			数额	同比±%	数额	同比±%	数额	同比±%
孙村矿	6229	煤炭	123.70	5.19	34729.12	56.55	24287.04	21.47
张庄矿	6629	煤炭	86.30	−20.23	30106.40	10.62	19794.49	−9.93
良庄矿	5792	煤炭	129.40	3.03	30700.04	22.81	24240.09	6.95
华丰矿	6177	煤炭	112.60	−8.51	25832.72	0.23	25725.43	−2.45
协庄矿	6199	煤炭	190.99	7.89	71867.51	82.51	35303.97	8.37
潘西矿	2967	煤炭	89.70	14.04	18141.62	21.49	14990.32	30.55
汶南矿	4255	煤炭	79.72	−1.63	14443.60	12.72	13789.90	19.82
泉沟矿	2793	煤炭	10.30	14.24	9543.80	29.88	19966.79	2.71
南冶矿	3352	煤炭	52.90	1.15	11048.23	25.56	9720.64	14.72
鄂庄矿	3495	煤炭	83.33	8.79	23060.73	41.89	15334.05	30.89
翟镇矿	3690	煤炭	199.51	8.49	42584.40	−10.99	31054.57	−3.76

业家协会代表官方公布2002年中国企业500强。此次在全国范围内评选中国企业500强，旨在中国加入世界贸易组织和经济全球化日益加快的形势下，适应中国企业参与国际竞争的需要，推动企业做大做强，提高国际竞争能力，并为国内外各界提供中国大企业发展的相关数据与研究信息。此次评选，按照国际通行的方式，以上年企业营业收入为标准，发布"中国企业500强"名单。新汶矿业集团是全国520家国有重点企业、山东省136家重点企业集团之一，在中国企业500强中居第211位。此次入选500强的企业中煤炭企业有17家，新汶矿业集团居兖州矿业、大同、山西焦煤、平顶山煤业之后，在全国煤炭行业列第5位。（李经纬）

·肥城矿业集团·

【概况】 肥城矿业集团有限责任公司（以下简称肥城矿业集团公司）系国家大型一类企业，是国家经济贸易委员会确定的全国520家国有重点企业之一，山东省111户重点企业集团之一。肥城矿业集团现有肥城和梁宝寺2个煤田，总面积为195平方公里。肥城煤田总面积为98平方公里，年末有地质储量6.68亿吨、工业储量2.6亿吨、可采储量1.54亿吨。煤种主要为气煤、气肥煤，是优质炼焦煤和动力用煤。梁宝寺井田是肥城矿业集团公司的接替新区，位于济宁市嘉祥县境内，总面积为97平方公里，探明地质储量5.75亿吨，可采储量1.5亿吨。该煤田地质构造简单，煤种为气煤，煤质优良，为低灰、特低硫、特低磷、高挥发份、高发热量的优质动力用煤和炼焦配煤，年设计生产能力240万吨。年末，肥城矿业集团公司有大封煤矿、杨庄煤矿、曹庄煤矿、陶阳煤矿、国家庄煤矿、查庄煤矿、白庄煤矿等7个生产矿井，年设计生产能力381万吨，核定生产能力405万吨，实际年生产能力达500万吨以上。有4座洗煤厂，设计年入洗能力200万吨，实际年洗选能力达260万吨以上。另有高余焊接材料公司、鲁泰工程公司、金诺公司、宏达公司、电讯公司等5个子公司及医院、学校等21个二级单位。年末，公司资产总额为40.75亿元，负债总额为22.1亿元，资产负债率为54.23%。完成总产值19.4亿元，实现销售收入19.9万元，比上年增加0.5亿元，人均工资达1.31万元，比上年增长28.6%。有在册全民职工3.6万人、集体职工3552人、离退休职工1.3万人，矿区总人口近10万人。①煤炭主业。年内，肥城矿业集团生产原煤683万吨，超计划103万吨，其中查庄矿、白庄矿、曹庄矿原煤产量均突破120万吨。销售商品煤673万吨，超计划93万吨。完成掘进总进尺13.93万米，超计划1.83万米。煤炭收入13.4亿元，比上年增加2.7亿元；实现利税1.9亿元，比上年增加0.5亿元。②非煤经济。年内，肥城矿业集团加大对原有非煤项目的技术改造和产品升级，培植壮大优势项目和名优产品。有4个非煤单位通过ISO9000国际质量体系认证；"宏达牌"水泥被评为山东省质量免检产品；"华翔牌"焊丝通过中国船级社和ISO9001国际质量体系双重认证，被命名为山东省名牌产品；经四期改建、扩建，高余焊接材料公司年产能力达1.3万吨，成为全国最大的焊丝生产基地。同时本着充分利用煤炭资源、拉长产业链、形成产业群等原则，加快建设进行产业结构调整的"十大工程"。多渠道筹集、到位资金7.5亿元，保证各项工程的顺利建设。其中梁宝寺矿井3个井筒掘进总进尺1258米，全部穿过深厚表土层，进入基岩，度过了最困难的阶段；国庄、陶阳、杨庄、大封矿4座电厂一期工程全年发电2.56亿千瓦时，查庄矿电厂也并网发电；电解铝厂2.5万吨的起步工程竣工试生产，各项指标均达优良；石膏矿开始出膏；高效洗粉厂扭亏为盈；曹庄矿煤炭地下气化日产1万立方米，为职工宿舍正常供气；纸浆厂四大车间主体工程基本完工，具备了设备安装条件。年内，非煤经济完成产值7.24亿元，实现销售收入6.53亿元，比上年增加2.3亿元，其中利润291.84万元。

企业管理　年内，肥城矿业集团公司深化和完善了财务资金、煤炭营销、物资供应、货款清欠、内部审计的集中统管工作，使企业管理由粗放型向集约化、由传统经验型向现代企业管理方式转变，促进企业经济效益的提高。物资供应通过比质比价、招标采购，节约资金3275万元。内部审计集中统管后收效明显，查出违规金额6458万元，审减金额2369万元，审减率高达18%。

企业改革　年内，肥城矿业集团公司加大产权制度改革力度。投资1577万元控股肥城弘德建材公司，为进入石膏建材行业奠定基础。大封矿、国庄矿的破产立项正式获批。在干部任用上实行竞聘制、试用期制、任前公示制，坚持年度考核制、离任审计制、戒勉制等制度；在用工制度上采取多种用工形式并存，全部合同化管理；在分配制度上，坚持和完善效益工资制，并进行工资集体协商制度试点。年内，省煤炭工业局推广了肥城矿业集团公司推行工资集体协商制度的经验。

2002年肥城矿业集团各煤矿基本情况表

单　位	职工数（人）	主要产品	产量（万吨）		产值（万元）		销售收入（万元）	
			数额	同比±%	数额	同比±%	数额	同比±%
大封煤矿	3647	原煤	44.70	－0.06	10890.6	38.14	9227	18.68
杨庄煤矿	4230	原煤	95.30	－0.09	21328.5	47.04	17744	13.24
曹庄煤矿	4468	原煤	120.69	11.13	30703.1	79.31	25180	46.92
陶阳煤矿	5013	原煤	107.71	－0.05	23221.0	32.84	20922	18.61
国庄煤矿	4153	原煤	60.57	7.64	14307.3	69.40	11037	35.27
查庄煤矿	5692	原煤	128.60	2.39	29804.5	50.49	24091	22.06
白庄煤矿	3864	原煤	125.12	125.12	31552.1	59.35	25463	28.14

安全生产　年内，肥城矿业集团公司始终把安全生产作为维护矿区稳定和促进企业发展的前提和基础。加强《安全生产法》、《煤矿安全规程》教育培训，加大安全技术措施投入，全年安全生产投入4000多万元。对各生产矿采掘区、队增加副职，从管理体制上彻底解决干部轮流盯班不到位的问题。严格落实事故责任追究制度，对事故责任人4名副矿长级干部给予撤职处分。原煤百万吨死亡率为0.73，连续16年保持百万吨死亡率低于1的好水平，连续18年杜绝一次死亡3人以上重大事故。（李彤生）

【山东东岳能源有限责任公司揭牌运营】 2月28日，由肥城矿业集团公司、中国信达资产管理公司、中国华融资产管理公司共同出资组建的具有多元化投资性质的大型现代企业集团——山东东岳能源有限责任公司举行揭牌仪式。该公司总资产为16.59亿元，其中，肥城矿业集团公司出资9.45亿元，占56.94%；信达公司出资6.68亿元，占40.24%；华融公司出资4665万元，占2.82%。该公司主要经营煤炭开采和销售、建筑材料、矿山机械、矸石发电和供电、建筑安装、电器配件等业务。

【梁宝寺矿井举行开工典礼】 7月16日，肥城矿业集团公司梁宝寺矿井举行开工典礼。梁宝寺矿井总投资10亿元，年设计能力240万吨，实际生产能力可达400万吨以上。该矿井于2001年7月开始筹建，3个井筒开挖，年末，掘进总进尺1258米，顺利穿深厚表土层入基岩，建设速度和质量创全国同类型矿井先进水平。

【大封煤矿电解铝厂投入生产】 11月25日，肥城矿业集团公司大封煤矿电解铝厂生产出第一批高标号合格铝锭，标志着电解铝厂生产工作全面启动。该工程是肥城矿业集团公司产业结构调整的重点项目之一。该厂于2001年9月开工建设，计划总投资16.5亿元，工程占地46.67公顷，设计规模一期工程为年产电解铝10万吨、铝用阳极炭块6.4万吨，起步工程为年产电解铝2.5万吨。电解铝生产工艺采用200KA预焙阳极电解槽、智能多模式计算机控制。氧化铝采用超浓相输送，净化采用干法烟气净化系统。至2002年底完成投资3亿元。（李彤生）

【杨庄矿发展非煤产业】 年内，杨庄煤矿在现有非煤项目管理的基础上，突出改革改制、技术改造这一工作重心，矸石热电厂（以下简称电厂）一期工程实现经济安全运行，实现利润154万元。电厂二期和纸浆厂一期两大重点工程，筹集股金1960万元。纸浆厂总投资5.6亿元，设计规模20万吨。一期工程于6月正式开工建设，至年底，脱墨漂白制浆车间、浆板车间等主体工程、化工原料库、成品库建设完成。（付兆宝）

【陶阳煤矿实施"六项工程"见成效】 年内，肥城矿业集团实施"六项工程"，取得明显成效。一是实施安全基础工程。在全矿开展一系列安全教育活动，干部职工安全意识和正规操作能力增强。二是实施效益工程。深入开展"创水平、上纲要"活动，全年产、销原煤107.7万吨，实现产销平衡；完成销售收入2.1亿元，比上年增加3411万元。三是实施管理工程。该矿与所属单位分别签订经营目标责任书，形成严密的责任目标管理体系。加强资金管理、物资管理，开展节支降耗活动，全年累计完成利润2848万元，比计划增加243万元，比上年增加2046万元。四是实施民心工程。为职工办10件实事，职工实际人均年收入1.23万元，比上年提高30.1%；投资新建职工住宅楼5幢，有120户职工喜迁新居。五是实施结构调整工程。先后新上精密铸造、榨油厂等项目，扩大汽车配件项目。该矿建设的矸石热电厂先后通过省煤炭工业局、泰安市电业局等单位的检查验收，其二期工程建设顺利，具备运行发电条件。六是实施文明创建工程。全矿评出文明户2846户、文明单元72个、文明楼8栋。（王秀文）

电力工业

【概况】 年末，全市电力生产工业有火力发电厂7个，全部从业人员年平均人数为4126人，资产总额达7.96元，比上年下降2.9%，固定资产原值为6.8亿元，净值为4.5亿元，分别比上年增长4.62%和下降6.2%。全年实现工业增加值5.9亿元，比上年增长20.93%，实现产品销售收入3.8亿元，实现利税0.44亿元，其中利润0.17亿元，分别比上年下降60%和57%。全员劳动生产率（按产值现价计）为143万元/人·年。

电力供应　10月1日，泰安电业局正式更名为泰安供电公司，原属泰安电业局的电力行政管理职能移交市经济贸易委员会，公司有职工1045人，其中中级以上技术职务162人。

年内，全公司固定资产原值为15.58亿元。拥有35千伏及以上输电线路72条，总长为1181千米；35千伏及以上主变压器76台，总容量为259万千伏安。其中：拥有35千伏输电线路30条，总长282公里；35千伏主变压器34台，总容量19.4万千伏安；110千伏输电线路26条，总长402公里；110千伏主变压器32台，总容量107.75万千伏安；220千伏输电线路16条，总长497公里；220千伏主变压器10台，总容量132万千伏安。实现电力销售收入16.03亿元，全员劳动生产率49.57万元/人·年。全年完成供电量46.99亿千瓦时、售电量44.87亿千瓦时、社会用电量55.75亿千瓦时。其中，工业用电量42.81亿千瓦时，城乡居民用电量6.38亿千瓦时，农业用电量2.69亿千瓦时。全市最高日供电负荷为85万千瓦，比上年增长11.55%；最高日供电量为1733万千瓦时，比上年增长18.07%。变电设备、线路设备完好率达100%，线损率达3.87%。宁阳县供电公司被命名为国家一流县供电企业、肥城市供电公司被命名为省一流县供电企业。年内投资2.4亿元控股建成鲁邦正阳、大河热电公司。

电网基本建设　年内，总投资2.79亿元的第二期农网改造工程完成。完成220千伏的桃园和金阳变电站、110千伏的肥城和楼德等变电站的大修改造任务。加强对农村35千伏变电站设备的运行、维护和检修管理，改造更新13座变电站设备，设备运行状况明显好转。配合市政道路建设改造工程，全面完成8条道路电力管线的改造任务，被评为"城市重点工程建设先进单位"。完成220千伏汶口、金阳变电站电视监控和在线监测系统的安装调试，更换了数字化调度大屏幕投影系统，配网自动化系统、调度自动化系统得到加强和完善。（冯承伟）

【泰安抽水蓄能电站工程正式开工】 1月23日，国务院第53次常务会议批准通过了泰安抽水蓄能电站工程开工报告。2月7日国家计委以计投资[2002]158号文正式下达了泰安抽水蓄能电站开工计划，并列为国家重点工程建设项目，标志着泰安抽水蓄能电站主体工程正式开工。2月27日，泰安抽水蓄能电站与国家开发银行签订的金额为11.48亿元的贷款合同。年内，工程累计到位资本金3.55亿元，累计完成投资5.27亿元。其中：上库大坝填筑总量为417.7万立方米；TAP/C1标大坝填筑提前完成年计划45万立方米，累计完成填筑100.9万立方米；上库库盆累计开挖土方66.6万立方米，开挖石方126.8万立方米，完成石方开挖的27.9%；开关站交通洞导洞全面贯通；主、副厂房第二层开挖完成(共计五层)；尾水闸门洞第四层开挖结束；下库进出水口累计开挖土方6.882万立方米；综合调度楼于11月正式启用。 (李 荣)

【鲁邦正阳热电项目正式开工】 1月22日，宁阳鲁邦正阳热电有限责任公司举行开工仪式。该公司是由泰安电力局鲁邦公司、华阳集团、宁阳正大煤业、宁阳电力局合资组建的股份制企业。其中，泰安电力局鲁邦公司控股50%，华阳集团参股25%，宁阳正大煤业参股20%，宁阳电力局参股5%。工程建设规模为75吨/小时次高温次高压循环硫化床锅炉3台套、1.2万KW抽凝式汽轮发电机组2台套。该项目为国家推广的节能、环保项目，工程采用国内先进技术建设，总投资约1.1亿元。工程建成投产后，年发电量可达1.4×104万KW/h，年产蒸汽量90万吨，可实现年销售收入8000万元、利润1000万元。 (陶明星)

·山东石横发电厂·

【概况】 山东石横发电厂位于泰山西肥城市石横镇，装机容量为120千瓦，现有职工2365人，占地面积为297公顷，固定资产为58亿元。全年完成发电量68.8亿千瓦时，比上年增加1.5亿千瓦时。机组等效可用系统平均达95%，厂用电率完成5.15%，供电煤耗完成336.41克/千瓦时。年内被国家电力公司命名为“国际一流火力发电厂”。

企业管理 年内，通过了环境管理体系、质量管理体系和职业安全健康管理体系贯标认证工作。加强企业成本控制与管理、财务预算管理、费用决策结构和使用管理，坚持经济分析会制度，经营管理成效显著。巩固完善职工动态管理机制，全年组织岗位竞争12轮次，138人走上新的工作岗位。加强职工教育培训，全年参加培训人员178人，岗位培训计划完成100%，职工培训率为88%，上岗合格率达100%，职工队伍综合素质提高。

2002年11月29日，泰安抽水蓄能电站主机设备合同签字仪式在北京举行。标志着该项目工程进入了实质性的设备采购阶段

安全生产 继续推行“三条线(生产、生活、交通)、三级网(厂级、分场级、班组级)、零违章”安全生产管理法，落实安全生产责任制，严格执行不安全情况因素分析制度，安全管理步入规范化、标准化。深入开展安全教育、安全培训和安全检查活动，积极开展“三安三化(信息化、网络化、制度化)”工作和创建“无违章企业”活动。研制开发并投入使用先进的安全监督管理系统，实现安全风险的综合分析和超前预控。加强机组大小修管理，年内完成机组小修3次和大修1次，机组的安全性、可靠性和经济性提高。3号机组大修成效显著，大修全优率为100%。在全国火电大机组竞赛评比中，该厂1号、3号机组荣获一等奖，2号、4号机组荣获二等奖。至年底，全厂实现安全生产1600天，实现4个安全生产100天、14个单机连续安全运行100天。 (佟 伟)

冶金工业

【概况】 全市冶金工业有规模以上工业企业8个，全部从业人员年平均人数为4918人。分铁矿采选业、炼铁业、炼钢业、钢压延加工业、铁合金冶炼业、重有色金属压延加工业、轻有色金属压延加工业、稀有稀土金属压延加工业。资产总额为14.2元，比上年增长8.4%。固定资产原值为10.2亿元，净值为7.5亿元。实现工业增加值4.4亿元，实现产品销售收入24.32亿元，比上年增长10%。实现利税1.0亿元，其中利润0.14亿元，分别比上年下降23.1%和82.5%。

·山东石横特钢有限公司·
(济钢集团石横特殊钢厂)

【概况】 济南钢铁集团石横特殊钢厂地处山东省肥城市境内。公司(厂)拥有职工4000余人，其中工程技术和管理人员700余人。拥有电炉冶炼、精炼、连铸、炼铁、轧钢、机械制造等先进的专业化生产线和配套齐全的生产生活辅助设施。主要产品有：线材、小型材、中型材、减速机、起重机、铸钢件、铸铁件、铆焊件、工矿冶金备件、各种气体等。2002年6月全省公布的297户特大型、大型工交贸企业中，山东石横特钢有限公司、济钢集团石横特殊钢厂同时被列人大型企业行列。年内被泰安市评为市级文明单位、思想政治工作优秀企业。

企业管理 实施低成本竞争战略，通过节能降耗、内涵挖潜、优化结构、技术创新，全面实施物资、设备、工程、材料招标制度，全年可比产品成本

降低1350万元，采购成本降低4274万元。年初采取原材料提前储备策略，增效1500万元。加强资金管理和控制，针对技改项目多、资金需求量大的特点，积极筹集资金、提高资金利用效率，创造经济效益369万元。加强各项费用的管理和控制，管理费用、财务费用、人工费用在销售收入中的比重分别为3.17%、2.54%、4.02%，三项费用在销售收入中的总比重为9.73%，大大低于同行业平均水平。工程管理强化投资和质量控制，实行招标和质量监理制度，炼铁工程降低造价节省资金2200万元。

技术改造　投资3亿元的65吨康斯迪电炉炼钢生产线于1月22日建成并投入试产。工程包括建设65吨康斯迪电炉1台、65吨LF钢包精炼炉1台、R9米四机四流小方坯连铸机1台。该生产线运行最高月产钢4.4万吨，最高日产钢1897吨，达全国康斯迪电炉平均水平。总投资2亿元的380m³高炉炼铁工程竣工投产，年内生产铁水4.78万吨。12月份高炉利用系数为2.42、焦比561kg/t，实现了电炉铁水热装新工艺。与炼铁工程相配套的35kv变电站、铁路专用线、3号制氧机等工程建成并投入使用。5月投资1100万元的一炼钢3座电炉除尘改造工程投入使用，除尘效果良好。为了调整产品结构，实现产品升级，启动兴建高速线材工程，预计总投资2.5亿元，产品主要为硬线、预应力线材、冷镦钢、弹簧钢等，产品规格为Φ5－40mm，年生产能力达60万吨，该工程将于2004年3月建成。

生产经营　该公司以经济效益为中心，实施低成本竞争战略，内抓管理，外拓市场，生产经营运行良好。全年生产电炉钢64万吨，产材72.73万吨，比上年分别增长79.32%和9.63%。机械产品总量为1.17万吨。完成工业总产值20.50亿元、工业增加值2.06亿元，实现销售收入20.91亿元。在消化掉增支减利因素1.27亿元的基础上，实现利税总额1.1亿元，其中利润2096.70万元。产品综合产销率达102%，全员价值劳动生产率为6.37万元/人年，比上年增长14%。电炉钢冶炼电耗、电极消耗、耐火材料消耗、制造费用等主要经济技术指标明显改善，在省内电炉钢企业中处于上游水平；线材小型材综合成材率、轧机作业率、重油消耗等指标在国内同类型装备企业中达先进水平。（马庆明）

机械电子工业

【概况】　年末，全市机械电子工业有规模以上工业企业107个，全部从业人员年平均人数为3.94万人。分普通机械制造业、专用设备制造业、交通运输设备制造业、电器机械及器材制造业、电子及通信设备制造业、仪器仪表及文化办公用品制造业。资产总额为50.3亿元，比上年下降45.8%。固定资产原值为20.9亿元、净值14.7亿元。实现工业增加值16.1亿元，比上年下降14.8%。实现产品销售收入45.9亿元，其中利润2亿元。

【巨菱集团加快产业结构调整】　年内，巨菱集团以结构调整为主线，克服行业发展中的不利因素，呈现出稳中有升的态势。全年产销柴油机5.12万台，其中，出口14.58万台，完成工业总产值6.1亿元，出口创汇1860万美元，实现销售收入3亿元、利润991万元。公司年末拥有总资产3.43亿元，比上年增加1.08亿元；总负债为2.20亿元，减少3856万元，负债率为64.3%，降低13.7%；净利润为648万元，增加368万元；所有者权益为1.22亿元，增加4820万元；净资产收益率为5.3%，提高1.5%，经济运行质量明显提高。(1)加快新产品开发，产业结构更趋合理。年内农机产品开发了ZS118、ZS130型柴油机和JL240D拖拉机等12种新产品，申请国家专利30项，其中10个新品种当年批量投向市场。非农机产品中，工程机械类开发了750、600小型装载机和1.5T、3T叉车、翻斗车；液压机械类开发了HG、TG大型工程缸、齿轮泵、多路换向阀；石油机械类开发了倒绳器等新产品。(2)出口结构优化，出口获利能力提高。巨菱单缸柴油机出口量连续6年位居全国同行业第一。年内，新开辟苏丹、也门、埃塞俄比亚、蒙古、缅甸、柬埔寨等国际市场。公司加大大功率高附加值的整机出口量，出口整机2万多台，是上年的10倍。限制生产低附加值品种，通过优化结构，全年出口获利增加1000万元；加大收购产品出口力度，收购产品出口200万美元，获利10%；增加进料加工贸易，进口冷轧薄板1000吨，获利150余万元。(3)非农机产业的发展加快，农机产品产业链延伸。公司加快对工程机械、石油生产机械、液压机械、柴油发电机组等非农机产业的发展，全年实现销售收入3600万元，实现工业增加值1200万元；加大JL系列拖拉机和手扶拖拉机的产销力度，产销1.2万台，实现销售收入7000万元。240D、240、220、200型拖拉机的批量进入市场，拉动了大马力柴油机的销售。（解品刚）

【泰山集团加快新产品开发】　年内，泰山集团坚持自主创新与技术引进相结合，加快新产品开发步伐。加大技术开发的投入力度，投资改造集团技术开发中心办公场所，同时引进近专家和高水平的锅炉专业人才10名，增强了企业技术创新的人才基础。公司重点开发了循环硫化床锅炉，主要产品有：循环硫化床锅炉35t/h中压蒸汽锅炉，循环硫化床29MW热水锅炉，65t/h(46MW)新型水火管热水锅炉，DZL35—1.6—AⅡ、DZL40—1.6—AⅡ新型水火管锅炉，2—35t/h水煤浆锅炉。铸铁锅炉开发了0.7MpaMF系列产品、大气直燃式锅炉，对RH、MF系列锅炉的外型外围辅机附件进行了优化。开展技术引进和技术合作，与芬兰诺维特公司签订技术合作协议，合作开发大容量燃油(气)锅炉技术，正着手开发40t/h、50t/h、30MW、40MW等几个奥运项目所用燃气锅炉。

【泰山集团强化营销管理】　年内，集团坚持强化营销管理，加大市场开拓力度，不断提高市场占有率。一是分析市场，制定市场营销策略，运用直销、联销、代销等多种销售方式，不断拓宽销售渠道。锅炉厂确定的“开三北”(开发东北、西北市场，稳固华北市场)、“抓三大”(抓大用户、大吨位锅炉、大招标项目)市场策略成效显著。西北市场内蒙古办事处全年实现销售额2035万元，比上年增长699万元。北京世行贷款项目一次中标56台燃气锅炉，合同金额达1000多万元。泰山前田公司抓住国家西气东输的有利时机，发展区域代理商，建立分销渠道，在扩大国内市场的同时增加锅炉片出口交货值，出口锅炉片和铸件近500吨，出口金额为400万元。二是利用各种营销手段，提高企业和产品知名度。年内，在烟台、山东大学、兰州等地分别召开锅炉新产品推介会。参加了在沈阳欧亚集团举办的在“三北”地区集中供暖专业网全体成员会议，邀请与会人员参观了欧亚集团的2台DZL44吨锅炉。5月份，利用在泰安举办全国供暖专业网主任扩大会议之机，进行产品宣传。三是注重发挥泰山集团的品牌效应，带动集团各企业相关产品的发展。辅机厂依托集团优势，以燃煤锅炉智能自控系统为切入点，带动其它配套辅机的发展。生产的变频调速锅炉控制系统增加销售收入近100万元，占全年销售收入的20%。新成立的锅炉安装公司主动积极地依靠集团品牌优势，承揽锅炉安装业务，年内承揽业务400万元。

（崔玉安）

2002年，肥城阿斯德化工有限公司加大技改投入。图为总投资1.1亿元的甲酸扩能工程

化学工业

【概况】 年末，全市化学工业有规模以上工业企业52个，全部从业人员年平均人数为2.89万人。分石油加工及炼焦业、基本化学原料制造业、化学肥料制造业、化学农药制造业、有机化学产品制造业、合成材料制造业、专用化学产品制造业、橡胶制品业。资产总额为52.1亿元，比上年增长18.68%。固定资产原值为30.6亿元，净值为21.2亿元。工业增加值为17.5亿元，比上年增长67%。实现产品销售收入40.2亿元、出口交货值5.5亿元，分别比上年增长27.2%和27.9%。实现利税3亿元，其中利润1.6亿元，分别比上年增长7.1%和6.7%。

【肥城阿斯德化工有限公司新建5个项目】 2002年，肥城阿斯德化工有限公司生产甲酸、甲醇及其它产品4.78万吨，全年完成工业总产值1.68亿元、销售收入1.27亿元、利税1783万元，出口创汇320万美元，分别比上年增长3670万元、3520万元、740万元和30万美元。年内，公司开发的青贮饲料添加剂甲酸铵被国家科技部列入“国家级星火计划”；甲酸甲酯法生产甲酸项目被山东省科技厅认定为山东省高新技术转化项目，获山东省科学技术进步二等奖；氢氧化钾法生产甲醇钾新工艺填补国内空白，获泰安市科学技术进步二等奖。年内投资1.1亿元，建设了5个项目：(1)年产3万吨甲醇项目。总投资1400万元，引进南京化工研究院技术，3月6日一次开车成功。(2)年产20万立方米的富氧制取高纯度一氧化碳项目。总投资1200万元，引进西南化工研究院及化工部第二设计院的富氧和煤气化技术，建成投产。该项目既可解决甲酸装置原料气体供应问题，也为3万吨甲酸扩能打下了基础。(3)年产1万吨混甲胺项目。总投资3400万元，引进中国华陆工程公司技术，12月一次开车成功。(4)年产3万吨甲酸扩能工程。总投资1.1亿元，年内投资3000万元完成土建及配套设施改造，预计2003年底投产。(5)年产5000吨造纸助剂项目。2002年6月与清大华创公司、西安海诺公司合作成立北京清大海诺科技发展公司肥城精化分公司，总投资2000万元，合作开发生产高科技造纸助剂和纺织助剂产品，一期工程投资700万元，并于11月份投产。 （张国良）

【瑞星集团加强管理创效益】 (1)内部改革。按照精简、高效的原则，撤销合并部分厂、公司、处、室，实行矩阵式扁平化管理，初步建立母子公司运行机制，减少管理层次和阻力，提高管理效能。(2)供应管理。一是改变采购办法。原料煤供应采取现金采购，以定点定矿为主、代购代运为辅的办法，改变原先采购渠道单一、受客户制约的状况。二是规范对供应部门的考核办法。取消原料供应部门的工资、奖金，实行费用包干，把个人收入与采购量、采购价格挂钩。制定特殊奖励政策，加大对原料供应的考核力度，成绩突出的给予重奖，有效地提高营销人员的积极性和主动性，开创两煤供应的新局面。三是对大宗设备、物件、工程实行公开招标。先后招标8次，标的金额为177.34万元，其中有库存价的招标额为67.67万元，与库存价相比降低金额10.85万元。(3)资金管理。一是严格资金管理。压缩非生产开支，停止扩建支出，通过资金调度会等形式，加强资金使用的计划性。二是优化负债结构，降低财务风险。采取资产抵押、股权质押贷款及扩大承兑规模等办法，争取信贷资金1600万元，偿还社会筹资669万元，通过调整、优化，公司资产负债率比上年降低1个百分点，流动比率提高3个百分点。三是实施资产经营责任制，按照各单位生产经营不同的特点，实行资金自收自支、预算管理制度。各单位统一在内部银行开户，由内部银行统一监督管理，结算管理实行日清日结，每天把资金信息及时准确提供给各单位。年内生产合成氨8.59万吨，比上年增长13.2%，尿素29.22万吨，比上年增长14.09%；碳酸氢铵2.07万吨，比上年增长7.2%硬脂酸4857吨，比上年增长11.30%；甘油507吨，比上年增长14.19%；淀粉2.86吨，比上年增长34.37%。全年实现销售收入5.14亿元，比上年增长16.8%。 （张佳宾）

【华阳科技股份有限公司A股股票在沪上市】 山东华阳科技股份有限公司是一家从事农用化工和精细化工的科技先导型企业、国家科技部认定的高新技术企业。1999年，由山东华阳农药化工集团有限公司为主发起人，联合泰安飞达助剂有限公司、泰安市泰山农业生产资料站、山东省农药研究所、山东农业大学等4家单位发起设立华阳科技股份有限公司，总股本为5000万元，主导产品是以神农丹为代表的农药高科技产品。10月16日公开发行A股(股票名称：华阳科技，股票代码：600532)股票，每股发行价为6.26元，公开发行4000万股，募集资金2.5亿元。10月31日在上海证交所正式挂牌交易，当天每股交易价格最高达13.29元。（朱继章　陶明星）

建筑材料工业

【概况】 年末，全市建筑材料工业有规模以上工业企业67个，全部从业人员年平均人数为2.56万人。分水泥制造业、水泥制品业、砖瓦石灰及轻质建筑材料制品业、耐火材料制品业、矿物纤维及制品业、石膏采选业。资产总额为37.2亿元，比上年增长0.3%。固定资产原值为21.6亿元，净值为14.9亿元。全年完成工业增加值10.5亿元，实现产品销售收入25.7亿元，实现出口交货值1.8亿元，分别比上年增长37.4%和125%。实现利税2.8亿元，其中利润1.5亿元，分别比上年增长55.5%和114%。

【泰山玻璃纤维有限公司生产规模挺进世界同行业十强】 2001年4月28日，由两条2万吨无碱玻璃纤维池窑拉丝生产线组成的三期工程开工建设，该工程全部由公司自行设计。2002年8月18日成功达产后，无碱玻璃纤维年生产能力达7.8万吨，成为中国玻璃纤维行业生产规模最大、技术装备水平最高的企业，挺进世界玻璃纤维行业10强行列。

【泰山玻璃纤维有限公司加强成本费用控制】 年内，公司强化成本费用控制，经济运行质量显著提高。一是实行二级核算，落实成本分析例会制度，督促、指导车间降低成本，原丝成本平均每吨比上年下降404元，玻璃纤维制品综合单位成本每吨比上年减少500元。二是加强物流管理，实行招标采购，采购的重油质量提高，价位比上年下降60元/吨，全年节约海运费支出200万元。三是开展"节约增效月"活动，促进单位改进工艺、减少浸润剂耗量、提高原丝成品率以及制品A级品率，取得综合经济效益320万元。（王新明）

【山东泰和东新股份有限公司成立】 山东泰和东新股份有限公司前身是山东泰和集团，系全国最大的纸面石膏板生产企业，年生产能力为1.4亿平方米。2002年7月，该企业按照"职工入股，经营层持大股，国有资产参股"的思路，通过国有股权向经营层、管理骨干、技术骨干和职工转让，国有股占30%，经营层及职工持股占70%，实现国有资产有目标的退出，形成符合市场经济要求的投资主体多元化的产权制度，完善了企业法人治理结构。通过改制，企业初步建立产权清晰、权责明确、政企分开、管理科学的现代企业制度，深化产权制度改革，促进了企业的可持续发展。公司全年实现工业总产值(1990年不变价)5.98亿元、销售收入3.05亿元，创利税4602.7万元、利润3816.5万元。（张建春）

食品饮料工业

【概况】 全市食品饮料工业有限额以上工业企业72个，其中亏损企业5个。全部从业人员年平均人数为1.95万人。资产总额31.40亿元，固定资产原值为15.88亿元，净值为11.88亿元。全年完成工业产值38.53亿元、销售产值38.48亿元，实现产品销售收入33.77亿元、工业增加值11.69亿元，实现利税31.48亿元，其中利润0.48亿元。亏损企业亏损额为727万元。

【泰山生力源集团股份有限公司计量管理工作与国际接轨】 6月，泰山生力源集团股份有限公司通过完善计量检测体系的确认，成为全省首家通过完善计量检测体系确认的企业。同时，申报"C"标志(全国统一计量保证能力合格标准)认证，配置高精度灌装机，专门设计定做高精度新型量筒。11月3日经省技术监督局确认，该公司成为山东省首家允许使用"C"标志企业。"C"标志的使用，提高了产品和企业的知名度及企业的市场竞争能力，标志着该企业的计量管理工作与国际接轨。（宗成山）

【金太经纬集团有限公司成立】 金太经纬集团有限公司是经国家工商管理总局批准在原泰安经纬油脂有限公司的基础上注册成立的泰安首家民营企业集团，拥有总资产4.7亿元、员工1260人。下设泰安油脂分公司、泰安经纬农牧发展有限公司、泰安经纬进出口贸易有限公司、泰安经纬塑料有限公司、洛阳经纬油脂饲料有限公司、泰安华冠油脂有限公司、山东经纬植元油脂有限公司、山东经纬生物工程有限公司、泰安经纬种禽有限公司和经纬科学院。该集团通过ISO9002国际质量体系认证，具有自营进出口权。所属各子公司认真执行ISO质量体系要求，严格质量管理、质量检测，产品出厂合格率均达100%。其中，泰安油脂分公司荣获国家质量技术监督局首批"食品生产许可证"，并通过ISO9000－2000版的换证审核；经纬农牧发展有限公司11月份通过ISO9001国际质量体系认证；经纬塑料有限公司12月通过ISO14000质量环境管理体系认证审核，实现了ISO9001质量体系和ISO14000环境管理体系的双认证。该公司具备年产500万m^2单向塑料土工格栅、600万m^2双向土工格栅、300万m^2三维植被网、200万m^2土工网和100吨强力PP短丝的生产能力，成为国内产品门类最多、规格品种最全的土工合成材料生产厂家，被评为省高科技企业；山东生物工程有限公司与山东大学签订联合发展生产纤维素酶、农副产品加工酶、淀粉酶等高产酶活菌株的合同，首批产品——酶制剂进入试产阶段。（马方文　刘秉亮）

纺织工业

【概况】 全市纺织工业有规模以上工业企业32个，全部从业人员年平均人数为2.83万人。分纤维原料初步加工业、棉纺织业、毛纺织业、麻纺织业、丝绢纺织业、针织品业、化学纤维制造业。资产总额为21.8亿元，比上年下降21%。固定资产原值为10.1亿元，净值为7.4亿元，分别比上年下降21.1%和22.1%。全年实现工业增加值5.4亿元，比上年下降34.9%。实现产品销售收入23.7亿元、出口交货值6.2亿元。实现利税

1.7亿元，其中利润0.7亿元，分别比上年下降22.7%和12.5%。

【山东岱银纺织服装集团实施国际化经营战略】 山东岱银纺织服装集团是全国纺织、服装“双百强”企业，年生产能力为棉纱3万吨、棉布2500万米、服装300万件。2002年，岱银集团实现销售收入7.10亿元、利税5676万元、出口创汇2017万美元，分别是1997年的2倍、1.8倍、3倍。该企业实施国际化经营战略，产品远销欧洲、美洲、非洲及东南亚等国家和地区，全年实现出口创汇2017万美元，是1997年的3倍，绝对额、增幅列全市工业企业前茅。(1)优化人才结构。企业面向全国广揽国际贸易、外语、商务谈判等高层次的复合型人才，从1997年至今，进出口业务人员从最初的4人增加到现在的50人。(2)调整出口产品结构。除出口自产产品外，还出口运动鞋、皮靴、茶具等主导产业以外的商品，实现出口产品的系列化、多元化。(3)建立多元化市场。在上海设立代表处，并在越南胡志明市建立驻外办事处，直接承接国外订单。针对中国配额资源相对短缺的情况，集团采取“第三国放单”的办法，即将从欧美等国家接来的配额价值较高的订单，在国内组织原、辅料，在东南亚等国家组织专门的营销队伍，保证订单的按时交期，稳定和拓宽市场，减少配额对服装出口带来的影响；选择国外市场代理，与欧洲一家公司签订双方代理协议，带动出口500万美元。 (刘奎林)

【泰山制丝有限公司实施品牌战略】 山东泰山制丝有限公司系白厂丝出口专业厂，年生产能力达650吨。年内，该公司提高产品质量，加快品牌创立进程，全面实施品牌战略，建立并不断完善质量管理和质量保证体系。该公司把提高产品的内在质量、建立和发展“泰丝”品牌优势、拓展国内外市场、提高核心竞争力作为重点，以生产市场需求和客户满意的产品为目标，建立内部质量管理创新竞赛机制，开展小指标质量竞赛、优胜机组竞赛、现场竞争优胜工段、缫丝操作运动会等各种劳动竞赛活动，从设备、工艺、操作、现场管理、人员素质等方面对生产优质产品提供保障。落实“客户的需求就是企业的质量标准”的品牌理念，申报“泰山制丝”图形、“泰山龙”系列商标，创建自己的品牌。该公司生产的“泰山红梅花”5A级高品位丝独家代表山东丝绸打入了欧洲市场。年内，山东泰山制丝有限公司生产白厂丝590吨，出口白厂丝335吨，实现工业总产值1.07亿元。

编辑·校对 欧阳宏飞

建设·环保

建设综述

【概况】 年末,市建设局系统有在职职工 1217 人,其中市建设局机关 48 人。市建设局设工程建设科、住宅与房地产业科、城市管理科等 10 个职能科室及纪委、工会、团委。市建设局辖市房产管理局、市建筑业管理处等 19 个事业单位和市诚信工程建设监理有限公司 1 个企业单位。2002 年,市委、市政府以实施城市化战略为总抓手,以实现"三高"(高起点规划、高标准建设、高效能管理)目标为重点,加速发展市域中心城市、加快发展县级城市、积极发展小城镇,建设事业实现全面推进。

加大规划编制和管理力度 坚持科学规划、超前规划的指导思想,先后组织编制了分区规划、专业规划、公园绿地规划及各类详细规划 40 余项。加大对违法建设、变相开发、擅自设计、擅自施工单位的执法检查和处罚力度,共查处违法建设 914 起、总建筑面积 42 万平方米。

开拓思路,城市化进程加快 年内,确立和实施了"完善保护旧城,开发建设新区"的工作思路,时代发展线进一步扩展和完善,新区吸引力明显增强;南部高新区建设,50 平方公里一步规划到位,分步实施,10.8 平方公里起步区,以 9 条主干道为重点,基础设施、项目建设和生态建设同步并举,实现"十三通一平";泰山区东部开发坚持高起点规划、高标准建设、多功能配套、多元化投资,全面启动建设;岱岳新区建设初具规模。初步形成一市两区"三足鼎立"向外辐射的城市发展格局,实现了城市发展空间的新突破。

经营城市,为城市化提供了新的动力 树立经营城市的观念,从整体上运作城市经济。深化土地使用制度改革,政府高度垄断土地一级市场;加大招商引资力度,打破地方保护和行业垄断,引进资金 3 亿多元,组建科信信息网络公司和港泰基础设施建设公司,转变了城市基础设施由政府投入、无偿使用的局面。

实施"核心工程",提高中心城市的吸引力和承载力 按照"突出重点、攻克难点、打造亮点"的思路,在完善设施、提高功能、提升档次上下功夫。一是加强道路建设。市委、市政府将 2002 年确定为道路建设年,按照修建"发展路、畅通路、便民路"的思路,实施了城区 9 条主干道和南部高新区 9 条主要道路的建设。全长 60 公里。总面积 130 万平方米,是历年来建设规模最大的一年。二是园林绿化覆盖率提高。完成 5 条主要道路绿化,完善了泮河大街绿色产业风光带,对街边绿地、游园广场进行充实和改造,城市出入口环境整治全面铺开。三是治污工程全面启动。编制城区污水管网配套设施专业规划,原有污水处理工程运行良好,进一步完善增容扩建工程,第二污水处理厂前期筹备工作已经开始。四是公用事业稳步增长。新建了泰城西部新区供暖、天然气改造、供水应急工程等基础设施工程,全面实行城市节约用水和计划用水,扩大服务范围,增强了保障能力。

实施"带动工程",增强县级城市和小城镇的区域带动和辐射力 各县、市都实施了一批重点项目,新泰市实施"中心改造,两翼扩张"的城市发展战略;肥城市建设了城西新区,搭起"一体两翼"的城市发展框架;东平县围绕扩大城区规模,加快道路等基础设施建设;宁阳县以旧城区改造为突破口,进一步改善城区功能和面貌。年内,全市 86 个乡、镇、办事处中,建制镇 61 个,乡 15 个,办事处 10 个;归村镇建设管理的乡镇 77 个,行政村 3276 个,自然村 4703 个。建制镇中,国家试点镇 2 个、省试点镇 5 个、市试点镇 10 个,被省政府确定的中心镇 14 个。全年完成村镇建设投资 17.07 亿元,比上年增长 11.56%。新建住宅 237.33 万平方米、公共建筑 59.21 万平方米、生产性建筑 72.73 万平方米,新修道路 5474 公里,新修排水管道 43 公里,新安装路灯 651 盏,自来水受益人口新增 11.29 万人,累计达 344.54 万人。

实施"治乱工程",城市环境得到进一步改善 加强法规建设,出台泰山广场管理、建筑工程施工安全文明管理、推行建筑节能等规范性、政策性文件,为依法行政提供了有力的保证。强化执法队伍建设,完善建设执法责任制。继续推行"三个到位、四个结合"(责任到位、监督到位、市场运作到位;集中整治与长效管理相结合、专业队伍管理与群众参与相结合、严厉查处与正面疏导相结合、发挥本部门职能与加强配合协调相结合)的工作方法,认真落实《目标考核管理办法》,加大奖惩力度,长效管理水平进一步提高。开展广告牌匾专项治理,理顺体制,制定标准,彻底解决了广告牌匾杂乱无章、管理混乱的问题。成立城建公安分局,负责维护规划区内的城市规划、建设与管理等方面的治安秩序,配合有关部门加强管理,确保规划、建设、管理等方面执法工作的顺利实施。积极探索,将建设领域的行政执法纳入一支队伍统一行使,为实现相对集中行政处罚权奠定基础。

规范与发展并举,建设行业的整体

水平有新的提高　一是建筑业支柱产业的地位和作用进一步增强。整顿和规范建筑市场秩序，推行公开招标，落实准入清出制度，建筑企业数量精简27%。狠抓教育培训工作，实施工程造价计价和管理方式改革，强化工程质量监管，进一步开展质量通病治理，严格施工图设计审查审批，建立工程质量终身负责制，推行建设监理、竣工备案、安全生产责任追究等制度，加大城建档案归集力度。全年新建工程质量合格率达100%，建筑业年产值突破116亿元，创历史最好水平。二是房地产业发展迅猛。组建市房产管理局，成立新的公积金管理委员会。强化住房公积金征集管理，归集率达98%。严格实行拆迁许可证制度，拆除房屋127万平方米。坚持总量控制、以销定产，依法加强房产开发市场监管，年内开发总量161.1万平方米，比上年增长7.7%；经济适用房建设完成投资1.6亿元。以推进墙体材料革新、建筑节能和规范化服务为突破口，全面启动示范小区建设，华新小区被评为省级文明小区。三是勘察设计行业进一步优化。全面推进勘察设计单位的体制改革，完成改制任务90%。以施工图设计审查为重点，加强市场监管，在全省率先推行“无污点管理”和钻机挂牌制度。工程抗震管理进一步加强，新建工程设防率达100%。四是装饰装修业发展走向正轨。健全市、县两级管理机构，实现统一管理。通过资质就位，精简企业20%，优化了装饰装修企业的整体素质。以加强施工许可管理、安全监督、质量监督为重点，全面开展市场秩序整顿。年创产值1.8亿元，实现利税3000万元。

至年底，全市城市化水平达41%，比上年提高2个百分点。年末，泰安市区（按照国家建设部新调整的统计口径，泰安市区包含泰山区、岱岳区行政区域内的所有面积、人口，下同）道路总长718.11公里，道路面积1523.0万（人行道125.6万）平方米，桥梁1055座，路灯1.43万盏；排水管道长710.6公里，污水排放量5650万立方米，污水处理量1825万立方米；防洪堤长128公里。泰安市区有公共汽车325辆（其中小公共汽车271辆），标准运营车数为308标台，运营线路网333公里；客运总量2360万人次，其中小公共汽车客运量40万人次；出租车1290辆。

泰安市区绿化覆盖面积3127.2公顷，园林绿地面积1748.9公顷，公共绿地面积598.0公顷，公园10个、面积73.0公顷。道路保洁面积320.0万平方米，生活垃圾无害化处理能力为每日600吨，全年清运22.0万吨，采用卫生填埋方式无害化处理22.0万吨。建有水冲式公共厕所102座，全年清运并无害化处理粪便0.3万吨。泰安市区供水能力为每日34.5万立方米，供水管道长1441公里，全年实现供水7169万立方米，实际用水7200万立方米，其中重复利用3100万立方米，用水人口114.0万。泰安市区供气管道长390公里，用气户数为26.80万，其中家庭户26.77万，用气人口106.5万。用气户中，使用天然气的均在泰山区，计8万户（其中家庭户7.97万户）、28万人。泰安市区集中供热能力为每小时782吨，其中热电厂供热能力每小时250万吨；全年供热总量150万吉焦，其中热电厂供热134万吉焦；供热面积585万平方米，其中住宅349万平方米。

综合以上数据，泰安市区的设施水平为：人口密度每平方公里752人，人均拥有城市维护建设资金562元，人均日生活用水量110.05升，用水普及率72.57%，燃气普及率67.79%，每万人拥有公共交通车辆1.96标台，人均道路面积9.69平方米，路网密度每平方公里0.34公里，排水管道密度每平方公里12.04公里，人均公共绿地面积3.81平方米，建成区绿化覆盖率35.57%，生活垃圾无害化处理率100%，污水集中处理率32.3%，粪便处理率100%，水冲式公共厕所比率97.14%。

（姚文涛　王荣芝）

2002年泰安市城市建设资金支出情况表

单位：万元

城市名称	合计	按用途分			按行业分									
		固定资产投资支出	维护支出	其他支出	供水	燃气	集中供热	公共交通	道路桥梁	排水	防洪	园林绿化	市容环境卫生	其他
泰安	119388	108992	10067	329	4354	2975	4665	1773	74977	4542	372	7687	926	17117
泰山区	83308	80454	2854	—	3889	2700	—	1100	53973	3241	—	2191	114	16100
岱岳区	4000	4000	—	—	—	—	2600	—	1167	133	—	100	—	—
宁阳县	5872	5872	—	—	—	—	—	—	4226	150	360	663	123	350
东平县	751	581	150	20	111	170	—	—	280	40	—	48	60	42
新泰市	16068	10104	5964	—	354	65	2065	593	7860	512	12	4320	287	—
肥城市	9389	7981	1099	309	—	40	—	80	7471	466	—	365	342	625

2002年泰安市城市建设固定资产投资完成情况表

单位：万元

城市名称	本年完成投资	按构成分				按行业分											
		建筑工程	安装工程	设备及工器具购置	其他费用	供水	燃气	集中供热	公共交通	道路桥梁	排水		防洪	园林绿化	市容环境卫生		其他
												污水处理				垃圾处理	
泰安	99252	76833	16240	2573	3606	4125	2880	4665	1723	69408	3771	523	360	5401	527	203	6392
泰山区	70564	56144	11400	431	2589	3889	2700	—	1100	52906	2546	—	—	1423	—	—	6000
岱岳区	4000	1334	2666	—	—	—	—	2600	—	1167	133	133	—	100	—	—	—
宁阳县	5872	5872	—	—	—	—	—	—	—	4226	150	—	360	663	123	—	350
东平县	731	200	211	—	320	111	150	—	—	280	40	—	—	48	60	—	42
新泰市	10104	6642	1273	1882	307	125	30	2065	593	3460	512	—	—	3032	287	146	—
肥城市	7981	6641	690	260	390	—	—	—	30	7369	390	390	—	135	57	57	—

【城建档案工作】 年内，市城建档案馆坚持依法治档，将城建档案工作纳入建设工程竣工验收备案程序，并作为办理房产证的必查文件，使城建档案成为工程质量管理的一项重要内容。为提高工程一线档案人员的业务水平，举办全市首期城建档案业务培训班，组织学习并贯彻落实城建档案的法规政策。强化跟踪指导服务，依法催缴档案，年内签订《工程竣工档案移交合同书》70份，接收54个工程的竣工档案，办理竣工验收备案预审30项。对拒不报送工程档案的单位，在《泰安日报》上进行通报并责成补报，防止档案资源的流失。年内，接收、整理各类建设工程档案1000余卷，拍摄录相资料4000分钟，照片4200余张，规范分类目录3000卷(条)，编写了《档案利用实例选编》，接待查阅者670多人次，利用档案500多卷次。 (刘延斌)

【建设职工培训】 年内，全市建设系统举办各类培训16次，参训人员9818人。(1)职业培训。对全市乡镇民营建筑装饰企业晋升工程专业技术职务的人员进行专业培训考核，有4200人获得专业技术职务资格；培训建筑业、装饰业项目经理和施工员、质检员、安全员1360人；建筑企业瓦工、木工、钢筋工等中、高级工的技能培训，参训人员3000多人；全市机关事业单位建设类技术工人等级考核理论技能培训，参训人员357人；培训物业管理从业人员181人。(2)学历教育。分别与省委党校、山东科技大学联合举办建设经济管理、工业与民用建筑等学历教育，提高建设行业管理人员的文化素质。(3)继续教育。年内，对建设行业专业技术人员160人进行更新知识培训及职称学分的继续教育。 (孔德民)

规划与设计

【概况】 年末，全市规划系统有职工178人，其中市规划局78人，国家注册规划师14人，注册建筑师1人，注册结构师1人，其他具有高级技术职务的7人，中级技术职务的20人。年内，市规划局坚持科学规划、超前规划的指导思想，先后组织编制了分区规划、专业规划、公园绿地规划及各类详细规划40多项；进一步创新规划管理机制，积极为工业企业、民营企业、招商引资项目等市重点建设工程项目开辟“绿色通道”。7月，泰安市在省委、省政府召开的全省城市规划建设管理工作会议上，做了全市城市规划建设管理经验的典型发言。年内，市规划局被评为市级“文明机关”。

规划编制 用经营的理念规划城市，提高城市资源的利用效率和规划的可操作性，市规划局先后组织编制了高新技术产业开发区、东部新区、大河旅游度假区、东南组团和岱岳新城区等5项分区规划，城市供热、城市排水等2项专业规划，五马村、王庄等15个旧村改造规划，天平湖、东湖、五马湖等3项公园和绿地规划，擂鼓石大街、长城路等9条道路控制性详细规划和道路景观规划。同时对详细规划进行滚动调整，使泰城控制性详细规划覆盖率达89%。为规范规划编制工作，提高规划编制质量，一是狠抓居住区规划设计招投标工作，提高泰城居住区规划设计水平，组织完成澳泰山庄、岱下阳光花园等9个示范居住小区规划编制。二是实施“阳光规划”，做到城市规划批前、批后公示。广泛吸纳专家学者和公众的合理化意见及建议，使规划编制更加科学。三是全面放开规划设计市场，实行规划和建筑设计方案征集制度，提高了规划设计的水平和质量，其中泰山学院规划获得全国优秀规划设计二等奖。

规划管理 ①树立服务意识，加强规划管理。市规划局在规划管理工作中，做到坚持原则和策略灵活相结合，保证城市规划的正确实施。坚持“四个上门服务”：对工业企业、民营企业、招商引资项目上门服务，凡是企业报送工业厂房的图纸，一律通过绿色通道，随报随批；对重点建设项目上门服务，在市重点项目道路建设、河道整治、市容市貌综合治理中，市规划局成立工地工作组，及时协调解决拆迁工作的疑难问题；对高等院校、部队等上门服务；对下岗职工、村民搬迁等涉及稳定的问题上门服务。年内，共审批建设用地130项，用地总面积552.47公顷；审查审批各类建设工程方案700余项(次)，发放两证(建设用地规划许可证、建设工程规划许可证)350件；为土地储备中心和有关部门提供规划设计条件(包括用地范围、建筑密度、绿地率、容积率等)63项。②以办公信息化促进规划管理现代化。加大科技投入，成功运行了由建设部开发的“规管2000”办公自动化系统，实现城市规划管理的现代化。一是办公网络化。局机关与局属各单位实现联网，通过内部局域网可以便捷地进行网络化案卷登记、图文输入、填写意见、图数互访、地图输出、监管督办等各项业务，真正实现资源共享。二是业务规范化。根据规划管理工作的实际，围绕核发“一书两证”(选址意见书、建设用地规划许可证、建设工程规划许可证)工作，规定各项业务具体的办公流程，办理时间从局报建窗口受理人到承办人到局领导等各个环节，都实行硬性量化限制，确保了工作效率的提高。三是决策可视化。通过基础信息数据库，可对各类资料进行查询，如比例尺地形图、规划图、办公过程表格等，使承办人和决策者能在有准确坐标、时间、对象属性的虚拟城市环境中进行规划、决策和管理。四是政务公开化。公众可通过电子大屏幕和触摸屏对城市规划管理的每个环节进行查询和监督，使规划审批始终处于透明状态。③创新规划运行机制和管理制度。为确保城市规划的正确实施，在工作中执行三级会审制度，即专家论证会、局办公例会、市政府建设项目审批会。对各类规划、建设项目的审批，先由局总工程师召开专家论证会进行技术审查，再报局办公例会进行审批。对重要地段和重点项目工程，报市政府建设项目审批委员会决策。设立2处对外服务窗口，负责受理报建图纸和文字资料，并成立督查小组检查办理时限、办件质量。

规划执法 年内，市规划局加大对违法建设、变相开发、擅自设计、擅自施工单位的执法检查和处罚力度，共查处违法建设914起、总建筑面积42万平方米；下达行政处罚决定书320份，依法强行拆除123起、建筑面积13万平方米，确保泰城城市规划的顺利实施。 (时立强)

【勘察设计管理】 年内，组织104人参加执业资格考试，25人考取执业资格。完成注册25人、继续注册42人的手续办理。至年底，全市拥有一级注册建筑师9人、一级注册结构师46人，二级注册建筑师59人、二级注册结构师20人。市建设局全年累计完成施工图审查项目500项，查出违反国家强制性标准447项，违反强制性条文数1474次，节约建设资金400万元，市建设局被省建设厅评为全省施工图审查先进单位。市建设局率先在全省推出勘察设计资质“无污点”管理制度，加强企业市场自律行为，市场秩序明显好转。实施勘察钻机挂牌管理制度，杜绝了非法劳务机械干扰勘察市场现象。省建设厅在泰安召开钻机挂牌现场会，在全省推行泰安市的经验。贯彻《泰安市抗震防灾规划》，加固旧有建筑物1.2万平方米，加固自来水管道2000米、煤气管道3500米，新建工程抗震设防率达100%。（宋　岩）

泰城建设与管理

年内，泰山区加大旧城改造力度。图为建设的东湖小区一角

【城建国有资产经营成效显著】 2002年，市城建国有资产经营有限公司（以下简称市城建国资公司）坚持以城市建设为中心，以城市经营为手段，保值增值重效益，重点项目重建设，招商引资重融资，经营城市重开发，全年公司实现营业收入5.35亿元，利税7618万元，利润2358万元，国有资产保值增值率达108%。

国有资产保值增值　①推进企业改革改制。年内，市煤气公司整体改制为泰山燃气有限公司，并以此为核心企业联合市液化气公司、阿吉斯公司、市城市燃气设备安装公司等成立泰山燃气集团。泰安建筑工程公司、市第二建筑工程公司的改制工作已取得阶段性成果。②加强企业管理，完善各项规章制度。着力抓好成本、资金、质量、现场管理，推行“倒逼”成本管理法，实行物资比质、比价采购，进一步降低生产成本。③培植新的经济增长点，不断拓展发展空间。泰山燃气公司在发展市内工商业用户的同时，积极开拓平阴、东阿等地天然气市场；公交公司新开通公交线路7条，延伸线路7条，并实施IC卡自动收费项目；阿吉斯、斯菲克公司引进国外先进技术和设备，进一步扩大国内外非开挖地下管线工程安装市场；泰建公司通过兼并市农机公司，盘活存量资产等措施，实现了低成本扩张。

参与城市基础设施建设　年内，公司参与建设了长城路、时代发展线二期、黄前水库供水二期等市重点工程。其中，长城路建设是城建国资公司以业主身份承担的一项市重点工程，4月6日开工建设，8月底主道全线竣工通车；泰山广场大型超市项目是时代发展线二期工程的重要组成部分，6月开工，年底进入装修安装阶段；黄前水库供水二期工程采用新技术、新工艺，提高了公用企业生产的科技含量，于10月完工；供水应急工程是配合黄前水库除险加固、确保泰城供水而实施的紧急工程，9月竣工，缓解了黄前水库放水时泰城的缺水问题。

招商引资　年内公司招商引资2.2亿元，实际利用外资896万美元。其中，环山路工程申请使用国家开发银行贷款1.4亿元；泰山广场大型超市项目与世界500强企业之一——泰国正大集团签订合作合同；与美国三洁公司合作成立的三洁建材有限公司和三洁生物有限公司，分别引进资金10万美元和20万元人民币；与香港中国基础建设有限公司合作成立的泰安港泰基础设施建设有限公司，合同引进资金1.76亿元人民币，实际到位资金2000万元人民币、6636万元港币；引进美国亚太投资公司资金28万美元，合作成立斯菲克公司；中美合作阿吉斯公司年内增加投资25万美元，成为国内规模较大的不开挖管线铺设施工企业。

房地产开发　房地产开发面积15.88万平方米，竣工建筑面积9.7万平方米。年内，五环小区一期工程新开工建设3.28万平方米住宅，五环二期工程建设4.2万平方米住宅楼，公司合资企业泰安爱泰置业有限公司开发澳泰山庄3.8万平方米高档住宅，城建综合开发公司开发住宅2.3万平方米，泰建公司开发住宅3.5万平方米。

（暴勇生）

【泰山区城区建设】 基础设施建设　年内，泰山区按照区域内南面市场、东面工业、北部旅游的总体发展布局，确定7大类43个城市建设重点项目，年内完成投资8.99亿元，竣工项目17个。东部新区建设全面启动，整体规划已经省、市正式批准实施。城市工业重点项目完成投资2.12亿元，岱银集团气流纺、华泰铝轮毂电镀等6个项目建成投产。园区建设项目完成投资2.61亿元，泰山高新技术产业开发区鲁祥建材、泰山工程机械制造等31个项目竣工投产。市场和服务业网点建设项目完成投资2.8亿元，建设开工泰山温州商业步行街等46个项目，其中，泰山五马食品城、三里服装城等31个项目竣工，竣工面积32.8万平方米，泰城商业网点和市场建设面积达358万平方米。城市旅游开发项目，编制完成泰山大津口旅游风景区总体规划，投资3030万元完成大津口、东御道等特色旅游区建设。城市公路建设项目，完成投资5164万元，建设泰佛路拓宽二期工程、泰新路（灵山大街东段）改造工程和碧霞湖路工程。

房地产综合开发　年内，完成城市房地产综合开发投资1.8亿元，开发建设望岳、东湖、云海、北上高、温泉、泰山阳光花园、凤凰、御井苑、温泉花园、泰山白马石社区、三友、岱下阳光花园、天和园等20个居民住宅小区，施工面积63.47万平方米，新开工面积37.38万平方米，竣工面积19.8万平方米。年内，拆迁各类房屋34.87万平方米，其中村民住宅房屋25.11万平方米，厂房、营业房面积9.76万平方米；安置回迁居民420户、1470人，回迁面积6.5万平方米。

城区环境卫生综合整治　参见

《泰城建设与管理·环境卫生》

房产管理与物业管理　年内,办理房产确权登记3022起、确权面积3.5万平方米,办理房产交易975起、交易面积9.7万平方米,发放房改证412个,办理抵押登记190起、抵押面积25万平方米,办理租赁手续432起、登记面积4.8万平方米。房产评估183起、评估面积22万平方米。强化对区域内现有居住小区物业管理,至年底,全区有资质的物业管理企业4家、管理人员254人,共管理19个居住小区,管理面积142.5万平方米,其中营业房面积1.7万平方米。

【泰山区东部新区规划建设】　泰山区委、区政府按照泰城总体规划和市委、市政府"一体两翼"发展思路,确定在泰城东部规划建设"以工业为主的现代化园林式新区"。总体规划东起芝田河,西到天烛峰路,南起灵山大街,北至天烛峰景区,规划区范围面积30平方公里。由上海同济大学规划设计研究院编制修改规划,并召开由国家建设部、省建设厅等专家参加的"东部新区规划专家论证会",新区规划通过专家论证。

新区规划城市建设规模为26.65平方公里,人口规模30万人。规划总体结构框架为:"一心、二廊、三轴、五区","一心"即新区行政管理中心;"二廊"即沿芝田河、明堂河规划设置的绿色走廊;"三轴"指东部新区与泰城老城区相联系的发展大街、泰前大街、东岳大街三条轴线;"五区"指东以省庄中心镇为主的现代工业区,西以白马石社区为主的居民居住区,南以客货运输广场为主的综合商贸区,北以碧霞湖(安家林水库)、芝田湖(刘家庄水库)周边为主的园林风景旅游度假区,中以泰山高科技园为主的高新技术产业开发区。新区规划居住用地681.4公顷,其中一类居住用地49.9公顷,二类居住用地631.5公顷;公共设施用地476.18公顷,其中行政办公用地35.36公顷,商业金融用地108.87公顷,文化娱乐用地22.15公顷,体育设施用地3.5公顷,医疗卫生用地1.53公顷,教育科研用地304.77公顷;工业用地759.05公顷,其中一类工业用地500.54公顷;对外交通用地21.56公顷;道路广场建设用地307.01公顷;市政设施用地25.56公顷;绿地394.92公顷,其中公共绿地295.69公顷,合计为2665.68公顷。新区规划道路交通网络为"四纵八横","四纵"指天烛峰路、碧霞湖路、汉明堂路、芝田河路;"八横"指泰前大街、东岳大街东段、东湖大街、灵山大街、发展大街、科技大街、创业大街、繁荣大街。道路分级为城市快速干道、主干道、次干道、支路四级。城市快速干道分别为东环路、南环路,红线宽度为40米;主干道红线宽度为40米、36米、32米三种;次干道红线宽度为24米、30米;支路红线宽度为15～20米。新区规划绿化系统由公共绿地、防护绿地、城市生态绿地组成。规划市政工程包括给水、排水、电力、电讯、供热、燃气及综合防灾规划。东部新区建设计划2002年建设3平方公里起步区;2003～2005年,建设面积达10平方公里;2006～2010年,建设面积达30平方公里。

年内,省庄省级中心镇和省级民营工业园的详细规划业经省建设厅批准;白马石社区、客货运输中心的规划已经市政府批准;成立了碧霞湖旅游度假区管委会。新区基础设施完成总投资1.64亿元,道路、水电、通讯等基础设施基本配套。泰山高新技术产业开发区投资9000万元,建设标准厂房6万平方米,引进项目30个,总投资额8亿元。完成明堂河综合治理,完成创业大街、科技西路、泰前大街、天烛峰路、碧霞湖路、向阳北大街、白凤路建设。与浙江嘉德房地产开发公司签订天凤馨苑开发合同,到位资金460万元。完成英才学校教学楼、学生公寓、餐厅等主体工程建设。省庄中心镇投资3500万元,进行区内的水电、道路规划及工业园区厂房建设。　　(彭锡瑞)

【岱岳区新城区建设】　年内,完成13平方公里新城区规划和城市供热、供水、排水、消防等专业规划。其中,2平方公里新城区建成并初具规模,基础设施总投入累计达21.2亿元。环境卫生和园林绿化管理实行事企分开、干管分离,垃圾清运实现企业化运营。清理疏通排污管道2100米,清除垃圾1.8万立方米,城区绿化覆盖率达42%。组建城建监察大队,加大执法力度,全年共查处违法建设案件11起,拆除违规建筑4000平方米。泰山经济技术开发区规划面积14平方公里,进区项目累计达63个,其中投产项目22个,年内实现税收1043万元。　　(宋永军)

·市政基础设施建设·

【道路建设年】　年内,根据新一轮《泰安市城市总体规划》,市委、市政府确定开展以修建"发展路、畅通路、便民路"为指导思想的泰城"道路建设年"活动,确定长城路、望岳东路、望岳西路、普照寺路、温泉路、御碑楼路、迎胜南路、擂鼓石大街、东湖路以及高新技术产业开发区新区9条共18条道路、全长60公里的建设任务。道路工程建设实现地下空间的有偿使用。年内,成立科信信息网络发展公司,对地下弱电管线实行统一规划设计、统一建设、统一管理,实行地下空间有偿使用,其收益用于城市道路建设,真正实现了道路工程建设的政府组织、市场运作。(1)擂鼓石大街建设工程。该工程东起普照寺路,西至迎胜路,全长2133米,路面宽30米,其中机动车道20米,两侧人行道各5米。共拆除各类建筑物5.2万平方米;配套完善各种管线5.5公里,其中污水管道2.15公里,雨水管道2.15公里,过路管道1.2公里;安装路灯128基;绿化面积2.2万平方米。工程于2月10日开工,8月26日竣工,总投资2600万元。(2)望岳东路、望岳西路建设工程。该工程北起环山路,南至泰山大街,包括下穿京沪线铁路立交桥一座和七里村板式桥一座。东路全长2360米,西路全长2380米,道路红线均为30米,其中车行道宽20米,两侧各为5米的人行道。断面为一块板结构,沥青路面。6月开工,年内,完成市政大楼——环山路、东岳大街——铁路立交桥段的建设。其中,望岳东路铺筑完成750米、稳定砂7600立方米、沥青路面1.5万平方米;望岳西路铺筑完成800米、稳定砂8640立方米、沥青路面1.6万平方米;安装单臂路灯22基;新建下穿式铁路公路立交桥1座,桥洞总长度52米、宽度斜长48米、净高4.5米,为济南铁路局范围内最大的下穿式铁路公路立交桥。(3)普照寺路建设工程。该工程北起环山路,南至岱宗大街,全长1336.06米,路面宽20米,其中机动车道14米,两侧人行道各3米。共拆除各类建筑物、构筑物1.44万平方米,铺设各种管线1.33万米,铺筑路基土石方2.1万立方米、水泥稳定砂5.36万平方米、沥青面层1.34万平方米,修建挡墙1630立方米,铺设路沿石2820米、人行道板2950平方米,安装树穴池318套,绿化面积1.26万平方米,种植各类植物5万余株。工程于2月21日开工,6月20日竣工通车,总投资672万元。(4)迎胜南路建设工程。该工程北起泰山大街,南至外环路,全长1330米,路面为宽60米,断面为四块板结构,沥青路面。共拆除各种房屋3.22万平方米,征用土地9.33公顷,铺设各类管线2.26万米,外运废土8万立方米,回填路基风化粒料10万余立方米，铺设路基稳定砂2.72万立方米，沥青路面5.6万平方米，彩色道板0.47万平方米，修建跨度10米的石砌板式桥2座，安装路灯80基，种植各类植物40万余株，绿化面积1万平方米。工程于6月底开工，11月底完工，总投资1860万元。(5)御碑楼路建设工程。该工程位于泰山广场西侧，南起东岳大街，北至环山路，全长888.76米。路面宽16米，其中机动车道8米，两侧各设2米人行道、2米花坛，沥青路面。修建跨度为8米的简支梁桥、石拱桥各一座，总砌体量为2467.12立方米；拆除建筑物200平方米，铺设各类管线2670米，安装路灯112基，种植行道树400棵，绿化面积3600平方米。工程于5月2日开工，8月30日竣工，总投资540万元。(6)温泉路建设工程。规划温泉路北起环山路、南至外环路。2001年修建了娃哈哈纯净水厂至岱宗大街段，年内建设的温泉路南段工程北起岱宗大街，南至灵山大街，全长1658米。道路红线宽度40米，断面为一块板结构。机动车道宽21米，沥青路面，两侧各有5米宽的人行道、4.5米宽的绿化带。全线共拆除房屋建筑面积1.52万平方米，拆除道路两侧实体围墙1200米，道路新增占用土地3.05公顷，铺设各类管线21公里，绿化面积1.45万平方米。工程于2002年2月19日开工，7月20日竣工，总投资1365.9万元。(7)东湖路建设工程。该工程西起迎春路，东至唐訾路，全长1369米。道路红线宽度20米，其中机动车道10米，沥青路面，两侧各有3米宽人行道、2米宽绿化带。工程共拆除房屋建筑面积300平方米，拆除简易经营房(棚)5000多平方米，道路新增占用土地0.52公顷。铺设各类管线11公里，绿化总面积8094平方米。工程于2002年7月22日开工，12月30日竣工，总投资约650万元。

（高　伟　张少岩　刘　明　白春德　宋洪涛　蒋志虔）

【长城路建设工程】　长城路是沿原104国道拓宽改造的标志性城市景观大道，是市委、市政府按照“便民路、发展路、畅通路”的要求，确定建设的一项重点工程。北起石化饭店，南至河北大桥(104国道与京福高速公路交汇处)，全长13.06公里，概算总投资3.18亿元。道路设计宽度66米，中间机动车(含非机动车)道36米，路面结构改为“一块板”，两侧由里向外依次为4米的绿化带、3米的人行道和8米绿化带，沿线建筑物的控制红线为17.5米。长城路在景观设计上，沿线规划布局为“一路”、“两片”、“四点”、“五团”、“六园”(“一路”即长城路；“两片”即以泮河为界，分为南北两大区域；“四点”即东岳大街、泰山大街、泮河大街、京沪高速公路与长城路交叉口；“五团”即5个居住团区：五环小区、乐园小区、长城小区、泮河小区、堰岭小区；“六园”即6个绿地游园：五环花园、泰山乐园、泮河公园、堰北绿地、堰南花园、高速公路出入口绿地)，形成以长城路为主的绿色走廊和以泮河水面为主的蓝色景观走廊，力求走出一条立体建设城市道路的路子。

4月6日开工建设，全线拆除各类建筑物23.7万平方米，完成路基挖填土石方50.9万立方米，安装各类管线67公里；铺筑基层稳定砂和沥青面层各47万平方米；新建和改造大、中、小桥涵54座，其中新建立交桥8座。10月29日竣工通车。长城路建设工程是实施泰城新一轮城市总体规划，加快新城区建设的一条重要南北大道。对改善泰城的整体形象和投资环境，加快高新区建设具有重大意义。　（封代忠）

【时代发展线建设工程】　泰山广场二期工程和望岳东西路建设工程为泰城时代发展线工程的续建工程。至年底，时代发展线工程累计完成投资3.6亿元。泰山广场二期工程拆除建筑物6万平方米，建设地下超市2.69万平方米，地上铺装石材6000平方米、广场砖9000平方米，绿化面积1.2万平方米。望岳东、西路修筑了环山路至京沪铁路段，完成京沪铁路立交桥建设，两路完成后将成为泰城重要的南北干道，为新区开发建设创造条件。　（付长城）

·公用事业·

【城市公交】　年内，市公交公司有职工596人，运行车辆245台，营运线路27条，营运线网307公里，行驶里程1149万公里，客运量2290万人次，比上年减少3.0%；营运收入2080万元，比上年增长5.58%。年内，泰城公共交通重点抓了三个方面的工作：一是增加和改进设施。通过自筹、引资、合作等方式筹集资金1000万元，更新运行车辆124台；乘车收费实现IC卡自动收费。二是扩大公交服务网络，对高新技术开发区的公共交通进行前期规划，延伸调整1路、4路、5路、8路、10路、14路、15路等线路，筛选报批7条公交线路。三是加强精神文明建设，聘请泰山学院教师和职业律师对员工进行“公交优质服务”专题培训，提高员工的服务意识和服务水平；积极开展创建文明公交活动，年内，4路线通过省文明办文明线路考核验收，1个车组被评为省级“青年文明号”，4个车组被评为市级“青年文明号”。　（刘洪祥）

【泰城供水】　全市水源总量19.22亿立方米，其中地表水13.89亿立方米，地下水11.81亿立方米，可利用量17.44亿立方米。泰城主要水源地有黄前水库、大汶口水源地、旧县水源地。年内，市自来水公司有职工555人，水井24个，制水4498万吨，实现产值4162万元。市自来水公司健全水质保证体系，强化水质管理，国家规定的生活饮用水35项指标全部达标，水质综合合格率达100%。更新完善旧县水源地的部分水泵、配电设备、电容补偿设备及汶口水源地井泵的配电设备，加强泰城供水管线、阀门的巡查和维护，成立管道抢险队，与公安“110”实行配套联动，全年修漏171次，修漏及时率100%。

【泰城应急供水工程】　泰城应急供水工程是为配合黄前水库除险加固工程而建设的应急供水工程。工程总投资700万元，8月12日开工建设，自泉河水厂供水主干管老王府下旺村处开口，沿外环路、温泉路至三合净水厂。全线铺设直径800毫米供水管道10.9公里，挖掘土石6.16万立方米，修砌阀门井32座，穿越河道、主干道各4处，9月12日全线竣工。该工程的成功建设，为泰城供水“南水北调”创造了条件，实现泰城泉河水厂、南关水厂、三合净水厂三个水厂的联合调度。

【黄前水库供水二期工程】　黄前水库供水二期工程包括18公里输水管道工程和三合净水厂扩建工程两部分，投资1799.14万元。2001年开工建设，穿越24个行政村，铺设直径800毫米输水管道17952.6米，挖掘土石11.22万立方米，在三合净水厂建设沉淀池、滤站、清水池各一座，工程于2002年10月竣工。该工程的竣工，增强了泰城的供水能力，有利于改善地下水位下降的状况。

（王长柏）

【泰城供热】　2002年，泰城有供热企业2家，分别是市热电总公司、鲁邦大河热电公司。年内，市热电总公司有职工617人，累计完成发电量11387.3万千瓦时，电量9956.56万千瓦时，供热量51.34万吨，售热量49.88万吨，泰城主供热管道达60余公里，大型换热站11座，实现集中供热面积230多万平方米，其中年内新增供热面积30多万平方米。在生产管理方面，一是推行设备动态检修管理法，合理安排调度设备运行方式，保证发电供热机组安全经济运行，年内1#炉累计运行6757小时，比上年增加1134小时，3#机创连续运行204天的新纪录；二是对城区供热管网进行凝结水回收技术改造和1#炉可掺烧炉渣、煤矸石改造，年综合经济效益230余万元，厂区生产、生活用水系统基本实现零排放，锅炉排污量由原来的5%降至1%以下，年节约资金120万元。在加强生产管理的同时，积极开拓市场，合作建立泰安市开元供热有限责任公司，在岱岳区实现供热面积20万平方米；园林小区的完善溴化锂制冷示范工程，实现制冷面积1万平方米，达到供热制冷一体运行，提高了设备的利用率。（徐　赫）

【燃气供应与管理】　年内，全市燃气从业人员886人，其中煤气企业148人、天然气企业440人、液化石油气企业298人。供气管道长529.64公里，其中泰城390公里。用气户数为42.0万户，其中泰城26.80万户。泰城用气户中，天然气用户8万户（其中家庭户7.97万户）、液化石油气用户18.8万户（其中家庭户18.8万户）。工业总产值2575万元，其中天然气企业614万元，液化石油气企业1535万元，煤气企业426万元；利润总额220万元，其中天然气企业110万元，液化石油气企业50万元，煤气企业60万元。年内，市建设局成立公用事业管理办公室，各县、市、区建设局也都建立燃气安全主管部门。完善规章制度，全年制定修改规章制度、预案等16份，确保安全生产有法可依、有章可循。开展全市性燃气安全大检查5次，整改消除隐患108项，下达整改通知书24份，停业通知书3份，取缔违章设点经营业户22处，收缴不合格未检验气瓶65个，强制检验钢瓶8000余个，没收充气枪11支，充气罐30余瓶，消除了事故隐患。加强资质管理，坚决取缔不符合规范要求、事故隐患比较严重的燃气企业，对符合要求的单位及时换证，确保燃气企业的资质到位。搞好职业技能培训，提高关键技术岗位从业人员的业务技术素质，基本实现关键岗位持证上岗。

泰城天然气供应　年内，市煤气公司改制为泰山燃气集团有限公司，并组建企业集团。供气规模不断扩大，实现全年天然气优质、安全、稳定供应。①泰城城市气化率进一步提高。投入资金2700万元，完成长城路、温泉路、擂鼓石路等路段供气管线铺设、改造55公里；发展用户8100户，泰城管道煤气用户达8.5万户。②天然气置换。2001年12月30日，聊（城）泰（安）天然气输气干线工程投产点火。至2002年2月3日，380公里中低压管网、8万用户安全无误地置换了天然气。③开发平阴县、东阿县天然气市场。年内，市燃气集团公司兼并平阴县管道煤气站并成立平阴分公司，铺设聊泰天然气输气干线至平阴县城主管线5公里，完成平阴县城的天然气置换工作。年底，与东阿县达成供应天然气协议。④狠抓安全生产。继续推行燃气行业职业技能岗位持证上岗制度、安全生产责任制和安全管理目标责任制度，增设安全监督员，完善城市燃气安全使用防范机制，加强对供气管网和输配设施的巡检与维修，及时处理各类煤气报警95次。

泰城液化气供应　年内，市液化气公司把确保安全正常供气放在首位，组织开展“安全生产月”、“学习安全生产法”、“清理整顿瓶装供应站和瓶组气化站”等活动，确保全年无安全事故发生。克服炼油厂液化气出厂价格提高、购气成本及费用加大等不利因素影响，积极组织气源，全年供应液化气2657.84吨。

（李秋法　公维航　陈金亮）

·城市环境·

【园林绿化】　年内，泰安市区（含泰山区、岱岳区）有园林绿化从业人员273人，建成区绿化覆盖面积2098.7公顷，园林绿地面积1644.9公顷，公共绿地面积598公顷，公园10个，公园面积73公顷，公园游人量120万人次；绿化覆盖率达33.1%，绿地率达26.4%，人均公共绿地面积7.4平方米。年内，新增园林绿地面积301公顷，其中，新增公共绿地面积16万平方米。种植乔木9379株、灌木137.4万株（墩）、绿篱3125米、草坪4.6万平方米，其中新植、补植绿化21条道路；新建、改建游园、绿地、分车带13.1万平方米；完善游园、绿地29处。累计动用土石方25万立方米，砌沿石0.84万米，建园路4175平方米，砌驳岸400米，铺设供水管线6984米。节日期间在泰城街头栽植、组摆各类鲜花13万盆（株）。在社会绿化中，新增绿地面积18万平方米，山东省电力学校、山东省泰山干部休养所、中国人民解放军72612部队、新汶矿业集团有限责任公司华丰煤矿、孙村煤矿等5家单位被评为省级花园式单位，泰城向阳小区、新汶矿业集团有限责任公司良庄煤矿花园小区被评为省级花园式小区。评选市级花园式单位6个、花园式小区1个、绿化先进单位1个、绿化先进小区2个。年内，完成城区内204株古树、41株名木普查建档工作；办理占用绿地手续16起，树木移植手续8起，处理各种违章200余人（次），有效地保护了泰城园林绿化成果。（宋洪强　邱海燕）

【环境卫生】　2002年，泰山区环卫局有职工883人，其中正式职工383人，下设7个科室、11个局属单位。担负着泰城41条主次干道、380万平方米的道路保洁，日产生活垃圾600吨的清运和处理，88座沿街公厕的日常管理，城区建筑垃圾的统一管理和组织清运，以及城区化粪池的清挖等工作。2002年全年实现产值640万元，利润500万元，比上年翻了一番；各项费用支出同比下降15%；清运垃圾18万吨，增加30%；保洁面积380万平方米，增加86万平方米；清挖粪便3.8万车，增加40%；查处乱倒乱运车辆1200车次。

年内，建立健全环境卫生管理工作机构，成立收费管理所、环境卫生监督检查办公室及泰前、上高、徐家楼三个环卫所。投资390万元，新购5辆斯太尔运输车、修建垃圾处理场水管道、制作不锈钢垃圾箱等，改善了环卫设施落后的状况。加大环卫督查力度，查处违章建筑工地20余处，违章倒垃圾车辆440余车次；治理街道10条，清除垃圾死角10处，累计达1万立方米。搞好对城市部分河道综合治理工作，清理梳洗河、三里河、七里河、滂河河道3.5万米，清运淤泥杂草3.5万平方米。年内，通过“国家卫生城市”复查验收。

（姚守光）

【污水处理】　年内，全市有污水处理厂2家，从业人员201人。其中，市排水管理处有职工163人，主要负责泰城生活废水和部分工业废水的集中处理工作。全年处理城市污水1898万立方米，日平均处理污水5.2万立方米，泰城污水处理率保持在40%以上。各项处理指标和出水水质均达到污水综合排放标准，其中$BOD_5 \leqslant 21.3mg/l$，去除率84%；$CODcr \leqslant 73.8mg/l$，去除率81%；$SS \leqslant 26mg/l$，去除率90%。设备完好率95%，构筑物完好率100%，确保设备的正常运转和污水处理工艺的正常运行。11月，污水处理增容扩建工程竣工并投入运行，处理水质达到设计标准。（王　刚）

【城建监察】　年内，市城建监察大队对泰城48条主次干道进行综合整治和规范，大力宣传城市管理法律法规，加强城建监察队伍自身建设。实行分片包段、责任到人和逐月量化细化目标的考核措施，采取对沿街门店档案式管理、对各胡同口划线管理等办法，泰城容貌明显改观。全年共清理占道经营1.2万人次，店外经营5000处，乱贴乱画3000张，乱拉乱挂标语、条幅500处，乱搭乱建300处，乱设广告标牌1700块，督促沿街单位粉饰刷新墙面20万平方米。（孟继安　郑宝鼎）

【综合整治泰城户外广告】　年内，泰城城管部门采取统一样式标准、内外灯光结合、射灯与彩灯配置的方法，对红门路、龙潭路、迎胜路、普照寺路、金山路、岱宗大街、泰山大街的户外广告进行整治和规范。共下发限期整治通知书2000余份，拆除不规范广告1100块，拆除面积2万平方米；重新设置户外标准广告500块。通过治理，较好解决了市区户外广告杂乱无序、档次偏低的问题，提升了城市形象。

（孟继安　汪　岩）

【泰山广场管理】　年内，市政府颁布实施《泰安市泰山广场管理规定》，广场管理处根据工作实际制定出台内部管理规章制度59项，对广场保洁、保安、设施等管理工作作了具体规定，使广场管理工作走上法制化、规范化的轨道。一是加大管理力度，雇佣物业公司30名保洁人员及20名保安，每天对广场实施保洁、治安巡逻，确保广场卫生和治安状况良好；二是严格按照规程操作，悉心维护各类设施，保证广场硬件设施完好和使用安全；三是加大环境综合整治工作力度，杜绝广场内外占道、进场经营等现象。全年完成市委、市政府安排的接待任务280余次，协助有关部门、企事业单位在广场举办大型文艺演出和各种宣传活动36场(次)。为搞好广场经营，年内与英华超市有限公司签定地下商场租赁经营合同，拟建成集餐饮、购物、娱乐、休闲为一体的综合购物中心。（边树举）

县乡建设

【泰山区村镇建设】　村镇规划与管理　全区乡村和小城镇建设以农村城市化、城乡一体化建设为目标，以加快农村基础设施建设，改善农民居住生活条件为重点，做到规划先行、合理定位、合理布局、统一规划、配套建设。年内，省建设厅批准省庄中心镇详细规划，完成邱家店、大津口乡镇驻地及20个村规划编制调整工作。开展“世纪杯”村镇建设“十百千”活动，确定6个村为农村现代化建设试点村。加大规划执法检查力度，查处违章建筑面积9.77万平方米，保证了村镇建设的顺利进行。

村镇住宅与基础设施建设　年内，村镇建设完成投资2.57亿元，其中住宅建设投资9600万元，基础设施建设投资1232万元。住宅竣工面积24万平方米，公共建筑和生产性建筑32.93万平方米。省庄中心镇投资3500万元，进行了规划区内的水电、道路及工业园区厂房建设，引进项目15个，投资额8000万元，到位资金4800万元。其中，泰安市亚奥特乳品研究中心、泰山工程机械有限公司等6个项目投产。邱家店镇完成投资500万元，拓宽硬化道路3.5公里。至年底，全区36个村建设了小康住宅，26个村建设了多层楼房，35%的住宅建设了排污系统，小康住宅建设总面积达142万平方米。35个村接通有线电视网，村级干道硬化率达90%，部分村内道路安置路灯，22个村使用煤气，自来水、卫生水普及率均达90%，程控电话开通率达100%。（彭锡瑞）

【岱岳区村镇建设】　村镇规划与管理　按照岱岳区委、区政府“建设小城镇，改善投资环境”的战略部署，以规划为龙头，村、镇建设并举；以综合整治为突破口，强化基础设施建设。年内，小城镇总体规划覆盖率达100%，详细规划覆盖率70%。村庄总体规划覆盖率达100%，规划调整覆盖率为45%。山口、汶口、满庄三个中心镇的总体规划经区政府审批进入实施阶段。至年底，小城镇建成区面积达33.11平方公里。

村镇基础设施建设　全区建立了政府协调、企业和个人积极参与、引进外资的多元化投资机制，建成并完善村镇交通、通信、供水网络，增强了小城镇的集聚功能。年内，用于基础设施建设的投资达1.5亿元，新增自来水受益人口3万人，修建道路59万平方米、路灯350盏。（宋永军）

【新泰市城乡建设】　城市建设　全年完成城乡建设投资5.62亿元，同比增长14.7%。按照“中心改造，两翼扩张”的发展战略，西区进行了开发区基础设施建设，建设道路9条，全长11.5公里，铺筑砼路面18.8万平方米，修筑小桥涵1座，铺设供排水管线1.98万米，建设绿篱草坪面积13.4万平方米。东区实施青云湖风景区建设一期工程，修筑环山路长6.8公里，铺筑砼路面4.1万平方米，修筑滨湖大道长18.7公里，铺筑砼路面11.2万平方米，道路两侧栽植行道树4.55万株。中心改造项目，重点实施银河路建设改造、平阳路向北延伸、东周路向南延伸、新汶龙柏园建设等。其中，银河路建设改造工程南起青龙路，北至新安路，投资2511万元，全长1.5公里；平阳路向北延伸工程长450米，红线宽28米，两侧各退红线宽15米，年内建成道路长320米。加大旧城改造力度，年内拆迁各类房屋710户、面积11.9万平方米，开发建设明珠、丽苑、揽翠和福田小区。投资760万元，在汶河城区建设占地8.67公顷的新汶龙柏园，并对城区100余个单位进行庭院绿化整改。

村镇建设　年内，拓宽乡镇驻地道路12条，总长54公里；修建连村路24条，总长90公里；架设路灯1500盏，铺设自来水管道25公里，安装有线电视线路90公里；修建公园3处，占地1.4公顷；新建市场4处，占地面积18公顷。全市11个乡镇规划建设了民营工业园，入园企业180家。其中，羊流镇工业园规划面积5平方公里，年内修建宽30米的水泥路1300米，入园企业24家，被省科技厅评为“省级科技工业园”。至年底，累计有350个村庄进行了旧村改造，建成小康楼8500栋，小康房1.5万户；修建村内道路35公里，架设路灯1500盏，铺设自来水管道45公里，基本建成的小康新村达15个。

至年底，该市城市面积208平方公里，其中建成区面积36.5平方公里；城市总户数9.17万户，人口31.64万，其中非农业人口24.73万。城市维护建设资金投入1.61亿元，人均拥有城市维护建设资金508元。人均日生活用

年内，东平县不断加大城区园林绿化力度，提高了城市绿化水平。图为新建的佛山广场一角 （黄永峰 摄）

水量188.7升，用水普及率98.8%，燃气普及率90.6%。人均道路面积12.81平方米，路网密度每平方公里0.95公里，每万人拥有公共交通车辆10.37标台。排水管道密度每平方公里13.08公里；污水处理率56.26%，其中污水厂集中处理率36.17%；污水再生利用率50.68%。建成区绿化覆盖率37.9%，绿地率35.16%，人均公共绿地面积9.2平方米。生活垃圾无害化处理率100%，粪便处理率100%，水冲式公厕比率90.48%。 （梁化印）

【肥城市城乡建设】 城市建设 基础设施建设投资1.01亿元，完成城市11条道路建设，总长27公里，硬化面积41万平方米；投资8600万元的污水处理工程，完成工程总量的80%，建成后将日处理污水4万吨，中水回用2万吨；投资660万元，日供气能力15万立方米的天然气工程完成设备安装调试。西区白云山小区一期工程竣工，东区启动建设新城办事处、仪阳乡政府办公区，年内大型建材批发市场基本建成。加大管理力度，整顿规范经营门店900家、占道摊点700个，清理非法广告1000余处。完成垃圾填埋场二期工程，增设5处大型垃圾中转站。强化城乡结合部和小街小巷的垃圾整治，做到垃圾随产随清。完成西区丰园大街、金牛山大街、北京路西段等近10万平方米道路绿化，新增射灯、步行灯800余盏。建设健身休闲点12处，购置滑梯、秋千、双杠等健身器材，完善了城市功能。全面推进住房货币化分配进程，制定住房上市交易、物业管理和成本价核算办法，住房二次套改完成90%。开发丰园小区、新新家园小区等经济适用房面积8万平方米，年内有4家企业取得房地产开发资质。

村镇建设 村镇基础设施建设投资8450万元，新修道路42.5公里，铺装人行道板3万平方米，安装路灯700余盏，铺设给排水管网4.6万米，新建广场2处，新增绿地面积2万余平方米。完成乡镇驻地综合开发面积31.5万平方米。加强小康新村建设，新建小康住宅10万平方米。

至年底，该市城市面积70平方公里，其中建成区面积29.2平方公里；城市总户数4.8万户，人口19.2万，其中非农业人口4万。城市维护建设资金投入9389万元，人均拥有城市维护建设资金489元。人均日生活用水量186.42升，用水普及率99%，燃气普及率96%。人均道路面积13.62平方米，路网密度每平方公里5.7公里，每万人拥有公共交通车辆7.6标台。排水管道密度每平方公里2.3公里。建成区绿化覆盖率40.2%，绿地率38.56%，人均公共绿地面积13.9平方米。生活垃圾无害化处理率100%，粪便处理率100%，水冲式公厕比率100%。

（宿崇华 尹 伟）

【宁阳县城乡建设】 城区建设 修订完善县城总体规划，重点规划设计了新区建设、旧城配套完善、街道风貌等标志性工程。完成了蒙馆路磁窑至县城段经济长廊的规划设计，完成蒙馆公路以北、京福高速公路以西高新工业园15平方公里的规划设计、数字化出图以及八仙桥工业园、磁窑明天工业园等五大经济园区、住宅开发区、市场商贸小区的规划设计。城区道路建设投资8297.4万元，新修、拓宽改造道路12.9公里，形成“七横六纵”的道路网络。投资253万元，安装路灯1818盏，至年底，城区道路路灯长度达50余公里，路灯3400余盏。加快旧城区拆迁改造，先后拆迁各类建筑物、构筑物14万平方米。投资260万元，完成县城各主要交通道路的配绿补植工作，栽植绿化苗木26万株，铺装人行道板2万余平方米。投资360万元，对河滨公园进行续建完善，安装音乐喷泉和交叉射灯。为解决占道经营等影响城区容貌的问题，招商引资3700万元开发建设占地5.87公顷的北关农贸市场，引资8200万元，在原西关农贸市场位置兴建西关商贸城。加大环卫工作力度，街道清扫保洁面积达70万平方米，每天垃圾清运量100立方米。开展整顿规范建筑市场活动，检查在建工程86个，涉及金额1.45亿元、面积26.89万平方米，查处建设施工单位欠缴各项规费130万元；规范招投标行为，工程招标率达100%。建筑工程质量进一步提高，总体优良率达70%以上，创省优工程4项、泰山杯”工程1项、市优工程44项。加强对房地产市场管理，完成房改面积10.48万平方米，房屋确权安全鉴定面积13.01万平方米，房产交易安全鉴定面积1.2万平方米；办理各类评估60余件、价值1.4亿元，抵押15.5万平方米、价值1.5亿元。

村镇建设 完成磁窑、华丰两个中心镇及53个村庄的总体规划。加大村镇建设力度，至年底，全县完成农村住宅47.92万平方米、居民住宅6.09万平方米、公用建筑15.86万平方米、生产建筑13.99万平方米，新修道路24.5千米，垒砌排水沟23.6千米，绿化面积2.2万平方米，新增自来水用水人口3.44万人，累计达57.3万人，累计完成投资3.26亿元。

至年底，该县城市面积62.79平方公里，其中建成区面积12.47平方公里；城市总户数2.94万户，人口9.1万，其中非农业人口4.98万。城市维护建设资金投入150万元，人均拥有城市维护建设资金16.48元。人均日生活用水量210.25升，用水普及率98%。人均道路面积14.5平方米，路网密度每平方公里3.26公里。排水管道密度每平方公里3.5公里。建成区绿化覆盖率25.6%，绿地率22.5%，人均公共绿地面积5.8平方米。生活垃圾无害化处理率100%，粪便处理率100%，水

冲式公厕比率10.7%。（邱保全）

【东平县城乡建设】 城区建设 编制汇河街西段、佛山街西段、平湖路和民营工业园区等详细规划，县城详细规划覆盖率达85%。强化各乡镇建设性详细规划的编制，先后编制东平镇建材园区规划、州城镇中心广场规划、银山镇通湖路规划、大羊乡世纪大道规划。年内，重点开发建设"一线（即平湖路沿线）两块（即佛山街西段和东原路北段）"，平湖路开发面积9万平方米、汇河街西段开发面积2.5万平方米、东原路北段开发面积1.5万平方米、佛山街西段开发面积3万平方米。民营工业园规划面积6平方公里，其中起步区2.6平方公里。年内入园企业10家，总投资8580万元，完成建筑面积近4万平方米。完善县城东区建设工程，完成建筑面积2万平方米。城区基础设施建设完成道路硬化面积5.26万平方米，铺设排水管道1.00万米，新增公共绿地6.2万平方米，栽植各类苗木26万株，新增大型公益广告牌6块、交通信号灯6处；投资500万元，新建平湖广场、光大公园两处大型绿化广场；延伸供水主管道6557米、支管道4000米，城区年供水量达5500千吨；关闭部分自备水井，提高工业用水重复利用率，年节水150万立方米。深化垃圾清运有偿服务，县城道路清扫保洁面积达70多万平方米。公开拍卖部分地段的环卫保洁权，垃圾清运及时率和路面保洁率均达95%以上。实施建筑企业结构调整，大力开拓县外市场，全年创建筑安装产值3.5亿元；严格实行工程质量责任制，工程竣工合格率达100%，优良率达40%；深入开展安全文明工地创建活动，建设工程无死亡事故发生。深化住房制度改革，累计办理已购公有住房套改8935户、67万平方米，占全县应参改总数的92%，被省建设厅评为住房制度改革先进单位。加强房地产产权产籍管理，发放公私房屋产权证4282个、面积71.14万平方米，其中县城区内公有房发证44户、面积17.53万平方米，私房发证463个、面积22.7万平方米，房改房发证3113个、面积30.91万平方米；乡镇公、私房发证664户、面积12.37万平方米。办理抵押登记249份，抵押房屋面积12.06万平方米、土地面积7.7万平方米，抵押金额为6431.8万元；受理房地产评估业务432份，评估金额8564万元，建筑面积14.27万平方米，土地面积9.45万平方米；办理房地产转让1000份，成交房产面积10万平方米，成交额4000万元；发放房屋租赁许可证120份，租赁面积6万平方米。

小城镇建设 以基础设施和环境建设为重点，村镇建设"十、百、千"工程建设活动成效显著。重点抓了东平镇、彭集镇、接山乡、大羊乡等4个卫星乡镇和州城镇、银山镇等2个中心镇的建设。东平镇发挥区位优势，建设了建材园区和后屯小商品批发市场。州城镇、银山镇加大详细规划编制力度，加快开发建设进程，小城镇建设已具雏形。年内，村镇建设完成投资2.1亿元，建设道路23条，硬化路面29万平方米，栽植绿化树3万棵，安装路灯78盏，新增供水管网6万米，新建敬老院等公益设施29处。

至年底，该县城市面积46.2平方公里，其中建成区面积13平方公里；城市总户数2.1万户，人口7.2万，其中非农业人口5.4万。城市维护建设资金投入751万元，人均拥有城市维护建设资金104元。人均日生活用水量162.5升，用水普及率95%，燃气普及率90%。人均道路面积14.03平方米，路网密度每平方公里3.1公里。排水管道密度每平方公里4公里。建成区绿化覆盖率25.6%，绿地率22.5%，人均公共绿地面积5.8平方米。

（黄永峰）

房产管理

【房产管理概况】 2002年2月，根据泰安市编委《关于市房产管理机构改革调整的通知》（泰编[2002]3号），撤销市房地产管理处和市住房委员会办公室，成立市房产管理局，为正县级事业单位。内设办公室、财务审计科、房改指导科、房产管理科（挂物业管理办公室牌子）、房产交易科、法规信息科6个职能科室，下设市房产交易中心、岱庙房管所、财源房管所、新区房管所、天元房地产开发有限责任公司5个直属单位，有职工472人。

市房产管理局主要职责是：贯彻执行国家关于房产管理的方针、政策，研究制订全市房产管理工作的规范性文件并监督实施；负责协调全市房产权属登记、发证、产权产籍管理；指导全市房产交易管理工作；对全市房地产开发单位房屋销售实施管理监督，按照权限负责市区房产交易和住房置业担保的管理工作；负责物业行业管理和物业从业机构资质的申报、审批工作；负责指导全市住房制度改革工作；负责市区直管公房的管理；负责市属安居工程的开发建设管理；指导协调全市商品房销（预）售登记管理，按照权限负责市区商品房销（预）售工作；负责全市房地产价格评估、房地产咨询、房地产经纪、房地产测绘等中介机构的资质审核、申报、认证等工作；负责全市落实私房政策、房屋安全鉴定的管理工作；负责市区房地产业行政执法检查、行政执法监督等工作。

房产市场管理 加强房产市场地方法规建设，年内，起草《泰安市房产交易管理办法》、《泰安市村镇产权产籍管理办法》、《泰安市房屋租赁管理办法》、《房地产抵押管理办法》、《泰安市企业职工集资建房管理意见》、《泰安市房改换购住房暂行规定》等地方性政策法规6个，出台《泰安市人民政府关于进一步放开搞活住房二级市场的意见》、《关于深化国有企业住房制度改革加快解决职工住房问题的实施意见》，为进一步加强房地产管理、活跃房产交易、激活住房二级市场提供了必要的政策支持。全市自2002年8月1日起实行商品房买卖合同登记备案制度。年内重点清理查处不具备资质的房产评估、房产中介机构、房地产开发商的非法预（销）售行为，调查清理45个单位，并责令违规者限期整改。与新闻单位合作，加强商品房预（销）售广告管理，禁止发布无商品房预（销）售许可编号的广告信息。市房产交易中心建成集房屋发证、交易、租赁、评估、测绘、中介管理、政策咨询为一体的服务机制，实现一站式服务。全市共办理房产交易手续6306起，比上年增长12.8%，交易面积142.65万平方米，比上年增长45%；办理抵押手续3463起，比上年增长50%，抵押面积132.82万平方米，比上年增长24.66%；办理评估业务885起，评估面积36.57万平方米；办理租赁业务893起，比上年增长206.90%，租赁面积12.98万平方米，比上年增长67.5%。

产权产籍管理 解决了市本级、泰山区、岱岳区3家房管部门同时发放泰城房屋产权证的问题。泰山区、岱岳区停止发证，通过两区初审、市里审核后，由市房产局换发全国统一房产证。建立健全产籍资料档案，完善了档案分类方案和档案管理网络，年内，6.9万卷档案全部重新分类、编号、整理入库。市房产交易中心档案室被评为国家二级科技事业档案管理单位。年内，全市共完成测绘 210 万平方米，登记验证 5168.88 万平方米；发放房屋权属证书 31871 本，比上年增长 58.6%，其中发放所有权证书 28676 本、发放共有权证书 117 本、发放他项权证书 3078 本；办理房改单位 136 个，房改发证 14153 套，比上年增长 111%；代征契税 425.19万元，代征印花税 62.6 万元，代收房屋权属登记费 56.32 万元。

物业管理　年内，全市审批物业管理公司 5 个，累计达 27 个，从业人员 2000 人。市房产局注重提高物业管理水平，年内投入 2000 多人次，进行小区环境卫生、安全综合整治。在 2002 年市爱卫会卫生检查评比中，乐园小区荣获最佳居民小区与城区行政村第一名。加强直管公房维修工作，在维修资金缺口大、欠账多的情况下，合理调剂资金，年内维修直管公房 1.1 万平方米。拓展物业服务领域，先后接管泰山广场、市检察院及市法院办公楼 3 个物业管理项目，创收 24.25 万元；特丽洁公司先后承担市公安局等 13 个单位的开荒工程及清洗保洁工作，完成产值27.49 万元。（牛家利　蒋志虔）

【房地产开发概况】　年内，全市有各类房地产开发公司 85 家，其中一级 1 家、二级 7 家、三级 11 家、四级 26 家；有房地产估价师 29 人、房地产经纪人 15 人。全市房地产业完成投资额 9.93 亿元，比上年增长 10.8%；房地产开发施工面积 161.1 万平方米，比上年增长 7.7%，新开工面积 79.08 万平方米，比上年增长 12.2%；房地产开发住宅面积 136.7 万平方米，比上年增长 11.2%，新开工住宅面积 70.2 万平方米，比上年增长 10.3%；商品房屋竣工面积 87.9 万平方米，比上年增长 16.0%；商品房屋销售面积 71.5 万平方米，比上年增长 10.4%；房地产开发经营收入 7.88 亿元，比上年增长 11.2%；土地开发面积 35.8万平方米，比上年增长 16.9%。

（王　尧）

【住房制度改革】　年内，全市住房分配货币化体制进一步深化。(1)公有住房套改工作进展顺利。市直及省以上驻泰单位的套改工作全部完成，计 432 个单位、5 万余套；审核公有住房买卖契约 318 个单位、3.09 万套，分别占套改单位的 73.6%和 62.6%；审核注销房产证手续 119 户；公有住房套改微机录入完成 220 个单位、2.5 万户，分别占套改单位的 51.2%和 50.7%。6 个县市区的套改工作也已基本完成。(2)住房公积金管理。年内，转发省有关部门《关于住房公积金管理机构调整工作实施意见》、《关于完善住房公积金决策制度的意见》等文件，累计归集公积金 6.5 亿元，单位、个人归集率分别达 92%和 91%，其中市直累计归集 4 亿元，单位、个人归集率均达 99%；全市累计出售公有住房 774.6 万平方米，占可售量的 96%，归集售房款 5 亿元，其中市直累计出售公有住房 373 万平方米，占出售量的 99%，归集售房款 2.88 亿元；全市未售公房全部按第三步租金标准提租，提租率达 96%。(3)房产交易和企业房改工作。进一步放开搞活住房二级市场，出台《泰安市房改换购住房暂行规定》、《关于进一步放开搞活住房二级市场的通知》，年内办理公房上市交易手续 37 户，建筑面积 3171.15 平方米。出台《关于深化国有企业住房制度改革加快解决职工住房问题的实施意见》、《泰安市企业职工集资建房管理意见》，办理 13 个单位集资建房审核认定手续，计 1054 套，建筑面积 8.8 万平方米。(4)清理两套住房户。年内查出占有两套公有住房户 47 户，印发清理两套住房通知书，并责令清退。

【经济适用住房建设】　2002 年，全市计划建设经济适用住房 62.6 万平方米，其中续建面积 56.6 万平方米，新开工面积 6 万平方米；年度投资计划5.15 亿元，其中银行贷款指导性计划1.13亿元，自筹资金计划 4.02 亿元。实际施工面积 41.96 万平方米，占年度施工计划的 67%；实际完成投资 1.6 亿元，占年度投资计划的 31%；竣工面积10.81 万平方米，销售面积 25.96 万平方米。基本建成了泰城温泉、堰岭、肥城丰园、宁阳府东等 11 个经济适用住房小区，解决了 1.67 万户中低收入家庭的住房问题。（牛家利　蒋志虔）

2002 年，市房产交易中心建成集房屋发证、交易、租赁、评估于一体的服务机制，实现一站式服务。图为提供即时信息的房地产信息展示区

附：　关于泰城居民住房建设情况的调查报告(摘要)

一、泰城居住人口住房建设和居民居住情况

近几年，随着国民经济和社会各项事业的不断发展，泰城人口不断增加，城市化发展进程加快，1997 年泰安市区城市居住人口 36.1 万人，占市区总人口 149.15 万人的 24.2%；2001 年市区城市居住人口发展到 46.2万人，占市区总人口的 29.76%，每年平均增长6.53%。泰城住房建设发展速度快于人口增长速度，1997 年泰城住宅施工面积 52.22 万平方米，竣工面积22.52万平方米；2001 年施工面积、竣工面积分别为 199.97 万平方米、72.08 万平方米，年均分别增长 44.05%、40.43%。泰城居民人均住房面积不断增加，设施明显改善，1997 年泰城居民年末实有住宅居住面积 345.3 万平方米，平均每人居住面积 9.57 平方米；到 2001 年末，实有住宅居住面积达到 527 万平方米，平均每人居住面积 11.4 平方米，平均每年增

长4.49%。泰城居民独用自来水的户数占总户数的98%,拥有厕所、浴室的户数占97%,拥有厨房的户数占98%,拥有管道煤气(天然气)的户数占74%,拥有暖气和空调的户数占61%。

二、泰城居民住房价格变动情况和趋势分析

1997年以前,泰城居民商品住房的销售价格较低,且比较平稳。1998年年底,全市按照国务院和省政府的规定停止福利性分房,实行住房货币化分配。各单位为了赶房改末班车、大量购房,所有的商品住房被抢购一空,从而使商品住房的价格大幅度上涨,每平方米上涨三、四百元,达到1500～1600元。1999年至2001年,泰城居民商品住房的价格又趋于稳定,每年都略有上涨。泰城职工所购公有住房即房改房的价格变动情况为:从房改开始至1996年底以前购房的,执行标准价363元,拥有71%的产权,成本价510元,按成本价购房,拥有100%产权(下同);1997年执行标准价格476元,拥有83%的产权,成本价571元;1998年至2001年9月底执行标准价560元,拥有89%的产权,成本价为627元(其中有一段时间执行790元);2001年10月1日后,取消标准价,成本价为869元。

推动泰城居民住房价格上涨的因素:一是土地价格将有所上涨,从而加大住房建设成本。二是随着我市经济的发展和城市化进程的加快,泰城人口将会大量增加,居民的收入也将会有所增加,对商品住宅的需求有所增大。三是随着住房二级市场的进一步开放和搞活,旧房交易规模将不断扩大,价格趋升。抑制泰城居民住房价格上涨的因素:一是泰城居民收入偏低,购房有效需求不足。按照房价收入比例理论,成套房的房价与一般家庭收入之比为4.5倍时较为合理,而泰城成套商品房价为一般家庭年收入的6倍以上,超过了一般家庭的承受能力。二是泰城商品房供应扩大,房屋销售困难。2001年泰城房地产开发商品住宅95.6万平方米,而全年住宅销售面积仅为23.5万平方米。三是国家取消了房地产开发建设中47项收费项目,降低了10项收费标准,降低了建房成本。四是各级政府为满足低收入职工的需要,今后将加快经济适用房的建设,经济适用房的价格将受政府定价的限制,价格有可能降低。五是福利分房停止后,按照省政府文件规定,职工住房条件差的企业,可在符合城市规划的前提下,采取职工集资建房或合作建房的方式,解决职工的住房问题。

三、泰城开放住房二级市场的情况

泰城从2001年7月1日起,已购公房正式上市交易,但公房上市交易量却很少。为搞活住房二级市场,需做好以下几个方面的工作:加大宣传力度,加快已购公房房产证和土地使用证的发证进度,简化手续、减少限制条件,尽快取消已购公房上市交易过程中房改部门、原产权单位和售房人夫妻双方单位的审批环节。降低房地产交易税费,省政府文件规定,个人购买普通自用住宅,契税在按1.5%税率征收的基础上,各城市可采用减让性补贴的方式,适当减轻购房人的实际负担,建议泰城补贴比例定为80%;对通过一级市场购买上市的公有住房的,按成交价格的1%从低征收土地出让金;房产交易已按有关规定收取交易手续费的,不再收取权属登记费和证书工本费。

四、泰城居民住房开发建设中存在的问题

泰城居民住房开发建设中存在的主要问题有:违法建设严重,房地产开发市场混乱。1996～2000年,泰城违法建设项目达93个,违法建筑面积78.8万平方米,其中绝大多数是违法住宅。全市70多家房地产开发公司,泰城有46家,其中有资质的22家,有一级资质的只有1家。由于受开发企业规模小、实力差、设计观念落后等因素的影响,泰城居民住宅小区规划设计和建筑设计水平普遍偏低,只能满足基本居住功能的需要。居民住房开发建设收费太高,增加了住房建设成本,仅在市城市项目管理中心统一收取的费用就有14项。泰城土地多头管理,住宅开发用地总量没有得到很好地控制。经济适用房价格未纳入政府管理,开发商以市场价出售经济适用房。针对这些问题,今后应加强对居民住房开发建设的管理和监督,加大对违法建设的查处力度;树立现代居住区设计与开发新理念,提高规划设计水平;清理整顿居民住宅开发建设收费,减少项目,降低标准;统一收储供应土地,严格实行土地供应总量控制;尽快将商品住房价格纳入物价部门管理;规范物业管理体制,提高服务质量。

(市物价局)

【拆迁管理】 年内,泰城共拆除3392户、86万平方米,其中:住宅3056户、57万平方米,非住宅336户、29万平方米。安置2553户,其中:货币安置1723户,产权调换830户。通过拆迁安置改善了居民的生活居住条件,促进了旧城区改造和新城区建设。(1)完善拆迁政策。年内,修订新的《泰安市城市房屋拆迁管理办法》。结合市重点工程,市政府印发泰城道路、旧村改造和高新区拆迁安置等3个规范性文件,进一步完善拆迁安置补偿标准及安置方式。(2)规范拆迁市场秩序。根据建设项目的批准文件、拆迁计划、安置方案等资料,泰城共审批发放《拆迁许可证》36个,并在规定时间内发布拆迁公告,查处无证违法拆迁行为20余处。(3)拆除安全监管。坚持"四有、三制、两检查、一教育"("四有"即有三级以上施工资质和拆除方案、有完备的安全保护措施、有承担拆除任务的能力、有独自履行法律和民事责任的能力,"三制"即安全责任制、定期检查制和事故责任追究制,"两检查"即定期检查与随机抽查,"一教育"即安全宣传教育)的安全管理方法,确保旧房拆除人员伤亡率、事故发生率均为零,泰安市成为全省旧房拆除安全无事故的先进典型。

(高 伟)

建筑业

【建筑业概况】 2002年末,全市有建筑企业273家,比上年减少101家,下降27%。按资质序列分,总承包企业242家,占企业总数的88.6%,其中房屋建筑总承包企业234家;专业类企业31家,占企业总数的11.4%。按资质等级划分,一级企业7家、二级企业53家、三级企业213家。全市建筑业从业人员达30万人。全市完成建筑业总产值116亿元,比上年增长3%;创利税7亿元,增加值29亿元,比上年分别增长3%、7%;建筑施工面积1600万平方米,竣工面积1100万平方米,比上年分别增长4%和7%;竣工工程优良率42%。建筑工程创省"泰山杯"6项,创省优良工程27项。文明工地达标率60%，建筑业全员劳动生产率每人3.9万元。年内，全市出市施工8万人，遍及29个省、市、自治区，完成施工产值30亿元；出国施工1000余人，分布在日本等20个国家和地区，完成营业额1800万美元。建筑施工因工伤亡事故继续保持低事故率和低死亡率，死亡率控制在万分之零点二以下。

【肥城市加快建筑业发展】 肥城市作为全省建筑十强县之一，把建筑业列入全市四大支柱产业，通过设立驻外办事处、配合当地建筑行业主管部门对外出施工人员进行跟踪管理服务，使肥城市建筑施工在北京、天津、济南、淄博、青岛、东营等地站稳了脚跟，连续10年被北京市建委确定为建筑劳务基地县(市)。开展全方位、多形式的横向联合，肥城建筑企业先后与52家大中型建筑企业、大专院校、设计科研单位建立密切联系，施工流向逐步向能源、交通、环保、采矿等基础领域延伸，施工项目逐渐由中小型项目向国家大型重点建设工程靠拢。年内，该市外出施工人员达7万人，遍布全国28个省、市、自治区及日本、以色列、新加坡、澳门等国家和地区，完成外出施工产值占建筑业总产值的70%以上，成为肥城市经济发展的支柱产业之一。 (汪厚亮)

【泰安建筑工程公司靠质量创名企】 泰安建筑工程公司牢固树立质量精品意识，以"实施名牌战略，雕筑精品工程"为质量目标，充分发挥企业人才、技术优势，靠质量树立企业形象。年内竣工面积30多万平方米，工程合格率100%，工程优良品率达88%。其中，泰安通信第二枢纽工程获省政府工程质量最高奖——山东工程质量奖，这是全市建筑施工企业首次获此荣誉；泰山学院理工教学楼、泰安移动通信综合楼工程获省"泰山杯"奖；果科所4#楼、泰山中学8#楼等4项工程获省优质工程奖。积极开拓国内外市场，累计承建了国内近60条索道的建筑安装，其中大、中型索道占全国已建索道的80%。同时，在苏丹、毛里求斯、以色列、日本、韩国、埃塞俄比亚、博茨瓦纳、塞舌尔等8个国家进行工程承包和劳务合作业务，2002年仅在苏丹与毛里求斯承建工程营业额就达1500万美元。2002年该公司被评为市重点工程建设先进单位，并连续7年被省、市评为外向型最佳企业、对外承包工程和劳务合作先进单位。

(张 伟)

【建筑业管理概况】 市建筑业管理处成立于1989年，受市建设局的委托，依据《建筑法》、《安全生产法》、《建设工程质量管理条例》等法规，负责全市建筑业管理工作。内设施工管理科、建筑企业劳保费用行业管理办公室、建筑施工安全监督站等5个部室，职工52人，其中在职职工45人。县(市、区)除肥城市成立建筑安装工程管理局外，其他均在建设局设置了相关科室，负责建筑业管理工作。

建筑市场秩序管理 年内，重点查处在招标、投标活动中弄虚作假、规避招标、违法转包工程、转让监理业务以及无证越级承接工程业务等违法行为，不办理施工许可证擅自开工建设等违反法定建设程序行为，不严格执行强制性标准影响工程质量安全等行为。全市累计检查建设工程432项，建筑面积203万平方米，涉及投资金额16.3亿元；查处违法违规项目61项，涉案金额6710万元；下达各类建议书、通知书186份，提出整改意见438条，责令停工整顿工程41项，强制拆除违章工程2项，吊销资质证书2家。其中，泰城检查各类建设工程项目140个、建筑面积200余万平方米，因违反法定建设程序、不符合开工条件而被停工整改的42个，涉及各类建筑物150栋、建筑面积30万平方米。

建筑企业(队伍)管理 加强建筑企业的资质就位工作，年内，新就位企业273家，比上年减少101家。加快建筑企业改革步伐，在新资质就位的企业中，改制为民营企业的129家、私营企业3家，占就位企业的48.4%。加强项目经理和中高级岗位人员的选拔、培训和管理工作，培训各类管理人员1310人，其中项目经理350人，中级岗位管理人员200人；加大职业技能培训鉴定工作力度，培训一级操作工人4000余人，其中2000余人通过鉴定。

安全生产管理 8月1日，《泰安市建筑工程施工安全管理办法》颁布实施。年内，举办各种安全管理培训班2期，培训各类安全管理人员630人，培训特种作业人员1500人。全市组织3次建筑施工安全生产大检查、5次突击检查，查处不安全隐患726条，整改率达100%，在建工程安全达标率100%，杜绝了三级以上重大安全事故。开展创建安全文明工地活动，创省级"安全文明示范工地"6个、省级"安全文明优良工地"22个、市级"安全文明工地"206个。

行业劳保统筹管理 完成劳保费收缴1318万元，比上年增长20.2%；拨付企业500万元，补贴600万元，分别比上年增长25%和13%。

(赵克华 姜军锋 汪厚亮)

【建设工程招标投标管理】 年内，全市通过招标、投标发包工程442项，占应招标项目的100%，工程中标总造价12.85亿元。其中，实行公开招标工程192项，占工程总项目的43%，工程造价7.37亿元，占工程总造价的57%，应公开招标率达100%；实行邀请招标工程250项，占工程招标总项目的57%，总标底价13.44亿元。通过招标、投标节约建设资金5889万元，占标底价格的4.4%。中标总工期2580个月，比标底减少工期264个月。 (于元祥)

【工程建设标准造价管理】 年内，编制出版《山东省建筑(安装)工程综合定额泰安市单位估价表》，为全市建设工程的结算提供可靠的计价依据。对商品混凝土价格进行实地测算，下发《关于发布商品混凝土价格的通知》，合理确定了商品混凝土的价格。为满足工程造价计价依据"量价分离与工程量清单报价"的需要，对全市建设工程材料生产厂家、销售单位生产销售的上万种建设材料价格进行采价、选价、编制、录入、发布。年内，完成全市2300余名持有《山东省工程造价专业人员资格证书》造价专业人员的年检验证工作；完成全市施工企业年检工作，269家施工企业参加年检，均达到合格标准；批准市道朗建筑安装工程公司等6家公司晋升一个取费等级，市交通建筑安装工程公司等50家施工企业为丙级取费。

(冯 利)

【建筑工程质量监督】 年内，成立"泰安市方圆建筑工程司法鉴定中心"，建立"泰安市建筑工程质量监督站信息网"，制定《泰安市建设工程质量监督工作程序》和《泰安市建筑装饰装修工程质量监督实施细则》等，规范了质量监督工作行为和在建建筑工程、建筑装饰工程的监督管理。落实竣工验收备案制，检查70个单位工程，对54项符合条件的单位工程予以备案。推行建设监理制，年内全市有监理公司9家，从业人员420人，其中甲级1家、乙级3家、丙级5家，专业监理工程师155人，全年监理项目289个，占新开工建设项目的80%以上。被监理的工程项目一次交验工程合格率为100%，优良率达60%以上。开展砼预制构件的备案管理工作，审查95家申请备案构件生产企业，对符合要求的43家构件生产企业给予备案登记。制定《泰安市预拌商品砼产品质量管理暂行规定》和《泰安市预拌商品砼产品质量控制办法》，检查在建主体工程48个、预制混凝土构件厂28个，查出质量隐患60项，对6个单位工程和5家构件厂下达了整改通知书。全年监督建设工程454项，土建工程398项，建筑面积187.16万平方米。其中新开工程216项，建筑面积90.35万平方米；转接工程182项，建筑面积96.81万平方米；装饰工程56项。累计开展委托检测业务2.31万组(次)，现场抽样检测业务1261组(次)。组织参加全省QC小组成果发布会，获一等奖1个、二等奖1个、三等奖2个。

(王海霞　赵克华　姜军锋)

【建筑施工安全管理】　年内，以全面提高施工企业抓安全生产的自觉性、增强从业人员安全生产意识和整体素质为目标，加大监管力度，全市建筑安全生产事故死亡率控制在万分之零点二以下。一是完善规章制度。8月1日，《泰安市建筑工程施工安全管理办法》颁布实施。层层签订《建筑施工安全生产管理目标责任书》，建立管理部门主动抓、企业法人负责抓、项目经理直接抓、安全人员具体抓的安全生产管理体系。二是实施安全申报监督制度。在工程项目开工前，进行安全条件审查，落实安全管理责任制，严格审查施工队伍的安全资质、施工机械设备的数量、规格、特种人员持证上岗率等，并办理安全监督手续。否则，不予办理开工手续。三是开展专项治理。年内，开展防坍塌、防高处坠落、垂直运输机械施工安全专项治理。定期组织基础设施规范和施工安全培训，对安全帽、安全网、安全带等防护用品进行严格检查，严把楼梯口、电梯井口、预留洞口、坑井和通道口的防护标准审查关。下达整改通知书110份，消除了施工安全隐患。年内，全市建筑业发生安全事故4起，死亡4人，重伤5人，全市建筑安全生产形势基本保持稳定。全年检查施工现场760余次，下达隐患整改通知书726份，责令停工整改的工地62个，发现并提出整改的隐患4216项。　(汪厚亮)

·装饰装修业·

【概况】　年内，泰安市室内装饰管理处更名为泰安市装饰装修管理处。更名后，原机构规格、人员编制、经费形式不变。市装饰装修管理处内设办公室、技术管理科、工程管理科3个职能科室，干部职工10人。主要职能是负责全市装饰装修设计及施工单位、家庭装饰企业的资质管理；办理装饰装修企业外出承揽工程和市场准入手续，负责行业队伍和技术的管理；负责全市建筑装饰装修市场管理及工程施工管理，本行业劳动保护和安全防护工作的监督检查，查处建筑装饰装修市场中的违法行为，受理有关案件的投诉。

年内，开展集中整治装饰装修市场秩序活动。印发《关于开展建筑装饰装修专项治理活动的通知》，重点检查违反法定建设程序和法定制度转包、违法分包、规避招标、擅自变动建筑主体、改变承重结构等。检查工程项目206个，下达整改通知书50份，责令20家企业停业整顿，对违法违规单位和责任人进行了处罚，并将检查出的问题载入数据库，作为企业资质年检、申报和晋升的重要依据之一。开展装饰装修资质就位工作。年内，全市装饰装修资质就位企业81家，其中，一级施工企业4家，甲级设计企业2家。举办项目经理培训班2期，培训项目经理350人，为210人办理初级、中级专业技术资格证书。至年底，全市有装饰装修企业81家，承接装饰装修工程210个，完成装饰装修工程196个，创产值2.8亿元，利税5600万元。

【两项装饰工程获“全国建筑工程装饰奖”】　年内，全市装饰装修行业按照中国建筑装饰协会的部署申报“全国建筑工程装饰奖”，经山东省建工局和全国建筑工程奖专家小组复查，山东精英装饰有限公司承建的莱芜市电信局第二枢纽大楼、鲁润装饰装璜有限责任公司承建的普照小区家装工程荣获“全国建筑工程装饰奖”，获奖总数位居全省第二，填补了全市建筑装饰装修业国家级奖项的空白。　(孙凤军)

环境保护

【概况】　2002年，全市有环境保护管理机构23个，干部职工459人，其中行政编制88人。泰安市环保局有干部职工106人，其中局机关工作人员25人。

年内，全市各级环保部门以改善环境质量为目的，以结构调整为主线，以实施环境目标责任制为总抓手，坚持污染防治与生态保护并重，加大环保执法力度，开展严查环境违法行为专项行动，加强环保宣传、科研、监测等基础能力建设，环保各项工作取得新的进展。全市查处各类环境违法案件63起，罚款37.33万元；审批有污染的建设项目36个，全部进行了环境影响评价；对9个建成投产的项目进行了“三同时”(治污设施与主体工程同时设计、同时施工、同时投产使用)验收。全年征收排污费1762.6万元，其中市局征收297.6万元。加强城市环境综合整治，泰城生活垃圾无害化处理率达99.17%，绿化覆盖率达到33.07%。年底，泰安市城市环境综合整治定量考核综合得分74.91分。继续组织开展“六·五”世界环境日纪念活动和“泰汶环保世纪行”活动，举办了“为了碧水蓝天—纪念人类环境会议召开30周年全市环保成就图片展”。以“绿色学校”为载体，继续推动大中小学的环境教育。有12所学校通过市级“绿色学校”的检查验收，有2名教师的教案(课件)分别获全国绿色学校环境教育教案和多媒体课件大赛一、二等奖，4名同学在国家环保总局、教育部、全国少工委举办的“争当环境小卫士活动”中获环境小卫士称号。年内处理环境信访898起，处理率达95%以上；办理人大政协建议提案50件，市局被市政协评为“政协提案优秀承办单位”。

全市用于污染治理的资金4.19亿元，每日新增污水处理能力2.0万吨，每小时新增废气处理能力48.9万标立方米。累计建成各类污染治理设施1025套，其中废水处理设施217套，废气治理设施808套。工业废水排放达标率97.48%，烟尘去除量83.0万吨，回收各种粉尘10.21万吨。工业固体废弃物综合利用量540.99万吨，利用率84.88%。全年利用“三废”生产产品产值6.2亿元。

【泰城环境质量分析】　水质状况　通过对重点废水污染源进行治理，全市水质状况有所好转。泰城自来水水井、饮用水水源地水质符合饮用水卫生标准，饮用水源水质达标率为100%。

大气状况　泰城大气环境状况比上年有所好转，全年空气污染指数69，首要污染物为可吸入颗粒物(PM_{10})。二氧化硫(SO_2)、可吸入颗粒物(PM_{10})、二氧化氮(NO_2)年日平均值分别为0.044 mg/m^3、0.088mg/m^3和0.033mg/m^3，硫酸盐化速率全年均值0.31SO_3 $mg/100cm^2$；降水PH值全年均值6.63，未出现酸雨。环境空气质量达到了国家二级标准要求。

噪声状况　泰城区域环境噪声昼间等效声级均值为53.9分贝，夜间等效声级均值为48.0分贝，交通干线噪声等效声级均值为69.4分贝。

【年度环境目标责任制通过验收】　市县两级政府认真实施2001～2002年度环境目标责任制，共完成责任书指标项目255项，实现环保投资18.79亿元。2002年12月5日，市长环境目标责任书通过省政府考核验收；12月底，市政府组织对各县市区长环境目标责任制工作进行了考核验收。市长责任书共分5大类、42项指标，具体完成情况是：(1)5项环境质量指标，除河流断面水质控制指标外，其余均达到考核要求。泰城环境空气质量达到国家二级标准，黄前水库、旧县2个集中饮用水源地水质达标率100%，城市地表水质达标率100%，城市区域环境噪声达到相应的功能区标准。(2)15项污染控制指标全部完成。一是完成COD、二氧化硫、工业粉尘等7项总量控制指标，工业固体废物实现零排放。二是实施污染治理设施再提高和污染物全面达标工程，巩固治污达标成果。至年底，共投入资金4700多万元，18家实施再提高工程的企业完成治理任务，75家企业实现污染物全面达标排放。三是完成肥城市造纸厂等4家造纸企业草浆生产线的关停工作，削减COD年排放量4.3万吨。四是加强烟尘控制区建设。对已建成的39.5平方公里的烟尘控制区进行了复查复测，2002年新建19.3平方公里的烟尘控制区，并通过省环保局验收，泰城烟尘控制区覆盖率100%。五是加强机动车尾气污染防治，2002年汽车尾气达标率为81.27%。(3)6项生态保护和生态建设指标全部完成。组织开展全市生态环境现状调查，市及各县市区均编制了生态保护规划并经市、县两级政府批准实施。建立腊山市级自然保护区，占地面积28.67平方公里，全市自然保护区及森林公园总面积347.11平方公里，自然保护区覆盖率为4.47%；编制《东平湖生态功能保护区建设规划》，确定到2005年建成东平湖生态功能保护区；岱岳区下港乡、良庄镇建成生态农业示范区并通过验收；完成肥城市边院镇有机蔬菜基地扩建，全市有8种产品获有机蔬菜认证，有机蔬菜种植面积达到0.33万公顷；开展以绿化为主的城市生态环境建设，城市绿化覆盖率达33.09%。(4)5项城市建设指标全部完成。一是城市污水处理厂建设。泰安市污水处理厂增容扩建工程建成投入运行，泰城污水日处理能力达8万吨；肥城市污水处理厂于2002年4月中旬开工建设，到年底已完成土建工程；宁阳县污水处理厂于11月份开始主体工程施工；东平县污水处理厂完成初步设计。二是投资9785万元，建成聊城—泰安天然气输气干线工程，大力发展热电联产工程。泰城气化率、集中供热率、生活垃圾无害化处理率分别达到98.08%、48.67%、99.64%。(5)11项环境管理指标全部完成。一是强化建设项目环境管理。严格执行“环境影响评价制度”和“三同时”制度（治污设施与主体工程同时设计、同时施工、同时投产使用制度）。2001、2002年共审批有污染的建设项目72个，对29个建成投产项目进行了验收，拒批不符合产业政策的建设项目17个，环境影响评价执行率和“三同时”执行率均为100%。二是加大排污收费工作力度。2001、2002年共征收排污费3501.32万元，其中2002年全市征收排污费1762.62万元。三是做好环境信访工作。全面开通“12369”环保举报热线，实行有奖举报和领导接访日制度，2001、2002年共处理环境信访2000余件。

【严查环境违法行为专项行动】　为认真贯彻全国、全省严查环境违法行为、遏制污染反弹专项行动会议精神，5月底至9月底，全市环保部门开展严查环境违法行为专项行动。严查的重点为社会反映强烈的问题、边界污染问题、易发生污染纠纷和污染事故的行业企业、建设项目环境管理、化学危险废物和辐射源的环境管理、城市炉窑烟尘排放超标的问题、噪声扰民等7个方面问题。全市共出动检查人员2334人次，检查企业1442个次，查处违法行为36起，其中市环保局集中开展执法检查活动4项，检查单位150余个，查处违法行为15起。一是开展建设项目环境保护执法检查，抽查建设项目36个，对9个未批先建、未执行“三同时”的建设项目提出整改要求。二是与市建设局联合下发《关于加强中高考期间建筑施工噪声管理的通告》，公布举报电话，实行夜间值班制度，加强现场巡查和抽查，加强中高考期间的噪声管理，给考生和市民创造一个安静的环境。三是开展2次集中暗查活动，以水污染防治设施运行管理和泰城烟尘控制为重点，检查单位72个，查出有问题的单位34个，其中市环保局直接处罚9个、责令县市区处罚11个、限期整改14个。四是开展排污收费执法检查。催交排污费100余万元。

【开展“绿色社区”创建活动】　年内，市文明办、市环保局首次在全市开展“绿色社区”创建活动。“绿色社区”的基本条件是：有健全的环境管理和监督体系；定期组织居民参与各类环境保护活动，逐步形成“保护环境、人人有责”的公众参与机制；社区居民具有较高的环境意识，逐步将保护环境、合理利用与节约各种资源的意识渗透到日常生活之中；倡导符合绿色文明的生活习惯、消费观念和环境价值观念，社区居民初步养成可持续消费的观念；社区环境整洁、优美、清静，各污染源都已治理，并达到国家和地方规定的排放标准等。“绿色社区”每两年评选一次，每四年复查一次，凡达不到标准的，将予以摘牌。至年底，泰山区岱西社区、乐园小区、迎暄社区、利民社区，新泰市平阳社区，肥城市河西社区等6个社区被评为首批市级“绿色社区”。

【环境管理基础设施和基础能力建设】

年内，完成泰城环境空气质量自动监测系统建设，5月20日开始向国家环境保护监测总站上报数据，并于11月27日通过国家环保局验收。市环境监测站具备了开展室内环境监测的资质，室内环境空气监测逐步展开。建立《泰安环境》网站，并制作完成泰安市水环境功能区管理信息系统。年内，为14家重点企业、2家城市污水处理厂安装自动监控装置；组织4家企业开展ISO14000环境管理体系认证、2家企业开展清洁生产审计、1家企业开展环境标志产品认证。深入开展调研活动，2001年撰写的《坚持可持续发展战略建设现代化园林旅游城市—泰安市城市环境保护现状及对策》、《南水北调东线水质保证工程稻屯洼氧化塘建设可行性分析》评为全省环保系统优秀调研报告。实施政府提速工程，环保审批事项由30项精简为6项，环境影响报告书、报告表、登记表的审批时限由法定的60日、30日、15日分别缩短为20日、10日、5日，提高了环保行政效能和服务水平。

（魏云芹）

编辑·校对　安　丽

交通·邮电

铁　路

【概况】2002年，境内有铁路4条，营运里程219.05公里，站点26个。其中，京沪线北起界首入境，南到宁阳县南驿站前石桥村出境，营运里程58.51公里，站点10个；泰肥支线西起肥城湖屯站，东至泰山站，营运里程49.34公里，站点5个；磁博支线西起磁窑站，东至新泰北师店站出境，营运里程84公里，站点4个；辛泰支线西起泰山站，东至范镇站出境，营运里程27.2公里，站点7个。

泰安车务段　泰安车务段地处京沪干线中段，所辖除京沪线泰安至济南南干线之外，还有泰安至湖屯和泰安至莱芜西两条支线（境内磁博支线归兖州车务段管辖），其间有22个车站，其中二等车站1个、三等车站4个，承担着山东水泥厂、肥城矿业集团、石横电厂、张家洼矿产公司、济南石油公司、济南机床厂等省内大中型企业的物资运输及进出泰安的旅客发送、到达服务等工作，职工1712人。年内装车9.12万辆，完成计划的103%；货物发送完成555万吨，完成计划的105%；完成运输进款2.74亿元，完成计划的103%。至年底，实现连续安全生产1697天，劳动安全3147天，被铁道部授予安全优质车务段称号。5月，泰山站客运服务房被授予国家级青年文明号。

泰安工务段　该段有干部职工1562人，担负着京沪（泰安至济南南干线）、磁东、辛泰、泰肥749.01公里线路、708组道岔、1454座桥隧涵（含正线、站线）的养护维修和27处道口的看守任务。年内，该段推进企业改革，完善出台《质量联动经营管理责任制》等配套办法，优化考核分配机制；实现全段微机联网，提高管理的科技含量；开展自管自控型班组创建活动，提高班组管理水平；狠抓科技进步，在全局率先推出科技周活动，展示科技攻关成果；坚持“修养并重、预防为主、防治结合”的原则，加强对线路、设备的维修与养护，被济南铁路局评为工务系统标杆工务段。至年底，实现连续安全生产4000天，并连续14年被评为省级文明单位。

【泰山站开通2147次至上海的始发车】7月26日，泰山—上海西2147次列车开通。该列车为新型双层客车，在泰山站的开车时间为16：18，次日早6：13到达上海西，沿途停靠徐州、南京、无锡、苏州等18个车站。伴随此次列车的开行，泰山—徐州间加开L507次，开车时间为23：15，次日早3：00到达徐州；徐州—泰山间加开L508次，到达泰山时间为14：02。

（王玉建　丛洪军）

公　路

【概况】　2002年，市交通局机关完成机构改革，设6个职能科室及纪委、工会、团委和8个事业处（队、站）办。市交通技工学校更名为市交通培训中心，市交通局辖市公路局、市交通培训中心、市机动车辆检测中心3个事业单位和泰安汽车运输总公司、泰安市第二运输公司、泰山交通发展有限公司3个企业单位。全系统有职工9549人。年内，全市交通系统加快路网建设与改造，强化行业管理，交通行业取得较快发展。

公路建设　年内，全市公路通车里程4350.5公里，分别比1997年和2001年增加1553.7公里、54.3公里，其中，国道289.8公里、省道845.7公里、县乡公路3182.6公里、专用路32.4公里。公路密度56.1公里/百平方公里。二级以上公路1257.1公里，其中高速公路208.4公里。村村通油路的乡镇40个，通公路的行政村达98.5%，通油路的行政村达87%。全年全系统完成固定资产投资11.47亿元，其中公路建设投资11.14亿元，分别比1997年和2001年增长159.1%、−5.6%。公路建设中，莱（芜）新（泰）高速公路新泰段完成投资4.35亿元，9月竣工通车；泰（安）肥（城）一级公路完成投资1.01亿元，10月竣工通车；路网改造完成投资3.26亿元，完成104国道泰（安）曲（阜）段、蒙（阴）馆（陶）路谷里至磁窑段、京沪高速公路泰（安）化（马湾）段、明（水）泰（安）线、枣（园）徐（州）线等大修改建工程，肥（城）梁（山）线、新（泰）枣（庄）线年内开工，分别完成投资1085万元、594万元；县乡村道路建设完成投资2.51亿元，新建改建323公里，其中泰（安）楼（德）公路旧县大桥竣工；公路绿化全年完成投资213万元，新增绿化里程29.2公里。狠抓运输场站建设，由市第二汽车运输公司修建的高速公路客货场站已基本建成，市交通局承建的中国高速公路万公里纪念塔于年内竣工。年内，市交通局被省人事厅、省交通厅评为“全省市市

2002年泰安市交通运输情况表

项目 单位	客运				货运			
	客运量（万人）		客运周转量（万人公里）		货运量（万吨）		货运周转量（万吨公里）	
	累计	比上年±%	累计	比上年±%	累计	比上年±%	累计	比上年±%
合计	2589	4.1	172464	5.7	4279	2.6	212154	3.6
市直	979	4.8	87687	5.7	444	3.5	26737	－4.8
市汽运总公司	723	6.6	76246	3.5	26	8.3	3250	6.4
泰安二运公司	45	18.4	3259	20.0	21	16.7	2502	18.0
泰山区交通局	220	1.9	12020	8.6	158	11.3	13173	10.8
岱岳区交通局	—	—	—	—	902	1.1	28680	2.3
新泰市交通局	632	9.7	39694	10.3	822	4.6	44129	7.0
肥城市交通局	367	－1.1	16570	－0.8	1030	0.3	46714	7.8
宁阳县交通局	142	4.4	5745	14.0	180	3.4	9615	3.4
东平县交通局	249	－1.6	10748	－6.0	743	3.1	43106	0.4
水运公司	—	—	—	—	6	－25.0	3496	－34.7

通高速公路先进单位”。

交通运输　年内，全市拥有营业性汽车2.43万辆，分别比1997年和2001年增长83.7%、6.75%，其中，客车4111辆，货车2.03万辆。在京杭运河营运的船舶120艘，载重吨位1.14万吨。全市公路客运营运线路559条，营运里程9.2万公里。全市累计完成营业性客运量2589万人、旅客周转量17.2亿人公里，分别比上年增长4.1%和5.7%；完成营业性货运量4279万吨、货物周转量21.2亿吨公里，分别比上年增长2.6%和3.6%。全市完成综合换算周转量22.9亿吨公里，比上年增长3.7%。全市交通企业实现营业总收入1.5亿元。年内，市直两家运输企业多渠道融资1585万元，更新中高档客货车98辆，市直交通企业实现营业总收入1.09亿元，比上年增长62.7%。泰安汽车运输总公司通过机构改革和股份制改造，减少管理人员240人，减幅37%；募集股金2600多万元，职工持股率达97.2%。

行业管理　①交通执法规范化建设。年内，结合政府提速工程，清理行政审批事项和规范性文件，原63项行政审批项目取消23项、变更4项、合并7项，精简幅度达53.9%；对交通执法权限、范围、程序、罚缴分离制度、交通法律法规等贯彻执行情况进行专项检查，对规费征收、运政管理情况进行专题调研，建立了与新闻单位、交通业户代表、义务监督员的定期联系制度；开展以《山东省水路交通管理条例》、《危险化学品安全管理条例》为重点的法律法规宣传，依法行政意识和依法行政水平有了新的提高，杜绝公路“三乱”和行政执法错案的发生。②公路水路客货运输市场秩序及运输安全治理整顿。年内，加大运政执法力度，严肃查处道路运输市场无经营资格的“黑车”、无证照违规经营及维修配件市场非法经营等行为；集中开展超载、危险化学品货物运输和货物配载市场、旅游客运市场的专项治理；制定《安全生产管理考评方法暂行规定》和《安全生产管理检查暂行办法》，推行安全生产管理评价，组织水上运输安全管理年等活动，道路水路运输市场秩序明显好转。全年检查各类车辆25.9万辆次，查处各类违章车辆9.2万辆次，补缴各项交通规费1583万元，查处非法经营客运出租车45辆次、客运线路“黑车”32辆次，依法取缔东平湖“三无”（无船舶证书、无船名船号、无船籍港）船舶7艘。全市交通责任事故频率、死亡人数、责任受伤频率、经济损失率，分别比上年下降12%、100%、28.6%、82.6%；东平湖水运旅游、沿黄各浮桥无交通事故发生，被省交通厅、市政府分别评为“安全生产工作先进单位”。③交通规费征收。在全市范围内推行交通规费征收目标责任制，规范道路稽查，依法严惩偷、逃、漏缴规费行为，确保应征不漏。年内，征收各项交通规费比上年增长8.5%；代征车购税7342.3万元，比上年增长11.5%。④泰城客运出租车第二批更新换型。年内，泰城485辆“面的”客运出租汽车集中更新换型为桑塔纳、富康等轿车，全市累计更新车辆近900辆，占更新计划的85%。⑤路政管理。年内，全市公路巡查里程145万公里，查处路政案件12022起，结案12022起，结案率100%；拆除违章建筑1287平方米，清除污物2.94万立方米，清理非公路标志牌5150块，收取路赔费459.2万元，保障了公路的完好畅通。⑥车辆技术管理及驾驶员培训。市机动车辆检测中心全年检测车辆1.6万辆次，比上年增长14.3%；营运驾驶员上岗培训52期、6156人，考试合格率达98%。⑦交通精神文明建设。深入开展党风廉政警示教育和“机关作风建设年”活动，实行社会公开承诺服务和首问首接负责制。深入开展文明行业创建工作，年内，肥城市、东平县、宁阳县交通局通过全省交通系统文明行业复查，泰山区交通行业被省交通厅评为“全省交通系统县级文明交通行业”，泰安汽车站、京沪高速公路泰安东收费站被省交通厅评为“全省交通系统文明建设先进单位”。

【蒙（阴）馆（陶）路泰安段改建工程全线贯通】　省道主干线蒙（阴）馆（陶）路泰安段全长118.5公里，穿越新泰、宁阳两市县16个乡（镇、办事处）。1999年开工建设，先后改建了新泰至谷里段、宁阳至磁窑段、谷里至磁窑段，2002年7月竣工通车。至此，全市境内东西方向最长的主干线蒙（阴）馆（陶）路泰安段历时4年全线合龙。该路按二级路标准改建，累计完成投资2亿多元。

【莱（芜）新（泰）高速公路泰安段竣工通车】　莱（芜）新（泰）高速公路泰安段全长27.6公里，2000年9月开工建设，2002年9月竣工通车，累计完成投资7.93亿元，实现了泰（安）莱（芜）高速公路与京沪高速公路的连接。

【104国道泰安段改建工程全部完成】
104国道泰安段全长55.13公里，2001年投资2.5亿元，完成石化饭店至长清界首段9.8公里改造。年内，完成石化饭店至河北大桥段即长城路改建工程，该路全长13.06公里，宽101米，工程概算投资近3.2亿元，成为目前全市标准最高的一条城市景观大道（详见《建设·环保》）。6月，省交通厅、山东基建股份有限公司投资1.36亿元，将104国道洪沟收费站南迁，并改建河北大桥至曲阜段，该路全长32.27公里，路面宽23米，10月竣工通车。104国道泰安段改建工程完工后，形成连接济南、泰安、曲阜三地新的“黄金通道”。

【泰（安）肥（城）一级公路竣工通车】
泰（安）肥（城）一级公路为泰安至肥城的新建公路，位于原泰肥路的南部。该路东接泰山立交桥，西至肥城市城区南济兖路，是省道014线的重要组成部分，全长23.26公里。2001年4月开工建设，2002年10月竣工通车，累计完成投资2.24亿元。该路的建成通车标志着全市以泰城为中心、环城高速公路为枢纽、五条放射状高等级公路与普通干线有机结合的现代化公路网基本建成。　（李　忠　陈连明）

邮　政

【概况】　年末，市邮政系统辖泰安、新泰、肥城、宁阳、东平5个邮政企业，设有服务网点145处，在职职工919人。市局下设20个部室、分局、公司、中心，设有独立的工会组织。全市有邮路23条，总长2394公里(单程)，邮政专用汽车127辆。年内，市邮政局设备中心获全国邮政系统先进集体和省级青年文明号称号，岱岳区山口支局获全省邮政优质服务“十佳”支局称号。

年内，全市邮政业务总量完成1.31亿元，邮政业务收入完成1.08亿元，比1997年分别增长213%和79.9%，比2001年分别增长7.4%和－1.8%。其中，市局完成邮政业务总量5862万元，邮政业务收入4742万元，比上年分别增长15.8%和1.62%；新泰市邮政局完成邮政业务总量2408万元，邮政业务收入1985万元，比上年分别增长－3.0%和－11.5%；肥城市邮政局完成邮政业务总量2117万元，邮政业务收入1665万元，比上年分别增长1.2%和－12.47%；宁阳县邮政局完成邮政业务总量1407万元，邮政业务收入1181万元，比上年分别增长7.8%和5.45%；东平县邮政局完成邮政业务总量1301万元，邮政业务收入1227万元，比上年分别增长7.3%和12.46%。

服务设施建设　绿卡工程是市邮政局对金融计算机网络系统进行的技术改造工程，1997年10月开始建设，2002年通过省邮政局终验，并实现银联卡联网，邮政绿卡已能在其他联网银行的ATM、POS机上使用。年内，还制作、发放了大学生卡。电子汇兑网点建设加快，利用邮政储蓄计算机切屏方式新开通6个网点，全市联网网点达20个。中间业务平台功能进一步完善，加载了代收电信、代收联通话费业务，电子汇兑次日到帐。“185”邮政热线和邮政在线功能进一步增强，开发了代售门票和机票业务。

生产经营　全市邮政系统不断拓宽经营思路，积极开拓市场，年内，完成函件2903万件，比上年增长22%；包件21.6万件，同比增长3.3%；特快专递23.63万件，同比增长15.7%；报刊发行业务收入1337.2万元，同比增长0.98%；邮政储蓄余额28.27亿元，比上年底净增5.77亿元；集邮收入549万元；成立物流配送信息中心，物流业务收入100.1万元；代办业务收入76.5万元；发行《中邮专送广告》232期、493万份。户外广告、代办电信业务取得新进展，所辖新泰、肥城、东平邮政局户外广告业务收入近100万元，代理手机放号4727部，代销电话卡4126张。

企业管理　一是推进人事制度改革。在全省率先对县市局领导班子实行竞争上岗，市局中层干部由57人减至44人，平均年龄下降3.72岁，大专以上学历比重由80.7%提高到93.18%。组织管理人员基础知识考试和生产、服务人员技能鉴定考试，加强对干部职工的考核。压缩成本，减少不合理开支，年内成本开支比上年下降3.83%。二是落实以邮件、资金、规格时限、服务为重点的管控岗位职责。全市视检人员出检1100天次，检查投递段道827条，全市特快投递反馈率为97%，邮件规格合格率为98.6%，时限准时率为100%。三是以资金安全为重点，开展储蓄业务会审和电子汇兑会计检查等。全年封发总包177万袋，接发邮件210万袋(件)，邮运车辆行驶55万公里，未发生邮件积压、延误、丢失损毁及重大行车事故。机要通信继续保持质量全红。

(王　戈　陈希兵)

通　信

【概况】　2002年，全市完成电信业务总量4.4亿元，增长12.9%；长途业务电路10.1万路，净增2.9万路；程控交换机容量101.2万门，净增14.1万门；固定电话用户78.8万户，新增15.7万户，主线普及率14.5线/百人，增加2.6线；上网用户13.1万户，增加3.6万户；宽带网用户4393户，增长2.6倍。全年完成移动业务收入3.9亿元，比上年增长13.9%，移动电话用户50.3万户，增长43.3%。

【泰安市通信公司】　根据国务院电信企业重组改革的精神，11月22日，山东省电信公司泰安市分公司在业务、资产不变的情况下更名为山东省通信公司泰安市分公司。年内，泰安鲁通有限公司各县市区分支机构撤销并入通信公司。新成立的山东省通信公司泰安市分公司，下设24个职能、生产部室，辖新泰、肥城、宁阳、东平4个分公司。年末有职工1414人，其中在职职工798人。

年内，新增电话用户15万户，累计达77.7万户。电话主线普及率14.38线/百人，比年初增加2.55线/百人。网络接通率平均为95.89%，呼叫到达率97.37%，电路可用率99.98%。注册互联网用户累计达5.04万户，连同非注册用户、宽带用户累计达9.01万户。长途和本地网无任何重大通信阻断事故发生，全面完成省公司各项考核指标。

通信建设　年内，建成两个2.5G SDH环网；开通第二枢纽关口局和徐家楼关口局；建设长城路管道并投入使用；完成小灵通一期工程，总容量达5万线；进行了160/168电子商务扩容、ATM三期扩容和宽带IP扩容；建成NO.7信令网监测及网管系统、电话卡业务网管系统并投入使用。至年底，交换设备总容量超过100万门。

管理服务　全面推行定岗定编、竞争上岗和薪酬制度改革，精减员工366人，减员幅度达16%，公司中层干部通过竞聘走上工作岗位。完成办公自动化系统一期、二期工程建设，公文、信息、档案管理等实现电子化。坚持以服务促发展、以提高用户满意度为目的，继续推行规范化、标准化服务，打造泰安通信新品牌。开展“诚信服务，阳光行动”等一系列活动，落实“首问负责制”，有效解决了服务中存在的推诿扯皮等问题；建成客户服务系统，进一步理顺重点客户服务流程，业务受理及装移修时限大幅度缩短。年内，市通信公司被评为全省创建文明行业工作先进单位，肥城分公司被评为省级文明单位。

【开通无线市话“小灵通”】　无线市话又名“小灵通”，是一种新型的无线通信业务。采用先进的微蜂窝技术，以无线方式接入固定电话网，使电话在无线网络覆盖的范围内，随时随地拨打国内和国际电话、寻呼、移动电话，是市内电话的延伸和补充，其收费标准与固定电话相同。年初建成放号，一期工程容量5万线，覆盖泰城城区、泰山风景区及附近多个乡镇，覆盖面积近100平方公里。

(张灿勇)

【泰安鲁通有限公司】　2002年，该公司按照上级的统一部署，撤销县市区分支机构。公司设15个部室、分公司，职工155人，其中在职职工121人。年内，加强企业管理，注重市场营销，全年实现业务收入1.01亿元，利润800万元。(1)巩固主业市场。年内，公司主业市场承揽率达100%，其中，设计院完成规划设计项目355项；工程公司完成工程410项，总工时52万个，经营收入2870万元；通信器材厂实现产值1204万元。(2)拓展外部市场。工程公司先后赴临沂、杭州等地洽谈业务，承接了临沂C3本地网杆路整治工程。(3)提高员工素质。全年引进工程设计、施工、物业管理、工业生产人员70名，改善人才结构；开展业务技术比武活动，72名业务技术能手在铜缆接续封焊、光缆光纤熔接及接头封闭、光缆断点测试等8个项目上展开角逐，在公司内部形成全员竞争、全员学习的良好氛围。(4)改进管理手段。工程公司进行了ISO9001:2000的认证工作,健全各项规章制度及岗位责任制,规范原有作业流程,建立有效的质量管理体系架构,逐步形成了行政、技术、安全"三线管理"的管理模式。(卢桂峰)

【山东移动通信泰安分公司】 该公司是隶属于山东移动通信有限责任公司的国有移动通信境外上市企业,主要经营移动电话业务、数据业务及其相关的信息服务、技术服务。公司下设综合部、财务部、人力资源部、市场部、网络部、营销中心6个部室,辖新泰、肥城、宁阳、东平4个分公司。职工409人,其中在职职工330人。年内,该公司被评为省级文明单位,所辖4个县市分公司均被评为市级文明单位。

通信建设 年内完成GSM九期扩容工程,新建基站66个,扩容改型基站17个,新增载频440个,规模容量达80万户。用直放站设备解决了新开通的泰肥一级公路沿线及黄前镇政府等区域的信号覆盖问题;建成市到县的本地骨干传输网;各县市分公司相继完成大建筑物的网络室内分布系统建设。至年底,公司在网用户达40万户,通信网络实现全市"村村覆盖"和高速公路、铁路的无缝覆盖。

服务网络建设 年内,在全市各乡镇设立70处移动通信营业厅,为客户提供入网、收费、话费查询等服务。发展城市营销网络,拥有代理商400多个,收费网点遍布城乡各个角落,方便了用户办理业务。与市委宣传部举办"中国移动情"千部影片进村活动,在全市农村放映520场次,繁荣了农民文化生活,树立了良好的企业形象。

客户服务 在设立1860客户服务中心、提供1861免费话费查询服务的基础上,积极拓展服务范围,相继推出12591自动全球呼服务、12580移动秘书服务、手机杂志、移动梦网、彩信、GPS卫星定位、IP直通车以及互联网电话一号通(ONLY—U)等业务。2002年在香港咨询MDR公司的调查中,泰安移动通信分公司客户整体满意度达80%,客户满意率、综合服务考评均名列全省前列。(刘艳)

【中国联通泰安分公司】 该公司是中国联通有限公司在泰安设立的分支机构,主要有移动通信网、数据与固定通信网、无线寻呼网、互联网四大业务网和传输网、计费信息网两大基础网,主要经营移动通信GSM业务、CDMA业务、国际国内长途通信业务、IP电话业务、无线寻呼业务、互联网业务以及技术咨询和服务等。公司辖新泰、肥城、宁阳、东平4个经营部,下设综合部、计划财务部、人力资源部、市场部等10个部门,在岗职工129人。年内,肥城、新泰等县市经营部办公营业新址建成开业,同时新建石横镇、楼德镇、磁窑镇等乡镇营业厅10处。年内,泰安联通公司被评为山东省第四届省级消费者满意单位、山东省青年文明号、市级文明单位等荣誉称号。

GSM网络建设 年内,完成GSM七期工程建设,新建基站39个,新增载频169个,无线用户容量20.5万户,在网用户11.5万户。乡镇有效覆盖率达100%,地域面积覆盖率达95%以上,人口覆盖率达99%以上。

CDMA网络建设 年内,新建基站91个、直放站45个。至年底,泰安联通CDMA二期工程顺利割接,交换容量达10.5万门(承载泰安、莱芜、荷泽、济宁4个业务区),无线用户容量10万户,在网用户1.8万户。

数据互联网工程建设 完成互联网宽带接入工程光缆线路铺设25公里,互联网业务接入基站26个。年底,165网上注册3.36万户。会议电视业务网一期工程泰安节点于7月开始建设,11月底竣工。该系统可提供会议电视、远程教学、远程医疗等视频服务,通达全国所有的直辖市和省会城市,整个联通会议电视网络能支持同时召开300组多方会议,注册会议电视终端可达2万个。

营销渠道建设 ①实施"千百万工程",发展营业厅、代理商,建设客户经理队伍。建立泰安联通客户直销体系,并借助"青年文明号与下岗青工一助一"活动的开展,与团市委、劳动部门合作,吸收下岗失业人员加入联通客户经理队伍,实现再就业。至年底,客户经理队伍总数达4800人,其中专职客户经理600余人。②发展代理渠道。年内,筛选规模较大、业绩较好的17家代理商作为联通综合业务代理商,专营联通综合业务。开展"代理商优质服务月"活动,采用灵活多样的销售方式,建立CDMA绿色通道,成立CDMA手机配送中心,激发了代理商销售CDMA的积极性。(陈海燕)

【铁通泰安分公司】 该公司是于2001年4月26日由原济南铁路分局兖州电务段泰岳通信公司整体划转成立的一家新的电信运营公司,隶属于中国铁道通信信息有限责任公司山东分公司。11月,与电信公司、移动公司、联通公司签订过渡互联协议,并正式放号经营。公司拥有固定资产1.72亿元,下设人事劳动部、市场部、技术部、建设部、财务部、综合部、网络部、寻呼部等部室。职工288人,其中在职职工262人。2002年,公司加强与联通、广播电视、移动等电信运营商的合作,自建、合建城域网管道22.62KM、租赁5.5KM;自建、合建本地网管道22.5KM,建设模块局8个。至年底,网络已覆盖泰城城区面积的36%;发展固定电话用户1.33万户,有人值守公话897部,建设IC公话亭117个;发展互联网拨号上网用户355户、宽带网用户304户、专网用户8户。年内实现电信收入600万元。(张俊峰)

编辑·校对 安 丽

国内贸易

消费品市场综述

【概况】 年内，全市社会消费品零售总额为162.03亿元，比1997年和2001年分别增长51.03%和11.2%，其中，批发零售贸易零售额103.06亿元，餐饮业零售额14.36亿元，制造业零售额14.50亿元，其他零售额30.11亿元，分别比上年增长12.8%、14.8%、2.6%和8.4%。按经济类型分，国有经济零售额27.32亿元，个体私营经济零售额85.47亿元，其他经济零售额49.24亿元，分别比上年增长17.5%、11.8%和6.9%。全年城乡集贸市场达到499个，比1997年和上年分别增长6.6%和0.6%，其中，消费品市场478个，生产资料市场21个；城市市场73个，农村市场426个。全市集贸市场商品成交额170.15亿元，其中城市市场46.62亿元，农村市场123.53亿元，分别比上年下降28.6%和2.7%，分别比1997年下降18.4%和增长70.6%。全市亿元以上商品交易市场实现成交额53.21亿元，比上年下降20.2%，占全市商品交易市场成交额的31.3%，比上年减少3.4个百分点。市场物价基本稳定。市区零售价格指数和居民消费价格指数分别为98.4%、99.1%，分别比上年降低0.8%、1.7%。

年内，在国家扩大内需政策的积极影响下，消费品市场呈现旺销态势，社会消费品零售额实现较快增长，成为内需强有力的支撑点。①市场销售逐步趋旺，季度消费品零售额分别完成38.29亿元、39.33亿元、40.46亿元和43.95亿元，分别比上年增长9.7%、11%、11.4%和12.4%。②城镇、农村增长同步。在国家各项扩大内需政策、措施综合作用下，全市城乡市场活跃程度均有较大提高，年末，社会消费品零售总额实现城镇、农村增长基本同步。全市城镇、农村分别完成消费品零售额106.84亿元和55.39亿元，比上年分别增长11.5%和11.1%，增幅分别提高3.2个和2.9个百分点。③批零贸易业增长速度加快。全市批零贸易企业充分发挥主渠道作用，全年完成零售额103.06亿元，比上年增长12.8%，增幅提高2.8个百分点，对社会消费品零售额增长的贡献率达72%，市场份额达63.6%，比上年提高0.9个百分点。限额以上批零贸易企业销售增势强劲，全年实现零售额20.8亿元，比上年增长23.6%。限额以上批零贸易业零售额的大幅增长，带动了整个批发零售业的增长。④餐饮市场保持畅旺。中高档次宾馆、饭店和餐饮企业，为适应市场变化，积极为不同需求层次的消费者提供周到的服务，促进餐饮业的发展。年内，全市餐饮企业实现零售额14.36亿元，比上年增长14.8%，高于全省平均水平3.6个百分点。餐饮业销售增长，拉动社会消费品零售总额增加1.3个百分点。⑤国有及国有控股单位跃上首位。为适应市场竞争需要，全市国有及国有控股单位不断加大改革力度，变中求新，取得新发展。年内，全市国有及国有控股单位实现零售额27.32亿元，比上年增长17.5%，增幅高于平均水平，市场份额得到有效扩大，比上年提高0.9个百分点。⑥各类商品销售呈增长势头。年内，从规模以上批零贸易企业商品零售情况来看，吃的商品零售额增长84.3%，其中饮料类增长64.5%，烟酒类增长80.7%；穿的商品增长37.8%，其中服装类增长63.8%，鞋帽类增长20.5%；用的商品增长12.5%，其中通讯器材类增加2.03倍，家用电器和音像制品类增长29.2%。吃、穿、用商品的比重分别为16.4%、14.3%和69.3%。⑦规模以上批零贸易企业整体效益较好。年内，全市规模以上企业不断深化改革，转换经营机制，开拓市场，扩大销售规模，采取减少费用、降低成本、开展多种经营等措施，提高市场营销能力，经济效益实现较快增长。全市规模以上批零贸易企业累计实现商品销售收入净额36.78亿元，实现利润0.36亿元。其中，批发企业实现利润总额0.27亿元，零售企业实现利润总额0.08亿元。全市规模以上批零贸易企业亏损面为23.4%，比上年减少了5.6个百分点。⑧亿元以上商品交易市场蓬勃发展。大型骨干商品交易市场的辐射范围突破行政区划限制，较好地发挥连接产需、沟通信息、深购远销、满足市场需求的重要作用，对全市商品交易市场体系发展产生重要影响。年内，全市亿元以上商品交易市场达23家，实现成交额53.21亿元，其中零售额达11.6亿元。年末，全市亿元以上商品交易市场总营业面积达65.3万平方米，出租摊位2.03万个。

消费品市场面临的不利因素：一是居民收入增长不快，消费支出多元化使购买力分流。二是居民即期消费需求较弱，储蓄对多数居民仍具有一定的刚性，消费升级的积累时间还将继续。三是市场上的消费亮点只是局部性的消费热点能支持经济增长的新的消费热点并未形成。汽车、住房消费要成为主导型消费热点，还有较大难度，缺乏充分条件。四是农民收入较低，农村消费环境较差，导致农村市场扩张乏力，发育相对滞后，对经济的拉动作用不够强。（曹燕君）

附：　关于加快我市服务业发展的研究报告（摘要）

一、发展现状

1、成就

①速度持续增长，规模不断壮大。“九五”以来，我市服务业增加值增幅一直保持在12%以上，占GDP的比重连年提高，服务业发展水平在全省的位次大幅前移。2001年全市服务业增加值达到172亿元，增长13.9%，占GDP的比重达到38.4%，超过第一产业21.9个百分点，比1996年提高6.85个百分点，在全省17市中的位次由1996年的第八位提升到第三位。

②对经济发展的贡献率提高，吸收劳动力就业的能力增强。按1990年不变价计算，2001年我市服务业对经济增长的贡献率为42.8%，拉动GDP增长5.2个百分点。据统计，1990年至2000年十年间，全市从业人员累计增加61.3万人，服务业吸收了其中的32.6万人，占新增从业人员的53.2%。2001年服务业从业人员占全社会从业人员的比例达到22.6%。

③内部结构不断优化，呈现出各业并举的良好发展态势。批发零售贸易、餐饮业、交通运输、仓储及邮电通信业、金融保险业和旅游业，都保持着良好的发展态势，2001年，批发零售贸易、餐饮业完成增加值33.59亿元，增长8.79%，占服务业增加值的19.5%；交通运输、仓储及邮电通信业，完成增加值21.86亿元，增长11.2%，占服务业增加值的12.7%；金融保险业完成增加值24.57亿元，增长10.5%，占服务业增加值的14.3%；全市共接待国内外游客510万人次，实现旅游总收入26亿元，创汇2000万美元；其他各行业门类齐全，各业并举，在经济发展中起着积极作用。

④投资力度不断加大，城市基础设施逐步完善。2001年城镇固定资产投资中第三产业投资达到39.2亿元，占城镇投资总额的53.06%。2001年底，全市城镇人口210.6万人，城市化水平达到39%，比2000年提高1个百分点。泰城城市基础设施、旅游设施、商贸流通设施、交通通讯、科技教育、文化卫生等一批重点项目投入建设或竣工使用，城市环境和容貌有了明显改善。2001年，泰城建成区面积达到57.2平方公里，人口50余万。

2、问题

“九五”以来，我市服务业虽然取得了巨大成就，但与旅游城市的功能定位相比，其发展水平仍然相对滞后，质量不高，特色不突出，不适应第一、二产业发展的需要，在一定程度上限制了经济的增长。一是服务业社会专业化、产业化进展慢，市场化程度低，缺乏快速发展的活力和动力。二是城市化水平低，服务业缺乏需求基础。三是城乡居民收入偏低，制约了服务业水平的提高。四是内部结构不合理，发展不平衡。

二、发展环境

展望“十五”及今后一个时期，加快我市服务业发展虽然存在一些困难和问题，但也面临着前所未有的发展机遇和条件。加入世贸组织，将进一步激发服务业发展的活力。国家加快发展服务业政策措施的实施，为服务业发展注入了强大动力。我市经济实力的迅速提高，为服务业的快速发展奠定了坚实基础。突出的区位和资源优势为我市服务业的快速发展创造了极为有利的条件。产业结构调整为我市服务业发展提供了更大的发展空间。

三、发展思路

按照扩大总量、优化结构、拓展领域、提高水平的要求，加快发展服务业，明显提高服务业增加值占国内生产总值和服务业从业人员占全部从业人员的比重。到“十五”末，全市服务业增加值达到280亿元，占GDP的比重达到40%，服务业从业人员占全部就业人数的比重达到32%。“十五”及今后一个时期，服务业发展要“抓好一个载体、实现三个突破、搞好五个培植”，即抓好城市化水平提高这一载体，实现旅游、商贸流通、房地产三个行业的突破，培植发展信息服务、金融保险、交通运输、社区服务、文教卫生等行业。同时加快农业服务业、科技和综合技术服务业等行业的发展。

1、抓好一个载体。搞好城市基础设施建设，增强城市吸引力。降低城市门槛，扩大城镇规模。优化生产力布局，提升壮大城市经济实力。到2005年，全市城市化水平提高到45%。

2、实现“三个突破”。大力开发旅游资源，积极拓宽旅游市场，不断扩张产业规模。到“十五”末，年接待海内外游客780万人次，旅游总收入达到70亿元，旅游总收入占GDP的比重达到10%。按照“开拓大市场、发展大贸易、搞活大流通”的要求，大力发展新型业态和现代物流业，积极培育大型流通企业，提升改造传统商业。扩大房地产消费需求，培育新的经济增长点。“十五”末，全市房地产业增加值达到34亿元，占服务业增加值的比重达到14%。

3、做好“五个培植”。信息服务业、金融保险业、交通运输业、社会服务业、文教卫生业等是我市较具活力和发展潜力的服务行业，要进一步加大培植力度，促其做大做强。到“十五”末，信息服务业增加值达到11.6亿元，占服务业增加值的比重达到4.1%。金融保险业增加值达到41亿元，占服务业增加值的比重达到14.6%。

四、发展措施

1、加快法制规划建设，营造健康有序的外部环境。加快制订和完善规范服务业市场主体和市场行为、维护市场秩序等方面的地方性法规规章，做到有章可循、有法可依。进一步加强执法队伍的建设和管理，完善执法工作程序，健全执法规章制度。积极应对WTO规则，进一步转变政府职能，认真清除服务业发展中的政策障碍，放宽市场准入，杜绝违法、违规行政行为，为服务业营造良好的发展环境。

2、采取有效措施，多渠道增加对服务业的投入。广开融资渠道，进一步放宽对民间资本和外国直接投资的产业准入，按照市场经济的运作方式，逐步形成以政府投入为引导、企业投入为主体、广泛吸引社会投资和境外投资多元化的投融资机制，实现服务业投资需求的稳步提高。

3、加强人才引进和培养，提高服务业的整体开发和管理水平。大力兴办各种相关的岗位职业培训与职业教育，造就一支具有良好职业道德、较高业务素质的服务业专业人才队伍。面向国内外高薪引进和培养造就一批旅游、金融、房地产、信息、社区服务等行业的专业人才和高级管理人才。

4、利用高新技术改造传统行业，提高服务业科技含量。要以加快服务业与高新技术的结合作为我市产业结构升级的着力点，以优势企业为依托，增加技术、人才、资金的投入，不断提高服务业的技术含量。引入新的经营方式，积极完善技术市场的建设和配置，促进科学技术在服务业中的运用，逐步提高我市服务业的服务功能和水平。

5、提高城乡居民收入，扩大服务需求。要在经济发展的同时，不断增加城乡居民收入特别是增加中低收入者的收入，扩大服务需求。

6、协调各方力量，促进服务业快速健康发展。积极应对WTO新形势，加强和改进对服务业工作的领导，加强整体规划和政策协调，防止政出多门，综合利用经济、法律和行政手段，加大工作力度，促进全市服务业持续、协调、快速发展。

（市发展计划委员会）

【全市消费品零售额综合分析】 年内，全市社会消费品零售额实现较快增长。从发展趋势上看，全市消费品零售额正逐渐进入较快发展时期。从4月份开始，零售额增长幅度连续9个月保持在10%以上，年末零售额增长达到11.2%。综合分析全市消费品零售额的增长，呈现出以下四个特点：①总量位次不变，人均增量提高。年内，全市实现消费品零售额162.03亿元，总量仍保持在全省第九位。人均消费品零售额2965元，比上年增加275元，增长10.2%。比德州、临沂、聊城分别增加4元、67元和153元。②增幅与全省差距逐渐缩小。年内，全市零售额增长11.2%，比上年提高2.9个百分点，比全省平均水平(12.2%)低1个百分点，与上年低3.1个百分点相比，差距明显缩小。③速度快于城乡居民支出。年内，全市城镇居民消费性支出增长9.7%，低于零售额增幅1.5个百分点；农村居民人均纯收入增长6%，人均生活费支出增长了0.6%，分别低于零售额增幅5.2个和10.6个百分点。④长期发展变化仍略快于全省平均水平。自进入九十年代，全市消费品零售额在经历高增长、较高增长、低增长和恢复性增长四个时期后，年内逐渐进入较快增长时期，其发展变化与全省趋势一致，总体发展水平和递增速度略快于全省平均水平。1991～2002年的11年间，全市消费品零售额增长5.14倍，全省增长4.93倍，年均递增速度分别为17.9%和17.6%。

年内，全市消费品市场有了新的起色，零售额的增长速度正在加快，但未能赶上全省平均水平，仍低于全省平均水平1个百分点。造成这种状况的原因是：①居民收入增长缓慢是抑制消费的首要因素。年内，全市市区城镇居民人均可支配收入7369元，仍低于全省16城市平均水平245元，比人均收入最高的东营市少3060元。农民人均纯收入3135元，比上年仅增长6%。增幅较年初也有所回落。居民收入增长缓慢，造成有效购买能力不足，消费乏力。②县(市、区)发展不平衡，影响整体水平提高。年内，全市消费品零售额增长幅度形成三个等级，泰山区、新泰市均增长12.1%；市直、宁阳县、肥城市、东平县分别增长11.9%和11.3%、11.1%和11.1%；岱岳区增长8.5%。岱岳区增幅最低，其中6、7月份增幅仅为1.5%和0.1%，除银座商城外，无限额以上批零贸易企业，自身增幅难以提高，对全市零售额的增长产生不良影响。③农村市场没有充分启动。年内，全市城乡市场商品的销售增幅差距依然存在，各月份城镇市场增幅均高于农村。农产品价格持续走低，农民收入增长缓慢，商品供给与需求不适应，生活基本设施薄弱，消费环境差，严重影响农村市场的发展。④消费倾向下降，储蓄倾向增强。随着住房、教育、医疗等各项改革的全面推进，居民对未来支出的预期明显增加。现行社会保障体系形成基本框架，但还很不完善。基本养老保险、失业保险、城镇职工基本医疗保险、城市居民最低生活保障都程度不同地存在着保险水平偏低，覆盖范围有限、资金短缺等问题。由此带来居民防范心理增强，即期消费倾向下降。年内城镇居民消费倾向比上年又减少3.5个百分点。同时，居民储蓄大量增加，年末全市居民储蓄存款达247.62亿元，比年初增加29.21亿元，比上年增加近6亿元。上述原因，使全市消费品零售额的增长受到一定抑制。但综观今后的发展，随着居民收入的继续提高，增加工资政策的逐步到位，仍呈逐渐加快的趋势。预计2003年，全市消费品零售额的增长速度可达到全省平均水平。

（曹燕君）

【推进全市流通现代化】 年内，全市召开推进流通现代化工作会议，对流通现代化工作进行全面部署和规划，引导鼓励流通企业，大力发展新型流通业态，加快流通现代化步伐。(1)推动企业开拓市场。肥城银宝公司成为北京市政府批准的省内首批进京销售的唯一企业。全市部分企业参加中国“三绿”工程博览会，宣传企业和产品。7月份，肥城食品公司与华商商品储备中心签订建设国家活体储备基地协议，成为山东省的四个基地之一。同时，积极争取国家储备糖和储备仓库项目。(2)推进连锁经营。永春堂药业连锁加快扩张步伐和现代化改造过程，向县市区和周边地区延伸。该企业通过了ISO9000质量标准认证，并申报GSP药品管理认证，连锁店发展到137家。(3)引进外资改造闲置营业设施。引进加拿大德通公司租赁亚细亚闲置多年的营业楼，建成良友购物广场，激活泰城零售市场。

【肉品市场监管及整治】 (1)探索肉品市场监管新模式。在泰城城区实行检疫证明、检验合格证和检疫验讫印章、检验印章的“两证两章”制度，单位和个人必须凭“两证两章”销售、运输生猪产品。对进入市场销售的肉品同时实行“肉类市场准入证”和“信誉卡”制度。所有进入市场经营肉品的业户、屠宰点，都必须持有“三证”，亮证经营，并进行

2002年泰安市社会消费品零售额情况表

单位：万元

项　目	总　计	批发零售业		餐饮业		制造业		其　他	
		合　计	比上年±%	合　计	比上年±%	合　计	比上年±%	合　计	比上年±%
市　直	130343	119721	12.8	7324	14.4	2008	－16.3	1290	－11.6
泰山区	230394	120342	16.2	20215	17.6	3940	6.1	85897	5.9
岱岳区	224424	161792	12.4	9377	18.9	14509	－14.7	38746	2.2
新泰市	347810	211361	12.5	47269	12.9	36340	11.5	52840	10.2
肥城市	342883	220000	11.9	26980	17.7	41307	3.8	54596	11.0
宁阳县	204335	120604	12.9	16862	14.2	28966	2.5	37903	12.3
东平县	140127	76752	12.4	15595	11.4	17914	2.3	29866	13.2
合　计	1620316	1030572	12.8	143622	14.8	144984	2.6	301138	8.4

2002年消费品零售额相关数据与各市比较表

地市	总人口		消费品零售额		人均零售额		居民储蓄		人均储蓄		城镇居民可支配收入		农民人均纯收入	
	万人	位次	亿元	位次	元	位次	元	位次	元	位次	元	位次	元	位次
全省合计	9082	—	3181.9	—	3517	—	5805.70	—	6393	—	7614	—	2954	—
泰安	546.41	9	162.0	9	2974	9	247.62	11	4532	12	7369	11	3135	9
济南	575.01	7	446.5	1	7806	1	643.86	3	11198	4	10094	1	3356	7
青岛	715.65	5	400.5	2	5616	3	744.94	1	10409	5	8721	5	4195	2
淄博	412.03	11	230.8	5	5612	4	414.14	5	10051	6	7856	7	3648	4
枣庄	362.25	13	105.3	11	2914	10	140.15	15	3869	15	6480	14	3097	11
东营	175.40	16	84.4	13	4834	6	240.16	12	13692	1	9144	3	3167	8
烟台	646.72	6	320.6	3	4961	5	725.02	2	11211	3	8869	4	3826	3
潍坊	847.47	3	313.5	4	3702	8	536.42	4	6330	7	7538	8	3643	5
济宁	796.77	4	208.7	7	2623	13	369.65	6	4639	10	7285	13	2973	12
威海	247.62	15	188.6	8	7622	2	314.26	8	12692	2	9390	2	4402	1
日照	277.52	14	74.9	14	2701	12	113.27	16	4082	14	7423	10	3121	10
莱芜	123.88	17	56.6	17	4574	7	71.31	17	5756	8	7425	9	3622	6
临沂	1008.45	1	216.0	6	2145	14	362.73	7	3597	16	8043	6	2602	15
德州	543.60	10	152.7	10	2818	11	254.91	9	4689	9	6394	15	2735	13
聊城	561.31	8	64.1	15	1145	16	249.86	10	4451	13	—	—	2494	16
滨洲	364.79	12	63.0	16	1732	15	166.93	14	4576	11	7373	11	2671	14
菏泽	864.45	2	94.4	12	1097	17	216.79	13	2508	17	5572	16	2298	17

2002年限额以上批发零售贸易业商品销售、库存情况表

项目	代码	计量单位	销售合计	批发	零售	年末库存
粮食	01	吨	203876	201803	2073	163386
粮食	02	千元	216000	213789	2211	—
食用植物油	03	吨	1482	1162	320	1
食用植物油	04	千元	12905	10320	2585	—
食糖	05	吨	809	—	809	16
食糖	06	千元	4261	—	4261	—
棉花	07	吨	7010	7010	—	—
棉花	08	千元	63356	63356	—	—
鞋	09	百双	11095	600	10495	3096
鞋	10	千元	75909	1056	74853	—
布	11	百米	4400	—	4400	1157
布	12	千元	9072	—	9072	—
电视机	13	台	46975	599	46376	3141
电视机	14	千元	86810	1316	85494	—
组合音响	15	台	5470	—	5470	515
组合音响	16	千元	2444	—	2444	—
摄象机	17	台	261	1	260	20
摄象机	18	千元	1807	5	1802	—
录象机	19	台	3	—	3	3
录象机	20	千元	6	—	6	—
影碟机	21	台	17556	775	16781	798
影碟机	22	千元	12710	383	12327	—
家用电冰箱	23	台	21238	5448	15790	1880
家用电冰箱	24	千元	42022	7975	34047	—
家用洗衣机	25	台	16055	—	16055	1332
家用洗衣机	26	千元	20652	—	20652	—
房间空调器	27	台	13950	18	13932	890
房间空调器	28	千元	50602	64	50538	—
微波炉	29	台	8073	4138	3935	1838
微波炉	30	千元	8670	3881	4789	—
微型计算机	31	台	429	—	429	3
微型计算机	32	千元	2001	—	2001	—
普通电话机	33	台	9193	—	9193	969
普通电话机	34	千元	1075	—	1075	—
移动电话机	35	台	5221	—	5221	36

（续表）

项 目	代 码	计量单位	销售合计	批 发	零 售	年末库存
移动电话机	36	千元	6784	—	6784	—
寻呼机	37	台	—	—	—	—
寻呼机	38	千元	—	—	—	—
化学肥料	39	吨	81174	81174	—	2429
化学农药	40	吨	952	952	—	403
化学农药	41	千元	12708	12708	—	—
农用薄膜	42	吨	32	32	—	10
农用薄膜	43	千元	219	219	—	—
煤 炭	44	吨	132653	132653	—	10715
煤 炭	45	千元	27748	27748	—	—
木 材	46	立方米	—	—	—	—
木 材	47	千元	—	—	—	—
汽 油	48	吨	99205	59644	39561	5011
汽 油	49	千元	309701	187083	122618	—
煤 油	50	吨	5434	5406	28	348
煤 油	51	千元	15530	15454	76	—
柴 油	52	吨	235495	200376	35119	9279
柴 油	53	千元	643090	545683	97407	—
钢 材	54	吨	11540	10434	1106	440
钢 材	55	千元	134193	127779	6414	—
铜	56	吨	—	—	—	—
铜	57	千元	—	—	—	—
铅	58	吨	77	77	—	35
铅	59	千元	1388	1388	—	—
水 泥	60	吨	—	—	—	—
水 泥	61	千元	—	—	—	—
汽 车	62	辆	1399	1138	795	115
其中:轿车	63	辆	711	389	322	—
其中:轿车	64	千元	88891	45375	43516	—
摩托车	65	辆	5585	—	5585	838
摩托车	66	千元	18002	—	18002	—
拖拉机	67	台	3822	3822	—	52
拖拉机	68	千元	35753	35753	—	—

备案。泰城城区统一发放信誉卡1800本、台账600本、市场登记簿6000本、消费者监督夹1850个。(2)实行定期和不定期检查，堵塞管理漏洞。年内，查获销毁病死猪肉3565公斤、劣质香肠130公斤、其他肉制品200公斤，查处私屠滥宰点2处（泰山区邱家店镇石碑村、新泰新汶办事处孙村），检查肉品经营业户2000余户，立案查处违法屠宰案件30余起，责令整改46户次，警告13户次，实行行政处罚73户次，查处欺行霸市业主13名，移交司法机关2名。(3)推行“商品信誉卡”制度。主要在农贸市场显要位置和佳肴销售门店设立消费提示卡，要求经营业户随销售肉品主动发给消费者，并提示消费者在购买时索要信誉卡。消费者发现肉品质量问题据卡投诉。(4)探索对牛羊肉市场监管的办法。在牛羊肉交易比较集中的五马市场进行试点，由市场主办单位购置肉类水分快速测定仪两台，加强了对牛羊肉市场的管理。 （朱培新）

【泰安市商贸国资公司概况】 泰安市商贸国有资产经营有限公司（以下简称商贸国资公司）设办公室、资产运营部、财务审计部，人员编制为30人，实有人员27人，有权属企业31家，比上年增加12家，分布在商业、物资、外经贸、医药、轻纺五个行业。全公司有总资产9.9亿元、总负债6.9亿元、净资产3亿元。年末有职工4656人，其中离退休人员710人。

年内，商贸国资公司围绕实现国有资产保值增值的目标，探索国有资产管理运营的途径和办法，取得成效。全公司实现销售收入7.5亿元，比上年增长16%；外经贸企业完成进出口总额4392万美元，其中完成出口2144万美元，比上年增长52.9%；对外承包劳务营业额1416万美元；外派劳务285人，年末在外人数2142人，比上年增长13.6%。全公司盈亏相抵后实现正值，与上年相比扭亏增盈408万元。全公司上缴税金3665万元，比上年增长138%，其中流转税780万元，比上年增长38.3%。

继续产权制度改革 商贸国资公司采取国有资产退出、组建新的有限公司、国有参股、破产、分立经营、终止清算等5种形式，对权属企业进行改革改制。年内，完成改制的企业有8户，进行破产企业3户，泰山饭店处在资产界定和招股募股阶段。在完成改制的8户企业中：泰山医药公司成立泰山医药有限公司，国际公司成立泰安国际经济技术合作有限公司，煤销中心组建煤业物资有限公司，奶制品厂成立天外村乳业有限公司，国贸中心筹建处分立组建恒发实业总公司，外贸食品公司职工募股组建合兴食品有限公司，外贸总公司由泰高贸易公司兼并宏泰联合发展公司组建宏华贸易公司。

重点项目建设和网点开发 年内商贸国资公司推出6个重点项目，其中，东方外贸有限公司的钻石厂改造项目总投资400万元，外方到位资金210万元，部分设备安装、调试完毕；永春堂公司新上的中药饮片加工项目，总投资300万元，设备安装、调试及人员培训等工作结束；泰山制药厂与澳大利亚客商及岱岳区有关部门合资建设新厂项目，计划投资1260万元，新厂的图纸设计、征地工作完成；奶制品厂改造项目正进行前期准备工作。年内，公司企业有开发网点5片，总投资为7080万元，总建筑面积达8.7万平方米，其中网点面积2.1万平方米。广信小区营业房建设和泰山医药公司药材站仓库的开发建设主体工程完工。恒发实业总公司东皇西邻、湖滨货栈的2片网点正在开发。

扩大生产经营规模　骨干企业加强扩销增盈，国际经济技术合作有限公司在做好外派劳务和海外企业工作的同时，抓住国家加快重点项目建设的有利时机，为安徽高速公路进口沥青6.3万吨，首次实现由代理进口向自营进口的突破，成为全国沥青业务三大供应商之一，进口额列全市进口企业第一位；东方外贸进出口公司新开辟马来西亚、南非、埃及等国际市场，扩大出口200万美元，居全市出口企业第五位；永春堂公司经营规模不断扩大，年内营业额突破5000万元。困难企业出现转机，恒发实业总公司组建“金宝放心餐桌”超市，启动东皇娱乐城经营，完成广信小区工程，与山东世贸中心合作建设“放心早餐”工程；外贸食品公司组织大蒜、苹果出口，使多年停业企业恢复生产经营。企业加强管理，节能降耗，增收节支，全公司费用率比上年下降0.56个百分点。

加大招商引资力度　商贸国资公司把招商引资任务进行指标量化，层层签订招商引资目标责任书，取得明显成效。全年签订意向、协议、合同8个，金额为1.4亿元，实施项目7个，到位资金1174万元。其中：国际公司与马来西亚客商合资兴办隆泰国际咨询服务公司，与大庆餐饮服务公司兴办“川骄火锅城”；泰山饭店与浙江客商合作开办桑拿中心；恒发实业总公司与烟台丰润包装有限公司合作启动东皇娱乐中心的经营；与青岛海莱型钢贸易公司合作兴办鑫海家具广场；东岳集团与山东清大集团合作改造原办公楼开办餐饮服务；与青岛千里行公司合作对钻石厂进行改造。

【外派劳务培训中心投入运行】　商贸国资公司将原物资干部培训中心以投资方式划转给泰安市国际公司，国际公司投资60万元，对该楼房和院落进行重新装修和改造，组建鲁中南地区唯一一家外派劳务培训中心，开展外派劳务的培训、政审、发证、外派等相关工作。该中心内设研修事业部、国际承包工程部、劳务合作业务部、外派培训部等业务部室，有教职员工21名，配有电视教学、实物场景教学等设施，开展外语、服装加工、水产加工、电气焊、电子装配、机械维修等专业培训，以满足不同国家厂商对劳务人员的要求。年内该中心在巩固日本、以色列等传统劳务市场的同时，又开辟美国塞班服装加工等新业务，全年培训学员1000人，外派劳务285人。年末在外人数达到2142人，年创汇1600万美元。　（张　杰）

供　销

【概况】　年内，全市供销系统立足于为“三农”服务，深化企业改革，调整经营业态，各项工作都有较大进展。全系统完成商品销售额17.5亿元，比上年下降4%，与1997年持平；实现利润1904万元，比上年增长16%，比1997年增长465%；实现供销社会贡献总额9882万元，与上年基本持平，比1997年增长103%。

继续发展壮大供销企业　年内，全市供销系统通过发展合作经济组织、龙头企业、村级综合服务站等方式，壮大供销企业，为当地经济发展服务。①发展合作经济组织。各县（市、区）供销社以发展专业合作供销社、专业协会为突破口，继续推进农村合作经济组织发展。宁阳县下发《关于依托供销社发展农村合作经济组织的意见》，推广葛石大枣专业合作供销社经验，在林果、粮油、蔬菜、废旧物资收购等行业发展8个专业合作供销社或行业协会。肥城市陆房生姜合作供销社、安庄农资综合服务组织及粉皮、牛肉加工合作供销社等，显示出旺盛的生命力。年内，全市专业合作供销社发展12个，淘汰7个。年底有较规范的专业合作供销社52个。②继续发展和壮大龙头企业。年内，肥城市供销社与沈阳制冷有限公司合作兴建绿源果蔬有限公司，3000吨果蔬速冻生产线项目峻工投产；东平县供销社以光大油脂厂为龙头，年浸出规模由1998年的50吨扩大到550吨；新汶购物中心与韩国外商合作木业加工项目，年实现工业产值153万元；全市棉麻企业面对改制情况复杂、资源少、价格高、差价小的实际，完成棉花收购4300吨。市棉麻公司（改制为华源棉业有限公司）年收购皮棉2700吨，购进棉花1万吨，确保“泰山牌”棉花的信誉。年内，各级供销社龙头企业发展到40家，完成销售产值5.1亿元，实现利润1844万元。③继续推进村级综合服务站建设。泰安市供销社在新泰召开现场会，并组织有关人员到沂源参观学习，促进综合服务站建设。全市综合服务站累计达1118处，从业人员1807人，其中供销社职工参与885人，购销额达5100万元。

改革改制　年内，市棉麻公司改制为市供销社、经营层、职工共同持股的华源棉业有限责任公司，新企业总股本为350万元，市供销社、经营层、职工所占比例分别为35%、30%、35%。市兴业农资公司对所有职工进行“双（产权、职工身份）置换”，部分职工新成立瑞星农业生产资料有限责任公司。泰山区供销社对部分严重资不抵债的企业实施依法破产；对通过拍卖或变现有闲置资产的企业置换企业干部职工的身份；对条件成熟的企业通过职工或供销社自然人出资控股的形式，推进企业产权制度改革。宁阳县供销社对没有净资产的企业，实行“自谋职业、离岗挂编”或实行失业享受保险的改制形式，职工可自愿选择，企业及时给予办理相关手续。

调整经营业态　年内，新泰青云大厦与上海联华合作，成立新泰青云加盟店，占地近400平方米，最高日销售额达20万元，年实现销售额730万元，实现毛利65万元。同时，新泰小协镇与联谊百货公司合作成立超市连锁店，逐步开辟乡镇市场。市供销社所属神州购物中心，调整经营思路，形成全市规模最大、品种最全的泰山科技市场暨品牌电脑大卖场。

招商引资有新的进展　年内，全系统招商引资到位资金1.3亿元。泰山区供销社招商引资项目13个，到位资金8700多万元，其中，利用原桃园春饭店与世界企业500强的“麦当劳”合作，引进资金120万美元在泰城建立分店；利用原亚细亚经营场所，与加拿大德通企业集团合作，引进资金6100万元，建成2.1万平方米的良友购物广场，日均营业额近100万元。

【继续盘活供销社闲置资产】　年内，全系统开发闲置场地面积8万平方米。泰山区供销社成功运作亚细亚商厦百乐商住楼开发建设项目、泰山百货大厦东湖营业楼、省庄和邱家店供销社驻地营业楼建设项目及桃园春、燕家庄营业楼建设项目，总建筑面积达3.34万平方米；肥城市供销社对直属企业和部分基层供销社的商住楼、沿街楼、营业楼进行开发，建筑面积为1.8万平方米。东平县供销社果品公司、棉厂沿街开发取得较好收益，新增营业面积9000平方米。市供销社建立以服装为主，兼营小商品、小家电的泰山劝业场，整体面积近8000平方米，内设500个摊位、20套精品房。市供销社综合楼（丽景宾馆）建设完工并投入试营业。

【全市形成农资经营网络】 年内，省农资总公司成立新泰储备分销库和配送中心，经营区域覆盖泰安市和莱芜市。泰安市农资总公司在3个县（市、区）建立配送销售中心、经销网点170家；在莱芜、聊城设立2处配送销售中心、经销网点100家。新泰市供销社坚持实行许可证审查制度，由供销社与工商局联合发证，统一规划，设立连锁配送服务站42处、连锁经营网点626个，对所设连锁店和服务点，实行“五统一（标识、管理、配送、价格、结算统一）”管理，保证农民及时用上放心化肥和农药。 （李 锐）

粮 食

【概况】 年内，各级粮食部门面对粮食购销市场化改革加快的形势，按照粮食经营上量增收的要求，实现由“收储型”向“经营型”转换。年末，全市粮食系统有独立核算企业156个（粮食购销企业41个、其他粮办企业115个）、1.2万人、总资产21.9亿元（固定资产5.32亿元）。市直粮食系统辖直属分局、泰山国家粮食储备库、市粮库、泰山粮油批发市场、粮贸大厦、东岳粮库、市面粉厂、市粮食制品厂、饲料厂等9个单位，有职工1447人。按省粮食局规定口径统计，全年收购粮食45万吨，比上年和1997年分别增加4万吨和12.6吨，其中定购粮13.85万吨。在粮食连续3年减产和秋粮定购改夏粮定购的情况下，全市统算一季超额完成定购任务。(1)粮食销量大幅度增长。年内销售粮食46.5万吨，比上年增加5.5万吨，比1997年增加30.5万吨。市及各县（市、区）粮食局争取财政部门支持，利用差价补贴政策，适时销售处理高价位老库存，企业的“老粮”负担得到缓解，基本实现当年粮食当年销售、不增加新库存的目标。(2)实行经济目标化管理，落实扭亏增盈责任制等措施。全系统实现销售收入9亿元，比上年增长24%，比1997年降低31.8%；费用水平下降，特别是财务费用和经营管理费用平均下降7.7%；盈亏相抵后净亏损减少到362万元，比上年下降54.2%，创1998年粮改以来最好的经济效益。(3)加快企业改革改制步伐。在全市156家粮食企业中，改制102家，占应改制企业的88.7%，其中，成立股份有限公司和有限责任公司26家，破产4家，租赁、出售15家，直接转为民营企业的3家。(4)加大招商引资力度。全年粮食系统招商引资实际到位资金额达8500万元，其中市外资金5600多万元。

2002年度4～12月份粮食收购情况表

单位：吨

单位	粮食收购总量	上年同期	定购粮	市场购入			其他购入			收储企业购入			附营企业购入		
				合计	小麦	玉米	合计	小麦	玉米	合计	小麦	玉米	合计	小麦	玉米
合计	389492	335810	138500	167655	133082	—	83337	76868	5924	321105	288794	31849	68387	59656	7483
岱岳区	57651	36631	29370	28281	23154	33408	—	—	—	55992	52000	3992	1659	524	—
新泰市	62648	26350	26300	36232	24749	3992	116	100	—	62464	50981	11483	184	168	—
肥城市	96360	40039	32530	41045	28584	11483	22785	19235	3307	76056	67607	8285	20304	12742	7483
宁阳县	77674	102996	22500	35342	31235	12461	19832	19832	—	58310	54221	4084	19364	19346	—
东平县	65539	95506	20000	21265	19870	4084	24274	24274	—	41265	39870	1388	24274	24274	—
市直小计	29620	34288	7800	5490	5490	1388	16330	13427	2617	27018	24115	2617	2602	2602	—
分局	14741	26876	7800	5488	5488	—	1453	1453	—	12187	12187	—	2554	2554	—
泰安库	6808	4039	—	—	—	—	6808	3905	2617	6808	3905	2617	—	—	—
泰山库	8029	3373	—	2	2	—	8027	8027	—	8023	8023	—	6	6	—
面粉厂	42	—	—	—	—	—	42	42	—	—	—	—	42	42	—
粮贸	—	—	—	—	—	—	—	—	—	—	—	—	—	—	—

2002年度4～12月份粮食销售情况表

单位：吨

单位	商品粮总销售		商品粮纯销售			批零企业销售			收储企业销售			附营企业销售		
		同期	合计	小麦	玉米	合计	小麦	玉米	合计	小麦	玉米	合计	小麦	玉米
合计	359048	261436	83248	68776	13662	275800	241774	33716	289968	249103	40111	69080	61447	7267
岱岳区	47297	17275	47297	46467	830	—	—	—	46401	45571	830	896	896	—
新泰市	40684	14743	27362	14280	12824	13322	12221	805	40259	26346	13629	425	155	—
肥城市	114080	42511	1722	1510	—	112358	90346	22012	94001	79121	14745	20079	12735	7267
宁阳县	62995	83904	3794	3760	8	59201	55147	4051	43302	39232	4059	19693	19675	—
东平县	45033	81828	475	458	—	11558	40327	4231	19651	15403	4231	25382	25382	—
市直小计	48959	21175	2958	2301	—	46361	43733	2617	46354	43430	2617	2605	2604	—
分局	26896	12942	1704	1703	—	25192	25192	—	24341	24341	—	2555	2554	—
—泰安库	13996	4828	894	598	—	13102	13102	10474	2617	13996	11072	2617	—	—
泰山库	8067	3405	—	—	—	8067	8067	—	8017	8017	—	50	50	—
面粉厂	—	—	—	—	—	—	—	—	—	—	—	—	—	—
粮贸	—	—	—	—	—	—	—	—	—	—	—	—	—	—

2002年度4～12月份粮食库存情况表

单位：吨

单位	各类粮食库存		定购粮库存			市场粮库存				国家专储粮油库存			地储
	合计	上年同期	合计	小麦	上年同期	合计	小麦	玉米	上年同期	合计	小麦	玉米	合计
合计	628727	661606	342917	339873	378068	166810	161673	5096	180097	89000	73000	16000	30000
岱岳区	107416	111928	52580	52850	76805	29836	25961	3875	30573	25000	25000	—	—
新泰市	111514	94449	79940	79940	53794	19574	19590	—	21655	—	—	—	—
肥城市	166312	185966	98188	95144	110830	32124	31638	427	45675	36000	24000	—	—
宁阳县	68986	77973	31982	31982	33365	37004	36880	123	39958	—	—	—	—
东平县	75661	69513	28327	28327	34785	47334	46662	671	32498	—	—	—	—
市直小计	98838	121777	51900	51900	648489	938	942	—	9738	28000	24000	4000	18000
分局	39752	57860	38101	38101	46877	1151	1152	—	10483	—	—	—	500
泰安库	19111	22890	2508	2508	10321	－897	－894	—	－1381	—	—	—	17500
泰山库	40044	41138	11291	11291	11291	753	753	—	747	28000	24000	4000	—
面粉厂	－69	－111	—	—	—	－69	－69	—	－111	—	—	—	—
粮贸	—	—	—	—	—	—	—	—	—	—	—	—	—

【新泰市粮食系统发展多种经营】 年内，新泰市粮食系统多种经营项目达200个，涉及10个行业，形成经营市场化、投资多元化、管理规范化的新格局。通过发展多种经营分流安置职工1500人，实现销售收入2.85亿元，实现计划的102.5%；实现利税598万元，其中利润265万元，占计划的101%。其主要做法：一是创新激励机制，营造企业发展的良好环境。把搞活粮油购销、大力发展多种经营作为确保农村附营企业生存和发展的突破口，把2002年定为发展多种经营的第二次创业年，在全系统深入开展形势教育，形成面向市场上项目、拓经营、求发展的良好氛围，建立健全招商引资激励机制。二是创新管理体制，激活企业发展的内在动力。对资产规模小、集中统一经营的52个粮站(店)和200个多种经营项目，进行抽本租赁经营改制，收回流动资金582万元、设施设备买断金494万元、租金323万元。同时，采取职工入股、竞标投资联合开发、出让新建门店使用权和居住权等形式筹资8000万元，对全系统沿街地段进行房地产开发。三是狠抓招商引资，借助外力增后劲。年内，投资150万元，新建新泰市规模最大的加油站，以每年26万元的租金将加油站租赁给中国石油总公司。年内，双方投资800万元，在莱芜、翟镇新建2处加油站。腾飞冷藏厂在肉鸡市场低迷的情况下，与外商合资50万元，利用闲置厂房建立麦草画工艺美术厂，产品销售欧美及国内市场，年末实现销售收入600多万元。时星机械有限责任公司挂靠中国农科院等科研单位，研制开发的饲料机组达16个系列、69种不同型号，发展成为省内唯一的专业厂家，年利税200万元，固定资产达6000万元。新美饲料厂以年租金25万元、带60名职工的条件，租赁给饲料行业的“龙头”企业山东六和集团。四是开拓服务领域，搞活多种经营。在农村购销企业中开展“千人千车进千村”活动。投资50余万元，统一购置农用三轮车70辆，平均每个粮所4～5辆；设立村内网点206处。立足农村市场，大力发展服务型经营项目。先后发展中小型面粉厂、小食品厂、小面条厂、小馒头厂、小油坊等“五小”粮油加工项目68个，发展五金百货、酒店快餐、机械维修、果品保鲜、挂毯加工等经营服务项目70余个。依托城镇市场，实施“居民厨房工程”，发展食品加工、快餐、酒店等经营项目63处。同时充分利用边远、报废粮站和仓库发展养殖业，与山东六和集团新泰分公司、巨龙养殖基地和农村粮食附营企业达成养殖扶持合同，养猪850头、鸡21万只、鸭25万只，养殖业盈利达32万元。年内，山东省粮食局在新泰召开现场会，在全省推广新泰市大力发展多种经营的做法。

【肥城惠中商贸有限公司经营创新】 肥城惠中商贸有限公司成立于2001年7月，前身是肥城市粮油连锁供应公司。现有干部职工280人，下设8个粮店、8个快餐店、2个学校食堂、1个电厂职工食堂、1个馒头厂、1个大型便民购物市场、15个租赁经营门店，总资产为1960万元。年内实现销售收入2150万元，创利税320万元，分别比上年增长25%和23%。其中，实现粮食销售收入680万元，创利税35万元，分别比上年增长26.6%、16.6%；餐饮业实现营业收入1290万元，创利税96.7万元，分别比上年增长15%和20.8%。职工收入由2000年前的人均每月不足80元达到人均每月520元。年内，公司被评为山东省粮食系统先进集体，快餐二店被授予省级“青年文明号”荣誉称号，快餐六店被评为全省“巾帼社区服务示范岗”，三粮店被评为“全省粮油供应企业明星粮店”。其主要做法：一是创新机制，建立粮店经营的新模式。该公司所属8个粮店实行连锁经营。配送中心对内配送，对外批发。新增杂粮精小包装、礼品箱、食补系列、调味系列等80个品种。二是延伸经营，走好快餐兴企的新路子。该公司立足实际办起居民厨房工程，先后开设8家惠中快餐店，承包2处学校食堂、1处职工食堂。引进大商家的名吃，打造自己的特色品牌，成立蒙古王火锅城、国二骨头火锅。三是多业并举，培育新增长点。公司将地处繁华闹市的闲置院落、仓库、办公室改建成可容纳摊位600个、经营房屋136套、集批发零售为一体的大型购物市场，强化服务和管理，为业户代办各种证照，代交各种税费，为企业盘活资产800万元，年收入租金60万元。年内，省粮食局在全省范围内推广肥城惠中连锁经营的经验。

(孙晓明)

烟　草

【概况】 2002年，市、县(市、区)烟草专卖局(公司)有工作人员536名。全年销售鲁产卷烟56.26亿支(11.31万箱)，比上年增长 12.19%；实现利税 6996 万元(决算前)，其中利润 5087 万元(决算前)，比上年增长 61.34%。全年查处案件 2.85 万起，其中，查扣卷烟1.29亿支(2587.1箱)，案值 779.5 万元；查扣假冒卷烟 1.20亿万支(2401.6 箱)，标值 653.8 万元，罚没收入 76.3 万元，同时加大对涉烟犯罪分子的惩处力度，刑拘不法烟贩 37 人，拘役 6 人，劳教 1 人，判刑 8 人。

年内，加强专卖管理力度。一是强化人员素质，为专卖销售夯实基础。3 月份，组织全市 331 名专卖人员学习有关法律知识，参加 4 月份国家局执法人员资格考试，优秀率达 93%。8 月份，对全市专卖大、中队长和内勤人员开展法规文书集中培训。二是实施专卖明查和暗访相结合、挖上线端窝和清下线打点相结合、全员专卖和全社会监督相结合的专卖管理策略。5～9 月份在全市暗访经销户 8700 户，其中发现违法经销户 522 户，没收违法违规卷烟 4000 条。三是开展访销分离工作。全市建立访销部 19 个、访销站 5 个、访送一体点 2 个、访销路线 159 条、送货线路 96 条、入网户 2.50 万户的网络销售大格局。投资 600 多万元购置更新配置部分专卖交通、通讯办案工具，形成高效实用的专卖管理体系。四是开展专项治理活动，整顿市场秩序。东平县在开展清理卷烟市场联合行动期间，查扣非法卷烟 248.7 件，拘留 7 名不法烟贩。新泰市对“钉子户，难缠户”重点打击，查扣卷烟 300 余件，案值 30 万元。

(李智勇)

医 药

【概况】 2002 年，泰山医药公司有职工 1980 人，其中专业技术人员 1172 人、执业(中)药师 72 人、从业药师 262 人。全年总销售收入 2.96 亿元，占年计划的 106.8%，比上年增长 22%；纯销售收入 2.54 亿元，占年计划的 106.1%，比上年增长 21.1%；零售额完成 6681.2 万元，占年计划的 100%，比上年增长 37.3%；实现利税 790 万元，比上年增加 560 万元，其中利润完成 108.5 万元，比上年增加 145.5 万元。永春堂药业有限公司泰山药店被中山东省委宣传部、文明办等七部委评为全省“百城万店无假货活动先进示范店”、永春堂药业有限公司金山药店被青年团山东省委评为省级“青年文明号”单位。

年内，国有医药经营企业加大改革力度，扩展经营规模，取得新成效。9 月 16 日，泰安市泰山医药公司整体改制为泰山医药有限公司，隶属于泰安市商贸国资公司。至年底，泰山医药有限公司所属单位有泰安市弘瑞医药有限公司(泰安医药采购供应站)、泰安药材采购供应站、泰安医疗器械采购供应站、泰安市永春堂药业有限公司、永春堂中药饮片有限公司、泰山医药有限公司东岳分公司、岱岳分公司、开元分公司、医药经营中心、医药综合服务公司、山东泰山制药厂、新泰市医药公司、肥城市医药公司、宁阳县医药公司、东平县医药公司。永春堂药业有限公司 ISO9001:2000 通过国家认证，零售连锁经营区域延伸到泰城和泰山、岱岳、新泰、肥城等县(市、区)，连锁经营规模进入全国同行业 50 强。山东泰山制药厂与澳大利亚英思达有限公司合作成功，永春堂中药饮片有限公司、弘瑞医药有限公司组建创立。

(张廷平)

【永春堂药业有限公司进入全国连锁药店 50 强】 年内，按照商贸国资公司优化资产配置，壮大企业实力的总体思路，永春堂药业有限公司在抓好原有连锁网点规范管理的同时，立足发展，扩大规模。年内又将肥城市 40 家零售药店、新泰 51 家药店纳入永春堂连锁经营范围，连锁经营网点累计达到 191 家，列全国第 42 位，进入全国连锁药店 50 强。年销售额突破 5000 万元，比上年翻一番，为实现下一步跨地区连锁经营创造了条件。

(张　杰)

2002 年泰山医药有限公司购销计划执行情况表

单位：万元

指标 \ 单位	总购进				总销售				纯销售				零销售			
	年计划	实际	完成年计划%	同比±%	年计划	实际	完成年计划%	同比±%	年计划	实际	完成年计划%	同比±%	年计划	实际	完成年计划%	同比±%
合　计	22080	24779.4	112.2	21.0	27750	29640.8	106.8	22.0	23950	25412.2	106.1	21.1	6700	6681.2	99.7	37.3
泰安医药站	4400	7025.1	159.7	54.2	5200	7382.3	142.0	57.1	3200	5433.6	169.8	70.9	—	—	—	—
泰安药材站	3800	2097.0	55.2	−29.1	4500	2795.2	62.1	−15.8	2700	1604.9	59.4	−27.1	—	—	—	—
岱岳分公司	700	814.3	116.3	—	800	903.6	113.0	—	800	772.6	96.6	—	—	—	—	—
东岳分公司	800	848.3	106.0	—	1000	884.4	88.4	—	1000	822.6	82.3	—	—	—	—	—
新泰公司	2600	2453.3	94.4	31.0	3400	3474.8	102.2	15.8	3400	3378.3	99.4	12.6	1000	907.1	90.7	0.2
肥城公司	3100	3194.6	103.1	9.3	4000	4100.7	102.5	2.8	4000	4059.1	101.5	2.2	800	690.5	86.3	19.1
宁阳公司	1800	2015.9	112.0	23.3	2300	2352.5	102.3	14.2	2300	1819.3	79.1	0.6	600	544.9	90.8	16.9
东平公司	1200	1173.1	97.8	6.8	1350	1448.9	107.3	12.8	1350	1447.5	107.2	12.7	300	281.3	93.8	9.6
永春堂公司	3200	4093.6	127.9	91.7	4600	5179.8	112.6	91.8	4600	4969.6	108.0	84.7	4000	4257.4	106.4	60.1
医药经营中心	480	939.0	195.6	93.6	600	945.5	157.6	52.3	600	931.6	155.3	55.9	—	—	—	—
泰安医疗器械站	—	125.2	—	—	—	173.1	—	—	—	173.1	—	—	—	—	—	—

盐 业

【概况】 2001年10月，根据山东省的统一部署，泰安市盐务局成为泰安市人民政府独立的行政主管部门，负责本辖区盐业行业管理、盐政执法和食盐专营行政工作。2001年12月16日，市政府以泰政发[2001]55号文件下发《关于调整和完善盐业经营管理体制的通知》，原泰安市盐业公司更名为泰安盐业公司，人、财、物整体上收至山东省盐业总公司。9月，新泰、肥城、宁阳、东平4个(县、市)区原属供销社系统的盐业公司划转泰安盐业公司，分别成立县(市)盐务局、盐业公司。岱岳区盐务局、盐业公司整体并入市盐务局、盐业公司，原市供销社泰安市果品盐业公司部分人员和资产划转泰安盐业公司，分别成立了泰安市盐务局第一、第二分局和泰安盐业公司第一、第二分公司，负责岱岳区和泰山区的盐政执法管理和食盐专营业务。全市形成体系垂直，分级管理，上下贯通，调控有力的盐业管理新体制。年末，全市有1个市级局、4个县级局，同时分别挂公司牌子。市局(公司)设2个分局(分公司)分装配送中心、资金结算中心、基建办5个分支机构和1个独立实体(泰安市七星强化营养食品研究所)。全市盐业行业改革后，有在册职工686人。其中，市局机关15人(高级技术职务3人、中级6人)，直局分支机构187人。

盐品经营 年内，国家下达全市食盐分配调拨指令性计划2.91万吨，全市销售食盐3.04万吨，完成年度计划的104%。体制改革后的9～12月份与上年同期相比增长22%。计划销售复合膜小包装食盐13500吨，实际完成15093吨，占计划的112%。全市实现销售收入4460.1万元，比上年增长42.4%；实现利税273万元，比上年增长54.7%。其中市公司销售收入1865万元，按可比口径，比上年增长384%；实现利税186万元，比上年增加10倍。全市盐业供应网络建设走上正轨。以县市公司(分公司)—业务部—零售店的食盐送销机制建立。根据《山东省盐业管理条例》规定，全省统一下发食盐零售许可证，规范零售环节经营行为。至年底全市发放零售许可证7979份，各零售网点全部实行亮证经营，对有效遏制私盐的侵入发挥了重要的作用。

食盐生产 年内，全市生产精制盐16.68万吨，年增长16%；实现销售收入6374万元，增长17.6%。其中，东岳精制盐厂7.36万吨，肥城精制盐厂9.32万吨。生产企业销售精制盐16.20万吨，产销率103%。其中东岳精制盐厂7.08万吨，肥城精制盐厂9.12万吨。全市所产食用精制盐以国家指令性计划调拨至北京、陕西、河北等省和省内17个地市，部分产品出口至韩国和马来西亚。

营养盐开发 由七星强化营养食品研究所开发研制的营养盐产品，已形成系列，有餐桌盐、硒营养盐、锌营养盐、AD钙盐、有机铬营养盐、低钠盐、平衡营养盐等7个品种。其中，有防治糖尿病特效的有机铬营养盐，为国内首家研发生产。自九月份投产以来，年内销售300吨，产品已销往全省17个地市，受到消费者欢迎。

【盐政执法】 九月份，经上级同意成立了泰安市盐政稽查支队，直属1个大队，下辖6个县市大队。全市盐政执法人员达到136人，比上年增加44人。全年处结简易程序案件415起，一般程序案件584起，移交司法部门142起，依法刑拘12人，结案率为100%。罚没盐产品508.34吨，罚款25.48万元。查处30吨以上大案6起。

(张庆安)

2002全市盐品销售情况一览表

单位 \ 种类	食盐(吨)	工业盐(吨)	合计(吨)
合计	30424	13211	43635
市直一公司	4349	2225	6574
市直二公司	5764	1203	7067
新泰市	4956	3370	8326
肥城市	6190	3239	9429
宁阳县	4464	2303	6767
东平县	4601	871	5472

石 油

【泰山石油股份有限公司】 泰山石油公司拥有油品经营单位5个、加油站107座、油库3座；分公司5个、子公司4个。年末，公司有职工1700人，其中在职职工1460人，资产达10.73亿元，净资产8.01亿元。全年购进油品34万吨，纯销量35万吨；油品实现销售收入8.8亿元，其中利润5000万元，比上年增加3800万元，增长346%。

油品经营 年内，公司建立市场分析、经营质量分析、领导班子周例会、月经营调度会、市场分析月报和零售月度分析等制度，不断提高经营质量，增强市场控制力。①确定以零售为重点的经营观念，开拓销售终端。年内，对全区107座加油站实行统一管理，建立全方位、多渠道、立体式的营销网络；发展特许加盟加油站20座，新建加油站4座，选点布局10处。②建立以油库为配送中心，加油站终端配送相结合的配送体系。公司为各油品经营单位配备小型油罐车、农用三轮车及大桶，统一印制“中国石化”、“泰山石油”标识及联系电话，制定《泰山石油开拓农村市场建立农村网点实施方案》和《泰山石油成品油配送实施方案》，组建销售小分队，建立便民店、“夫妻站”、“父子站”，设立长期的供应点。③利用泰山品牌优势，打造泰山特色服务，提高油品销量。公司在国道、省道等重要交通干道的加油站设立了便利店，并将泰山旅游图、泰山土特产纳入经营范围；制定顾客交流制度，实施亲情服务；设立促销奖励基金；制定了《关于高标号汽油促销工作的实施意见》。全年销售93#汽油2.27万吨，8～12月份销售97#汽油224吨，高标号汽油的销售成为公司新的利润增长点。④成立达标创星工作领导小组，规范加油站行为。年内公司有21座加油站通过星级达标验收，其中，四星级2座，三星级2座。累计创星达标站62座，占全部加油站的58%。⑤润滑油、运输业实行统一管理，呈现良好发展势头。全年公司运输业实现收入350万元，销售润滑油3996吨、化工产品320吨。

非油品产业　年内，泰山石油股份公司非主营产业实现扭亏增盈。①房地产业。公司对房地产公司机构进行重新调整，重点开发青岛“滨海花园”二期项目，报批面积由6.9万平方米增加到12万平方米。在办理房产证的同时，催交一期房款，加大清欠力度。全年清回欠款4570万元，归还股份公司欠款2440万元、股份公司利息687万元。在此基础上，加大对“滨海花园”一期后继资金的投入，完成了油库设备制造安装分公司厂区建设。②涂料生产业。涂料生产业向工业涂料转移，实现产品转型。同时，加大销售力度，扶持各地经销商，提高市场占有率。③设备制造安装业。年内，销售卧式油罐200个，占到山东省采购率的100%，实现销售收入688万元。④餐饮服务业。年内，石化饭店实现营业收入133万元，同比减亏114万元。

企业管理　①费用管理。公司制定和实施费用预算与考核机制，经营性可控费用总额比上年减少791万元，其中，人工成本费用减少228万元，日常操作性支出和公务性支出减少563万元。②资金管理。公司把资金安全管理纳入经理责任管理范畴，确定资金监控的直接责任人；制定银行帐户审批办法、银行对帐单审核制度、票据集中保管办法、支票领用登记办法、财务印鉴管理办法、内部现金盘点办法等6个内部管理办法；实行资金管理参与吨油费用考核制度，根据资金流向，确定资金监管重点。③投资管理。为减少投资盲目性，公司成立网络建设小组，制定《泰山石油股份公司投资管理制度》，确定“实地调研、集体研究、会议决定”的投资决策程序。年内，公司加强主营业务投资，对加油站建设、油库改造及其他工程投资总额达4041万元，油品投资比例占到82%。④安全管理。年内，公司调整各级安全委员会成员，完善安全组织；与所属单位签订安全责任书；全年进行安全检查53次；加大清除隐患投资，投资892万元完成治理隐患项目58项。公司连续15年安全运营无事故，公司直属油库被中石化销售公司评为“安全管理先进油库”，并保持了“省级先进油库”荣誉称号。

内部改革　年内，深化油品经营体制改革，润滑油和运输业务纳入了成品油管理流程。各油品经营单位由利润中心转变为费用控制中心和终端销售管理中心，由分散的、各自为战的经营实体转变为集约化、高效益、低成本的连锁经营管理模式，减少内耗，增强了竞争力和市场控制力。年内，公司对原企业管理部的职能进行分离，单设储运安全部，重新明确各自的职责。将公司人力资源部管理的老干部科合并到物业管理分公司。为保证公司督查工作的正常开展，成立督查大队。新成立的基建物资管理中心，主要承接公司内部土建、安装、装饰、维修等工程和相关的物资采购，对外承揽工程。为优化资源配置，完善物流新体系，公司关闭东平油库、肥城油库、直属油库北山库区、新泰油库杏山库区、东平固山油库等部分油库，关闭库容量超过总库容量的50%。公司打破原行政区域限制，建立以直属油库为中心，辐射全区的物流体系。物业管理分公司整体转入房地产分公司，设立房地产分公司物业管理部，房地产分公司和物业管理分公司两单位财务合并，单独考核。在此基础上，将所属油品经营单位的财务统一上收，建立起统一管理、统一核算的财务管理体系。同时，对年加油量在365吨以下的21座加油站实行费用承包经营。

（孙秀君）

【泰安鲁润股份有限公司】　年内，泰安鲁润股份有限公司拥有油品经营单位5个，加油站3座，油库3座，下辖3个全资子公司（润滑油公司、房地产公司、装饰装潢公司）和6个控股子公司（童海港业、京九石化油库、平度黄金鲁润矿业公司、鲁润水泥厂、宏泰公司、物业管理公司），其中童海港业码头4月正式开港运营，年内调度靠、离泊船只70艘次，实现港口吞吐量9万吨。年末，公司有人员323人，其中在职职工300人，总资产9.19亿元，净资产2.96亿元。年内，油品实现销售收入4.28亿元，实现利润2142万元。

油品经营　①扩大润滑油公司的润滑油市场占有率，全年销售油品近万吨，实现销售收入2430万元。注重品牌效益及科技竞争，组建“山推驰凯”牌高级润滑油专卖店。润滑油调配厂生产调制适销对路的油品，严格调配程序，保证质量，全年调制各类油品5212吨。②调整京九石化油库库存，降低库存价位，增强市场竞争力。年内购进各种油品5.21万吨，比上年提高56%；销售油品5.72万吨，比上年提高66.3%；实现销售收入1.59亿元，比上年提高62%。③把宏泰公司的零售经销模式调整为批发运营模式，销售成品油总计2.38万吨，实现销售总收入5911万元。④全年投资童海港业670万元，用于加强基础设备建设。在经营上不断创新，采用海路、公路、铁路联合运货，全年接成品油8.02万吨，发出成品油10.38万吨，销售油品10.4万吨，实现营业收入2.33亿元。⑤年内，物业管理公司与泰山区乡镇企业局签订了光明加油站的租赁合同，并投资77万元对加油站进行全方位改造，销售汽、柴油1760吨，实现销售收入15万元。

非油品产业　鲁润装饰公司在原拥有轻工部“双甲”资质的基础上，又被建设部批准为建筑装饰工程设计甲级和装饰工程专业承包一级资质单位，成为国家最高“双资质”企业。该公司设计的“人行泰安市中心支行”方案获全国第四届室内设计大展优秀奖，“济宁泰山花园”方案获泰安市优秀工程勘察设计三等奖，“山东诸城宾馆”方案获山东建筑装饰工程设计大奖赛工建类三等奖。实现营业收入1.4亿元，利税3617万元。年内，平度黄金鲁润矿业公司加大金矿探矿和技改力度，精心组织黄金生产经营，完成黄金产量6400两，实现销售收入1300万元。7月8日成立物业管理公司，接管普照小区，从对小区天然气改造着手，解决业主的实际生活问题。

（刘珊珊）

编辑·校对　欧阳宏飞

对外经济贸易

综　述

【概况】 年内，全市涉外经济机构、企业完成自营进出口贸易总值3.02亿美元，分别比1997年、2001年增长112.7%和7.9%。其中出口2.27亿美元，分别比1997年、2001年增长158.0%和29.2%；进口0.74亿美元，分别比1997年、2001年增长37.0%、−28.4%。全市签订利用外资合同额1.22亿美元，分别比1997年、2001年增长103.3%和183.8%；实际利用外资0.70亿美元，分别比1997年、2001年增长483.3%和74.6%。签订对外承包工程和劳务合作合同额3221万美元，完成营业额3291万美元，分别比上年下降35.8%和21.8%。

全年对外经济贸易的主要特点：①利用外资规模和水平显著提高。年内，按山东省考核口径，外商直接投资合同额、实际使用额在各市中分列第11位和13位，比上年分别提高2个和3个位次；增幅在各市中分列第5位和第2位，分别高出全省平均增幅103个百分点和24个百分点。②大项目和高科技项目实现突破。2002年批准项目中利用外资额过300万美元的9个，其中过千万美元的5个。高科技项目4个，分别是：生产便携式微型计算机的泰安诚泰数码科技有限公司、生产基因医药产品的山东米歇尔生物制品有限公司、生产纳米碳酸钙的山东盛大纳米材料有限公司、生产量子能节油器的泰安益洁量子能科技有限公司，结束了泰安市无外资高科技项目的历史。③服务业成为外商投资热点。批准城市公用设施、房地产、环保、商业、餐饮、中介咨询等项目13个，合同额5729万美元，占外商直接投资合同额的51.6%。④进出口贸易跃上新台阶。全年进出口总额、出口额分别突破3亿美元、2亿美元大关，均创历史最好水平。出口额在全省列第13位，比上年提高1个位次；增幅列第7位，高出全省平均增幅12.7个百分点。⑤重点商品出口大幅增长。玻璃纤维及制品出口2105万美元，增长89.1%；纺织品出口3014万美元，增长50.1%；服装出口2607万美元，增长30.1%；蔬菜出口1403万美元，增长29.3%。⑥对外劳务合作快速发展。全年派出劳务2373人，期末在外6196人，分别增长27.3%和70.4%。⑦境外投资经营取得新成效。全年新建境外经营机构4家，境外经营机构总数达18家，总投资2112.36万美元，其中中方投资1773.92万美元。年内实现经营额2100万美元，带动出口529万美元。

年内，全市进一步加大对外经济贸易工作的措施：一是抓招商引资。各级各单位积极采取小股出击、委托代理、聘请顾问、登门推介、网上发布等方式进行招商引资，并根据我市项目特点和外资来源情况，先后赴香港、台湾、新加坡、马来西亚、澳大利亚、日本、韩国招商，组织参加青岛家电博览会、(济南)山东香港周、烟台果蔬会、深圳高新技术产品交易会等，结识新客商200多人，达成合作合同、协议5亿多美元。年内，首次举办了中国泰山国际投资贸易洽谈会，签订利用外资合同2.94亿美元。二是抓重点项目。围绕工业、新型材料、生物工程、绿色及高科技农业、旅游、城市建设等热点领域，全市确定58个项目作为招商重点，其中总投资在1000万美元以上的项目32个。同时，对利用外资额100万美元以上的在谈项目实行包保责任制，由专人负责跟踪调度，督促进展。三是抓骨干企业。重点调度进出口额500万美元以上的19家企业，注重根据国内外经贸形势变化、国家政策调整，及时与企业沟通信息，帮助企业解决实际问题，促进了骨干企业进出口业务的健康发展。四是注重扩大队伍。新登记和申报获权企业37家，全市获权企业累计达138家。针对新获权企业人才少、渠道窄、业务生疏等情况，帮助企业培训业务人员、联系客户、开拓渠道，使60%以上的新获权企业当年开展了进出口业务。五是抓好政策运用。针对入世后国家大幅度调整外经贸法律法规和山东省出台鼓励政策的情况，及时组织企业培训学习，熟悉政策，维护自身权益。年内，首次为5家企业争取了大蒜出口许可证申领资格，全年出口大蒜1.99万吨；为2家企业争取废钢、废塑料、废纸进口资格；为多家企业争取进出口配额2278万美元；为企业申请中国进出口银行出口信贷7000万元；争取山东省中小企业开拓国际市场基金60万元；争取广州出口商品交易会摊位4个，为扩大进出口业务提供了重要支持。

全市对外经济贸易存在的主要问题：一是出口结构落后。在出口商品中，工业品占87%，初级产品占13%。机电产品占30%左右，低于全国平均水平15个百分点。出口商品档次低、附加值低，90%以上的出口产品属于材料密集型和劳动密集型，柴油机、汽车配件、三聚氰胺、轮胎、纺织服装、蔬菜产品等是全市的骨干出口产品，附加值较低；高科技、高附加值产品仅有玻璃纤维一项，不足出口总额的10%。贸易方式仍是以货物贸易为主，技术贸易为零，服务贸易、投资贸易所占比重不大。在货物贸易中，一般贸易占70%，加工贸易仅占30%，比全省平均水平低20个百分点。二是外贸企业规模小、实力弱。在全市111家进出口企业中,出口额过千万美元的仅有7家,其中过2000万美元的2家。三是外资项目结构不理想。年内批准外商直接投资项目中,非生产性项目合同外资额5729万美元,占外商直接投资总额的51.6%;生产性项目37个,合同外资额5383万美元,其中有26个项目不足百万美元。四是市场渠道窄。出口市场主要依靠亚洲、北美、西欧等地区的少数国家,出口额500万美元以上的10个市场,合计出口额1.63亿美元,占出口总额的71.7%。外商直接投资主要来源于周边国家和地区,其中,仅来自于香港、新加坡、泰国、菲律宾的投资合同额就达8877万美元,占外商直接投资总额的80%。

2002中国泰山国际投资贸易洽谈会签订利用外资合同、协议87项,利用外资额4.24亿美元。图为市领导出席合同签字仪式

【对外经贸活动】 年内,全市先后组织各县市区、市直有关部门和企业参加对外经贸洽谈活动13次,分别是:(大阪)中国山东省出口商品洽谈会、尼日利亚(山东)展览会、俄罗斯家纺展、澳大利亚(山东)展览会、沙迦中国出口商品展览会、(香港)山东省重点项目推介会、"高交会"高新技术项目青岛配对洽谈会、第12届(上海)华东出口商品交易会、中国广州(春、秋季)出口商品交易会、第六届中国厦门投资洽谈会、第四届(烟台)果蔬加工技术与产业化国际研讨会暨展览会、第四届(深圳)高新技术产品交易会、天津国际连锁集团采购会,参加活动的企业有70家(次),签订出口合同额4715万美元。举办对外经贸洽谈活动4次,分别是:泰山国际登山节招商引资洽谈会、中国泰山国际投资贸易洽谈会,组织赴巴基斯坦、肯尼亚、越南、柬埔寨、老挝经贸展销考察,参加活动的企业有450余家(次)。

【2002中国泰山国际投资贸易洽谈会】 11月23~24日,2002中国泰山国际投资贸易洽谈会在泰安举行。来自亚洲、欧洲、美洲、澳洲等地31个国家和港澳台地区的商务官员及288家公司、商社、财团的代表503人与会。保加利亚驻华大使、9个国家的商务参赞及11个国家的驻华商会代表也参加了洽谈会。泰国正大集团、法国法拉基公司、日本佳士客、伊藤忠商社、美国福特公司、德国拜耶公司等国际知名企业也先后派代表来泰进行洽谈。此次洽谈会签订利用外资合同、协议87项,利用外资额4.24亿美元,其中,合同50项、外资额2.94亿美元,协议37项、外资额1.3亿美元。总投资500万美元以上的合同(协议)40项,其中合同26项,外资额2.64亿美元;总投资过千万美元的项目12项,外资额1.94亿美元;总投资过5000万美元的1项,外资额4063万美元。项目涉及范围较广,其中,房地产及城市建设项目12个,高科技项目10个,农业开发项目5个,旅游项目4个,产权并购项目2个。

【境外企业】 全市有境外企业18家,其中年内新批境外投资合作项目(含增资)项目5个,总投资565万美元,其中中方投资514万美元。分别是:山东巨菱集团投资285万美元在尼日利亚设立农机具组装厂,并在尼日利亚、印度尼西亚分别设立了办事处(经营性质);山东岱银纺织集团岱银兰卡服饰公司投资180万美元新增绣花生产线;肥城矿业集团在俄罗斯哈巴罗夫斯克设立的合作项目,该项目总投资100万美元,其中中方投资49万美元,主要经营木材砍伐、加工及出口贸易。 (杨其伦)

【泰安市国际贸易促进委员会概况】 2002年2月,泰安市国际贸易促进委员会(中国国际商会泰安商会)成立。市国际贸易促进委员会(以下简称市贸促会)是由泰安市经济贸易界有代表性的人士、企业和团体组成的承担一定政府职能的对外经济贸易组织。其宗旨是,根据国家法律、法规和政策,参照国际惯例,开展促进泰安与世界各国、各地区之间的贸易、投资和经济技术合作活动,增进泰安人民同世界各国、各地区人民和经济贸易界的相互了解与友谊。市贸促会下设办公室、信息展览部、国际联络部、出证认证处等4个部室,干部职工15人,其中具有高级技术职务的3人、中级技术职务的3人。市贸促会成立后,开展了积极而有成效的工作。

对外交流　坚持"走出去"与"请进来"相结合,多次赴中心城市开发联络渠道。年内,赴香港、俄罗斯、越南、老挝、斯里兰卡等国家和地区寻求贸易合作,通过互联网有选择地与外国地区性商业协会组织建立联络,先后与50多个境外地区性商业协会和外国驻华商贸促进机构建立密切关系,并在合作方向上取得实质性进展。全年接待国外及港澳台经济贸易界人士58批、140余人次,国内涉外机构和经济组织人士46批、90人次。与韩国庆尚南道通商事务所正式签署了在市贸促会设立联络处的协议。6月,成功举办"中国·泰安——突尼斯经贸洽谈会",邀请突尼斯20家公司与泰安市企业进行对口经贸洽谈,有20多个规格的产品达成出口意向,现场成交额达30多万美元。配合"2002年中国泰山国际贸易投资洽谈会"的召开,邀请英、美、德、韩等国家和港澳台地区28家公司参加洽谈会,并组织全市18家企业与外商进行项目洽谈。12月,组织13家企业参加了在泰安举行的"山东产品出口美国及拉美市场说明会",进一步了解美洲市场潜力,为开发美洲市场奠定基础。加大招商引资力度,年内引进外资60余万美元,承办外商投资项目手续4个,注册资金510万元。

国际经贸信息服务　年内,通过申请国家"中小型企业开拓国际市场扶持资金"并自筹部分资金,建成"泰山国际商务信息网"并投入运营。该信息网包括泰安市进出口获权企业数据库、出口产品数据库、国际供求信息数据库、对外经济贸易合作项目数据库等5大数据平台,与30余家外国地区性商业协会组织建立了互联网信息交换渠道。注重国际经贸信息搜集、整理,年内编发《贸促会简讯》2期。以“泰山商务信息网”和《贸促会简讯》为基本平台的国际经贸信息搜集、整理、传递、发布体系初步建立。

出证认证　以签发出口货物原产地证为主的出证认证工作是贸促会的主要业务之一。年内,市贸促会举办出证认证培训班一期,为54名企业业务员颁发资格证书,为33家企业办理重新注册登记。全年签发出口货物原产地证560份,比上年增长37.4%;代办领事认证20份,同比增长53%。

【市贸促会行业分会建立】 年内,市贸促会以企业发展需要为基点,培育和发展行业分支机构,启动了国际商会行业分会筹建工作。7月,全市贸促系统第一个行业分支机构——泰安市贸促会汽车配件行业分会成立,该分会有山东吉明美工业有限公司、泰安厚丰汽车散热器有限公司等十余个会员单位。10月,由山东华阳农药化工集团、肥城阿斯德化工有限公司等11家化工骨干企业组成的泰安市贸促会精细化工行业分会成立。行业分会的建立对促进信息资源和市场资源的整合与共享,促进企业间的合作,把个体优势转化为群体优势将起到积极的作用。

(陈学文)

关联信息

中华人民共和国

出口货物原产地规则(摘要)

中华人民共和国出口货物原产地证明书(以下简称原产地证)是证明有关出口货物原产地为中华人民共和国的证明文件。国家对外经济贸易主管部门对全国出口货物原产地工作实施统一监督管理。省、自治区、直辖市人民政府对外经济贸易主管部门负责协调本行政区域内的出口货物原产地工作。国家进出口商品检验部门设在地方的进出口商品检验机构、中国国际贸易促进委员会及其分会以及国家对外经济贸易主管部门指定的其他机构,按照国家对外经济贸易主管部门的规定签发原产地证。在中华人民共和国境内依法设立,享有对外贸易经营权的企业,从事“来料加工”、“来样加工”、“来件装配”和“补偿贸易”业务的企业,外商投资企业,可以根据需要向签发机构申请领取原产地证。

符合下列标准之一的出口货物,其原产地为中华人民共和国:①全部在中华人民共和国境内生产或者制造的产品,包括:从中华人民共和国领土和大陆架提取的矿产品;在中华人民共和国境内收获或者采集的植物及其产品;在中华人民共和国境内繁殖和饲养的动物及其产品;在中华人民共和国境内狩猎或者捕捞获得的产品;由中华人民共和国船只或者其他工具从海洋获得的海产品和其他产品及其加工制成的产品;在中华人民共和国境内制造、加工过程中回收的废物和废料及在中华人民共和国境内收集的其他废旧物品;在中华人民共和国境内完全用上述产品以及其他非进口原料加工制成的产品。②部分或者全部使用进口原料、零部件,在中华人民共和国境内进行主要的及最后的制造、加工工序,使其外形、性质、形态或者用途产生实质性改变的产品。制造、加工工序清单,按照以制造、加工工序为主,辅以构成比例的原则,由国家对外经济贸易主管部门商国务院有关部门制定、调整。

申请领取原产地证的出口货物,应当符合原产地标准;不符合原产地标准的,签发机构应当拒绝签发原产地证。普惠制原产地证依照普惠制给惠国原产地规则办理。中华人民共和国政府与外国政府签订的双边协议对原产地证的签发有特别规定的,依照协议的规定办理。

出证、认证知识

出证:是指对与国际经济贸易有关的事实,由出口国政府授权的特定机构加以认定并出具专门的证明文件。其主要作用是作为进口国海关通关、征收或减免关税;贸易双方履约交货、议付货款、明确责任以及办理索赔、仲裁、诉讼等事宜的凭证。从狭义上讲,出证通常包括出具出口货物原产地证明书、出具加工装配证明书和出具转口证明书。从广义上讲,出具涉外经贸文件证明书、出具涉外不可抗力证明书以及出具ATA单证册也属于出证的范畴。

认证:是指由出口国政府授权的特定机构,对出口商用于通关结汇以及其他用途的各类商业单据和文件就其内容的真实性或单据文件上的印章、签字是否属实进行确认和证实。在国际经济贸易中,为了办理进口手续以及保证交易行为或贸易文件的真实性,以实现交易的安全,减少风险,维护自身权益,进口商根据本国的法律或有关规定,要求出口商将交易中所涉及的商业文件或单据由出口国的专门机构(一般是商会)加以认证,这一做法已成为国际惯例。

(陈学文)

利用外资

【概况】 年内,全市批准利用外资项目55个,比上年(下同)增加40个,合同外资总额1.22亿美元,增长183.3%。其中,外商直接投资项目50个,合同外资额1.11亿美元,增长173.8%;来料加工项目合同外资72万美元(按规定,来料加工项目只计金额,不计项目数),下降45.5%;国外贷款项目5个,合同额978万美元,增长940.4%。至年底,全市累计批准利用外资项目881个,合同外资金额10.36亿美元。

全市实际利用外资7006万美元,增长74.6%,其中,外商直接投资4614万美元,增长79.0%;来料加工143万美元,增长32.4%;国外贷款1203万美元,增长45.6%;其它投资1046万美元,增长109.2%。至年底,全市累计实际利用外资4.91亿美元,通过联合年检的外商投资企业127家,从业人员2.07万人。2002年,外商投资企业实现主营业务收入20.97亿元人民币,实现利润6156.84万元人民币,实现税金9527万元人民币,自营出口7350万美元。

在2002年新批外商投资项目中,生产性项目37个,合同外资额5383万美元;非生产性项目13个,合同外资额5729万美元。按行业分,电子项目3个,合同外资额570万美元;生物医药项目2个,合同外资额543万美元;新材料项目3个,合同外资额127万美元;纺织服装项目8个,合同外资额381万美元;机械项目2个,合同外资额57万美元;食品饮料项目9个,合同外资额1451万美元;建材项目1个,合同外资额300万美元;电力生产项目2个,合同外资额1748万美元;工艺品项目3个,合同外资额46万美元;家具项目2个,合同外资额60万美元;造纸项目1个,合同外资额85万美元;皮革加工项目1个,合同外资额15万美元;房地产项目3个,合同外资额4000万美元;商业餐饮服务项目3个,合同外资额541万美元;城市公共设施项目3

个，合同外资额1035万美元；环保项目3个，合同外资额145万美元；中介服务项目1个，合同外资额8万美元。

新批外商直接投资项目来自15个国家和地区。其中，香港14个，外资额5511万美元；新加坡4个，外资额1866万美元；泰国1个，外资额1200万美元；美国8个，外资额864万美元；澳大利亚2个，外资额494万美元；菲律宾1个，外资额300万美元。 (杨其伦)

2002年泰安市利用外资结构统计表

单位：万美元

项目	合同外资额				实际使用额		
	个数	合同额	上年同期	比上年±%	使用额	上年同期	比上年±%
合计	55	12162	4285	183.83	7006	4012	74.63
外商直接投资	50	11112	4059	173.76	4614	2578	78.98
合资	21	1798	2478	－27.44	2332	1168	99.66
合作	7	3398	94	3514.89	1062	155	585.16
独资	22	5916	1487	297.85	1220	1255	－2.79
国外贷款	5	978	94	940.43	1203	826	45.64
来料加工	—	72	132	－45.45	143	108	32.41
其他	—	—	—	—	1046	500	109.20

注：根据统计办法变化的情况，2001年国外贷款1326万美元，调整为国外贷款826万美元和其他500万美元。

2002年泰安市分县(市、区)、市直利用外资完成情况表

单位：万美元

单位	合同利用额			实际使用额		
	合同额	上年同期	比上年±%	使用额	上年同期	比上年±%
合计	12162	4285	183.83	7006	4012	74.63
县市区小计	7707	3867	99.30	4166	2382	74.90
泰山区	743	1885	－60.58	536	263	103.80
岱岳区	764	1028	－25.68	1103	513	115.01
新泰市	3447	199	1632.16	574	309	85.76
肥城市	1665	517	222.05	1036	908	14.10
宁阳县	1038	70	1382.86	664	186	256.99
东平县	50	168	－70.24	253	203	24.63
市直小计	4455	418	965.79	2840	1630	74.23
开发区	2388	240	895.00	110	42	161.90
市国有资产经营公司	17	47	－63.83	332	355	－6.48
城建国有资产经营公司	996	94	959.57	896	34	2535.29
商贸国有资产经营公司	—	—	—	—	3	－100.00
其他	1054	37	2748.65	1502	1196	25.59

货物进出口贸易

【概况】 2002年,全市累计完成自营进出口贸易总值3.02亿美元,比上年(下同)增长7.9%。其中出口2.27亿美元,增长29.2%;进口7415万美元,下降28.4%。出口商品13大类、262个品种,直接出口到123个国家和地区;进口商品6个大类、30个品种,进口自29个国家和地区。

从出口市场看,亚洲地区仍是泰安市的主要出口市场,对其出口额达1.39亿美元,增长26.2%,占全市出口总额的61.1%。其中,对日本、伊朗、韩国、巴基斯坦的出口分别为3788万美元、1916万美元、1866万美元、1711万美元,分别增长3.5%、73.9%、43.0%、5.7%;对欧洲出口3839万美元,占全市出口总额的16.9%,增长63.8%,其中对欧盟出口3606万美元,增长59.3%;对北美洲市场出口3684万美元,占全市出口总额的16.2%,增长21.4%,其中对美国出口3220万美元,增长17.3%;对非洲出口499万美元,占全市出口总额的2.2%,下降16.7%。

从出口企业看,年内有37家企业获得进出口经营权,全市获权企业已达138家。有出口实绩的获权企业、三资企业共111家,增加24家。出口额500万美元以上的企业15家,增加5家,其中1000~2000万美元的5家,2000万美元以上的2家。这15家企业合计出口额1.80亿美元,占全市出口总额的79.1%。全市出口企业按经济性质分,内资企业出口1.54亿美元,增长45.5%,占全市出口总额的67.7%,提高7.6个百分点;外资企业出口7350万美元,增长4.7%,占全市出口总额的32.3%,下降7.6个百分点。

从出口商品结构看,工业制成品出口2.00亿美元,增长28.4%,占出口总额的87.7%,下降0.6个百分点,其中机电产品出口6478万美元,增长25.3%,占出口总额的28.5%,下降0.9个百分点;初级产品出口2794万美元,占出口总额的12.3%,增长35.8%。

(杨其伦)

2002年泰安市进出口贸易分县(市、区)、市直完成情况表

单位:万美元

项目	出口总值			进口总值		
	实绩	上年同期	比上年±%	实绩	上年同期	比上年±%
合计	22749	17602	29.24	7415	10352	-28.37
县市区小计	12966	10474	23.79	3493	3521	-0.80
泰山区	2653	2239	18.49	484	389	24.42
岱岳区	1845	1098	68.03	627	210	198.57
新泰市	900	1074	-16.20	254	572	-55.59
肥城市	4893	4338	12.79	1535	2024	-24.16
宁阳县	1741	1231	41.43	93	5	1760.00
东平县	934	494	89.07	500	321	55.76
市直小计	9783	7128	37.25	3922	6831	-42.59
开发区	1622	905	79.23	1	—	—
市国有资产经营公司	5286	3817	38.49	1584	1359	16.56
城建国有资产经营公司	—	—	—	54	49	10.20
商贸国有资产经营公司	2082	948	119.62	1968	3930	-49.92
其他	793	1458	-45.61	315	1493	-78.90

2002 年泰安市主要进出口地构成表

单位:万美元

出口				进口			
国家(地区)	出口额	占总额比重%	比上年±%	国家(地区)	进口额	占总额比重%	比上年±%
合计	22749	—	29.24	合计	7415	—	—28.37
日本	3788	16.65	3.50	德国	715	9.64	—57.70
韩国	1866	8.20	42.99	韩国	1763	23.78	3.82
泰国	220	0.97	89.66	美国	741	9.99	—51.70
香港	940	4.13	54.86	日本	813	10.96	—5.68
台湾	303	1.33	94.23	法国	542	7.31	—21.23
马来西亚	175	120.00	45.83	澳大利亚	112	1.51	366.67
新加坡	786	3.45	96.50	意大利	343	4.62	—40.76
印度尼西亚	232	1.02	74.44	泰国	485	6.54	63.30
巴基斯坦	1711	7.52	5.68	土耳其	411	5.54	83.48
伊朗	1916	8.42	73.86	台湾	552	7.44	220.93
沙特阿拉伯	254	1.12	—15.06				
阿拉伯酋长国	764	3.36	4.65				
比利时	275	1.56	—17.91				
法国	441	1.94	224.26				
英国	516	2.27	360.71				
德国	416	1.83	—22.25				
意大利	809	3.56	111.23				
荷兰	416	1.83	77.02				
秘鲁	50	0.21	—63.24				
尼日利亚	56	0.25	—65.85				
也门	104	0.46	—16.13				
加拿大	464	2.04	61.11				
美国	3220	14.15	17.26				
澳大利亚	266	1.17	16.16				

2002 年泰安市对外经济技术合作统计表

单位:万美元

项目	合同数		合同额		营业额		外派人次		期末在外人数	
	数量(个)	比上年±%	金额	比上年±%	金额	比上年±%	累计(人次)	比上年±%	人数(人)	比上年±%
合计	231	111.93	3221	—35.84	3291	—21.79	2373	27.31	6196	70.41
承包工程	8	—	409	—76.28	907	—60.01	185	—7.96	175	—47.29
劳务合作	223	120.79	2812	—14.68	2384	22.89	2188	31.57	6021	82.23

对外服务贸易

【概况】 年内,全市批准从事国外劳务合作咨询服务企业5家,累计达30家;具有国外承包劳务经营资格的企业7家。全年签订对外承包工程劳务合作合同231个,比上年增加122个,合同总额3221万美元,比上年下降35.8%。其中,承包工程合同8个,与上年持平,合同额409万美元,下降76.3%;劳务合作合同223个,增加122个,合同额2812万美元,下降14.7%。全年实际完成承包工程劳务合作营业额3291万美元,下降21.8%,其中,承包工程营业额907万美元,下降60.0%;劳务合作营业额2384万美元,增长22.9%。年内派出劳务2373人次,增长27.3%,其中承包工程劳务人员185人次,下降8.0%;其他种类劳务人员2188人次,增长31.6%。年末在外6196人,增长70.4%,其中承包工程175人,下降47.3%;其他种类6021人,增长82.2%。派出劳务到39个国家和地区,主要从事服装缝纫、水产品加工、蔬菜肉食品加工、建筑安装、远洋捕捞、宾馆服务、厨师、印染、电子装配、电气焊、纺织工、中医针疗等。 (杨其伦)

出入境检验检疫

【概况】 泰安出入境检验检疫局主要负责全市出入境卫生检疫与进口食品

卫生监督检验、动植物检疫和进出口商品检验工作，下设办公室、检务与综合业务科、动植卫检验检疫科、轻纺机电检验科、机关服务中心5个科室，干部职工25人。2002年，在部分国家对中国出口动植物源性产品实施增加检测项目、加严精密检验甚至封关等技术性贸易壁垒的情况下，泰安出入境检验检疫局通过加强源头管理，强化疫病疫情检测，转变工作模式，提高检测水平，确保了出口产品质量，促进了泰安市对外经济贸易的发展，被评为山东检验检疫系统2002年度先进单位、泰安市外向型经济管理服务先进单位。

国境卫生检疫 完成传染病监测体检2159人次，同比增长97.2%，发现梅毒、肝功异常等91例。检验检疫进口食品529批，货值990万美元。

动植物检验检疫 检疫出入境动植物及其产品916批，货值2351万美元。从140批来自日本、法国、新西兰、美国等国家进口货物的木质包装中，8次检测出小杆线虫、坡面材小蠹、锯谷盗、铁甲、象虫、棘跳虫、天牛等有害生物，检出率居全省检验检疫系统第一位。年内，在随附日本官方热处理证书的木质包装中，检出小杆线虫，并将设备连同木质包装退运回日本。

出口商品检验 检验出口商品5601批，货值9529万美元，同比分别减少8.2%、9.0%，比1997年分别增长90.8%和69.6%。检出不合格出口商品20批，货值31万美元，不合格率分别为3.6‰和3.3‰。由于出口企业比较普遍地采用ISO9000等质量管理体系，出口产品质量有显著提高。但受进口国提高入境门槛、国内竞争加剧以及国外加大对中国动植物源性产品的检验检疫等因素影响，出口批次、数量、货值有不同程度的下降。

进口商品检验检疫 检验进口商品374批，货值4489万美元，同比分别增长42.8%、22.3%，比1997年分别增长110.1%、-14.2%。检出不合格进口商品11批，货值12万美元，不合格率分别为29.4‰和2.7‰。进口商品大多选择国外知名公司或品牌，产品质量比较稳定，可以满足国内生产的需要。

产地证签证 签发普惠制原产地证书1891份，签证金额4145万美元，同比分别增长40.5%和27.9%，比1997年增长500.3%和381.4%。签发一般原产地证书430份，签证金额1043万美元，同比分别增长88.6%和111.0%。

鉴定业务 完成出口包装鉴定510批、168.3万只，其中一般包装性能鉴定251批、151.1万只，危险货物包装使用鉴定259批、17.2万只。完成外商投资财产价值鉴定19批，货值125万美元。

2002年泰安市大宗重点出口商品检验检疫情况统计表

商品类别	批次	比上年±%	数(重)量	比上年±%	货值(万美元)	比上年±%
肉类	511	6.24	9879吨	3.19	1518	-4.23
牛肉	4	33.33	55吨	34.15	9	80.00
猪肉	259	17.73	5060吨	18.03	838	20.23
禽肉	248	-3.50	4764吨	-8.88	671	-23.84
动物油脂	196	19.51	850吨	-10.53	227	8.10
皮张	29	123.08	291吨	18.78	250	28.21
蜂产品	5	-37.50	91吨	-27.20	13	-18.75
保鲜蔬菜	298	-15.10	16900吨	7.22	663	2.63
脱水蔬菜	70	-38.05	2941吨	23.88	302	28.51
速冻蔬菜	169	-40.28	3201吨	-20.55	395	-21.47
盐渍蔬菜	88	-1.12	1146吨	9.46	113	-0.88
粮谷	6	-14.29	264吨	-78.50	7	-75.00
木材	67	-8.22	22吨	-24.14	3	-75.00
花生仁(果)	23	-59.65	1927吨	-40.49	86	-40.69
坯布	130	44.44	8890千米	58.44	378	34.52
梭织服装	521	5.25	1940千件	2.11	777	-6.16
印染布	42	-34.38	4209千米	-38.19	149	-42.69
丝类	907	-45.20	463吨	-7.03	696	-31.50
纱线	18	-21.74	171吨	40.16	40	-32.20
轮胎	509	52.85	400千套	4.44	1446	0.42
玩具	4	33.33	123千件	70.83	9	200.00
鞋类	14	-12.50	155千双	37.17	12	9.09
裘革服装	10	-72.97	3千件	-86.96	10	-83.05
机床	11	-31.25	—	—	11	37.50
家电	42	-27.59	2755千台	-11.36	71	-48.55
电机	1	-80.00	—	—	—	—
汽车	16	-36.00	2辆	—	32	60.00
轻工机械	1	-80.00	—	—	5	-81.48
电工电器	76	-8.43	—	—	225	-30.12
五金工具	789	36.51	2248吨	45.31	396	33.33
阀门轴承	8	—	—	—	33	—
锅炉压力容器	2	100.00	—	—	17	—
发电机组	22	-12.00	—	—	22	-4.35
食品	88	-19.27	1324吨	-23.64	103	-38.32

2002年泰安市大宗重点进口商品检验检疫情况统计表

商品类别	批 次	比上年±%	数(重)量	比上年±%	货值(万美元)	比上年±%
动 物	2	100.00	10千只	100.00	17	41.67
动物产品	27	440.00	578吨	641.03	124	67.57
植物产品	3	−50.00	47吨	4600.00	6	100.00
纺织品	59	78.79	—	—	500	27.55
矿产品	3	200.00	—	−100.00	—	−100.00
金属及制品	9	50.00	—	—	37	−91.15
化工品	84	200.00	9164吨	31.86	837	90.66
机电产品	142	14.52	—	—	2038	10.52
食 品	2	−33.33	1吨	—	—	—

【监管认证】 年内,泰安检验检疫局加强对获得卫生注册和质量许可证企业的后续管理,对21家企业全部进行卫生注册年度审核,注销了长期不生产出口产品、达不到注册要求的2家企业的注册代号。预考核卫生注册和质量许可证企业8家,2家企业获出口食品卫生注册,4家企业获出口质量许可证;经过考核,向泰安永兴包装、泰安工具厂等4家企业发放了临时出口许可证。年内,帮助包括5个县(市、区)地税局在内的13个单位通过ISO9000认证评审、泰山轮胎有限公司等3家企业通过ISO14000环境管理体系的认证、泰安泰伟食品有限公司等2家企业通过HACCP认证。累计指导65个单位通过山东评审中心的认证,占全市认证数量的60%以上。

【开展"大通关"工程建设】 年内,以"报检签证电子化、检验检疫科学化、出入放行便捷化"为目标,全面推进"大通关"工程建设。一是全面提速、强化服务。工作中,简化出入境货物的检验检疫手续,对来料加工进口的所有原辅料不再实施品质检验;缩短检验检疫周期,限时办理业务;加大认证认可工作力度,提高出口产品质量;鼓励以国产原料代替进口原料,拓展普惠制利用的广度和深度,促进加工贸易发展;支持民营企业扩大出口创汇,办理出口业务提供上门服务,并免费为民营企业培训报检员和普惠制申领员;实行政务公开,接受社会监督等。二是推广"三电"(电子申报、电子转单、电子通关)工程,有18家企业开通电子报检业务,电子报检数量占总报检量的75%。三是推行分类检验的监管模式,营造宽松的出口环境。"分类检验"就是检验检疫机构根据企业的出口规模、质量管理水平、出口产品质量状况等条件对出口产品进行分类,按一定比例抽验放行的检验监管模式,对实施抽查检验以外的批次,凭企业出具的质检报告放行。年内,泰安检验检疫局率先对山东鲁能电缆股份有限公司等6家企业实行了"分类管理",受到企业的高度评价。四是提高工作效率和服务水平,全力促进企业出口。通过实行24小时全天候、无节假日工作制度,为重点骨干企业、民营企业开设"绿色通道",提供多项便捷服务。 (姜 颖)

海 关

【概况】 泰安海关是负责泰安市、莱芜市的进出境监督管理机关,隶属青岛海关管理,主要对进出关境的运输工具、货物、物品进行监管,征收关税和其他税费,查缉走私,编制海关统计并办理其他海关业务。年内,泰安海关有干部职工24人,下设综合业务科(办公室)、通关科、加工贸易监管科、监管科、调查科5个科室。泰安海关业务报关大厅被共青团山东省委和青岛海关授予"省

9月28日,国家质检总局副局长葛志荣(左五)到泰山亚细亚食品有限公司视察

级青年文明号”荣誉称号。

2002年，泰安海关认真贯彻执行“依法行政，为国把关，服务经济，促进发展”的工作方针，全年共监管进出口货物1.16万吨，货值3567万美元，比上年分别增长-33.7%和18.4%，比1997年分别下降97%和77%；征收税款2089.88万元，减免关税及代征税2.04亿元，办理加工贸易合同保税额2.28亿元，比上年分别增长102.8%、77.3%、96.6%，比1997年分别增长41%、172%、-16%。

综合治税　年内，争取地方政府支持，多次召开由泰安、莱芜两地市党政领导、外经贸主管部门、重点出口企业和欠税企业负责人会议，通告海关法规政策。提高加工贸易监管质量，做好加工贸易内销审价工作，对涤纶短纤、氧化铝、天然橡胶、棉花等重点敏感商品和多次展期合同，集中力量进行重点核查，全年对加工贸易手册办理内销补税1944万元，占总入库税款的93%。通过综合治税，深入挖潜，提前35天完成全年税收任务。

实际监管　①贯彻《青岛海关党组关于加强业务建设的决定》，修订科室岗位职责和操作规范，重新设置了科学合理的作业流程和内部衔接配合办法，业务一线人员、实货监管人员分别占全部人员和业务人员的65%、61%。②严格执行各项通关审批制度，办理加工贸易和减免税业务实行内部三级审批、限额限量及规定项目上报审批，加工贸易合同备案要提交企业法人签字的《按期核销保证书》，办理减免税审批

2002年泰安海关大宗进出口商品统计表

单位：万美元

进口商品名称	进口价值	出口商品名称	出口价值
机器设备	2240	纺织品及服装	5630
矿产品	1723	机电产品	5179
纺织原料	962	玻璃纤维制品	2136
橡胶	571	冷冻蔬菜	1358
化工产品	562	三聚氰胺	1354
塑料原料	535	轮胎	1287

向企业发放《法律告知书》；做好企业稽查工作，对辖区内濒于破产的企业提前介入，防止国家税款流失；实行重大加工贸易项目企业负责人会晤制度，宣讲国家关于加工贸易监管的规定，明确企业法人履行海关法规的责任；积极探索风险管理在基层海关的应用，如北京某公司在泰安海关申办氧化铝进料加工业务，采取银行保付保函方式，既化解了风险又支持了企业发展。③年审、备案与预催核制度相结合，加大对超期未报核手册清理力度，全年清理超期未报核手册21份，处理遗留合同17份；办理加工贸易手册备案350份，备案值1.1亿美元，增长15.1%。

打击走私　贯彻执行“打防结合、以防为主”的方针，围绕企业稽查、贸易调查、市场调查、风险管理和规范企业进出口行为开展工作。年内处结走私、违规案件9起，立案3起，案值13.6万元，移送济南海关走私犯罪侦查支局2起，罚没收入43万元。

【支持开放型经济发展】　年内，认真贯彻执行《泰安海关支持地方外贸出口的八项措施》，利用公告栏、电视台、报纸、宣传册等形式，公布海关办事程序、办理时限和所需费用，印制散发业务办理明白纸；规范业务咨询工作，选拔一位业务全面的科长承担业务综合咨询岗位职责，以规范格式的《泰安海关咨询答复书》“一口”对外答复咨询；通过举办适用“便捷通关”和加工贸易“大手册”管理企业座谈会、外商投资咨询会、海关业务培训班等活动，将各项优惠措施落到实处。

（赵　淼）

编辑·校对　安　丽

经济园区·民营经济

园区建设综述

【概况】 年内，市委、市政府把经济园区建设作为推动全市经济发展的战略重点，按照"高起点规划、高标准建设、高效能管理、高速度发展"的方针，大力发展民营经济。到年底，全市有县级以上人民政府批准的经济园区57个，其中开发区9个、工业园区48个，累计建成面积74.5平方公里，当年投资51.2亿元，年内新批准进园项目911项，有470项建成投产，全市累计进区企业已达1741个。

在57个经济园区中，有市属开发区2个(泰安高新技术产业开发区、泰安旅游经济开发区)、市属工业园区5个(泰山电子信息工业园、巨菱工业园、泰山复合材料工业园、泰和工业园、大汶口经纬工业园)、县(市、区)属开发区6个(泰山区东部新区、岱岳经济开发区、新泰高新技术产业开发区、肥城市高新技术产业开发区、宁阳八仙桥经济技术开发区、宁阳山东磁窑经济技术开发区)、乡镇属经济园区44个(泰山区4个、岱岳区9个、新泰市11个、肥城市9个、宁阳县4个、东平县7个)。园区基础设施建设达到"四通(路、水、电、通讯)一平"的占70%，达到"三通(路、水、电)一平"的占30%。市属和县(市、区)属开发区多为政府主导型(政府征用土地、投资基础设施建设、行政管理)，其中市属工业园中有4个(泰山电子信息工业园、巨菱工业园、泰山复合材料工业园、泰和工业园)为国有企业主导型、1个(大汶口经纬工业园)为民营企业主导型。44个乡镇建设的工业园区均属混合型(政府部分投资、企业为投资主体、吸纳社会资金的多元式)民营工业园区(详见附表)。

全市近年在园区建设中，坚持"建好园区引项目，引到项目进园区"和"项目进园，服务到企，因地制宜，配套联动"的方针，积极探索园区建设的新路子，主要做法是：①更新观念，上下联动，全市上下形成靠园区建设促经济发展的共识。市委、市政府把园区建设作为发展经济的三大战略重点之一。各级党委、政府也坚持把园区建设作为聚集生产要素、优化资源配置、拓宽经济发展空间、膨胀工业规模实力、推动经济快速发展的重要载体，立足实际，根据区位优势、资源优势和国家产业政策，突出特色建园区。肥城市在园区建设上提出了"五个一"的指导思想，就是有一个高标准、设计一个开放型的规划，拉开一个大框架，引进一批好项目，配一个专业化的强班子，建立一套科学有效的运作机制。各县市区在园区建设上相互学习、相互借鉴，促进了园区建设的超常规发展，掀起了新一轮大发展的热潮。②坚持高起点规划，完善基础设施建设。各园区在规划建设中坚持统一规划、分步实施的指导思想，立足于发挥区位优势、传统优势，遵循客观经济规律，把园区建设同加快城市化进程有机结合起来，以园区建设扩张城市规模，靠城市优势带动园区发展。一是在总体规划上，力争规模大、功能全、层次高、基础设施完善。二是在建设标准上，确保高质量、效益好、规范化，严格控制工程质量、工期、投资的全过程。三是在项目引进上，把投资大、科技含量高、知名度高的企业作为重点，为其优化发展环境、提供优质服务。全市各园区的规划均由市级以上设计部门规划设计，初期规划面积都在33.3公顷以上，起步区内路、电、水、通信基本完善，初步达到"四通一平"。在基础设施建设中，各园区因地制宜，积极探索融资建设基础设施的新路子，加快建设步伐。其中岱岳经济开发区管委会按照"以地为本滚动发展，受益主体联动开发"的市场化运作思路，走出了"引(优惠政策引一块)、筹(作活土地文章筹一块)、贷(争取金融部门支持贷一块)、垫(由施工单位垫一块)、赚(靠有偿服务赚一块)"五条途径融资搞基础设施建设的成功路子。东平县园区建设坚持质量、效益和环境相统一的原则，围绕园区结构、生态环境、发展框架等问题超前研究，确定园区发展方向和目标。③制定优惠政策，营造良好的发展环境，加大招商引资力度。有的在土地开发转让中政府零收益；有的实行项目征地款以企业投产后税收款抵顶的政策，有的对进区项目实行税收先征后返的办法。泰山区从财政扶持、项目引进、土地征用、投资新建、引企入园和服务管理等方面给予全方位政策优惠：一是财政扶持政策，主要是对企业上交所得税形成财力部分返还企业。二是土地优惠政策。对入园的生产性建设项目，可以出让土地使用权，企业以受让方式获得土地所有权的，可按评估地价总额的65%缴纳，也有的采取租赁、出让、拍卖等方式使企业取得土地使用权。三是引资激励政策。对引进生产经营性项目及货币资金的，给予不同程度的奖励，资金由受益单位支付。宁阳县委、县政府出台了《关于招商引资的优惠政策》，最大限度地让利于客商，形成了亲商、敬商、稳商、兴商的浓厚氛围：一是实行绿色通道政策。凡是进入园区的企业，手续办理一路绿灯，进园项目只要能够立项，具体手续在县内可以先干后办，边干边办。二是实行无费或低费政策。县职能部门集中办公，进园区项目需办的手

5月18日，泰安高新技术产业开发区新区举行奠基仪式　　（李　明　摄）

续，有的不收费，有的只收取少量手续费。三是实行政策性的地价政策。对园区内土地的价格除按区域优劣确定外，还根据税收贡献大小来确定，贡献越大，地价越优惠。④加强领导，完善机构，强化服务功能。全市各级把园区建设作为工作重点，定期召开调度会议，总结经验，交流情况，及时发现和解决发展中遇到的困难和问题。各园区普遍成立了园区管理委员会，明确机构，明确责任，确定人员，为园区建设提供全方位服务。市高新区建立起了政务大厅，由各职能部门在厅内分设项目审批、科技管理、规划、土地、建设、环保、工商、税务、人事代理、户籍管理等服务窗口，实行集中统一办公，实现一站式审批、一条龙服务。新泰、肥城市对进区企业实行全程服务，实行"首见负责制"，从项目立项、审批、各种证件办理一包到底，直至投产经营，并郑重承诺：只要项目定了干，一切手续我们办；只要项目开了工，跟踪服务全过程；只要项目投了产，终身服务到永远。

全市园区建设存在的主要问题：一是有的决策者思想观念仍然不够解放。有的受传统观念和旧经济体制影响，对经济发展的国际化趋势缺乏足够的认识，思维方式仍然受计划经济模式的束缚。二是优惠政策落实不到位。各项优惠政策虽已制定，但有的落实不力。特别是在土地、税费优惠政策落实过程中，缺乏有效的检查监督机制，兑现不够及时。有的部门对园区建设支持服务不够，没有从发展本地经济的大局出发，而是单纯从条条块块管理的角度看问题，从本部门的自身利益出发去办理和解决问题，造成园区"扎口"管理落实难。三是发展环境还不够优化。无论是硬环境，还是软环境，与发达地区相比仍有较大差距。表现为各级都相对独立，没有把全市发展看作一个有机整体，而是条块分割，竞相攀比，竞争无序，造成资源的浪费。四是基础设施建设资金匮乏。由于各级政府的财力有限，园区建设完全依靠财政是不现实的。虽然利用多种渠道广筹资金，但还远远不能满足建设的需要。五是园区管理机构不完善，管理职能有各种局限性。

附：　关于泰安市园区规划建设情况的调查（摘要）

2002年5月份起，市政协与各县市区政协共同组织部分委员、专家、教授及政府部门的负责同志，分7个调研组，就我市园区规划建设情况进行了为期两个多月的深入调查。

一、全市园区建设的基本情况

目前我市共有县级以上人民政府批准认可的园区57个（农业开发区除外），其中开发区9个，工业园48个。按隶属关系分布如下：泰山区6个，岱岳区10个，新泰市12个，肥城市9个，宁阳县6个，东平县6个，市直8个。全市园区总规划占地面积278.72平方公里，现已建成面积35.32平方公里，在建35.59平方公里；总规划建筑面积6646.29万平方米，已完成1167.33万平方米，在建420.35万平方米。

二、园区发展情况特点

通过对我市57个园区规划建设的调查分析，大家认为我市园区建设基本现况是好的，发展也是健康的、快速的。可分为三大类，发展很好的约占30%，这些园区特色突出，发展迅速，产品市场潜力大，如市属复合材料工业园，县市区属的泰山区科技园，乡镇属的羊流工业园；发展比较好的占50%，这些工业园特色不突出，但项目聚集相对较快，有一定的活力；差的占20%，这些园区项目少，项目小，很难形成产业群体，在激烈的市场竞争中很难取胜。综合起来有5个特点：一是认识统一，领导到位；二是制定了政策、健全了机构、强化了服务；三是高标准规划，高起点建设；

园区总体规划统计表

指标单位	规划占地面积（平方公里）	建成面积（平方公里）	在建面积（平方公里）	规划建筑面积（万平方米）	完成建筑面积（万平方米）	在建面积（万平方米）
泰山区	27.00	2.32	2.43	504.20	70.40	42.35
岱岳区	46.40	11.97	7.60	1814.70	427.53	105.40
新泰市	37.76	7.93	6.16	716.00	106.00	65.80
肥城市	32.27	2.27	0.74	1840.00	273.00	77.50
宁阳县	38.30	3.49	0.92	1696.70	265.50	108.00
东平县	6.10	1.86	0.64	125.80	24.90	22.30
市　直	90.90	5.84	17.10	—	—	—
合　计	278.73	35.32	35.59	6646.29	1167.33	420.35

四是立足优势、突出特色、培植主导产业;五是招商引资工作有了新突破。

三、存在的困难、问题和差距

我市在园区建设中取得了很大的成绩,有了历史性突破,但和周边地区相比,还存有很大的差距,还存在着诸多的问题困难,这些问题如不及时解决,必将对我市园区建设产生较大的负面影响。

1、园区建设规模过小、过散,突出表现为园区的数量多、个头小、项目少、填充慢,与我市周边地区相比较,我们无论是发展速度还是进园项目、经济效益,都落后了很多,差距仍在继续拉大。在调查中看到,我市还有很大一部分园区不仅没有大的项目,就是小的项目也不多,有的园区仅有1～2个小的工业项目,还有的仅仅是一个规划。

2、基础设施相对滞后。大部分工业园区的基础设施建设十分缓慢,很多园区仅仅实现了起步区的“四通一平”,还有很多连“四通一平”也达不到,很难吸引大的项目入园落户。很多园区在今后的竞争中,难以生存。

3、招商引资虽有突破,但引进的项目规模小,资金少。目前,我市引进的大项目不仅少,总量也不多。同时,园区内部分项目是市内原有企业进入的,虽然园区内的企业增加了,但全市经济总量并没有多少增长。

4、软环境不够优化,与先进地区相比差距明显。一是认识上的差距,表现为思想不够解放,发展欲望不强,观念相对落后;二是在优惠政策上的差距。许多外地市在土地使用上都采取了“送、减、补、缓”的优惠政策,而我市仍停留在征地建厂,拿多少钱征多少地的模式上;三是服务上的差距。园区协调服务不够,投资者既要与政府打交道,还要与当地群众和设施建设单位打交道,天天忙于应付,耗费着大量的时间和精力;四是法律环境上的差距。在征地赔偿和工程建设中经常与当地群众发生纠纷,政府给的优惠政策得不到很好的落实,个别部门和单位仍从自身利益出发,消极对待,个别主管部门特权思想十分严重,推诿扯皮现象时有发生。

5、资金缺口大,各个园区都存在着严重的资金短缺和资金筹集渠道单一的问题,致使基础设施建设缓慢,标准过低,难以达到招商引资的基本条件。

四、建议

1、解放思想,提高认识,把园区建设成为我市经济发展的特区。在园区建设上,按照“三个有利于”的原则,引进全新的理念,打破一切束缚,突破观念上、机制上、制度上的障碍。政府各部门要切实转变职能,强化服务意识,为园区建设提供强有力的支持和服务,切实把园区建设成为泰安经济社会发展的典范,人流、物流、信息流的中心。

2、园区建设要坚持高标准规划,高起点建设,可持续发展的原则。

3、发挥比较优势,创办特色园区。要紧紧依靠科学技术,利用园区的优惠政策,围绕做大做强的特色产业,对本地的企业进行嫁接和改造,提高产品的科技含量,创造本地区的名牌产品。同时也通过特色园区的形成,对我市诸生产要素进行重新配置,提高我市工业的整体竞争力。

4、以园区建设为契机,加快教育产业的发展。建议市委、市政府在发展教育产业方面,制定更加明确、更为优惠的政策,创造更好的发展环境,鼓励支持专家教授进入园区,创办领办企业,发展高校经济,真正发挥出我市高校众多、人才济济的优势。

5、进一步加大招商引资的力度,努力实现新的突破。在招商引资的宣传力度、奖惩制度、人才培养等方面抓好落实,实行招商引资与引智引才并重的原则,加快科研成果的转化,形成新的经济增长点。

6、加强领导,促进园区的健康发展,建议设立园区建设发展协调机构,制定有关制度,落实责任,全面负责园区的建设工作。　(市政协)

6月25日,市委、市政府举行泰安高新技术产业开发区行使市级管理权限授权交接仪式

泰安高新技术产业开发区

【概况】 泰安高新技术产业开发区(简称“泰安高新区”,下同)是省政府于1995年8月批准的省级高新技术产业开发区,位于泰安市区东部。根据泰安市经济发展需要,市委、市政府于2001年11月决定在市区以南建设泰安高新区新区。年内,泰安高新区管委会围绕建设经济强市的战略目标,按照“高起点规划、高标准建设、高效能管理、高速度发展”的方针,理顺管理体制,开展二次创业,各项工作全面推进。5月18日新区隆重奠基,招商引资、项目建设、基础设施建设、社区建设等工作全面展开。全年批准进区项目139个,项目总投资61.8亿元,其中新区批准进区内资项目85个(总投资55.1亿元),外资项目10个(合同利用外资4199万美元);东区批准进区项目22个(总投资3.8亿元),外资项目2个(合同利用外资415万美元,实际利用外资100万美元)。全区全年实现业务总收入31.8亿元,比上年增长68.2%;工业总产值30.1亿元,增长68%;工业增加值10.3亿元,增长55%;完成利税4.4亿元,比上年增长76%。全年实现进出口贸易总额9126万美元,比上年增长110%,其中出口6203万美元,增长128.8%。至2002年底,全区累计批准进区项目408个,项目

总投资111.7亿元;竣工投产企业270家,其中高新技术企业72家、外资企业22家。全年新注册登记企业193户,注册资本3.4亿元;累计注册企业425户,注册资本9.5亿元。

管理机构　4月份,市委、市政府出台《关于加快泰安高新技术产业开发区建设的意见》、《关于泰安高新技术产业开发区行使市级管理权限的试行意见》和《关于泰安高新技术产业开发区领导及管理体制改革的实施意见》等3个文件,赋予或委托高新区行使市级管理权限,并将岱岳区北集坡镇整建制划归高新区领导管理。高新区党工委、管委会按照"积极主动、准确全面、严守纪律、明确责任"的原则,成立交接工作领导小组,组成综合协调、组织人事群团、财税、土地规划及建设环保、经济发展及工商企业、社会事业等6个交接工作小组,制定周密方案,抽调专人明确分工,与市直60多个部门及岱岳区进行对口交接,只用了不到两个月的时间就完成了交接工作。6月25日,市委、市政府在新区举行高新区行使市级管理权限交接仪式,高新区与市直32个部门签订行政管理权限委托书。7月1日,高新区党工委、管委会正式行使市级管理权限和对北集坡镇的领导与管理权。根据市委、市政府《泰安经济开发区、泰安高新技术产业开发区党工委、管委会职能配置、内设机构和人员编制规定》文件精神,管委会正式成立办公室、人事劳动局、财政局、经济发展局、招商局、国土建设局、社会事业局等机关部门;高新区管委会面向全市公开招聘七名副县级干部担任机关局、室负责人;对副县级以下工作人员全部实行竞争上岗。修订完善机关规章制度,使工作制度化、规范化。按照"机关不包后勤、企业不办社会"的要求,将高新区的后勤服务从机关剥离出来,成立高新区机关事务管理中心(有限责任公司),实行公司化运作,建立新型的后勤服务机制。市公安局在高新区设立公安分局,市人民法院、人民检察院分别在高新区设立法院筹建处和检察室,12月17日、12月30日高新区人民法院和人民检察院分别经最高人民法院和最高人民检察院批准设立。高新区管委会立足实际搞好服务,新建的政务大厅于7月1日正式对外办公。政务大厅分设审批一区、审批二批、服务监督区和展示区,各相关职能部门和社会中介服务机构在大厅内设立项目立项审批、建设、土地、环保、工商、税务、户政、人事、金融、律师、通讯、信息咨询、会计等40多个审批服务窗口,实行敞开式、透明式集中办公,一站式审批,一条龙服务,成为展示高新区行政提速、政务公开、服务优质的一大"亮点"。

规划建设　年底,全区累计完成基础设施建设投资14.3亿元,累计开发面积达23平方公里,其中新区完成基础设施建设投资2.8亿元,开发面积10.8平方公里。会同市规划部门编制完成新区总体规划。高标准、高质量地修建了新区起步区内总长约40公里的10条道路。完成92座大小桥涵、6个立交通道。改造电力、电缆、自来水管道近30公里。铺设完成自来水、天然气、强电、弱电、雨、污等12种横过路管线。完成凤凰河橡胶坝一期工程、水面基础工程和重点路段的绿化。严格按照总体规划进行项目选址和布局。实行"项目法人制、招投标制、政府采购制、质量监理制、造价审计制"等现代工程建管新机制,完成8个批次4个单独选址项目200公顷建设用地批复。完善地上物补偿和拆迁标准,共清偿土地800公顷,拆迁各类企业、个体户和民房11.08万平方米。成立土地储备中心,对开发区规划范围内的土地进行储备、管理和市场化运作。加强建筑、土地、房产市场专项执法工作,查处各种违章建筑657处。在搞好基础设施建设的同时,在新区规划建设保税加工区、新材料工业园、生物工程园、机电科技园等园区,实行市场化、公司化运作,重点发展出口加工业、物流业、新型材料、生物技术及光机电一体化等高科技项目。同时,引进外资和社会资金,由管委会提供优惠政策和便利条件,建设明天光彩工业园、山东友好城市工业园、汶正高科技园等区中园,打造高新区特色工业园群体。

招商引资　①加强对招商引资工作的领导。成立高新区招商引资工作领导小组和专职招商部门,出台新的优惠政策,实施招商引资目标责任制,强化园区招商机制,推行全员招商。②加大招商宣传推介力度。制作高新区宣传光盘和中央电视台宣传专题片,在海内外重要报刊上刊发招商专版。③参加一系列招商活动。先后组织参加了两次全市进京"双争取"活动、山东省企业与驻京高校和科研机构项目对接洽谈会、月是故乡明—旅韩华人中秋恳谈会、深圳第四届高交会、第十六届泰山国际登山节、2002中国泰山国际投资贸易洽谈会。在广东省东莞市面向台商举办泰安市暨泰安高新区招商恳谈会。12月28日在北京人民大会堂举行2002山东泰安高新区发展论坛暨签约仪式,与清华大学签订一揽子合作协议。先后派出招商团组分赴美国、韩国、德国、加拿大及香港、台湾等国家和地区以及上海、北京、天津、深圳、厦门、昆山等国内资金密集区,与大企业、大集团广泛接触,建立起密切的合作关系。④为项目进驻高新区提供优质高效服务。高新区管委会与市直7个部门联合制订进区项目标准并严格执行。成立项目管理中心,推行项目开工建设协调调度制度、联络员制度和包保责任制度,为项目单位在项目报批、土地、建设、环保等方面提供高效便捷服务,形成"在谈项目抓签约、签约项目抓开工、开工项目抓投产"的工作流水线。全年共有61个项目开工建设,其中南部新区52个。建设项目中,欣怡制衣当年开工,当年建成投产;金正源无胶棉项目投入试生产;泰山国际保税物流中心海关监管场站、超越综合广场、山东亚太制药有限公司的输液车间、针剂车间等项目已经竣工;通远机械有限公司专用工程机械制造、明天光彩工业园、正阳机械、威斯特生物制药、万国工艺品及静电喷涂、长城农资配送中心等项目已完成厂房主体建设;泰山医学院新校区、公安大厦、南郊餐饮娱乐中心、泰安科园化工有限公司淀粉深加工、汽车电子元器件生产等项目相继开工;华通汽车改装生产线、机电设备采购及配送中心、高新区金融中心、余热制冷、专用工程机械、旅游汽车组装展销等高质量项目相继进区。

社区建设　年内,立足实际,制定实施《关于搞好社区建设试点方案的实施意见》,按照"一次规划到位、分步具体实施"的原则,启动社区建设。①建设凤凰小区、龙泉小区和凤凰小学等社区配套设施。②年内,北集坡镇整建制划归高新区领导和管理后,成立新区建设服务中心,抽调精干力量进驻新区搞好服务;实施邢家寨大桥修建、供销社建设、经济园区建设和农田改造四大工程,改善村镇面貌;对95%以上的镇村企业成功改制,积聚发展后劲。③成立社区工作办公室,对起步区内的9个村实行统一领导,加强管理和指导。下派包村工作组,盯靠村庄开展工作,通过调查摸底,掌握驻地村的地理、经济、社会等情况,确保社会稳定和项目建设的顺利进行,为全面开展社区工作奠定基础。④加强对驻地村(居)民的教育引导。利用会议、座谈、培训、组织外出参观、听报告等各种教育形式,在驻地村宣传新区建设的目的、意义及前景,增强其市场经济意识和市民意识,形成全力支持配合高新区建设的浓厚氛围。

⑤根据新区逐步推进的实际，制订、实施《关于扩大劳动就业增加农民收入的意见》和《关于进一步做好劳动就业工作的通知》，运用市场经济手段组织指导起步区内村民组建花卉苗木公司、建筑安装公司、运输公司、装饰公司、保安公司等实体，全年共安置村民3200余人次。还通过保洁、餐饮、沿路绿化及劳务输出等多种劳务渠道为驻地村(居)民提供就业机会。

科技创新　全年共有42家企业被认定为市级以上高新技术企业，其中12家被认定为省级以上高新技术企业，108种产品被认定为市级以上高新技术产品。全区全年高新技术企业实现产值24.6亿元，工业增加值7.9亿元，分别比上年增长69.3%、42.2%，占全区总额的81.7%和76.7%。全年列入国家级火炬计划项目2项，省级火炬项目计划项目6项，科技型中小企业专项扶持资金计划项目1项、省级科技发展计划项目1项、省优秀中青年科学家科研奖励基金计划项目1项。全年共争取无偿科技经费181万元。

工商财税　全年完成财政总收入1.12亿元，比上年增长42.4%。全年实现地方财政收入4835万元(新口径)，比上年增长53.92%，其中，国税分局完成税收712万元，完成预算的113.74%；地税分局完成税收2109万元，完成预算的116.65%；财政部门完成收入2014万元。全区累计完成财政支出4883万元，占年初财政预算的118.06%。年内，顺利完成与岱岳区对北集坡镇的财税交接，完善确定新一轮财政体制。实施农村税费改革，共减负191万元，减负比例达23%。建立财政、国税、地税、工商、项目单位五位一体的税源联系网络。

【高新区东区建设】　高新区工作重心向南部新区转移后，党工委、管委会在东区设立管理中心，负责对招商引资、基础设施建设等工作的协调管理，为高新区快速发展提供可靠的财源保障。全年开工建设项目9项，在建面积24万平方米，是东区历年来开工建设项目最多的一年。投资过亿元的鲁能变压器厂、泰安水箱厂等项目均按计划完成投资。全年有3家企业被认定为省级高新技术企业，有24种产品被认定为高新技术产品。协调自来水、通讯等部门，铺设自来水管道3500米、通讯管道2000余米；完成泰前大街110KV电力线路的架设；铺设巨菱路排污管道780余米；铺设人行道板1000余平方米；修补改造沥青路面500余平方米、混凝土路面200余平方米；补植各类花卉树木1万余株；完成上报用地手续11宗；办理土地证8宗；清理地上附属物27公顷；办理用地规划许可证17个；对46项在建工程进行监督检查。

【新区总体规划编制完成】　按照泰城新一轮城市总体规划和现代化园林旅游城市的功能定位要求，根据经济、社会、环境、效益相统一、协调发展的原则，高新区管委会会同市规划部门聘请上海同济大学规划设计院和山东省城乡规划设计院分别编制完成新区概念规划和总体规划。新区规划面积50平方公里，东至京沪铁路，西到京沪高速铁路规划线，南至胜利水库南坝线，北到京沪高速公路，重点发展机电一体化、新型材料、生物工程、保税进出口等产业。新区规划先后经过省内外专家、市政协委员论证，市政府常务会议审查通过，6月19日，在市人大常委会第33次会议上审议通过。

【泰山国际保税物流中心建设进展顺利】　高新区管委会设立的泰山国际保税物流中心4月28日举行奠基仪式。年内，1200平方米海关监管仓库和6000平方米海关监管场站全部竣工；海关监管场站运营相关手续的申报审批工作基本完成；一级货代权申办材料已上报省外经贸厅；积极争取船运公司、集散地装箱运输公司支持，与中海山东公司、香港货柜码头运输公司等10家公司达成一揽子合作框架协议；积极开展招商引资工作，与北美第一开发集团、山东鲁润股份有限公司等10家企业达成合作协议，全年共有20家企业签订入驻海关监管场站协议。

【市高新技术创业服务中心建设又有新发展】　年内，市高新技术创业服务中心新区孵化基地开工建设，服务功能日臻完善。成功举办第三届山东省创业中心协作网年会，省内25个创业服务中心与会，交流彼此鼓励发展高新技术的做法。年内共有20家孵化企业进驻市高新技术创业服务中心，其中10家被认定为省级高新技术企业、1家被认定为“双软”(软件生产和软件产品)企业，5个孵化项目被列入省级火炬计划项目。到年底，高新技术创业服务中心累计有在孵企业90家、省级高新技术企业27家、“双软企业”3家、省级火炬计划项目11个。3家孵化企业获得市科学技术进步奖。　(颜丙洪)

泰安旅游经济开发区

【概况】　为了加快泰安市旅游经济的开发建设，8月，市委、市政府研究决定，将泰城西部的泰安泰山旅游度假区从泰安经济开发区、泰安高新技术产业开发区中分离出来，更名为泰安旅游经济开发区，设立区党工委、管委会作为泰安市委、市政府的派出机构，负责规划范围内规划、建设方面的协调管理、招商引资和进区项目的协调、服务、管理工作。

泰安旅游经济开发区规划面积29.6平方公里。规划范围：北至桃花峪入山口(元君庙南墙)，并与泰山风景名胜区二级保护区边界衔接；东至黄草岭村环山路防火通道至泰山学院西墙北端；向南直线延伸接京沪铁路，沿京沪铁路向东至货场西路；南至泰肥铁路；西至界首405仓库路、京福高速公路。

开发区建设与发展的定位是：泰安现代化园林旅游城市的重要组成部分，泰山旅游的重要内容和服务接待基地；集旅游娱乐、休闲度假、高新技术工业、旅游商品加工、商务办公、高档居住、生态保护于一体的现代化西部新城区。

民营经济

【概况】　2002年，全市民营经济保持快速发展势头。个体企业发展到6.85万户，注册人员13.2万人，注册资(本)金9.2亿元，分别比上年增长1.3%、-1.78%、4.39%。民营企业发展到6360户，注册人员8.69万人，注册资(本)金32.8亿元，分别比上年增长4.74%、5.38%和33.2%。民营经济完成增加值174.4亿元，比上年增长31.1%，占全市国内生产总值的比重达到33.8%，比上年提高4.1个百分点。民营经济实交税金10.7亿元，比上年增长48.1%，占全市地方财政收入的比重为45.04%，比上年提高7.93个百分点。实交税金超过100万元的民营企业有113个，其中过1000万元的13个。有71家民营企业获自营进出口权。民营企业完成出口交货值12亿元，比上年增加1亿元。民营经济纳税过1000万元的乡(镇、办事处)达到25个。

加强领导　落实责任　2002年，市委、市政府高度重视民营经济发展。年初，召开全市民营经济工作大会，进行大总结、大表彰、大发动。会后，市委、市政府组织市直有关部门和县(市、区)主要领导分别到浙江、广东、福建、江苏等地考察学习，找差距，理思路，定措施。在深入思想发动的基础上，制定了民营经济发展计划和工作方案，并按照“抓本级、抓重点、搞突破”的原则，层层分解、落实任务和责任。市、县、乡都建立了负责人和民营经济工作领导小组成员联系重点民营企业制度，及时掌握民营企业发展动态，并制定《全市民营经济考核奖励办法》，建立以纳税、投入、发展规模企业为内容的民营经济考核体系，把民营经济作为一项重要考核内容，增强各级政府的责任感。围绕“发展规模工业企业、搞好载体建设、壮大区域特色经济”的工作重点，分类排队，进行重点调度。年内先后召开五次现场调度会，总结交流经验，分析发展形势，研究解决问题，制定新的发展措施。同时，对重点任务、需要解决的突出问题、各部门支持民营经济发展的情况等进行专题调度。每月组织有关部门分析民营经济发展情况，并在《泰安民营经济》简报上进行通报。

发展规模企业　2002年，全市把发展规模工业企业作为民营经济工作的龙头，层层分解任务指标，落实责任，加强调度，严格奖惩，大力培植。到年底，全市民营规模工业企业发展到433家，比上年增加186家。民营规模企业中，销售收入超过1000万元的有226家，过亿元的有27家；实交税金超过100万元的企业108家，过1000万元的12家。具体做法：一是坚持“两手抓”，即一手抓巩固，一手抓发展。对有可能落伍掉队的老规模企业逐个进行分析，找出症结，给予帮助和支持，使其继续向前发展；对新建企业，重点抓其建设速度和质量；对产品市场前景看好的企业，着力抓扩大生产规模和产品销售。对产品市场饱和、发展有困难的企业，引导其加快技改，开发新产品，开辟新市场；对机制或管理有问题的企业，重点抓企业机制转换和管理水平的提高。二是加大招商引资和重点项目建设力度，扩大规模企业后备军。全年完成招商引资项目800余个，实际到位资金35亿元。其中，肥城新建泰山铝电有限责任公司的建设规模为年产电解铝30万吨，总投资83亿元(其中一期10万吨，总投资28亿元)，2001年下半年开始建设的3.5万吨的起步工程，已于2002年11月份投产，规模达年销售收入6亿元，利税1.2亿元。三是开发民间资本，充实规模企业发展资金。宁阳县水泥厂新上30万吨水泥项目，2100万元的建设资金全部由职工、机关工作人员和社会人员以入股方式筹集。新泰市曹洪涛自筹资金1750万元上的工业用酒精项目，当年投资、当年投产、当年见效。四是抓好企业家培养，增强自我发展能力。培训民营企业家，提高其素质。分级、分层次组织企业负责人到先进地区进行考察学习，开阔眼界，寻找商机。

抓好载体建设　坚持高标准规划，在选址、规模、布局、特色等方面，聘请专家进行评审和论证，做到一步到位，分步实施。坚持把管理机构建在园区上，具体承担基础设施建设、招商引资、保护入驻企业合法权益三项责任。为进入园区、市场的业户，创造良好的发展环境，实行一条龙服务。年底，全市经县以上政府批准的民营经济园区有45处，其中省级民营经济园区23处，总规划面积160平方公里，已完成基础设施投资15.8亿元，基本实现"四通一平"。进区企业1424处，安排就业人员11.08万人，固定资产投资53.7亿元，其中年内新进区项目400余项，80%以上项目已经投产，完成营业收入73.7亿元，实交税金2.71亿元，比上年增长88.6%。全市民营经济专业市场有55处，进市业户2.88万个，完成交易额64.9亿元，比上年增长49.9%，上交税金4325万元，比上年增长37.4%。

发展区域特色经济　根据不同区位的资源、技术和劳动力优势，引导民营企业发展特色鲜明的主导产品，形成有比较优势的主导产业，造就一村一品、一镇一业、一县几业的区域特色经济。年底，全市有25个加工型产业镇，128个专业村。其中，泰山区的泰山旅游制品、花卉，岱岳区的铸造、石膏制品，新泰市的起重机械、玻璃纤维，宁阳县的钢球、种子，肥城市的化工、特钢等都已形成较强的特色优势。

抓好企业体制改革　一是深化国有、集体企业改革，引导国有、集体企业通过出售、拍卖、兼并等形式加大改革力度，改制为民营企业，力争一步到位。年内，全市乡、村集体企业除受国家产业政策影响的35户外，基本改制完毕。县以上国有、集体企业也有200多处改为民营企业，涌现出象宁阳飞达化工有限公司、石横特钢有限公司等一批通过改革实现连年翻番发展的典型。二是对已经形成一定规模却仍旧采取家族式管理模式的企业，引导其由“用亲型”向“用才型”转变。规范财务等基础管理，提高诚信度。三是引导那些虽然掌握一定的核心技术但自身实力不够强大的民营企业“投帅为兵”，让大企业参股、控股，迅速做大做强，背靠大树求发展。东平中顺纸业有限公司原是一个个体小厂，通过与广东中顺纸业集团合作，三年迈了三大步，员工由原来的80人，发展到现在的上千人，资产由原来的300万元，发展到现在的7000万元。四是引导实力雄厚的民营企业进行战略性重组，实现低成本扩张。金太经纬集团，几年来先后兼并了洛阳等地5处企业，建立了经纬工业园区，发展成为集科研、生产、贸易于一体，跨省、跨行业的企业集团，资产由前几年的几百万元，发展到现在的2.58亿元。

搞好协调服务　一是狠抓政策落实。省委、省政府《关于进一步加快民营经济发展的决定》下发后，市委、市政府结合泰安实际，制定《关于进一步加快民营经济发展的意见》。各县(市、区)和市直有关部门都制定了相应的落实措施，各有关部门调整和改进内部工作程序，制定与两个文件相配套的制度，提高办事效率。6月，市委办公室、市政府办公室与市中小企业局一起对各县(市、区)及有关部门贯彻省委3号文件和市委8号文件的情况进行专项督查，督促各项政策落实到位，到部分民营企业听取意见和建议，对发现的问题责成有关部门从速解决。《中小企业促进法》颁布后，市民营经济工作领导小组采取多种形式宣传贯彻，全社会形成大力发展民营经济的良好氛围。二是针对民营企业资金紧缺、人才匮乏、信息不灵及环境等方面问题，市民营经济工作领导小组召开20多次现场办公会，为企业解决上百个实际困难。三是探索用市场经济规律引导民营企业发展的路子。建立市级民营经济发展基金，并且每年按照民营经济新增税金的1～3%递增，用于支持重点新上技改项目。全市建立了5个担保机构，其中华信担保公司和鑫金担保公司是纯民营担保公司，近年来为民营企业提供了10亿多元的担保。召开多次不同形式的银行企业合作会议，探索增加信贷资金的办法。在10月23日的银行企业合作会议上，一次签订支持民营经济贷款协议

2002 年乡镇民营工业园区情况表

单位：平方公里、个、人、万元

名　　称	园区面积	基础设施投入	固定资产投资	企业个数		人数	注册资金	营业收入		纳税额		出口交货值
				本年	同期			本年	同期	本年	同期	
山东泰山家具园	0.3	1600	500	32	28	1900	3000	5000	4000	55	45	200
邱家店镇泰东工业园	2.6	465	6385	16	1	900	2215	4940	—	255	40	215
徐家楼民营工业园	4.0	1030	6936	30	12	1671	3533	18500	11570	450	310	3600
省庄经济开发区	4.5	920	8000	36	18	1500	1000	30000	2000	2300	1000	—
范镇民营经济园区	4.0	6018	20800	36	32	2674	10543	28135	26158	404	306	1780
大汶口民营经济园区	4.0	1100	6050	15	3	720	8500	4120	3500	260	150	—
道朗民营经济园区	4.0	6800	8300	21	15	1350	1780	22900	14360	710	392	—
满庄民营经济园区	6.0	3300	7860	43	20	3440	4797	18962	10300	486	213	—
粥店堰北民营经济园区	2.0	6000	9560	46	35	1898	4650	10167	8786	227	140	—
马庄石膏工业园区	4.0	3000	4380	17	12	3600	6800	19600	16000	980	800	—
夏张民营经济园区	4.0	6800	4580	43	30	871	1850	13180	10100	95	79	380
徂徕民营经济园区	3.0	3660	3280	14	12	1500	2045	3146	2300	90	56	724
山口民营经济园区	5.0	1310	27000	19	12	3200	13000	62147	55116	570	743	2400
新汶工业园区	1.0	19800	11708	11	6	3200	21000	25630	18500	2384	1800	2034
羊流民营科技工业园	6.0	2600	15470	111	86	10100	13930	103000	78000	1200	1080	5380
果都民营工业园	1.3	3660	11422	9	1	4800	5700	14476	1200	476	30	—
汶南民营工业园	1.2	1080	10640	11	—	2100	7300	17600	—	900	—	500
东都科技工业园	2.0	436	2530	32	22	3600	2100	16123	11060	359	204	—
谷里民营科技工业园	1.4	2190	9660	15	—	2188	6760	7672	—	508	—	—
西张庄民营科技园	1.8	1432	3285	10	—	1680	300	2080	—	100	—	—
翟镇民营工业园	1.0	1500	5980	9	—	580	750	600	—	15	—	—
楼德民营工业园	1.0	360	1630	13	9	1650	890	2630	1540	118	60	—
小协化工科技园	1.1	3705	21000	14	6	2700	7787	12124	8563	560	359	4495
宫里华耀工业园	1.7	2770	2016	12	9	1962	4500	13165	9600	970	750	—
肥城新城民营工业园	8.0	3160	10180	26	9	1500	1960	9800	4610	304	151	—
肥城老城民营工业园	2.0	4500	6090	13	10	578	1040	7900	4720	310	196	—
肥城湖屯民营工业园	2.4	2400	5900	13	8	680	1100	9670	4790	270	183	—
肥城石横民营工业园	5.0	4531	7808	36	16	1890	4600	28000	17890	1040	420	—
肥城安站凤凰工业园	1.5	1623	5648	8	2	860	2000	8922	1020	540	108	410
肥城安庄民营工业园	1.0	1950	8784	16	6	1684	4280	15030	8432	390	140	3316
肥城汶阳民营工业园	2.0	3700	14900	10	6	2404	6102	27576	16083	2249	1249	18380
肥城王瓜店民营工业园	2.0	4000	4509	21	—	980	1200	7600	4900	365	210	—
肥城仪阳民营工业园	—	—	—	—	—	—	—	—	—	—	—	—
宁阳伏山工业园	5.0	1620	24165	19	12	2860	2236	38890	29916	728	296	938
宁阳钢球工业园	2.0	4000	10860	65	56	3514	7600	34300	26418	1435	1056	8450
宁阳华丰工业园	5.0	1200	21920	12	6	1200	3281	10168	6696	806	716	—
宁阳石集太和工业园	3.3	1500	15000	30	23	3400	10321	28000	19500	1500	860	947
东平县民营工业园	6.0	2000	27300	14	—	1360	11300	16720	—	820	—	—
东平建材园	1.3	1200	300	223	68	789	2800	12367	8695	500	330	—
东平县纺织工业园	0.4	800	850	2	2	820	550	13500	4900	252	210	—
彭集镇佛山民营工业园	0.3	3000	3800	74	—	921	1960	7000	218	—	—	—
银山镇建材工业园	1.2	310	3860	48	40	2100	2680	13000	11000	320	260	—
旧县乡地瓜淀粉加工园	1.0	3000	1200	50	37	8500	430	21000	22000	170	180	756
接山乡张河桥工业园	1.5	1260	956	28	25	465	460	1913	1025	106	56	—
合　　计	117.8	127290	383002	1323	695	96289	200630	767226	485466	26577	15178	55205

2.3 亿元。按照入世要求，聘请有关专家，对民营企业负责人及有关技术管理人员进行培训。利用政府信息渠道及时为民营企业提供产业政策、科技、市场等方面的服务。四是依法保护企业合法权益。深入开展清费治乱工作，全市共取消收费项目 439 项，降低收费标准 34 项，72 项行政事业收费改为经营性服务收费。查处和纠正侵犯民营企业合法权益的行为。五是强化舆论宣传，加大对民营经济的宣传力度。中国泰山信息网设立民营经济网页，《泰安日报》、泰安电视台、广播电台设立了专题栏目，宣传民营企业的先进典型和先进事迹，对侵害民营企业权益的行为进行公开曝光。

（曹长钰　宋德勇　李洪涛）

【科技进步】　年内，全市民营科技企业注重科学技术和经济的结合，加快科技成果转化。在山东省首届民营企业产学研活动中，泰安市有 600 余人参加，对 18 家民营企业的 40 多个项目进行重点推介。阿斯德工贸有限公司与航空航天部签订树脂合作项目；华岳林纸科技有限公司与清华大学技术转移中心、德国玛斯特公司签订了有机法无污染纸浆技术合作项目；康平纳毛纺织有限公司与国家染整工程技术研究中心签订了高档休闲护理复合面料开发项目；华鲁机械有限公司与哈尔滨玻璃钢研究所签订高压玻璃管道项目。180 家民营企业通过了高新技术企业认定，其中有国家级高新技术企业 3 家、省级 59 家。400 种产品被评为高新技术产品。77 处民营企业通过了 ISO9000 系列认证。年内，新泰市羊流镇民营科技工业园被农业部认定为全国民营企业科技园区。

（吕毅清）

2002 年实交税金 500 万元以上民营企业情况表

单位：万元

企业名称	销售收入	实交税金
山东石横特钢有限公司	125902	5222
岱银纺织集团有限公司	70953	2801
宁阳正大煤业有限公司	14004	1754
山东泰山轮胎有限公司	7990	1706
山东升华玻璃股份公司	32754	1540
泰安市泰龙服饰发展有限公司	33500	1439
新泰市韩庄煤矿	13886	1348
泰山工程机械有限公司省庄分公司	7178	1262
新泰市建新矿业集团	12866	1243
泰安华兴纺织有限公司	15830	1203
泰安康平纳毛纺织有限公司	12857	1021
肥城市阿斯德化工有限公司	12721	1002
山东惠普矸石有限公司	6514	982
泰安市华泰轮毂有限公司	22805	932
山东吉明美工业有限公司	11114	910
山东清大实业集团有限公司	20808	836
山东泰山染料股份有限公司	12980	828
山东厚丰汽车散热器有限公司	13503	743
山东飞达化工科技有限公司	15480	735
新泰兰得染料化工有限公司	8590	693
山东鲁能泰山矿业开发有限公司	3125	677
新泰市汶河煤矿	4412	647
泰安瑞泰纤维素有限公司	7865	604
新泰汶南煤矿	5293	572
新泰市双高煤矿	3910	564
泰安泰龙软轴软管厂	5197	542

编辑·校对　王建伦

财政·税务

财　政

【概况】 年末，全市有市、县（市、区）、乡（镇、办事处）三级财政机构 96 个，其中市级 1 个，县（市、区）级 6 个，市高新技术开发区 1 个，县开发区 2 个（新泰市开发区、肥城市开发区），乡镇级 86 个。在职职工 1516 人，其中市财政局及下属单位 261 人；具有高级技术职务的 67 人（市财政局及下属单位 47 人）、中级 459 人（市财政局及下属单位 61 人）。全市有会计人员 3.11 万人。

财政预算执行情况　① 年内，全市地方财政收入 23.77 亿元，完成预算的 103.88%，同口径比上年增长 22.05%，其中市级财政收入 6.13 亿元，完成预算的 107.76%，同口径比上年增长 17.48%。在市级财政主要收入项目中，各项税收 4.06 亿元，完成预算的 100.65%。税收中：增值税 6352 万元，完成预算的 86.61%；营业税 1.35 亿元，完成预算的 118%；企业所得税及个人所得税 1.24 亿元，完成预算的92.5%；其他各项税收 8234 万元，完成预算的 102.32%。② 全市财政总支出完成 33.04亿元，比上年增长 12.38%。其中财政灶内支出 31.2 亿元，完成预算的 105.56%，增长 14.55%。全市财政总支出中，市级总支出完成 8.11 亿元，比上年增长6.76%，其中，灶内支出 7.82 亿元，完成预算的 104.71%，增长 14.06%。市级财政灶内支出主要科目：企业挖潜改造资金 2950 万元，完成预算的 69.25%；科技三项费用 1091 万元，完成 100%；支援农村生产支出 1374 万元，完成 100%；农业综合开发支出 520 万元，完成 100%；农林水等部门事业费 3442 万元，完成 129.06%；工业交通等部门事业费 353 万元，完成 46.88%；流通部门事业费 412 万元，完成 101.48%；文体广播事业费 2485 万元，完成 134.98%；卫生经费 5081 万元，完成 113.47%；教育事业费 8688 万元，完成 100.52%；科学事业费 958 万元，完成 117.84%；其他部门事业费 4506 万元，完成127.07%；抚恤和社会福利救济费 1953 万元，完成111.09%；行政事业单位离退休费 4423 万元，完成 118.48%；社会保障补助 1250 万元，完成 107.11%；行政管理支出 7073 万元，完成 123.59%；公检法司支出 1.05 亿元，完成 129.73%；城市维护费 2803 万元，完成 100.86%；政策性补贴 650 万元，完成 90.53%；支援不发达地区支出 360 万元，完成 100%；专项支出 1946 万元，完成 86.11%；其他各项支出 1.53 亿元，完成 93.45%。按现行财政体制计算，连续 16 年实现财政收支平衡。

财政改革　年内，各级财政部门以建立公共财政框架为目标，在财政管理体制、运行机制等方面积极进行改革探索。①农村税费改革取得阶段性成果。2002 年是农村税费改革全面试点的第一年。年内，改革目标基本实现。全市农民人均减负 45.59 元，平均减负率 33.8%。综合配套改革稳步推进，全市乡镇（办事处）由 108 个调整为 86 个，行政事业机构由 1978 个精简为 774 个，财政供养人员由 11179 人（不含教师）精简为 6448 人，清退临时工和借调人员 1000 多人。县、乡财政体制进一步完善，1.34 亿元的转移支付资金全部分配到基层，农村中小学教师工资实现了县级统发。②进一步规范了财政供给范围。采取留、并、改、撤 4 种方式，将市属中等职业学校由 23 所缩减为 13 所，减少资源闲置和浪费，提高了教学质量和整体效益。改变市级财政供养人员的水电费管理办法，从 4 月 1 日起，以发放个人补贴的形式变“暗补”为“明补”，增强了消费者的费用意识，堵塞了管理漏洞。③深化部门预算编制改革，提高预算的透明度和约束力。根据行政事业单位布局调整的新情况，核减市政大楼内各部门公用经费定额标准，改革了财政部分补助事业单位经费核定办法。将市直各医院的工资差额补助改为定额补贴，节减财政支出 700 多万元。严格实行综合预算管理办法，市级预算外政府调控收入达 7640 万元，缓解了预算内财力紧张的矛盾。④推进机关后勤管理服务体制改革。对市政大楼内 53 个部门的财务、车辆实行集中统一管理，卫生保洁、环境美化、安全保卫等生活服务业务通过招标统一委托给物业公司承担，办公用品实行集中采购。⑤不断完善政府采购制度。严格工作纪律和操作程序，规范采购行为，采购范围和规模日益扩大。全市共完成政府采购额 1.58 亿元，节约资金 3790 万元，平均节约率 19.3%，其中，市级完成采购额 5382 万元，节约资金 1278 万元，平均节约率 19.2%。

财源建设　为适应财政体制改革和宏观经济环境的变化，围绕全市三大经济工作重点，财政部门加大财源建设力度，全市用于支持生产建设的支出达 6 亿元。①培育骨干税源企业。围绕“13511”工程的实施，市财政拨付 6100 多万元资金，采取补助、奖励和注入资本金等方式，集中支持泰山复合材料厂等重点企业发展；拨付 1000 万元，吸引银行贷款 1.8 亿元，支持特种车等重点技改项目；拨付 233 万元资金，对上年的 12

户技术改造先进企业进行奖励。②支持招商引资活动。市级财政先后拨付516万元，重点支持进京“双争取”、西部洽谈会、香港“山东周”等招商引资活动，对市直招商引资先进单位和个人进行奖励，推动招商引资工作广泛开展。为了鼓励金融部门增加对地方企业的信贷支持力度，拨付70万元资金，对部分金融部门进行奖励。③培植新兴财源。市级财政拨付80万元，对8个民营企业技术改造项目实行贷款贴息；拨付486万元，支持旅游产品制作和宣传促销活动；拨付4288万元，支持灵应宫重建、泰山南路改造、天外村路维护绿化。④加大农业财源建设力度。为了促进农民增收、财政增长、农业增效，市财政筹集6600多万元资金，支持农业和农村经济发展，其中：拨付751万元，吸引信贷资金8700万元，集中扶持泰山乳制品开发中心等9户规模大、带动能力强、辐射范围广的农业龙头企业；拨付1300多万元，鼓励和引导农民大力发展生态农业、绿色有机农业以及创税、创收、创汇农业；拨付3800万元资金，支持大汶河防洪治理以及小流域综合治理、水土保持等农田水利基础设施建设。

监督管理　年内，按照中央规范市场经济秩序的有关要求，进一步加大财政监督管理力度。①加强收入监管。组织实施预算收入征管质量检查，全市共检查税务征收机关33个，国库及其经收单位7个，延伸检查企事业单位48户，查出违规违纪问题资金2.47亿元。开展预算外收入“收支两条线”专项检查，共检查执收、执罚部门57个，涉及资金2.9亿元。②强化会计管理，规范会计核算行为。全面推行会计账簿监管制度，对各单位会计账簿实行统一印刷、统一编号、定点销售、统一监管，堵塞管理漏洞。加大会计信息质量检查力度，对农村信用社、城市信用社、医疗卫生、建筑施工等97户企事业单位进行重点检查，查出违规违纪资金1.5亿元。建立和完善年度会计报表层层审核、集中会审制度，提高了会计报表质量。③加强财政专项资金管理。认真组织开展政府专项借款、国债转贷、住房公积金管理情况专项检查，及时发现和堵塞了管理使用中的漏洞，确保了资金的安全。完善专项资金跟踪问效反馈制度，建立健全项目管理档案，确保专款专用。加强重点工程财务监管，通过严格工程预(结)算审查，合理控制费用支出，规范资金拨付管理，节省投资4300万元。④认真开展行政事业单位清产核资工作。全市共清查核实行政事业单位1248户，摸清了资产家底，为加强资产管理、优化资源配置提供了可靠资料。

12月，泰安市财政局被国家人事部、财政部授予“全国财政系统先进单位”荣誉称号。5月，所属的山东省世界银行贷款项目培训中心被授予“省级文明单位”称号。

【预算执行分析】　年内，财政预算执行主要特点有：(1)财政收入保持较快增长。全市地方财政收入完成23.77亿元，比年初预算超收8878万元，同口径比上年增长22.05%，为1997年后最高水平。剔除农村税费改革农业税增收和公检法等部门收费纳入预算管理增收因素后，仍比上年增长14.6%，略高于GDP增长幅度。季度和月份财政收入发展均衡，除3月份收入增幅略低外，其他月份均保持了20%以上的增幅(图1)。(2)财政收入结构有所优化。全市非税收入占财政收入的比重由上年的35.66%下降到34.45%，东平县、宁阳县和岱岳区非税收入占财政收入的比重由上年的54%、38.54%和55.4%，下降到42%、31.22%和38.9%。(3)营业税及农业税收对财政收入的贡献增大。全市营业税比上年增收6555万元，占地方财政收入的比重提高了1.63个百分点。实行农村税费改革后，取消了“三提五统”，提高了农业税税率，致使农业税收大幅度上升，全年实现收入3.42亿元，比上年增收1.12亿元，占财政收入的比重提高了2.58个百分点(图2)。(4)基层财政实力进一步增强。县(市、区)级地方财政收入完成17.64亿元，同口径增长23.73%，高出全市收入增幅1.68个百分点，其中，乡镇级地方财政收入完成8.35亿元，同口径增长19.75%，财政收入过1000万元的乡镇达到28个。(5)重点支出得到较好保障。各级财政部门严格按照保重点、压一般的原则和保工资、保稳定、保法定支出的顺序，合理运筹资金，较好地保证了重点支出需要。市级财政在确保工资正常发放的同时，及时兑现提高住房补贴比例、年终考核一次性奖励、水电费补贴等政策，在省转移支付补助4573万元的基础上，安排配套资金1000万元，帮助困难乡镇发放工资。全市用于社会保障的资金达1.17亿元，比上年增加3331万元，是1997年后增加最多的一年，其中，市级财政拨付1280万元，用于下岗职工基本生活补助；拨付356万元，用于城镇职工最低生活补助；拨付78万元，购买217个公益性岗位安排困难下岗职工就业；拨付3505万元，保证了离休干部医疗费、行政事业单位职工基本医疗保险需要。面对百年不遇的春夏连续干旱，市级财政筹集4348万元支持抗旱救灾和扶贫解困，落实农业税灾歉减免900万元。市级支农、教育、科技支出分别增长9.05%、15.5%和9.1%，均高于经常性财政收入增长水平。通过科学运筹预算内外财力，筹集资金2.8亿元，较好地保证了时代发展线、长城路等重点工程建设。　(赵焕曦　赵传莹　李　民)

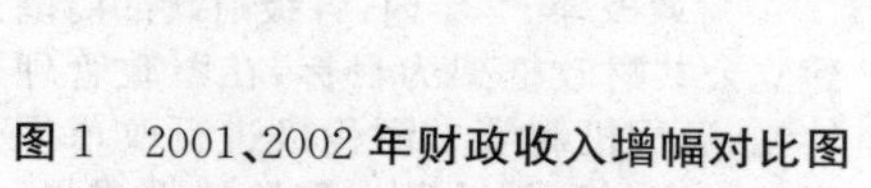

图1　2001、2002年财政收入增幅对比图

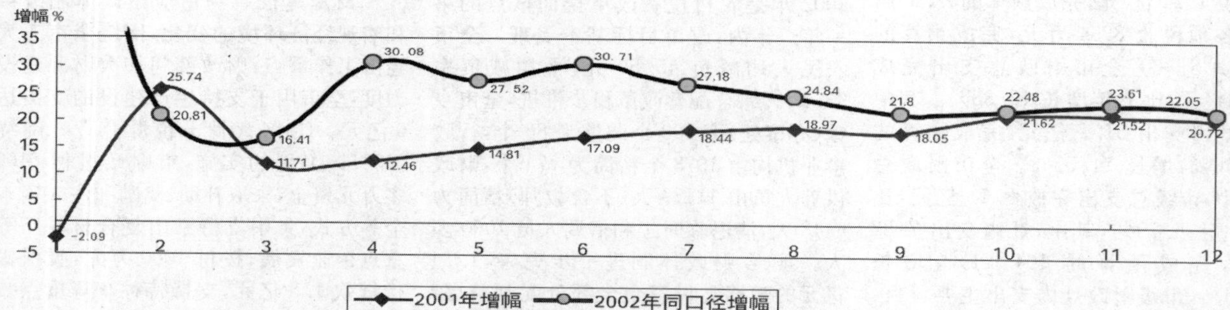

图2　2001、2002年财政收入构成对照图

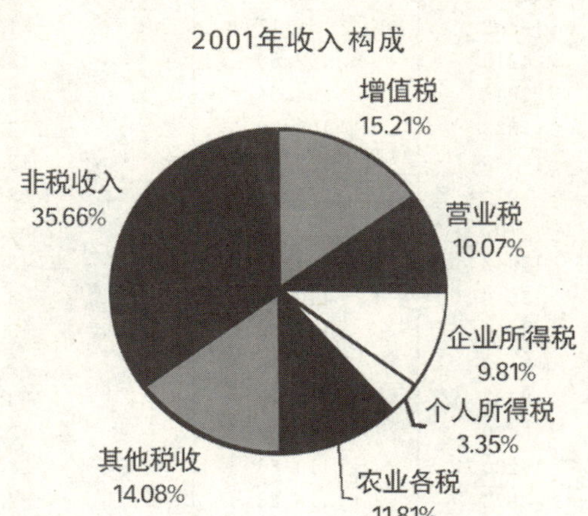

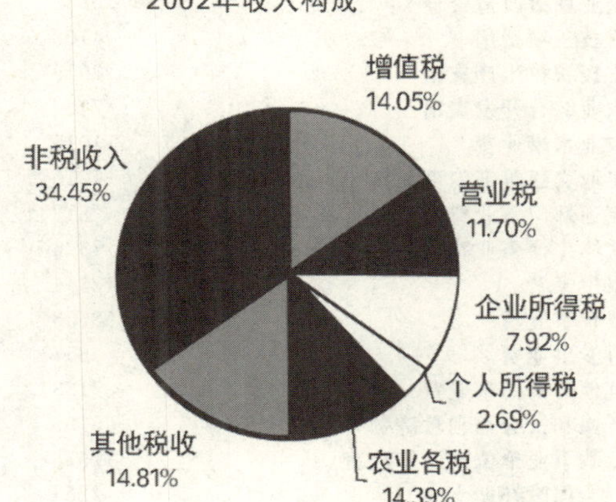

2002年泰安市地方财政收入预算执行情况表

单位：万元

收入项目	预算数	决算数	完成预算%	同口径比上年增长%
收入合计	228798	237676	103.88	22.05
各项税收收入	146300	155794	106.49	24.34
增值税	33237	33383	100.44	12.68
营业税	21440	27801	129.67	41.77
企业所得税	27005	18834	69.74	－1.44
个人所得税	6831	6382	93.43	－2.22
农业各税	26440	34202	129.36	48.68
其他各项税收	31347	35192	112.27	28.35
其他各项收入	82498	81882	99.25	17.93
国有资产收益	6209	8483	136.62	57.38
国企计划亏损补贴	－34	－17	50.00	－50.00
专项收入	8816	9138	103.65	10.83
其他收入	67507	64278	95.22	15.13

2002年泰安市分地区财政收入完成情况表

单位：万元

地区	预算数	决算数	完成预算%	同口径比上年增长%
全市合计	228789	237676	103.88	22.05
市本级小计	56881	61259	107.76	17.48
市直	53578	56460	105.38	14.20
开发区	3303	4835	146.38	76.72
县级小计	171917	176381	102.60	23.73
泰山区	18927	21244	112.24	33.55
岱岳区	27257	25189	92.41	17.25
新泰市	43272	46710	107.95	28.00
宁阳县	20556	20568	100.06	18.64
东平县	17460	17460	100.00	14.82
肥城市	44445	45210	101.72	25.15

2002年泰安市财政灶内支出预算执行情况表

单位:万元

支出科目	预算数	决算数	完成预算%	比上年增长%
合　　计	295551	311990	105.56	14.55
企业挖潜改造资金	26532	16496	62.17	-31.46
科技三项费用	4108	4215	102.60	12.34
支援农村生产支出	3019	2848	94.34	2.96
农业综合开发支出	7460	7833	105.00	13.84
农业水事业费	11019	12398	112.51	13.51
工业交通等部门事业费	1210	910	75.21	-23.59
流通部门事业费	512	707	138.09	35.96
文体广播事业费	7326	11842	161.64	43.44
卫生经费	12344	13616	110.30	3.07
教育事业费	58658	65406	111.50	19.09
科学事业费	957	1108	115.78	37.47
其他等部门事业费	7133	8787	123.19	23.52
抚恤和社会福利救济费	5195	5479	105.47	12.41
行政事业单位离退休经费	17378	19230	110.66	28.44
社会保障补助支出	2254	3973	176.26	37.43
行政管理费	27395	32548	118.81	10.75
公检法司支出	15903	18519	116.45	15.56
城市维护费	11054	16461	148.91	26.52
政策性补贴支出	930	1114	119.78	40.66
支援不发达支出	387	371	95.87	-25.65
专项支出	7705	7570	98.25	9.39
其它各项支出	63862	60559	94.83	24.67
总预备费	3210	—	—	—

2002年泰安市分地区财政灶内支出完成情况表

单位:万元

地区	预算数	决算数	完成预算%	比上年增长%
全市合计	295551	311990	105.56	14.55
市本级小计	74674	78193	104.71	14.06
市　直	70538	73484	104.18	13.93
开发区	4136	4709	113.85	16.13
县级小计	220877	233797	105.85	14.72
泰山区	25461	25078	98.50	10.31
岱岳区	33690	33781	100.27	8.74
新泰市	52874	58555	110.74	22.31
宁阳县	29426	33318	113.23	19.05
东平县	23940	27071	113.08	15.43
肥城市	55486	55994	100.92	10.45

国家税务

【概况】 年末,全市共有国家税务(以下简称国税)机构76个,其中,市级局1个、县(市、区)级局6个、分局(所)33个,直属单位5个。有在职干部职工1,116人,其中市国税局131人。全市纳入国税系统管理的纳税人3.53万户。年内,全市国税系统干部职工全面贯彻“依法治税、从严治队、科技加管理”方针,认真落实各项税收政策,共组织税收收入21.17亿元,比上年增收2.45亿元,增长13.09%,比1997年增收10.61亿元,增长100.04%,实现了税收与经济同步增长,整体收入形势较好。

税收征管　①坚持“科技加管理”方针,加强与银行、邮政、电信等部门的合作,完善电话申报、银行网点申报和网上申报等多元化申报方式。年底,全市有2万余户纳税人实行多元化申报。在全面运行CTAIS(中国税收征管信息系统)的基础上,推行《CTAIS辅助决策系统》,及时掌握征管信息,搞好监控和分析。推广《个体双定业户定税软件》,加大个体私营税收管理力度,调整定额2,096户,平均调增19.7%,年增加税收410万元。清查漏管户587户,补税罚款46万元。启用《工商税务管理比对系统》,利用工商登记信息,经过筛选有效信息,及时掌握新税源,堵塞漏洞,提高了税收征管质量。完成加油站税控装置的扫尾和税控初始化工作,全市366个加油站的1,482台加油机都安装了税控装置,纳入了税务机关税控管理,遏制了加油站偷税漏税的势头。②强化税源监控。市局控管年纳税额100万元以上的纳税户,县级局控管纳税额50万元以上的纳税户,基层分局主管纳税额10万元以上的纳税户,逐级按月报告纳税大户的生产经营、实现税收、入库税收、欠缴税金等情况,建立不同层次的重点大户税收形势分析会制度,及时掌握税收形势。③加强发票管理。对收购类发票使用企业进行专项检查,共检查337户,查补税款120余万元。④强化税收评估工作。全年共对1,500余户商贸企业增值税一般纳税人进行评估,补税1,060万元;对52户食品加工企业进行专项评估,补税209万元;对130户涉外企业进行审核评税,调整应纳税所得额2,555万元。

税务执法　年内,对煤炭行业、白酒行业、医药商业企业、福利企业和资源综合利用企业、电力等行业进行税收专项检查,组织力量对"130"虚开增值税专用发票等大要案进行查处,有力地打击了违法犯罪行为,维护了税法的尊严。全年共检查纳税人824户,查补入库税款4,069万元。

年末,市国家税务局被授予"全国创建文明行业先进单位"荣誉称号。

【年度税收分析】　(1)各级次收入占总收入的比重与往年大体相当。在各预算级次中,中央级收入15.64亿元,占总收入的73.87%,同比增长13.52%,增收1.86亿元;省级收入1.61亿元,占总收入的7.58%,同比增长8.32%,增收1,233万元;市及以下级收入3.93亿元,占总收入的18.54%,同比增长13.43%,增收4,647万元,其中市级(不含开发区)收入9992万元,同比增长13.82%,增收1213万元。与往年相比,各级次收入的增长幅度更趋协调。(2)各税种收入结构相对稳定。各税种中,增值税完成17.77亿元,增收2.13亿元,比上年增长13.58%;消费税完成1.01亿元,增收3,038万元,同比增长42.96%;企业所得税因石横电厂纳税地点转移到泰安市形成一次性不可比增收,完成1.32亿元,增收1,399万元,同比增长11.87%;涉外企业所得税完成1,113万元,因上年入库清欠税款较多,年内减收240万元,同比下降17.74%;营业税完成1,560万元,因税率下调1个百分点,减收1,339万元,下降46.19%;个人所得税完成8,010万元,增收398万元,同比增长5.23%(图1)。(3)税收总收入持续快速增长,收入规模和增收额明显扩大。2002年,虽然受政策性减收因素影响较大,但全市税收收入仍然再攀高峰,突破21亿元大关,比1997年翻了一番多,是1994年国税机构成立之初的3.13倍。1994～2002年全市国税系统共组织入库税收收入118.7亿元,年均增长15.5%,年均增收1.8亿元,为全市经济实力的增强和连年财政收支平衡做出了积极贡献(图2)。(4)税收优惠政策进一步落实。全年共为出口企业办理增值税预免预抵1.43亿元、出口退税9,184万元,落实福利企业退税、软件集成电路企业退税、煤矸石电厂发电退税、森工综合利用企业退税、出口企业多缴税款退税等税收优惠1.11亿元,审批办理企业所得税税前抵扣2.14亿元,资源综合利用企业等各种征前减免3,267万元,共计5.93亿元。(5)重点税源企业数量增加较多。年内,全市入库国内增值税、消费税(简称国内"两税")100万元以上的企业达257户,比上年增加79户,其中入库国内"两税"1,000万元以上的企业达25户,比上年增加4户。(6)政策调整对税收收入的影响较大。年内,国家改革了所得税分享体制,全面推行出口"免、抵、退"税政策,对税收收入产生了较大影响。据统计,全年政策性增收1.45亿元,其中增收较多的项目有:山东石横电厂改为就地缴纳企业所得税后净增4,984万元;电力清算补缴税款5个季度,较上年多2个季度,增收6,832万元;酒消费税政策调整翘尾增收1,800万元;尿素生产企业由免税改为先征后返增收900万元等。政策性减收1.92亿元,其中"免抵"未调库减收9,262万元,各类政策性退税比上年增加5,794万元,农产品抵扣率提高减收2800万元,营业税税率下降减收1339万元等。

图1　2002年国税收入结构分析图

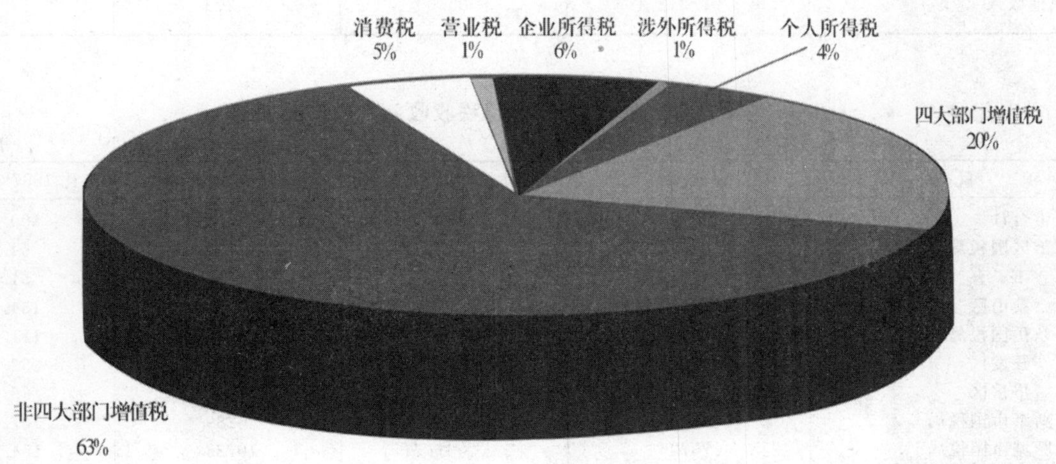

(注:四大部门指中央电力、中央石油、中央石化、中央有色金属行业)

图 2 1994～2002 年国税收入增长示意图

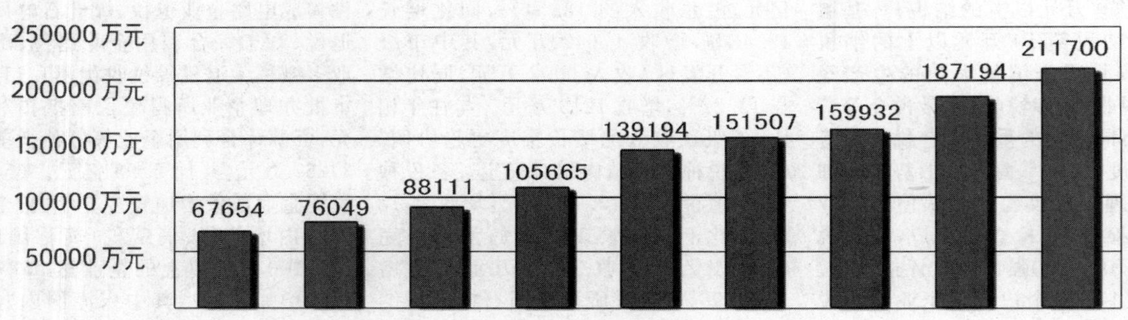

2002 年泰安市国税税收完成情况表

单位:万元

项　　目	完成税收	比上年增长%	比上年增减额	比 1997 年增长%
税收收入	211700	13.09	24506	100.35
其中:中央级	156384	13.52	18626	93.62
省　级	16057	8.32	1233	344.18
市地以下级	39259	13.43	4647	84.48
国内增值税	177725	13.58	21250	88.63
国内消费税	10110	42.96	3038	31.35
金融保险营业税	1560	－46.19	－1339	106.90
涉外所得税	1113	－17.74	－240	－17.68
企业所得税	13182	11.87	1399	1127.37
个人所得税	8010	5.23	398	—
海关代征	1820	148.29	1087	—
出口退税	－14612	0.61	88	630.60
其他收入	242	505.00	202	－37.95

2002 年泰安市国税分县(市、区)税收收入完成情况表

单位:万元

项　　目	完成税收	比上年增长%	比上年增减额	比 1997 年增长%
全市合计	211700	13.09	245.6	100.35
市区国税局	56899	5.17	2796	64.49
市　直	44514	1.94	847	51.92
泰山区	12385	18.68	1949	134.12
东岳国税局	10402	20.57	1775	111.17
开发区	2884	42.84	865	252.57
岱岳区	7518	13.77	910	83.01
新泰市国税局	45406	16.08	6289	107.14
肥城市国税局	75726	16.51	10723	154.37
宁阳县国税局	15658	10.96	1546	70.20
东平县国税局	7609	21.92	1368	80.65

2002 年泰安市国内"两税"重点税目完成情况表

单位:万元

项目	完成税收	比上年增长%	比上年增减额	比 1997 年增长%
国内增值税	177725	13.58	21250	88.63
酒	2754	-31.39	-1260	-20.15
纺织	8001	-6.66	-571	98.09
煤炭	40135	26.80	8482	47.46
电力	41053	6.02	2330	138.96
化工	7325	8.55	577	217.93
机械	11334	31.32	2703	210.86
钢坯钢材	2882	-2.96	-88	275.65
有色金属	1944	-4.89	-100	104.42
建材	4275	-3.85	-171	86.84
商业	21401	15.79	2919	50.48
其他	52620	11.17	5287	100.60
国内消费税	10110	42.96	3038	31.35
酒	8278	46.93	2644	19.49
轮胎	1664	20.84	287	143.27
其他	168	175.41	107	97.65

(于建平)

地方税务

【概况】 年末,全市有地方税务(以下简称地税)机构 109 个,其中市级局 1 个、县级局 4 个、直属单位和派出机构 7 个、基层分局(所)97 个。有在职职工 1062 人,其中市地税局 137 人。全市纳入地税系统管理的纳税人 6.83 万户。年内,在上年地税收入因有非正常因素而基数较高的情况下,完成各项收入 11.49 亿元,绝对额比上年下降 7.76%,同口径相比增长 8.93%。除所得税因不可比因素减收、固定资产投资方向调节税和屠宰税政策性减收外,其他税种均大幅增长。税收中,国有经济收入 4.19 亿元,占地税总收入的 36.5%,同比下降 2 个百分点;集体、私营、个体收入为 7.30 亿元,占地税总收入的 61.5%,同比上升 2 个百分点。

税收征管 ①实施目标管理。年初,市局与县级局、机关科室及直属单位的主要负责人签订目标责任书,制定目标管理考核办法,使工作方向明确、责任落实、措施得力。引入先进的管理理念和机制,年内,全系统全部通过 ISO9000 质量管理体系认证,提高了税收管理水平。②完善各种征管制度。结合工商行政部门登记验证工作,清查未办税务登记的业户并及时予以补办,

2002 年泰安市地税各项收入完成情况表

单位:万元

项目	实际完成	比上年增长%
总计	114917	-7.76
税收收入	109657	-8.80
营业税	34751	41.70
资源税	4781	66.59
土地使用税	4104	15.38
企业所得税	26950	-51.22
个人所得税	12762	-1.59
固定资产调节税	678	-54.44
城市维护建设税	13620	53.02
印花税	871	50.43
土地增值税	519	-62.98
房产税	8346	20.42
车船使用税	1802	53.36
屠宰税	473	20.64
教育费附加	5123	20.85
文化事业建设费收入	129	24.04
其他收入	8	—

2002 泰安市地税收入分县(市、区)完成情况表

单位:万元

项目	实际完成	比上年增长%
合计	114917	-7.76
泰山区	11158	14.45
岱岳区	7772	-18.83
新泰区	29151	14.07
肥城区	21884	-10.86
宁阳县	10394	-15.18
东平县	6640	-14.73
开发区	2980	-45.26
市直	24938	-15.94

纳入日常管理。到年底,全市地税登记户数达6.83万户,比上年底增加2859户。各级征收单位普遍设立征管资料档案室,健全并严格执行税务登记、帐簿管理、纳税申报等制度。③改进征管方法,严格以票控税。推广税控收款机和出租车税控计价器,控制税源。在全市餐饮业实行"刮刮乐"发票有奖消费,发票使用量比上年增长20%,增收营业税300多万元。严格按照ISO9000质量管理要求,专人负责126种发票的印制和发放管理工作,全年无一差错。④强化重点税源的控管。对煤炭、电力、金融等重点行业和年纳税额100万元以上的重点税源企业实施重点监控,实行动态管理;全市重点税源企业缴纳的税款占总收入的75%。⑤从严管理零散税收。加强银行代扣代缴税款和委托代征工作,通过社会办税,集中清理车船税、个人所得税等,实现零散税收大幅增长。⑥提高办公现代化水平。系统硬件网络建设基本健全,实现了省、市、县、乡计算机联网,办公实现无纸化、自动化、网络化。开发的"双委托"代收代缴税款、所得税管理软件在全省地税系统推广。网络报税、电话报税、税控收款机、网上稽查、会计电算化、网上税务局等科技手段给征管执法带来深刻变革。年内,基层分局积极推行委托银行代收代缴税款办法,业户达1.83万户,月代征税款667万元。

税务执法　①整顿、规范税收秩序。重点对集贸市场进行专项整治,全年共调整定额户数8337户,全市集贸市场个体税负平均调整在30%以上,年增收379万余元。②强化稽查。坚持查重点、查大户、查举报、查薄弱环节,加大稽查检查力度。各级稽查局全年查处2960户,查补税款3470万元,加收滞纳金和罚款560万元。③加大税收挖潜力度。全市各级地税部门采取积极措施,对不按时申报纳税等税务违章行为坚决予以处罚,努力做到应收尽收,其中市直分局罚款285万元,是上年的10倍多。④规范执法行为。开展全市地税系统税收执法检查(监察),发现问题及时纠正,促进税收执法工作更加规范。

【年度税收分析】　(1)营业税大幅增长。全年完成营业税3.48亿元,增收1.02亿元,增长41.75%,占地税总收入的30.25%。增幅较高的行业主要是餐饮服务业和建筑安装业,同比分别增长79.7%、53.1%,增收额分别占营业税增收额的46%和34%。邮电通讯业增收584万元,增长24.1%;房地产业增收672万元,增长43.4%;因保险市场的逐步壮大,农行和城市信用社揽储措施得力,金融保险业营业税增加760万元,增长13.5%。(2)城建税、资源税等税种大幅增长。城建税完成13625万元,增长53.02%。受煤炭行业持续好转及各类基建项目大量投入影响,资源税完成4781万元,增收1911万元,增长66.59%。因各县(市、区)加大了对农村车船使用税的清理力度,完善了委托交警部门代征办法,车船使用税完成1802万元,增收627万元,增长53.36%。(3)企业所得税下降幅度较大。年内完成企业所得税2.70亿元,减少2.83亿元,同比下降51.22%,其原因是:受所得税分享政策因素影响,2001年企业所得税清欠、查补等一次性增收因素很大,非正常收入较多,形成不可比因素;划转国税征收、技术改造、国产设备投资抵免企业所得税、技术开发费税前扣除和报批财产损失等原因影响了企业所得税的征收;因煤炭、原材料价格上涨,电力、制造、化工等产业费用上升,利润减少,影响企业收益;全市许多企业改制转型正处于初期阶段,企业经营不稳定,产品转轨不定型,影响了利润的增长;个别企业改制后经营管理不善导致企业无效益,使税收下降较大。另外,相当一部分改制企业注重了效益及资产的实在价值,消化了往年遗留的潜在费用成本,导致了企业利润减少,从而影响了所得税的收入。(4)个人所得税略有下降。全年完成12762万元,减收206万元,同比下降1.59%。市局直属分局增收651万元,同比增长27.77%,东平减收375万元,下降17.82%,其他单位与去年基本持平。

(王同宪　王　筱)

编辑·校对　王建伦

金 融

银行业

【中国人民银行泰安市中心支行】 年末，归属人民银行监管的各类金融机构有904个，其中政策性银行1家、分支机构6个；国有独资商业银行4家、分支机构348个；股份制商业银行1家；农村信用联社6家、营业机构376个；城市信用社1家、营业机构23个；邮政储蓄网点132个。全市金融业从业人员8553人。中国人民银行泰安市中心支行(简称市人民银行)辖新泰、肥城、宁阳、东平4个支行，共有职工394人，其中市中心支行218人。

金融运行　①存款增加较多。年末，全市各项存款(人民币)余额为351.6亿元，比年初增加51.5亿元，增长17.15%，比上年多增16.6亿元，增幅同比提高4个百分点；比1997年底增加153.8亿元，增长77.74%。从存款项目看：储蓄存款年末余额247.62亿元，比年初增加29.2亿元，增长13.37%，同比提高1.35个百分点，占各项存款的70.42%，说明居民的储蓄意愿依然强劲；企业存款年末余额70.89亿元，比年初增长21.01%，同比提高7个百分点，说明企业支付能力明显提高；受商业汇票业务发展的影响，全年新增加企业保证金存款7.3亿元，增长71.7%，增幅比上年提高50个百分点，有效增强了货币和准货币的创造能力。②贷款大幅增长。年末，全市人民币各项贷款余额为254.02亿元，比年初增37.7亿元，增长17.4%，增幅比上年提高6.6个百分点，增量多16.2亿元；比1997年底增加58.05亿元，增长29.62%。加上商业汇票等准货币增量(比年初增加15.1亿元)，全年为经济发展服务的实际融资额比年初增加52.7亿元，同比多增加28亿元。从时间分布看，四个季度的增加额分别为9.6亿、18.6亿、7.1亿和2.4亿元，具有明显的时间前移的特点，对全市GDP实现13.9%的高速增长起到了拉动作用。③贷款结构优化。从贷款投向看，在人民银行再贷款的积极引导下，农业贷款增势强劲，年末余额达42亿元，比年初增加9.1亿元，增长27.52%，增幅同比提高5个百分点。对重点企业和民营经济的支持力度加大，一是直接增加对工业企业的贷款投入，年末余额52亿元，比年初增加11.7亿元，增长28.98%，比贷款平均增速高11.6个百分点，比上年提高19个百分点；二是扩大贴现贷款数量，全年累计办理票据贴现81亿元，同比增加21.5亿元；三是利用商业汇票等多种手段加大对经济发展的支持力度，全年对市内企业(主要是工业)签发银行承兑汇票58.5亿元，引导企业签发商业承兑汇票14.5亿元(银行全部为其办理了贴现，其中人民银行办理再贴现1.3亿元)，签发保函1.5亿元，同比分别增加20.9亿元、12亿元和0.7亿元。基建贷款止跌反弹，年末余额17.8亿元，比年初增加4.6亿元，增长34.6%，同比提高9.1个百分点，扭转了连续几年大幅下降的局面。

金融监管　年内，市人民银行协调各级各单位开展“泰安金融安全区”创建活动，加强金融监管，改善金融环境，提高金融运行质量。年末，全市本外币合并不良贷款率为29.85%，剔除农村信用社对不良贷款重新认定因素的影响，全市不良贷款占比较年初下降6.04个百分点。剔除核销呆账、消化历史包袱等因素，全市7家商业性金融机构已全部扭亏为盈，共实现利润1.01亿元。①加大对国有商业银行行政管理力度。一是制定了《高级管理人员任职资格考试办法》、《高级管理人员积分考核办法》，完善了《高级管理人员约见谈话制度》，强化对金融机构高级管理人员的监管。二是将1999年以来全辖所有机构、业务和高级管理人员有关初始数据全部录入信息系统，监管工作全面实行电子化、网络化。三是规范银行业务经营，对全市4家国有独资商业银行的单笔大额不良贷款、贷款五级分类真实情况等进行检查，对全市邮政储蓄业务进行专项检查，对交通银行经营情况进行全面检查。四是制定并实行《泰安市金融机构中间业务(代收代付)手续费收费公约》，维护了金融机构收费秩序。②强化对城市信用社的监管。本着“指导、帮助、监督”三位一体的原则，向城市信用社派驻监管组，将监管关口前移，变风险的“事后化解”为“事前防范”，实现了超前监管。指导城市信用社建立健全内部控制制度，积极稳妥地开展机构整合和减员增效，实现平稳减员245人。组织开展对城市信用社抵债资产的全面检查，帮助该社制定了《抵债资产管理办法》，督促该社加大资本金补充和抵债资产处置力度，提高了资产收益率。③管理与监督并举，促进农村信用社发展。一是抓班子建设。对6家联合社领导班子进行考察、调整，建立健全了决策、经营、监督“三位一体、相互制衡”的法人治理结构；培训农村信用社主任，提高其素质；制定并严格执行《农村信用联合社民主管理操作规程》，为农村信用社的健康发展夯实了基础。二是加大对“三农”扶持力度。到年末，全市成立农户联户联保小组1.06万个，共发放农户小额信用贷款2.15亿元，发放联户联保贷款1.1亿元，累计发放农业贷款60.6亿元，推动了农民增收、农业增产、农(村)信(用社)增效。三是建立健全风险预警机制，降低支付风险。对农村信用社信贷资产真实性进行大检查，摸清底数，解决了资产质量和盈亏不真实的问题；对36个基层信用社进行合并重组；在泰山区农村信用社进行一级法人试点，全市化解高风险信用社40家。指导农村信用社加大吸储揽存、清收盘活、贷款营销、增资扩股等工作力度，到年末，全市农村信用社各项存款余额达89.4亿元，比年初增长11%；股本金余额8.4亿元，比年初增加1.96亿元。④提高外汇管理水平。完善企业进出口核销业绩考核制和分类监管制，实现由流程式监管向合规性监管的转变。开展进出口收、付外汇逾期未核销清理，共清理1145笔，金额7298万美元。稳妥推进外商投资企业资本金结汇改革试点，建立健全外资外汇登记制度。改善境外投资管理，核准2家境外投资项目，推动企业加快实施"走出去"的发展战略。开展县级外汇指定银行的外汇业务大检查，加强对新开办结售付汇银行的业务指导，促进了全辖银行外汇业务的健康发展。强化国际收支管理，制定并推行了《银行国际收支间接申报核对办法》，杜绝错报、漏报现象，提高了国际收支申报质量。到年末，全市累计实现出口收汇2.1亿美元，同比增长19.2%；出口收汇率、核销率分别达到96.2%和98.6%；进口付汇7722万美元，同比下降13.1%。

金融服务　①中间业务。全市金融机构(不含外资、证券、保险)将中间业务作为新的利润增长点，促进了支付结算、银行卡、代理、担保及承诺等中间业务的快速发展。全年中间业务累计发生额4266.65亿元，累计实现收入2371万元。②会计结算服务。推行"首问负责制"，开展优质文明服务活动，进一步规范业务操作程序。落实岗位责任制，强化结算监管。建立企业结算联席会制度，做到同城清算、特约联行、电子联行等系统汇路畅通，加速了社会资金周转，提高了资金使用效益。③国库资金管理。做好国库2.0版本的推广应用工作，及时进行了模拟测试和数据铺底，保证了2.0版本的按时投入运行。严格落实国库监督检查、大额拨款、退库审批等内控制度。对肥城、新泰支库及所辖国库经收处、乡镇国库等进行检查，有效地防范了国库资金风险。强化柜面服务，顺利完成了四期国债1.41亿元的发行任务。④人民币管理。加强现金投放、回笼的分析预测，合理调拨发行资金，确保发行基金的及时供应。全年累计投放现金40.13亿元，回笼现金38.17亿元。加大《人民币管理条例》的宣传力度，将人民币反假知识与泰山导游图相结合，扩大了反假宣传面。强化对大额现金支付的管理，杜绝大额现金提取漏备案现象。规范人民币销毁工作的操作程序，全年共销毁残币12次，总计17.29亿元，超额完成了全年的销毁计划，提高了流通中人民币的整洁度。⑤科技服务。强化银行卡联网通用工作的管理，对公用POS、ATM进行定期检查，改善了全市银行卡受理环境。完成《外商直接投资申报系统》、《电子联行往来计费系统》等程序开发工作，提高了工作效率。⑥信贷登记咨询系统管理。组织开展信贷登记咨询系统运行情况大检查，对个别金融机构存在的数据漏报、登记不全、向无贷款卡企业办理信贷业务等问题进行了严肃查处，提高了全辖信贷登记咨询系统的信息录入质量。及时为金融机构提供查询服务，有效防范了信贷风险。

泰安市国家银行信贷收支情况表

单位：万元

信贷情况	年末余额	比上年增加额	比上年增长%
各项存款	2343142	370596	15.83
企业存款	505602	76116	15.05
活期存款	379699	68098	17.93
定期存款	125903	8018	6.37
财政存款	25128	—733	—2.92
机关团体存款	95194	40353	42.39
储蓄存款	1592777	229652	14.42
活期储蓄	442220	87035	19.68
定期储蓄	1150557	142617	12.40
农业存款	4601	1755	38.14
其他存款	119840	23813	19.87
各项贷款	1563742	237774	15.21
短期贷款	1006933	127099	12.62
工业贷款	414594	58806	14.18
商业贷款	304544	—17484	—5.74
农副产品贷款	179950	636	0.35
建筑业贷款	35626	24845	69.74
农业贷款	22552	—2397	—10.63
乡镇企业贷款	43991	973	2.21
三资企业贷款	14238	—3877	—27.23
私营企业及个人贷款	5490	4170	75.96
其他短期贷款	165898	62063	37.41
个人短期贷款	12534	2523	20.13
中期流动资金贷款	110752	—16671	—15.05
中长期贷款	344168	83090	24.14
基本建设贷款	178347	45833	25.07
技术改造贷款	34358	—5074	—14.77
其他中长期贷款	131463	42331	32.20
个人中长期贷款	100230	38504	38.42
票据融资	88666	44670	50.38
贴　现	88666	44670	50.38
各项垫款	13223	—414	—3.13

【货币信贷】　2002年，全市金融机构新增贷存比高达73.1%，比上年提高11个百分点，存贷款增加额及新增贷存比均创历史最高水平。

加强社会信用建设　市委、市政府召开全市金融财政工作会议，就加强社会信用建设、改善金融运行环境、推进经济金融协调发展等工作进行了部署。市委、市政府下发了《关于进一步优化金融环境，大力发展金融业，促进全市经济发展的意见》(泰发[2002]11号)，进一步明确工作任务，细化工作目标，完善工作措施，改善了全市金融运行环境。市人民银行与工商部门联合制定了《泰安市金融机构债权保全确认制度》，积极参与企业改制、破产工作，强化金融债权管理，全年共依法保全金融债权6亿元；向市委、市政府提出加快已剥离不良资产处置的建议，协助市政府召开由企业、银行、资产管理公司负责人参加的座谈会，研究探讨不良资产处置的办法，加快全市不良资产处置工作的进程；督促各金融机构开展企业信用评级活动，指导农村信用社依靠当地政府，开展农村信用工程建设，完善了农户信用评级办法。年末，全市共评定A级企业146家、信用村493个、信用户8万余户。同时，积极引导各金融机构对信用度高的贷款人，给予一定的政策优惠，进一步推动了全市社会信用建设。

搭建银企合作平台　年内，市人民银行按照“银企合作、自主选择、力争双盈”的原则，协助有关方面举办了3次银企合作洽谈会。一是协助市政府成功举办了泰安市银企合作签字仪式，签约企业52家，签约金额达33.2亿元。到年末，已到位资金27.9亿元，占签约金额的84%，资金到位率高于全省平均水平50个百分点，其中“13511”工程企业到位资金21.2亿元，占签约金额的92%。二是建议并协助市政府在济南召开了泰安市与驻鲁股份制商业银行联谊会，推介项目79个。福建兴业、中信实业、光大银行等8家驻鲁股份制商业银行向泰安市6家企业授信7.6亿元，实际到位资金6.5亿元。三是组织召开金融机构、民营企业、担保公司座谈会，研究制定了支持民营经济发展的5项措施，签定贷款协议2.2亿元，实际到位资金1.7亿元，较好地解决了民营企业担保难、贷款难问题。

优化贷款投向　年内，市人民银行结合泰安实际，制定下发了《贯彻落实货币信贷政策，促进经济发展的意见》，引导金融机构进一步优化信贷投向，扩大信贷投人；引导农村信用社加大对“三农”的支持力度，通过增加支农再贷款1.1亿元，带动全市农业贷款的进一步增长；引导商业银行改进金融服务，加大对外经贸企业的支持力度，全市累计为29户企业办理出口退税帐户托管贷款68笔、金额9137万元，年末外汇贷款余额达1.04亿美元，推动外向型经济发展；强化对住房和汽车等消费信贷业务的指导，全市消费贷款年末余额14.9亿元，较年初增加5.1亿元，增长52%。

拓展货币市场业务　年内，市人民银行召开货币市场业务推介会，举办货币市场业务知识培训班，进一步提高对货币市场的管理水平；在继续引导泰山区信用联社加大货币市场操作力度的同时，积极引导其他金融机构参与货币市场。年末，肥城市农村信用联社、新泰市农村信用联社、泰安市城市信用社被济南分行批准成为会员单位，进一步拓宽了中小金融机构的融资范围，提高了融资能力。

【开展管理年活动】　年内，市人民银行在全行开展“管理年”活动。一是以制度建设、监督检查为重点加强内控管理。在上年制定《内部控制规程》的基础上，编印了《内部管理制度汇编》，内容包括党建、会计财务、金融监管、货币信贷等七大类65项规章制度；同时，强化内部审计监督，确保各项规章制度落实到位。二是以素质教育、业务培训为重点加强人员管理。按照干部“四化”要求，调整县支行领导班子，调整市中心支行中层干部17人，一般员工岗位交流19人，优化了干部队伍结构；选拔4人到县支行、农村信用联社挂职锻炼，培养复合型人

泰安市金融机构各项存款、企业存款、储蓄存款走势情况表

单位：万元

月份＼项目	各项存款		企业存款		储蓄存款	
	余　额	比上年增	余　额	比上年增	余　额	比上年增
一　月	3016940	15628	571159	－14676	2223214	39088
二　月	3077519	76207	562429	－23406	2306978	122852
三　月	3208383	207071	622705	36870	2345206	161080
四　月	3230991	229679	622962	37127	2361426	177300
五　月	3298245	396933	640974	55139	2381513	197387
六　月	3470505	469194	686888	101053	2434238	250112
七　月	3469771	468459	659042	73207	2438233	254107
八　月	3489586	488274	634302	48467	2441250	257124
九　月	3537471	536159	667917	82082	2456101	271975
十　月	3540853	539541	688664	102829	2441434	257308
十一月	3560427	559115	699200	113365	2463458	279332
十二月	3516150	514839	708941	123106	2476197	292071

泰安市金融机构各项贷款、农业贷款、贴现贷款增量走势情况表

单位：万元

月份＼项目	各项贷款		农业贷款		贴现贷款	
	余　额	比上年增	余　额	比上年增	余　额	比上年增
一　月	2164891	1236	342771	13240	106287	－12683
二　月	2190766	27111	345244	15713	116097	－2873
三　月	2259687	96032	361143	31612	118719	－251
四　月	2270430	106775	381582	52051	98970	－20000
五　月	2304455	140800	387820	58289	93251	－25719
六　月	2445946	282291	401150	71619	172524	53554
七　月	2407286	243631	418527	88996	130990	12020
八　月	2431783	268128	423069	93538	131214	12244
九　月	2517042	353387	426145	96614	172539	53569
十　月	2442217	278562	428069	98538	98423	－20547
十一月	2499398	335743	436027	106496	130198	11228
十二月	2540218	376563	420230	90699	136429	17459

泰安市金融机构信贷收支情况表

单位：万元

信贷情况	年末余额	比1997年增加额	比1997年增长%
各项存款	3516150	1653734	47.03
企业存款	708941	298456	42.10
活期存款	521089	230052	44.15
定期存款	187852	68404	36.41
储蓄存款	2476197	1030113	41.60
活期储蓄	613730	337639	55.01
定期储蓄	1862467	548574	29.45
各项贷款	2540218	1031718	40.62
短期贷款	1896050	779410	41.11
中期流动资金贷款	113252	91359	80.70
中长期贷款	381264	45133	11.84
基本建设贷款	178347	122	0.07
技术改造贷款	34358	－27129	－78.96
其他中长期贷款	168559	72139	42.80
票据融资	136429	124805	91.48
贴　现	136429	124805	91.48

才;实行行长接待日制度,密切了党群、干群关系;开展调查研究,全年共在各类刊物上发表理论调研文章61篇;加强业务培训,全年组织讲座3次,举办各类培训班8期;落实廉政谈话制度,对金融监管活动实行再监督;推行"三员一卡"制度,建立了公务廉政监督卡;与检察院建立银检共建关系,积极预防职务犯罪。三是以节约支出为重点加强财务管理。市人民银行成立事后监督中心,对辖内会计核算业务实行集中监督;全面落实财务集中报帐制;严格执行全帐户预算管理,减少不合理开支,公用经费比上年节约20%。四是以落实制度为重点加强安全管理。层层签订《2002年社会治安综合治理及安全保卫工作责任书》;加强对库款、枪弹、联行往来、资金清算、会计国库、计算机等要害部门、要害环节的管理,确保库款安全、枪弹安全、职工人身和办公区安全,实现了全年安全无事故的目标。在济南分行年终考核中,市人民银行被评为B类行,在分行辖区位居第11位,比上年前进了4个位次;被济南分行评为"金融监管先进单位";连续四年被评为"省级社会治安综合治理工作先进单位"。 (韩德鹏)

【中国农业发展银行泰安市分行】 年末,中国农业发展银行泰安市分行(简称市农业发展银行)辖市分行营业部和岱岳区、新泰市、肥城市、宁阳县、东平县5个支行。共有职工163人,其中市农业发展银行机关35人,有中级以上技术职务的66人。

年内,市农业发展银行以收购资金封闭管理为中心,认真落实国家粮棉购储销政策,努力防范和化解信贷风险,各项工作取得显著成绩,主要考核指标位居全省前列。年末,各项存款余额6795万元,比上年增加412万元,增长6.5%;向上级行借款17.17亿元,比上年增加2082万元;各项贷款余额17.48亿元,比上年增加2145万元,粮棉油购储销贷款比上年增加2408万元。粮棉油新发放贷款物资保证率达100%,粮棉油贷款收回率达104.01%,粮棉油贷款利息综合收回率达100.56%,粮油其他不合理占用贷款下降率达16.73%,企业消化本息挂帐贷款下降率达6.1%,信贷资金运用率达97.99%。全年累计实现利息收入7276万元,帐面亏损1378万元,比省行计划减亏12万元。

支持粮棉油收购 年内,累计发放粮食收购(调销)贷款4.46亿元,收购(调入)粮食4.21亿公斤,同比增加2.08亿元和1.90亿公斤。①适应深化粮棉流通体制改革、市场形势变化和信贷政策的调整,立足粮食生产流通和企业经营状况,做到情况早调查,资金早安排,措施早落实,确保资金及时供应。②对企业按保护价收购的粮食,按照"收一斤粮,给一斤粮的钱"的原则,保证粮食企业常年敞开收购农民余粮的资金供应。累计发放收购保护价粮食贷款2.65亿元,支持收购保护价粮食2.59亿公斤,同比增加5884万公斤。同时,严格按照购贷销还的原则,支持新库装粮和储备粮轮换,累计发放中央储备贷款1.65亿元,支持储备库装粮9079万公斤、轮换粮食5352万公斤。③对企业收购经营非保护价粮食以及棉花收购,按照"以销定贷、以效定贷"的原则和风险防范的要求,择优进行支持。全市累计发放非保护价粮食收购贷款340万元,支持收购玉米493万公斤;累计发放棉花收购(调入)贷款1635万元,支持收购(调入)皮棉3.03万担。

2002年5月31日,中国农业发展银行党委书记、行长何林祥(前排左三)到中国储备粮总公司济南分公司泰安直属库调研

促进粮棉顺价销售 年内,针对全市粮食库存量大、期限长、成本高和棉花市场价格变化较大的实际,支持企业落实销售政策,完善销售机制,调整营销策略,开拓销售市场,加快粮棉销售。全市累计销售粮食3.79亿公斤,同比增加1.33亿公斤。销售油脂84万公斤,轮换国家储备油115万公斤。累计销售棉花1.66亿担,2001棉花年度的棉花全部销售完毕,2002棉花年度新棉销售比例达到18.67%。同时,搞好协调,督促高价位粮差价补贴及时到位,消化老库存粮6497万公斤,减少企业潜亏,弱化了贷款风险,促进了企业经营效益的提高。

收购资金封闭管理 完善以仓单管理为核心内容的封闭管理制度,从严监管企业,努力保全信贷资产,防范和化解了贷款风险。①强化对贷款投放、库存监管、顺价销售的监管。坚持贷款发放报帐制和逐笔核打码单制度,严格按收购码单发放收购资金贷款,并及时核实入库数量,在严格落实仓单管理制度、信贷员联库、查库制度和行长、主任分片包库(点)制度及出库报告制度的同时,通过促销、集并等措施,重点解决混仓管理及临时库点较多的问题,防范了存粮风险。②严格企业帐户及现金管理。对企业开户、帐户使用和现金管理情况进行检查,严格落实资金支付审查签字制度,强化对企业资金运用的全程监管,防止企业多头开户和挤占挪用收购资金等问题的发生。③开展粮棉企业贷款资格认定和信用等级评定工作。促使企业注重经营管理、财务核算,提高了企业的信用观念和执行收购资金封闭管理政策的自觉性。④开展清资核贷和贷款资产抵押工作。进一步核实粮油贷款、实物库存和企业资产情况,发现并解决管理中存在的问题,夯实了管理基础。对无库存保证的贷款办理抵押担保手续,全年办理抵押贷款8590万元,占应办理资产抵押贷款的100%(剔除无资产部分)。加强对破产企业和附营企业的贷款清收,累计收回不良贷款本息907万元。⑤健全以规章制度和岗位职责为核心、考核与激励机制为一体的内部基础工作管理体制,组织开展仓单会审、现场观摩、检查监督等活动,加强台帐登记和核对环节管理,实行财务公开,加强会计电算化建设，严格规范计划信贷、会计出纳等各专业的业务操作行为，促进了以收购资金封闭管理为中心的各项业务工作的健康发展。 （李正国）

2002 年中国农业发展银行泰安市分行各支行(部)基本情况表

单位：万元

支行(部)	职工人数	年末存款		年末贷款	
		余 额	比上年增%	余 额	比上年增%
市分行营业部	18	1366	−44.72	20246	−7.95
岱岳区支行	25	873	−7.62	23173	2.38
新泰市支行	20	283	0.71	30820	3.24
肥城市支行	25	1831	244.17	42131	−3.97
宁阳县支行	20	1651	16.19	39696	12.45
东平县支行	20	791	7.47	18712	−1.40
合 计	163	6795	6.50	174778	1.24

【中国工商银行泰安市分行】 年末，工商银行泰安市分行(简称市工商银行)辖县(市、区)支行 6 个，另有营业部、火车站办事处 2 个支行级营业单位，设置各类正式营业网点 83 个；共有职工 869 人，其中市分行机关 212 人，有中级以上技术职务的 260 人。年内，市工商银行以提高资产质量和经营效益为中心，以调整信贷结构为主线，锐意改革，积极进取，较好地完成了全年各项工作任务。

存款业务 ①探索增存激励措施，完善存款工作机制。在个人金融业务专业，本着“承包到所、责任到人、全面考核、按劳取酬”的原则，推行《零售业务柜员业绩考核办法》，加大了人力费用与绩效的关联度，调动了基层员工揽存的积极性；在对公存款专业，继续实行对公存款课题制、客户经理制等办法。各行还结合实际，制定了专门的存款考核奖励办法，营造了横到边、纵到底、全员抓存款的工作格局。②开展劳动竞赛，狠抓旺季揽存。3 月末，储蓄、对公、同业各项存款都实现了首季开门红，为全年存款的稳定增长赢得主动。③发展中间业务和代理业务。年末，与存款工作有关的中间代理业务达 10 种，其中以代发工资为龙头的代收代付业务、教育储蓄业务、代理保险业务有较快发展。年末，各项人民币存款余额 61.67 亿元，较年初增加 7.19 亿元，增长 13.2%，同比多增 3.95 亿元。其中，储蓄存款余额为 42.32 亿元，较年初增加 3.68 亿元，增长9.5%；对公存款余额 19.35 亿元，较年初增加 3.51 亿元，增长 22.14%；同业存款余额 1.69 亿元，较年初增加 2970 万元，增长 21.34%；外汇存款余额1621 万美元，较年初增加 546 万美元，增长 50.8%。

贷款业务 ① 防范和控制资产风险。一是全面推行统一授信制度，按照新的信用等级办法，对 663 户有信贷关系的企业实施统一授信，核定最高授信额度。二是严把新增贷款质量关，建立了管贷管收责任制，从源头上防止不良贷款的发生。三是充分利用信贷综合管理系统，对全行贷款质量状况实行实时监测和定期通报，全年发出预警通知书 40 份，均得到及时处理。四是综合运用各种手段，加快不良资产处置步伐，全年清收转化不良贷款 3.14 亿元，其中现金清收 2657 万元。②加大信贷退出力度。经过排查分析，确定 81 户贷款企业为退出类客户，并区别情况采取让出市场份额、支持并购、提前收贷、依法追偿等手段实施信贷退出，全年退出贷款 1.72 亿元，完成省行下达任务的 191%。③拓展优质信贷市场。年内新增贷款7.97亿元，同比多增 3.90 亿元，增量和增幅均创近年最好水平。在贷款品种上，重点营销了项目贷款、住房贷款、贴现贷款和个人消费贷款。在贷款对象上，重点支持上市公司、能源交通、系统行业、企业集团以及院校、城建等项目。同时，针对中小企业、民营企业发展较快的实际，把贷款营销的重点逐步渗透到中小企业及民营企业。年末，各项人民币贷款余额为 49.66 亿元，较年初增加7.97亿元，增长 19.12%，同比多增 3.90 亿元。其中：流动资金贷款余额 29.30 亿元，较年初增加 8417 万元，增长2.96%；项目贷款余额 1.15 亿元，较年初增加 3.84 亿元，增长 49.79%；票据贴现余额 2.89 亿元，较年初增加 1.10 亿元，增长 61.58%；住房贷款余额 4.91 亿元，较年初增加 1.54 亿元，增长 45.74%；个人消费贷款余额 1.02亿元，较年初增加6500万元，增长 177.4%。外汇贷款余额 1071 万美元，较年初增加 118 万美元，增长 12.38%。

中间业务 年内，市工商银行把发展中间业务作为拓展盈利空间、提高经营效益的重要手段，进一步明确责任部门，落实了任务目标。①开办电话银行、网上银行等新的业务品种。年末，企业网上银行和个人网上银行开户数分别为 58 户、667 户，网上银行交易额达 28.65 亿元。②发展外汇中间业务。全年累计办理国际结算 5536 万美元、结售汇 3042 万美元，同比分别增加 1465 万美元、771 万美元，完成省行考核计划的 101%和 101.4%。③拓展银行卡业务市场。稳步发展代发工资和代收电话费、水电费及教育储蓄、代理保险等。年末，全行已开办中间业务 5 类 80 个品种，全年实现中间业务收入 500.79 万元。中间业务收入占全部业务收入的比例达 2.65%，同比提高 1.2 个百分点。

（杨万鲁）

【中国农业银行泰安市分行】 年末，中国农业银行泰安市分行(简称市农业银行)辖县、市支行 4 个，设置各类营业网点 133 个。职工 1370 人，其中市农业银行 285 人、中级以上技术职务的 463 人。

存款业务 ①创新客户服务方式。在组织机构扁平化管理的基础上，明确界定市分行、县(市)支行和直管网点的服务重点。对龙头企业、系统性事业单位和重点工程项目，由市农业银行直接营销；行长与客户经理组成客户服务小组，提升了对企事业单位服务的层

2002 年中国工商银行泰安市分行各支行(部)基本情况表

单位：万元

单 位	职工人数(人)	年末存款余额	其中储蓄存款余额	年末贷款余额
泰山区支行	88	104791	86633	33094
岱岳区支行	73	72204	61073	32207
新泰市支行	148	139024	108241	93682
肥城市支行	119	137698	93434	101651
宁阳县支行	72	45176	27446	39893
东平县支行	39	27558	21390	23136
市分行营业部	54	58183	11033	106067
火车站办事处	30	18766	8466	66762

次。②发展教育储蓄业务。教育储蓄开户数达7.94万户，新增3.36万户，占全市适办教育储蓄总户数的11.03%，比年初提高4.63个百分点；余额达到4.98亿元，比年初增加3.31亿元，同比多增2.00亿元。③发展代发工资业务。年末代发工资人数达30.18万人，比年初增加3.97万人，新增代发工资额2.48亿元。④实施优质文明服务系统工程，形成一整套系统化、规范化、制度化的文明服务体系。年末，综合柜员制营业网点达106个，亿元以上精品营业机构达13个。全口径各项存款达70.34亿元，其中，人民币储蓄存款46.80亿元，企事业存款22.23亿元，分别比年初增加了5.80亿元、2.49亿元，比1997年末增加18.29亿元、12.74亿元；外汇存款1584万美元，比年初增加53万美元，比1997年末增加1475万美元。

贷款业务　①优化信贷增量。一是加大对能源、建材、纺织、城市经营性基础设施等重点工业企业、民营企业和进出口企业的信贷投放。年内与12家重点企业签订了5.47亿元的信贷投放协议，年末到位8.48亿元，实际到位率达155%。对市“13511”工程企业，年内贷款投放12.69亿元，较好地支持了泰和集团等重点客户的规模发展。二是加强银校合作。与山东科技大学、泰山医学院签署了全面合作协议，提供综合授信6亿元，年内投放1.2亿元。三是发展个人贷款业务。年末个人贷款余额达3.34亿元，比年初增加1.30亿元，增长64.15%。四是发展票据业务。年内签发银行承兑汇票12.43亿元，办理票据贴现16.67亿元，年末余额分别达到了7.14亿元和3.56亿元，分别比年初增加4.70亿元和3.11亿元。②压缩不良资产。年内清收不良贷款本息9951万元，盘活6650万元，依法保全1.77亿元，办理以资抵债3285万元，处置抵债资产1495万元。年末，不良贷款比例比上年下降7.91个百分点，同口径比1997年下降3.25个百分点。③实施信贷审批提速。完善贷款项目集中审查制度，加大信贷规模集中配置和授信管理力度，对特定业务开通“绿色通道”审批，推广应用信贷综合管理系统，提高了信贷决策效率。年内，市农业银行召开贷款审批会81次，平均每周1.6次，审查审议信贷项目586个、金额30.39亿元；对4户重点企业公开授信9亿元。年末，各项贷款余额45.42亿元，比年初净增8.19亿元，同比多增7亿元；比1997年增加16.90亿元。

中间业务　全年实现中间业务收入656万元，比年初增180万元。①国际业务。推广国际业务管理和应用系统，设立外汇业务客户经理，为客户提供专业化服务。年内实现手续费收入124万元；实现国际结算7170万美元，结售汇5357万美元，分别比上年增加1486万美元、1694万美元，比1997年增加3645万美元、1961万美元。②银行卡业务。发展银联业务，增设自助设备13台，进一步改善用卡环境。年内新发卡7.3万张，总量达39.1万张，增加银行卡存款1.6亿元，余额达4.5亿元，实现消费额2.8亿元，比上年增加1.3亿元。银行卡总量、存款、消费额分别比1997年增加34.6万张、3.7亿元和2.4亿元。③代理业务。设立3个国债常年兑付点，累计代理发行、兑付凭证式国债1.41亿元；与辖内5家保险公司建立了合作关系，代理保费3766万元；代理销售富国、宝盈、大成3只开放式基金2205万元；代收话费、银证转帐等代理收付业务量达2.89亿元，比上年增加200万元。

开拓业务新品种　拓展出口退税帐户托管贷款、个人客户担保贷款、商品房抵押贷款等资产类业务，年末余额分别达到1398万元、4839万元、1877万元。开办理财通、通汇宝、网上银行、西联汇款、银彩转帐等结算类新产品，年内网上银行交易量达到1.08亿元。开办福费廷、邓白氏咨询等中间业务类新品种，年内办理福费廷业务125万美元，列全省农业银行首位。

经营管理　①会计管理。实行会计业务集中核算，实现了财务集中管理、会计帐务的集中处理及财会管理与会计核算的集成化，提升了会计核算和经营监控的层次。建立了以实时监督、序时监督和事后监督为核心的会计监管体系，加强对业务流程全过程的控制。②审计监督。创新实行了“划片包干、责任到人、跟踪监督”审计包所责任制，提高了业务规范化。③案件防范。坚持预防为主，落实员工思想行为排查制度和安全保卫规范化管理，加大源头治理力度，年内未发生各类案件和安全责任事故。④资金营运。以保证支付为前提，合理摆布资金，年内累计调剂各类资金72亿元。⑤费用管理。实行费用报帐制、大宗物品集中采购等费用集中管理办法，优化了开支结构。年末，实现帐面利润596万元，同口径同比减亏增盈3884万元，上缴税金1327万元。

（乔　鹏）

2002年中国农业银行泰安市分行各支行(部)基本情况表

单位：万元

单位	职工人数(人)	年末存款		其中储蓄存款		年末贷款		税金	
		余额	同比增长%	余额	同比增长%	余额	同比增长%	总额	同比增长%
市分行直管	717	324504	16	203483	16	224057	23	690	－14
新泰市支行	206	139199	13	100399	11	90650	16	233	－21
肥城市支行	174	131836	16	82859	6	79985	13	257	－24
宁阳县支行	152	63133	15	48267	14	28749	5	75	－35
东平县支行	21	44761	13	32983	9	30742	16	72	－18
合计	1370	703433	17	467991	14	454183	22	1327	－16

【中国银行泰安分行】　年内，整合内部机构与人员，市分行机关调整为10部1室1委，各支行统一设置3部1室，基层营业网点升格为分理处；对全辖中层干部进行重新竞聘，员工“双向选择、竞争上岗”，优化人力资源。年末，全辖机构为1个分行、4个支行、3个直属分理处、34个分支网点；共有员工618人，其中市分行机关193人，中级以上技术职务的106人。

存款业务　年内，该行专门制定对支行、直属分理处的存款奖励办法，鼓励员工揽储；组织开展“大干100天，确保实现人民币存款新增2亿元”的“百日增存”活动，加大对存款工作的考核力度，调动了员工做好存款工作的积极性；对公存款重点争揽了教育、交通等系统性客户，特别是抓住各大、中专院校及中小学集中交款期，主动上门收款，取得明显成效；发挥比较竞争优势，全面加强银证、银保及银行同业合作，积极为城市信用社代签承兑汇票业务等，促进了金融机构存款的快速增长。年末，各项人民币存款余额27.60亿元，市场占有率13.57%，比年初提高0.51个百分点；新增4.84亿元(不含金融机构存款新增额2.20亿元)，完成计划的96.73%，新增额市场占有率为15.26%。新增存款中：储蓄存款新增2.38亿元，时点完成计划108%；对公存款新增2.46亿元，时点完成计划88%；金融机构存款新增2.20亿元，新增额名列全省第一。

贷款业务　年内，该行实行业务部

牵头协调,零售、结算、营业及信息科技等部门参与配合、协同攻关的捆绑式营销机制,发挥自身服务优势、产品优势和科技优势,积极为绩优客户提供"一揽子"金融服务。全年新增贷款5.74亿元,比上年同期多增4.08亿元,重点投向了电力能源、公路交通、教育等优质行业,确保了资产质量和结算业务量。其中,个人消费信贷业务抓住住房、汽车等重点产品,选择优质客户,新增消费贷款3221万元。到年末,全辖人民币贷款新增市场份额占当地金融机构的20.6%,比年初上升12.85个百分点。

中间业务 ①通过召开客户座谈会、新产品推介会、延伸TMCS服务系统、开通"银券通"等手段,拓市场,争客户,全方位开展市场营销,年末在该行叙做结算业务量500万美元以上的客户达到13家,比年初增加4家。做国际结算业务1.78亿美元,完成计划的127%,同比增长27.87%,超过全市同期外贸进出口额增幅23个百分点;占境内市场份额的59%,同比提高10个百分点。②加强银行卡与储蓄、消费信贷等业务的"捆绑式"营销,全年长城信用卡、借记卡、国际卡发卡量分别比年初增1938张、2.78万张、226张,分别完成省行计划的121.13%、146.32%、282.50%;实现直接消费额2343万元,完成省行计划的112%。③开拓外汇资金业务。开发"个人实盘外汇买卖"业务,全年办理对公代客外汇买卖233万美元,个人实盘外汇买卖162万美元。④拓展票据业务市场。全年累计办理票据贴现、票据转让等各类票据业务6.56亿元,完成计划的205%;实现收益182万元,完成计划的152%。⑤业务代理呈上升趋势。全年实现代理业务金额6.48亿元,完成计划的216%;实现业务手续费收入15.6万元,完成计划的780%。

压缩不良资产 按照"现金清收与盘活相结合,以清收促变现,以变现带核销,以核销降不良"的工作思路,继续实施不良资产清收责任制,建立了不良资产日监控、周通报、月考核制度,对全辖不良资产压缩情况实施全面、动态、持续的监控。坚持因企制宜的方略,灵活运用"清收、盘活、保全、处置、核销"等综合治理措施,多管齐下、多策并举,实施全面清收。到年末,本外币综合不良率27.44%,比年初下降了11.08个百分点。现金清收4982万元,完成计划的118.75%。本外币综合收息达到66.93%,比年初提高14.85个百分点。

年内,该行实现税金656.5万元;年末实际本外币帐面利润-2916万元,减亏1452万元。扣除冲减往年应收逾期利息、核销呆帐及损失等因素影响后,实现当期经营利润1823万元,比上年同期增盈4024万元,完成计划的312.4%。减亏增盈的主要原因:人民币各项存款稳定增长,金融机构存款新增迅猛;资产质量明显提高,收息率上升,资产不良率大幅下降,现金清收完成较为理想;信贷投放力度加大,优质客户群逐步建立;中间业务增长迅速,结算业务、票据业务再创新高。年底,该行跨入全国中国银行系统"百强行"行列。 (李建水)

2002年中国银行泰安分行各支行(直属分理处)基本情况表

单位:万元

单 位	职工人数(人)	人民币存款		外币存款		人民币贷款		外币贷款	
		余额	同比增长%	余额	同比增长%	余额	同比增长%	总额	同比增长%
分行直管	193	51672	24	1990	33	64023	51	4625	-8
泰山支行	61	45934	10	340	21	16411	89	—	—
新泰支行	88	52965	28	549	108	26840	44	1142	38
肥城支行	35	26159	6	278	-11	30719	86	1438	-10
宁阳支行	73	33569	23	141	-18	14824	31	216	-17
东平分理处	68	11168	11	34	-8	6251	45	—	—
虎山分理处	71	41410	35	648	13	—	—	—	—
岱岳分理处	29	13128	33	147	12	—	—	—	—
合 计	618	276005	21	3265	26	159068	56	7421	-4

2002年中国建设银行泰安市分行各支行(部)基本情况表

单位:万元

单 位	职工人数(人)	年末存款		其中储蓄存款		年末贷款		税 金	
		余额	同比增长%	余额	同比增长%	余额	同比增长%	总额	同比增长%
市分行直管	532	167241	30.17	73918	68.12	117907	18.96	290.7	-24.69
泰山区支行	93	41277	12.11	30901	-0.27	13026	10.93	40.4	-9.74
市中支行	90	35832	39.86	30217	34.45	9344	30.08	—	—
新泰市支行	78	44608	30.20	27094	22.96	31555	-8.94	—	—
新汶矿区支行	61	72896	4.68	48684	13.16	30364	24.89	62.1	-41.88
肥城市支行	137	78644	29.17	44415	16.70	56671	12.94	131.4	-20.39
宁阳县支行	99	23329	15.06	12496	17.00	18632	-8.04	27.4	-74.04
东平县支行	58	14655	29.60	8398	5.44	14881	0.56	21.8	-38.45
合 计	1148	478482	23.55	276125	25.98	292380	11.34	554.6	-39.16

【中国建设银行泰安市分行】 年末,中国建设银行泰安市分行辖县(市、区)支行7个,直属单位15个,营业网点83个。共有员工1154人,其中,市分行机关255人;中级以上职务的391人。

存款业务 ①抓重点业务品种和存款源头。依托储蓄卡、银证联网、"速汇通"等重点优势业务品种,大力拓展教育储蓄、代发工资、职工养老保险发放、各类代收费等存款源头,取得明显成效。全年新发展代发工资、养老金户数达4.25万户,新发展教育储蓄3.44亿元。②抓重点行业和重点客户。实施《重点客户业绩考核管理办法》,把机关和教育、医药、卫生等存款稳定的行业作为重点,新发展了泰山燃气公司、泰安城市建设项目管理中心、山东农业大学、山东服装学院等一批优质客户。③抓重点地区和重点所柜。把泰安城区作为优先发展的重点,城区各单位新增存款5.3亿元,占全行存款新增额的58.6%,泰安城区中心城市行的作用得到进一步提高;继续实施强所带动战略,前20强所柜全年新增存款3.24亿元,占全行储蓄存款新增额的56.93%,当年新增额过千万的网点达30个。年末,全口径存款余额47.85亿元,比年初增加9.12亿元,其中储蓄存款27.61亿元,企业存款余额17.67亿元,分别比年初增加5.69亿元、2.32亿元,同业存款余额2.568亿元,比年初减少710万元。

贷款业务　①强化市场营销,扩大有效信贷投放。年内,加大对市重点行业和重点客户的营销与服务,为鲁能泰山等42家客户实行了一般额度授信,金额达26.5亿元;在继续巩固能源、交通、电力等传统优势行业的基础上,把教育、土地、城建、卫生等行业作为信贷营销的重点,先后为山东农业大学、石横特钢厂等客户发放公司类贷款6.3亿元,进一步提高了优质资产比重。②改进服务水平,发展个人消费信贷业务。在全市率先设立个人贷款服务中心,联合房地产开发企业、汽车经销商、保险公司等机构,为客户提供"一条龙"直客式服务,受到市民的欢迎。全年累计发放各类个人贷款业务3288笔、金额2.05亿元,其中个人住房贷款1530笔、金额1.22亿元,个人汽车消费贷款293笔、金额2812万元。③压缩不良资产。综合运用呆帐核销、减免息还贷、以物抵债、法律诉讼等政策和手段,开展"压缩不良贷款攻坚战"活动。年末,全辖本外币不良贷款余额7.18亿元,比年初下降8478万元;不良率24.73%,比年初下降6.13个百分点。年末,全行各项贷款余额29.24亿元,比年初新增2.98亿元。

中间业务　全年实现中间业务收入637万元,比年初增加66万元。①结算业务。全年实现本外币结算业务收入184.4万元,其中新发展代理银行汇票业务机构3个,实现代理业务手续费收入26.7万元。②银行卡业务。发展特约商户,改善用卡环境,开展龙卡消费积分奖励和"龙卡逍遥游"活动,极大地调动了持卡人的用卡积极性。全年交易额9749.83万元,实现服务费收入10.76万元。③造价咨询业务。全年完成造价咨询业务量7.5亿元,实现业务收入166.03万元。④代理保险业务。实现与泰安各家人寿保险公司的全面业务合作,推广以分红保险为重点的柜面代销保险业务,全年累计代销保险1618万元,实现代理手续费收入35.56万元。⑤委托贷款业务。加强与基金担保公司、行业资产管理公司等部门的合作,到年末,委托贷款余额9.02亿元,实现代理费收入28.7万元。⑥代收费业务。改进服务水平,提高服务质量,新发展代收水费等业务,扩大了代收市场份额。全年代理行政事业收费业务5.06万笔,金额2.79亿元。　(米　宾)

【交通银行泰安分行】　年末,交通银行泰安分行设置各类正式营业网点12个,有职工253人,其中中级以上技术职务的48人。

存款业务　年末,外币各项存款余额达到449万美元,较年初增加232万美元,增幅为107%,完成年度计划的264%。人民币各项存款余额达到14.63亿元,较年初增加1.99亿元,增幅15.72%,完成年度计划的105%;人民币各项存款日均余额为16.36亿元,较年初增加4.08亿元,增幅为33.24%,完成年度计划的268.54%。其中,储蓄存款余额4.49亿元,较年初增加7582万元,增幅20.32%,完成年度计划的113.16%;储蓄存款日均余额为4.27亿元,较年初增加9446万元,增幅为28.37%,完成年度计划的145.3%。国际业务结算量累计完成2526万美元,完成年度计划的140%。

授信业务　各项贷款余额达到11.51亿元,较年初增加2.23亿元,增幅为24.07%,存量存贷比为78.60%,增量存贷比为112.25%,控制在上级行核定的指标以内。剔除贴现余额2.20亿元,一般贷款余额为9.31亿元,存量存贷比为63.57%,增量存贷比为97.93%。累计办理贴现920笔,金额达14.5亿元;贴现利息收入1527万元。

信贷资产结构　年末,正常关注类贷款余额为10.99亿元,较年初增加2.31亿元;占比为95.6%,较年初提高19个百分点。次级以下贷款余额为5076万元,较年初下降756万元;占比为4.4%,较年初下降1.9个百分点。

资产质量　不良资产考核余额为5907万元,较年初下降682万元,超计划压缩82万元,完成年度计划的114%;占比为4.99%,较年初下降1.97个百分点,超出年度计划0.77个百分点,完成年度计划的164%。当年利息回收率达到96.25%,完成全年计划。

经营效益　考核利润达到1371万元,完成年度计划的214.89%,人均创利达到5.04万元,提前完成了总行下达的扭亏计划,步入赢利行的行列。全年上缴税金671万元,同比增92%。　(郭纪钰)

【泰安市农村信用社】　年内,市农村金融体制改革领导小组办公室(简称市农金改办)行使对全市农村信用联社(以下简称农信社)的体制改革和行业管理职能。对县级以下基层农村信用社进行法人治理结构改革,取消基层法人单位39个。优化重组后,全市有法人信用社47个、信用分社201个、储蓄所128个、村级信用站2347个,机构网点总数2729处;从业人员5100人,其中正式员工2815人,大专以上文化程度和助理以上技术职称的占58%。

存、贷款业务　年末,全市农村信用社总资产156亿元,比年初增20亿元;各项存款余额达89.44亿元,比年初增加8.86亿元,增长10.10%。其中:储蓄存款余额达79.59亿元,比年初增加8.03亿元;企事业存款余额9.71亿元,比年初增0.90亿元;活期存款余额达21.60亿元,比年初增1.88亿元;股本金余额达8.78亿元,比年初增2.29亿元。各项贷款余额达72.83亿元,比年初增加10.96亿元,增长17.71%。贷款中,农业贷款增长最快,余额达40.78亿元,比年初增9.04亿元,增长28.49%,同比多投放2.36亿元,当年累计投放68.11亿元,新增农业贷款占比达82.50%。年末实现盈余1336万元。

中间业务　年内,参加全国货币市场交易系统,实现债券交易额178亿元,比年初增56亿元,交易量和交易额在全国800家会员单位中排名分别为第120

2002年泰安市农村信用社系统基本情况表

单位:万元

单　位	职工人数(人)	年末存款		其中储蓄存款		年末贷款		税　金	
		余额	同比增长%	余额	同比增长%	余额	同比增长%	总额	同比增长%
泰山区联社	408	100800	25	74455	17	68109	23	195	34
岱岳区联社	497	166544	11	151257	10	124578	12	282	13
新泰市联社	736	225311	5	199913	7	188775	12	549	—15
肥城市联社	524	251799	13	234873	16	219123	18	715	—9
宁阳县联社	324	71894	10	60715	7	61063	25	157	18
东平县联社	326	78035	9	74635	9	66671	33	199	21
合　计	2815	894383	11	795884	11	728319	18	2097	—2

位和第60位。10月,开办银联信通卡业务,实现了全市、全省互联,通存通兑。与泰安福(利)彩(票)中心和移动、联通、铁通、齐鲁证券公司等达成代收代付款项协议,业务量达18亿多元。开通了POS和ATM等高科技性电子化业务,新增活期结算帐户29万个。

信用工程建设　年内,全市农村信用社评定信用村493个,比年初增360个;评定信用户8.01万户,比年初增加6.80万户。成立农户联保小组1.06万个,发放贷款1400万元;发放小额信用贷款2.2亿元。发放农户"贷款证"22万本,比年初增14万本。全年争取人民银行支农再贷款1.04亿元,按时、足额发放到农民手中,确保了农村信用社主体业务向农村、农业、农民转移目标的实现,信用环境得到改善。

精神文明建设　开展文明服务和争创文明单位、青年文明号活动,年内有3个县级联社(新泰、泰山区、东平联社)荣获省级文明单位称号,其中新泰联社连续5年保持省级文明单位称号;2个单位(新泰果都信用社、新泰联社营业部)连续7年被授予省级"青年文明号"称号;12个单位(新泰10个、肥城1个、宁阳1个)荣获市级文明单位称号。

(马书唐)

【泰安市城市信用社】　泰安市城市信用社辖22个办事处、1个营业部、8个管理部室。员工541人,其中,大专以上学历389人,占总数的72%。年末,资产总额近26亿元,人均有效资产达531万元,资本充足率达到8.23%;比年初新增存款4.94亿元,达到20.10亿元;新增贷款2.77亿元,达到13.02亿元;不良贷款占比由年初的15.05%下降到12.66%,降低2.39个百分点;各项收入1.06亿元,上缴税金1059万元,利润508万元。

存款业务　①改革业务运作机制。适应金融竞争形势和股份制金融企业"一级法人、统一管理"的特点,根据区域变化和营业机构分布状况,本着"就近管理、方便运作、业务归并、资源调配"的原则,将原38个营业网点撤并为22个办事处、1个营业部;本着"公开、公平、公正"的原则,通过专家评议、职工代表评议和民主评议,聘任科级干部60名,分流员工246人、待岗8人,优化、整合了人力资源;制定以存款为主要指标,以收入、支出和压缩逾期贷款为辅助指标,以贴现业务量为补充指标的《综合业务考核办法》,将工作实绩与分配挂钩,奖优罚劣,奖勤罚懒,推动各项工作的开展。②开展多项业务。新开办教育储蓄业务和多种代收、代办业务,年末,代发工资和代收费业务单位3000个,比上年增加706个。③成立"汽车银行"。对交通不便和地处偏僻较远的中小客户实行上门收款;对急需现金的用户,只需一个电话,就可将款送到家中,提高了服务水平。年末,各项存款达到20.1亿元,比上年增加4.2亿元。

贷款业务　调整充实"信贷审查领导小组",严格落实审贷部门分离、信贷业务报备、统一授信、贷款主责任人等制度,提高了信贷决策水平,有效地防范了金融风险。加大对能源、教育、城市基础设施建设等重点产业的信贷投放,民营企业贷款和个人消费贷款均比上年有大幅度增长。年末,各项贷款余额11.4亿元,比年初增2.7亿元。

提高业务水平　①拓展中间业务。年内,中间业务收入占各项业务收入的45.1%,带动了其他各项业务的开展。一是在当地打开银票、商票转贴现融资渠道的基础上,先后同省内外10多家商业银行建立同业融资合作关系,累计办理贴现25.9亿元,实现业务收入4500万元,同时代签银行承兑汇票7.91亿元。二是在8月份加入了全国银行间债券市场,通过国债买卖、正逆回购等零风险的操作,降低备付金占用2.50亿元,取得债券投资收入578.8万元。②加强资金管理。成立计划资金部,强化清算中心的作用,提高资金的使用效益。全年累计向有关银行争取3.8亿元的授信额度,增加资金头寸7000万元。③提高信贷管理水平。转变信贷业务营销观念,主动向信誉良好的省、市大中型企业拓展业务,主动营销业务占新增授信额的70%以上;实行贷款总规模控制,调整各办事处信贷业务审批权限;对黄金客户开展综合授信业务;尝试开展保函、代理保险和委托保险,新开办汽车消费贷款、建筑工程银行保函等信贷业务。年末,该社到期的2.88亿元贷款均如期收回,利息收入2000万元。　(陈泽旺)

证券业

【概况】　推荐企业上市融资　年内,山东华阳科技股份公司于10月16日公开发行A股股票4000万股,每股发行价6.26元,募集资金2.5亿元。10

2002年泰安市城市信用社系统基本情况表

单位:万元

单　位	职工人数(人)	年末存款	其中储蓄存款	年末贷款
机　关	96	3234	—	21005
泰山办事处	19	9160	1797	1377
青年办事处	17	6449	2222	637
车站办事处	20	9923	1728	1629
工业办事处	18	8183	1734	6424
泰前办事处	19	9229	2461	543
东岳办事处	18	9406	1457	2669
岱宗办事处	18	6018	1718	1626
星光办事处	20	7345	2134	6815
营业部	28	38746	3606	28592
财源办事处	21	6777	1789	11646
岱北办事处	23	8611	3785	939
青年路办事处	17	6198	2034	432
东岳大街办事处	18	6386	1028	118
市中办事处	18	7686	1529	2345
英雄山办事处	17	5698	1135	893
开发区办事处	16	4684	687	777
灵山办事处	18	6700	1441	8730
城东办事处	21	10071	2741	1475
泰山大街办事处	17	4604	1172	436
红门办事处	15	4457	1818	68
市政中心办事处	25	9777	2272	12571
建设大厦办事处	17	5275	1429	581
岱道庵办事处	19	6421	921	1525
合　计	535	201038	42638	113853

月31日，华阳农药在上海证券交易所正式挂牌交易。山东港岳永昌股份有限公司与国泰君安证券公司签定股权代办转让协议，经批准于9月27日重新挂牌交易，募集资金8000万元，填补了泰安市三板市场上市的空白。拟上A股的泰山新能源股份公司、山东瑞星生物股份公司、山东光明热电股份公司，已基本具备上市条件；拟上B股的阿斯德、泰山新能源2家公司的申报材料已报国家证券业监督管理委员会。到年底，全市区域内上市公司5家，上市公司在证券市场直接融资3.3亿元。

培育上市后备资源　年内重点选择发展后劲足、成长性强、符合国家产业政策的大中型企业设立股份有限公司，培植了一批良好的上市后备资源。到年底，培植拟上市资源企业12家，其中，拟上A股企业8家，拟上创业板企业4家；已进入辅导期的3家，辅导期满的2家，正在与券商协商准备进入辅导期的7家。年内，新组建股份有限公司2家（山东中圣药业股份有限公司、山东宝法医疗科技股份有限公司）。到年底，全市有股份有限公司41家，股份公司募集资金达36亿元。

中介机构建设　市内有资格从事证券和股份制改制业务的会计师事务所、律师事务所8家，其中会计师事务所6家、律师事务所2家。

证券市场　境内5支上市股票业绩良好，二级市场活跃。证券营业厅、部已由1993年的2处，发展到年底的7处。到年底，股民开户数达12.01万户，比上年减少1.79万户，减幅13%。年内完成证券交易量61.8亿元（只含股票、基金），比上年减少31亿元，减幅33%。证券营业厅（部）完成佣金收入1890.15万元，减少1010.9万元，减幅35%；完成营业收入2599万元，减少1350万元，减幅34%；实现税金251万元。（姚玉梓）

【海通证券泰安营业部】　海通证券公司泰安营业部成立于1995年，1997年迁至龙潭路2号，2001年被核定为“海通证券股份有限公司泰安龙潭路证券营业部”，注册资本500万元。年内有工作人员18名。

该营业部位于市中心，临近火车站、长途汽车站，交通便利，各项软、硬件设施具有先进水平。该部拥有4000平方米的交易场所，其中一楼散户大厅面积1500平方米，设有大型LED行情显示屏、500个固定玻璃钢座椅、不间断电源、自助委托下单系统等；二、三楼设有大、中户室及贵宾室。采用HP公司的高级服务器，依托NOVELL计算机网络，双向卫星同步异地传输A、B股行情和政治、经济、金融等导向性信息。开通了工行、农行、中行、建行、交行省内营业网点的银证转帐业务，资金调度方便。该部采用自助委托、电话委托、网上委托、手机委托、海通系统交易一卡通等，其中网上交易中配置仿钱龙的“标准版”分析软件，通俗易懂，无师自通；一分钟开户服务，方便快捷；采用国家安全机构许可的加密、解密传输体制和第三方公证的安全身份认证体制，系统与数据运行安全、保密。年内，在做好A股、基金、国债等业务的同时，率先在本市开通沪、深B股交易；借助海通证券委托理财的业务优势，为企业设计投资组合计划，办理委托理财业务；为客户提供每日、每周解盘和月末入市辅导，常年提供境内权威咨询报告，方便客户入市交易。

到年底，股民开户数达2.4万个，年内完成证券交易量20亿元，营业收入743万元，上缴税金64万元。（张　勇）

【天同证券泰安营业部】　天同证券有限责任公司的前身是1991年成立的“山东证券公司”，2001年8月18日增资扩股并改现名。泰安营业部系天同证券有限责任公司的全资子公司，2001年8月18日被核定为“天同证券有限责任公司泰安升平街证券营业部”（以下简称天同证券泰安营业部），位于东岳大街东段升平街37号。

天同证券泰安营业部总营业面积5100平方米，内设2000平方米的交易大厅和80个大户（贵宾）室。营业部设备一流，与深、沪交易所联网，通过卫星即时传输交易数据和行情；设有沪、深股市A、B股、基金、国债、钱龙图表分析及汉字点阵信息屏；大、中户室均配备先进电脑终端和钱龙、维赛特、万得资讯、新广证券财经等行情信息分析系统软件；客户交易、资金结算实行银证联网，配有自助交割系统和200条电话中继线路，畅通无阻；已开通手机炒股、网上交易等业务，方便快捷。

到年底，股民开户数达4.6万个，年内完成证券交易量23.6亿元（只含股票、基金），完成营业收入1022万元，实现税金134万元。（李　岩）

【齐鲁证券泰安中心部】　山东省齐鲁证券公司泰安中心部辖岱宗大街营业部、东岳大街营业部和实业部。年底，有员工77人，均具有证券从业资格，其中具有中级以上职称的42人。

泰安中心部所辖营业部位于泰城黄金地段，营业面积5800平方米，交易大厅宽敞明亮，大、中户室安全舒适，配套设施齐全。大厅设有股票、基金、国债钱龙图表分析及汉字点阵信息屏，设备精良、布局合理、交易快捷。大、中户室配备先进电脑终端，使用钱龙、大智慧两套行情分析系统，供客户自由选择。岱宗大街营业部与东岳大街营业部的交易系统联网，方便客户“通存、通兑、通炒”。

年底，中心部股民开户数5.01万个，年内完成证券交易量18.2亿元（只含股票、基金），其中网上交易量1.48亿元，比上年增242%；完成佣金收入605.15万元，实现营业收入834万元、税金53万元。（莫振强）

保险业

【泰安市保险行业协会】　该协会原名泰安市保险同业公会，成立于1997年7月20日，2002年7月更名。7月24日，该协会召开第二届会员代表大会，选举产生了新的协会领导班子。年底，有市级会员单位7个。

年内，尤其是协会换届后，陆续制定、完善、健全了《泰安市保险行业协会理事会职责》、《泰安市保险行业协会会议制度》、《泰安市保险个人代理人自律公约》、《保险个人代理人信用流动管理试行办法》、《泰安市保险从业人员诚信展业行为规范》、《泰安市保险行业协会秘书处关于受理投诉及调查处理程序》等规章制度，调整、充实了“财产险、人身险、财产保险代理人自律、人寿保险代理人自律”4个专业委员会。配合会员公司，做好个人保险代理人考试录取工作，为3524名考试合格的代理人印发了资格证书。成立宣传通讯组，编辑印发了《协会第二届会员代表大会文件专辑》及《泰安保险信息》（4期）。12月29日，协会组织驻泰8家保险公司在泰城青年路和各家保险公司门前及县（市、区）支公司（营销部）门前，进行《保险法》及保险知识宣传，普及保险知识，引导公众理性消费，构筑以“诚信为本，操守为重”的保险行业文化。活动期间，发放各类保险宣传材料10万余份，其中济南保险监督办公室统一印制的

2002年泰安市财产保险业务统计表

单位:万元

单位	险种	保险金额	保费收入	同比±%	市场份额%	赔款金额	赔付率%
人民保险公司	企财险	990756.00	2994.00	2.01		1543.00	51.54
	机动车险	439164.00	10520.00	2.93		5772.00	54.87
	家财险	835146.00	865.00	1.17		298.00	34.45
	责任险	250987.00	1510.00	30.50		721.00	47.75
	保证险	8268.00	136.00	51.10		—	—
	其它险	696151.00	925.00	23.80		675.00	72.97
	小 计	3220472.00	16950.00	5.90	81.50	9009.00	53.15
太平洋保险公司	企财险	92159.00	149.00	−38.00		48.00	32.21
	机动车险	112728.00	1933.00	35.00		1349.00	69.79
	家财险	11842.00	42.00	−54.00		6.00	14.29
	责任险	6633.00	24.00	118.00		3.00	12.5
	保证险	4590.00	82.00	26.00		—	—
	其它险	2186.00	9.00	−55.00		1.00	11.11
	小 计	230120.00	2239.00	20.00	10.80	1407.00	62.84
平安保险公司	企财险	320512.15	571.80	225.00		89.85	15.71
	机动车险	26430.23	723.06	5.00		376.72	52.10
	家财险	16389.00	52.16	−4.00		0.33	0.01
	责任险	9490.38	64.75	−14.00		29.91	46.19
	保证险	4203.22	14.95	400.00		—	—
	其它险	61915.10	194.26	4.00		6.23	3.21
	小 计	438940.08	1620.98	37.00	7.78	503.04	31.03
全市总计	企财险	1403427.20	3714.80	11.00	17.90	1680.85	45.24
	机动车险	578322.23	13176.10	7.00	63.30	7497.72	56.90
	家财险	863377.00	959.16	−5.00	4.60	304.33	31.72
	责任险	267110.38	1598.75	28.00	7.60	753.91	47.15
	保证险	17061.22	232.95	47.00	1.10	0	
	其它险	760252.10	1128.26	18.00	5.40	682.23	60.46
	总 计	3889550.10	20810.00	9.00	100.00	10919.00	52.46

2002年泰安市人身保险业务统计表(一)

单位:万元

单位	业务分类		保费收入(累计)			市场份额%	累计给付		
			首期	续期	小计		退保金额	满期给付	死亡给付
中国人寿	营销业务	普通寿险	3285	14426	17711		879	612	329
		意外险	—	—	—		—	—	—
		分红保险	3182	864	4046		27	—	4
		万能寿险	—	—	—		—	—	—
		其 它	—	—	—		—	—	—
		小 计	6467	15290	21757		906	612	334
	直销业务	普通寿险	318	866	1184		972	2427	142
		意外险	2178	—	2178		—	—	—
		分红保险	10456	416	10812		30	—	5
		万能寿险	—	—	—		—	—	—
		其 它	—	—	—		—	—	—
		小 计	12952	1282	14234		1002	2427	147
	合 计		19419	16572	35991	58.0	1908	3039	476
太平洋寿险	营销业务	普通寿险	1937	3030	4975		206	113	41
		意外险	—	—	—		—	—	—
		分红保险	1561	—	1361		—	—	—
		万能寿险	122	—	122		—	—	—
		其 它	424	—	424		—	—	—
		小 计	4044	3030	7082		206	113	41
	直销业务	普通寿险	1208	—	1208		232	24	11
		意外险	239	—	239		—	—	—
		分红保险	953	—	953		—	—	—
		万能寿险	—	—	—		—	—	—
		其 它	293	—	293		—	—	—
		小 计	2693	—	2693		232	24	11
	合 计		6737	3030	9767	15.7	483	137	52
平安寿险	营销业务	普通寿险	855	2420	3275		143	313	90
		意外险	59	115	174		—	—	—
		分红保险	5885	2818	8703		112	—	29
		万能寿险	—	—	—		—	—	—
		其 它	—	—	—		—	—	—
		小 计	6799	5353	12135		255	313	119
	直销业务	普通寿险	5	51	56		21	—	—
		意外险	167	22	189		—	—	—
		分红保险	743	54	797		8	—	—
		万能寿险	—	—	—		—	—	—
		其 它	—	—	—		—	—	—
		小 计	915	127	1042		29	272	
	合 计		7714	5480	13195	21.2	284	585	119

2002年泰安市人身保险业务统计表(二)

单位:万元

单位	业务分类		保费收入(累计)			市场份额%	累计给付		
			首期	续期	小计		退保金额	满期给付	死亡给付
泰康人寿	营销业务	普通寿险	26.30		26.3		0.40	—	—
		意外险	18.690	—	18.69		0.46	—	—
		分红保险	995.70	—	995.70		2.99	—	—
		万能寿险	10.47	—	10.47		0.02	—	—
		其 它	—	—	—		—	—	—
		小 计	1051.20	—	1051.20		3.87	—	—
	直销业务	普通寿险	16.07		16.07		—	—	—
		意外险	26.92	—	26.92		—	—	—
		分红保险	1452.00	—	1452.00		4.40	—	—
		万能寿险	402.63	—	402.63		—	—	—
		其 它	—	—	—		—	—	—
		小 计	1897.60	—	1897.60		4.40	—	—
	合 计		2948.80	—	2948.8	4.7	8.27	—	—
新华人寿	营销业务	普通寿险	7.37		7.37		—	—	—
		意外险	0.46	—	0.46		—	—	—
		分红保险	143.24	—	143.24		—	—	—
		万能寿险	—	—	—		—	—	—
		其 它	—	—	—		—	—	—
		小 计	151.07	—	151.07		—	—	—
	直销业务	普通寿险	24.00		24.00		—	—	—
		意外险	1.00	—	1.00		—	—	—
		分红保险	50.00	—	50.00		—	—	—
		万能寿险	—	—	—		—	—	—
		其 它	—	—	—		—	—	—
		小 计	75.00	—	75.00		—	—	—
	合 计		226.07	—	226.07	0.4	—	—	—
全市合计	营销业务	普通寿险	6077.00	19876.00	25961.00		1228.40	1038.00	460.00
		意外险	59.00	115.00	174.00		0.46	—	—
		分红保险	10628.00	3682.00	14110.00		143.99	—	33.00
		万能寿险	122.00	2818.00	122.00		0.02	—	—
		其 它	424.00	—	424.00		—	—	494.00
		小 计	17310.00	23673.00	40974.00		1370.90	1038.00	153.00
	直销业务	普通寿险	1531.00	917.00	2448.00		1285.00	2451.00	—
		意外险	2584.00	22.00	2606.00		—	—	5.00
		分红保险	12152.00	470.00	12562.00		42.40	—	—
		万能寿险	—	—	—		—	—	—
		其 它	293.00	—	293.00		—	—	—
		小 计	19735.50	1409.00	17969.00		1267.40	2723.00	158.00
	合 计		37046.00	25082.00	62128.00	100.00	2683.30	3761.00	647.00

备注:泰康人寿于5月份正式营业,新华人寿12月份营业

2002年8月19日，中国人民保险公司泰安分公司与山东泰山抽水蓄能电站签定了保额逾10亿元的建筑工程一切险保险合同

《〈保险法〉知多少》7000份、《保险权益知多少》6000份，各公司自行印制的《公司简介》、《条款》等8万余份；接待咨询6000余人次。整顿市场秩序，对年内接到的投诉信函4件、电话投诉17次、个人上门来访35人次进行及时处理，查处个别代理人夸大保险责任、误导客户投保的行为。11月18～25日，组织各专业委员会主任(副主任)委员参加的自律公约检查组，对《山东省保险行业自律公约》和《山东省保险行业协会不良信用行为保险代理人登记管理办法》执行情况进行了检查，检查组查阅承保材料750余份、翻阅理赔案卷600余份、抽查财务帐册及报表、单证200余件。通过检查，各公司内部管理比较规范，资料齐全，装订整齐，无缺项、无隐瞒，没有发现代理人无证上岗的情况。

年内，全市保险业保费收入8.29亿元，保险深度1.61%、保险密度151.8元。其中：财产险保费收入2.08亿元，保险深度0.4%、保险密度38.1元，占市场份额的25.1%，比上年增长9.5%；人身险保费收入6.21亿元，保险深度1.21%、保险密度113.7元，占市场份额74.9%，比上年增长67.8%。财产保险赔付1.09亿元，赔付率52.47%，其中企业财产险赔付1680.85万元，赔付率45.24%；机动车险赔付7497.72万元，赔付率为56.9%；家庭财产险赔付304.33万元，赔付率31.72%；责任险赔付753.91万元，赔付率47.15%；保证险赔付为0；其它险赔付682.23万元，赔付率60.46%。人寿保险短险赔(给)付1514万元，退保金额2683.3万元，满期给付3761万元，死亡给付647万元。 （陈宝英）

【中国人民保险公司泰安分公司】 年内，中国人民保险公司泰安分公司辖县(市、区)支公司6个、营业部3个、直属办事处1个。职工273人，其中拥有高级技术职务的6人、中级技术职务的64人，大专以上文化程度的占在职员工的52.43%。

该公司经营范围包括运输工具保险、财产损失保险、家庭财产保险、货物运输保险、责任保险、工程保险、信用保险、农业保险等八大类200余个险种。年内，该公司实施宣传公关、企业文化、资源整合、稳定市场份额四大工程，突出发展、效益、效率三大主题，抓好服务、管理两大创新，努力提高核心竞争力。一是实行社会服务承诺制。通过《泰安日报》向社会公开了95518专线服务电话、特别救助、快速理赔、客户首问负责制4项服务承诺。年内，95518服务专线共接受报案电话11.5万次、咨询电话1.05万次；全市处理赔付案件1.52万起，其中万元以下当日赔付案件4126起，平均结案速度比上年下降1.2天，未发生不兑现承诺、被群众投诉的现象。二是建立“人保车友俱乐部”。对持卡会员提供申请救援、业务咨询、预约投保、汽车导购服务、快速查勘、快速修车、免费施救服务、紧急救援服务、抢救费用担保、免费洗车等超值服务。三是建立新型的客户服务标准化体系。以《服务规范手册》为基础，对展业、承保、查勘、理赔等业务流程以及事前保险宣传、事中服务控制、事后投诉处理等服务环节做出了标准化、规范化、科学化的规定，统一了服务标准和服务规范。四是建立新型的客户服务质量监督机制。内部监督方面，主要是发挥业务处理中心、客户服务中心及相关业务管理部门的监督职责，通过明查暗访、客户回访等措施，确保各项服务制度得以贯彻落实；外部监督方面，通过聘请社会监督员、召开客户座谈会、设立举报箱、监督电话、开展问卷调查等形式，健全完善了外部监督网络，使服务的每个环节都能得到社会的有效监督。年内，共聘请特邀保险服务监督员120名，开展电话回访3560次，上门走访客户69次，发放服务问卷调查表2180份，客户满意率达95%以上。五是服务地方经济。累计为全市586家企业、8.31万户城乡居民家庭和4.83万辆机动车提供了267亿元的风险保障。承担泰山玻璃纤维有限公司财产险、泰山抽水蓄能电站工程保险，聘请省内外著名专业机构和知名专家，为地方重大项目和大中型企业提供风险咨询、评估服务86人次，开展保险咨询、防灾技术服务219人次。年内，该公司实现保费收入1.7亿元，比上年增长5.91%；支付赔款9009万元，比上年增长8.75%；上缴利税2296万元；人民保险公司占全市财产保险市场份额的81.5%。

年内，市分公司被省文明委命名为“省级精神文明示范点”，被市委、市政府评为“市级文明单位”；所辖市公司营业部连续五年保持“国家级青年文明号”荣誉称号，肥城支公司、新汶办事处被评为“省级青年文明号”，市公司营业部、宁阳支公司被省公司评为“全省人民保险系统先进单位”；1人被评为“人民保险系统全国展业服务明星”，1人被评为“泰安市劳动模范”。 （王岩立）

【中国人寿保险公司泰安分公司】 中国人寿保险公司泰安分公司辖县(市、区)支公司6个，直属营销业务部2个、营销业务部41个，兼业代理机构186个。共有在编员工143人，其中市分公司48人，中级以上技术职务36人，营销业务员3600人。

该公司主要经营人寿保险、人身意外伤害保险、健康保险和分红类保险等业务，资产总额9.98亿元。2002年实现各项保费收入3.60亿元，比上年增长46%，占全市商业人寿保险市场份额的58%，其中，意外伤害保险和短期健康保险保费2178万元，比上年增长11.65%。年内，该公司对经营单位经理室成员依据经营目标完成情况实行年薪制;市分公司机关建立以岗位工资为主体,与公司绩效挂钩的分配方式。个人保险业务推出一系列竞赛企划方案,加强对个人代理人的法制教育和技能素质教育。出台《团体保险业务销售人员管理实施细则》,扩大对意外险卡式保单和定额保单的销售。对营销服务网点进行合并、撤消、规范,41个营销服务部通过济南保险监督办公室的审批。开拓中介业务,先后与5家国有商业银行和邮政等单位签订代理协议。公司对财务、业务、核保、核赔等业务进行集中管理,充分发挥业务管理中心、财务中心、客户服务中心的管理服务职能、信息技术的保障职能、稽核部门的监督职能,其中市客户服务中心建立、健全了接柜、保全、理赔及后台处理为一体的服务窗口;推出理赔服务承诺制,在所有短期险种保单上附"保户须知",使客户能简明扼要地了解理赔知识;对案情明了、手续齐全的赔案,做到小额即付、大案限期给付、5000元以上上门给付。推进"双成"(成己为人、成人达己)企业文化,制定《全市系统推行企业文化战略实施意见》,规定了"双成"文化理念推广时间表和实施内容。为参加第16届泰山国际登山节的运动员、教练员、裁判员共1384人提供了保险金额为2768万元的人身意外保险。参加组织"3·15"咨询宣传、分红新险种咨询宣传、客户大回访、亲子教育演讲会、全国系统保费过千亿元宣传活动等活动。

2002年5月1日,中国人寿泰安分公司"客户大回访"活动拉开帷幕。这次活动由公司业务人员将4万份访问卷发放到客户手中,收集反馈到珍贵的意见和建议 (李 军 摄)

年内,市分公司和东平县、宁阳县获得"市级文明单位"称号;市公司客户服务中心被评为"省级巾帼建功示范窗口";13个单位、集体被省公司评为"双文明"先进集体;19人次被省公司评为"双文明"先进个人。 (李 军)

【中国太平洋财产保险泰安中心支公司】 年末,中国太平洋财产保险股份有限公司泰安中心支公司(以下简称太保产险)除泰安城区(泰山区)外,辖岱岳区、新泰市、肥城市、宁阳县、东平县5个营业部,兼业代理机构66家,业务遍及各县(市、区)及各乡镇。公司有工薪制员工59人,其中中级以上技术职务的21人。

年内,太保产险公司改革分配机制,打破档案工资界限,实行"营销人员向直销人员同工同酬过渡,收入上不封顶"的分配激励机制,推行"底薪(二线人员为岗位津贴)+业务提成"的分配办法,激励了业务人员的工作热情。实行中层干部竞聘上岗、部室人员双向选择的人事制度,将二线部室合署办公,只保留行政人事办公室、计财部、业(务)管(理)部、营业室和理赔中心5个部(室),增强其综合运行功能。完善业务承保、理赔和内部管理方面的规章制度,督促公司员工严格执行。对公司本部财务、印鉴、票据、单证、公章使用情况进行检查监督,对县(市、区)的现任财务人员进行严格辅导和培训,对公司资产进行清查登记。在工商银行开设与分公司计财处联网的收入支出户,做到收支两条线,收入户零余额管理。重视营销工作,全年总保费中,营销保费占35%。加强"电子化"建设,实现业务数据集中、财务和业务数据对接、网上银行划款,开展清理业务应收保费以及车险费率市场化后的调整对接等工作。拓展业务市场,适时开办新险种,开办的险种增加到17个。全年实现保费收入2239万元,比上年增加480万元,增长26%,完成计划的101.7%;全年累计支付赔款1407万元,综合赔付率为60.10%;人均保费收入比上年上升11万元。 (陈宝英)

【中国太平洋人寿保险泰安中心支公司】 年末,中国太平洋人寿保险股份有限公司泰安中心支公司辖泰山区、岱岳区、新泰市、肥城市、宁阳县、东平县6个营业部及团险业务部、中介业务部,乡镇营销服务部53个,兼业代理机构20家;共有工薪制员工62人,其中中级以上技术职务的11人;另有取得保险代理人资格的营销从业人员1780人。

该公司经营人寿保险、人身意外伤害保险、健康保险、团体寿险、万能分红保险等业务。年内,修订、完善业务考核办法,加强业务调度分析,按月监控,按季考核,利用KPI分析管理系统,对经营状况跟踪管理。加强营销队伍建设,着力培养标准化团队;提高业务人员的活动率、举绩率和产能,全年期缴业务超过75%;拓展效益好的短险业务,短险业务收入完成年计划的159%;启动银行代理保险业务,其中"红利来"业务完成年计划的200%;以"精耕细作、提高续收率"为目标加大续保服务力度,续保完成年计划的102%,续保率达95%。全年实现保费收入9767万元,其中个人业务完成6645万元、团体业务完成1741万元、中介业务完成1381万元;累计寿险综合给付189万元,给付率2.7%;累计赔款支出209.5万元,赔付率36%。

(禹 强)

【中国平安保险泰安中心支公司】 中国平安保险股份有限公司泰安中心支公司(简称平安保险泰安支公司)于1997年12月19日由山东省人民银行批准筹建,1998年5月28日获准开业。其业务范围为:在泰安市行政辖区内经营人身保险业务(包括人寿保险、健康保险、意外伤害保险等)和财产保险业务(包括财产损失保险、责任保险、信用保险等)。

寿险业务 2002年实现保费收入1.32亿元,同比增长88%。其中,个险业务保费收入1.22亿元,同比增长85%;团险业务保费收入1042万元,同比增长141%;营销队伍2000余人,同比增长43%。寿险业务占全市商业人寿保险市场份额的21%。理赔方面,寿险个险全年结案2731件,其中传统险2063件,新增健康险 668 件，案件量比上年增长 67%；累计赔付 464.6 万元，比上年增长 88%。豁免保费 30 万元。

产险业务　全年实收保费 1620.9 万元，其中车险占 47.4%，水险占 1.9%，非水险 50.7%；产险实收保费同比增长 13.14%，计划达成率 102.4%。理赔方面，营业车出险频度达 33.47%，非营业车 20.26%；营业车实际赔付率 60.43%，非营业车 24.87%；公司整体历年制赔付率 29.09%，较上年下降 26.28 个百分点，历年制赔付率计划控制率为 140.63%，处于良性控制状态；水险业务无赔付。

（宋国素）

【泰康人寿保险泰安中心支公司】　泰康人寿保险股份有限公司泰安中心支公司（以下简称泰康人寿泰安支公司）于 2002 年 2 月开始筹备，2002 年 5 月 25 日正式开业。

泰康人寿保险股份有限公司系 1996 年 8 月 22 日经中国人民银行总行批准成立的全国性、股份制人寿保险公司，由 16 家实力雄厚的国有大中型企业及股份制企业发起组建，是目前国内 5 家全国性人寿保险公司之一。2000 年 11 月，全面完成经国务院同意、保险监督管理委员会批准的外资募股工作。

泰康人寿坚持“专业化、规范化、国际化”发展战略，是 AAA 信用等级的寿险公司（意为“清偿能力非常强，风险最小”）。获得 ISO9001 国际标准（UKAS）质量体系认证，大型电子商务网站“泰康在线”（www.taikang.com）通过 CA 认证，实现在线投保。到年底，已开发并更新了几十个险种，形成终身、定期、重大疾病、养老、医疗、少儿、意外保险等产品系列。同时引进国外保险新概念，推出旅游救援保险、分红保险、保证续保的个人医疗保险。引进国际最新理念，推出“综合家庭保障计划——一张保单保全家”，深受市场青睐。

泰康人寿泰安支公司开业以来坚持诚信经营，稳健发展，向客户提供差异化的产品和服务，倡导幸福、健康、美满的新型生活观和家庭价值观，一系列“服务大众，回报社会”的社会公益活动，在泰安市场的知名度、美誉度快速提升。2002 年开业当年，营销、团险、银行代理三个业务系列全面完成分公司下达的任务，综合排名稳居系统前列。泰康人寿一贯遵循“服务第一、客户至上”的经营理念，以客户为尊，一站式客户服务，100%电话回访，24 小时语音服务电话，为客户免费寄送《客户服务专刊》。“新生活广场”服务理念、全国统一客户服务 95522、泰康在线、MSS 营销支援网络系统，为客户提供全方位超值服务，在社会上树立起“专业、规范、亲和、高效”的品牌形象。

（王金明）

【新华人寿保险泰安中心支公司】　新华人寿保险股份有限公司泰安中心支公司（简称泰安新华人寿）于 2002 年 8 月开始筹备。11 月 28 日，中国保险监督管理委员会批复，公司于 12 月 9 日开业运营。

新华人寿保险股份有限公司于 1996 年 8 月份成立，总部设在北京；济南分公司于 2002 年 3 月成立，地址在济南华能大厦。年底，泰安中心支公司下设总经理室、副总经理室、行政后援室、客户服务部、营销业务室、团体部、银行代理部，公司内勤管理人员 18 人，大专以上学历的 100%，从事过金融保险行业的人员占 80%，其中业务岗位达 100%。经营范围共 14 个品种：个人意外伤害保险、个人定期死亡保险、个人两全寿险、个人终身寿险、个人年金保险、个人短期健康保险、团体意外伤害保险、团体定期寿险、团体终身保险、团体年金保险、团体短期健康保险、团体长期健康保险、经中国保监会批准的其他人身保险业务。年内开业的当月，营销业务保费收入 151.07 万元，直销业务保费收入 75 万元。

（韩妹梅）

编辑·校对　周美广

泰山·旅游

泰山保护与管理

【概况】 泰山风景名胜区的保护管理和规划建设工作由泰安市泰山风景名胜区管理委员会(泰安市文物事业管理局)全权负责。该管理委员会设机关职能处室13个、党群处室5个,辖红门、中天门、南天门、竹林寺、樱桃园、桃花峪、桃花源、天烛峰、玉泉寺、灵岩、巴山、虎山公园12个管理区和博物馆、文物店、咨询中心、森林保护站、古建维修队、消防队、文物培训中心、风景协会、规划设计所、监察大队、森林公安分局、物价所等18个基层单位,有在职职工1796人,其中专业技术人员495人(高级47人)。年内,泰山风景名胜区管理委员会(以下简称"泰山管委")坚持"严格保护,统一管理,科学开发,永续利用"的方针,努力建设一流景点,营造一流环境,实施一流管理,提供一流服务,实现一流效益,推进泰山保护管理,规划建设上台阶,景区综合整治取得显著成果,景区管理得到进一步强化。年内,泰山景区接待游客(含岱庙)206.5万人次,其中进山158.39万人次;实现门票收入1.19亿元,比上年增加290万元,增长2.5%,比1997年增加5600万元,增长88.9%。

规划建设 年内,规划管理及基础设施建设取得新成绩。完成了新修编的《泰山总体规划》的最后修改工作。结合泰山数字化地形图,初步建立起泰山规划管理信息系统,该系统成为建设部确定的3处国家风景区试点之一,被列为建设部优先发展的科研项目、市科技局的科技鉴定项目。《泰山防火监控系统设计方案》通过了专家论证,已进入实施阶段。按照明、清民居风格改造天烛峰核桃峪工队,创出工队建设的样板;启动了后石坞塘坝改造工程;完成了仙鹤湾悬索桥的施工;东北虎园于年底建成开放;塘坝除险、水库加固、了望哨建设及部分工队改造如期完成计划。对驻景区单位、住户的建筑物、构筑物和景点建筑、设施进行普查建档工作,共完成各类调查表格815份,照片1062张,测绘图纸672张,输入电脑,建立数字化档案,基本摸清了景区内的建筑情况。完善规划建设项目审批程序,从源头上控制景区内的违章行为。对景区内拟办理《准营证》的414户个体户进行初审,对符合规划定点规定的208户予以签发。

森林防护 ①加强古树名木的综合保护与监测。在古树名木资源普查的基础上,年内投入资金20万元,对192株古树采取整穴培土、破除水泥路面、加设护栏和撑、拉、支、吊等措施予以保护;对盘路两侧影响古树生长的中幼龄树木实施景观间伐,解决了影响古树生长的遮荫问题。《泰山古树名木管理系统》和《泰山古树与盆景根基环境及复壮技术》两项科技成果被省林业局授予科技进步二等奖。②防火工作。针对年内干旱少雨、防火形势异常严峻的实际情况,采取张贴公告、发放宣传画、制作禁烟标志牌、出动宣传车及借助广播电视、报纸等形式,加强防火宣传;召开各级防火联席会,S落实奖惩责任,实行群防群治;投资92万元建设林火阻隔网,清理防火线364.8公里(宽10～40米),作业面积727.6万平方米;加强防火队伍建设,改善防火设施,新增风力灭火机10部、对讲机20部,新建瞭望哨2处;完成"泰山森林防火电视监控系统"项目论证及工程设计,提高了防火监控能力。泰山连续15年未发生森林火灾。③病虫害防治。加强虫情预测预报和检疫工作,对进出景区的木材、花卉种苗及竹林制品实行严格检疫检查,防止了松材线虫病等危险性病虫害的侵入。全年防治赤松毛虫、松扁叶蜂、松烂皮病等重点病虫害1733公顷,防治率达93%。④营林工作。年内,泰山林场被山东省财政厅、林业厅确定为森林生态效益补助资金试点单位,9466.67公顷森林被列为国家防护林和特种用途林。对重点防护林和特用林实行分段划片,明确管护职责和奖惩规定,建立资源保护档案卡,统一制作"国家重点防护林和特用林护林员证",在天烛峰、樱桃园、桃花峪、竹林、灵岩5个景区路口设立公示牌5块,配置微机2台,对讲机20部、灭火器10部、喷雾器10部。对分布偏远、密度过大、景观质量较差的119公顷林地实施修枝间伐,对133公顷林地进行修枝定株。⑤林政管理。年内,培训林业执法人员,强化林地林木资源属地化管理,将泰山林场派出所更名为泰山林场森林公安分局,强化监管职能。重点查处了大津口沙岭村、粥店李家庄、万德界首等3起盗林案件,维护了国有林场权益。

文物保护与管理 5月1日,完成灵应宫一期复建工程,向游客开放;投资24万元对岱庙仁安门进行揭顶维修和彩绘;征集制作泰山楹联、匾额84对(块);投资44万元修复竹林寺传统泥塑像27尊;岱庙西城墙的恢复工作于年底全面竣工。(详见《文化·文物博物》)

景区综合整治 为了解决泰山景区内存在的违规开发、违法建设、乱采山石等问题，市委、市政府1月至9月对泰山景区进行集中整治。一是依法关闭了泰安市境内的12处采石场、关停了济南境内的4处采石场，乱采山石现象得到有效遏制。搬动土石6500余立方米，绿化和恢复被破坏的植被1万平方米。二是按照与景区环境和谐统一的原则，拆除商业性广告300余块；按照“一个门店一块门匾字号”的要求，完成了景区内所有经营业户门匾字号的规范工作，重新设置抱柱联，并请全国知名书法家书写。三是拆除违法建筑，完成景区内违章建筑的排查建档工作。对山东省《泰山风景名胜区保护管理条例》颁布后新增加的70处违章建筑，按法律程序强制拆除29处；对主景区内《条例》颁布前建成的79处违章建筑，按照“谁的产权谁拆除”的原则，拆除和腾空27处；其他违规开发和违法建设也已限止停工。四是整顿经营秩序，给符合条件的业户重新发放准营证。经过集中整顿，景区经营秩序明显好转。五是清理堆积物。清理景区内房前屋后乱堆乱放的各类堆积物及建筑垃圾1.38万吨，改善了景区卫生环境。

安全管理　年内，坚持“安全第一，预防为主”的方针，履行安全生产综合监管职能，强化防火、防汛、防虫、防盗、防事故和文物安全工作，杜绝了安全生产责任事故发生。结合对《安全生产法》的宣传，制作宣传板40块，印发景区安全法规宣传资料2000份。开展“安全生产月”活动，增强职工、驻山单位和居民的安全意识。形成基层单位每周检查、职能处室按月检查、管委安全办公室定期检查、市安全监督局监督检查的四级检查制度。对旅游车辆定期检测，对危石险段落实排险加固措施，对文物景点加强“人防、物防、技防”工作。抓好重大节假日的安全管理，确保了泰山安全。

社会治安管理　落实景区社会治安承包责任制，完善社会治安防范网络，严厉打击刑事犯罪活动。年内刑事立案20起，破案12起；抓获犯罪嫌疑人34人，刑拘20人，逮捕13人；查处治安案件331起，查结率100%；查处违法人员492人，拘留33人。培训保卫干部52人、其他从业人员800人次。对26处公共场所、98处特种行业集中进行4次安全大检查，对上百处治安隐患落实了整改措施。年内，景区公安分局刑侦大队荣立集体三等功。

迎接世界遗产监测　为迎接世界遗产委员会对泰山六年一次的全面监测，泰山管委抽调专门人员，开展泰山地质地貌和生物多样性两项专题调查及各项遗产普查，共调查19条路线、65个地学点，采集制作标本50块，拍摄照片400余张，完成遗产监测数据库建设。该数据库分为文化遗产库、自然遗产库和遗产监测库等几个部分，收集整理文字资料70万字、图片2000幅、声像资料30段。通过一年的努力，形成定期监测报告一份。该报告材料包括定期监测报告、调查问卷及附件等6套材料和两套反映泰山遗产地保护现状的光盘，做好了迎接监测的充分准备。

【客户服务问卷调查与分析】　国庆节期间，泰山管委客户服务处对泰山景区游客进行了问卷抽样调查，共发放问卷580份，收回559份。调查结果如下：(1)游客对泰山的满意率较往年有所提高，总体满意度达93.74%，其中满意度高的前几项为：泰山可进入性强(97.86%)、安全保障系数高(94.28%)、路标指示方便游客(94.09%)、景点介绍方便游客(93.9%)，游客对景区的“景物保护”、“景观设施服务”和“旅游车辆服务”的满意度也在90%以上。在“游客眼中的不足”方面，评价较低的项目依次是：商品购物(19.14%)、景区食宿(18.42%)、厕所(17.18%)和宣传资料(15.56%)。游客的评价是客观、理智的，如实地反映出景区建设存在的差距。(2)影响旅游质量的主要原因中，认为餐饮价格高、质量差的占58.86%，摊点、商贩太多的占51.52%，商贩尾随兜售的占48.48%，商贩宰客欺诈的占39%，人为因素对景观造成破坏的占26.65%，景区的市场化、城市化问题严重的占24.69%，环境卫生差的占20.04%，工作人员态度生硬冷漠的占13.59%，工作人员素质低的占11.09%。同过去的调查结果相比较，前三项百分比有所增加，排列顺序略有变化。究其原因，一是节日期间游客急剧增多，造成暂时性供求矛盾，商家借机牟取暴利。例如，“餐饮价格高、质量差”，过去的调查是位居第三，占38.8%，而本次则升至首位，原因即在于此。二是商贩、摊点太多。虽然对泰山进行的大规模综合整治使景区经营秩序有了明显好转，而且“十一”期间主景区及景区监察大队也加大了管理力度，但是受经济利益驱动，乱设摊点、尾随兜售现象仍然时有发生，引起游客反感。

针对存在的问题，可以采取如下对策：一是加大对景区经营秩序的整治力度，对经营业户加大执法力度，实行动态管理。二是加强物价监督、检查和管理，对违法违规业户要严肃处理。三是节假日在游人集中地段增设临时性免水冲环保厕所，解决游人集中时段的“入厕难”及水冲式厕所水源不足问题。四要减少经营摊点，分期分批外迁景区居民，从根本上解决景区的市场化、城市化问题。五是增加泰山宣传资料的品种和数量，以不同档次和价位、形式多样的宣传品，满足不同层次游客需求。六是巩固中国和加拿大合作项目成果，认真推行泰山客户服务五项标准，提高泰山的核心竞争力。

【泰山东北虎园对游客开放】　泰山东北虎园位于泰山虎山水库以东、虎山阁鸟类动物园以北，占地2公顷，是黑龙江省横道河子猫科动物饲养繁育中心与泰山管委共同开发的东北虎异地养殖繁育项目。该虎园自8月22日开工建设，12月20日竣工，12月23日正式向游人开放。虎园共引进成年东北虎13只，白虎2只，黑虎2只，狮子4只，黑熊2只。该虎园的建成结束了“虎山无虎”的历史，为泰城居民和中外游客增添了一处新的游乐场所。

【泰山景区物价所成立】　10月30日，成立泰山风景名胜区物价所。其主要职能是：在泰山景区范围内依法行使地方定价目录规定的县级政府价格管理权，负责行政事业性收费及经营性收费的监督申报，协同市场价格检查所查处价格违法行为，开展价格服务工作。

【泰山林场森林公安分局成立】　10月11日，泰山林场林业公安派出所更名为泰山林场森林公安分局。更名后原机构规格、经费来源和隶属关系不变，但执法手段和管理职能进一步增强。其主要职能是：在泰山林场范围内贯彻执行国家、省、市有关森林资源保护管理的法律法规和方针政策；负责涉林案件(林地、林木、动植物等)的查处；负责森林防火管理和林业安全工作，依法查处违法行为；负责维护社会治安秩序，依法查处违反《中华人民共和国治安管理处罚条例》的行为。

【参加世界遗产(中国)知识竞赛获奖】　赴北京参加世界遗产(中国)知识竞赛的泰山代表队12月13日载誉归来。此次竞赛是国家文物局、建设部、中国教科文全委会组织、中国革命博物馆为了迎接2003“世界遗产年”而联合举办的，有26支世界遗产代表队参赛。经过6场激烈的初赛、复赛，泰山、故宫、庐山、武当山、避暑山庄、九寨沟6支代表队取得决赛权。12 月 10 日，在中央电视台演播大厅进行决赛。泰山管委选派的孙泰灵、吴长征、仲小静三名选手荣获第四名、三等奖的好成绩。

（张仁新　刘　峰）

旅　游

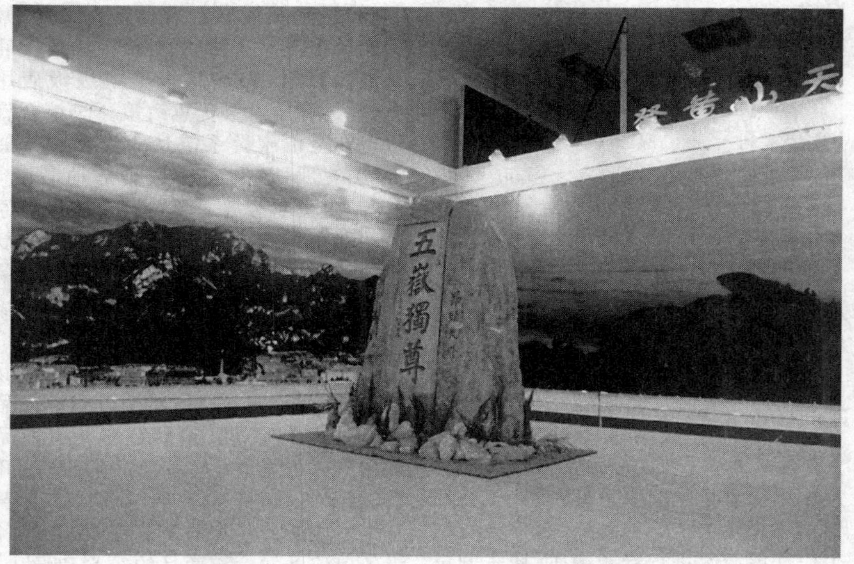

12 月 30 日，“神州风采——世界遗产在中国”大型展览在北京举行，全国 26 处世界遗产地参展。泰安市送展的“泰山全景”、“旭日东升”图片和 1∶1 大小的“五岳独尊”实体模型等展品受到好评

【概况】　年内，全市旅游业按照泰安市委、市政府加快建设经济强市进程的要求，深入贯彻国务院和省政府旅游发展工作会议精神，按照“营造大泰山，开拓大市场，发展大旅游，构筑大产业”的发展思路，组织实施质量管理年活动，培育和发展旅游市场主体，积极开拓旅游客源市场，开发旅游新产品，开展旅游市场秩序综合整治工作，经济规模进一步扩大，旅游经济运行质量和水平进一步提高。年内，共接待国内外游客 590.68 万人次，同比增长 14.50%；实现旅游总收入 34.9 亿元，同比增长 24.70%；旅游总收入占 GDP 的比重达到 6.76%，比上年增加 0.51个百分点。

旅游要素建设　吃、住、行、游、购、娱是衡量旅游业发展水平的 6 个要素。年内，全市旅游业诸要素均有较大发展。一是星级宾馆和旅游定点饭店（餐馆）的发展，满足了“游在泰山，食在泰安”的要求。年内，全市星级饭店发展到 50 家（四星级 1 家、三星级 12 家、二星级 25 家、一星级 12 家），比 1997 年增加 41 家。旅游定点饭店发展到 21 家，旅游定点餐馆发展到 17 家。二是旅游交通网络的建设，解决了制约旅游业发展的瓶颈问题。随着泰山—上海西始发列车的开通，泰安市已经构建起四通八达的市外旅游网络，能够让中外游客来去自如；在市区内，积极发展旅游车队。年末，全市有旅游汽车公司 6 家、出租汽车公司 15 家，126 辆旅游汽车和 1300 多部出租车，完全可以满足市内输送游客的需求。三是旅行社规模快速膨胀，推动全市旅游业的发展。至年底，全市旅行社（含门市部）已发展到 153 家，有导游人员 1291 人，比 1999 年增加了 128 家、1181 人，增长 6 倍和 10.8 倍。四是旅游商品的开发和旅游购物设施的建设，优化了旅游消费结构。来泰游客人均消费逐年增加。1999 年～2002 年，国内游客人均消费额分别为 460 元/人、498 元/人、576 元/人、566 元/人，海外游客消费额分别为 145 美元/人、238 美元/人、318 美元/人、312 美元/人。五是旅游文化娱乐项目建设，改变了全市旅游娱乐业发展滞后的被动局面。年内，利用宾馆、饭店现有条件，添置文化娱乐设施，增加文化娱乐项目，发展旅游文化娱乐健身场所4 家。

国内旅游市场开发　发挥旅游大篷车的作用，配备旅游形象代言人，先后赴河北、河南、安徽、江苏、黑龙江、吉林、上海、陕西、江西、山西和内蒙古等 11 省（市、自治区）的 36 个城市开展宣传促销活动，共举办推介会 201 次、联谊会 22 次，街头展示咨询活动 34 次；在北京 13 所高校举办“泰山风光”摄影展；组织参加南京中国国内旅游交易会和哈尔滨中国北方旅游交易会，与外地旅行社进行交流；加强旅游资源共享、客源互补工作，重点推介“一山一水两汉三孔”黄金旅游线路；挖掘泰山文化的深刻内涵，运用各种新闻媒体，通过不同的活动方式，积极开展泰山整体形象宣传工作；精心设计制作各种泰山旅游宣传品；完成了《泰山旅游客源市场分析与营销策略》调查报告，写出针对河北、河南、安徽、黑龙江和吉林等旅游客源市场的调查报告；组织策划'2002 中国山东民间艺术游首游式，展示丰富多彩的泰山民间文化；组织策划'2002 中国泰山金秋旅游联谊会，与外地旅行社协商旅游资源共享大计。年内，全市共接待国内游客 583.66 万人次，同比增长 14.60%，实现国内旅游收入 33.05亿元，同比增长 23.86%。

国外旅游市场开发　在中日邦交正常化 30 周年、山东省与日本国山口县结为友好省县 20 周年之际，5 月 8 日至 23 日，组织参加了由国家旅游局和省旅游局组织的大型中日友好旅游交流活动。在日本期间，相继参加了“世代友好，相约日本”中日友好旅游交流庆典活动，参加了在东京、大阪两地举行的中国旅游洽谈会和中国旅游风光摄影展，参加了在东京、大阪、和歌山、山口、福冈5 市举办的 5 次山东旅游街头咨询演出活动和 4 次山东旅游说明会、联欢会。10 月、12 月，随同省旅游局赴韩国和马来西亚、新加坡等东南亚国家宣传促销。通过海外旅游宣传促销活动，使全市的入境旅游大幅度增长。年内，全市共接待海外游客7.02万人次，完成旅游创汇 2192 万美元，同比分别增长 10.60%和 8.50%，外国游客中，日本游客增长 45.7%，韩国游客增长 61.4%，马来西亚游客增长118%。主要客源国入境旅游人数见下表：

国　籍	人次	比上年增长%
日　本	9951	45.7
韩　国	4996	61.4
印度尼西亚	1019	72.7
马来西亚	4189	118.0
菲律宾	351	90.8
新加坡	1868	15.0
泰　国	405	−36.6
印　度	48	−0.1

（续表）

英　国	1059	－12.2
法　国	680	－8.0
德　国	823	31.9
意大利	215	9.1
俄罗斯	219	126.0
瑞　士	110	－42.0
瑞　典	62	65.4
荷　兰	185	－20.0
美　国	2954	－9.8
加拿大	653	－50.0
澳大利亚	474	3.9
新西兰	122	54.0

行业管理　①旅行社管理。在稳定旅行社总量的前提下，新发展旅行社11家，注销旅行社8家；对部分旅行社工作开展情况进行专题调研，初步制定了扶优扶强优惠政策；完成了116家旅行社年检和审计验证工作；组织23家旅行社参加全市“十强”旅行社评选活动；狠抓2家合资兴办的国际旅行社和5家旅行社改制工作；在旅行社中开展安全生产月活动；举办了2期555人参加的导游员年审培训班，585名导游人员通过年审；组织全市导游大赛，20名导游员进入决赛；组建起由99人组成的精品导游队伍；推行导游员IC卡管理制度，全市有1053人填写并上报了登记表；完善了导游服务中心的规章制度，规范了导游中心的办事程序，在全市构成了专职导游、兼职导游和景点景区导游三级导游网；同泰山管委联合出台了《泰山风景区导游布点管理办法》，在泰山风景区设置11个导游服务站。②旅游饭店管理。加大星级饭店的评定力度，新发展星级饭店5家；开展创建全省优秀星级饭店和“绿色饭店”试点活动，评选出省级优秀星级饭店1家、“绿色饭店”2家；在13家三星级以上旅游饭店置放泰安市景区、景点旅游图；加强星级饭店的安全检查工作，开展安全生产月活动；对星级饭店负担问题进行调研，初步制定了星级饭店用电、用气和用水等优惠政策。③综合管理。在全市旅游系统从业人员中开展“泰山文明服务之星”评选活动，对74名“泰山文明服务之星”进行表彰；对原有的6家省级青年文明号单位进行复核，新推荐上报1家省级青年文明号单位；召开星级饭店和旅游定点单位现场观摩会。

旅游商品开发　年内，市旅游局成立旅游商品开发科，对全市旅游商品开发进行组织、指导；筹建市旅游商品展示展销中心，为旅游商品的设计、开发、展示、销售搭建平台。1月25日召开全市旅游商品经验交流会议，交流各级各单位开发旅游商品的经验和做法，按照“政府主导、专家设计、企业生产”的思路，研究制定了《关于鼓励企业加快旅游商品开发的意见》，全年开发旅游商品130多件。4月5日组织参加在江苏南京召开的首届全国旅游纪念品设计大赛，荣获1金、1银、7铜和旅游商品优秀组织奖的好成绩。10月，组织16家企业参加在安徽芜湖召开的中国国际旅游商品博览会，荣获1金、1银、4铜的好成绩。

关联信息

“一山一水两汉三孔”旅游走廊

该旅游走廊是由泰安市与济南、徐州、曲阜四市自2001年10月31日起共同打造的黄金旅游产品。它打破行政区域界限，以4市的泰山、泉水、东西两汉文化和孔府、孔庙、孔林等特色文化为载体，联合设计旅游线路，联合制作旅游宣传品，联合开展宣传促销活动，联合举办大型旅游节庆活动。通过强强联合、区域合作，内联外拓，共同打造“旅游联合舰队”，以期达到资源共享、市场互补、共同繁荣。该黄金旅游产品投放市场以来，受到东北、京津、沪浙和珠江三角洲等国内旅游客源地和日本、韩国、东南亚等海外旅游客源地游客的青睐。

年内，全市旅游商品开发取得丰硕成果。左图为在4月份南京举办的首届中国旅游纪念品设计大赛中获金奖的五岳独尊青瓷盘。右图为在10月份安徽芜湖召开的中国国际旅游商品博览会上获金奖的泰山紫铜浮雕

【旅游态势调查与分析】　市统计局企业调查队对全年4个季度、3个黄金周和1个暑期的国内旅游抽样调查推算结果显示，国内来泰游客呈现以下6个方面的特点：(1)游客分布以本省和周边地区居多。来泰游客虽然遍及全国31个省、市、自治区，但还是以经济发达、交通便利的东部沿海地区和泰安市周边地区居多，而经济相对落后、交通不够便利的西部地区及边远省份相对较少。来自山东省内的游客占游客总数的40.19%，山东省仍然还是泰安市国内旅游最大的客源市场。由此可见泰安旅游业尚有极大发展潜力，有待宣传开发。客源分布状况详如下表：

2002年泰安市国内游客来源状况表

客源地	人数（人）	比例（%）	位次
合　计	2145	100.00	
山　东	862	40.19	1
北　京	152	7.09	2
河　北	149	6.94	3
江　苏	137	6.39	4
辽　宁	108	5.03	5
河　南	100	4.66	6
天　津	59	2.75	7
黑龙江	59	2.75	7
上　海	55	2.56	8
浙　江	52	2.42	9
山　西	52	2.42	9
广　东	50	2.33	10
安　徽	50	2.33	10
其它省市自治区	260	12.12	—

(2)游客多为城镇男性居民，年龄为15～44岁者居多。在被调查的2145名游客中，城镇居民为1836人，占85.59%；非城镇居民为309人，占14.41%。男性1483人，占69.14%；女性662人，占30.86%；年龄为15～44岁者1856人，占86.53%；45岁以上者289人，仅占13.47%。这说明在农村，在妇女中，在中老年人中还蕴藏着巨大的旅游需求。(3)游客对山水风光、名胜古迹最感兴趣，用于购物和娱乐的消费不多。在被调查的游客

中,以观光、休闲为目的的游客占80.71%,从事商务、会议、探亲访友的游客占14.28%,从事宗教朝拜、文体交流及其他活动的只占5.01%。游客对泰安市旅游资源最感兴趣的是山水风光和文物古迹,分别占81.78%和78.9%;对风土人情和文化艺术感兴趣的比例也达到41.9%和41.74%。游客对泰安市旅游商品感兴趣的程度不高,只占28.9%。在游客花费走向上,游客用于购物的费用平均只有71.75元,仅占人均总花费的12.67%,与理想比例30%相比差距较大,而游客用于娱乐的花费仅为22.03元,占3.89%。来泰游客购物、娱乐消费偏低,这与泰安市缺乏具有地方特色的旅游商品和供游客游玩的娱乐场所有关。(4)游客对泰安市旅游环境的总体评价为一般偏好。2002年度调查继续采用5分制法,分项目调查游客对旅游服务质量、旅游设施、旅游价格的评价以5分表示最好,1分表示最差。调查结果显示:泰安市旅游服务质量平均得分3.68分,同比增加0.13分,其中邮电通讯3.73分、宾馆饭店3.71分、交通3.69分,高于平均分数;导游服务3.64分、购物3.50分、餐饮3.41分、娱乐3.14分,低于平均分数。接待设施平均得分3.68分,同比增加0.13分,其中游览参观点3.83分、景区厕所3.70分,高于平均分数;宾馆饭店3.64分、交通3.52分、购物3.46分、餐饮3.35分、娱乐3.11分,低于平均分数。旅游价格平均得分3.58分,同比增加0.04分,其中邮电通讯3.68分、市内交通3.67分,高于平均分数;住宿3.55分,购物3.52分,餐饮3.47分,娱乐3.36分,景点游览门票3.33分,低于平均分数。这种评价说明全市的旅游服务质量有待提高,旅游环境尚须优化。

【'2002中国泰山金秋旅游联谊会】 9月7日～8日,作为第16届泰山国际登山节的组成部分,'2002中国泰山金秋旅游联谊会召开。本届联谊会由泰安市旅游局、泰山管委、泰山门票处、泰山旅游索道公司联合主办。以"精心搭建旅游平台,诚心服务旅游商家"为宗旨,邀请上海、江苏、河南、河北、山西5省(市)13个地(市)的旅游局、70家旅行社、11家景区、23家新闻媒体160名代表与会。全市45家旅行社与外来客商广泛接触、交流与合作。会议期间,泰安市旅游协会与加拿大GTS企业有限公司就合作建立泰安市金日国际旅行社有限公司签约,上海、南京、徐州、开封、沧州等城市分别进行了商品推介,太原、扬州等城市自带展板、VCD等宣传资料进行商品宣传。与会代表们对岱庙、泰山及扇子崖景区、普照寺、白马石村、文化广场等景点进行实地考察。中国旅游协会城市分会副秘书长刘毅出席会议并代表国家旅游局、中国旅游协会宣读了贺信,山东省旅游局副局长陈向群、泰安市领导出席联谊活动。

旅游黄金周游客接待情况表

黄金周	全市接待人数(万人次)	总收入(万元)	泰山接待人数(万人次)	泰山门票收入(万元)
春节	17	9,044	6	439
五一	40	21,800	19	1258
十一	44	21,100	14	918
合计	101	51,944	39	2615

【2002年全国旅游厕所建设管理研讨会在泰召开】 11月20日～21日,国家旅游局主办、泰安市承办的"2002年全国旅游厕所建设与管理研讨会议"在泰安召开。来自全国各省、自治区、直辖市、计划单列市、副省级城市和新疆生产建设兵团旅游行政管理部门的负责人,部分中国优秀旅游城市和AAAA级旅游景区(点)的管理者及环境、卫生、旅游等方面的专家共220人参加会议。国家旅游局副局长顾朝曦出席开幕式并讲话。会议共同探讨了国家旅游局组织制定的《旅游厕所质量等级的划分与评定》国家标准,认真听取北京、云南、陕西、桂林和泰安市的经验介绍,实地考察了泰山景区和泰城旅游厕所,同时举办由国内20多家旅游厕所设计、建设单位参加的新产品、新技术展示活动。会议对进一步加快以厕所卫生、厕所文化、用厕文明和厕所新技术应用等为主要内容的"厕所革命"进程,提高旅游厕所的建设与管理水平,营造卫生、安全、文明、有序的旅游环境,发挥了积极的推动作用。

【齐鲁民间文化游开幕】 作为2002齐鲁民间文化游的重头戏,东岳庙会自4月1日开始至4月30日结束,历时一个月,先后举办了东岳庙会开幕式、宁阳梨花艺术节、首届肥城桃花旅游节、泰山茶文化节、东岳庙会山会、泰山旅游交易会、东岳太极文化节、东岳庙会文化博览会和中华武术"散打超级王"挑战赛等12项活动。

【泰山—上海西始发车开通】 7月26日,泰山—上海西2147次列车开通。(参见《交通·邮电》)

【旅游黄金周】 市假日旅游指挥部加强组织领导,明确任务分工,统一安排部署,及时调度情况,实现了各旅游黄金周接待工作安全、秩序、质量和效益四同步,受到国家假日办和省假日办的表彰。春节、"五一"和"十一"旅游黄金周期间,全市共接待游客101万人次,实现旅游总收入5.19亿元,其中泰山接待游客39万人次,门票收入2615万元。泰山接待中外游客总人数列国家假日办负责监测的全国十大名山之首。各旅游黄金周游客接待情况见上表。

(翟汝江)

·泰安泰山旅游索道有限责任公司·

【概况】 泰安泰山旅游索道有限责任公司(以下简称公司),是以山东泰山旅游索道股份有限公司与浪潮集团资产重组后置换出来的部分资产为基础组建的国有独资企业,隶属于泰安市国有资产经营有限公司(以下简称市国资公司)。控股企业有:泰山宾馆有限责任公司、泰山中国国际旅行社有限责任公司、泰安市旅游汽车有限责任公司、泰山旅游客运有限责任公司以及泰山女儿旅游商贸有限公司。成员企业有:神憩宾馆、泰山天路旅游商贸有限责任公司、泰山天路旅行社有限责任公司。该公司是全市最大的旅游企业,有员工1064人。年内,公司实现营业收入1.07亿元,实现利润总额2501万元,按可比口径,分别比上年增长5.89%和36.70%。累计上交各种税金1150万元，实现国有资产收益1680万元。

企业改革与管理 年内，学习外地企业改制经验，成立了民营性质的泰安市泰山天路旅游商贸有限责任公司和泰安市天路旅行社有限责任公司，经营业绩良好。推行全员劳动合同制，与全体员工签订不同期限的劳动合同，明确企业与员工的责、权、利关系，增强了员工的主人翁意识。探索、实施目标管理、绩效考核制度，通过与山东大学人力资源研究所合作，重新设计了公司的组织结构和工作岗位，明确岗位职责和评价办法，建立起个人和部门绩效考核管理平台。该平台包括公司组织结构设计、岗位工作说明书、岗位评价、绩效考核实施细则等内容，提高了员工的竞争意识和团队意识。

安全生产 认真贯彻上级关于安全生产的各项方针、政策、法规以及主管部门的指示精神，坚持"安全为天，预防为主"的工作方针，强化对安全生产工作的领导，加强职工安全教育，组织57名机电人员参加全国职工安全生产知识电视培训。落实安全生产责任制，层层签订《安全生产责任书》和《消防安全责任书》。加大安全监督检查力度，实行事故隐患回访验收，增强安全检查的实际效果，全年组织安全生产检查20多次。加强索道设备的维护与管理，对3条索道进行了近20项技术检修和保养，顺利通过了国家检索中心组织的年度检测。年内没有发生任何安全生产责任事故、火灾事故和治安、刑事案件，泰山索道连续安全运营19年。

企业文化 ①加强对员工的培训。选派管理人员参加各类专题培训和继续教育，尤其是通过派员参加企业改革与发展研讨班、WTO知识与招商引资培训班、项目管理(PMP)培训、工商管理(MBA)培训等，开阔了管理者的视野，提高了现代管理水平。选派14名技术人员赴奥地利多佩玛亚公司参加索道专业技术培训，对29名会计人员进行会计基础工作培训。利用旅游淡季，对员工进行学习十六大精神辅导、考察外地同行先进经验，举办企业信息化专题讲座、电脑知识培训、外语培训、索道专业技术培训和汽车驾驶培训等各类培训，提高了员工的政治、文化和科技素质。②组织丰富多彩的文体活动。积极参加各级组织的文艺汇演、群众体育比赛活动，其中，组织参加山东省第四届职工运动会围棋、中国象棋比赛项目，取得了团体第四名的成绩；承办的东岳太极文化节作为齐鲁民间文化游的组成部分之一，于4月9日在泰山天地广场开幕，推动了全民健身活动的开展；成立市武术协会，开展武术活动健身活动年，以武会友，习武健身，推动全民健身活动的广泛开展。③积极参加文明创建活动。组织员工认真学习法律法规，提高员工依法办事水平。建立职工代表大会制度，实行厂务、政务公开，明确公开的内容、程序和责任部门。开展创建文明窗口活动，推行规范化、标准化服务，全体员工以良好的精神状态和规范的服务行为，受到中外游客好评。年内，公司被评为山东省创建文明行业示范点、山东省思想政治工作优秀企业。

【与山东农业大学联合开发泰山虫草】 9月份，公司与山东农业大学(以下简称山农大)专家组成的项目考察组在泰山上采集到十几株泰山虫草。为了使这种泰山独有的极其珍贵的自然资源造福人类，深层次开发泰山旅游产品，挖掘和提升旅游产品的文化内涵，打好泰山牌、旅游牌，公司经过反复调研考察，决定与山农大联合开发泰山虫草。年内，山农大完成了优良虫草菌珠的筛选，提出了人工培养、工业化生产的方案，并与公司签订了联合开发协议书。

关联信息

泰山虫草

泰山虫草又称北冬虫夏草、蛹虫草，是在泰山特殊地理环境中经过长期自然选择、驯化而成的具有特殊医学价值的珍稀食用菌类。由于对生长环境、条件要求极为严格，在特定条件下才能偶然生长，因此，在自然环境中野生数量极少。

泰山虫草代表性成分主要有：虫草素、虫草酸、虫草多糖、超氧化物歧化酸SOD、硒(se)以及钾、镁、锌、锰、铜、钙等19种微量元素、12种维生素和多种氨基酸以及多种核苷。

泰山虫草的药理作用主要有：对中枢神经具有镇静和抗惊厥的功能、提高和促进机体的免疫功能、抗肿瘤作用、抗病原微生物作用、提高肾脏的排毒功能、抗炎症、调节心血管系统、促进机体代谢、健全和促进呼吸系统功能、促进造血功能、调节内分泌、抗疲劳、耐缺氧、耐高温和耐低温作用。

(瞿祥耀)

编辑·校对 王建伦

科学技术

科技综述

【概况】 年末，全市有科技人员15.9万人，其中具有高级技术职务的1.01万人、中级4.99万人。全市有县以上全民科研机构19家(社会公益类16家，技术开发类3家)；职工1634人(专业技术干部478人，科技活动人员472人)，其中具有高级技术职务的105人、中级127人。民营科技企业1238家，其中年内认定88家；民营科技企业职工3.4万人(专职职工3.15万人)，其中具有高级技术职称的1500人、中级6800人、初级7860人。

科技计划与经费投入　全市争取省级以上各类科技计划项目55项，其中“无碱玻璃纤维/聚炳烯复合纤维工艺技术的研究”、“新型安全饲料添加剂研制与开发”、“风力气压自控扬水机”3个项目列入国家高新技术研究发展(“863”)计划。市级科技项目立项97项。争取省级以上无偿补助经费实际到位867万元，成果推广等科技计划项目贷款额度2.09亿元。落实市级科技三项(新产品试制、中间试验、重要科学研究)经费和专项经费1241万元，其中，首批泰安市科技型中小企业创新发展专项扶持资金100万元。26项泰安市首批科技计划项目(9项为招标项目)安排补助资金580万元；市直科技经费70%以上安排扶持市重点工程项目和列入“13511”工程企业申报的项目。

科技成果与推广　年内，全市取得重要科技成果263项，其中，达到国际领先水平的12项，国际先进水平的46项，国内领先水平的137项，国内先进水平的68项。专利申请339项，累计达2852项。评出2002年度市科技进步奖88项，其中一等奖3项、二等奖24项、三等奖61项。市域内有44项科技成果获2002年度国家、省科学技术奖，其中市复合材料公司的“高TEX数无碱无捻玻璃纤维直接纱的开发应用”项目获国家科技进步二等奖。年内全市省级以上科技推广项目6项，市级11项，其中，“玉米多抗性高配合力雄性不育系的组建配套及利用”、“毒死蜱”等4个项目列入国家科技成果重点推广项目计划；国家“十五”科技攻关计划重大专项中药现代化科技产业基地“灵芝规范化种植研究”落户泰安；岱岳区大汶口镇被国家科技部确定为“十五”第一批“全国星火小城镇示范镇”创建单位。

【高新技术及产业发展】 年内，全市高新技术产品达578个，规模以上工业高新技术产品产值达62亿元，同比增长32%。市级以上高新技术企业338家，其中，新发展国家火炬计划重点高新技术企业3家，总数达12家；省级高新技术企业102家；国家“863”科技成果产业化基地2家。运用高新技术改造提升传统企业，在机电一体化、纺织、精细化工等领域形成了一批新产品和企业聚集群体。有90家传统企业提升为市级高新技术企业；100家传统企业推广应用计算机辅助设计(CAD)、辅助制造(CAM)等为主的信息技术，其中有5家企业成为国家级计算机辅助设计示范企业，10家企业成为市级计算机辅助设计示范企业。

【农业科技进步】 年内，全市组织实施农业良种产业化、农业标准化、设施农业开发、无农药残毒放心菜工程等大型科技项目，引进蔬菜、果品、畜牧等新品种84个，应用农业新技术、新成果35项，推广农业实用新技术80项。农产品深加工龙头企业发展到20家。优质小麦高产示范田发展到9.13万公顷，平均公顷产5250千克，占小麦播种面积的60%。名特优果品优质化生产技术覆盖面达90%。设施蔬菜面积占总蔬菜面积的31%以上，公顷产值7.5万元以上的高值田发展到6.93万公顷。优质肉牛杂交改良率达46%，瘦肉猪良种化率达90%，肉羊改良率达43%，奶牛存栏量1.7万头，名特优水产品占水产养殖面积的40%以上。

【科技合作与交流】 年内，举办各种科技交流活动33项，其中，国际交流8项，国内25项；与中国科学院、北京科技大学等建立全面合作关系，与国家天文台联合建立科普教育基地。组织科技活动周、赴京科技创新洽谈会、登山节成果发布会、中国科学院博士生与清华大学研究生来泰进行科技咨询和社会实践以及与俄罗斯、乌克兰、澳大利亚、欧共体开展科技交流、举办“2002年国际小型农用装备和技术培训班”、科技招商等形式，邀请15批123人次院士、知名专家教授、国内外企业家来泰进行项目评估、洽谈合作。全年征集70家企业技术难题140项，解决技术难题67项。市内110家企业与68所高校和科研单位建立了合作关系，达成科技合作协议86项，引进高新技术项目20个，总投资超亿元。9月26日，组团参加“山东省企业与驻京高校及院所科技创新洽谈会”，68家企业的192名代表参加会议，洽谈项目100项，签定合作协议39项，市科技局获全省“优秀组织奖”。

【民营科技与技术市场】 年末，民营科技企业达到1238家，其中年内认定88家。实现产值54亿元，同比增长35%。其中技工贸总收入超过百万元的有109家，过千万元的26家，过亿元的7家，同比分别增长27%、26%、133%。登记和颁发技术贸易许可证57家。技术合同登记4家，技术交易转让合同额43.40万元。有30家民营科技企业参加了山东省技术市场管理中心举办的技术经纪人资格培训班，19人获技术经纪人资格。市科技局参加了科技部在上海召开的“中国技术市场科技中介管理与发展研讨会”。6个县(市、区)科技局参加了山东省技术市场管理人员培训班，提高了对技术市场的管理和服务水平。年内，全市首家科技市场——泰安市泰山科技市场建成，该市场经营面积5000平方米，为全市规模最大、门类最全、科技含量最高、科学技术影响辐射力最强的科技市场。在宁阳举办了第五届中国泰山种子技术交易会，有6300多名国内外客商与会，完成直接贸易额170万元；签订交易合同116份，合同金额近8000万元。

【“高TEX数无碱无捻玻璃纤维直接纱的开发应用”项目获国家科技进步二等奖】 该项目是科研人员打破国外技术封锁，在自行研制开发的“4000孔双底板大漏板”基础上，通过对浸润剂、拉丝工艺、烘纱设备、络纱工艺等进行攻关，研制的拥有自主知识产权的技术，1999年通过省科技厅组织的科技成果鉴定。获得2002年度国家科技进步二等奖。

【山东汶正高新技术创业园建立】 年内，市科技、知识产权管理部门按照“科技先导，企业参与，市场运作，依法管理”的原则，与高新技术开发区管委会一起策划建立了“山东汶正高新技术创业园”，成为全市高新技术企业的孵化基地，被省科技厅批准为“山东省高新技术产业化基地”。该园区占地26.67公顷，计划总投资3亿元。到年底进驻园区企业达10家，其中，中外合资企业1家、市外企业4家；园内企业实现投资2100万元。

【举办泰安市第二届科技活动周】 5月16日～22日举办了泰安市第二届科技活动周。该活动周以“扬科技风帆、建经济强市”为主题，举办了院地、院企科技合作座谈签约活动、科技知识展示咨询活动、科技成果发布洽谈活动、知识产权竞赛活动、科技知识报告会等。活动周期间，共组织活动70项，中国科学院、国家天文台、省科技厅、驻泰大专院校、科研院所等100多家企事业单位、2600名技术人员和百万市民参与了活动，签约科技合作项目3项。

2002年度泰安市部分获省奖励项目表

项目名称	单位	获奖等级
岩体损伤破坏演化与非线性动力学预测理论	山东科技大学	自然科学奖 三等奖
机群网络系统的模型与算法研究	山东科技大学 同济大学	自然科学奖 三等奖
鸡舍环境微生物气溶胶及其发生与传播模式的研究	山东农业大学	自然科学奖 三等奖
脑淋巴循环障碍引起缺血性脑损伤的机理研究	泰山医学院	自然科学奖 三等奖
增效、缓抗、低毒吡虫啉系列仿生效剂的研制及应用	山东农业大学	技术发明奖 二等奖
莱芜高产黑耳长毛兔品系培育	山东农业大学	技术发明奖 三等奖
0.5m左右近水平难采极薄煤层机械化开采技术研究	枣庄市煤炭工业局 山东科技大学	技术发明奖 三等奖
山东省肉牛规模化养殖及产业化技术研究与开发	山东农业大学	科技进步奖 二等奖
黄化症及家蚕微孢子虫病的发生与防治技术研究	山东农业大学	科技进步奖 二等奖
姜光合特性及有色地膜覆盖高产栽培技术研究	山东农业大学	科技进步奖 二等奖
美国名特果树新品种引进选优及开发利用研究	山东省果树研究所	科技进步奖 二等奖
转基因抗虫棉主要害虫综合防治技术研究	山东农业大学	科技进步奖 二等奖
异源DNA导入与常规育种技术结合创造小麦种质系及其机理	山东农业大学	科技进步奖 二等奖
胎盘乙肝病毒感染分子生物学、超微结构和四种肝炎病毒病原学等相关机理研究	解放军第88医院	科技进步奖 二等奖
贝尔登呢的研制	泰安康平纳毛纺织有限公司	科技进步奖 二等奖
环氧丙烷与甲酸生产新工艺技术开发	肥城阿斯德化工有限公司	科技进步奖 二等奖
220kV交联聚乙烯绝缘电力电缆	山东鲁能泰山电缆股份有限公司	科技进步奖 二等奖
等离子喷焊超厚耐磨涂层及新型钎料	山东科技大学 山东大学	科技进步奖 二等奖

项目名称	单位	获奖等级
肥城煤田突水机理及其防治方法研究	肥城矿业集团有限责任公司 山东科技大学	科技进步奖 二等奖
遥感技术在耕地资源动态监测中的应用研究	山东省土地勘测规划院 山东农业大学资源与环境学院 山东地勘局遥感技术应用研究中心	科技进步奖 二等奖
3MG—30 型果园弥雾机的研制	山东农业大学	科技进步奖 三等奖
鸡流行性腹泻病原的分离鉴定与防治研究	山东农业大学 山东明发兽药股份有限公司	科技进步奖 三等奖
麦茬番茄栽培生理与高产高效综合技术研究	山东农业大学	科技进步奖 三等奖
消雾型农用无滴膜的研制与应用	山东农业大学 山东塑料制品试验厂	科技进步奖 三等奖
几种经济树种种子后熟生理及萌发条件的研究	山东农业大学	科技进步奖 三等奖
板栗良种选育及栽培技术研究	泰安市林业科学研究所	科技进步奖 三等奖
大麻脱胶工业用酶制剂	山东省纤维检验局 山东大学 泰山大麻纺织集团总公司	科技进步奖 三等奖
一氧化氮对胎儿发育影响和二硫化碳致作业女工生殖损伤	泰山医学院	科技进步奖 三等奖
髌骨软骨软化的病因、发生机理及临床研究	泰山医学院	科技进步奖 三等奖
神经保护剂、神经根桥接和脊髓移植对脊髓损伤的作用机理研究	解放军第八十八医院 第三军医大学	科技进步奖 三等奖
X线诊断影像质量主观客观结合的综合评价研究	泰山医学院	科技进步奖 三等奖
布式橡胶硫化微机监控系统	山东科技大学	科技进步奖 三等奖
KJ3.5M(A)环保节能型矿灯	山东科技大学 泰安市正信机电有限责任公司	科技进步奖 三等奖
无碱玻璃纤维连续原丝毡	泰山玻璃纤维股份有限公司	科技进步奖 三等奖
采煤机在线故障诊断及预报系统	山东科技大学	科技进步奖 三等奖
崔庄煤矿湖区放顶煤开采地表移动规律研究	山东科技大学	科技进步奖 三等奖
煤矿湿式喷浆技术研究与应用	山东泰山能源股份有限责任公司翟镇煤矿 成都岩锋科技发展有限责任公司	科技进步奖 三等奖
新汶矿区深部巷道矿压实测技术研究与应用	新汶矿业集团公司生产技术处	科技进步奖 三等奖
煤巷近距离隐蔽火源点探测技术及新型防灭火剂研究	山东科技大学	科技进步奖 三等奖
汶南煤矿岙阳扩大区井上下通风机联合运行的研究	新汶矿业集团公司汶南煤矿 山东科技大学	科技进步奖 三等奖
采矿空间信息可视化集成技术及动态监控方法研究	山东科技大学 新汶矿业集团公司协庄煤矿	科技进步奖 三等奖
基于GIS技术的县(市)级土地利用数据管理信息系统建设	山东农业大学	科技进步奖 三等奖

2002年度泰安市科学技术进步奖获奖项目表

项目名称	单位	获奖等级
220KV交联聚乙烯绝缘电力电缆	山东鲁能泰山电缆股份有限公司	一等奖
泰山板栗良种选育及栽培技术研究	泰安市林业科学研究所	一等奖
四种肝炎病毒的病原学、基因克隆与序列分析及致病性研究	中国人民解放军第88医院 中国人民解放军第302医院 中国人民解放军第二军医大学	一等奖
无碱玻璃纤维连续原丝毡	泰山玻璃纤维股份有限公司	一等奖
JL128(SD1115)型柴油机	山东巨菱股份有限公司	二等奖
200t/a毒死蜱研究开发	山东华阳科技股份有限公司	二等奖
工程设计CAD—CAED2000	泰安蓝光计算机技术研究所	二等奖
《白酒生产CAD网络系统》的研究与开发	山东泰山生力源集团股份有限公司	二等奖
贝尔登呢的研究与开发	泰安康平纳毛纺织有限公司	二等奖
氢氧化钾法生产甲醇钾	肥城阿斯德化工有限公司	二等奖
机场升降装卸平台	军事交通学院 泰安专用汽车制造厂	二等奖
《钻井参数监测系统》的研制及应用	山东煤田地质局	二等奖
汶南煤矿畲阳扩大区井上下通风机联合运行的研究	新汶矿业集团公司	二等奖
井底硐室群内特殊施工与相关技术研究	新泰市王家寨煤矿 山东科技大学	二等奖
KJ3.5M(A)环保节能型矿灯	泰安市正信机电有限责任公司	二等奖
泰安市区空气污染特征及综合防治研究	泰安市环境保护监测站 山东科技大学 山东农业大学	二等奖
板栗节水丰产综合配套技术研究	泰安市水土保持科学研究所	二等奖
黑杨Ⅰ—107等优良无性系栽培技术研究及推广	泰安市林业科技推广服务站	二等奖
泰安市玉米良种产业化开发	泰安市农业局	二等奖
寄生性天敌在蔬菜害虫斑潜蝇持续控制中的应用	肥城市植保植检站	二等奖
F导联心电图临床应用研究	泰安市中心医院	二等奖
CA(OH)2预防再植牙根吸收实验性研究	泰安市口腔医院 山东大学口腔医学院	二等奖
食管癌体外后程加速超分割放疗加腔内微波热疗的临床研究	泰安市肿瘤防治院	二等奖
中枢神经系统一氧化氮在痛觉调制和电针镇痛过程中作用机理的研究	泰山医学院 济宁医学院	二等奖
舒肠丸治疗溃疡性结肠炎基础与临床研究	泰山医学院	二等奖
鼻内窥镜下纸板击出性骨折复位术的研究	新泰市人民医院	二等奖
病毒性肝炎的基础与临床研究	泰山医学院 泰安市卫生防疫站	二等奖

【专利工作】 年内，全市有市级专利管理机构1个，县(市、区)级专利管理机构3个;有工作人员20名，其中12人通过专利行政执法考试，具备专利执法资格。

全市申请专利2852件，其中年内339件，比上年增长14%。在年内专利申请量中，发明、实用新型、外观设计三种专利申请分别为66件、208件、65件;发明和实用新型申请量比上年增长144%和13%，外观设计专利申请量比上年比减少24%。工矿企业申请专利105件(巨菱集团申请25件)，同比增长176%。有5家企业获得“中国专利山东明星企业”称号。

为加强专利保护，一是对符合电子信息、生物技术、新材料、节能与环保四大高新技术领域的专利项目设立优秀专利项目补助资金，年内补助项目130个，补助金额5万元。二是强化专利执法，调解专利纠纷3起。

(陈书林　王欲晓)

科协工作

【概况】 年底，全市有科协专职工作人员56人，其中市科协17人。学会109个(年内新增2个)、会员19688人，其中，市级学会46个，会员12476人;县级学会63个、会员7212人;厂矿企业协会30个、会员10930人。农村专业技术协会295个、会员5.9万人。

学会活动 年内，各级学会组织活动124次，参加人员2万余人次，其中，市直学会共组织研讨交流活动80余次，人员达1.2万人次;举办各类培训班120期，培训科技人员6000人;全年共完成协作项目3项;申报金桥工程项目23项，其中9项被省科协立项，省科协向中国科协推荐3项。泰山区科协推荐的《铝制板翅式机油冷却钎焊技术研究》和肥城矿业集团推荐的《高硫煤地下汽化脱硫技术研究与利用》被中国科协立项并推广。市科协组织了全市第七届优秀学术论文(自然科学)评选和青年科技评选活动，评出一等奖32篇、二等奖61篇、三等奖54篇，优秀奖26篇。市抗癌康复协会承办全国抗癌康复协会2002年会，来自全国各地的240名代表与会。为确保南水北调工程顺利进展，组织专家实施“治理大汶河河流污染，疏清东平湖水源，确保南水北调工程合格”的调研活动。

科普宣传 年内，全市举办大型农村科普宣传活动4次(项)，共发放各类科普宣传材料120万份，其中，5月份，市科协、市妇联在肥城举办“巾帼科技齐鲁行”科普培训活动，赠送科技光盘210张、科技明白纸5000份、图书2000册、优良品种200千克，并帮助10户农村妇女结成科技互助对子。在冬季开展的农村“三下乡”活动中，市科协以“科普迎春月”为载体，先后到岱岳区、宁阳县、新泰市等地农村，赠送科普图书杂志6000余册、科普明白纸50万份、优良品种1000多千克，推广新技术、新成果100多项。市科协成立的农林水专家团与宁阳县蒋集镇政府签订科技服务合同。全市有各类科技示范基地43个，年内新建新泰市宫里镇万亩无公害马玲薯基地、东平县商老庄乡淡水养殖基地、肥城市湖屯镇节水高产池藕示范基地和泰山区邱家店镇泰山果树良种繁育基地4个省级科普示范基地;新建新泰市汶南镇侧柏盆景、宁阳县芦荟示范、岱岳区粥店办事处泰山蝎子养殖和泰山区省庄镇泰山中奥果业研究推广示范基地4个市级科普基地。在全市实施“百镇千村万亩”工程，推广节水高产池藕技术，面积已达933.33公顷。2个镇、5个村被命名为“山东省科普先进镇、村”。

在继续重视农村科普活动的同时，还注意开展了“科普进社区”、“科普到军营”和“保健进机关”等城镇科普活动。年内在城区新建科普画廊800米，与驻泰部队联合新建“国防科普教育示范基地”4所。

反邪教斗争 市科协先后在各县(市、区)举办反邪教巡回展，观众达2万多人次;征集百余封反对邪教、尊重人权的信件，并将其中40封推荐到省科协，送抵国际人权大会，表达全市人民群众的认识和呼声。对转化者进行跟踪服务，为其提供致富技术，巩固转化成果。3月，以“如何拒绝邪教进校园、家庭、社区”为主题，在全市范围内征文，得到广泛的社会关注和支持，4篇论文分别参加了在厦门、郑州召开的学术讨论会，受到好评。9月，与市教委联合举办“热爱祖国、崇尚科学、拒绝邪教”作文大赛，共收到征文596件，将全市反邪教工作进校园、从娃娃抓起推向高潮。10月，与市直机关工委、政法委联合发起“崇尚科学、保障人权、拒绝邪教”万名公众社会调查答卷活动，分发并收回答卷1.5万份。

国际交流 全年，市科协及所属学会开展对外交流活动3项，参加180人次;出国交流10人次，接待来访团组3个，共15人。9月份承办中韩合作“爱心一阳光”培训计划第11期培训班，韩国郑教宽教授、崔在善博士向来自省内外150余名学员讲授了韩国现代农业的发展及新技术，现场参观了泰安市部分科普示范基地。

科普培训 发挥农函大主渠道作用，先后组织县乡两级技术骨干、专业户20多人参加中韩合作“爱心一阳光”

年内，市科协开展“科普到军营”活动。图为与济空某部共建国防科普教育基地揭牌仪式

培训，并推选5人赴韩国进行学习考察。为加快机关干部对入世知识的了解和学习，举办了“市直机关干部WTO知识讲座”。

【组织参加全国青少年科技创新大赛】 为参加全国青少年科技创新大赛选拔作品和选手，市科协于3月份举办泰安市第十七届青少年科技创新大赛，共收到参赛作品131件，4月评出市一等奖19项，二等奖34项，三等奖77项，优秀组织奖5个，优秀辅导教师奖24个；向省科协推荐11件作品，获一等奖6项，二等奖4项，三等奖1项；在7月份全国大赛中获一等奖1项，二等奖2项，获“明天小科学家”奖和提名奖各1项，占全省获奖总量(7件)的一半，列全省第一。

【参加全省计算机(信息学)奥林匹克竞赛】 为给全省计算机(信息学)奥林匹克竞赛选拔选手，市科协于5月份在全市举办2002“山东服装职业学院杯”泰安计算机(信息学)奥林匹克竞赛，经层层选拔，有108名选手参加了7月份的市级比赛，评出一等奖20名、二等奖30名、三等奖40名。从中推荐20名选手于10月份参加全省大赛，获省一等奖2名、二等奖5名、三等奖7名。

关联信息

“爱心一阳光”培训计划

该计划是由中国科协与韩国东北亚科技协力财团合作主办的一项农村科技培训活动。目前，已在延安、北京开展了10期，每期推选10名优秀学员由韩方资助赴韩考察学习。9月，由市科协承办第11期，来自省内外的150多名学员参加培训。 (刘庆炜)

气 象

【概况】 年末，全市气象系统有职工106人，其中市气象局54人；气象专业技术人员87名，其中高级技术职务的4人、中级45人。年内，全市气象工作者加强气象观测和会商发布工作，为全市经济和社会发展提供较高质量的气象信息服务。市气象局在全省综合目标考核中列第一名，气象业务列第二名，并被评为“汛期气象服务先进集体”。依法对泰城有关单位和重点企业进行防雷电安全检查、检测，加强对新建、改建建筑物防雷设计图纸审计和防雷工程的设计、施工监管，最大限度地避免或减少了雷击造成的人员伤亡和经济损失。

全年全市出现25毫米以上降水3次，准确预报3次，定性准确率100%，天气预报达标分数99分，列全省第一名。地面测报三项(重大差错、观测、发报)错情率控制在0.1‰，报表6个站出现2.1条错情，出门合格率95.8%；获24个百班无错情。地面测报达标分数100分，列全省第三名。农业气象三项(观测、发报、报表)错情率控制在0.06‰，报表出门全部合格，达标分数50分(满分)，达一级目标，获10个百班无错情。信息网络达标分数100分，获全省第一名，1人获得优秀值机员。

年内，全市有用于人工增雨(雪)消雹的高射炮29门、火箭炮1门，先后进行14次增雨和1次消雹作业，累计影响面积2354平方公里，增加有效降水2514.5万立方，取得直接经济效益亿元以上。

关联信息

人工影响天气与气候

水资源短缺已成为严重制约社会发展的重要因素。世界各国都在推广使用先进的科学技术，用人工方法影响局部天气，改善小气候。人工增雨是开发利用水资源的一项重要措施，现有的技术可增加25%的降水量。

人工增雨是在云中水汽达到饱和时，用飞机、高炮或火箭将水汽凝结核播撒到云中，加速水汽凝结，从而达到增加降水的目的；人工消雹是在积雨云发展到即将形成冰雹时，将大量凝结核供应冰雹形成区，形成蚕食作用，防止形成大冰雹，达到防灾减灾的目的。

泰安市人工影响天气作业面积可达全市耕地面积的四分之一，平均每年开展增雨、防雹作业16次，作业影响区内有效增加降水100毫米以上，取得直接经济效益平均1.4亿元以上，改善了局部小气候。

【气候评价】 年内，全市气候特点是：降水极少，干旱严重且持续时间长，气温偏高，冷暖交替频繁，日照略有不足。

气温 全市年平均气温14.5℃，比常年偏高1.2℃。除2001年12月和2002年10、11月气温接近常年略偏低外，其他各月份均比常年偏高，冬季较常年偏高2.2℃，春季较常年偏高1.5℃，夏季比常年偏高1.3℃，秋季接近常年略偏低；年极端最低气温－13.2℃，12月25日出现在宁阳；夏季气温异常，6月上旬、7月中旬连续出现大于36℃的高温时段，其中7月15日泰安、肥城最高气温达42.1℃，创历史最高记录。终霜冻出现在4月18日，较常年偏晚。冬季(2001年12月至2002年2月)全市平均气温2.1℃，12月较常年偏低0.9℃，1月份较常年偏高3.2℃，2月偏高4.5℃，创历史极值，属明显的暖冬年份。春季(3月至5月)全市平均气温15.2℃，冷暖交替频繁，前期明显偏高，后期偏低。3月份较常年偏高3.7℃，创历年同期最高值。4月上中旬分别较常年偏高3.1℃和1.8℃，下旬较常年偏低1.5℃，4月23日至25日出现了明显的降温天气过程，25日的最低气温达到4℃，对全市早春作物产生了不利影响。5月气温接近常年。夏季(6至8月)全市平均气温26.9℃，6月份较常年偏高0.9℃，6月3日至7日出现大于36℃的高温时段；6月下旬气温偏低，旬平均气温较常年偏低2.5℃。7月份较常年偏高1.8℃，7月10日至17日出现大于36℃的高温时段。8月份偏高1.1℃。秋季(9至11月)全市平均气温13.9℃，9月份偏高0.7℃，10月份偏高0.2℃，11月份偏低0.8℃。

降水 年平均降水量299.5毫米，比常年偏少54.7%，比上年同期偏少50%，但时空分布不均，2001年12月和年内5月降水量较常年偏多，其中5月份降水量比常年偏多76.9%，是自1951年以来最多的月份，其他各月份均比常年同期偏少，冬季降水比常年偏少31.9%，春季降水接近常年略偏多，夏季比常年偏少70.8%，创历年同期极少值，秋季比常年偏少59.1%，全市年内无一次暴雨日出现。冬季全市平均降水量为15.4毫米，较常年偏少3.2成，除12月降水偏多4成外，1月份较常年偏少3成，2月份无降水。自1月17日至2月底，连续40多天基本无雨，干旱尤为突出。全市春季平均降水112.0毫米，较常年偏多2成，但时空分布不均，3月平均降水量4.4毫米，较常年偏少7.5成，4月降水22.0毫米，较常年偏少2成。降水多集中在5月份，比常年偏多77%。夏季全市平均降水量125.8毫米，较常年同期偏少71%，创历年同期极少值。6月份57.9毫米，较常年偏少34%；7月份53.0毫米，较常年偏少73%；8月份14.9毫米，较常年偏少90%。秋季全市平均降水量46.3毫米，较常年偏少59%。9月、10月份分别偏少45%和63%。11月基本无雨。

光照 年日照时数2368.3小时,较常年偏少57.4小时,冬季光照充足,春季光照适宜,夏秋季光照略有不足。冬季全市日照时数481.6小时,接近常年略偏多。春季日照时数643.3小时,较常年偏少52.1小时。夏季日照时数666.5小时。接近常年略偏少。秋季全市日照时数576.9小时,接近常年略偏少。

【气候对农作物影响评价】 年内,全市粮食作物播种面积34.50万公顷,比上年减少0.7%;单产5394千克/公顷,比上年减少15.4%;总产186.07万吨,比上年减少16.0%。夏粮作物生育期间,温度偏高,光照基本适宜,但降水不足,干热风天气较多,对产量有不利影响;秋粮作物生育期间,温度、光照适宜,但干旱严重,对山丘地作物的正常生长发育产生不利影响,造成减产。

冬小麦生育期气候评价 年内全市小麦播种面积15.26万公顷,比上年减0.6%;单产5244千克/公顷,比上年增2.1%;总产80.02万吨,比上年增1.5%。冬小麦上年10月上旬播种,翌年6月上旬收获,全生育期>0℃积温2513.0℃,较常年多280.4℃,比上年多73.7℃;降水量138.9毫米,较常年少52.7毫米,比上年少56.4毫米;日照时数1546.6小时,较常年少153.5小时,比上年多86.8小时。

小麦播种前降水不足,底墒差,给小麦播种及生长发育造成不利影响。冬前热量充足,光照适宜,小麦长势良好,利于安全越冬。早春的持续高温缩短了小麦幼穗分化时间,不宜形成大穗。返青后,降水偏少,对小麦拔节、抽穗不利。4月下旬至5月中旬,气温偏低,降水偏多,适当的低温和雨水有利于延长小麦灌浆时间,增加千粒重。5月下旬至成熟出现了6天左右的干热风天气,对小麦产量造成不利影响。

夏玉米生育期气候评价 年内夏玉米播种面积12.81万公顷,比上年增0.3%;单产5967千克/公顷,比上年减22.6%;总产76.41万吨,比上年减22.4%。全市多为套种玉米,生育期内积温2727.0℃,较常年多150.8℃,比上年少159.1℃;降水量125.8毫米,较常年少346.1毫米,比上年少137.1毫米;日照时数751.0小时,较常年少22.0小时,比上年多35.2小时。

套种夏玉米6月初播种,底墒足,出苗整齐,6月下旬起部分地块出现干旱,使得玉米苗情偏弱,不利于拔节。7月中下旬旱情缓解,再加上温度高、光照足,玉米的小花、小穗发育较为正常。夏玉米开花到成熟期间,温度较高,日照充足,但降水不及常年的十分之一,旱情迅速发展,影响了玉米的授粉及灌浆,造成减产,部分地块甚至绝产。干旱是年内玉米减产的主要原因。

花生生育期气候评价 年内花生种植面积4.69万公顷,比上年减3.4%;单产2681千克/公顷,比上年减29.2%;总产12.57万吨,比上年减31.6%。花生生育期积温3321.5℃,较常年多153.5℃,比上年少97.7℃;降水量249.8毫米,为常年的51%,比上年少142.2毫米;日照时数960.7小时,接近常年,比上年少88.9小时。

花生于5月上旬播种,中旬出苗,出苗到分枝期温度、光照、降水均较为适宜,花生生长状况良好。花生自开花后降水严重不足,开花少,下针困难,荚果干瘪,造成减产。 (万学文)

2002年各县(市)逐月平均气温一览表

单位:摄氏度

地域 \ 月份	1	2	3	4	5	6	7	8	9	10	11	12	平均	距平	比上年
市区	1.2	4.9	10.3	14.9	19.7	25.7	27.9	25.8	20.8	13.8	5.6	−0.3	14.2	1.2	0.6
新泰	2.0	5.8	10.9	15.5	20.0	25.2	28.1	26.8	22.0	14.3	6.4	0.6	14.8	1.6	0.6
肥城	1.2	5.6	10.9	15.6	20.4	26.1	28.7	26.9	21.7	14.4	5.8	−0.3	14.8	1.6	0.7
宁阳	0.9	4.7	9.8	14.4	19.1	25.6	27.9	26.4	20.9	14.1	5.8	0.5	14.2	0.6	0.6
东平	2.1	6.5	11.3	15.2	20.1	26.5	28.8	27.1	21.6	14.7	6.6	0.3	15.1	1.5	0.8
泰山	−4.0	−1.9	2.7	6.3	11.3	16.3	18.5	17.2	13.1	5.9	−0.8	−5.7	6.6	1.0	0.5

2002年各县(市)逐月降水量一览表

单位:毫米

地域 \ 月份	1	2	3	4	5	6	7	8	9	10	11	12	合计	距平	比上年
市区	3.6	0.0	3.0	21.3	83.8	46.6	77.8	19.3	20.3	7.4	0.0	10.8	293.9	−394.4	−280.8
新泰	5.1	0.0	6.7	26.2	71.7	61.9	55.2	9.6	39.4	13.4	0.0	15.0	304.2	−411.0	−555.6
肥城	2.8	0.0	4.3	23.9	78.6	75.2	63.5	32.5	21.7	9.4	0.0	11.3	323.2	−335.6	−191.7
宁阳	5.5	0.0	4.0	17.6	95.7	47.6	38.5	6.1	38.7	34.3	0.0	15.6	303.6	−328.9	−279.6
东平	3.3	0.0	3.8	21.2	98.0	58.2	30.0	7.2	38.5	8.7	0.0	16.4	285.3	−325.1	−248.7
泰山	8.5	0.2	8.2	35.7	146.2	111.8	173.3	36.2	52.0	19.1	0.0	27.5	618.7	−424.1	−154.1

2002 年各县(市)逐月日照时数一览表

单位:小时/%

地域＼月份	1	2	3	4	5	6	7	8	9	10	11	12	合计	距平	比上年
市区	192.6 62	181.0 59	236.1 64	249.7 64	234.3 54	214.1 49	266.3 60	243.7 58	226.7 61	213.8 61	191.1 62	107.5 36	2556.9 58	20.7	150.3
新泰	166.1 54	149.5 49	197.8 53	213.3 54	190.2 44	185.5 43	203.7 46	206.8 50	192.2 52	163.0 47	171.5 56	109.0 36	2148.6 48	−178.7	−73.8
肥城	194.1 63	179.4 59	217.9 59	232.6 59	208.3 48	208.5 48	241.3 55	242.5 58	226.0 61	191.8 55	192.3 63	100.2 33	2434.9 55	11.1	63.8
宁阳	175.3 57	153.1 50	204.4 55	224.9 57	168.0 39	201.8 46	250.9 57	225.0 54	194.1 52	163.4 47	163.3 53	63.9 21	2188.1 49	−251.8	−66.5
东平	200.4 65	165.5 54	212.8 58	224.6 57	201.6 46	189.3 43	219.9 50	233.1 56	214.3 58	187.7 54	193.7 63	87.1 29	2330.0 52	−71.0	117.0
泰山	230.9 75	217.3 71	252.0 68	267.3 68	234.9 54	218.6 50	231.7 52	209.6 50	223.3 60	231.2 67	236.2 77	167.1 56	2720.1 61	−51.4	69.7

（康桂红）

防震减灾工作

【概况】　年内,市机构编制委员会于 5 月 23 日以泰编[2002]9 号文批准"市地震办公室更名为市地震局,为市政府直属正县级事业单位。"该局是市政府主管全市防震减灾工作的职能机构,同时,是市防震减灾工作领导小组的办事机构,破坏性地震发生后为市政府抗震救灾指挥部的办事机构。年末,境内有地震工作的部门、机构 10 个,地震监测台站 3 个(泰安基准地震台、新泰市地震台、华丰煤矿地震台),群众业余地震测报点 37 个,共有观测项目 7 类 15 项;设有"三网"联络点 139 个。地震系统专(兼)职工作人员 53 人,群众业余地震测报员 37 人,"三网"(宏观异常观测网、地震信息报告网、防震减灾知识宣传网)联络员 139 人。

年内,市地震局被表彰为全省防震减灾宣传教育工作先进集体,新泰市地震办公室被省人事厅、省地震局表彰为全省县级防震减灾工作先进集体,泰安市防震减灾示范区工程项目获山东省地震局 2002 年度优秀成果二等奖,被评为山东省 2002 年度十大科技成果之一。

年内,全市未发现地震重大异常现象,仪器记录到市内发生地震 1 次,即:5 月 19 日 04 时 32 分,宁阳(北纬 35°54′,东经 117°00′)ML2.3 级地震。

地震监测预报　年内,市地震工作部门进一步修订并严格执行《震情值班规定》、《异常落实制度》、《震情会商工作制度》等监视震情的各项制度,努力做好地震监测预报工作,为大型活动、重要节日提供咨询。一是登山节前,市地震局与泰安基准地震台结合会商情况,对登山节、国庆节期间本市及邻区地震活动趋势进行了认真分析,向市委、市政府和市防震减灾工作领导小组呈报了《关于登山节、国庆节期间地震活动趋势》的预测意见,为领导决策提供借鉴。二是在元旦、春节、五・一节、党的十六大召开期间及汛期前,加强震情监视和监测预报,及时回答群众咨询,保持社会稳定。泰安基准地震台 2001 年度钻孔应变观测资料连续两年取得全国地震监测预报工作质量统评第一名,分别受到中国地震局和省地震局的表彰奖励。年末,泰安基准地震台与市地震局会商、编制的《泰安市 2003 年度地震趋势分析报告》,在山东省地震局 2003 年度地震趋势会商会上被评为全省第 2 名。

抗震设防管理　7 月 18 日,市政府办公室印发《泰安市防震减灾规划纲要》,对泰安市防震减灾工作提出具体规划和要求。为加强抗震设防管理,市地震局在城市建设项目管理中心设立服务窗口,派驻专业人员,为一般新建工程审批抗震设防要求,作为工程抗震设计依据;对重大建设工程和重要生命线工程以及可能产生严重次生灾害的建设工程等,下达《地震安全性评价通知书》,并监督其开展安全性评价工作。到年底,累计审批 160 个新建工程抗震设防要求,监督 10 个重大、重要建设工程进行地震安全性评价,总建筑面积 100 余万平方米。

地震应急　根据机构改革和人员变动情况,全市及时调整、充实市、县(市、区)两级防震减灾工作领导小组,确保组织落实、人员落实和责任落实。依据新修订的《山东省破坏性地震应急预案》,重新修订市、县(市、区)和新汶矿业集团《破坏性地震应急预案》,并指导市直 15 个部门、单位完成应急预案的修订工作。党的"十六大"召开期间,市地震局除印发进入应急戒备期的通知外,还制定、修订《泰安市地震局应急戒备期工作须知》、《泰安市地震系统地震应急预案》、《泰安市地震局地震应急预案》,对通讯设施和车辆运行状况进行检查,准备好解答社会问询等材料,保证了各项应急措施到位。

防震减灾宣传教育　年内,结合纪念《防震减灾法》颁布实施四周年宣传活动,全市采取各种形式加大了防震减灾工作的宣传教育力度。先后开展的活动有:邀请市人大分管副主任发表电视讲话、市政府分管副市长在《泰安日报》上发表署名文章,与市直机关工委联合在市直部门和单位开展学习防震减灾法律法规知识答题活动,与泰山广场管理处联合举办防震减灾知识展览,指导市委党校、行政干校、泰山学院等院校向脱产培训的机关干部和在校师生宣讲防震减灾知识。在市第二届"科技活动周"活动中,市地震局制作 20 块防震减灾知识宣传展板,分别在泰山广场和市政大楼内展出。编写《防震减灾信息》4 期,订购《农村住宅建设防震、抗震知识》和《青少年防震避震知识》挂图发放给基层建筑部门和中小学。年底,市地震局被省委宣传部、省

地震局表彰为全省防震减灾宣传教育工作先进集体。　（刘胜忠）

社会科学

【概况】　年内，市社会科学联合会（以下简称市社科联）有所属学会、研究会27个。参与组织各类社科理论研讨活动3次，收到论文200余篇，参加学术活动的人数300多人次，其中，召开的“纪念邓小平南方视察谈话10周年理论座谈会”、“市直学习‘5·31’重要讲话理论宣传工作座谈会”和“全市学习党的十六大精神座谈会”及“学习十六大精神、贯彻十六大精神”征文活动，促进了全市对邓小平理论、“三个代表”重要思想及十六大精神的学习贯彻。市社科联承担市理论精品工程的创作任务，带领社科联理论工作者深入基层调查研究，就农村税费改革后构建农村新型管理体制等课题进行调研，取得阶段性成果。市社科联主办的综合性学术理论期刊《泰安论坛》，把泰安改革开放和现代化建设重大理论问题和实践问题的研究放在首位，注重贴近泰安实际。在2002年度全市报刊评比中，被评为全市十佳期刊。年内开展的全市第16次社会科学优秀成果评奖活动，收到申报作品86件，有58项作品获奖，其中一等奖14项、二等奖17项、三等奖27项。另外，向省里推荐6项参评作品，有4项获全省优秀社科成果奖，其中一等奖1项，二等奖1项，三等奖2项。

【纪念邓小平南方视察谈话10周年理论座谈会】　在邓小平南方视察谈话发表10周年之际，市社科联与市委党校、市党史委于4月23日联合召开座谈会。驻泰大专院校和宣传理论、新闻单位的50多名学者参加座谈。与会学者对邓小平理论的历史地位、科学内涵、时代价值和现实指导作用等重大理论问题进行了研讨。会后，26篇论文在《泰安论坛》和《泰安日报》相继发表。

【学习江泽民“5·31”重要讲话理论宣传工作座谈会】　7月2日，市社科联与市委宣传部联合召开“市直学习‘5·31’重要讲话理论宣传工作座谈会”。市直各有关部门负责人、驻泰大专院校专家教授以及各学会代表参加座谈。通过座谈，加深了对“三个代表”重要思想的理解，增强了贯彻“三个代表”重要思想的自觉性和坚定性。会后，《泰安日报》辟专版刊登代表们的发言，《泰安论坛》出专辑进行宣传。　（孙　莉）

泰安市第十六次（2002年）社科优秀成果部分获奖项目一览表

（同等奖次排名不分先后）

作　者	作者单位	作　品　名　称	获奖等级
杨学成	山东农业大学	农村土地承包30年不变政策实施过程评估（论文）	省一等奖
王家传等	山东农业大学	农村信用社改革与发展问题研究（论文）	省二等奖 市一等奖
周衍平 陈会英 胡继连	山东农业大学	农业技术产权保护问题研究（论文）	省三等奖 市二等奖
白　波 李伟等	泰山医学院	高等医学院校基础医学课程教学内容衔接的研究与实践（论文）	省三等奖 市一等奖
刘克宽	泰山学院	十七年文学的时代性思考	市一等奖
李光禄	山东科技大学	自然资源开发利用与环境保护法律问题研究	市一等奖
陈会英 郑强国	山东农业大学	中国农户科技水平影响因素与对策研究（论文）	市一等奖
王本利	山东农业大学	山东农民法律意识的现状与培育对策研究（论文）	市一等奖
刘　红 张兴华	市教育局	论教育要适度超前发展（论文）	市一等奖
宋明爽	山东农业大学	山东省农业对外开放模式与对策研究（论文）	市一等奖
段有志	市人民银行	制度安排、行政主导和市场化取向：农村经济发展的资金供需分析（论文）	市一等奖
宋义海	市国税局	当前税源监控存在的问题及对策（论文）	市一等奖
周　谦 吕大明	市史志办	泰安三千年人物传	市一等奖
于庆明 郑新道	市史志办	泰安五千年大事记	市一等奖
张用蓬	泰山学院	《新潮》的历史回响	市一等奖
—	市党史办	中共泰安历史大事记（第一、二卷）	市一等奖

编辑·校对　赵　兵

教育

综述

【概况】 年内，全市各级教育行政部门全面落实市政府《关于加快基础教育改革与发展的意见》，以提高办学水平和质量效益为核心，调整、完善农村义务教育管理体制，优化教育结构和资源配置，大力加强教师队伍建设，深化教育教学改革，扎实推进素质教育，各级各类教育得到健康发展。年底，全市有各级各类学校1179所，有在校学生80.94万人，比上年减少2.11万人，比1997年减少23.06万人。全市有教职工6.21万人，其中专任教师4.92万人，与2001年和1997年基本持平。全市每万人口中，有小学在校生539.6人、普通初中在校生595人、普通高中在校生173人、普通中专在校生30.7人、职业中专在校生61.32人、成人中专在校生26.6人。小学、初中适龄人口入学率分别达到100%和99.51%。普通高中入学率34.63%，高中阶段入学率58.22%，普通高考录取本、专科生17937人，本、专科总录取率达65.14%。

完善农村义务教育管理体制　年内，认真落实国务院和省政府文件精神，调整完善了农村义务教育管理体制，推行“以县为主”的管理体制和“一保、二控、三监管”的管理机制，到6月底，6个县(市、区)乡镇教职工工资发放的上收工作全部完成，由县财政统一按时发放，初步落实了“在国务院领导下，由地方政府负责，分级管理，以县为主”的农村义务教育管理体制，乡镇中小学教师工资发放有了根本保障。9月中旬，通过了国家教育督导团关于落实《国务院关于基础教育改革与发展的决定》情况的督导检查。

改革办学体制　按照“积极鼓励、大力支持、正确引导、加强管理”的方针，将社会力量办学纳入教育事业发展总体规划，加大了扶持力度，多元化办学取得新的进展。①社会力量办学在规范中发展。市直两所改制学校(山东省泰山现代中学、山东省泰山外国语学校)自上年开办后，积极探索运用民办学校机制加快发展的办学路子，取得了较好的办学效益和社会声誉。泰安贸易学校下放给泰安市管理后，改办综合高中，与泰安第一中学联合兴办泰安一中西校区，按民办学校机制运行，实现招生400人。上半年，宁阳双语学校、泰安海协外语培训学校等一批民办学校和民办培训机构相继创立。截止年底，全市登记注册的民办教育机构已达到135处。②中外合作办学实现新突破。泰安一中与澳大利亚国际应用教育学会合作创办的“山东省泰安第一中学中澳友好合作学校”、泰山外国语学校与东京国际交流学院合作创办的“泰山·东京国际交流中心”，已通过省教育厅审核批准正式成立并实现招生。③企业办学移交地方工作也取得新进展。市政府于7月份与济南铁路局签订了泰安铁路中学整建制移交泰安市的协议。

推进素质教育　①加强德育工作。以增强德育工作的针对性、实效性为重点，采取多种措施，加强学生行为习惯的养成教育、社会公德教育、法制纪律教育。组织全市中小学生参加第九届全国青少年爱国主义读书教育活动、公民道德教育和道德实践活动、“学纲要、讲道德”征文比赛、知识竞赛，有820篇征文获奖。与市委宣传部联合组织《公民道德建设实施纲要》学习活动，评选表彰了全市十佳道德教育示范学校、十佳青年道德标兵和十佳少年道德标兵。市教育局获第九届全国青少年爱国主义教育读书活动特等组织奖。2001～2002学年末，评选省级三好学生、优秀学生干部234人，市级737人。②深化教学改革。进一步扩大小学外语课开课范围，80%以上的初中和30%的小学开设计算机必修课或选修课。制定各个学段教学质量监控的实施意见，形成了较为完整的教学质量监控体系。重视学生动手创新实践能力的培养，全市有64人在全国各科竞赛中获一等奖，400余人获二等奖，1人在全国青少年科技创新大赛中获“小小发明家”二等奖，2人获省中小学生创造活动竞赛一等奖。③完善中考招生制度，继续实行一考多取。在做好体育、英语听力、理化生实验技能测试的基础上，岱岳区加试信息技术教育课，较好地发挥了考试的导向作用。同时，积极探索符合素质教育要求的评价制度，教育评价体系进一步完善。④加强艺术教育。举办了全市中、小学美术、音乐教师基本功比赛和全市小学音乐优质课评选、推荐活动。组织“山东省艺术考级泰安考区器乐、声乐、舞蹈考级”，1200余名中、小学生参加考试，通过率达88.9%，位居全省榜首。组织参加“全国第七届中、小学生美术书法作品比赛”，有46件绘画书法作品荣获一等奖，126件荣获二等奖。

教师队伍建设　①加强师德建设。全市教育系统坚持将师德建设与创建文明行业相结合，以贯彻落实《中小学教师职业道德规范》和教师行为“十不准”为主要内容，结合新形势、新要求，积极开展形式多样、生动活泼的教育活动，完善并落实师德建设一票否决制，教师队伍的师德水平和思想素质有新提高。②开展首次教师资格认定工作。根据《教师法》、《教师资格条例》、《〈教师资格条例〉实施办法》和《山东省实施〈教师资格条例〉细则》的有关规定，市、县两级教育行政部门，精心组织首次教师资格认定工作。组织1569名在职教师参加教育学、心理学课程的补修及考试，组织6000余人进行了普通话测试。按照认定程序和要求，经过认真审查，全市有17177名在职教师获得了各类教师资格，其中，中等职业学校教师570人、中等职业学校实习指导教师350人、高级中学教师1712人、初级中学教师8765人、小学教师5516人、幼儿园教师264人。③加强师训、干训工作。启动"113"骨干教师培训工程（培养100名名师、1000名学科带头人、3000名骨干教师），制定市级骨干教师培训方案，评选出3165名中、小学市级骨干教师，完善了三级骨干教师管理体制，对1027名小学骨干教师进行了系统培训。加强对校长的分层次培训，对500余名初中校长和教学业务校长进行更新教育观念和课堂教学改革培训。通过多种形式的培训，高中、职业中专、初中、小学教师的学历达标率分别达到71.87%、54.99%、89.98%、98.51%。④完成了山东省第五批特级教师评审推荐工作，全市有18名教师被省政府命名为特级教师。⑤评审教师专业技术职务。年内，有4818名教师评审、晋升了中级以上专业技术职务，其中，小学高级教师2134人、中学一级教师2017人、中学高级教师667人。

学校安全工作　年内，市教育局出台《关于进一步加强学校安全工作的意见》，加强对学校安全工作的领导。教育行政部门分别与中、小学签订《学校安全责任书》和《2002～2003年度中小学生出入网吧管理目标责任书》，组织开展了多次安全自查和拉网式检查；组织了"学校安全教育宣传周"活动和中小学生网吧安全教育活动；会同市公安、文化部门对城区网吧情况进行专项检查和治理整顿，保证了学校安全。

教育信息化建设　年内，按照"统筹规划、分步推进、加强管理、注重效益"的指导方针，全面加强教育信息化建设。市直9所学校建成高标准校园网，县（市、区）属57所学校建成校园网。各级教育行政部门和学校在抓好硬件建设的同时，积极开展信息技术教育工作。高中段信息技术教育课已列入高中会考科目，初中段信息技术教育开课率已达到80%以上，小学段有条件的学校开设了信息技术教育选修课。全市5所学校承担的教育部现代教育技术"十五"实验课题研究，通过省教育厅中期评估。6月，泰安市教育城域网网络中心正式建成运行，泰安教育信息网站同时开通。年内，泰山区、新泰市、宁阳县三个县级网络管理中心和40余所中小学已经接入该网。市教育局内部科室、市教育局与县市区教育局及学校之间已部分实现信息互联，资源共享，为实施远程教育和信息服务提供了便利。

教育科研工作　年内，完成了泰安市教育科学"十五"规划的课题立项工作，立项课题总数达到113项，有41项课题列入省教育科学"十五"规划，其中10项列为省重点课题，课题立项数名列全省前茅。《泰安市区域推进创新教育的实验与研究》是山东省"十五"规划重点课题和泰安市重大课题。年内，市教育局以《建立教育创新体系实验理论与实践的研究》为龙头课题，在教育管理、课堂教学、教学评价和思想教育等方面进行创新教育实验与研究。10月25～26日，省教育厅在宁阳县召开了"山东省创新教育管理暨评价现场会"，推广泰安市创新教育管理暨评价的经验。由市教育科学研究所承担的"创新教育实验与研究"荣获山东省优秀教育科研成果一等奖、泰安市科技进步三等奖，泰安市被评为"全国创新教育先进单位"。

（王　栋　徐炳伦　牛　波　齐润泉　朱金龙　张德阳　宗西波　吕忠堂）

【全面加强教育行风建设】　（1）实施政府提速工程，精简行政审批事项。市教育局原有23项行政审批事项，年内取消7项，下放2项，变更3项，保留11项，明确了审批程序和办事时限，加快了行政审批制度改革，方便了人民群众。全面实行政务公开，制定具体的实施方案，对服务内容、承办科室、办事程序、申报资料、承诺时限和收费标准等进行广泛宣传，增强工作透明度，并定期进行自查和抽查，做到政务公开与业务工作同部署、同检查、同考核，促进机关工作作风的转变和工作效率、服务质量的提高。（2）加强廉政建设。制定《2002年党风廉政建设和反腐败工作实施意见》，明确了年内工作的四个重点，召开全市教育系统纪检监察工作会议，对党风廉政建设和反腐败工作进行全面部署。与各市直学校签订《2002年党风廉政建设责任书》，进一步落实廉政责任。年内，局机关和市直学校未发生违纪案件。（3）加大中小学乱收费治理力度。在完善"一证、一卡、两公开、四统一"（必须先到当地物价部门办理"收费许可证"、"收费管理卡"，方可凭证、凭卡收费；公开收费项目、标准，公开收费使用情况；统一收费时间、统一收费项目、统一收费标准、统一使用省财政厅监制的收费票据）的管理制度和收支两条线的管理办法基础上，推行"收费公示制"，查处违纪收费16万元，有效遏制了乱收费现象。（4）深入开展文明行业创建活动。自1999年以来全市教育系统连续4年被评为泰安市文明行业。　（赵广民　周世民）

2002年10月25日，山东省创新教育评价现场暨专题研讨会在宁阳县召开

【泰安教育电视台开播10周年】 泰安教育电视台于1989年3月经省教委批准建立，1992年5月建成开播，现为无线7频道，功率1千瓦，天线高度63米，无线全向发射，覆盖泰安市城区及周边地区。每天播出12小时（12：00～24：00）。现有工作人员18人。主要节目安排：幼儿教育、中小学教育、职业教育和成人教育；定时转播中国教育台《教育新闻》和中央电视台的《新闻联播》节目；自办《泰安教育新闻》、《招考热线》、《科教之窗》、《东岳泰山》等栏目。年内，播发各类教育新闻300多条；播出健康向上的科教文娱乐节目4300余小时。该台录制的全国中小学新教材录像课、省创新教育课程电视录像课获全省一等奖4个、二等奖3个、三等奖2个、优秀奖1个，部分录像课在省教育电视台播出；电视专题片《世纪丰碑》、《精神文明建设亮丽的风景线》、《文明之歌》、《无悔的追求》，分别在省教育电视台和市电视台播出。12月18日，中国教育电视山东台泰安记者站在泰安教育电视台成立。该台被授予“市级青年文明号”称号。

（杨宪存　徐建闽）

基础教育

【概况】 年内，全面贯彻全国和省、市基础教育工作会议精神，深化改革，加快发展，强化措施，规范管理，全市基础教育健康发展。至年底，全市有独立设置的幼儿园726所，在园幼儿6.48万人，比2001年增加1.1万人，增长20.43%；有幼儿园教职工3235人，其中专任教师2352人、保育员873人。有小学903所、教学点162个，年内招生4.2万人，比上年增加1.17万人，增长38.66%；小学在校生29.47万人，比上年减少4.1万人，下降了7.9%；全市小学有教职工2.21万人，其中专任教师2.05万人，专任教师中，中专、高中毕业及以上学历2.02万人，学历达标率98.51%，专科以上学历的达32%；小学（学）生（教）师比为14.4：1。有普通初中204所，招生7.68万人，比上年减少2万人，下降20.66%；普通初中有在校生29.71万人，比2001年减少2.36万人，下降7.36%；有普通高中44所，实现招生3.66万人，比2001年增加4918人，增长15.5%；有在校生9.78万人，分别比2001年和1997年增加1.85万人和5.16万人，增长23.33%和111.69%。全市普通中学有教职工2.78万人，其中专任教师2.22万人；专任教师中有1.9万人学历达标，学历达标率为85.3%；普通高中（学）生（教）师比为18.9：1，普通初中（学）生（教）师比为17.6：1。全市有特殊教育学校7所，其中聋哑学校5所、盲童学校和弱智儿童辅读学校各1所，特殊教育学校共招生92人，在校生860人，教职工307人，其中专任教师185人。

学前教育　加快调整农村幼儿园布局，全市比上年调减219处。将泰城幼儿园审批权下放到泰山区。对全市幼儿园保育员进行岗位培训，68名保育员通过了由市劳动职业技能鉴定中心进行的初级、中级职业技能鉴定。年内，全市3—6岁幼儿入园率为85%。全市幼儿教师学历合格率达到92%。4处幼儿园通过省级示范幼儿园验收，山东科大幼儿园被省教育厅命名为“省十佳幼儿园”，10所幼儿园被评为“泰安市首届十佳幼儿园”。到年末，全市共创建省级实验幼儿园和示范幼儿园29所、市级规范化幼儿园121所。岱岳区被省教育厅推荐参加全国农村学前教育先进区评选。

义务教育　①制止辍学。完善义务教育双线目标责任制，层层签订责任书，明确并落实各级政府及有关部门在制止辍学工作中的责任。制定下发了《关于做好贫困学生学杂费减免工作的通知》和《泰安市中小学家庭困难学生资助办法》，对家庭困难学生给予实际帮助；在经济贫困地区推行黑白版教材以及免费提供教科书制度；暑假期间组织有关力量动员流失学生返校就读。②下发《关于加强义务教育办学管理若干问题的通知》，进一步规范办学行为，减轻学生过重的课业负担。③推进义务教育学制改革。年内入学新生，除泰山区以外的5个县（市、区），由原来的“五三”或“五四”学制全部改为“六三”学制，实现了真正意义上的九年义务教育。④调整中小学布局。各县（市、区）、乡（镇）根据中小学布局调整的总体要求，结合中小学危房改造，科学规划，扎实推进中小学布局调整进程。全市小学由上年的1166所调减为903所，初中由上年的233所调减为204所，校均在校生分别达到326人、1615人，办学效益进一步提高。⑤继续推进中小学危房改造工程。面对农村税费改革后危房改造资金筹集的实际困难，各县（市、区）、乡（镇）不等不靠，积极出思路，想办法，领导干部带头捐资助教，多方筹措危改资金，促进度、保质量，按时完成危房改造任务。截至年底，全市累计筹措资金1.14亿元用于中小学危房改造工程，12.4万平方米的D级危房全部拆除，完成改扩建面积1.17万平方米，新建校舍面积31.86万平方米。

高中教育　①扩大招生规模。全市普通高中学校通过挖潜、改建、扩建、新建、改制和优化资源配置，进一步扩大办学规模，增加招生能力。年内共招收新生3.66万人，分别比上年和1997年扩招4918人、2.05万人，分别增长15.51%、126.54%。其中泰城招收新生4825人，分别比上年和1997年扩招969人、1850人，分别增长20%、62.2%。全市普通高中校均在校生达到2224人。初中毕业生升入普通高中的比率达到34.63%，比上年增加3个百分点，比1997年增加12.62个百分点。② 提高教学质量。组织800余名高三教师参加“3＋X”高考研讨会，进一步更新教育观念，把握高考动向。总结推广新泰一中等学校的常规教学管理经验，强化学校领导干部蹲组靠班包质量责任制、以班主任为核心的任课教师集体负责制、教师学年任期目标考评制和教学质量单元把关制，提高了教育教学质量。③高考录取率上升。2002年普通高考全市本科上线6038人，比上年增加1610人，其中，重点本科上线2652人，比上年增加1298人，增长95.86%。有4名考生进入全省文、理科前10名，其中泰西中学考生于凡（女）以总分717分的优异成绩成为全省理科状元。全市共录取本、专科17937人，是1997年的3.54倍，本、专科总录取率达65.14%，比上年增加6.14个百分点，其中本科7908人，比上年增加2487人，录取率为31.5%，高出全省平均数2个百分点，比1997年增加5735人，增长2.64倍；专科（含高职）10029人，较上年增加2119人。全市有20名考生考入北大、清华。

（徐振涛　韩涛　郑洪岩　宋有祥）

【规范化学校建设】 年内，组织50处中、小学校参加省中小学规范化学校建设现场会和培训班，有10所学校顺利通过省级规范化学校验收，是开展规范化学校创建工作以来通过省级验收最多的一次。至此，全市共有省级规范化学校27所，市级189所。（韩　涛）

2002年泰安市幼儿教育情况表

单位:所、人

	园数	在园人数		教职工	
		计	其中女	计	其中:专任教师
全　市	726	64832	30258	3235	2352
泰山区	50	9224	4409	350	245
岱岳区	368	19028	9177	1169	892
宁阳县	56	10050	4672	359	280
东平县	35	3084	1389	97	56
新泰市	45	7907	3503	341	234
肥城市	172	15539	7108	919	645

注:泰山区含市直

2002年泰安市小学教育情况表

单位:所、人

	学校数	教学点	毕业生数	招生数	在校生数	教职工		学龄儿童入学率(%)	小学毕业升学率(%)
						计	其中:专任教师		
合　计	903	162	77221	42014	294785	22068	20475	100	99.50
泰山区	70	8	7542	5469	23892	1754	1544	100	100.00
岱岳区	218	9	7444	7478	44215	3700	3618	100	99.60
宁阳县	97	70	13044	5169	44932	3395	3119	100	100.00
东平县	150	55	16828	6081	44671	3626	3361	100	97.34
新泰市	233	6	19687	10840	84865	5602	5099	100	99.00
肥城市	135	14	12676	6977	52210	3991	3734	100	100.00

注:泰山区含市直

2002年泰安市中学教育情况表

单位:所、人

单　位	普通高中						普通初中					中学教师职工	职业中学					
	校数	其中完中	毕业生数	招生数	在校生数	专任教师	校数	毕业生数	招生数	在校生数	专任教师		校数	毕业生数	招生数	在校生数	教职工计	其中:专任教师
合　计	44	15	22119	36618	97838	5346	204	105745	76842	297122	16893	27836	16	7207	13010	32478	1997	1393
泰山区	7	3	2349	4968	12101	717	21	8547	7966	35551	1837	3303	3	1443	850	3775	158	104
岱岳区	6	1	3130	5702	14937	804	35	14878	7414	40059	2843	4315	3	740	1249	2641	288	197
宁阳县	6	3	3811	5563	14665	867	22	18790	13137	49474	2527	4686	1	1335	3061	6426	384	243
东平县	4	1	1946	3720	9870	550	28	13666	16380	48034	2239	3528	1	216	1400	2960	192	144
新泰市	11	5	5585	8751	23418	1125	54	24660	19308	74678	3630	5856	4	1637	3592	8723	410	332
肥城市	10	2	5298	7914	22847	1283	44	25204	12637	49326	3817	6148	4	1836	2858	7953	565	373

注:泰山区含市直

【加强教学研究推进课程改革】 (1)广泛开展《基础教育课程改革指导纲要》的学习宣传,加大对干部教师的培训力度。举办"基础教育课程改革研讨会",对中小学校长、教学业务校长进行集中培训;组织近二千名市、县两级教研员和骨干教师,参加省教研室组织的高、初中新课程标准、新教材培训研讨会。(2)进行义务教育新课程改革实验的选点、规划及实验准备工作,组织形式多样的群众性教研活动。年内,12个学科召开课堂教学研讨会,19个学科举行课堂教学比赛,17个学科进行教学论文评比,11个学科举行脚本和课件制作评比,13个学科举办优质课评选活动。在省以上优质课评比中,全市有48人获奖,其中小学语文、初中语文和初中化学代表山东省参加全国比赛,小学语文获得全国阅读教学比赛一等奖。在数、理、化、生、信息技术和外语竞赛中,有64名中小学生获全国一等奖,400余人获全国二等奖。

(阚兆成)

中等职业教育与成人教育

【概况】 中等职业教育 全市有普通中专学校7所，教职工1225人，其中专任教师643人；年内招生5280人（含外地考生），在校生1.63万人。年内全市初中毕业生升入普通中专（含外地学校）就读的有5166人。全市有职业中专16所，教职工1997人，其中专任教师1393人，年内招生1.3万人，在校生3.25万人。有成人中专28所，成人中专分校3所、工作站20个，教职工1652人，其中专任教师828人，招收新生7342人，在校生1.41万人。有技工学校19所，教职工1299人，其中专任教师970人，招生2119人，在校生7831人。全市中等职业教育狠抓重点学校、重点专业建设，年内建成国家级重点专业点1个、省级9个，泰安机电工程学校被评为国家级先进职业学校。教师队伍整体素质进一步提高，年内有148名专业课教师考取了中级工证书，86名教师考取了高级工证书。年末，全市具有中级工技术等级的教师占专业课教师的比例达到55.2%，比上年提高24.1个百分点；具有高级工技术等级的教师占专业课教师的比例达到20.6%，比上年提高了13.3个百分点。有5名教师被评为省级职业教育先进个人。年内有2227名中职毕业生参加对口高职招生考试，1751人被录取，录取率78.66%，居全省先进水平。组织学生参加机械制图、计算机操作、普通话演讲等6项技能竞赛，参赛学生达2300余人。全年组织4673名学生参加职业技能鉴定，中级工获证率85%，参加人数和获证率均创历史最高记录。

自学考试 年内组织高等教育自学考试、民办高校学历文凭考试、全国公共英语等级考试、计算机等级证书考试、中小学信息技术等级证书考试等15次，8.1万人报考12.5万科次。毕业2795人，其中本科1650人、专科1145人，有6200人获得各类社会证书。

农村成人教育 为了适应加入世贸组织后农村产业结构调整的需要，对广大农民加强实用技术培训，提高他们的科技素质，进一步完善县、乡、村三级成人教育网络。全年举办各种形式的培训班500余期，培训各类人员18.9万人次，推广科技项目和实用技术185项。非文盲率控制在99.3%以上，脱盲巩固率保持在98.5%以上。

（赵学利 周韵 杨明峰）

【市属中等职业学校调整布局】 年内，按照《泰安市人民政府关于做好市属中等职业学校布局结构调整工作的通知》要求，对泰城原有的24处市属中等职业中专学校按照“留”、“并”、“改”、“撤”的方式调减为6处。保留泰安卫生学校、泰安市体育运动学校、泰安艺术学校、山东省农业广播电视学校泰安分校4处学校。将泰安机械电子工程学校和泰安农业学校整建制合并，组建泰山职业技术学院；以泰安市劳动局技工学校为依托，将泰安市机械电子技工学校、泰安市商业技工学校、泰安市化工技工学校、泰安市一轻工业技工学校、泰安市纺织技工学校5处技工学校与其合并，组建“泰安市技工学校”。将泰安贸易学校改为以普通高中教育为主的综合高中，待条件成熟后将其现存中专专业并入泰山职业技术学院；将泰安市行政干部中等专业学校、泰安市审计职工中等专业学校、泰安市交通技工学校、泰安市供销技工学校、泰安市公安干部中等专业学校、泰安市财政干部中等专业学校等6处学校改为非学历教育培训机构。撤销泰安市经济管理干部学校、泰安市人口中等专业学校、泰安市职工中等专业学校市直分校、泰安市农业机械化学校、交通部电视中等专业学校山东省泰安市分校等5处学校。泰安机械电子工程学校和泰安农校合并后新组建的泰山职业技术学院选址在泰城东高新技术开发区，占地42.5公顷，规划建筑面积12万平方米，设计规模为1万人，一期工程建设规模为6000人。

（王传民 赵学利）

【职业教育教学改革】 年内，继续推进重在培养学生职业能力的教学内容改革。各专业按照及时补充新知识、新技术、新工艺和新方法的原则，强化了实践教学。推广岱岳区的“模块”教学经验，在部分学校进行“分层次”教学法和“任务驱动”教学法改革的试点工作。在部分职业学校进行了弹性学制和学分制的试点。推进教学方法和手段的现代化，加强多媒体辅助教学，在服装制图和机械制图课程中推行CAD制图教学。

2002年驻泰普通中专学校情况表

单位：人

单位	毕业生	招生	在校生	预计毕业生	教职工	
					小计	其中：专任教师
合计	8120	5280	15060	4904	1225	643
山东电力学校	330	2000	3670	596	278	90
泰安机械电子工程学校	1000	963	2565	816	191	143
泰安卫生学校	652	1665	3475	530	198	106
泰安贸易学校	883	0	693	398	176	91
泰安体育运动学校	120	120	408	140	74	47
泰安艺术学校	435	151	811	335	130	78
泰安农业学校	547	241	672	230	178	88
*肥城师范学校	320	—	—	—	—	—
*山东省煤炭师范学校	320	—	—	—	—	—
*泰安人口学校	347	—	527	300	—	—
*新泰师范学校	320	—	—	—	—	—
*山东省财政学校	579	—	319	319	—	—
*泰安煤炭工业学校	310	—	699	699	—	—
*山东省林业学校	711	—	—	—	—	—
*山东省中医护士学校	239	140	770	140	—	—
*泰安化工学校	1007	—	451	401	—	—

注：带“*”者系已撤并学校，不计校数

【开展职教、成教调查】 年内，对全市职业学校的办学规模、条件设施、师资队伍、办学经费、成人教育和企业职工培训情况进行了现状调查和预测，为全市职业教育及职工培训发展规划的制定和领导决策提供依据，并向省教育厅报送了调查报告。　（丁德祥　周韵）

高等教育

【概况】 泰安市有驻泰高校和民办高校6所，即山东农业大学、山东科技大学、泰山医学院、泰山学院、山东服装职业学院、泰安医学进修学院。年内驻泰普通高校共招收新生1.95万人，毕业生7292人，有在校生5.68万人，其中研究生1622人、本科生3.08万人、专科生2.44万人，有教职工7059人，其中专任教师3482人。　（王　栋）

·山东农业大学·

【概况】 山东农业大学是一所融农、理、工、管、文、法于一体的多科性大学，其前身是1906年创办于济南的山东高等农林学堂。1952年全国院系调整，成立山东农学院。1958年由济南迁至泰安，1983年更名为山东农业大学。1997年7月，与山东水利专科学校、山东省林业学校合并组建成现在的山东农业大学。2002年底，学校设有18个学院、3个教学部、37个本科专业，有在校生1.8万人，其中研究生897人（博士生141人），本、专科生1.71万人；另有成人教育在籍学生1.43万人。年内招收新生6390人，毕业3154人。学校有教职工2315人，其中专任教师934人。教师中有中国科学院院士1人、中国工程院院士2人、博士生导师71人、教授168人、副教授311人、其他系列高级技术职务91人。该校有博士后流动站2个、一级学科博士点2个、二级学科博士点11个、硕士点28个，国家级重点学科2个（作物栽培学与耕作学、果树学）、农业部重点学科2个、省级重点学科7个。该校占地362公顷，其中校园占地166公顷，建筑面积58万平方米，教学基地和实习农林场占地196公顷。教学仪器设备总价值8730万元，藏书112万册、电子图书1796片。办有《山东农业大学学报》、《山东畜牧兽医》等学术刊物。该校与美国肯塔基大学农学院、普渡大学、乌克兰达契亚农业工程大学、法国昂热农学院、荷兰万豪农学院、日本东京共立女子大学、韩国建国大学、公州大学、晋州产业大学等国外14所院校建立了校际关系。

【加大教学改革力度】 (1)制定《新办本科专业教学工作评估方案》、《本科课程教学质量评估方案》、《院(部)教学工作评估方案》，为全面开展教学评价打下良好基础。(2)对本科专业必修课，改变原来由学校安排教学任务的常规，采取“任务公开，自愿申请，专家评议，竞争上岗”的原则，由教师竞争选择课程和承担教学任务，给多承担任务的教师增加课时津贴。年内有946门课程采取这种办法，调动了教师的教学积极性。(3)首次实行优秀学生第二次选择专业的改革。2001级学生一年级结束后，成绩优秀者，允许根据个人兴趣、爱好和特长重新选择专业。经过双向选择，农学、蚕学、林学等23个专业的36名学生分别转入动物医学、工商管理、计算机科学与技术、生物技术等11个专业学习。(4)首次实行双专业、双学位制度，允许学有余力的学生修读第二专业，并可取得双学位，年内有480名学生参加双专业学习。

【学科建设有突破】 年内，该校作物栽培学与耕作学、果树学被列为国家级重点学科，实现了该校和山东省省属高校国家级重点学科零的突破。农大还争取到兽医硕士专业学位点，争取到农业推广硕士专业学位养殖业领域的研究生培养试点权。组织申报并获得批准在山东农大设立国家科技部的“山东省作物生物学重点实验室—省部共建国家重点实验室培育基地”，争取到国家科技部建设经费90万元。“作物栽培生理与遗传改良实验室”顺利通过农业部的检查验收。

【加快基础设施建设】 为适应办学规模扩大和办学条件提高的需要，该校年内投资1.9亿元，建设文理大楼、体育训练馆、教职工宿舍等项目，新增建筑面积13.99万平方米，年内已交付使用6.6万平方米。在教学基地原有61公顷土地的基础上，年内又扩征土地74.23公顷，开工建设综合教学楼、实验楼、图书信息楼等项目，主体结构已于11月份封顶。年内，新建成6446平方米学生餐厅、1.35万平方米学生公寓、1.16万平方米教职工宿舍，投资458万元建成高标准、规范化的田径运动场。围绕新建项目周边环境，投资200多万元进行校园绿化美化。学校的教学科研设施、学习生活设施和教工住房条件得到较大改善。　（王延耀）

·山东科技大学·

【概况】 该校设14个学院和2个教学部，有52个本科专业，有硕士点25个、工程硕士专业学位授权领域6个、一级学科博士点1个、二级学科博士点4个，已开始招收国外留学人员博士后和项目博士后。有8个省部级重点学科、重点实验室。年内，新增7个本科专业，自2003年开始招生。到年底，有在校生2.2万人，其中，博士、硕士研究生1000人，本、专科生2.1万人；另有成教生1.2万人。年内招收新生9201人，其中博士、硕士研究生470人，本、专科生8731人。另招收成教生7275人。毕业2194人，其中研究生就业率97%，本科生一次就业率96.2%，继续列全省高校前列。全校有教职工2303人，其中教授158名、副教授464名、中科院院士3名、工程院院士1名、俄罗斯自然科学院外籍院士5名、博士生导师45名、国家有突出贡献的中青年专家7名、省部级专业技术拔尖人才44名、享受国家政府特殊津贴教师65名。学校还聘请9位两院院士担任特聘教授和兼职教授。年内，引进各类人才100余名，其中中科院院士2名、博士生导师3名、博士（含在读）10名、硕士40名。学校占地122公顷。全校资产总值7.5亿元，其中，固定资产总值5.6亿元，教学科研仪器设备总值1.5亿元。该校与日本、英国、美国、法国、德国、加拿大、澳大利亚、俄罗斯、奥地利、瑞士、印度、香港、台湾等国家和地区的高等院校和科研单位建立了交流合作关系。

【学生文体竞赛成绩优异】 (1)学校男篮在第四届全国大学生篮球联赛中夺冠。5月15日，该校男子篮球队在中国华侨大学体育馆举行的第四届全国大学生篮球联赛(CUBA)决赛中，战胜主场作战的华侨大学男子篮球队，夺得总冠军。下半年，该校男、女篮球队在双双取得山东省高校选拔赛第一名的基础上，在第五届全国大学生篮球联赛东北赛区的比赛中，分别获得亚军，男篮再次进入全国八强。(2)英语四、六级统考取得较好成绩。在年内的英语统考中，四级英语通过率达60.6%，比全国重点院校高出11.5个百分点；优秀率为2.5%，比全国高校平均优秀率高出1.3个百分点。六级统考通过率为16.7%。在全国英语竞赛中，4名学生获全国一等奖，11名获全国二等奖，21名获全国三等奖。(3)在全国大学生数学建模竞赛中，获省一等奖3项、二等奖2项；在山东省大学生电子设计竞赛中，获省一等奖2项、二等奖7项，获奖比例全省最高。(4)在"挑战杯"全国大学生第三届创业计划大赛上获得全国铜奖1项，山东省特等奖2项、一等奖4项、二等奖4项、三等奖3项，2人被评为优秀指导教师。

（李　森）

·泰山医学院·

【概况】 到年底，有普通在校生1.12万人，其中硕士生82人、本、专科生8995人；另有成人教育学生8900余人。年内，招收新生3934人，其中硕士研究生44人、本科生1389人、专科生2006人、五年一贯制400人、专升本95人；另外，招收各类成人教育学生4780人。毕业学生1902人，其中硕士生10人、本科生390人，一次就业率本科为62.1%、专科为58%。该校有教职工1059人，其中专任教师592名，有副教授以上职称的264人，有硕士研究生及以上学历的137人，省级中青年学术骨干和学科带头人培养对象17人，享受国务院政府特殊津贴的9人。学校设教学部系14个、本科专业和专业方向22个，硕士点4个，省重点学科2个，省医药卫生重点学科2个，省级强化重点建设实验室1个。下设直接领导的附属医院1个，非直接领导的医院3个，教学实习医院15个，拥有床位一万余张。另有大中型制药厂、医药研究所、药品检验所、计划生育服务站、化工机电环保生产企业等实践教学基地67个。学校占地216公顷，另有药学实验种植基地140公顷，校舍建筑面积23万平方米，新校区在建面积30万平方米。年内，投资1500万元用于改善教学和科研条件，到年底，教学科研仪器设备总值达4700万元。图书馆藏书80万册，中外文期刊1230种，建立了中国教育和科研网校园网。年内，该院组团或随同上级有关部门访问了美国、加拿大、新加坡、德国、日本、台湾等国家或地区；被评为山东省第二届聘请外国文教专家先进单位。与英国密德塞斯(Middlesex)大学联系合作办学，护理学等6个专业被列为首批合作办学试点专业。与北京万东医疗器械有限公司签署合作办学协议，成立国有民办二级学院——泰山医学院万东学院。

【建设新校区】 年内，泰山医学院在泰安市高新技术开发区新区征地180公顷建设新校区。成立新校区建设指挥部，完成了总体规划设计。总规划建设面积78万平方米，计划总投资6.9亿元。一期工程规划建筑面积30余万平方米，包括学生公寓、食堂、图书馆、部分教学楼及实验楼。从规划设计到施工、监理单位的选择，完全采取公开招标的方式进行操作。11月，新校区开工建设。

（李安庆）

·泰山学院·

【概况】 学院有教职工998人，其中专任教师519人，具有博士、硕士学历者近百人。专任教师中，有高级职称的占48%。有博士生导师、山东省学科带头人、全国模范教师和优秀教师、山东省优秀教师、曾宪梓教育基金会优秀教师奖获得者40多人，市级以上拔尖人才12人。学院常年聘请多名外籍教师在校任教。学院设有中文系、政法系、历史系、外语系、教育系、经济管理系、地理旅游系、数学系、计算机科学与技术系、物理系、化学系、体育系、美术系、音乐系、化工系、生物系等16个系和成人教育部、广播电视大学部、高等职业技术教学部等3个教学部。有37个本、专科专业。学院有全日制在校生8579人。学院规划用地面积73.33公顷，建筑面积20.14万平方米。教学仪器设备总值2000万元，图书馆藏书65万册，各类期刊2000余种。

【开展"如何办好泰山学院"大讨论】 为了明确学院定位，更新办学理念、教育理念、管理理念和服务理念，统一思想，凝聚力量，确立科学的"大学理念"，促进事业快速发展，年内，泰山学院组织全院师生深入开展"如何办好泰山学院"大讨论。学院成立"大讨论"活动领导小组，制定实施方案。各单位多次召开座谈会，从不同层面，围绕"学院的定位"、"学院的优势"、"存在的问题与不足"和"我们应采取哪些措施加快发展"等问题，进行深入讨论，广大师生畅所欲言，集思广益。通过大讨论，明确了方向，找到了差距，为学院的发展理清了思路。

【加强教师队伍建设】 年内，泰山学院为了全面提高教学质量，塑造自身良好形象，着力加强教师队伍建设。(1)多次参加人才招聘会，宣传学院，做好人才引进、接收及稳定工作。接收5名硕士研究生和40名本科毕业生来校工作。(2)先后出台《教职工继续教育暂行规定》、《临时用工暂行规定》、《教职工加班值班暂行规定》、《2002年泰山学院校内津贴发放暂行管理办法》等规章制度，严格要求教师加强组织纪律观念，为人师表，率先垂范。(3)做好专业技术职务评审、聘任工作，评审推荐通过77名高中级专业技术资格，为22名本专科毕业生确定了初级专业技术职务，为符合条件的83名同志办理改聘手续，对全院755名专业技术人员进行聘任。

泰山学院举行形式多样的活动庆祝党的十六大召开

【科研工作成绩显著】 年内，泰山学院坚持"以科研为先导"的方针，通过政策性措施引导，使科研工作取得显著成绩。申报国家、省、市和院级各类科研基金和科研发展计划项目60余项，有17个课题被立项，其中国家级项目2个、省级项目5个、省教育厅项目5个、市级项目5个。马春林教授主持的课题《具有抗癌活性有机锗、锡与顺铂的双核化合物合成及构效关系研究》获得2002年度国际自然科学基金和山东省自然科学基金资助，其中国际自然科学基金资助22万元。全院获省级科研成果奖1项，获省教育厅和省高校工委优秀成果奖9项，获市级成果奖11项，获上级奖励成果的数量比上年增加50%。年内，在全国中文核心刊物上发表论文近100篇，比上年增加近40篇。

【筹建二级学院】 利用山东省支持发展高校二级学院建设的有利时机，泰山学院决定筹建民营二级学院。市政府已经同意泰山学院征用现校园以东、东岳大街以北、环山路以南、蓄能电站营地以西约27公顷土地进行二期工程建设，并将此工程列为泰安市的重点工程。年内，完成了有关立项、征地、规划、办学等各项审批工作及地形测绘、征地、拆迁前的勘界、丈量等准备工作，总体规划方案设计工作也相继展开。年内，中国银行批准7000万元的授信额度，泰山学院与中国银行泰安市分行签订合作协议，学院可根据工程建设进度随时办理贷款事宜。

【山东省第二次高校后勤社会化改革工作会议在泰山学院召开】 由于泰山学院在高校后勤工作社会化改革方面做出突出成绩，3月12日，山东省第二次高校后勤社会化改革工作会议在泰山学院召开。副省长邵桂芳、省教育厅厅长滕昭庆、省政府副秘书长刘长允以及省直18个部门、省内60多所大专院校的负责人与会。与会人员观看了泰山学院反映后勤社会化改革成果的录像片并参观了学生餐厅和学生公寓。根据山东省教育厅《关于在全省高校开展创建标准化学生公寓活动的通知》精神，泰山学院学生公寓A号和B号被公布为山东省首批高等学校标准化学生公寓。

（李向影）

·山东服装职业学院·

【概况】 山东服装职业学院是经山东省人民政府批准、国家教育部备案的全省唯一的普通高等服装院校，也是全国第一所服装高等职业院校。学院有专兼职教师279名，聘请57名高层次的专家、教授和外籍教师任课。年内，省教育厅批准学院开设5个成人高等教育专业，增设3个艺术专业，批准招收五年制大专班。至此，学院开设普通专科(高职)、对口专科(高职)、五年制大专、成人大专、中专等多种办学层次，设有服装工程系、服装艺术系、国际贸易系、计算机旅游系和基础部，有服装艺术设计、服装设计与工程、服装设计与营销、服装与表演、装潢艺术设计、经贸英语、经贸日语、计算机应用、会计电算化、旅游管理10个专业。学院占地40公顷，建筑面积9.6万平方米，在校学生3000余人。学院有多媒体电教室、语音室、微机室、服装工艺实验室、服装CAD设计工作室、工艺美术实验室、服装表演室及形体训练室等。有图书资料16万余册，微机300台、平缝机(日本重机)300余台。学院教学仪器设备总价值达到3300万元，学院总资产达1.2亿元。年内，100台计算机网络中心、能容纳500余人的阅览室及能容纳一千余人的多功能表演大厅正式启用，占地2400平方米的图书馆和3号、4号学生公寓楼建成并投入使用。2002年学院首次面向全国招收五年制大专和艺术类考生，第一志愿录取率达85%以上。

【开放式办学】 学院进一步拓宽联合办学的路子，在北京、上海、广东等地及省内的30余家知名服装企业设立教学实习基地。年内，学院与北京服装学院签订开设硕士研究生班协议。青岛大学成人教育学院泰安分院在学院挂牌招生。继续探索与国外联合办学的路子，在与美国美林大学、马来西亚沙巴艺术学院、加拿大四星国际公司、泰国中央语言学院、澳大利亚爱德华教育集团签订了联合办学协议之后，又与法国欧亚管理学院签订联合办学协议。

（张鲁玉　刘　丽）

·泰安医学进修学院·

【概况】 山东泰安医学进修学院(原名泰安中西医学院)创建于1982年，现已发展成一所全日制的民办高等院校。1993年11月13日《大众日报》以《泰安重教结硕果》为题、1996年7月2日《光明日报》以《民办高校为国育才》为题、2000年8月2日《中国青年报》以《热血洒杏林深情注泰山》为题分别报道过该院办学事迹。1998年7月13日，经省教委综合审核、国家教育部备案，被确认为山东省首批高等教育学历文凭考试试点院校。该院创办20年来，在实践中探索出一条民办高校的办学路子，逐步形成自己的办学特色：一是面向农村。招生来源面向农村，为农民培养自己的乡村医生，学生毕业后自愿回到农村，填补医学院毕业生"只要进城上学，不愿上山下乡"形成的医疗空白区。二是理论与实践相结合。利用泰安市医学、医疗界丰富的人才资源，建设一支"双师型"(教师、医师)的教师队伍，实行"双纲式"(教学大纲、实习大纲)、"双基式"(基础理论、基本技能)教学。三是学生在校既学西医，又学中医，一专多能，全面发展。（翟作莲　杜国庆）

编辑·校对　王建伦

文 化

社会文化

【概况】 年内，全市共有文化新闻出版(版权)机构7个，在职职工134人，其中，市级机构1个，在职职工51人。全市县以上艺术表演团体3个；公共图书馆7所，总藏量41万册(件)；艺术馆1所、文化馆6所，全年举办各类文化活动341次；影剧院、电影院15个，全年放映电影5326场，举办各类文艺演出62场。出版图书86种，总印数25万册。

广场文化活动 全市有文化广场15个，面积26万平方米，全年举办广场文艺演出50场，观众30万人次，营造了欢乐祥和、昂扬向上的文化氛围，收到了很好的效果。其中市及泰山区有关单位先后在泰山广场、泰山文化广场、林校操场、岱庙广场、火车站广场等地，举办元旦、春节广场文艺演出25场、纪念毛泽东同志《在延安文艺座谈会上的讲话》发表六十周年广场文艺演出3场、登山节广场文艺演出6场、民族团结进步活动宣传月广场文艺演出4场，并在六一儿童节、八一建军节、十一国庆节等节日组织举办了多场大型广场文艺演出，尤其是在喜迎、欢庆十六大胜利召开的广场文化活动中，市艺术团、市梆子剧团、市艺术学校、市艺术馆、市夕阳红团等单位共在林校操场演出7场，有歌曲、舞蹈、戏剧、乐器演奏等节目，歌颂党的光辉业绩、赞颂美好生活，表现十一届三中全会以来全市各行各业取得的巨大成就和人们的精神面貌，凝聚了人心，鼓舞了斗志，为掀起学习宣传贯彻十六大精神的高潮起到积极的促进作用。

文艺演出 在抓好广场文化活动的同时，先后举办泰安市首届企业文化艺术节全市文艺调演、第六届青年歌手大奖赛、“诚信颂”全市文艺调演、青年摇滚演唱会、戏曲演唱会、民族器乐演奏会等文艺演出30余次，参与活动的群众上万人次。围绕招商、发展、旅游，组织举办了中国(山东)民间艺术游首游式、齐鲁民间文化游大型开幕式、全国旅游局长会议文艺晚会、2002年中国泰安投资贸易洽谈会大型文艺晚会，宣传了泰山、泰安，受到了来自国内外宾客的一致好评。

文化下乡 组织市直文艺团体到泰山区大津口乡、岱岳区北集坡镇等十几处乡镇、街道办事处开展送文化下乡活动，演出戏曲、歌舞晚会230余场，送电影百余场，现场作画500余幅，书写春联1400余幅，赠送图书3000余册，发送科技致富信息万余条，有20万群众直接受益。

优秀作品参评 年内，积极组织全市文艺工作者和爱好者参加省级以上各类演出和评奖活动，在省级以上比赛中获奖66项。其中，在全国首届“金杯奖”手风琴大赛中，14名参赛选手共获得不同组别奖项一等奖4个、二等奖3个、三等奖8个，泰安市获得“优秀组织奖”；在山东省“美奥杯”电子琴大赛中，5名选手分别获得一等奖1个、二等奖4个；在山东省第六届“小飞天”舞蹈大赛中，舞蹈《读书郎》荣获大奖(最高奖)、《中国结》荣获一等奖；在省造型艺能大赛中，市艺术馆获金奖3个、银奖3个；在文化部艺术小明星人才选拔赛中获三等奖1个、新苗奖2个；水彩画《毛泽东》在省比赛中荣获金奖，另有2幅作品入选全国美展。泰山画院与吉林省延边自治州东方艺术画廊首次合作，举办了朝鲜风情作品展；积极协助山东画院院长刘宝纯在泰安建立画馆，促进了全市美术事业的发展，培养了人才，提高了泰山的知名度。 (周长顺)

【举办朝鲜风情画展】 7月12日，由吉林省延边自治州东方艺术画廊和泰山画院组织的朝鲜族画家作品展在泰山画院展出。100余幅山水、花鸟作品由韩国和朝鲜的12位国家级画家的精心绘制。作品采用油画用笔技巧，构图宏伟、气势宏阔、用笔精细，受到泰城广大书画爱好者的欢迎。

【刘宝纯美术馆建成开馆】 4月20日，山东省委宣传部、山东省文化厅、山东省文联在泰山桃花峪举行“山东省刘宝纯美术馆开馆”仪式。刘宝纯现任山东画院院长、省政协常委等职，是享誉国内外的著名画家，自幼向往泰山，多次到泰山写生采风。该馆由刘宝纯投资建设，建筑面积1500平方米，收藏作品200余幅，是省内首家个人美术馆。 (朱良富)

文学艺术

【概况】 年内，全市文艺工作者以党的十六大精神为指导，全面贯彻江泽民同志“三个代表”重要思想，深入基层体验生活，创作出一大批优秀文艺作品，促进了全市文学艺术工作的繁荣与发展。

文艺创作 2002年,市文联有下属协会7个;中国作家协会会员6人,山东省作家协会会员64人。全市文艺工作者创作出版长篇小说4部,散文、诗歌集6部,报告文学集3部。在省级以上报刊发表中、短篇小说40余篇,诗歌、散文、杂文、随笔等作品200余篇(首)。由李岭创作、著名歌星张明敏演唱的歌曲《登上泰山与日月交谈》MTV已在泰山摄制完成。

文化展演与参评 年内,广大文艺工作者积极参加各级文化艺术展览、表演和比赛,取得优异成绩。其中,市文联组织参加纪念毛泽东同志在《延安文艺座谈会上的讲话》发表60周年全国美展(济南赛区),选拔推荐美术作品30件,获金、银、铜牌各一枚;参加省委宣传部等五部门举办的摄影大展,有5件作品获奖。参加全省第三届花卉博览会,参展作品60件,获奖40件;组织举办"喜迎十六大,泰山五老书画展",展出作品100余件。市作家协会举办了"加快建设经济强市进程,向党的十六大献礼"文学征文评奖活动,征集作品800余篇,分别在《泰安日报》、《泰安广播电视报》、《泰山文化》杂志上发表200余篇,评出获奖作品35篇。

市艺术学校在参加全省学校舞蹈大赛中荣获省一等奖1个、二等奖1个,创编奖一等奖1个、二等奖5个、三等奖2个,优秀演出奖12个,指导教师奖8个。市梆子剧团有6名演员参加山东省"金旋律"唱段大赛,共获得金银10个奖项;7名演员参加全国"绿溪百粮春杯"戏曲名段电视大赛获一等奖2个、二等奖3个、三等奖2个。市梆子剧团《封禅》演出200余场,赴浙江省台州地区巡回演出40天90余场。市杂技团应陕西秦阿房宫旅游发展股份有限公司的邀请,进行为期三个月的演出,又分别在浙江宁波、上海大剧院进行了4个月的演出,应法国里尔影视演出制作公司的邀请赴法国演出2个月。

协会活动 12月24日,泰安市作家协会第二次代表大会在泰城召开,来自市直单位、6个县(市、区)和新汶、肥城矿业集团的122名代表参加大会。会议听取并审议通过了市作协第一届理事会工作报告和《泰安市作家协会章程》,选举产生了泰安市作协第二届委员会。

10月29日,泰安市收藏家协会成立。在首次会员代表大会上选举产生了协会理事长及理事会。该协会下设宣传部、经营发展部、书画院、磁器、青铜器部、玉器部、杂项部和办公室,有会员106名。 (周长顺 石锡波)

文化市场与管理

【概况】 年内,全市各级文化出版市场管理部门加强与公安、工商等部门的合作,对互联网上网服务营业场所、音像经营单位、电子游戏经营场所、歌舞娱乐场所等文化经营场所开展大规模的整治活动,共检查文化娱乐经营单位300多家次,依法取缔未办理文化经营许可证而擅自开业的经营单位20家。

治理整顿音像市场 年内,对群众反映强烈的音像市场进行了大规模、高强度的治理整顿,全市音像制品经营单位有原来的480家压缩到97家,较好地解决了音像市场原来存在的散、乱、小、差的混乱局面。同时大力扶持正版音像占领市场,引进了爱书人音像连锁店51家,形成了遍及全市的三级音像市场销售网络,正版音像占有率由30%上升到70%。

专项治理互联网经营业务 年内,互联网上网服务场所划归文化局主管后,对全市"网吧"的数量和分布等情况进行调查摸底,确立了"压缩总量、提高档次、规范发展"的指导思想,开展治理整顿工作。对400多家场所逐一进行现场勘验,为300家达到标准和要求的"网吧"颁发了网络文化经营许可证;开展代号为"冬季净网"的专项治理行动,对全市的288家互联网上网服务营业场所进行突击检查,共查处有违规行为的"网吧"70家,均按照有关规定进行了处理。

印刷发行网络化管理 年内,对印刷发行业全面推行网络化管理办法,根据全市企业布局和区域情况,分别将印刷、发行业按行业行政区域划分成泰城区、岱岳区、新泰市、肥城市、宁阳县、东平县6个片,每片按地域划分若干小组,每个小组由10家左右的经营业户组成。选择守法经营的业户担任小组长,对辖区内的经营业户进行监督,强化了印刷业户自我管理、守法经营的自律意识。同时,网络小组长作为局机关特聘社会监督员,对行政执法人员在依法行政、廉政、勤政方面的表现进行监督。 (周长顺)

报纸期刊与管理

【概况】 2002年,境内有全国统一刊号的报纸期刊20家。年内实行报刊准入、送审、审读、执法、评优树先等5种激励机制,保证了报刊的健康发展。先后召开了报刊单位负责人法规培训会、全市报刊协会年会及内部资料性报刊编辑部主任法规培训会,提高报刊编辑人员的法律意识;召开了报刊单位经验交流会,对全市报刊进行了3次现场会诊性审读,推动了全市报刊出版质量的提高。在参加全省"迎接十六大召开、优秀党建理论文章评选活动"中,山东科技大学、山东农业大学、泰山学院等3家院校的作品获奖,列全省各地市前茅。在华东六省一市优秀期刊评选中,山东科技大学学报《社科版》、八十八医院的《中国矫形外科杂志》2家榜上有名。

2月份,联合公安、工商部门,对全市报刊市场进行了检查,查处违规报刊8种、300余份,有效地净化了报刊市场,营造了良好氛围。 (周长顺)

·泰安日报·

【概况】 2002年,泰安日报社有工作人员180人,高级专业技术职务的13人,副高级36人,中级36人。《泰安日报》为中共泰安市委党报,周七刊,对开四版;同时每逢周二、五增出对开八版,分别为《社会周刊》和《科教专刊》,初步形成了"一报两刊"的规模。2002年报纸发行量4.5万份。

突出党的十六大的宣传报道 为保质保量地做好中国共产党第十六次代表大会的宣传报道工作,多次开会动员、研究,认真制定计划和实施方案,精心组织记者采访,认真编排每个稿件,做到了转发及时、处理得当、全面准确、无一失误。在认真接收转发新华社稿件的同时,开设了"我们心中的十六大"等专栏,报道市各大班子、市直部门、县(市区)收听收看十六大盛况及学习十六大精神的动态消息,报道了各行各业干部群众喜迎十六大的心声。十六大刚刚闭幕,即在第一时间独家专访报道了泰安市参加十六大的两位党代表,收

2002年报纸情况一览表

名称	刊号	开版	刊期	主办单位
泰安日报	CN37－0051	对开K4版	日报	泰安市委
泰安广播电视报	CN37－0104	4K20版	周一	泰安市广播电视局
新泰日报	CN37－0080	4K4版	日报	新泰市委
肥城日报	CN37－0051	4K4版	日报	肥城市委
新汶矿工报	省内准0079号	4K4版	周一	新汶矿业集团党委
肥城矿工报	省内准0019号	4K4版	周一	肥城矿业集团党委
山东农业大学报	CN(G)37－0140	4K4版	周一	山东农业大学党委
山东科技大学报	CN(G)37－0116	4K4版	半月	山东科技大学党委
泰山医学院报	CN(G)37－0149	4K4版	月	山东医学院党委
泰山学院报	CN(G)37－0150	4K4版	半月	泰山学院党委

2002年期刊情况一览表

名称	刊号	开版	刊期	主办单位
山东农业大学学报(自然版)	CN37－1132/S	16K	季	山东农业大学
山东农业大学学报(社科版)	CN37－1132/G	16K	季	山东农业大学
山东科技大学学报(自然版)	CN37－1124/S	16K	季	山东科技大学
山东科技大学学报(社科版)	CN37－1124/G	16K	季	山东科技大学
泰山医学院学报	CN37－1124/G	16K	季	泰山医学院
泰山学院学报	CN37－1092/C	16K	季刊	泰山学院
中国矫形外科杂志	CN37－1247/R	16K	双月	解放军88医院
落叶果树	CN37－1225/S	16K	季	山东省果科所
山东畜牧兽医	CN37－1267/S	16K	季	山东农大牧医学会
岱宗学刊	CN37－1340/G4	16K	季	泰安市教育学院
新汶矿业	省内准1066号	16K	双月	新汶矿业集团
泰山文化	省内准1208号	16K	双月	泰安市文化出版局
矿业教育研究	省内准1184号	16K	季	山东科技大学
泰安论坛	省内准1102号	16K	双月	泰安市社科联
东岳学刊	省内准1103号	16K	季	泰安市委党校
泰山卫生	省内准1235号	16K	双月	泰安卫生学校

到了较好的效果。围绕学习贯彻十六大精神宣传，陆续推出了“新思路、新突破、新局面、新举措”系列报道、“镜头写春秋，瞬间看变化”、“小康故事”、“十六大关键词”等专栏，深化了宣传效果。

重要会议与活动宣传　对市委、市政府组织举办的一系列大型会议和重要活动，都认真定好报道计划和实施方案，抽调精兵强将，在版面上做重点处理，以消息、评论、侧记、图片、花絮等形式，多品种、多侧面地进行宣传报道，全年共刊登重要会议、活动消息720件，形成了舆论宣传上的强势。

突出建设经济强市宣传　在上年成功创办二版大型经济专栏的基础上，又进一步完善提高，在二版推出“与时俱进、开拓创新，加快建设经济强市进程”大型经济专栏。围绕市委、市政府确定的“工业经济、招商引资、民营经济”三大重点，根据各个阶段的发展需要，先后刊发110余个先进典型事例，为全市建设经济强市营造了良好的舆论氛围。

【《泰安日报·02金杯》增刊试刊成功】 在世界杯足球赛开赛之际，经过周密筹备，创办了《02金杯》临时增刊，共出版10期56个版面，积累了党报走向市场的具体操作经验，达到了理想的宣传效果。

（崔耕和）

图书发行

【新华书店发行工作概况】 年末，全市新华书店系统(含新泰、肥城、宁阳、东平四个市、县新华书店)共有职工516人，其中，市新华书店有员工213人。有图书发行网点64处，营业面积1.77万平方米。全年发行图书3238万册，实现销售额1.56亿元，发行各类音像、电子出版物220万元，其中，市店发行各类图书654万册，实现销售额4591万元，比上年增长9.2%，实现利税206万元，比上年增长4.88%。

图书与音像制品零售　年内，市店设有城乡营业网点18处，总营业面积超过1800平方米。泰城共有第一门市部、第二门市部、岱北美术书店、车站门市部和音像世界5个零售门市部；另有征订发行部主要负责泰城党政机关、企事业单位、大中专院校等团体单位用书的征订发行工作。发行各类图书654万册，实现销售额4591万元，比上年增长9.2%；实现利税206万元，比上年增长4.88%；发行各类音像、电子出版物74.5万元。第二门市部现为全市最大的综合性书店，面积1000平方米，分社会科学、文化教育、科学技术等7大类近100个小类，有各类图书3.5万种，年销售额500余万元，是全省新华书店系统规范管理先进门市部。市店“音像世界”为专业的音像、电子出版物零售单位，经营音像制品、电子读物4000余种。市店获得“山东省新华书店系统一般图书和电子、音像制品发行工作先进单位”。为城乡各学校开展读书活动提供用书83万册。

政治理论读物发行　年内，全市书店系统配合党的中心工作，发行党的十六大文件及相关学习材料、中国共产党党章、公民道德实施纲要和干部培训教材111万册，其中全市共征订发行《十六大报告》2.03万册，《中国共产党党章》19.58万册，《文件汇编》5.9万册，《学习辅导材料》5287册。另外征订发行《全国干部培训教材》3014套3.6万册，为全市干部培训工作提供了保障。

中小学课本及大中专教材发行　年内，全市书店系统服务到基层，送书到学校，实现了“课前到书，人手一册”的教材发行目标，确保了中小学教学用书的需要。全年共发行中小学课本1769万册,其中市店发行511万册,另有大中专教材10万册,获得“山东省新华书店系统教材发行先进单位”称号。市店为省内外出版部门及市内外新华书店代发课本图书共970万元,中转图书21万件。

开展门市服务规范化达标活动 年内,对各店中心门市部进行了全面改造,添加读者休息椅等便民服务设施,营业环境有了较大的改善。同时,强化服务质量,提高服务技能,健全规章制度,规范服务行为。在7月底进行的全省检查中,市店第二门市部、肥城中心门市部和新泰中心门市部获得“全省新华书店系统规范管理先进门市部”荣誉称号,总分列全省17个市第6名。市店获得“全省新华书店系统门市部检查评比组织管理优秀奖”。 (郑维山)

广播电视

【广播】 年内,市内有国家批准的广播电台7座。泰安人民广播电台开通3个频道,即新闻综合频道、交通信息频道和商务旅游频道,总发射功率为12千瓦,每周播出361.7小时,开设《泰安新闻》、《田野绿风》、《阳光地带》、《交通新干线》、《商旅快讯》、《星夜相伴》等36个栏目。

新闻报道 在喜迎十六大阶段,广播中心在《泰安新闻》中开辟了《与时俱进铸辉煌》迎接十六大专题报道栏目,共播出60多期,300多篇稿件;十六大结束后,广播中心推出了《学习贯彻党的十六大精神专题报道》栏目,通过消息、专访、录音报道等形式,全面系统地报道全市深入学习贯彻十六大精神的良好风貌;广播电台《泰安新闻》中专门开辟《建设经济强市,实践三个代表》栏目,播出稿件200多篇。

对上供稿 年内,广播中心在中央人民广播电台用稿达46件,中央国际广播电台用稿21件,《新闻和报摘》节目播发稿件12篇;山东人民广播电台用稿76件,山东经济广播电台用稿53件,创历史最好水平。泰安人民广播电台荣获山东省对上供稿集体记者一等奖,实现“十连冠”。广播中心专题性报道《泰山综合整治见成效》、《泰山形象从改造厕所开始》、《泰安机关后勤改革,改出一片新天地》等12篇重要稿件,在中央人民广播电台和国际台播出,创下广播专题性对上报道新纪录。

创建精品工程及评奖 广播中心有12件作品获得省级二等奖以上奖励,其中文艺《赤子心,泰山魂》获中国广播电视学会优秀文艺节目一等奖。

【电视】 年内,市内有电视台5座,高山转播台1座,广播电视差转台21座,光缆里程达1850公里。泰安电视台有4个频道,即新闻综合频道、经济生活频道、综艺频道和商务娱乐频道,新闻综合频道通过有线和无线发射,另3个频道通过有线传输。设有《泰安新闻》、《泰安报道》、《规矩方圆》、《泰山故事》、《乡村纪事》、《窗口》、《泰山综艺》、《财经报道》、《健康生活》、《党的生活》、《交通警示》等18个栏目,每周播出532小时。有线电视用户9.3万户。

新闻报道 一是全面完成十六大的宣传报道任务,把十六大宣传放在突出位置,调整节目设置,开辟专门栏目,努力营造团结、喜庆、昂扬向上的舆论氛围。电视新闻中心在《泰安新闻》和《泰安报道》中,抽调专门力量,组成十六大采访报道组,推出《喜迎党的十六大特别报道·强市之路》和《喜迎党的十六大特别报道·感受新生活》,集中报道全市各行各业取得的辉煌成就和全市人民喜迎十六大的企盼之情;文体中心发挥电视文艺优势,精心策划了喜迎十六大电视歌舞晚会《党在我心中》,为十六大胜利召开营造了欢乐祥和的喜庆气氛。同时集中宣传力量,着力做好全市干部群众收听收看十六大实况和全市上下学习十六大精神的宣传报道工作,使十六大精神家喻户晓,深入人心。十六大结束之后,及时转入对全市学习贯彻十六大精神的报道。开辟了《学习贯彻十六大精神访谈》,让领导干部、专家学者、厂长经理、基层群众走上电视荧屏,把学习十六大精神与发展全市经济结合起来,谈体会、议措施、话发展,为学习贯彻十六大精神,推动全市各项事业发展起到了强有力的舆论引导作用。首次采用现场直播方式,成功直播了省委十六大精神宣讲团的专场辅导报道,各县市区、市直各部门设立了分会场,听众达万人以上,起到了很好的宣传效果。二是经济宣传成绩显著。响应市委号召,积极配合市委、市政府的中心工作,始终坚持把经济建设宣传放在中心位置,突出工业经济、民营经济、招商引资、开发区建设、泰山综合整治、长城路改造、市直机关后勤改革、登山节等重点项目的宣传,集中优势力量,推出了一大批有影响、有深度的经济报道,取得较好的宣传效果。电视《泰安新闻》中开设了《实践“三个代表”,建设经济强市》大型系列报道,围绕市里重点经济项目,展开声势浩大的跟踪报道,连续播发有份量稿件120多篇。全市经济形势分析会之后,相继出台了《乘势而上,实现突破》专栏,持续播出两个多月,播出稿件40多篇,并配发5篇系列评论,为全市经济发展鼓劲加油。以报道农村工作为主的《农村纪事》受到农民朋友的喜爱,为农村经济发展做出了积极贡献。以反映全市企业改革,推动全市经济快速发展为主题的大型互动对话节目《激情跨越》,受到市委领导和社会各界好评。市委主要领导亲自在广播电视局召开“全市经济宣传座谈会”,对该栏目和广播电视经济宣传给予表扬和充分肯定。

对上供稿 电视新闻中心在山东卫视发稿542件,在齐鲁电视台发稿158件,比上年多发90件。在中央电视台各档新闻节目发稿45件,比上年多发5件。其中《泰山国际登山节举办》、《56个民族代表欢聚泰山喜迎十六大》、《泰山做好三峡移民安置工作》等9件新闻在中央台《新闻联播》中播出。社教中心完成《山东各地·今日泰安》6期,摄制制作外宣栏目《窗口》54期,《齐鲁风情》4期,《泰山新城》在《凤凰卫视》播出。在中央电视台《新闻联播》中播出《泰山国际登山节举办》的消息,改变了历年登山节只发短讯的纪录,取得极好的宣传效果。

参评及创建精品工程 在各级电视节目评选中,共获省级以上奖励40多项。新闻中心有18件作品获省级以上奖励,《中国医生演绎“刮痧”生活版》获国家级一等奖,《副委员长光临婚礼22对新人喜上加喜》获国家级二等奖。电视社教中心有10余部作品参与各类节目评选,专题片《日本老人在泰山》获中国广电学会一等奖,两部专题片获广电学会二等奖,另外六部专题作品获省级以上奖励。一大批电视文艺作品在省以上评奖中获奖。精心制作的反映泰安、泰山新貌的《泰山晨曲》在中央台播出,并参加了系列评奖。与齐鲁音像出版社签约,发行《泰山晨曲》光盘2000盘。

【广播电视管理】 技术管理　年内，为确保广播电视安全播出，与市政法委、公安部门、国家安全部门和无线电管理部门合作，成立安全领导小组和应急指挥部，领导、调度和协调全市的广播电视安全播出工作，召开全市设置卫星和有线电视播出前端的40多家单位参加的工作会议，与之签订责任书；建立应急指挥调度机制，随时应付突发事件。参与3次全国性安全播出预演，安全播出工作实现了停播率为零，安全事故为零的目标，受到省局的通报表彰。

行业管理　年内，与市610办公室、公安、安全、工商等部门紧密配合，协调作战，进行两次大的集中行动，对泰安城区60多家持有境内卫星电视许可证的单位和17家持有境外卫星接收许可证的单位进行了重点检查，对个别超范围接收的单位进行了警告，限期整改。同时，在泰城及周边地区查处非法安装设置卫星地面接收设施的13家，其中接收境外电视节目的1家；查处非法销售卫星电视接收设施的1家，予以拆除、没收和行政处罚。加大对各县、市、区广电部门和两个矿业集团卫星电视专项治理工作的检查督导力度，有力地打击了非法销售和安装使用卫星电视接收设施的行为，确保了卫星电视节目的安全接收与传输。

事业建设　一是继续加大工作力度，巩固“村村通”的成果，对各县、市、区的“村村通”情况进行了复查，并对全市进一步实现自然村“村村通”作出了规划。二是大力拓展事业发展空间，积极培植新的经济增长点。在上年投资300余万元发展宽带网业务的基础上，开通了泰城ATM环网，开发利用全市SDH环网，在ATM环网设立6个接入点，并已全部开通，顺利完成市政府政务信息网的接入和开通。发展一大批集团用户和一定数量的个人用户入网，全年网络开发利用收入在去年基础上增加3倍。三是强化服务意识，加强对有线电视安装与收费的管理，基本实现管理的制度化、规范化与网络化。年内，有线电视发展新用户9542户，旧户迁改1024户，有线电视收费比上年有了较大幅度的提高。

【广播电台交通旅游频道开通】 年内，为配合市委市政府提出的营造大泰山、发展大旅游、构筑大产业、开拓大市场，建设经济强市的工作思路，泰安人民广播电台开通了商务旅游频道，12月10日试播，2003年1月1日正式开播。该频道使用调频90.1兆赫，开办《商旅快讯》、《信息超市》、《穿行水云间》、《音乐山水》、《生活新感觉》、《体育直播间》、《音乐三明治》、《欢乐901》、《静待夜阑珊》等栏目，每天播出16个半小时。

（杨晓明）

文物与管理

【概况】 年末，全市有市级及所属文物管理机构19个，县级5个；文博管理人员384人，其中具有高级专业技术职务的65人。国家级文物保护单位5处，省级文物保护单位19处，市级40处，县级245处。

年内，市文物管理局继续强化对县市区文物工作的指导，组织开展全市文物普查；指导发掘了新泰市周家庄东周墓群；完成了灵应宫一期复建工程，于5月1日对外开放；投资24万元对岱庙仁安门进行了揭顶维修和彩绘；征集制作泰山楹联、匾额84对（块）；投资44万元完成竹林寺传统泥塑像27尊；岱庙西城墙的恢复工程也于年底全面竣工，为整体历史风貌的再现奠定了良好基础。

【新泰市成功挖掘一东周墓群】 4月12日，新泰市城区北部周家庄在旧房改造中发现战国东周古墓群，此墓群有三座墓坑，保存完好，未被盗掘，在省内少见。此次发掘共出土大量精美文物400余件，出土器物数量之多、规格之高、工艺水平之精，在泰安地区考古发现中尚属首次，为研究战国时期杞国史提供了重要的实物资料。

【“御制告文”碑重现灵应宫】 泰安市文物管理部门修复灵应宫施工时，在前大殿露台地下发现明代正德年间“御制告文”石碑一通。

该碑高144cm，宽67cm单面，无碑座，碑下榫已缺失，碑首阴线刻二龙戏珠纹，右上碑体因开裂已残，在两条龙纹中间刻有“御制告文”四个篆字，碑文为正楷，文如下：“维正德、二年，岁次丁卯，闰正月乙巳，朔，越十一日已卯，皇帝谨遣御马监太进苗逵祭于碧霞元君。曰：懿德台弘，仁慈广沛，佑苍生于寿域，故群品以沾依，慈因眇躬偶爽调摄，敬祈圣力永佑康宁。特以香吊用伸告祭，益彰灵应，福佑家邦，谨告。”大意为正德二年（1507年）正月，明武宗朱厚照，派遣御马监太监苗逵到泰安告祭碧霞元君，来拜祭的主要原因是明武宗得了一场病，估计不会是仅仅“偶爽调摄”的小病，故而带了“香吊用伸”来求“碧霞元君”福佑。

关联信息

“御制告文”碑

据史料记载，明武宗1506年即位，在位十六年，为明中期的一位皇帝，据泰山学者周郢所整理的《泰山历年年表》载：“明武宗在位期间，凡遣官致祭泰山5次”，并曾在天书观内建元君殿（天书观遗址位于东岳大街中国联通泰安分公司一旁花园处），遣中官致祭，而据马铭初等人编著的《岱史校注》记载，“清

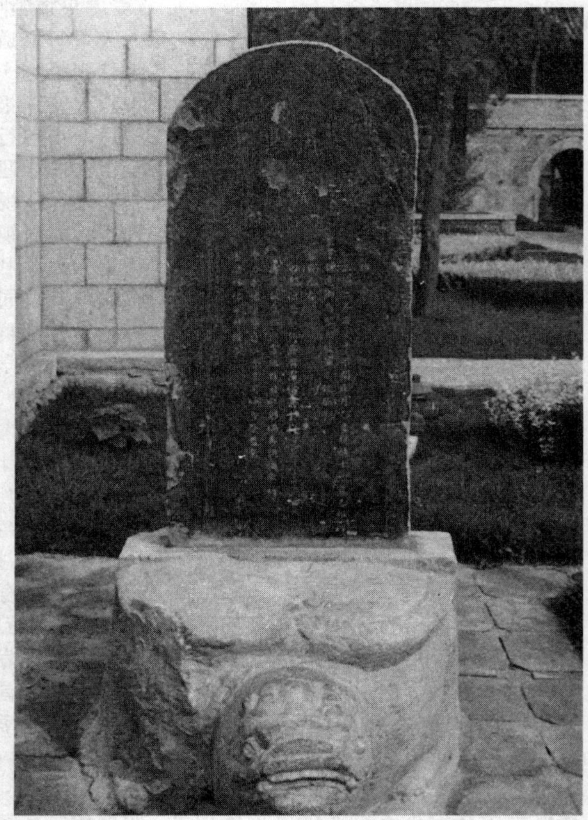
图为明代正德年间“御制告文”碑

咸丰年间，天书观内铜像移于灵应宫”。而此“御制告文”碑是否也是由天书观移入灵应宫，则有待于进一步考证。

【岱庙西城墙恢复】 该工程于8月2日开工复建，年底竣工，复建城墙273米，结束了80年来岱庙西城墙不完整的历史，为下一步岱庙整体风貌的恢复打下了良好基础。

关联信息

岱 庙

岱庙，始建于秦汉、增饰于唐，恢拓于宋，是东岳大帝的下庙，泰山最大最完整的古建筑群，全国重点文物保护单位，其主殿天贶殿和北京故宫太和殿、曲阜孔庙大成殿并称我国古代三大宫殿式建筑，岱庙南北长406米，东西宽237米，总面积96222平方米。其平面布局可分为中、东、西三路，主体建筑均在中路轴线上，依次有正阳门、配天门、仁安门、天贶殿、后寝宫、厚载门；东路有汉柏院、东御卒；西路有唐槐院、雨花道院。

民国十七年(1928年)起国民党山东省政府一度迁至泰安，岱庙惨遭破坏，改岱庙为中山市场、中山公园。将环咏亭、雨花、唐槐西院改为旅馆、饭店、澡堂。此后岱庙西部一直作为政府办公场所，并在文化大革命时期再遭不同程度的破坏。

近年来，泰安市努力恢复岱庙原有的历史风貌。1997年拆除了配天门、仁安门两侧4座现代建筑，次年恢复原有建筑，修复面积1330平方米；1999年搬迁拆除了唐槐院内的办公场所，拆除现代房屋76间，扩大游览面积6000平方米；2001年搬迁拆除了雨花道院的宿舍，拆除现代房屋43间，收回占地3850平方米；2002年2月收回市政府办公机构占用岱庙的1.7万平方米。在此基础上，年底修复了273米西城墙。 (张仁新 刘 峰)

档案事业

【概况】 年末，全市有综合档案馆7个，均为局、馆合一的管理体制，行使档案行政管理和档案保管、利用两种职能，编制总人数103人，实有90人，其中市档案馆(局)编制24人，实有27人。有专业档案馆1个，工作人员20人；有企业档案馆2个，工作人员12人。目前，全市档案工作人员中，具有高级专业技术职务的人员37人、中级471人、初级770人。年内，全市档案工作重点抓了档案馆规范化建设、机关企事业单位及农村档案达标升级、参加系统内评奖活动及档案专业教育和专业技术职务评定工作。

档案馆规范化建设 市县两级档案行政管理部门，突出档案馆主体地位，狠抓了规范化建设。一是加强档案收集。全市档案馆新接收档案3.26万卷，其中市档案馆接收档案1.05万卷，征集《岱顶寻古揽胜图》等15幅、谱牒档案3套、其他资料805册。二是加大资金投入，档案保管条件明显改善，现代化管理水平进一步提高。全市投入资金67万元，购置计算机13台、打印机4台、复印机1台；安装档案密集架70列264节。其中市档案馆投资10万余元，购置了计算机、扫描仪、打印机等设备；新汶矿业集团档案馆投资30余万元改造库房并安装了53列196节档案密集架。三是加强业务基础工作，提高规范化水平。各馆整理档案1万多卷，调整检索工具900多册，著录革命历史资料96种450册，输入档案检索条目6.84万条。四是强化档案利用工作，为党委、政府工作大局和社会各项事业发展提供优质服务。全市档案馆共接待利用者3080人次，提供档案9697卷次，其中市档案馆接待320人次，提供档案3060卷次。市档案馆摘编泰安大事740条8万余字。肥城市档案馆举办“建市十周年成就图片展”，发挥了爱国主义教育基地作用。

机关、企事业和农村档案工作 全市各级档案部门继续开展档案工作规范化目标管理，经过考核，全市有83个机关档案工作达到省级先进标准，其中省一级29个、二级33个、三级21个；有10家企业档案工作分别达到国家二级和省部级先进标准，其中国家二级4家、省部级6家；有11个科技事业单位档案工作分别达到国家级和省级先进标准，其中国家二级1个、省一级4个、二级6个。全市行政村建档率达到99%，其中达到市级先进标准的占44%；75%的行政村实行了档案“三公开”。农村档案工作的开展，促进了农村稳定和两个文明建设。

参加全省开发利用档案信息资源成果评奖活动 在全省开展的“开发利用档案信息资源成果评奖活动”中，全市有76项利用成果获奖，其中二等奖9项、三等奖33项、四等奖34项。市档案局(馆)被评为开发利用档案信息资源先进集体。

档案教育与技术职务评定 档案文秘专业5个班次273名学员完成教学任务，其中有40名专科学员、73名本科学员毕业。年内还举办岗位培训班3期，培训215人；举办文档一体化管理软件使用培训班3期，培训62人；举办专题培训班10期，培训300多人次。年内有91人评定了档案技术专业职务，其中初级62人、中级23人、高级6人。

【开展现行文件阅览服务】 年内，全市7个综合档案馆普遍建立了现行文件阅览室。7月中旬，市档案馆现行文件阅览室正式对外开放，共收集51个单位630多份现行文件。自开展现行文件阅览服务以来，全市全年接待利用者150人次，提供现行文件260件次，拓宽了档案为社会服务的渠道。

(禹朴森)

编辑·校对 赵 兵

卫生·体育

卫 生

【概况】 年内,全市卫生系统以深化城乡卫生体制改革为重点,加强行业作风、中医事业、人才队伍和基础设施建设,全面提高卫生工作管理水平、科技水平和服务质量,卫生事业健康持续发展。至年底,全市有乡镇以上各类卫生事业机构811个,其中,县及县以上医院66所,乡镇(办事处)卫生院89所;农村卫生室2348所、乡村医生8163人;共拥有病床1.46万张,其中医院及卫生院拥有病床1.36万张,比上年增加172张,比1997年增加1601张;共有卫生工作人员2.43万人,其中卫生技术人员2.06万人,占84.77%,卫生技术人员中执业医师和执业助理医师8923人、注册护士6454人。全市中医医院拥有病床1033张,比上年增加4张,比1997年增加275张;中医医院有卫生技术人员1372人,比上年增加90人,比1997年增加324人。全市每千人占有医院(卫生院)病床2.49张、卫生技术人员3.77名,分别比上年增长0.4%和10.23%,比1997年增长10.67%和18.93%。全年县级以上医院诊疗564.98万人次,急诊19.93万人次,出院21.84万人次,分别比上年下降7.14%、32.23%和增长7.96%,比1997年增长8.29%、14.15%和31.17%。传染病发病率155.14人/10万人,孕产妇死亡率16.05人/10万人,婴幼儿死亡率8.21‰,分别比上年降低10.24%、48.36%、15.88%,比1997年增长48.13%、降低55.88%和26.3%。全市卫生系统有固定资产11.66亿元,比上年增长18.9%,比1997年增长157.44%。

【卫生改革】 (1)办公提速与政务公开。落实市政府关于政府工作全面提速的要求,精简审批事项,简化办事程序,缩短办证时限,将原有的53项审批事项合并、变更为24项。在全市范围内公开卫生法律法规和政策规定,公开办事程序,公开收费标准,公开处罚依据,公开监督执法结果,增强了卫生执法的透明度。(2)支持民营经济发展。年内,出台《关于支持和保护民营经济发展的意见》,鼓励有条件的民营企业投资发展卫生事业,鼓励卫生机关、事业单位人员离职、辞职从事民营经济。卫生行政部门免费为民营企业提供卫生技术咨询、人员培训和科技信息服务。(3)优化卫生资源配置。本着"资源共享、优势互补、自愿互惠、方便群众"的原则,以市中心医院为核心医院,以6个县(市、区)的11所医院为成员单位,组建泰安市中心医院医疗集团。组建后的中心医院医疗集团拥有中级以上卫生技术人员2413人,病床2680张,辐射能力进一步增强。推广宁阳县农村卫生改革的经验和做法,深化农村卫生改革,整合农村卫生资源,全市关、停、并、转农村卫生室1210家,新组建卫生室1356家。(4)城市社区卫生服务取得实质性进展。制定出台了《泰城社区卫生服务机构规划建设方案》和《管理办法》,按照公开、平等、竞争、择优的原则,对泰城13个社区卫生服务站实行公开招标,初步建立起新型的城市社区医疗卫生服务体系。(5)深化卫生机构干部人事制度改革。坚持和完善院(站、所)长负责制、综合目标管理责任制、干部聘任制、工人合同制和绩效工资制。先后在市肿瘤医院、市精神病院、市中心医院、市中医医院等单位公开选拔院长和副院长,对中层干部全部实行竞争上岗。新泰、宁阳、东平、肥城先后在辖区卫生系统公开招考选拔乡镇卫生院院长56名。(6)启动后勤服务社会化改革。泰安市中心医院、泰安市中医院、泰安市肿瘤防治院等单位制定了《后勤服务社会化改革实施方案》,将保洁、食堂、洗衣房等推向社会,引入市场机制管理。

【预防保健】 年内,认真贯彻执行《传染病防治法》和《全国疾病预防控制工作第十个五年计划纲要》,以重点传染病防治为总抓手,加强儿童计划免疫、地方病和慢性病防治工作,遏制了重大传染病爆发流行。加强疫源检索和腹泻病门诊建设。全市共报告登记腹泻病13452例,未发现一例霍乱病人。加强病毒性肝炎防治工作。城镇新生儿乙肝疫苗接种率达99%以上,农村达到90%以上。进一步完善了冷链运转和规范化管理,巩固消灭脊髓灰质炎成果,加速麻疹控制工作。在泰山区、新汶矿业集团进行慢性病防治工作试点,初步建起了全市慢性病防治网络。加强结核病人发现、治疗和归口管理。制定下发了《泰安市结核病控制十年规划》,配合省卫生厅完成了世行贷款结核病控制项目的终期评估,新泰、肥城、宁阳、东平4县(市)成为全省首批加拿大结核病赠款项目县。加强科研调查与科技进步工作。泰安市自行研制开发的计划免疫信息管理系统在全省9个市推广使用。年内,新泰市被列为全国艾滋病防治示范区，并被省卫生厅命名为“全国牙病防治先进县”。全市29个预防接种门诊被省卫生厅命名为“省级示范预防接种门诊”。

【卫生监督监测】 (1)以贯彻落实《食品卫生法》等卫生法律法规为重点，全面开展食品卫生监督监测工作。全年共进行公共卫生监督2.1万户次，监督覆盖率、“五病”调离率100%；行政处罚280余家，罚款金额19.5万元；销毁不合格食品8000千克。(2)开展食品生产经营卫生许可证清理整顿工作，对所有的食品生产经营单位的食品卫生许可证重新进行审验、核发，规范了卫生许可证的发放与管理。开展对桶装饮用水、面粉及面粉制品、冷冻饮品、乳制品、熟肉制品、啤酒、调味品、保健食品等重点食品和学校集体食堂、建筑工地食堂、中小饮食单位等重点单位的专项治理整顿活动，预防学校食物中毒和肠道传染病的发生。(3)在食品生产经营单位推行“卫生监督牌”制度，继续开展泰城行业卫生单位争创“文明卫生先进单位”活动，泰城有84家行业卫生单位获得“泰安市文明卫生先进单位”称号。(4)加大职业卫生监督监测力度。全市厂矿企业职业病危害因素点监测率达90.1%，市属及以上厂矿企业监测覆盖率达100%，有效地预防和控制了职业病的发生。(5)加强放射源、射线装置管理，严肃查处未经许可购置、使用放射源以及防护管理不严格等行为，对全市20家放射性同位素及射线装置应用单位进行抽查，对不符合防护要求、存在事故隐患的4家单位做出限期整改的行政处罚。

【中医事业】 落实《山东省中医条例》，加强了以中医专科专病为主要内容的中医医院建设，加大了对全市中医医疗机构服务质量的检查督导力度。加强农村中医工作，启动了市级农村中医工作先进县和示范中医专科建设工作，完善了农村三级中医预防、医疗、康复、保健服务网和中医技术指导体系。年内，全市建成1个国家级重点中医专科、3个省级重点中医专科、10个市级重点中医专科，形成了专科专病的优势群体。

【医政监督与职业培训】 年内，会同公安、工商等部门对医学美容、性病防治、皮肤病防治等医疗机构进行了重点整治，取缔无证行医者48家，取缔药店内坐堂行医促销者38家，没收药品、器械价值3.3万元。贯彻落实《执业医师法》，组织1964人参加了实践技能考试，合格率为79.94%。组织医务人员认真学习《医疗事故处理条例》及配套文件，做好医疗纠纷的鉴定与调解处理，全年受理医疗纠纷27起，组织鉴定20起，协调处理4起，接待上访123起，维护了医患双方的合法权益。发展成人高等教育，举办各类专科和研究生班5期，已有130名研究生毕业。加强住院医师规范化培训工作。1998年以来，对276名住院医师进行了培训，乡村医生系统化培训已全部结束，全市2902名乡村医生通过了全省统一组织的系统化考试，取得中专水平证书。贯彻《献血法》，无偿献血工作走在全国前列，全市临床用血全部来自无偿献血，泰安市连续四次荣获“全国无偿献血先进城市”荣誉称号，是山东省唯一连续四次获此荣誉的城市。

【医疗科技】 (1)开展医疗质量管理效益年活动，推行质量管理责任制，明确工作目标，落实各项规章制度。先后组织有关专家，对全市二级以上医院的医疗、医技、护理各个环节的质量进行督导检查。(2)加强重点学科和特色专科建设。年内，对全市6个重点学科和11个特色专科进行阶段性评估验收。全年共组织申报省、市科委计划课题26项，其中省立项6项，9项成果获市科技进步奖。

【行风建设】 年内，继续在全市卫生系统开展“三优、四合理”(优美环境、优质服务、优良秩序，合理检查、合理治疗、合理用药、合理收费)教育整顿、质量信得过医院、放心药房、纠正医药购销中的不正之风、文明卫生执法等五项活动，重点推广市妇幼保健院、市肿瘤医院公开收费标准、落实“一日清单”、“病人选医生”等制度的经验和做法，组织有关人员到76个机关、企事业单位征求对卫生行业的意见，并邀请人大代表、政协委员深入医疗卫生单位视察卫生工作，敞开大门吸纳意见，广开言路纠正行风，收到明显效果，社会满意度达96%以上，连续七年保持文明行业的称号。

【新世纪中国农村卫生改革与发展学术研讨会在泰召开】 6月18日至21日，“新世纪中国农村卫生改革与发展学术研讨会”在泰安召开，全国卫生事业管理学会常务副主任朱敖荣、常务委员周寿祺、秘书长左文远以及省、市有关领导出席了会议。北京、广东、江苏等10个省、自治区、直辖市卫生厅(局)部分厅(局)长、县(市、区)卫生局长、乡镇卫生院院长以及全国部分新闻媒体的记者共计180余人参加了会议。会上，泰安市卫生局作了题为《五位一体、综合配套、整体推进、全面发展》的主题

2002年泰安市卫生事业基本情况表

县市区	卫生机构(个)		卫生技术人员(人)		卫生机构床位(张)	
	合计	其中:医院	合计	其中:执业(助理)医师	合计	其中:医院
总　计	811	66	20593	8923	14644	10738
泰山区	178	21	5454	2152	5018	4436
岱岳区	178	4	1923	810	1063	413
新泰市	161	16	4954	2110	3234	2542
肥城市	101	16	3762	1654	2838	2022
宁阳县	86	3	2388	1194	1247	575
东平县	107	6	2112	1012	1244	750

2002年泰安市市直医疗单位基本情况表

卫生机构	床位(张)	人员(人)				
		合计	卫生技术人员			
			小计	其中:执业医师	其中:执业助理医师	其中:注册护士
泰安市中心医院	990	1520	1293	368	13	524
泰安市中医医院	260	473	343	115	6	128
泰安市妇幼保健院	147	224	161	64	1	62
泰安市肿瘤防治院	202	215	165	58	7	75
泰安市精神病医院	380	270	216	61	1	142
泰安市职业病防治院	100	165	117	51	—	28
泰安市口腔医院	—	59	48	27	4	4
合　计	2079	2926	2289	744	32	963

报告。会议期间,与会代表参观了新泰市、泰山区、岱岳区、宁阳县部分乡镇卫生院、村卫生所(室)实行一体化管理、合作医疗、社区卫生服务和宁阳县实行医疗集团改革等现场。全市卫生改革成果得到全国与会人士的好评。

【首例肝移植手术获得成功】　9月28日,泰安市中心医院为一肝癌患者实施肝移植手术,历时9个小时,获得圆满成功。这次手术的成功,标志着市中心医院在脏器移植技术方面实现了新的突破。患者为男性,38岁。术前一个月感觉上腹部胀痛,经CT、磁共振检查显示为肝癌伴肝内转移。患者术后16小时神志恢复,脱离呼吸机自主呼吸,"T"管引流有胆汁分泌。术后第六天,病人能独立进流质饮食,大便正常。术后第八天能下床活动。术后18天,拆除皮肤缝线,拔除胸腔、腹腔各种引流管,患者恢复正常。

【艾滋病防治】　年内,开展以HIV抗体监测、健康教育和重点人群干预为重点的综合性防治措施,加强了重点地区、重点人群、血站HIV监测,开展了艾滋病哨点监测和艾滋病病毒感染状况的调查,强化了艾滋病防治知识的培训与宣传,医务人员艾滋病知识培训率达到80%以上。同时,加大对全市基层卫生室(所)的检查指导力度,全面推广使用合格的一次性输液器(注射器),全年没有发现新发艾滋病病毒感染者和艾滋病病人。　(卫生局)

爱国卫生运动

【概况】　年内,全市以巩固国家卫生城市成果、建设现代化优秀园林旅游城市为目标,以优化生存和发展环境,提高市民的健康水平和生活质量为目的,深入开展爱国卫生运动。在年终全省城市卫生工作综合考评中,泰安市取得优异成绩,受到省爱卫会表彰。

泰城卫生管理与设施建设　年内,全市各部门认真履行职责,加大爱国卫生工作力度,使泰城市容市貌得到改善,国家卫生城市成果得到巩固和发展。①坚持实行目标责任书和任务保证金制度。对各责任单位目标责任书履行情况加强监督检查,定期将检查结果和任务保证金扣除情况予以公开通报,年终进行总评,兑现奖惩。加强对各部门、各单位爱国卫生工作的日常监督检查,加大对影响市容环境卫生的各种问题的曝光力度,与文明单位评审主管部门协调,对内部环境卫生不合格或被曝光的单位取消文明单位评审资格。②加大宣传教育力度,提高市民文明卫生意识。年内,把提高市民文明卫生意识与开展"创建文明城市"和普法教育结合起来,开展各种宣传活动。发挥宣传媒体作用,及时报道爱国卫生活动动态,对后进单位和卫生死角加大曝光力度,对市容环境卫生中存在的难点实行舆论监督。在泰城各主要街道、广场、居民区设立爱国卫生公益广告灯箱、牌匾,统一制作室内张贴宣传标志,印发宣传册,向广大市民发放。③以薄弱环节为重点,对卫生死角进行综合整治。针对个别背街小巷、居民小区和城乡结合部等处乱扔乱倒垃圾、占道经营、乱搭乱建等现象,由市爱卫办牵头,组织建设、工商、公安、卫生及泰山区、岱岳区政府等责任单位,采取宣传教育、行政、经济、法律等综合措施,开展多次专项治理活动。在4月和8月,围绕"五一"、"十一"黄金旅游周,以治脏治乱为重点,发动泰城广大干部职工及市民,集中开展"爱国卫生月"活动和"泰城市容环境卫生综合整治月"活动,较好地治理了财源大街、金山东巷、一中北巷、普照寺路、泰山大街西段、泮河桥等路段乱搭乱建、占道经营、乱停乱放的问题,清除了城乡结合部和部分居民小区乱扔乱倒的垃圾、乱贴乱画的广告和公用场地上的违法建筑。同时,加强长效管理措施的落实,做到"以治理促管理",实行"六定两统一",即定点、定人、定时、定经营面积、定经营范围、定卫生保洁,统一经营范围、统一挂照经营。对重点部位实行重点盯防。发动机关和企事业单位干部职工人人动手,清洁身边,清除居民区及家庭内部卫生死角,进行"楼道革命",清除杂物,保持楼道畅通整洁,使"细胞工程"落到实处。经过全面认真检查,评出"泰城十佳居民小区"和"十差居民小区",提高了泰城整体卫生水平。④加强城市卫生基础设施建设。对照国家卫生城市标准,投资300多万元,完善垃圾处理场配套设施。新建一批垃圾中转站,更新部分环卫设备。实施泰城污水处理厂增容扩建工程,城市生活污水处理率提高到60%以上。年内还规划实施了新垃圾处理场和第二污水处理厂建设工程;对城区垃圾实行统管统运,垃圾、粪便无害化处理率均达到100%。

农村改水改厕　年内,全市认真贯彻落实《山东省农村改水改厕规划》,按照政府组织、部门参与、多方筹资的原则,采取城乡联合、村企联合、个人投资以及股份制等多种形式,加大农村改水改厕的力度。2002年市财政投入10万元改水改厕专项资金,重点扶持一批改水改厕示范点。到年底,实现省农村改水改厕"九五"规划目标,各项指标均达到全省先进水平。年终,市爱卫办主任范培玉被评为全国爱国卫生先进工作者,3人被全国爱卫会授予"农村改水改厕先进工作者"称号。

健康教育工作　年内,按照《泰安市健康教育实施方案》和《泰安市医疗卫生单位健康教育工作规范》要求,采取多种教育形式,提高健康教育知识普及率。在城区,把健康教育纳入社区居委会工作考核目标之一,建设社区居委会健康教育网络,居民基本卫生知识知晓率达95.5%,居民健康行为形成率达86%。在农村,认真开展"九亿农民健康教育行动",通过发放宣传手册和明白纸,组织有关卫生知识学习培训等形式,使农民基本卫生知识知晓率达92%,农民健康行为形成率达83%;在中小学校普遍开设健康教育课程,年内,中小学校健康教育开课率达100%,在校学生基本卫生知识知晓率和健康行为形成率分别达到95%和90%;对企业中直接从事有毒有害作业职工的卫生保健培训率达到100%。

【开展爱国卫生运动50周年纪念活动】　2002年是毛泽东主席号召全国人民开展爱国卫生运动50周年。为总结经验、探索新时期开展爱国卫生运动的新路子,根据国家和省爱卫会要求,全市组织了多种形式纪念活动。一是以普及爱国卫生知识、增强环境意识、提高健康水平为主题,举办"银座杯"爱国卫生知识演讲比赛;二是邀请50年来历任泰安市爱卫会和市爱卫办主任、市五大班子领导及市爱卫会全体成员召开"爱国卫生运动50周年回顾与展望"新老爱国卫生工作者座谈会;三是由市爱卫办与泰山诗书画研究会在市政大楼联合举办"纪念爱国卫生运动50周年书画展";四是与泰安日报社联合举办"清泉杯"爱国卫生知识有奖征文活动。各县(市、区)也都结合各自实际,积极开展了内容丰富、形式多样的纪念活动。

(朱君章)

体　　育

【概况】 年内，全市体育工作继续坚持普及与提高相结合，积极开展工作，各项工作取得好成绩。

群众体育 全市群众体育工作仍以推行全民健身计划、提高国民身体素质为重点，努力构建群众性的服务体系。①职工体育。全市职工体育传统项目有篮球、乒乓球、中国象棋、围棋、羽毛球、拔河、跳绳、田径、钓鱼等30多项，常年参加活动人数10万余人。年内，在山东省第四届职工运动会上，获得团体总分第十一名和优秀组织奖、体育道德风尚奖。在省级以上比赛中还获得山东省首届社区健美比赛金奖，山东省信鸽优胜鸽品评会500公里级和700公里级冠、亚军。举办市级职工体育赛事32项，参加人数10万多人，其中，2月1日，在市政广场举行“庆新春”泰安市市直机关拔河比赛，40余支代表队参加比赛；3月7日，在市政广场举行“地税杯”泰安市市直机关首届妇女跳绳比赛，共有36支代表队的400多名选手参加比赛；6月29日～7月3日，在市体育训练馆举行“泰建杯”泰安市全民健身百人乒乓球比赛，泰城及部分县(市、区)30多个代表队的200余名运动员参加。②学校体育。以贯彻执行《学校体育工作条例》为重点，坚持开展“两操、一课、一活动”，先后举办“致同杯”泰安市中学生运动会、驻泰中学生田径运动会、中学生三人斗牛篮球赛、“中行杯”第六届中学生足球联赛等10余项比赛。③老年体育。年内，举办各类骨干培训班230期，培训老年体育骨干2850人；全市基层老年体协组织已达4188个，发展会员11.29万人。全市各级组织举办各类老年体育比赛136项次，有三万多人参加。9月10日～10月27日，举办“九九”老年人体育汇演，设激灵圈操、柔力球、健身秧歌、门球、台球、导引养生、太极拳(剑)、乒乓球、登山和广场演出等12个项目的文体比赛和表演，来自县(市、区)、矿务局及市直等146支代表队的3600余名运动员参加。在省以上比赛中，获得山东省老年人秧歌比赛二等奖、山东省第九届老年人太极拳团体第五名、山东省第九届老年人太极剑团体第七名、山东省第十七届“长寿杯”老年人门球比赛第三名、山东省第四届“长寿杯”健身保健操优秀演出奖。④残疾人体育。10月20日～22日，举办泰安市首届残疾人运动会，6个县(市、区)及市直7支代表队的300余名运动员参加。比赛设篮球、乒乓球、羽毛球、射箭、田径、举重、柔道、盲人门球8个大项65个小项，市直、泰山区、东平县三支代表队分获团体前三名。⑤群众健身设施建设。投资40多万元，在凤台开发小区、郾岭小区、凤台社区、广电小区、二中小区、人行小区新建健身路径10条。在全市群众体育活动中，涌现出一大批群众体育工作先进单位和个人。其中，泰安市老年体协被市政府授予“泰安市尊老爱老先进单位”称号，泰安市体校、新泰体操学校、泰安市老年体协被省体育局评为“山东省群众体育工作先进单位”，有3人被评为“山东省群众体育工作先进个人”。

竞技体育 年内，组织举办和组队参加的体育赛事有：①举办全市少年篮球、田径、排球、足球、摔跤、柔道、举重、乒乓球等8个项目的比赛。②组队参加山东省第20届运动会(4月至10月)。泰安市代表团共有400多名运动员参加田径、体操、蹦床、篮球、射击、射箭、武术、摔跤、柔道、举重等12个大项的决赛，综合成绩以金牌65.14枚、总分1508.51分列全省综合成绩金牌榜和总分第七位，青少年比赛成绩以金牌30枚、总分1037分分列全省青少年比赛金牌榜和总分第七位和第六位；代表团被大会授予体育道德风尚奖。新泰体操学校运动员于良夺得3枚金牌，被大会评为山东省“十佳”体育之星。③泰安市10名运动员于12月25日～29日参加在福建武夷山市举行的全国第八届冬泳比赛。这次运动会全国有88个代表队的1500名运动员参加。葛玉常获得男子50米蛙泳第三名和100米自由泳第六名，王茂真获得女子老年组50米蛙泳第四名。④“新春杯”2002全国少年足球比赛于2月15日～19日在泰山外国语学校举行。全国16支球队的200多名运动员参加比赛。东道主泰山外国语学校代表队取得乙组第一名、甲组第四名的好成绩。⑤2002年山东省田径锦标赛于5月10日～13日在泰安市体育中心举行。全省17个市地的556名运动员参加，比赛设甲、乙两个组别，泰安代表队获得2枚金牌、男子团体总分第八名和女子团体总分第十名。⑥2002年全国少年田径锦标赛于5月16日～21日在泰安举行。全国29个省、市、自治区的465名16～17岁的运动员参加比赛。东道主山东队以总分251分的优异成绩高居总分榜首位。⑦在韩国釜山举行的第十四届亚运会上，泰安市培养输送的运动员马卫国在赛艇男子八人单桨有舵手决赛中，与队友一起夺得比赛冠军。由新泰体操学校培养输送的跳水运动员王峰在男子双人3米板跳水决赛中，获得亚军。⑧泰安市在省级以上比赛中，有6人8项次进入全国单项比赛前三名，获得全国单项锦标赛金牌3枚、亚运会金牌1枚、世界冠军1个，被山东省委、省政府授予“振兴山东体育贡献奖”。

【泰安市武术协会成立】 9月9日，泰安市武术协会成立。该协会是在山东省武术协会注册的正式团体会员之一，是由泰安市武术、散打、跆拳道、拳击运动爱好者组成的非营利性社团组织，主要任务是团结全市武术、拳击运动爱好者，加强与省内外武术组织的交流与合作，致力于武术运动的普及和提高，培养多层次的武术后备人才，引导全市武术运动健康发展。在成立大会上，泰安泰山旅游索道有限责任公司集团董事长、总经理李爱国被选为泰安市武术协会主席，东岳太极创始人、北京体育大学教授门慧丰先生到会祝贺。

【聂卫平来泰联谊】 4月10日～12日，围棋棋圣聂卫平携弟子王煜晖、刘世振、古力来泰安。在泰山宾馆，聂卫平与三位弟子同泰安市39名围棋爱好者下“多面打”指导棋，国手们最终取得32胜、6负、1和的好成绩。

【秦成勇获得全国85公斤级健美冠军】 6月1日，在四川绵阳举行的全国第二届体育大会健美比赛中，泰安市健美明星秦成勇获得85公斤级冠军，实现了泰安市在全国体育大会上金牌零的突破。

【王峰获得第13届世界杯跳水冠军】 6月30日，在西班牙塞维利亚举行第13届世界杯跳水比赛中，由新泰体操学校培养输送的跳水运动员王峰在男子双人3米板的比赛中与队友王天凌配合捧得冠军奖杯，取得泰安市第1枚跳水世界金牌。

2002年泰安市参加省以上比赛获金牌运动员一览表

姓名	性别	项目	金牌数	运动会名称	时间	地点
李晶	男	柔道	1	山东省第二十届运动会柔道比赛	8.14—8.20	济南
陈峰	男	柔道	1	山东省第二十届运动会柔道比赛	8.14—8.20	济南
冯慧慧	女	柔道	1	山东省第二十届运动会柔道比赛	8.14~8.20	济南
甲组	男	篮球	3	山东省第二十届运动会篮球比赛	8.20~8.29	济南
甲组双人	女	蹦床	1	山东省第二十届运动会体操比赛	8.16~8.17	济南
丙组双人	男	蹦床	1	山东省第二十届运动会体操比赛	8.16~8.17	济南
甲组双人	男	蹦床	1	山东省第二十届运动会体操比赛	8.17~8.17	济南
乙组双人	男	蹦床	1	山东省第二十届运动会体操比赛	8.16~8.17	济南
乙组	女	篮球	1	山东省第二十届运动会篮球比赛	8.20~8.29	济南
刘燕	女	蹦床	1	山东省第二十届运动会体操比赛	8.16~8.27	济南
张芮	女	跳马	1	山东省第二十届运动会体操比赛	8.16~8.27	济南
史宇航	女	高低杠	1	山东省第二十届运动会体操比赛	8.16~8.27	济南
王文文	女	跳马	1	山东省第二十届运动会体操比赛	8.16~8.27	济南
王文文	女	高低杠	1	山东省第二十届运动会体操比赛	8.16~8.27	济南
苑峰	男	自由体操	1	山东省第二十届运动会体操比赛	8.16~8.27	济南
朱培玉	男	吊环	1	山东省第二十届运动会体操比赛	8.16~8.27	济南
赵鹏	男	双杠	1	山东省第二十届运动会体操比赛	8.16~8.27	济南
于良	男	吊环	1	山东省第二十届运动会体操比赛	8.16~8.27	济南
于良	男	双杠	1	山东省第二十届运动会体操比赛	8.16~8.27	济南
于良	男	鞍马	1	山东省第二十届运动会体操比赛	8.16~8.27	济南
王文文	女	个人全能	1	山东省第二十届运动会体操比赛	8.16~8.27	济南
团体	一	体操	4	山东省第二十届运动会体操比赛	8.16~8.27	济南
韩增峰	男	摔跤	1	山东省第二十届运动会摔跤比赛	9.1~9.13	济南
曾凡鹏	男	摔跤	1	山东省第二十届运动会摔跤比赛	9.1~9.13	济南
张举	男	摔跤	1	山东省第二十届运动会摔跤比赛	9.1~9.13	济南
李峰	男	摔跤	1	山东省第二十届运动会摔跤比赛	9.1~9.13	济南
张国龙	男	摔跤	1	山东省第二十届运动会摔跤比赛	9.1~9.13	济南
严林	男	手枪速射	1	山东省第二十届运动会射击比赛	9.1~9.13	青岛
刘养光	男	举重	1	山东省第二十届运动会举重比赛	10.12~10.23	济南
李镇	男	举重	1	山东省第二十届运动会举重比赛	10.12~10.23	济南
杜启健	男	举重	1	山东省第二十届运动会举重比赛	10.12~10.23	济南
严征	男	举重	1	山东省第二十届运动会举重比赛	10.12~10.23	济南
杨庆鹏	男	举重	1	山东省第二十届运动会举重比赛	10.12~10.23	济南
刘娟娟	女	举重	1	山东省第二十届运动会举重比赛	10.12~10.23	济南
王丽娟	女	举重	1	山东省第二十届运动会举重比赛	10.12~10.23	济南
陈红	女	举重	1	山东省第二十届运动会举重比赛	10.12~10.23	济南
王银行	男	竞走	1	2002年全国竞走锦标赛	6.17	辽宁
秦成勇	男	健美	1	第二届全国体育代表大会	6.1	绵阳
王峰	男	跳水	1	第13届世界杯跳水比赛	6.30	西班牙
王峰	男	跳水	1	2002年全国跳水锦标赛	9.15	天津
马卫国	男	赛艇	1	第十四届亚运会	10.10	韩国
黄静	女	田径	1	山东省田径锦标赛	5.11	泰安

注:1、按照省20届运动会规程规定,男子甲组篮球第二名计三枚金牌,女子乙组篮球第六名计一枚金牌。

2、省20届运动会体操比赛团体4枚金牌分别为:男乙团体、男丙团体、女乙团体、女丙团体。

"千年泸宝酒杯"第十六届泰山国际登山节第七届全国全民健身登泰山比赛各组别个人单项成绩一览表

组别	国际			国内			泰安		
	姓名	队别	成绩	姓名	队别	成绩	姓名	队名	成绩
男子青年组	余镐珍	韩国	1:57′05″	钟海波	深圳海创集团	1:02′04″41	邱明军	泰安体彩	1:07′09″
女子青年组				崔国梅	深圳海创集团	1:09′34″	赵文文	泰山生力源	1:14′46″5
男子中年组				高风林	北京长跑俱乐部一队	1:03′20″	高慎华	升华玻限	1:13′50″
女子中年组				邢如伶	北京长跑俱乐部一队	1:19′04″	张美英	市直机关工委	1:27′18″
男子老年组				陈和平	浙江广通房地产公司	35′44″	仉圣培	岱岳区	43′6″
女子老年组				陈序华	湖北黄石	46′30″	付荣先	市直机关工委	54′53″

注:青年组、中年组、老年组起点同在天外村广场,终点分别在玉皇顶、南天门、中天门。

"千年泸宝酒杯"第十六届泰山国际登山节第七届全国全民健身登泰山比赛团体总分前六名

名次	单位	成绩
一	北京长跑俱乐部一队	159
二	浙江广通房地产集团	160
三	沈阳体总长跑俱乐部一队	312
四	辽宁本溪水泥厂	316
五	连云港体育局	328
六	抚顺市长跑协会	436

注:根据规程,得分少者名次列前。

(陈占峰)

编辑·校对 王建伦

社会·生活

人口管理

【概况】 年末，全市总人口546.41万人，比上年增加3.33万人，比1997年增加13.60万人，增长率分别为0.61%、2.55%。全年出生6.80万人，比上年增加1.26万人，出生率12.49‰，比计划指标低1.93个千分点。死亡3.42万人，死亡率6.27‰。自然增长3.65万人，自然增长率6.70‰。在出生人口中，计划内7.07万人，计划生育率99.98%，比上年提高0.05个百分点；计划内一孩5.51万人，比上年增加1.43万人，晚育率99.98%；计划内二孩1.56万人，比上年减少0.08万人；多孩2人，比上年减少5人。计划生育率、晚育率分别比上年提高0.05个、0.17个百分点。女性初婚4.35万人，比上年减少1.92万人；晚婚率99.99%，与上年基本持平。已婚育龄妇女避孕节育措施落实率达99.5%，全市做结扎、放环、流产手术5.84万例，比上年增加0.27万例，增长4.85%。其中结扎5021例，比上年减少6889例；放环5.01万例，比上年增加0.93万例；流产3351例，比上年减少334例。全市已婚育龄妇女115.53万人，占年末总人口的21.11%，其中领取独生子女父母光荣证的39.35万人，领证率34.06%，比上年提高1.65个百分点。年内，全市符合二胎生育政策、自愿报名终生只要一个女孩的夫妇达到2237对，比上年有所减少。基层基础工作进一步提高，全市村民自治合格村1041个、先进村1203个、模范村1034个。

年内，全市计划生育工作以稳定低生育水平、提高群众满意程度为目标，以村(居)民自治为突破口，继续加大各种管理和服务措施，全面完成省委、省政府下达的各项任务指标，在全省人口责任目标考核中，再次获得一等奖，实现了市委、市政府提出的计划生育工作“九连冠”的奋斗目标。市计生委被国家人事部、国家计生委命名为“全国计划生育工作先进集体”，新泰市和泰山区分别被评为全省计生系统行风建设“十佳单位”和“先进单位”。新泰市计生委主任王大军被评为“全国计划生育系统先进个人”，11人被评为“全省遵守职业道德模范”。

宣传教育　年内，全市各级把计划生育宣传教育工作放在首位，努力转变群众传统婚育观念，倡建新型生育文化为先导，提高全民遵守计划生育工作的自觉性，将国家颁发的“一法三规”(《人口计划生育法》、《流动人口计划生育管理办法》、《社会抚养费征收管理办法》、《计划生育技术服务管理条例》)和省颁发的《计划生育技术服务管理条例》纳入全市“四五”普法规划，3月份和10月份分别组织开展了集中宣传活动。在农村，开展宣传教育进村、婚育新风进家的“双进”活动。在城市，开展建设新型生育文化，建设文明幸福家庭的“双建”活动。通过宣传教育，群众婚育观念有新转变，计生干部和育龄群众计划生育基础知识知晓率均达90%以上。年内，肥城市被确定为全国“婚育新风进万家活动示范县”。中宣部、国家计生委、中国人口文化促进会联合推广了肥城市“农村人口文化大院”、新泰市“构建宣传教育共同体”和泰山区“努力建设新型社会主义生育文化”的经验。

强化管理　①进一步完善由政府领导、综治委牵头、有关部门参与的流动人口计划生育管理体制，实行合同管理、联户到人、信息交流、联合办公、双向考核等一整套管理制度，把流动人口计划生育管理纳入了制度化、经常化、法制化的轨道。年内，全市流动人口28.11万人，其中流出育龄人口22.95万人，流入育龄人口5.17万人；流出育龄妇女6.78万人，流入育龄妇女2.08万人，流动人口发证率、建档率、验证率均保持较高水平。②根据企业改制后计划生育工作面临的新情况，重点加强合资企业、民营企业和特困企业的计划生育管理，强化法定代表人计划生育责任制，做到有人管事、有钱办事、管理服务规范，消除了计划生育管理上的空档和漏洞。③对计划生育后进村实行定领导、定人员、定责任、定时间、定奖惩的“五定”责任制，并采取入户走访、查看资料、座谈情况、集中反馈、现场帮教等方法，先后对463个计划生育后进村逐一进行重点帮促指导。年末，有459个后进村实现转化升级，转化率达99%。

技术服务　认真落实计划生育技术服务许可制度，全市6个县级服务站、80个乡镇级服务站达到执业准入标准，取得计划生育技术服务机构执业许可证，为747人发放计划生育技术服务人员合格证。市里成立了计划生育技术服务专家委员会，加强了对优质服务工作的指导。计生、卫生、药监等部门联合开展集中检查，加强了终止妊娠类药物市场和B超管理，使新出生人口的性别结构进一步优化。年内，泰山区、肥城市通过了省里组织的优质服务先进县评估。

法规建设与信访 完善计划生育政策法规，按照国家"一法三规"和省《条例》的要求，对规范性文件进行了清理和修改，使计划生育工作有法可依、有章可循。组织开展计划生育法制培训班，经过严格考试，646名行政执法人员全部做到持证上岗。年内，收到群众来信来访61件，结案率100%；收到有奖举报计划外怀孕、计划外生育的来信来访88件，对查实的问题均及时处理。

【计划生育奖惩兑现大会】 3月18日，市委、市政府召开全市2001年度计划生育奖惩兑现大会。根据2001年度《人口与计划生育目标管理责任书》执行情况的考核，市委、市政府决定：授予泰山区、岱岳区、新泰市、肥城市、宁阳县、东平县一等奖，各发奖金2万元；授予新汶、肥城矿业集团公司一等奖，各发奖金5000元；奖励市人口与计划生育委员会5万元。同时市委、市政府还对在2001年度人口与计划生育综合改革试点工作中，成绩突出的泰山区上高乡等15个乡镇（办事处）给予通报表彰，授予"计划生育综合改革试点工作先进单位"称号。对2001年度人口与计划生育目标责任考核成绩突出的泰山区泰前办事处等71个乡镇（办事处）给予通报表彰。对参加省党政线考核、成绩显著的市纪委等24个部门和单位授予"履行计划生育职责先进单位"称号；对完成责任目标的市直机关工委等20个部门和单位给予通报表扬，授予庞英元等121人"计划生育先进工作者"称号。

【计划生育综合改革】 年内，在认真总结试点经验的基础上，以村（居）民自治为突破口，加快建立依法管理、村（居）民自治、优质服务、政策推动、综合治理的计划生育工作新机制。一是建立自治网络。改村计生办为计划生育委员会，以生产小组、育龄妇女小组、会员小组为基础，组建村民自治小组；实行"三员"（党员、团员、计生协会会员）联户制度，形成乡指导、村负责、户落实、民自治的管理体制。全市设有村民自治小组1.97万个，比改革前"三组"减少3.92万个，每年减少开支937.2万元。二是完善自治章程。做到依法建章、依章立约、依约定规、依规理事。三是明确自治途径。按照事前参与、事中介入、事后评议的原则，把计划生育的"四项民主权利"交给群众。四是强化自治功能。注重发挥协会组织的独特优势，组织吸引广大群众自觉参与自治，广泛开展群众自我教育、自我管理、自我服务的"三自"活动。积极转变政府职能，加快配套改革，进一步完善管理、服务、利益导向和综合治理四项机制，保证综合改革的顺利进行。10月，省考评组对全市的计划生育综合改革进行全面评估，认为全市的综合改革方案合理，路子对头，重点突出，运行平稳，已经取得了阶段性成果。9月份，在全国人口与计划生育综合改革座谈会上，泰安市作了典型发言。 （郭志刚）

【户政管理】 年内，强化以暂住人口、重点人口为重点的实有人口管理，全年登记暂住人口5.79万人，实发暂住证3.39万人。对辖区外发函3.07万件，函查2万名暂住人口情况；收外函2.27万件，复函2.16万件，复函率达到95%。制发身份证37.94万件。办理职工家属农转非1428人，电大毕业生落户手续75人。办理边境通行证2783人次。

年末，全市总人口546.41万人，比上年增加3.33万人，增长率为0.61%。其中男性277.82万人，女性268.59万人，男女性别比为103.4∶100。其中农业人口378.82万人，占总人口的69.3%；非农业人口167.59万人，占总人口的30.7%。 （李登伦 王书项）

劳动管理

【概况】 年内，全市有市、县（市、区）劳动和社会保障行政管理机构7个，机关人员编制105人，实有108人。其中市劳动和社会保障局机关人员编制32人，实有35人。全市在岗职工47.01万人，比上年减少0.71万人，同比下降1.5%。其中国有经济单位30.02万人（中央属单位1.8万人，省属单位7.5万人，市、县属单位20.72万人），比上年减少1.1万人，同比下降3.7%；城镇集体经济单位7.5万人，比上年减少1.03万人，同比下降12%；其他所有制单位9.5万人，比上年增加1.5万人，同比上升18.1%。全市女职工16.9万人，占职工总数的35.9%。

劳动就业 年内，把扩大就业、促进再就业作为劳动保障工作的重中之重。一是抓改制，保岗位。按改制后企业安置职工比例不低于原企业职工人数90%的原则，指导企业制定职工安置方案，切实维护职工的合法权益。年内市直30户企业改革改制，已审核通过10户企业的改制方案，涉及职工1.73万人，其中1.58万人与改制后的企业重新签订劳动合同，占改制企业职工人数的91.5%。二是抓市场，供岗位。按照"三化"（科学化、规范化、现代化）要求，建立了劳动力市场数据处理中心，市及6个县（市、区）职业介绍服务中心实行微机联网，实现了信息、资源共享。各级职业介绍机构举办用工洽谈活动191次，发布用工信息3601条，提供就业岗位4.4万个，有1677个用人单位10.4万人次求职者参加求职洽谈，推荐就业3.4万人次。三是抓培训，争岗位。免费对下岗、失业人员进行创业培训，提高下岗、失业人员的职业技能、创业能力和就业应变能力。全市组织下岗失业人员培训班48期，培训6854人，培训后就业再就业6346人。四是抓帮扶，送岗位。劳动管理部门协调有关部门为全市601名困难企业军转干部补发补缴了拖欠工资和社会保险费325.5万元。年内市政府出资172万元，购买社区保洁、社区治安、园林绿化、公共场所管理等公益性岗位，安置困难企业军转干部503人。五是抓服务，创岗位。通过落实工商、税务等方面的再就业优惠政策，鼓励下岗、失业职工出中心自谋职业，全年发放《再就业优惠证》2100份。发挥劳服企业安置基地作用，全市为劳服企业减免各项税费186万元。全市劳服企业新安置各类失业人员1460人，从业人员达6.9万人，实现产值营业收入9.8亿元，实现利税6400万元。积极开展劳动保障事务代理，促进劳动者自主择业，有序流动，全市办理劳动保障事务代理达8035人。年内，全市城镇从业人员67.5万人，其中就业再就业3.6万人，城镇登记失业率3.2%。自1997年至2002年，全市平均每年新增就业岗位3.6万个，城镇登记失业率控制在3.5%以

内,国有、集体、其他经济类型单位城镇从业人员结构比例由1997年底的68∶23∶9发展为年末的48∶13∶39,非公有制从业人员迅速增加,就业结构逐步改善,就业再就业局势基本稳定。

劳务输出　年内,进一步加大劳务输出的力度,全市在外务工人员32万人,其中有组织输出18万人,分别完成市政府下达计划的106.6%和112.5%,实现劳务收入20多亿元。①加强目标管理。年初市劳动保障局下达了全市劳务输出任务目标,并将任务层层分解,逐级签订目标责任书。对劳务输出情况,一月一调度,一季一通报,一级抓一级,层层抓落实。市政府于二、三季度分别召开全市劳务输出工作调度会,对劳务输出目标任务进展情况进行调度。年底对县市区劳务输出工作进行检查考核,评出劳务输出先进县(市、区)3个、先进单位17个、先进个人30名。②加强市场开拓。全市各级把开拓劳务市场作为促进劳务输出大发展的关键环节来抓,提出了"走出去建立网络拓展市场,请进来巩固渠道扩大输出"的发展思路,积极走出市门,面向全国,劳务输出网络遍及除西藏外的所有省(市、自治区);境外输出市场扩大到日本、韩国、沙特、阿联酋、马来西亚、俄罗斯等20多个国家和地区。③加强宣传教育。从转变求职人员择业观念、拓宽求职人员就业视野入手,与市电视台联合拍摄劳务输出专题片,与市电信局开通168劳务输出信息台,组织召开返乡创业典型报告会,在《泰安日报》宣传报道泰山区省庄镇刘家庄村走出家门赚洋钱等典型事迹。通过广泛宣传劳务输出优惠政策、外出务工返乡创业先进典型和事迹,形成了全市重视、关心、支持劳务输出的良好氛围。④加强管理服务。按照"管而不死、活而不乱、疏导有序、规范运作"的要求,会同市工商、公安等部门,对劳务输出中介组织进行清理整顿,取缔了11家坑蒙拐骗求职者、非法开展劳务输出的中介组织,对管理服务规范的24家中介机构进行审核换证,净化了劳务输出市场。全市86个乡镇全部建立了劳务输出机构,聘用信息员8820人;市劳动管理部门与市广播电视部门联合出台规定,严格外出务工广告审核,统一办理手续,杜绝了虚假劳务信息;发挥就业训练中心、技工学校及各类培训机构的作用,加强外出务工人员技能培训,全市输出前培训达3万余人;制定落实下岗、失业职工外出务工优惠政策,清理、规范各项外出务工费用,促进了下岗、失业职工异地就业。

职业培训与职业技能鉴定　年内,全市完成在职职工培训和社会各类人员培训8.12万人次,其中组织下岗、失业职工再就业培训5894人;自1997年至2002年,全市累计培训各类人员45.4万人次。年末全市技术工人已达18万人,其中高、中级技术工人占技术工人总数的37%,比1997年提高了15个百分点。年内,技工学校招生4775人,比上年增长17.5%。组织全市技工学校在校生4199人参加全省统一考试,办理技工学校毕业生就业派遣手续3185人,就业率达91%。组织全市各类人员职业技能鉴定1.19万人次,核发职业资格证书1.06万人;自1997年至2002年,全市累计组织职业技能鉴定6.2万人次。经市工人技师委员会评审,确定226人的技师任职资格。评选表彰"泰安市技术能手"12人。组织开展山东省"济钢杯"焊工技能大赛泰安市选拔赛,69名优胜选手受到表彰,5名职工和2名市技工学校高级班学生荣获"全省焊工大赛优秀奖"。

企业工资分配调控　按照"市场机制调节、企业自主分配、职工民主参与、国家监控指导"的基本思路,建立了以工资指导线、最低工资标准、劳动力市场工资指导价位和人工成本预测预警制度为主要内容的企业工资收入分配宏观调控体系。建立企业最低工资标准调整机制,最低工资由160元、200元分别调整为310元、380元。泰山区、新泰市、肥城市行政区域内的企业执行380元/月、人的标准;岱岳区、宁阳县、东平县行政区域内的企业执行310元/月、人的标准。驻泰市属以上企业和部队所属企业执行所在地最低工资标准。调整后的最低工资标准从2002年10月1日起执行。年内,出台了《泰安市企业工资集体协商试行办法》,工资集体协商制度试点稳步推开。加强工资总量宏观调控,281户企业实行工效挂钩,587户企业实行工资总额包干办法,95%的企业实行岗位技能工资。在岗职工平均工资由1997年的5906元增长到2002年的9262元,增长56.8%。

劳动保障监察　2002年,全市检查用人单位1350户,涉及职工28.9万人(次),补签劳动合同2.6万份,补缴社会保险费1197万元,补发职工工资273.39万元,为劳动者清退非法集资押金123.2万元,取缔非法职业中介机构7个,清退童工5人。自1997至2002年,全市检查用人单位1.09万户(次),涉及职工258万人次,督促补办招工手续8800份,补签劳动合同11.4万份,补发拖欠工资932.4万元,补缴社会保险费1.8亿元,有效地维护了劳动者的合法权益。年内围绕劳动保障中心工作,重点组织了社会保险费征缴、劳动合同管理、妇女权益保障、民工权益保护等方面的专项执法检查活动。在社会保险费征缴扩面执法检查中,对全市18户欠缴养老保险费的企业依法作出了"行政处理",申请人民法院强制执行12件,行政处罚1件,共督促缴纳社会保险费3100万元。对挤占挪用社会保险基金情况进行清理,全市清理回收基金87.1万元。年内,全市受理群众举报154件,立案处理74件,协调处理80件,结案率100%。自1997年至2002年,全市共受理劳动争议案件1873起,其中10人以上的集体争议案件213起,结案率达92%。

劳动争议预防与处理　年内,全市立案受理各类劳动争议案件424起,同比增长47%,调解结案107起,裁决结案164起,其他方式结案135起,结案率93%。处理集体劳动争议38起,涉及职工5852人,为企业和职工挽回经济损失1760万元,有效地维护了企业和职工双方的合法权益。普遍成立群体性突发事件预防和处理小组,预防处理涉及工资、保险、离退休人员、企业改制等方面的10人以上群体性突发事件26起。指导企业调解委员会调解劳动纠纷356起、乡镇劳动关系协调委员会协调处理劳动争议案件413起。对419户用人单位处理违纪职工1200份手续进行审查,预审321户单位564份企业规章,纠正违法条款2139条。签订劳动合同3.13万份,纠正违法无效合同1020份,劳动合同签订率稳定在98%以上。审查39户用人单位的集体合同,纠正集体合同中主体资格、内容、程序等方面违法条款109条。

(王启河　李　涛　展延安　常绪扩　陈海隆　梁卫言　杨广民　张培峰)

【发布劳动力市场工资指导价位】 年内,市劳动和社会保障局在泰城范围内抽样调查了100户生产经营正常的企业，对近万名不同职位(工种)的在岗职工工资收入情况进行汇总、整理、分析，公布了泰城46个职位(工种)的工资指导价位，使这些职位(工种)有价可依。劳动力市场工资指导价位分高位数、中位数、低位数3个标准，按年薪收入和月薪收入两种形式公布。本次公布的高位数收入最高的是销售和营销经理，年薪3.14万元，最低的是缝纫工，年薪6850元；中位数收入最高的是锻造工，年薪1.20万元，最低的是捻线工，年薪4476元；低位数收入最高的是锻造工，年薪7428元，最低的有29个工种，年薪4080元。本次劳动力市场工资指导价位的实施时间为2002年7月1日至2003年6月30日。（常绪扩 陈海隆）

2002年度泰安市劳动力市场部分职位工资指导价位一览表

单位:元/人

工 种	高位数		中位数		低位数	
	年 薪	月 薪	年 薪	月 薪	年 薪	月 薪
一般工种						
企业中层管理人员						
财务经理	23173	1931	10380	865	4404	367
行政经理	31313	2609	10764	897	4764	397
劳动人事经理	25985	2165	10656	888	5185	432
销售和营销经理	31409	2617	9888	824	4080	340
工程技术人员						
机械工程师	21566	1797	10860	905	5520	460
建筑工程师	17067	1422	10536	878	5892	491
经济业务人员						
会计人员	16632	1386	9048	754	4080	340
出 纳	14540	1212	8352	696	4080	340
办事人员和有关人员						
人事劳资人员	17870	1489	8232	686	4080	340
秘 书	23521	1960	8232	686	4080	340
打字员	15290	1274	8100	675	4080	340
治安保卫人员	15510	1293	8664	722	4080	340
维修电工	16070	1339	9024	752	4080	340
汽车驾驶员	18145	1512	9768	814	4080	340
汽车修理工	17452	1454	10139	845	4248	354
行业重点工种						
批发零售贸易餐饮业						
营业员	13513	1126	6576	548	4080	340
收银员	8640	720	4932	411	4080	340
推销员	17824	1485	7860	655	4080	340
中式烹调师	12750	1063	8112	676	4800	400
保管员	14169	1181	8760	730	4080	340
餐厅服务员	11908	992	6084	507	4080	340
客房服务员	9239	770	5016	418	4080	340
导 游	8381	698	5076	423	4080	340
制造业						
车 工	18511	1543	7872	656	4080	340
铣 工	20916	1743	8232	686	4080	340
刨 工	14222	1185	7476	623	4080	340
磨 工	9814	818	6732	561	4080	340
铸造工	13274	1106	5868	489	4080	340
锻造工	13600	1133	12000	1000	7428	619
冲压工	12983	1082	8688	724	4080	340
焊 工	14165	1180	7764	647	4080	340
金属热处理工	11904	992	8448	704	4080	340
冷作钣金加工	11262	939	8220	685	5100	425
钳 工	14899	1242	7260	605	4080	340
梳理工	9363	780	8316	693	6408	534
并条工	8740	728	7812	651	4296	358
粗纱工	8585	715	6300	525	5028	419
细纱工	10180	848	7440	620	4608	384
捻线工	10170	848	4476	373	4080	340
浆纱工	10230	853	5880	490	4704	392
织布工	11260	938	9228	769	5364	447
裁剪工	7324	610	5976	498	4752	396
缝纫工	6850	571	5052	421	4536	378
木 工	8416	701	5640	470	4080	340
砌砖工	7340	612	5364	447	4080	340
混凝土工	7667	639	5868	489	4080	340

（常绪扩 陈海隆）

【规范劳动关系】 为促进劳动力资源的开发利用和合理配置,加强劳动力市场管理,建立稳定协调的劳动关系,维护劳动者的合法权益,年内市政府办公室下发《关于进一步规范劳动关系有关问题的通知》(泰政办发[2002]67号),就进一步规范劳动关系作出规定。(1)依法规范用工行为。各类用人单位(含事业单位及国家机关招用的工勤人员,下同)招用人员,要坚持面向社会、公开招收、全面考核、择优录用的原则。招用人员必须年满十六周岁,并经过必要的职业技能或专业技能培训,按规定取得相应的职业资格证书。招用人员工作期限在一年以上的,用人单位和招用人员应按相关规定办理招用手续和用工备案手续。(2)规范劳动合同管理,建立和谐稳定的劳动关系。用人单位招用的人员必须在第一个工作日前订立劳动合同,并依法缴纳各项社会保险费,劳动合同中劳动条件和劳动报酬不得低于集体合同的规定。劳动合同期满后,应当及时办理终止手续。(3)妥善处理用人单位改革改制中的劳动关系。改制单位上报各项费用提留方案的同时,要上报职工安置方案。对职工安置方案不完善、资金不落实和操作程序不符合规定的,不得组织实施。改制后的用人单位应自办理工商注册登记之日起10日内,与吸纳的原单位职工变更或重新签订劳动合同,变更或重新签订劳动合同的期限不得少于原劳动合同未履行的期限,但最低不得少于3年。(4)加大劳动保障监察执法力度,切实维护职工合法权益。对用人单位招用人员后不签订劳动合同、不办理招用手续、不依法缴纳社会保险费的,依据有关法律法规,严肃查处。

(常绪扩 陈海隆)

【泰安市技工学校成立】 3月,根据泰安市人民政府《关于做好市属中等职业学校布局结构调整工作的通知》精神,以市劳动局技工学校为依托,将市机械电子技工学校、市商业技工学校、市化工技工学校、市纺织技工学校、市一轻技工学校合并,组建“泰安市技工学校”,由市劳动和社会保障局管理。在校生2600人,教职工332人。4月4日～15日,由市人事、财政、审计、国资、劳动保障等部门联合组成交接工作组,对合并的各校进行财产审计和人员登记,完成了人财物的交接。5月16日,新组建的泰安市技工学校举行揭牌仪式。年内,合并后的市技工学校招生1079人,其中高级班招生59人。

(梁卫言)

社会保障

【概况】 2002年,全市各级劳动和社会保障部门进一步加快社会保障体系建设,在全市初步形成了养老、失业、医疗、生育和工伤保险“五险合一”,企业下岗职工基本生活保障、失业保险和城镇居民最低生活保障三条保障线相互衔接的社会保障格局,社会保障体系基本框架初步确定。

养老保险 ①机关事业单位养老保险。全市机关事业单位养老保险参保人员11.1万人,覆盖面91%;离退休人员2.3万人。年收缴养老保险费2.92亿元,年支付离退休人员养老金2.98亿元。离退休人员养老金社会化发放试点工作稳步推进,由银行代发养老金的离退休人员达7683人,占离退休人员总数的33%,其中市直2012人,占市直离退休人员总数的43%。加强社会保险稽核工作,全市稽核参保人数3.89万人,占参保人数的36%,追缴清理欠费1076万元。市机关事业保险处被山东省劳动和社会保障厅评为社会保险基金预决算工作先进单位。②企业养老保险。通过采取目标责任制、否决制、表彰奖励机制、依法征缴制、舆论监督制等措施,狠抓企业养老保险费征缴清欠工作。年内共收缴企业养老保险费3.35亿元,收缴率95.4%,比上年增收6018万元,提高9.6个百分点。③农村社会养老保险。年内,在全市集中开展投保缴费清查核对工作,8月份,在各县(市、区)自查完成的基础上,9月中旬,市劳动保障局对全市参保农民的缴费证、缴费记录卡、养老金领取证发放使用情况进行检查。通过清查核对,基本摸清了农村养老保险的底数。年底,全市有参保农民127.4万人,占农业人口总数的48%;全年收取养老保险费212.7万元,基金滚存结余2.74亿元;为1.5万名农民发放养老金160.9万元。自1997年至2002年,全市共向农民发放养老金1101.8万元。

医疗保险 年内,6个县(市、区)全部启动实施基本医疗保险,全市参保人数达到35.2万人,城镇职工基本医疗保险制度运行平稳。①强化基金征缴和支出管理,全市收缴基本医疗保险费1.68亿元,按规定划入个人帐户9136万元,建立统筹基金7135万元,基金征缴率达95.4%;参保人员消费个人帐户5731万元,统筹基金支付基本医疗保险费用5148万元,基金运营安全平稳。②加强对定点医疗机构的管理,推行“两定一核”(定责科室、定责医师、对定责的科室和医师定期考核)管理办法,指导定点医院建立健全医保管理制度。制定《泰安市城镇职工基本医疗保险定点医疗机构管理服务质量考核暂行办法》,建立定点医院医疗费用信息通报制度、社会评议制度,对定点医院实施管理服务质量考核,规范了医疗服务行为。年内,全市有13.5万名企业职工参加了大病医疗统筹,自1997年至2002年,全市累计为9890名职工支付大病医疗费5154万元。

失业保险 年内,全市1756家企事业单位参加失业保险,参保人数40.6万人(企业参保职工34.2万人,机关事业参保职工6万人),覆盖面达96%,参保人数比上年增加0.9万人,增长了2.3%,全年收缴失业保险费3771万元,比上年增加584万元。其中,企业单位征收失业保险费3206万元,比上年增加479.6万元;机关事业单位征收失业保险费565万元,比上年增加104.4万元。全市为8760名失业职工发放失业救助金1283万元,用于失业职工职业培训补贴368万元,职业介绍补贴23万元。自1997年至2002年,全市累计为1.4万名失业职工发放失业保险金1652.5万元,向下岗职工基本生活保障调剂失业保险金3385万元。

生育保险 认真贯彻《企业职工生育保险试行办法》,全市参加生育保险的职工达28万人,年内收缴生育保险费1023万元,按规定支出生育保险费1095万元,4538名生育女工享受到生育保险待遇。

工伤和劳动能力鉴定 年内,对187个单位的329名伤残(亡)职工调查取证,进行工伤认定。对全市1351名病(残)职工进行医疗检查和医学评定,下达劳动能力鉴定结论,维护了企业及职工的合法权益。

年内,在做好五险工作的同时,重点加强了“两个确保”,继续坚持目标不变、政策不变、工作要求不变的原则,按照财政安排、社会捐助和企业自筹的“三三制”原则筹集资金。在生活费发放上,主要区分四类不同情况进行救助:一是对已进入再就业服务中心的下岗职工按月发放生活费;二是对部分企业在改制期间出现的困难职工给予临时性救助；三是在重大节假日期间对困难企业的特困职工给予一次性救助。年内，全市共筹集下岗职工基本生活保障资金2572.6万元，其中财政安排2167万元，社会筹集353.9万元，企业自筹51.7万元；对5.51万人次下岗职工和困难企业职工发放基本生活费1290.72万元；四是按照中央、省《关于认真解决部分在企业工作的军队转业干部生活困难问题的通知》精神，为664名企业军转干部补发拖欠工资282.875万元，补缴社会保险费96.26万元，政府出资购买公益性岗位安置企业军转干部430人。自1997年至2002年，全市累计筹集下岗职工基本生活保障资金1.49亿元，其中财政安排9841万元，社会筹集4435万元，企业筹集683万元，为42万人次下岗职工发放基本生活费9281万元。全市4.03万名企业离退休人员全部通过社会保险机构在银行设立的发放点，及时足额领取养老金，年内共发放养老金3.13亿元，月人均达647元，较上年提高86元，社会化发放率及按时足额发放率均为100%，没有发生新的拖欠。自1997年至2002年，企业离退休人员由1997年的2.66万人增加到2002年的4.03万人，年均增加2740人，五年来全市共发放机关事业单位和企业离退休人员养老金21.9亿元。（张明德　徐西昌）

【企业养老保险费征缴清欠】　年内，全市社会保障机构加大企业养老保险费征缴清欠措施，取得明显成效。全年征缴3.2亿元，征缴率95.4%，清欠1506万元。(1)实行目标责任制。在全市建立了养老保险费征缴领导责任制和征缴人员岗位目标责任制，社会保障机构把任务分解到科室和个人，加强对重点县市区的督导，每月对目标责任制落实情况进行考核通报。市社会保险事业处设立两个征缴稽核科，落实编制、经费和车辆，抽调10名人员集中抓征缴。(2)落实否决制。认真落实市政府有关制约措施，定期向有关部门通报企业欠费情况，在缴费单位建房审批、劳模评选、文明单位评选表彰中充分发挥监督制约作用，促收养老保险费500多万元。(3)建立表彰奖励机制。制定征缴奖励办法，市政府首次对在养老保险费征缴工作中做出突出成绩的47个单位及50名先进个人予以表彰，调动了各方面的工作积极性。(4)实行依法征缴制。全市通过劳动年检、执法大检查等手段促缴欠费1110万元。市直对有能力而拒不缴纳养老保险费的欠费大户，通过法院依法强制征缴，收缴欠费305万元。(5)舆论监督制。编撰出版《企业职工基本养老保险政策与实务》，印发社会保险知识问答宣传手册1万份，发放养老保险个人账户清单。在《泰安日报》开辟"企业职工基本养老保险政策介绍"专栏，刊登政策问答19期，公布养老保险费缴纳情况及欠费500万元以上企业名单，通过舆论监督促征缴。（魏其高　刘永军）

【提高企业离退休人员养老金待遇】
年内，一次提高企业离休人员养老金待遇，两次提高企业退休人员养老金待遇。离休人员按照职务级别、参加工作时间等条件，从110元至300元分五个档次进行增加，全市2179名离休人员月人均增加137元，增加的养老金作为计发每年1至2个月工资额生活补贴的基数，并按省劳动和社会保障厅要求，对离休人员的基本离休费和国家、省规定的各项补助补贴等项目的统筹进行统一和规范。退休人员两次分别按本人月基本养老金的7%和5.5%进行增加，并对退休早、养老金偏低的老干部、老工人、军队转业干部等人员作了适当提高，两次月人均分别增加50.34元、38.3元；两次调整待遇后的补发额2524万元全部纳入社会化发放，分别于4月底、12月底补发兑现给企业离退休人员。年底，离退休人员月人均养老金达到647元。（刘仰军）

【制定出台机关事业单位失业保险政策】
年内，市劳动和社会保障局、市财政局、市人事局联合下发《关于机关事业单位失业保险有关问题的通知》(泰劳社发[2002]86号)。通知规定：凡本市行政区域内的国家公务员以外的职工，各类事业单位、民办非企业单位及其职工，社会团体及其专职人员，必须参加失业保险，依法缴纳失业保险费，其失业职工依法享受失业保险待遇。失业保险收缴比例，国家机关按应参加失业保险职工工资总额的2%缴纳失业保险费，其他单位按全部职工工资总额的2%缴纳失业保险费，职工个人按本人工资总额的1%缴纳失业保险费。单位缴纳的失业保险费，机关和财政核拨正常经费的事业单位，由同级财政列入预算，其他事业单位从自有资金中列支。个人缴纳的失业保险费，由所在单位从个人工资中代扣代缴。缴费比例自2002年10月1日起执行。（张　凯　王灿胜）

【市直基本医疗保险政策作出调整】
(1)调整参保人员的住院费报销政策。年内，根据市劳动和社会保障局、市财政局、市卫生局联合制定的《关于市直基本医疗保险制度实施中有关问题的处理意见》(泰劳社发〔2002〕48号)，参保人员住院发生的医疗费用，在起付标准以上、1万元以下，1万元至2万元，2万元至3万元三个档次中，个人负担比例，在职职工由原来的负担20%、15%、10%，降低为15%、10%、5%；退休人员由原来的负担15%、10%、5%，降低为10%、5%、2.5%。参保人员住院期间使用"乙类目录"药品发生的费用，先由个人自付费用由原来的15%降为10%；使用基本医疗保险基金支付部分费用的诊疗项目、医疗服务设施项目发生的费用，个人先自付费用由原来的20%降为15%。此项措施可使住院参保人员个人负担降低7个百分点。(2)调整特殊病种门诊补助标准及补助范围。特殊病种门诊补助起付标准由原来的个人帐户加800元降低为600元，个人负担比例由原来的30%降低为在职职工负担20%、退休人员负担15%。特殊病种门诊医疗补助范围扩大到14种，将符合条件的786名参保人员纳入了补助范围。(3)提高大额医疗救助金救助标准。大额医疗救助金救助标准由10万元提高到15万元，个人负担比例由30%降为10%，超过15万元以上部分，由参保单位救助90%，个人负担10%。另外，制定出台建立离休人员医疗保障机制的有关政策措施，确定了全市实施离休人员医疗保障工作的具体方案。（刘森林　李　健）

民政工作

【概况】　年末，全市有市、县两级民政机构7个，在职职工166人，其中市民政局在职64人。全市民政工作围绕年初确定的目标，突出重点，狠抓落实，单项工作取得突破，整体工作上新水平。泰安市、泰山区、新泰市、肥城市被省委、省政府、省军区评为"全省双拥模范城(区)"称号，市民政局、东平县被省委、省政府、省军区评为"全省拥军优属先进单位"称号，市民政局荣获"全省创建文明行业先进单位"、"社会救助制度建设先进单位"等称号。市复退军人精神病院护理部主任范维琴被国家人事部、民政部授予"全国民政工作先进个人"称号，荣获民政部最高荣誉"孺子牛"奖。

社会救助和社会福利　①年内，全市普遍遭受旱灾，年平均降雨293.9毫米，夏季出现持续高温天气，最高气温达41℃，造成大范围的河水断流、塘坝干涸，一些地方出现人畜吃水困难。全市农作物有29.75万公顷受灾，25.66万公顷成灾，8.55万公顷绝收，直接经济损失15.34亿元，农业直接经济损失15.06亿元，327.7万人受灾，229万人成灾。全市缺粮人口达29.88万户、104.2万人；既缺粮又缺钱的"双缺户"7.67万户、25.45万人，总计缺粮8513.4万千克。因干旱造成106万人、11.1万头大牲畜饮水发生困难。民政部门积极组织开展救灾活动，争取省民政厅拨发救灾款545万元，发放救济粮35万千克，救济16.99万人。开展为灾区和贫困地区扶贫济困送温暖捐助活动，全市有567个单位7.15万人捐赠现金61万元、衣被3.77万件。②移民安置工作取得新成果。重庆市开县707名农村外迁移民顺利迁入泰安市安置新家，直接承担移民安置任务的泰山区、岱岳区、新泰市、肥城市、宁阳县的15个镇45个村，共为移民安排承包耕地45.53公顷，安排宅基地165处、3.46万平方米，为移民新建住房165套、1.81万平方米，安排140名移民子女上学。③市政府颁发《泰安市城市居民最低生活保障实施细则》，取消过去对城市低保对象按照"年龄段"计算"虚拟收入"的规定，增加低保资金投入。年内，全市投入保障资金1623.75万元，保障城乡低保对象2.03万户、4.95万人。全年累计发放保障金1647.09万元，其中城市保障1.07万户、2.75万人，发放保障金1235.96万元；农村保障9631户、2.20万人，发放保障金411.13万元，城乡保障总人数比上年同期增加17%。同时向962名企业困难军转干部发放81.2万元临时救济金，为市直企事业单位的49户特困职工发放特困救助金13.6万元。④年内，全市福利彩票销售额达1.44亿元，为社会筹集福利基金5057万元，拨出677万元福利基金，资助福利院、乡镇敬老院、社区服务中心、"星光计划"等福利及公益事业建设项目150多个；投入160万元救助3000名特困职工和1000名残疾人；投入170万元完成的首批8个"星光计划"项目正式使用。新建福利企业6个，安置506名残疾人就业；对全市167家福利企业进行年检认证，对其中不合格的27家取消福利企业资格，对存在问题的14家限期整改，对全市福利机构进行规范管理，对符合条件的老年公寓进行登记、核发执业证书。年底，全市有农村五保对象9400人，其中各级敬老院供养4686人，集中供养率50%；敬老院95处，其中乡镇敬老院83处。年内投资33万元，改扩建敬老院7处。

服务军队和国防建设　①提高革命伤残军人和"三属"的定期抚恤金。年内，市政府出台《关于农村优抚对象优待金问题的通知》，提高农村优抚对象的优待标准，规定农村义务兵家属优待金相当于所在县（市、区）上年度农民人均纯收入的数额，"三属"、革命伤残军人、老复员军人的优待金相当于所在县（市、区）上年度农民人均纯收入的三分之一，带病回乡退伍军人给予适当优待。6个县（市、区）根据市里的通知精神，制定了各自的实施办法。年内，全市拨发抚恤金3308万元，对2.32万名伤残军人和"三属"给予生活补助。其中，农村义务兵家属优待金平均达到2080元，其他重点优抚对象达到义务兵家属优待金的三分之一。6个县（市、区）还分别出台"重点优抚对象优抚医疗保障办法"，并建立了大病救助基金，对优抚对象实行优质服务和医疗减免。②安置退役士兵及随军家属就业。年内，安置1410名退役士兵就业。其中，111名城镇退役士兵通过考试考核安置到事业单位，172名城镇退役士兵自谋职业。接收军队离退休干部3人，无军籍退休职工10人，安置率100%。安置290名随军家属到事业单位和效益好的企业就业，全市随军家属就业安置率达97.9%，其子女上学问题全部得到解决。③支持部队建设。支持部队"菜篮子工程"建设，保证了驻泰部队每个连队都有一个蔬菜大棚。从6月1日起，泰山、岱庙及内部各景点免费向全军现役军人开放。全市累计为部队和优抚对象赠送款物合计110万元，办实事、好事3600多件，为部队新赠微机、电教设备110多台（套）。在泰城新设或恢复双拥公益广告牌27块（幅）。为71916部队海训、山训及济南军区陆军学院学员拉练等4次大的军事演练组织了拥军慰问活动，组织10多万人次参加欢迎欢送活动。建立徂徕山军民共建植树造林基地，驻泰部队官兵先后为地方建设累计出动兵力1.1万人次，完成义务劳动日7.1万多个。与市人事局、市妇联联合表彰了20名优秀军人母亲、优秀军人妻子。泰安市肉联厂退休职工贾美荣被省双拥工作领导小组表彰为"山东省十佳兵妈妈"称号。王秀梅等4名双拥先进个人被省委省政府分别记一、二、三等功和通报表彰。

7月16日，由民政部组织的全国首次救灾应急预案演练在东平县举行。民政部副部长杨衍银（左一）、山东省副省长王军民（左二）在市委副书记、市长耿文清（左三）的陪同下观摩了演练

基层民主政治建设　年内，全市3584个村委会顺利完成换届选举，占村委会总数的99%。全市选民参选率达到92%。召开了全市社区建设工作

会议，下发《社区建设实施方案》、《社区成员单位职责》等文件，在全市普遍建立起新型基层社区组织机构，初步构建起社区建设的框架。认真开展了城市社区建设示范活动，泰山区、泰山区岱庙街道办事处、财源街道办事处、泰山区岱庙街道办事处市场社区、迎暄社区、岱西社区、泰前街道办事处泰前社区、财源街道办事处财西社区、岱岳区粥店街道办事处司家庄社区、新泰市青云街道办事处东南关社区、新汶办事处孙村社区等被评为“山东省社区建设示范单位”称号。

专项社会事务管理　年内，全市6个县(市、区)全部设立二级民间组织管理专门机构，形成比较完善的民间组织管理体系。社团管理工作完成社团分支(代表)机构复查登记，对全市26个社团分支(代表)机构进行注册登记。开展行业性社团的培育和发展，年内新增行业性社团4个，全市累计125个。开展社会团体编制核定和社团党建工作，为2个社团核定社团编制7名，帮助2个社团建立起党组织。先后两次召开全市民间组织管理工作会，落实民办非企业单位登记工作任务。年底，全市登记各类民办非企业单位1200个。狠抓婚姻登记处规范化建设，泰山区、肥城市投资27万余元对登记处进行装修改造，6个县(市、区)共投资10.4万余元购置办公自动化设备。强化殡仪馆规范化建设，加强公墓管理，规范管理服务经营行为。认真贯彻实施《收养法》，做好收养登记工作。年内，省政府批复同意，设立新泰市刘杜镇、果都镇，泰山区上高乡、徐家楼乡撤乡设立街道办事处。完成了全市5300个自然村、3691个行政村、居委会名称资料和86个乡镇以上行政区划名称资料上报省民政厅的工作。将全市及周边地市25条边界线的勘定成果档案共计200份500余张地图及100本协议书相互移交。

【首批“星光计划”项目建成】　“社区老年福利服务星光计划”(简称“星光计划”)是民政部在全国实施的一项旨在改善老年人生活状况，为老年人服务的福利工程，通过发行福利彩票筹集的福利基金，资助城市社区的老年人福利服务设施、活动场所和农村敬老院建设。年内，全市首批8处“星光老年之家”投入使用，建筑总面积8800平方米，投资510多万元，其中市、区两级福利金资助170万元。建成的首批“星光计划”项目，集图书阅览、文体健身、棋牌书画、休闲娱乐等多项服务功能为一体，为广大老年人提供福利服务。

【民政部救灾应急预案现场演练在东平县举行】　7月16～18日，民政部首次救灾预案现场演练在东平县举行。此次演练模拟了东平县连续降水，东平湖告急，大坝岌岌可危，3万多库区群众急需转移，政府按照救灾应急预案进行的紧急救灾实景。演练共分预案启动、落实各部门任务、实施紧急转移、转移途中保障、安置受灾群众5个部分。演练中的各级政府干部、群众、民兵和解放军均为实景当事人，共5000余人参加，动用车(船)98部(只)。来自民政部、卫生部、解放军总参谋部和北方18个省(自治区、直辖市)民政部门的领导以及中央电视台、人民日报社等国家和省市新闻媒体的记者100余人参观了演练。这是全国首次举行救灾应急预案演练，对于建立和完善救灾应急预案，增强救灾工作规范化、制度化，培育灾害紧急救援能力，提高灾害应急反应水平具有重要意义。

2002年度泰安市婚姻登记情况统计表

单位	结婚登记						离婚(对)
	合计(对)	初婚(人)		再婚(人)		复婚(对)	
		男	女	男	女		
合计	47007	44829	43983	2124	2970	54	673
泰山区	6161	5782	5830	372	324	7	250
岱岳区	7767	7497	7211	264	550	6	41
新泰市	10774	10194	10064	567	697	13	247
肥城市	9272	8807	8598	446	655	19	66
宁阳县	6187	5976	5818	705	363	6	39
东平县	6846	6573	6462	270	381	3	30

2002年度泰安市成立登记的社会团体情况一览表

社团名称	登记证号	法定代表人	业务主管单位
泰安市泰山保税物流中心职工技术协会	J0181	段崇海	市总工会
泰安市内部审计师协会	J0182	王峰	市审计局
泰安市园艺技术协会	J0183	王金水	市科协
泰安市小尾寒羊研究会	J0184	陈伟	市科协
泰安市武术协会	J0186	曹东平	市体育局
泰安市光彩事业促进会	J0187	艾庆森	市工商联
泰安市收藏家协会	J0188	张传稚	市文联
泰安市劳模协会	J0189	邹斌芳	市总工会
泰安消防协会	J0190	刘希俊	市公安局
泰安市科技咨询协会	J0191	宿丽	市科协
泰安市刑事科学学会	J0192	亓景会	市公安局

(陈绪峰)

老龄工作

【概况】 年末，全市有60岁以上老年人63.04万人，占全市总人口的11.65%。其中农村老年人50.42万人，城镇老年人12.62万人；其中60～69岁36.03万人，70～79岁20.49万人，80～89岁5.27万人，90～99岁1.25万人，100岁以上52人。年内，全市老龄工作围绕党政主导、社会参与、全民关怀的老龄工作方针，发挥协调指导、政策引导、典型示范和表彰奖励的推动作用，老龄整体工作上了新台阶。

养老保障　年内，在全市农村继续开展了家庭赡养协议书的签订和兑现工作，以县(市、区)为单位制作统一样本、统一内容的赡养协议书文本，充实内容，提高标准，完善司法公证、监督实施、定期回访、续签、兑现制度。农村老年人与子女签订赡养协议书65万户，占有老人户的95%，兑现率在98%以上。集体养老成份不断增加，有1054个村(居)实行养老补贴和退休制度。年内除政府办的社会福利院、敬老院外，社会兴办老年公寓7处，全市养老床位达1.45万张。

维护老年人权益　年内，全市县以上老龄办工作人员全部参加了行政执法人员的培训和考试，并拿到行政执法证。举办老年法规培训班20期，涉老案件立案217件，审结210件，减免老年人诉讼费4.48万元；接待老年人法律咨询4965人次，处理老年人来访3874人次，调解涉老纠纷2638件，有995人获得法律援助，减免法律援助咨询费8.5万元。全市有53.46万名老年人领取了《老年人优待证》，占老年人总数的84.8%。配合农村税费改革，制定出台《泰安市优待老年人规定》，规定农村70岁以上的老年人，免交农业税，减免率100%，共计免征新增农业税及其附加1469万元，平均每人免征61元。免征乡村公益事业金646.5万元，免除老年人各种出资出工折款3372.36万元。对百岁以上老年人给予每月100元的长寿补贴。

老年福利设施　全市县以上医院普遍设立老年门诊或老年家庭病床，老年病床达1万多张。全市老年活动中心达到45处、老年活动室(站)3534个，固定室外活动场所4500多处；全市的公园、景区和文化娱乐场所、体育活动场所、公共交通等都设立了专门为老年人服务的项目。全市为老年人

2002年度泰安市百岁老人名录

姓　名	性别	出生年月	住　址
贾相兰	女	1902.7	泰山区岱庙办事处东关村
范玉杰	女	1901.6	泰山区岱庙办事处昇平街
宋周氏	女	1900.9	岱岳区大汶口镇颜南村
李长梅	女	1900.12	岱岳区范镇孙埠东村
马桂荣	女	1903.6	岱岳区角峪镇纸房村
于岱东	男	1902.7	岱岳区满庄镇南淳于村
马存英	女	1902.2	岱岳区满庄镇东南牛村
明延经	男	1902.6	岱岳区马庄镇漕河村
腾桂英	女	1897.12	肥城市安庄镇萧家店村
刘李氏	女	1897.6	肥城市桃源镇郭刘村
马宪英	女	1898.12	肥城市石横镇中东村
尹石氏	女	1902.1	肥城市老城镇东百尺村
尹继桂	女	1902.4	肥城市桃园镇里留村
牛衍英	女	1902.1	肥城市安站镇贺庄村
王赵氏	女	1896.12	肥城市安家庄镇和埠岭村
陈阴氏	女	1897.4	肥城市石横镇道口村
欧阳桂云	女	1898.9	肥城市汶阳镇西徐村
萧长法	女	1899.9	肥城市老城镇曹庄村
孙李氏	女	1901.2	肥城市新城镇伊家沟村
秦光太	男	1901.1	肥城市新城镇伊家沟村
王世钧	男	1901.2	肥城市王庄镇东焦村
刘志成	男	1900.2	新泰市天宝镇大东庄村
李影仁	男	1901.10	新泰市青云街道卫生院
李善英	女	1901.8	新泰市龙廷镇关庄村
焦照英	女	1901.5	新泰市宫里镇贺一村
袁玉英	女	1902.2	新泰市天宝镇敬老院
张　氏	女	1902.2	新泰市青云街道办事处南关居委会
赵克玉	女	1902.4	新泰市龙廷镇土门村
王富英	女	1901.8	新泰市龙廷镇土门村
秦刘氏	女	1902.1	新泰市翟镇宝安庄村
李王氏	女	1902.2	新泰市西张庄镇西张庄村
王德香	男	1902.11	新泰市东都镇黄崖村
孔宪兰	女	1902.9	宁阳县葛石镇黑石村
孙丰英	女	1902.9	宁阳县堽城镇苑庄村
李广英	女	1902.8	宁阳县堽城镇苑庄村
戴仁祥	女	1901.3	宁阳县伏山镇曹庄村
张孔氏	女	1901.12	宁阳县乡饮乡沙河村
王凤莲	女	1902.3	东平县银山镇西茂王村
陆诗凤	女	1902.4	东平县戴庙乡沈楼村
侯云果	男	1902.4	东平县老湖镇侯林村
张文英	女	1902.4	东平县老湖镇庄科村
孙明芷	女	1900.9	东平县银山镇贺庄村
王苗氏	女	1900.2	东平县新湖乡叶庄村
王瑞全	女	1900.1	东平县梯门乡马庄村
于马氏	女	1894.3	东平县大安山乡新村
张春连	女	1901.12	东平县银山镇银徐村
范文梅	女	1901.8	东平县新湖乡
乔西英	女	1901.9	东平县沙河站镇沙北村
陈允英	女	1901.1	东平县东平镇后路口村
孙宝兰	女	1898.3	东平县梯门乡西芦泉村
白安立	男	1901.10	肥城矿业集团查庄煤矿
陈朱氏	女	1899.2	肥城矿业集团杨庄煤矿

免费开放公园29处,优惠开放公共文化娱乐、体育场所106处。

开展争创敬老模范活动 年内,在全市开展争创敬老模范单位和争当敬老模范个人、模范老人活动。全市统一标准、严格要求、不搞平衡、自下而上、层层评选,逐级进行了表彰。12月25日,市老龄委召开表彰大会,对评选出的86个敬老模范单位、35名敬老模范个人、20名模范老人和23个老龄工作先进单位、30名老龄工作先进个人进行表彰。通过开展争创活动,全市上下进一步形成重视老龄工作、关心老龄事业、积极为老年人办实事的浓厚氛围。全市各级慰问老年人6.25万人次,慰问金额408.96万元;救助特困老年人1.77万人次,金额633.66万元。

老龄宣传教育 各级把加强老龄宣传教育作为老龄工作的基础工程来抓,充分利用各种新闻媒体加大老龄宣传教育的力度。泰安电视台制作了《泰汶夕阳红》老龄工作专题,全面宣传报道了全市老龄工作在各个方面取得的成就。泰安日报等新闻媒体也开辟老龄工作专版、专题或专栏,全市形成了浓厚的舆论氛围。全市各级表彰奖励老龄工作者365人次,表彰奖励老年人5397人次。召开宣传会议190多次,办宣传栏1万多期、永久性宣传标牌2万多个,出动宣传车1000余台次,张贴标语6万条,举办骨干培训班26期,提高了全社会的敬老、养老、助老意识和依法维护老年人权益的法制观念。各级还注重加强老龄宣传队伍建设,全市有老龄工作通讯报道员216人,在新闻媒体发表老龄工作稿件992篇,发表学术调研文章16篇。

【肥城市被列为全省农村社区老龄工作试点】 年内,根据全国老龄办的部署,肥城市被列为全省唯一的农村社区老龄工作试点单位,对社区老龄工作的任务内容、工作体制、运行机制等问题,进行认真的探索和实践。通过试点,理顺了老龄工作体制,健全了老年人活动阵地,强化了老龄组织,完善了规章制度,丰富了老年人的精神文化生活,促进了社会稳定和经济发展,实现了"有一块好牌子、有一套好班子、有一支好队伍、有一系列扎实有效的活动、有一套好职责和制度,有一个好的活动场所"六个一的工作目标,推动了全市老龄工作的发展。肥城市社区老龄工作试点经验,对全省具有指导意义。

(薛　华)

残疾人事业

【概况】 年末,全市有残疾人25.3万,包括视力残疾、听力语言残疾、肢体残疾、智力残疾、精神残疾、多重残疾6大类,占全市总人口的4.8%,平均每5个家庭有一个残疾人。视力残疾占残疾人总数的14.6%;听力语言残疾占34.3%;肢体残疾占14.6%;智力残疾占19.7%;精神残疾占3.8%;多重残疾占13%。年内,全市各级残联本着代表残疾人的共同利益,维护残疾人的合法权益,团结教育残疾人,为残疾人服务的宗旨,承担市政府委托的各项任务,残疾人事业得到更快发展。

残疾人就业和扶贫 年内,进一步贯彻落实市政府颁发的《泰安市分散按比例安排残疾人就业办法》,通过分散安置、集中安置、个体就业等形式,全市安置近4000名残疾人就业。举办服装裁剪、缝纫、美容美发、电脑培训、盲人按摩等各类残疾人职业技能培训班96期,培训残疾人1294名。全市900名盲人医疗按摩人员中,有30人取得医疗按摩师资格。争取小额信贷500万元,滚动扶持残疾人1.2万户。发挥扶贫基地辐射作用,带动残疾人1.8万名,发动社会力量"帮、包、带、扶",与残疾人结成帮扶对子1.1万人,扶持4300多名贫困残疾人脱贫解困。在农村税费改革中落实残疾人优惠政策,全市为残疾人减免税费1000多万元。市残联会同市直机关工委联合下发了《关于开展向残疾人捐赠电脑活动的通知》,社会各界积极响应,收到捐赠电脑30多台。年内,把符合条件的9000名残疾人家庭纳入城乡最低生活保障。

残疾人康复 年内,市政府从福利彩票收益中拨款80万元,为300余名肢残人配备轮椅,为500余名白内障患者实施白内障复明手术,救助200名贫困残疾学生。年内,全市共为1900名白内障患者实施了复明手术,完成各类肢残矫治手术260名。为300余名低视力患者配用了助视器,培训家长167人,并开展了低视力功能训练。开展聋儿语训,培训聋儿78人,培训聋儿家长78人,通过语言训练,部分聋哑孩子能随班就读。邀请精神病康复专家举办精神病护理知识讲座,提供心理咨询等,开展精神病防治康复工作。

残疾人维权 市残联在积极配合市县两级人大、政协进行执法检查的同时,继续开展了"残疾农民爱心法律顾问"活动。年内,法律援助机构为残疾人代写法律文书750件,协调处理侵犯残疾人权益的案件210起,维护了残疾人的合法权益。市残联开通残疾人热线电话(号码6991613),专门针对残疾人提出的困难和问题进行解答、协调和救助。处理残疾人来信407件,来访2821人(次),处结率98%,其中市残联接待来访1131件(次),平均日接访5.1件(次),处结率为100%,杜绝了越级上访、集体上访和进京上访事件。

残疾人文体宣传 市人民广播电台、电视台分别设立了反映残疾人事业的广播专题节目《在同一片蓝天》和电视栏目《金色阳光》,全市在县以上电视台、广播电台、报刊等刊登稿件1400多篇。助残日期间,市委常委、副市长贾学英在泰安日报发表《与时俱进,扶贫助残,大力发展残疾人事业》的署名文章。10月,举办残疾人文艺汇演,全市6个县(市、区)120名残疾人演员参加了演出,经专家评委审定有11个节目被评为优秀节目,宁阳县、市盲校并列获得一等奖。10月下旬,市残联与体育局共同举办残疾人运动会,该运动会设田径、柔道、举重、射箭、乒乓球、聋人篮球、盲人门球、羽毛球等8个项目,全市6个县(市、区)、新汶矿业集团7个代表队的120名残疾人运动员参加了比赛,市盲校、宁阳代表队团体总分并列第一名。

【无障碍设施建设】 年内,市残联会同建设局、财政局等部门重新修订完善了无障碍设施规划,严肃无障碍设施审批程序,做到有规划、有制度、有专人监督实施。凡是新建大楼、新铺设公路必须有无障碍设施。年内,全市在城市道路建设和改造中共铺设盲道180千米,坡道1600处,为残疾人行走提供了方便。

【庆祝国际盲人节】 10月15日是国际盲人节。节日期间,泰安市与香港盲人辅导会共同举办了泰港100名盲人参加的"泰港盲人登泰山、东岳云霄显不凡"为主题的登泰山活动。副省长邵桂芳为这次活动发来贺信，原省人大副主任严庆清专程从济南赶来参加活动，市委常委、副市长贾学英代表泰安市委、市政府在登山仪式上致辞。

（朱桂云）

人民生活

【居民收入】　年内，全市城镇居民人均可支配收入为7369.2元，同比增长14.9%。①职工工资收入平稳增长，个体经营者的净收益增长迅速。国有集体单位工资性收入仍是带动居民收入增长的主要原因。年内全市居民人均从职工单位得到的收入为6130.1元，同比增长6.5%，占可支配收入的84.2%。全年泰城居民人均个体经营净收入为42.36元，同比增长2.2倍。②转移性收入继续增长。年内人均转移性收入1106.5元，同比增长141.6%。一是养老、退休金收入有较大幅度增长，人均630.0元，同比增长80.6%，带动转移性收入增长61.4个百分点。二是捐赠和赡养收入明显增长。捐赠和赡养收入298.0元，增长3.1倍，带动转移性收入增长49.2个百分点。三是随着产业结构的不断调整和社会保障体制的进一步完善，城市居民家庭得到的社会救济金、赔偿金等都有较大的增长，人均其他转移性收入为109.7元。③财产性收入下降幅度较大，人均144.0元，同比下降28.0%，其中人均利息收入10.2元，下降63.3%；人均股息与红利收入121.4元，下降6.0%。

年内，全市农民人均纯收入达3135元，同比增加179元，增长6.0%。①工资性收入是农民增加收入的主要渠道。全市工业经济、民营经济和招商引资三大工作取得突破性进展，特别是固定资产投资力度不断加大，吸收安置了大量农村剩余劳动力，拓宽了农民增收渠道。年末全市农村非农劳动力达78.4万人，比上年增长8%，其中从事建筑业的劳动力24万人。农民人均工资性收入1155元，同比增加244元，增长26.8%。其中，到本乡镇之外打工的工资收入337元，增长30%；在本地提供劳务得到的工资性收入818元，增

2002年度泰安市城乡居民实物消费量情况表

项　目	计量单位	平均每人	
		泰城	农村
粮　食	千克	75.6	276.5
鲜　菜	千克	121.4	96.5
食用植物油	千克	4.0	7.8
肉　类	千克	21.1	10.2
禽　类	千克	5.3	5.6
蛋　类	千克	16.0	19.7
服　装	件	7.1	0.6

2002年度泰安市城乡居民耐用消费品拥有量情况表

项　目	计量单位	平均每百户拥有量	
		泰城	农村
录放机	台	20	3
彩　电	台	117	58
洗衣机	台	92	60
电冰箱	台	85	13
摩托车	辆	69	46
影碟机	台	54	25
组合音响	套	22	11
移动电话	部	62	12

2002年度泰城居民家庭现金收支情况表

单位：元

项　目	每人年平均	比上年±%
可支配收入	7369.2	14.6
生活费支出	5442.7	9.7
食品支出	1894.3	15.0
粮食	190.6	62.3
油脂	33.4	−3.8
肉禽及制品	333.5	39.3
水产品	75.8	24.8
干鲜瓜果	136.2	47.9
衣着支出	677.5	9.2
设备用品及服务	458.6	−28.9
耐用消费品	316.0	−35.1
医疗保健	557.8	127.5
交通与通讯	414.1	10.5
交通费	175.1	−5.7
通讯费	239.0	26.4
教育文化娱乐服务	899.8	13.7
教育	502.8	29.1
居住	368.4	−43.3
杂项商品及服务	172.3	−40.7

长26.7%。②农民家庭经营收入增长缓慢。全市农民人均家庭经营纯收入1820元，比上年增加15元，增长0.8%。③财产性和转移性纯收入减幅较大，人均160元，同比减少33.3%。其中，财产性收入人均28元，减少34.6%；转移性收入132元，减少34%。④税费改革效果显著，农民受益落到实处，全市农民人均减少税费负担15元，相当于增加了15元的农民纯收入，拉动农民纯收入增长0.5个百分点。

【居民消费支出】 年内，泰城居民人均消费性支出5442.7元，同比增长9.7%。消费性支出中，除家庭设备用品及服务支出有所下降外，其余皆呈增长趋势，表明居民购买力有所上升，消费信心增强。①食品、衣着消费趋旺。年内，市场货源充足，价格稳定，肉、蛋、鱼、油、鲜奶消费均有不同程度增加，在外用餐支出继续增加，居民餐桌丰富，膳食结构不断改善。人均食品支出1894.3元，比上年同期增长15.0%。服装消费稳步增加，成衣化明显，人均衣着支出677.6元，比上年增长9.2%，其中成衣支出474.4元，增长14.0%，占衣着支出的70.0%。②医疗保健支出成为消费热点。随着收入水平不断提高，城市居民保健意识加强，购买滋补保健品增多。同时，随着医疗制度改革不断深化，居民家庭医疗费支出大幅增加。全年人均医疗支出557.8元，增长127.5%，居各项支出增幅之首。③教育、娱乐、交通和通讯支出平稳增长。在扩大物质消费的同时，居民精神文化方面的需求不断升温。泰城居民人均教育文化娱乐与服务消费支出899.8元，同比增长13.7%。现代交通工具和通讯信息产品的迅速发展，刺激了消费者的购置欲望。人均交通和通讯支出414.1元，同比增长10.5%，其中用于交通方面的支出175.1元，用于通讯方面的支出239.0元。④家庭设备用品及服务支出呈下降趋势。人均支出458.6元，下降28.9%，主要是居民家庭耐用消费品支出下降所造成，同比下降35.1%。

全市农民人均生活消费支出1687元，增长0.6%。①消费结构进一步改善，恩格尔系数继续降低。年内农民人均食品消费800元，占生活消费支出的比重(即恩格尔系数)为47.4%，比上年减少5个百分点。在食品消费方面，农民的饮食注重了食品的营养化和多样化，农民的副食消费量增加，营养状况得到改善，人均消费奶类3.1元，增长40.3%；在外饮食39.3元，增长41.1%。在耐用品消费方面，农民对耐用消费品的需求，呈现出低档耐用消费品普及、中高档耐用消费品迅速增加的趋势，全市农村中每百户拥有彩电58台，冰箱13台，影碟机25台，组合音响11台。②住房消费快速增长。全市农民人均用于居住方面的支出283元，同比增长23.9%。其中住房支出190元，增长40.9%；燃料费用支出56元，增长17.5%。③交通和通讯工具持续升温。现代通讯和交通工具在农村的普及率大幅度提高，百户拥有摩托车46辆，比上年增加3辆；百户拥用电话机60部，移动电话12部，少数农民已拥有汽车。

【居住状况】 (1)城市居民住房条件明显改善。年末人均住房使用面积18.8平方米，比1998年增长11.9%。建筑式样日趋合理，配套设施日益完善。从住宅建筑式样看，96%的户为单元式住宅，其中三居室以上的家庭占55%；从卫生设备拥有情况看，卫生间带有浴室设备的家庭达到60%；从取暖设备拥有情况看，使用集中供暖和空调取暖的家庭为61%；从住房产权情况看，年末90%的户拥有个人房屋产权。(2)农村居民居住环境不断优化。一是住房面积不断扩大，农民人均住房面积26平方米，比上年增加1.4平方米。二是住房质量提高，扩建翻修住房十分普遍，年内全市农民人均新建房屋1平方米，比上年增加0.1平方米。

【居民储蓄】 年末，全市城乡居民储蓄存款余额247.6亿元，比年初增加29.2亿元，增长13.4%。全市年人均储蓄存款4532元，比上年增长12.7%。 (纪 萍)

关联信息

如何认识和理解“全面建设小康社会”

一、小康水平的评价标准及泰安市现状

从经济学的角度讲，对小康的评价标准国际上通常采用两个指标。第一称之为恩格尔系数，即家庭食品支出占消费支出的比重；第二称之为人均GDP。(参考表见下页)

根据我国实际情况，国家统计局与计划、财政、卫生、教育等12个部门于1991年共同制定了确定小康标准的16个基本监测指标和临界值。对照此标准，2000年，泰安市16项指标值除人均蛋白质摄入量低于标准0.2克外，其余15项指标均已超过小康标准。2001年，各项指标全部超过国家标准，即全市总体上达到并超过小康水平。(表见下页)

二、小康社会与小康水平的区别

党的十六大指出，所谓小康社会，是指在小康水平基础上，经济更加发展、民主更加健全、科教更加进步、文化更加繁荣、社会更加和谐、人民生活更加殷实的社会。由此看来，小康社会与小康水平有着明显的区别：

一是范围不一样。过去讲的小康或小康水平，是从生产发展和生活水平提高来讲的，这种小康仅仅进入了小康社会的门槛，是低水平的，不全面的，发展不平衡的。2000年，我国人均GDP达到800美元，尚属中下等收入国家水平，全国还有3000万人的温饱问题没有解决，城镇还有2000万人生活在国家最低社会保障水平线以下，农村还有几十万人口是低水平的不巩固的温饱。而全面建设小康社会，不仅包括物质的，更包括精神的和政治的。从物质方面讲，就是没有解决温饱的要尽快地解决温饱，并且要和全国其他地方一样，达到小康；温饱不巩固的要巩固温饱；温饱巩固了的要向小康前进，使中国12亿多人口都过上小康生活。从精神文明建设和政治文明建设方面讲，除人民在生活上达到小康外，还包括民主政治建设、教育、科技、文化的全面发展及可持续发展等。

二是标准不同。从人均GDP来说，原来讲的小康标准是800美元。而十六大提出，到2020年，我国国内生产总值力争比2000年翻两番，按照这一目标测算，现在全面小康社会的标准人均GDP就应该达到3000美元以上，符合世界银行2000年关于世界各国收入水平四类划分标准中上收入国家水平。其他相关指标也是如此。可见，在对全面建设小康社会的进程实施监测或量化时，不仅要提高反映人民生活水平的统计指标的临界值，而且还要全面反映精神文明和政治文明的发展进程。届时，可以肯定的说，全国人民生活更加殷实，社会主义民主更加完善，法制建设更加完备，全民族的政治思想素质、科学文化素质和健康素质明显提高，可持续发展能力将不断增强。

恩格尔系数和人均GDP标准参考表

恩格尔系数（联合国粮农组织规定）	60%以上	贫　困
	50—60%	温　饱
	40—50%	小　康
	20—40%	富　裕
	20%以下	极　富
人均GDP（世界银行规定）	545美元以下	低收入国家
	545—2200美元	中下收入国家
	2200—5999美元	中上收入国家
	6000美元以上	高收入国家

小康水平基本标准及泰安市完成情况表

监测指标	计量单位	指标临界值	泰安市实际值	
			2000年	2001年
人均国内生产总值	元	2500	3448	3852
城镇人均可支配收入	元	2400	6323（2742）	7115（3060）
农民人均纯收入	元	1200	2780（1430）	2956（1521）
城镇住房人均使用面积	平方米	12	18.8	19.7
农村钢木结构住房人均使用面积	平方米	15	20.0	21.6
人均蛋白质日摄入量	克	75	74.8	77.7
城市每人拥有道路面积	平方米	8	9.8	11.2
农村通公路行政村比重	%	85	99.6	99.9
恩格尔系数	%	50	39.9	40.4
成人识字率	%	85	89.5	89.5
人均预期寿命	岁	70	72.95	72.95
婴儿死亡率	%	3.1	1.0	0.9
教育娱乐支出比重	%	11	12.6	12.9
电视机普及率	%	100	101.9	105.4
森林覆盖率	%	15	20.3	21.3
农村初级卫生保健基本合格县比重	%	100	100.0	100.0

注：此标准由国家统计局与计划、财政、卫生、教育等12个部门于1991年共同制定。表中括号内数据为1990年价格。　（郝金荣）

编辑·校对　范宝品

县乡概览

泰山区

区委书记 杨忠海(2003年1月离职)
陈　刚(2003年1月任职)
人大主任 边清训(2003年1月离职)
王承泉(2003年1月任职)
区　　长 陈　刚(2003年1月离职)
张　斌(2003年1月任职)
政协主席 王士英(女,2003年1月离职)
路少先(2003年1月任职)

【概况】 该区因泰山而得名,位于泰安市中北部。面积336.86平方公里。常年平均气温13.6℃,年均降水量574.7毫米,水资源总量7.76亿立方米,可利用量5.91亿立方米。辖5个街道办事处、2个镇、1个乡、199个村(居)民委员会。年底全区总人口61.30万人,其中非农业人口44.87万人,占总人口的73.2%;男女性别比例102∶100;人口出生率13.61‰,死亡率3.47‰,人口自然增长率10.14‰。人口密度为1820人/平方公里。区委、区政府机关驻地泰城升平街,居区内中部。市区建成区面积49平方公里,城区常住人口40.70万人。

经济发展状况　年内,按照"工业是关键,市场园区是载体,民营是基本途径,招商引资是第一动力"的思路,强化措施,狠抓落实,经济综合实力明显增强。全年实现国内生产总值41.68亿元,按可比价格计算,比上年(下同)增长15%,增幅比上年提高1.8个百分点。其中,第一、二、三产业增加值分别完成2.77亿元、23.15亿元和15.76亿元,分别增长2.4%、7.6%和13.5%。三次产业结构已调整为6.7∶55.5∶37.8,与上年比,第二、三产业所占比重分别上升1.1个和0.5个百分点,第一产业下降0.9个百分点。人均国内生产总值达到1.2万元,比上年提高1510元,增长14.6%。地方财政收入完成2.12亿元,增长33.6%;财政总支出2.70亿元,增长11.6%,其中财政灶内支出完成2.51亿元。年末,金融机构各项存款余额29.06亿元,增长14.6%;各项贷款余额为13.06亿元,增长29.3%。①农业及农村经济。全年农林牧渔业完成增加值2.77亿元,增长2.4%,其中农业1.72亿元,增长1.2%;农林牧渔业增加值比例为62∶7∶30∶1。耕地面积0.92万公顷,其中有效灌溉面积0.59万公顷。全年粮食产量7.14万吨,其中夏粮3.34万吨,下降10%;油料产量69吨,下降31%;蔬菜、瓜类产量13.45万吨,增长8.74%。年末林木覆盖率为46.30%。果品总产量1.50万吨,下降18%。肉类总产量0.85万吨,下降9.30%。水产品产量0.04万吨,下降31%。年末农用机械总动力11.85万千瓦,下降22%。全年农村用电量0.69亿千瓦时,增长22.33%。②工业。全部工业实现增加值19.16亿元,增长20.00%。在全部工业增加值中,规模以上工业7.39亿元,增长21.10%。全区工业产品销售率为97.50%。规模以上工业实现产品销售收入24.35亿元,增长17.50%;实现利润1.16亿元,增长65.70%;利税总额2.43亿元,增长62%。亏损企业亏损额65万元,下降65%。经济效益综合指数为141.41%,提高28.05个百分点。③民营经济。到年底,全区私营企业有1189户,比上年增加105户;从业人员1.57万人,注册资金5.48亿元,分别增长9和24%。平均每户私营企业拥有注册资金46.17万元,净增5.40万元。全区民营经济完成增加值21.4亿元,增长30%,占GDP的比重达到51.40%,比上年提高5.4个百分点。实缴税金1.71亿元。④招商引资。全年引进各类较大项目44个,其中工业项目6个、农业项目3个、流通服务业项目7个。实际引进区外国内资金8.10亿元。⑤建设与环保。全区完成全社会固定资产投资13.86亿元,增长96.00%,其中城镇投资8.62亿元,增长91.88%;农村投资5.24亿元,增长103.2%。固定资产投资率达33%。50万元以上的固定资产投资项目187个,其中当年新开工项目112个;在建项目总规模达5.87亿元。新增固定资产4.27亿元,固定资产交付使用率达43%,比上年提高7个百分点。房屋建筑竣工面积46.15万平方米,其中住宅竣工面积24.17万平方米。集中供水日综合生产能力达31万立方米,用水普及率为100%;集中供热面积540万平方米。城市生态环境明显改善,园林绿地面积达到1332万平方米;污水处理能力达到1893万立方米/日。全区资质四级以上建筑企业54家,完成建筑业增加值4亿元,增长8.40%;实现利润0.55亿元,增长26.20%;利税总额1亿元,增长15.50%。全年投入污染治理资金300万元,建成烟尘控制区29平方公里,环境噪声达标区8.35平方公里。工业废气处理率100%,工业废水处理率100%,工业废水排放达标率100%。⑥交通。全区村村通柏油(水泥)路,公路通车里程292公里。全年营运性货运量157万吨,货运周转量1.32亿吨公里,分别增长9.80%和10.10%。客运量

220万人次;客运周转量1.20亿人公里,分别增长4.80%和9.90%。⑦贸易与旅游。全年实现社会消费品零售额23.04亿元,增长12.10%。年底,全区有城乡集贸市场72处,其中消费品市场62处、生产资料市场10处。全年集贸市场成交额29.57亿元,下降40.60%。全区完成进出口总额3137万美元,增长19.40%。其中,出口2653万美元,增长18.50%;进口484万美元,增长24.40%。在全部出口中,获权企业出口2121万美元,增长30.70%;三资企业出口532万美元,下降13.60%。全年合同利用外资项目10个,实际利用外资536万美元,增长103.80%,其中,外商直接投资324万美元,增长46.60%。全年批准对外承包劳务合同总额207万美元,增长87.80%;完成营业额209万美元,增长159%。境内主要旅游景点泰山、岱庙等。

社会事业　突出体制改革和结构调整,着力解决与人民群众切身利益密切相关的热点难点问题,努力提高城乡居民物质和文化生活水平,有力地推动了社会的全面进步。①教育。全区有各类学校81所,在校生4.65万人,其中,中等职业技术学校1所,在校生0.08万人;普通中学18所,在校生2.77万人,小学63所,在校生1.71万人;特殊教育学校1所,在校生93人。学龄儿童入学率100%,小学毕业生升学率100%。全区青壮年非盲率98.6%,复盲率保持在1%以下。全区3307名教职工中,专任教师2954人,其中幼儿教师245人,学历达标率85%;小学教师1208人,学历达标率99%;普通中学教师1457人,学历达标率95%;职业技术学校教师42人,学历达标率85%。②科学技术。全区有各类专业技术人员1.45万人,万人拥有专业技术人员240人。全年财政投入科技三项经费315万元。③文化。全区有各类电影放映单位6个,全年放映2510场次。业余表演艺术团体17个,编演节目40个。公共图书馆1处,总藏书量2万册。档案馆1处,馆藏总量1.9万卷(册)。广播电台1座,日播出时间12小时;电视台1座,平均每周自办节目播出时间5小时,转播节目13小时;广播、电视人口覆盖率分别达100%和90%。④卫生。全区有各类卫生机构12家,其中区级4家,乡镇医院6家。各类卫生技术人员600人,其中医生437人。病床513张,全区每万人拥有病床8张。农村合作医疗覆盖率60%。全区卫生防疫"四苗"覆盖率保持在95%以上。⑤体育。全区有体育活动场所14处。年内,参加市级比赛获金牌4枚、银牌1枚。参加省级比赛获金牌1枚、银牌1枚、铜牌2枚。⑥居民生活与社会保障。全区城镇居民人均可支配收入为7369元,人均生活消费支出5443元,分别增长14.9%和9.7%。农民人均纯收入3569元,人均生活消费支出2257元,分别增长6.3%和16.3%。城乡居民年末储蓄存款达到22.13亿元,人均储蓄达3670元。全区有4.51万名职工参加了养老保险社会统筹,3.8万名职工参加了失业保险。全年发放救灾救济款58万元。

(刘玉朴　曹家珍)

岱岳区

区委书记　刘汉玲(2003年1月离职)
　　　　　张庆建(2003年1月任职)
人大主任　王兴富(2003年1月离职)
　　　　　张志勤(2003年1月任职)
区　　长　张志勤(2003年1月离职)
　　　　　崔义明(2003年1月任职)
政协主席　李来芳

【概况】　该区因境内泰山古时亦称岱岳而得名,位于泰安市中北部。面积1749.9平方公里,常年平均气温12.7℃,年均降水量727.4毫米,水资源总量6.44亿立方米,可利用量3.3亿立方米。辖2个街道办事处、13个镇、2个乡、684个村(居)民委员会。年底全区总人口95.87万人,其中非农业人口19.25万人。男女性别比103∶100,人口出生率为12.37‰,死亡率为8.08‰,人口自然增长率为4.3‰。人口密度为548人/平方公里。区委、区政府机关驻地为天平办事处,居区内西北部。

经济发展状况　2002年末,全区实现国内生产总值60.36亿元,按可比价计算,比上年增长10.6%。其中,第一、二、三产业增加值分别完成19.38亿元、26.71亿元和14.27亿元,分别增长1.9%、16.7%和10.0%。人均国内生产总值达到6326元,比上年提高391元,增长9.9%。三次产业结构由上年的33.8∶43.3∶22.9调整为32.1∶44.3∶23.6,第二、三产业所占比重分别比上年上升1个和0.7个百分点。在国内生产总值增长率中,第一产业拉动经济增长0.6个百分点;第二产业拉动经济增长7.7个百分点,其中工业拉动6.7个百分点;第三产业拉动经济增长2.3个百分点。地方财政收入完成2.52亿元,增长17.3%;财政总支出3.62亿元,增长4.4%,其中财政灶内支出33781万元,增长4.4%。年末,全区金融机构各项存款余额为27.54亿元,增长16.1%;各项贷款余额为18.93亿元,增长13.5%。①农业及农村经济。全年农林牧渔业实现增加值19.38亿元,比上年增长1.9%。耕地面积6.41万公顷,农业机械总动力60.44万千瓦。全年粮食产量36.61万吨,其中夏粮16.34万吨,增长27.6%;棉花产量235吨,油料产量1.44万吨;蔬菜、瓜类产量288.01万吨,增长3.23%。年末林木覆盖率31.2%。果品总产量23.3万吨。肉类总产量6.29万吨,增长15.33%。水产品产量达到3640吨,增长0.5%。全年农村用电量达到13557万千瓦时,增长3.53%。②工业。全部工业实现增加值22.8亿元。在全部工业增加值中,规模以上工业7.4亿元,增长20.5%,其中国有及国有控股企业7089万元,增长21.47%。全区工业产品销售率为98.46%,比上年提高0.67个百分点。规模以上工业实现产品销售收入21.00亿元,增长11.2%;实现利润0.47亿元,增长10.5%;实现利税1.11亿元,增长2.8%。工业亏损面比上年下降1.89个百分点;经济效益综合指数达到105.52%,提高2.4个百分点。③民营经济。到年底,全区民营企业发展到697家,比上年增加22家;从业人员1.2万人,注册资金4.82亿元,增长19.3%。全区民营经济完成增加值27.1亿元,增长29.9%;实缴税金1.14亿元,增长43%。④招商引资。全年引进各类较大项目347个,实际到位资金11.6亿元。⑤建设与环保。全年全社会固定资产投资达到21.19亿元,同比增长67.0%,其中,城镇投资7.92亿元,同比增长48.2%;农村投资13.28亿元,同比增长80.6%。固定资产投资率达到35.1%。50万元以上的固定资产投资项目296个,新增固定资产11.88亿元。房屋建筑竣工面积4.94万平方米,其中住宅竣工面积3.12万平方米。13.03平方公里的新城区总体规划和2平方公里的起步区控制性详细规划已全面完成,起步区内基础设施日臻完善,投资总额达到21.2亿元。集中供水日综合生产能力达0.87万立方米。城乡生态环境明显改善,新增公共绿地面积9公顷,达到45公顷。全区资质四级及以上建筑企业43个,完成建筑业增加值3.91亿元,增长19.7%;实现利润0.41亿元,增长7.6%;利税总额1.16亿元,增长15.4%。全年投入污染治理资金1370万元，工业废气处理率100%，工业废水处理率99.5%，工业废水排放达标率95%，工业固体废物综合利用率98%。⑥交通与邮电。全区公路通车里程达到1607.3公里，其中高速公路74公里，公路密度达91.8公里/百平方公里。全区营业性货运量905万吨，增长1.7%；货运周转量2.8亿吨公里，与上年持平。全年完成邮政业务总量1417万元，增长30.3%。完成电信业务总量4547万元，增长15.7%。⑦贸易与旅游。全年实现社会消费品零售额22.44亿元，增长8.5%。年底，全区城乡集贸市场111个，其中消费品市场108个、生产资料市场3个。全年集贸市场成交额38.30亿元，下降10.7%。全区完成进出口总额2472万美元，其中出口1845万美元，增长68.0%；进口627万美元，增长198.6%；全年合同利用外资项目41个，实际利用外资1103万美元，增长115.0%。全年累计批准对外承包劳务合同54个，合同总额547万美元，增长92%；完成营业额180万美元，增长10%。境内主要旅游景点：泰山东缘山外山休闲度假区、黄前风景区、徂徕旅游区、夏张梨园生态民俗园、大汶口遗址、萧大亨墓、白马寺等。年接待国内外游客14.7万人次，增长5%；实现旅游收入1670万元，增长9%。

社会事业　①教育。全区有各类学校248所，在校生9.76万人，其中中等职业技术学校3所，在校生2641人；成人进修学校（中专）1所，在校生495人；普通高中6所，在校生1.49万人，增长14.2%；普通初中34所，在校生3.74万人，下降22%；小学203所，在校生4.19万人，增长6.6%；特殊教育学校1所，在校生145人，下降20.8%。学龄儿童入学率100%，小学毕业生升学率98.1%，初中毕业生升学率41.6%。全区8762名教职工中，专任教师7089人，其中小学教师3340人，学历达标率100%；普通初中教师2613人，学历达标率100%；普通高中教师463人，学历达标率55%，职业技术学校教师99人，学历达标率50%；②科学技术。全年投入科技发展资金237万元，其中财政投入科技三项经费100万元，占当年财政预算支出的1.3%以上。取得市级科技进步奖7项。专利申请量29项，专利累计申请量达到246项以上。③文化。全区有各类电影放映单位17个，全年放映故事片100部、1500场次。编演节目40个；艺术表演场所30个，座位1.50万个；公共图书馆1个；群众艺术馆、文化馆1个；档案馆1个。广播电台1座，日播出时间16小时30分；电视台1座，平均每周自办节目播出时间70小时；拥有有线电视光缆210杆公里，广播、电视人口覆盖率均达100%。④卫生。全区有各类卫生机构25个。全社会各类卫生技术人员1545人，其中医生825人，比上年末增加24人。病床1410张。卫生防疫“四苗”覆盖率保持在98%以上。⑤体育。年内，参加市级比赛获金牌30枚、银牌11枚、铜牌12枚，参加省级比赛获金牌7枚、银牌5枚、铜牌4枚。⑥居民生活与社会保障。农民人均纯收入3426元，人均生活消费支出1958.86元，分别增长7%和5%。全区有3.82万名职工参加了养老保险社会统筹，2.73万名职工参加了失业保险，社会保险覆盖面达100%，下岗职工再就业率达60%。全区29处敬老院供养老人1164人，集中供养率52%。社会福利企业14处，安置残疾职工923人。全区累计向灾区拨发救灾款114万元，救济灾民2.25万人。

精神文明建设　①年内，以提高公民思想道德素质为宗旨，广泛开展群众性的精神文明创建活动，人民群众的文明程度不断提高。年底，全区创建文明单位166个，其中省级文明单位6个、市级文明单位48个、区级文明单位112个。②社会治安明显好转，创建省级安全文明乡镇1个，市级安全小区1个、基层安全村34个，安全单位17个，居民区安全防范措施覆盖率达95%以上。整治学校周边治安秩序，开展流动人口清理，重点部位和窗口地区治安形势稳定，黄、赌、毒等社会丑恶现象得到遏制。

（周秋五）

新泰市

市委书记　张喜忱（2002年12月离职）
　　　　　辛显明（2003年1月任职）
人大主任　万金伦（2003年1月离职）
　　　　　张庆莲（2003年1月任职）
市　　长　辛显明（2003年1月离职）
　　　　　刘吉伦（2003年1月任职）
政协主席　韩凤早（2003年1月离职）
　　　　　栾兆玺（2003年1月任职）

【概况】　新泰取新甫山、泰山首字而得名，位于泰安市东南部。面积1933平方公里，土地总面积17.33万公顷。常年平均气温12.1°C，年平均降水量739.2毫米。境内水资源总量为7.73亿立方米，可利用量2.43亿立方米。辖2个街道办事处、17个镇、1个乡、918个村（居）民委员会，总人口134.84万人，比上年增加6000人，增长2.1‰，其中非农业人口35.22万人。男女性别比例为105.2：100，人口出生率11.6‰，死亡率5.8‰，人口自然增长率5.8‰。人口密度698人/平方公里。市委、市政府驻地青云街道办事处，距泰城75公里。市区建成区面积36.5平方公里，城区常住人口32万人。

经济发展状况　全年国内生产总值119.8亿元，比上年增长17.6%，完成地方财政收入4.67亿元，增长28%。完成固定资产投资35.84亿元，比上年增长80.4%，其中基础设施投资11.5亿元，增长240.8%；更新改造投资3.4亿元，增长42%。该市第一、二、三产业增加值分别为13.2亿元、69.38亿元、37.27亿元，分别比上年增长2.3%、22.8%、14.7%。①农业及农村经济。全年农林牧渔业实现增加值13.2亿元，比上年增长2.3%，农林牧渔业增加值比例为61.25：2.03：35.66：1.06。农作物播种面积10.31万公顷；粮食总产量34.18万吨，比上年减少23%；油料总产2.83万吨，减少39%；瓜菜总产100.67万吨，增长16%。农业产值13.2亿元，比上年增长2.3%。全年完成造林面积0.28万公顷，年末实有林地面积2.82万公顷，林木覆盖率达17.3%；干鲜果品总产量5.0万吨，比上年增长12%；林业产值0.4亿元，比上年增长16.2%。该市牛存栏3.6万头，生猪存栏63.3万头，羊存栏58.1万只，禽存养656.2万只，分别比上年增长12.5%、12.2%、9.6%和12.9%；肉、奶、禽蛋产量分别为8.20万吨、4073吨和6.96万吨，分别比上年增长17%、11%和19%。畜牧业产值4.86亿元。水产养殖面积2000公顷，水产品产量4000吨，下降13%；渔业产值2500万元，下降20.8%。该市累计投资1.26亿元，开工建设各类农田水利工程2486项，发展节水灌溉面积1623公顷。年末，农业机械总动力达52.81万千瓦时，比上年增长5%；农用拖拉机1.16万台，增1.5%。化肥使用量14万吨，增长3.8%。②工业与建筑业。全部工业增加值实现63.57亿元，比上年增长21.9%，其中，规模以上工业完成54.0亿元，比上年增长13%；国有及控股工业完成36.1亿元，比上年增长8.9%；股份制企业完成39.3亿元，增长16.5%；外商投资企业1.6亿，增长12.9%。实现利税14.3亿元，增长30.7%，其中利润

6.10亿元，增长38.9%，经济效益综合指数116.5%，增长10个百分点。建筑业实现增加值3.9亿元，比上年增长72.3%；完成施工产值6.343亿元，比上年增长4.6%；实现利润2859万元，比上年增长2.2%；利税总额6218万元，比上年增长2.8%；全员劳动生产率3.97万元/人，比上年增长15.2%。③民营经济。年底，该市个体工商户发展到1.32万户，从业人员10.8万人，注册资金5.8亿元，营业收入30.1亿元，分别比上年增长12.8%、14%、12%和28%；私营企业发展到1986户，从业人员3.2万人，注册资金2.98亿元，营业收入28.9亿元，同比分别增长21%、2.2%、3.1%和3.0%。实现税收1.3亿元，增长12%。对财政的贡献率为30.6%。④对外经济贸易。全年利用外资项目7个，合同利用外资额3447万美元；实际利用外资金额574万美元。外资企业和获权企业自营出口创汇1254万美元。⑤城市基础设施建设。重点发展了城市道路、集中供热等建设项目，新增园林绿地面积1万平方米，开发住宅建筑面积18万平方米。城区供水综合能力13.4万立方米/日；集中供热面积309万平方米。加强城市卫生秩序综合整治，城市环境容貌进一步改观。新增污水处理能力3立方米/日。⑥交通与邮电。年末拥有通车里程1026公里，其中干线公路230.3公里、市乡级道路795.7公里；完成货运量822万吨，增长5.8%；完成客运量632万人次，增长6.2%；客运周转量3.97万人公里，增长6.6%。全年邮政业务总量2373万元，比上年增长12%；国内函件269.8万件，国内特快专递2.9万件，分别增长12.3%；城乡电话用户13.4万部，比上年增加5万部；城市电话自动交换总容量达17.9万门。⑦城乡市场。消费品市场平稳增长，全市实现社会消费品零售额34.8亿元，比上年增长12.1%；集贸市场商品成交活跃，全年完成集市贸易成交额35.1亿元，比上年增长10.3%。⑧税收与金融。年内，完成工商税收3.31亿元。年末各项存款余额71.5亿元，增长11%。其中，储蓄存款余额为57.1亿元，增长11.2%；各项贷款余额50.4亿元，增长14.4%。保险业务收入7160万元，保险业务支出2034万元。

社会事业　①科技。全市有各类科技人员3.80万人，增长1.2%。取得科技成果80项，其中国内领先3项、省内领先43项。②教育。全市有小学291处，在校学生9.58万人；适龄儿童入学率100%；小学在校生巩固率达99.8%。普通中学67处，在校学生10.45万人；职业中学4处，在校生7800人。幼儿园437处，在校幼儿3680人，适龄幼儿入园率95%。特殊教育学校1处，在校生138人。③文化。该市有各类电影放映单位25个，放映故事片280部。公共图书馆1处，藏书15.6万册。档案馆1处，馆藏总量2.84万卷(册)。广播电台1座，日播出时间24小时。电视台1座，每周播出、转播节目112小时。广播电视人口覆盖率100%。④卫生与体育。该市有各类医院及卫生院274处，拥有病床3119张；各类卫生技术人员4542人，其中医生1901人。举办各级运动会30次，参加人员1万人次；在泰安市以上比赛中，获8项团体第一、金牌118枚；向泰安市以上输送优秀运动员18人。⑤人民生活。该市在岗职工年末人数13万人，下降0.2%；工资总额12.9亿元，在岗职工年人均工资9977元。农民人均纯收入3219元，比上年增加91元。⑥社会福利事业。该市有敬老院23处，安置"五保"老人988人；有福利企业59家，安置1250名残疾人就业。有5.8万名职工参加养老保险社会统筹，9.9万名职工参加失业保险，社会保险覆盖面达100%；下岗职工再就业率达63.2%。

【畜牧事业发展有突破】　年内，新泰市实施五化标准，实现畜牧业发展的新突破。一是实施饲养布局的区域化，按照各地的区位、资源优势，将20个乡、镇、办事处规划为13个区域，每个区域确立一个主导品种，建设奶牛、肉牛、优质瘦肉型猪、波尔山羊、肉鸡、蛋鸡、毛兔、经济动物8个生产基地。二是实施饲养形式的规模化，落实"26355"计划，即新发展20个饲养小区、600个饲养场、3个1000头奶牛示范区和5个1000头养殖场、5个2万只养鸡场。三是实施生产标准化，从一个产业一个品种做起，把生产的各个环节规范到标准化生产上来。四是实施发展模式的产业化，走出大门找市场，借水行舟找龙头，扶持本市建企业。五是实施管理的法制化，使饲养、兽药、饲料、防疫、检疫、加工步入法制轨道。通过实施"五化"标准，使畜牧业实现新突破，在乳品产业开发上，建设泉沟、青云湖、东都3个1000头奶牛示范区，发展奶牛3000头，为10万头奶牛产业化开发开好局、起好步；启动生猪生产标准化课题，打通生猪入沪绿色通道；申报、认证土种鸡蛋为绿色食品。

【楼德镇加快农业产业化建设】　一是借助科学技术，在农产品生产上实现新突破。围绕"名、优、特、新"和市场消费需求变化，加快良种产业化，重点引进、开发、推广耐贮运优质瓜菜、特色果品和畜禽良种。同时，以实施"无农药残毒放心菜"工程为突破口，引导农民发展无公害农业和有机农业。在充分发挥现有农技人员作用的同时，聘请驻泰各科研院所、高校的专家教授指导、参与农业科技示范基地和龙头企业的建设。同时，加大对农民的科技培训力度，提高农民接受和应用现代新技术的能力，为农业结构调整和农产品转化增值打下良好基础。二是借助龙头企业，在兴办农产品加工企业上实现新突破。不断完善招商引资优惠政策、农村经济创业激励政策等措施，依托食品工业园区，引进镇外大企业、大集团培育壮大农产品加工业，逐步形成以煎饼为龙头的粮食加工体系、以香肠为龙头的肉类加工体系、以花生制品为龙头的油料加工体系和以"大自然"公司为龙头的农产品购销、物流体系。年底，鸿信面粉厂、金兴花生制品厂、明信副食品有限公司等农产品加工企业建设顺利。三是借助品牌经营，在拓展市场空间上实现新突破。"以技术育品牌，以质量创名牌，以名牌争市场"，围绕蔬菜、林果、桑蚕、畜牧和食用菌五大主导产业，制定了楼德名牌农产品发展规划，并申请了"楼德土豆、楼德煎饼、楼德韭菜"的无公害认证，大大增强了农产品的市场竞争力。

【羊流镇五措并举推进民营经济发展】一是围绕提升企业核心竞争力抓投入。突出抓好市重点技改项目建设，培育一批具有带动力和辐射力强的经济增长点；抓项目储备，重点围绕区域特色经济，储存一批投资规模大、发展前景好的项目。二是围绕提升经济外向度抓开放。加大招商引资力度，坚持全民招商，落实招商引资奖惩政策，推进企业招商、项目招商；优化产品出口结构，大力发展稀土、玻纤产品，增强企业参与国际市场竞争的能力。三是围绕提升经济结构层次抓调整。实施骨干带动战略，改造提升机械制造等特色产业，膨胀发展新材料、高科技企业，一批企业年销售收入过亿元。四是围绕增强企业活力抓改革。筹备成立起重行业协会，提高企业竞争力，引导企业经营者解放思想，运用先进实用技术、现代管理方式改造企业，创新管理体制和经营机制，建立现代企业制度，向股份制、集团化、外向型转变。五是围绕优化经济运行质量抓调整。进一步调整企业组织结构，壮大骨干企业，依靠科技进步发展高科技含量、高附加值、高市场占有率的产品。

(孙立柱　付立新)

肥城市

市委书记　朱玉合(2003年1月离职)
　　　　　张瑞东(2003年1月任职)
人大主任　王兹英
市　　长　刘卫东(2003年1月离职)
　　　　　张期东(2003年1月任职)
政协主席　刘洪府(2003年1月离职)
　　　　　刘长香(女,2003年1月任职)

【概况】 肥城市因西周时称肥子国而得名。位于泰安市西北部。面积1277.3平方公里,土地面积9.82万公顷,常年平均气温14.1℃,年均降水量514.9毫米。水资源总量6.6亿立方米,可利用量2.1亿立方米。辖1个街道办事处、12个镇、1个乡、607个村(居)民委员会。年底,该市总人口96.72万人。其中非农业人口32.13万人,占总人口的33.2%;男女性别比例103.0∶100,人口出生率13.28‰,死亡率7.14‰,人口自然增长率6.14‰。人口密度757人/平方公里。市委、市政府驻地为新城办事处,居市内中部偏东北,距泰城31公里。市区建成区面积29平方公里,城区常住人口19万人。

经济发展状况　年内,该市突出招商引资、工业经济、民营经济、农业产业化、载体建设五大经济工作重点,国民经济加速跨越发展,综合实力跃上新台阶。全年实现国内生产总值104.21亿元,按可比价计算,比上年(下同)增长15%,增幅比上年提高0.2个百分点。其中,第一、二、三、产业增加值分别完成15.18亿元、51.82亿元和37.21亿元,分别增长1.6%、20.3%和14.0%。三次产业结构已调整为14.6∶49.7∶35.7,与上年比,第二产业所占比重上升2.3个百分点、第三产业和第一产业分别下降0.3个和2个百分点。人均国内生产总值达到1.08万元,比上年提高1436元,增长15.3%。地方财政收入完成4.52亿元,增长25%;财政总支出5.88亿元,增长11.0%。年末,金融机构各项存款余额68.1亿元,增长13.8%;各项贷款余额52.7亿元,增长16.6%。①农业及农村经济。全年农林牧渔业完成增加值15.18亿元,增长1.7%,其中农业10.73亿元,下降2.7%;农林牧渔业增加值比例为70.6∶3.0∶26.0∶0.4。耕地总资源6.02万公顷,其中有效灌溉面积4.77万公顷,农业机械总动力57.14万千瓦。全年粮食产量37.33万吨,其中夏粮16.01万吨,下降5.2%;棉花产量343吨,增长54.0%;油料产量0.38万吨,下降61.7%;蔬菜、瓜类产量143.22万吨,增长17.4%。年末林木覆盖率23.9%。果品总产量10.92万吨,下降21.8%。肉类总产量7.26万吨,增长14.1%。水产品产量0.16万吨,下降24.6%。年末农用机械总动力57.1万千瓦,增长4.4%。全年农村用电量1.82亿千瓦时,增长20.5%。②工业。全部工业实现增加值45.5亿元,增长20.1%。在全部工业增加值中,规模以上工业36.00亿元,增长58.1%,其中国有及国有控股企业21.56亿元。该市工业产品销售率为99.6%,比上年提高1个百分点;规模以上工业实现产品销售收入76.2亿元,增长24.8%;利润2.3亿元,增长24.3%;利税总额6.6亿元,增长24.3%。工业亏损面25%,比上年下降9个百分点;亏损企业亏损额3326万元,下降300%。经济效益综合指数99.3%,提高3个百分点。③民营经济。到年底,该市私营企业604户,比上年增加76户;从业人员3.19万人,注册资金5.75亿元,分别增长25%和25.4%。私营企业注册资金过100万元的已达47户,比上年增加8户,其中超过千万元的有11户,增加2户。平均每户私营企业拥有注册资金98.4万元,净增22.8万元。全市民营经济完成增加值37.6亿元,增长34.3%,占GDP的比重达到38.5%,比上年提高3个百分点。实缴税金2.7亿元,增长77.2%;实缴税金占地方财政收入的比重达39.2%,提高3.1个百分点。④招商引资。全年引进合同、在建、竣工投产运营项目603个,其中工业项目248个、农业项目76个、流通服务业项目279个。实际引进市外国内资金12.8亿元,比上年增长16.6%。⑤建设与环保。该市完成全社会固定资产投资33.5亿元,增长65.0%,其中,城镇投资22.6亿元,增长94.1%;农村投资8.2亿元,增长139.6%。50万元以上的固定资产投资项目84个,其中当年新开工项目68个;新增固定资产22.6亿元。房屋建筑竣工面积27.2万平方米,其中住宅竣工面积18.0万平方米。市区市政公用基础设施完成投资2亿元。集中供水日综合生产能力达4万立方米,用水普及率为99.8%;集中供热面积达70万平方米。城乡生态环境明显改善,新增公共绿地面积1万平方米,达到126.18万平方米。该市资质五级以上建筑企业80个,完成建筑业增加值41.5亿元,下降5.8%;实现利润0.3亿元,下降1.2%;利税总额3.3亿元,下降1.8%。全年投入污染治理资金1.81亿元,建成烟尘控制区24平方公里,环境噪声达标区10平方公里。工业废水排放达标率97.77%,工业固体废物综合利用率82.07%。⑥交通与邮电。该市公路通车里程1285.5公里,其中一级路7.4公里、省道138.9公里,公路密度达82.8公里/百平方公里。全市14个乡镇、办事处,607个村(居),均通了沥青路。该市营业性货运量1030万吨,货运周转量4.7亿吨公里,分别增长0.3%和7.8%。客运量367万人,客运周转量1.7亿人公里,分别下降1.0%和0.8%。完成邮政业务总量2116.5万元,增长5.8%。完成电信业务收入6802.56万元,增长7.8%。移动电话用户达9.2万户,增长70.0%。⑦贸易与旅游。全年实现社会消费品零售额34.3亿元,增长11%。年底,该市城乡集贸市场77个,其中消费品市场76个、生产资料市场1个。全年集贸市场成交额27.5亿元,增长3.3%。全市完成进出口总额6428万美元,增长8.2%。其中,出口4893万美元,增长12.8%;进口1535万美元,下降24%。在全部出口中,获权企业出口2100万美元,增长14.5%;三资企业出口2793万美元,增长9.7%。全年合同利用外资项目7个,实际利用外资1036万美元,增长14.1%。其中,外商直接投资510万美元,增长6.7%。全年累计批准对外承包劳务合同5个,合同总额160万美元,增长87%;完成营业额170万美元,增长120%。境内主要旅游景点有牛山国家森林公园、中华商圣文化园、天下第一桃花园风景区、桃花源温泉度假村等。年接待国内外游客40万人次,增长42.8%;实现旅游综合收入800万元,增长29.0%。

社会事业　社会各项事业全面进步,精神文明和民主法制建设开创新的局面。①教育。该市有各类学校194所,在校生12.02万人。其中,中等职业技术学校4所,在校生7953人;技工学校1所,在校生568人;普通高中7所,在校生2.13万人;普通初中34所,在校生4.45万人;小学146所,在校生4.64万人;特殊教育学校1所,在校生142人。学龄儿童入学率100%,小学毕业生升学率100%,初中毕业生升学率47.2%,高考录取率64.3%。该市青壮年非盲率保持在

99.8%以上，复盲率保持在1%以下。该市1.03万名教职工中，专任教师8988人，其中幼儿教师48人，学历达标率100%；小学教师3505人，学历达标率98%；普通中学教师4767人，学历达标率73%；职业技术学校教师293人，学历达标率45%；技工学校教师146人，学历达标率80%。②科学技术。该市有各类专业技术人员3.37万人，比上年增长25.9%，万人拥有专业技术人员349人。全年投入科技发展资金3.02亿元，其中财政投入科技三项经费942万元，占当年财政预算支出的1.6%。取得科技成果43项，其中获省科技进步奖2项，市级科技进步奖5项，专利申请量39项，专利累计申请量达到180项以上。③文化。该市有电影放映单位1个，全年放映故事片100部、6000场次。业余表演艺术团体5个，编演节目80个；艺术表演场所4个，座位4000个。公共图书馆1个，总藏书量6万册；群众艺术馆、文化馆1个；档案馆2个，馆藏总量10.45万卷(册)。肥城市广播电视局(台)开办广播节目1套，日播出时间12小时；电视节目2套，其中1套完全转播中央电视台第一套节目，另一套播出自办节目，日平均播出8小时，自制节目50分钟。广播电视有线网络已改造为光缆、电缆混合网，光缆长度200多公里，通达14个乡镇办事处，与驻肥企业全部联网，广播电视信号覆盖率达95%以上，广播电视人口覆盖率98%以上。④卫生。该市有各类卫生机构36个，其中市(县)级以上医院15个，乡镇医院17个。全社会各类卫生技术人员3408人，其中医生1116人，比上年末增加80人。病床2868张，全市每万人拥有病床达30张。农村卫生工作取得显著成绩，人民群众的健康保障水平不断提高。计划免疫“四苗”接种率保持在95%以上。⑤体育。该市有体育活动场所1200处。参加市级比赛获金牌40枚、银牌60枚、铜牌120枚，参加省级比赛获银牌2枚。运动员马卫国在第十四届亚洲运动会上获金牌1枚，在第九届全国运动会上获金牌2枚。老年体协参加市以上比赛15次，获优秀奖10次、组织奖5次。举办了长跑比赛和中学生春季运动会。⑥居民生活与社会保障。农民人均纯收入3239元，人均生活消费支出1678元，分别增6.0%和4.4%。城乡居民年末储蓄存款达到52.1亿元，增长11.8%；人均储蓄5387元，比上年增加552元。全市有5.17万名企业职工参加了养老保险，征收企业养老金5695万元，收缴失业金1270万元，共为5721名企业离退休人员发放养老金4584万元，同时发放下岗职工基本生活保障金511.6万元，失业救济金697.5万元。全市14处敬老院供养老人714人，集中供养率54%。社会福利企业19处，安置残疾职工2471人。全市累计向灾区拨发救灾款134万元，救济灾民12万人。

精神文明建设 ①以贯彻实施《公民道德建设实施纲要》、推进依法治市为重点，深化文明城市、文明村镇、文明行业创建活动。年底，该市创建文明单位316个，其中省级文明单位7个，泰安市级文明单位49个，肥城市(县)级文明单位260个。②领导干部廉洁自律意识增强，纠风治乱和违法违纪案件查处力度加大。全年立案查处104起，处分党员干部100人。③社会治安明显好转，创建市级基层安全文明先进单位5个，县级基层安全文明先进单位64个，安全文明小区覆盖率达85%以上。整治企业、学校周边治安秩序，开展流动人口清理，加强了对刑释解教人员的安置帮教，重点部位和窗口地区治安形势稳定，黄赌毒等社会丑恶现象得到遏制。加强安全生产、监督与管理，确保国家财产和人民群众生命安全不受损害，促进社会经济稳定发展。

2002年，肥城市综合实力在全国全省的位次前移，排名第二届全国县域经济基本竞争力百强县市第71位，被山东省委、省政府、省军区授予“双拥模范城”称号，被评为全省社会治安综合治理先进集体，连续五年被评为全省农田基本建设先进单位，并成为全国农业节水先进市。

【肥城市被评为全省农业产业化经营先进市】 年内，农业产业化进程明显加快。一是建基地。实施区域化布局、专业化生产、规模化经营，建立起有机蔬菜、无公害瓜菜、肥城桃、优质干鲜果、优质畜禽等14处农产品生产基地。二是壮大龙头企业。先后发展起151处农产品加工企业，其中绿龙公司、银宝集团、绿源公司等规模以上企业31家，龙头企业与基地农户建立了紧密的利益连结关系，形成了蔬菜、果品、畜禽、桑蚕四大“龙型”产业体系，全市农产品加工率达到35%。三是打品牌。实施农业有机化战略、调整种养结构，推进标准化生产。全市已获认证无公害、绿色和有机农产品基地1.73万公顷，其中通过国际和国家级认证的有机蔬菜3333公顷，形成有机瓜菜、有机果品、有机粮食、有机畜禽四大类、40多个品种的有机农产品生产体系。同时，在国家工商局注册了“仙乐牌”肥城桃、“三绿源牌”和“济河堂牌”有机菜、“潮泉牌”苹果等20多个农产品商标，提升了肥城农产品的知名度。四是拓市场。先后建成启用6处农产品专业批发市场，完善市场功能，增强辐射带动能力。组织引导农户进入流通领域，该市专门从事农产品运销的经纪人达到2.5万人，运销大户4020户，成为活跃农产品市场流通的主力军。培育中介服务组织，全市各类专业协会，专业合作社发展到800多个，促进了农业的社会化分工和专业化生产，提高了农业的组织化程度。

【牛山省级森林公园晋升为国家级森林公园】 参见《农业》部类

【民营经济发展增势强劲】 年末，该市个体工商户发展到1.2万户，新增1212户；完成民营经济增加值37.6亿元，实缴税金2.7亿元，分别比上年增长34.3%和77.2%。规模以上企业新增42家，吉明美、瑞泰、鲁龙、鲁岳、七九油厂5家企业销售收入均超过5000万元，销售收入和实缴税金额分别占乡镇规模以上民营工业的42.2%和57.7%；特钢模具、海兴建材、通利达轻钢等6家新建企业销售收入突破1000万元。该市民营企业共铺开新上和技改项目125个，累计完成投资9.6亿元，90%以上的项目已竣工投产，9个重点乡镇民营园区搭起了开发建设框架，新城、老城和汶阳园区被命名为全省民营经济发展示范区，肥城市被评为全省民营经济发展先进市。

【石横镇被评为山东省中心镇建设示范镇】 石横镇坚持合理布局，科学规划，突出当地资源、历史文化、人文景观和产业特点，全面加强城镇建设。先后请清华大学、同济大学、山东省规划设计研究院等单位进行超前研究，编制了石横镇新一轮总体发展规划。近年重点建设“两线三区”，即钢厂路商贸繁荣线、电厂路时代发展线，南部是以左丘明路为轴线的民营经济园区，中部是以房产开发和搬迁新村为主体的居民新区，北部是以电厂、特钢公司、查庄煤矿为依托的重工业园区，营造了现代化中心城镇的发展框架。2002年，城镇建设投工225万个、投资5000万元，硬化道路24万平方米，安装路灯220盏，开挖改造城区河道10公里，新增绿地2万平方米，建设楼房5万平方米，拆迁各类建筑1.5万平方米。继2001年被评为“全国创建文明小城镇示范点”后，2002年又被评为“山东省中心镇建设示范镇”。 （石振东）

宁阳县

县委书记　彭　华（2003年1月离职）
　　　　　刘卫东（2003年1月任职）
人大主任　刘兴水（2003年1月离职）
　　　　　陈孝桂（2003年1月任职）
县　　长　刘吉伦（2003年1月离职）
　　　　　陈湘安（2003年1月任职）
政协主席　施桂民

【概况】 该县因位于宁山（又名至京山）之阳而得名，位于泰安市南部。面积1125平方公里。常年平均气温13.9℃，年均降水量583.2毫米，水资源总量3.2亿立方米，可利用量2.4亿立方米。辖9个镇、3个乡、567个村（居）民委员会。年底全县总人口80.68万人，其中非农业人口18.66万人，占总人口的23%；男女性别比例104.5∶100；人口出生率12.7‰，死亡率7.6‰，人口自然增长率5.1‰。人口密度717人/平方公里。县委、县政府驻地宁阳镇，居县内西部，距泰城71公里。县城建成区面积12平方公里，城区常住人口10万人。

经济发展状况　年内，全县以“创业至上，发展为先”凝聚人心，经济保持稳定、快速、健康发展。全年实现国内生产总值48.8亿元，按可比价格计算，比上年增长13.3%。其中，第一、二、三产业增加值分别完成13.2亿元、19.5亿元和16.1亿元，分别增长2.7%、21.4%和13.7%。该县三次产业结构已调整为27.05∶39.96∶32.99，与上年比，第二、三产业所占比重分别上升了2.32个和0.45个百分点，第一产业下降2.77个百分点。人均国内生产总值达到6058元，增长13.1%。地方财政收入完成2.06亿元，增长18.6%；财政总支出3.56亿元，增长19.4%。年末，金融机构各项存款余额27.01亿元，增长15.7%；各项贷款余额20.29亿元，增长16.2%。①农业及农村经济。全年农林牧渔业完成增加值13.2亿元，增长4.0%，其中农业10.7亿元，下降0.3%；农林牧渔业增加值比例为81.1∶1.9∶16.4∶0.6。年末实有常用耕地面积5.81万公顷，其中有效灌溉面积4.14万公顷。全年粮食产量37.41万吨，其中夏粮18.09万吨，与上年持平；棉花产量1406吨，下降23.1%；油料产量6.11万吨，下降21.3%；蔬菜、瓜类产量112万吨，增长13.7%。水果总产量3.66万吨，增长15.5%。肉类总产量5.33万吨。水产品产量1402吨，下降17%。年末农用机械总动力56.43万千瓦，增长1.3%。全年农村用电量7896万千瓦时，增长8.4%。②工业。全部工业实现增加值16亿元，增长15.5%。在全部工业增加值中，规模以上工业6.37亿元，增长22.1%。全县规模以上工业产品销售率为98.71%，比上年提高0.7个百分点；实现产品销售收入23.46亿元，增长23.4%；实现利润1.04亿元，增长41.8%；利税总额2.09亿元，增长23.7%。经济效益综合指数103.2%，提高11个百分点。③民营经济。到年底，全县私营企业737户，比上年增加56户。全县民营经济完成增加值18.51亿元，增长29.9%，占全县GDP的比重达到37.9%。④招商引资。全年引进各类较大项目237个，其中工业项目96个。实际引进县外国内资金12.13亿元，比上年增长117%。⑤建设与环保。全县完成全社会固定资产投资18.49亿元，增长64.8%，其中，县以上投资额9.41亿元，比上年增长93.1%。固定资产投资率达37.89%，比上年提高11.75个百分点。新增固定资产6.28亿元。房屋建筑竣工面积22.7万平方米，其中住宅竣工面积19.5万平方米。用水普及率为92%。城乡生态环境明显改善，新增公共绿地面积23万公顷。县城绿化覆盖率达到25.6%，人均公共绿地面积5.8平方米。全年投入污染治理资金1.15亿元，建成烟尘控制区8.5平方公里，工业废气二氧化硫达标率84.9%，工业废水排放达标率100%，工业固体废物综合利用率100%。⑥交通与邮电。全县公路通车里程552.1公里，其中国道32公里，省道110.5公里。全县货运量180万吨，货运周转量9615万吨公里，分别增长3.5%和3.4%。客运量142万人，客运周转量5745万人公里，分别增长4.4%和13.9%。全年完成邮政业务总量1470万元，增长7.8%。完成电信业务总量4250万元，增长21.0%。⑦贸易与旅游。全年实现社会消费品零售额20.43亿元，增长11.3%。年底，全县城乡集贸市场62处，全年集贸市场成交额23.6亿元，下降5.2%。全县完成进出口总额1834万美元，增长48.4%。其中，出口1741万美元，增长41.4%；实际利用外资664万美元，增长256.9%。

社会事业　年内，该县的各项社会事业取得长足发展，特别是教育、文化、广播电视事业发展较快。①教育。全县有各类学校127所，在校生11.58万人。其中，中等职业技术学校1所，在校生6426人；普通高中5所，在校生1.47万人；普通初中23所，在校生4.95万人；小学97所，在校生4.49万人；特殊教育学校1所，在校生107人。学龄儿童入学率达到100%，小学毕业生升学率99%。②科学技术。全县有各类专业技术人员1.83万人。全年财政投入科技三项经费368万元，占当年财政预算支出的2.08%。取得科技成果70项，其中获市级科技进步奖4项。专利申请量20项，累计达167项。③文化。全县有各类电影放映单位23个，全年放映场次约5000场，其中放映故事片88部、2600场次；科教片200余场。业余表演艺术团体50个，编演节目400个；艺术表演场所2个，座位1900个。公共图书馆1个，藏书3万册；群众艺术馆、文化馆1个；档案馆1个。广播电台1座，电视台1座。广播、电视人口覆盖率分别达95%和100%。④卫生。全县有各类卫生机构29个，全社会各类卫生技术人员2483人，其中医生1049人。卫生机构床位数1224张，全县每万人拥有病床15张。卫生改革取得突破性进展，农村卫生工作取得明显成效。全县10个乡镇成为全市乡村卫生一体化管理达标乡镇。⑤体育。参加市级比赛获金牌43枚、银牌29枚、铜牌45枚，参加省级比赛获金牌6枚、银牌3枚、铜牌7枚。在全国比赛中，获金牌1枚，银牌2枚，铜牌3枚。同时，该县向市体校输送运动员2名，向省体校输送运动员4名，向高等院校输送26名，向省专业队输送3名，向解放军队输送2名。⑥居民生活与社会保障。农民人均纯收入2998元，人均生活消费支出1884元，分别增长4.5%和1.8%。城乡居民年末储蓄余额达19.9亿元，增长12.4%；人均储蓄余额2465元。全县14处敬老院供养老人898人，集中供养率52%。社会福利企业13处，安置残疾职工230人。

精神文明建设　①精神文明建设。年内，宁阳县抓住重点，全面提升精神文明创建水平，广泛开展群众性的精神文明创建活动。年底，全县创建文明单位218个，其中省级文明单位7个、市级文明单位51个、县级文明单位160个。②领导干部廉洁自律意识加强，纠风治乱和行政案件查处力度加大。全年立案查处101件，处理党员干部99人，挽回经济损失135万元。③社会治安明显好转。创建市级安全小区5个、县级安全小区60个，居民区安全防范措施覆盖率达95%以上。整治学校周边治安秩序，

宁阳县华丰镇把园区建设作为经济工作的着力点和突破口，坚持规划、建设、招商三同步。年内共引进项目12个，在建项目9个，已投入资金1.42亿元。

图①华建水泥100万吨技改扩建项目总投资2.8亿元，已完成9600万元。

图②泰龙软轴软管厂已拥有4条先进的生产流水线，可年产各类钢索50多万台（套）。　（曲建春 摄）

开展流动人口清理，重点部位和窗口地区治安形势稳定，黄赌毒等社会丑恶现象得到遏制。

【八仙桥经济技术开发区】 园区规划占地面积10.2平方公里，已建成4平方公里，在建面积3平方公里，拥有完善的水、电、路、通讯基础设施，地理位置优越。与园区基础设施配套建设的金阳热电厂、污水处理厂，为园区提供低廉的热、电、气供应和污水处理服务。区内实行“扎口”式管理，开放式经营。到年底，入园企业总数达到41个，其中已投产30个、在建14个；从业人员6087人。到2002年底，累计完成投资2.74亿元，完成销售收入4.61亿元，实现利润2944万元。

【磁窑经济技术开发区】 开发区辖“三园一区”，即明天化学工业园、玩具工业园、高新技术工业园、县城东城行政办公控制区。园区规划占地面积21平方公里，已建成3平方公里，在建面积1平方公里。园区区位优势明显，交通极为便利，京沪铁路、京福、京沪高速公路、104国道、蒙馆省道贯通其中，基础设施完善，已完成“四通一平”。入驻企业总数26个，其中已投产22个、在建4个；从业人员6200人。到2002年底，累计完成投资1.53亿元，销售收入6.44亿元；出口创汇1886万元，利润总额1994.2万元。

（赵先法　郑红丽）

东平县

县委书记　宋　鲁（2003年1月离职）
　　　　　朱永强（2003年1月任职）
人大主任　李成印
县　　长　朱永强（2003年1月离职）
　　　　　郭德文（2003年1月任职）
政协主席　张　辉

【概况】 东平，古称东原，源自“东原底平”（《尚书·禹贡》）之说。西周至唐，境内先后置东平国、东平郡、宿城县（须昌县）。公元788年（唐贞元四年），宿城县改名东平县，此为东平县名之始。县境位于泰安市西南部。面积1340平方公里。常年平均气温13.6℃，年均降水量623毫米，水资源总量1.35亿立方米，可利用量1.88亿立方米。辖7个镇、7个乡、716个村（居）民委员会。年底全县总人口77.0万人，其中非农业人口17.46万人，占总人口的22.68％；男女性别比例101.5∶100；人口出生率11.9‰，死亡率6.7‰，人口自然增长率5.2‰。人口密度575/平方公里。县委、县政府驻地东平镇，居县内中部偏东，距泰城72公里。县城建成区面积10.5平方公里，城区常住人口7.2万人。

经济发展状况　年内，全县突出重点，强化措施，团结拼搏，艰苦创业，经济建设快速、健康发展。全年实现国内生产总值43亿元，按可比价格计算，比上年（下同）增长12.0％，增幅比上年下降0.5个百分点。其中，第一、二、三产业增加值分别完成12.08亿元、16.1亿元和14.84亿元，分别增长3.8％、15％和16％。三次产业结构为28∶37∶35，与上年比，第二、三产业所占比重分别上升0.8个和1.51个百分点，第一产业下降2.31个百分点。人均国内生产总值达到5596元，比上年提高604元，增长12.1％。地方财政收入完成1.75亿元，增长13％；财政总支出2.99亿元，增长10.3％，其中财政灶内支出完成2.76亿元，增长15％。年末，金融机构各项存款余额20.69亿元，增长2.1％；各项贷款余额16.04亿元，增长8％。①农业及农村经济。全年农林牧渔业完成增加值12.08亿元，增长3.8％，其中农业7.12亿元，增长2.5％；农林牧渔业增加值比例为58.9∶1.6∶16.9∶22.6。常用耕地面积6.18万公顷，其中有效灌溉面积4.08万公顷。全年粮食产量33.4万吨，其中夏粮15.24万吨,增长7.65%;棉花产量0.16万吨,增长30.6%;油料产量2.36万吨,减少9.3%;蔬菜、瓜类产量79.89万吨,减少1.82%。年末林木覆盖率11.9%。果品总产量4.2万吨,增长75%。肉类总产量3.72万吨,增长8.8%。水产品产量4.6万吨,减少10.8%。年末农用机械总动力64.87万千瓦,增长2.3%。全年农村用电量0.85亿千瓦时,增长0.76%。②工业。全部工业实现增加值13.6亿元,增长15.8%。在全部工业增加值中,规模以上工业5.06亿元,增长22.8%,其中国有及国有控股企业3.00亿元,增长30.1%。规模以上工业实现产品销售收入19.9亿元,增长25.6%;实现利润0.36亿元,增长72.5%;利税总额1.01亿元,增长40.3%。工业亏损面6.25%,比上年下降6.25百分点;亏损企业亏损额360万元,下降94.48%。经济效益综合指数269.33%,提高94.41个百分点。③民营经济。到年底,全县私营企业550户,比上年减少9.4%;从业人员1.15万人,注册资金1.5亿元,分别减少6.8%和7.6%。私营企业注册资金过100万元的达11户,比上年减少4户,其中超过1000万元的有1户,减少2户。全县民营经济完成增加值15.8亿元,增长29.8%,实缴税金9486万元,增长23.2%,实缴税金占地方财政收入的比重达54.2%,提高13.6个百分点。④招商引资。全年引进各类较大项目246个,其中工业项目132个、农业项目43个、流通服务业项目71个。实际引进县外国内资金7.6亿元,比上年增长406.7%。⑤建设与环保。全县完成全社会固定资产投资13.66亿元,增长51.3%,其中,城镇投资1.8亿元,增长78%。房屋建筑竣工面积38万平方米,其中住宅竣工面积19万平方米。县城市政公用基础设施完成投资1915万元。集中供水2.6万立方米,用水普及率为96%。城乡生态环境明显改善,公用绿地面积达到18.8万平方米;新增污水处理能力31.2万立方米/日。全县资质五级及以上建筑企业23个,完成建筑业总产值2.1亿元,增长3%;实现利润460万元,增长2.6%;利税总额1100万元,增长2.7%。全年投入污染治理资金323.5万元,建成烟尘控制区71.9平方公里,环境噪声达标区100平方公里。工业废气处理率100%,工业废水处理率100%,工业废水排放达标率100%,工业固体废物综合利用率100%。⑥交通与邮电。全县公路通车里程1038.4公里,其中国道62.5公里、省道135公里,公路密度达56公里/百平方公里。全县660个行政村通了沥青路,占总数的94%。全县营业性货运量743万吨,货运周转量4.32亿吨公里,分别增长3.05%和0.5%。客运量249万人次,客运周转量1.08亿人公里,分别增长1.6%和减少6%。全年完成邮政业务总量1300亿元,增长7.3%。完成电信业务总量3810.59万元,增长20.76%。完成移动业务收入2000万元,增长24%,移动电话用户达2.1万户,增长68%。⑦贸易与旅游。全年实现社会消费品零售额14.01亿元,增长11.07%。年底,全县城乡集贸市场53个。全年集贸市场成交额15.9亿元,增长37%。全县完成进出口总额1434万美元,增长76%。其中,出口934万美元,增长89.07%;进口500万美元,增长55.76%。在全部出口中,获权企业出口94万美元,增长95.6%。三资企业出口840万美元,增长89.6%。全年实际利用外资253万美元,增长24.63%。全年累计批准对外承包劳务合同103个,合同总额94万美元,增长59.3%;完成营业额111万美元,增长46%。境内主要旅游景点273处。年接待国内外游客25万人次,与上年基本持平;实现旅游收入4000万元,增长5.3%;增加值100万元,减少83.1%。

社会事业　①教育。全县有各类学校223所,在校生10.24万人。其中,中等职业技术学校2所,在校生0.28万人;技工学校1所,在校生610人;普通高中4所,在校生0.94万人,增长16%;普通初中27所,在校生4.63万人,与上年持平;小学188所,在校生4.32万人,与上年持平;特殊教育学校1所,在校生92人,增长10%。学龄儿童入学率100%,小学毕业生升学率100%,初中毕业生升学率44%,高考录取率51%。全县8888名教职工中,专任教师6597人,其中幼儿教师493人,学历达标率80%;小学教师3746人,学历达标率97.4%;普通中学教师3503人,学历达标率84.1%;职业技术学校教师196人,学历达标率80%;技工学校教师84人,学历达标率60.4%。②科学技术。全县有各类专业技术人员1.41万人,比上年增长3%,万人拥有专业技术人员180人。全年财政投入科技三项经费410万元,占当年财政预算支出的2.35%以上。取得科技成果29项,其中获市级科技进步奖1项。专利申请量17项,专利累计申请量达到74项以上。③文化。全县有各类电影放映单位16个,全年放映故事片75部、500场次。业余表演艺术团体12个,编演节目60个;艺术表演场所3个,座位2600个。公共图书馆1个,藏书3万册;群众艺术馆、文化馆1个;档案馆1个,馆藏总量20万卷(册)。广播电台1座,日播出时间8.10小时;电视转播台1座,平均每周转播节目91小时;拥有有线电视光缆136公里,广播、电视人口覆盖率分别达90%和91%。④卫生。全县有各类卫生机构533个,其中县及县以上7个,乡镇医院16个。全社会各类卫生技术人员3234万人,其中医生2285人,比上年末增加50人。病床1244张,全县每万人拥有病床达16张。卫生防疫“四苗”覆盖率保持在95%以上。⑤体育。全县体育活动场所136处。参加市级比赛获金牌32枚、银牌27枚、铜牌19枚。参加省级比赛获金牌4枚、银牌1枚。在省、市比赛中,107人109项进入比赛奖励名次。老年体育事业得到长足发展,全年举办各类比赛12次,有1800名老人参加。⑥居民生活与社会保障。农民人均纯收入2548元,人均生活消费支出1496元,分别增长5.7%和2.0%。城乡居民年末储蓄存款达到17.8亿元,增长9.4%;人均储蓄达2312元,比上年增加195元。全县有2.17万名职工参加了养老保险社会统筹,2.12万名职工参加失业保险。全县16处敬老院供养老人891人,集中供养率53.7%。社会福利企业12处,安置残疾职工300人。全县累计向灾区拨发救灾款199万元,救济灾民3.9万人。

精神文明建设　年内,以创建文明单位、文明行业、文明标兵为抓手,全面提高人民群众的思想道德素质。①开展群众性的精神文明创建活动。年底,全县创建文明单位277个,其中省级文明单位4个、市级文明单位47个、县级文明单位226个。②纠风治乱和查处行政案件。全年立案查处102件,处理102件,其中万元以上大案27件,挽回经济损失168万元。取消对企业不合理收费和集资32项,减轻企业负担928万元。取消对农民征收的行政事业性收费和政府性基金、集资等,减轻农民负担2500万元。③社会治安明显好转。创建市级安全小区1个、县级安全小区7个,居民区安全防范措施覆盖率达95%以上。整治学校周边治安秩序,开展流动人口清理,重点部位和窗口地区治安形势稳定,黄赌毒等社会丑恶现象得到遏制。

【斑鸠店镇大蒜产业蓬勃发展】　斑鸠店镇党委、政府立足本地实际,把发展大蒜产业作为全镇经济工作的主攻点,膨胀

2002年泰安市各乡、镇、办

乡、镇、办事处			面积(平方公里)	耕地面积(公顷)	村(居)民委员会(个)	人口(万人)	地方财政收入(万元)	农产品产量(吨)				民营经济					集贸市场	
名称	党委书记	乡镇长主任						粮食	棉花	油料	果品	企业数(个)	从业人员(人)	注册资金(万元)	总产值(万元)	上缴税金(万元)	市场数(个)	成交额(万元)
岱庙	郭庆敏	徐云	9.0	38	19	15.23	3476	425	—	—	—	4821	12499	25000	157000	2580	15	16500
财源	朱振敬	苏庆华	9.9	8	27	10.04	3566	—	—	—	—	6038	7308	8516	17800	2616	19	280000
泰前	赵文彬	周民	70.2	225	24	15.00	2020	764	—	6	5480	125	4950	10000	84404	1850	2	—
上高	葛安华	潘虎	30.2	598	23	4.22	1323	8754	—	10	1500	207	11000	12000	68000	960	11	18000
徐家楼	王德玉	李志科	18.9	598	15	2.73	995	4926	—	17	610	422	4771	8432	45984	1100	2	561
省庄	宋宪春	王景银	68.9	2938	40	58.90	1733	20359	—	36	1760	596	2297	2413	43492	2311	7	5717
邱家店	毕华年	刘建军	74.3	4098	44	6.66	925	35045	—	—	900	77	5311	2910	54183	494	7	3500
大津口	彭宜昌	何麦之	55.5	308	7	11.40	178	1113	—	—	3471	229	1335	659	6980	78	3	996
粥店	王万里	王兴燕	96.0	485	30	3.83	594	4508	—	23	1029	195	6918	11965	68600	1053	14	58000
天平	张彬	李振华	39.6	1074	20	1.96	412	5843	—	273	11757	32	176	2326	20926	73	2	580
山口	蔺兴民	田丽	56.0	2693	44	5.10	4162	25117	—	25	4730	985	9737	24550	128500	1485	1	25147
大汶口	王景茂	—	96.0	5231	49	7.70	3480	46560	—	87	3850	956	4156	11000	76173	1672	5	11000
黄前	张西忠	尹绪明	105.0	1464	30	3.00	313	5030	—	56	28861	375	3510	3695	30000	285	5	6525
下港	李海平	敬成龙	155.0	1840	35	4.20	393	8454	—	535	43393	21	1742	1950	12650	186	3	10411
祝阳	刘延伸	张王成	88.8	4025	57	5.70	517	26730	—	94	474	27	1800	700	12160	482	5	15163
范镇	吴秀峰	王立新	68.0	4256	40	5.70	803	24409	—	—	820	42	5068	15000	38850	238	5	9738
角峪	张军	张玉山	64.0	2597	30	3.40	—	18624	14.4	—	1248	418	4690	1568	28380	75	5	12000
化马湾	方增群	吴光锋	96.8	2405	31	3.80	378	10406	—	402	—	421	1110	1203	18522	258	5	2004
徂徕	郭冬云	张永亮	140.0	4000	35	5.80	803	25265	—	747	7357	24	3746	4139	37229	799	7	6720
良庄	赵兴富	陈传帅	140.9	6133	41	7.20	542	10114	—	3477	51400	45	589	867	5312	149	2	42000
房村	张家栋	杨荣合	96.0	4072	32	5.67	889	13119	—	752	11642	13	910	2210	23135	275	13	60000
马庄	王富禄	张广闻	57.2	3600	37	4.80	845	22000	24.0	60	12	18	3600	8400	22000	1320	11	9600
满庄	朱宗柯	张宗起	113.0	5302	44	7.00	860	27369	27.0	1732	7800	84	7400	27000	42000	460	12	18600
夏张	魏勃	郑成岭	121.5	5500	72	6.30	980	37812	13.3	821	17556	1260	3860	3745	45810	265	—	—
道朗	王丽荣	张志诚	131.0	4020	57	4.50	1200	16112	31.0	431	20733	1246	6675	4462	20600	1685	7	1900

事处基本情况一览表

教育事业								卫生事业					生活·保障							
普通初中				小学				乡镇卫生院		村级卫生室										
学校数（所）	毕业生数（人）	在校生数（人）	专任教师（人）	学校数（所）	毕业生数（人）	在校生数（人）	专任教师（人）	床位数（张）	专业技术人员（人）	数量（所）	甲级卫生室（所）	乡村医生（人）	居民人均纯收入（元）	居民人均生活支出（元）	享受最低生活保障金人数（人）	65岁以上老人（人）	入住敬老院数（人）	敬老院数（所）	社会福利企业数（个）	福利企业残疾职工数（人）
—	—	—	—	5	774	2055	164	—	—	11	11	54	4302	3800	981	2617	—	—	1	92
—	—	—	—	8	918	3664	217	12	13	22	11	86	4306	—	410	3200	1	—	4	67
1	181	671	56	9	554	2448	18	20	21	16	16	52	3639	2312.8	1410	2474	—	—	3	56
2	750	2269	149	9	265	1043	112	20	39	14	14	75	3693	2760	88	2987	10	1	1	7
1	409	1149	81	5	244	631	72	20	16	9	9	38	3577	2410	270	1100	8	1	—	—
2	1281	4555	272	11	890	1955	155	56	78	35	35	116	3365	2483	280	5200	—	—	2	70
2	1214	5196	274	14	1404	2411	231	50	83	23	8	125	3361	2881	228	4523	57	1	3	120
1	227	824	41	3	191	543	59	30	15	6	6	20	2945	—	78	37	6	1	—	—
2	612	1661	110	14	430	1765	160	40	42	30	30	110	3365	2248	197	3998	7	1	2	59
1	194	1034	75	10	199	1121	75	20	10	21	10	54	3506	1320	263	2531	3	1	—	—
2	1053	3200	209	10	1080	1902	218	50	74	33	33	96	3450	1980	273	5110	48	1	1	553
3	1048	3348	221	18	1006	3299	206	100	112	48	33	169	3200	2284	177	8242	365	18	1	69
2	621	1519	109	12	496	1644	136	53	82	23	23	53	3351	2180	119	3169	20	1	1	35
2	447	2047	102	13	5	1757	180	40	60	32	32	106	2900	2600	156	11372	15	1	—	—
2	1157	2472	170	9	—	3446	181	40	58	38	38	129	3380	1630	461	3600	12	1	1	8
2	1000	2940	220	11	1000	2434	200	21	46	34	34	112	3426	1557	37	7998	—	—	—	—
2	614	1548	115	12	450	1741	139	50	55	24	23	110	3344	2220	166	2827	4	1	1	9
2	583	1156	104	14	—	2613	152	17	36	4	26	98	3379	2189	213	5426	9	1	1	25
2	1066	2702	168	14	934	2294	192	50	62	27	27	110	3401	2010	189	6132	36	1	1	192
2	880	2401	216	10	680	2936	212	40	56	36	26	156	3345	2100	300	7183	50	1	—	—
2	1062	2216	198	13	—	2567	276	40	38	26	8	115	3148	2100	—	3402	48	1	—	—
2	412	1949	128	5	314	2450	144	20	36	36	34	129	3159	1045	189	3327	20	4	11	13
2	1180	2372	170	17	1206	3934	480	50	76	44	35	146	3400	1980	920	7893	15	1	11	98
1	1034	2286	140	11	850	3469	184	30	47	51	41	155	3420	1295	135	10109	50	1	—	—
2	492	1864	156	10	425	2534	200	50	64	36	36	95	3100	2130	195	3400	20	1	—	—

（续表）

乡、镇、办事处			面积(平方公里)	耕地面积(公顷)	村(居)民委员会(个)	人口(万人)	地方财政收入(万元)	农产品产量(吨)				民营经济					集贸市场	
名称	党委书记	乡镇长主任						粮食	棉花	油料	果品	企业数(个)	从业人员(人)	注册资金(万元)	总产值(万元)	上缴税金(万元)	市场数(个)	成交额(万元)
青云	成刚	陈星涛	210.0	3451	119	19.30	4648	8427	—	801	3416	94	17444	19909	24244	4310	15	72600
新汶	刘善辉	王京明	42.1	430	19	2.70	4062	1420	—	—	654	141	12331	16090	156000	3200	5	67000
翟镇	公茂鹏	李同彬	69.5	3017	45	6.63	1658	28000	—	800	100	2495	8150	2100	143737	1410	2	11000
泉沟	毛成军	郭信波	92.5	2361	34	4.73	767	4464	15.0	160	2530	83	2349	2460	30939	919	4	12000
西张庄	高龙法	万传宧	47.0	2635	28	3.97	1435	13304	—	312	831	137	12516	12000	160000	2310	6	1670
果都	和辉	曹兴水	51.0	2512	34	3.80	1175	17169	1.5	500	280	120	4254	8200	65000	600	3	14500
羊流	郭志强	亓桂峰	179.0	7142	90	9.80	1111	29723	—	1882	4500	192	21200	18600	163201	1315	7	15000
天宝	鲁法平	马强	158.0	5800	50	7.80	726	27132	—	2317	1304	8	200	1400	4500	150	9	1500
楼德	赵敬利	苏宝菊	93.0	5038	36	7.45	2300	23820	—	1238	1697	53	2800	8320	67000	950	9	15000
禹村	丁立成	郝敬忠	100.0	3541	40	5.84	2088	26510	—	1998	1071	45	809	6532	42320	710	8	13232
宫里	刘玉	曾健	79.0	4260	43	6.00	1178	16176	—	198	1460	1026	8123	5352	58836	1769	9	4000
谷里	尹成学	林铁军	98.8	4235	51	5.30	1200	14078	—	474	80	827	11538	8141	83759	4091	9	3600
石莱	李淑忠	李东泉	166.0	5031	69	6.18	413	12807	—	2676	1844	502	2450	1860	11500	87	13	3010
放城	郑浩文	徐宗峰	69.0	1951	23	3.25	620	5404	—	672	230	366	2253	1200	5737	42	4	2100
岳家庄	朱立辉	陈传振	70.7	2603	25	3.46	328	13874	—	2394	2300	25	2547	1300	5467	74	3	1800
刘杜	段元庆	夏谦	51.4	1466	28	2.83	435	8495	—	1854	1650	32	2320	1580	5352	129	2	1700
小协	徐志云	陈咏海	39.0	850	18	5.10	1788	1903	—	1211	98	1189	10847	12000	15035	1150	1	800
东都	韩学锋	赵世民	62.1	1837	33	7.15	1877	9120	—	1238	1697	154	3200	11800	181655	770	1	1000
汶南	曹西增	朱玉山	189.0	6373	85	10.10	1898	24984	—	1991	3060	1680	12680	7088	168202	2384	6	14712
龙廷	马秀义	张华	158.0	3203	53	6.21	391	5425	—	1247	3472	156	4800	3246	40497	313	7	8230

教育事业								卫生事业					生活·保障							
普通初中				小学				乡镇卫生院		村级卫生室			居民人均纯收入(元)	居民人均生活支出(元)	享受最低生活保障金人数(人)	65岁以上老人(人)	入住敬老院数(人)	敬老院数(所)	社会福利企业数(个)	福利企业残疾职工数(人)
学校数(所)	毕业生数(人)	在校生数(人)	专任教师(人)	学校数(所)	毕业生数(人)	在校生数(人)	专任教师(人)	床位数(张)	专业技术人员(人)	数量(所)	甲级卫生室(所)	乡村医生(人)								
5	3105	7900	580	29	1860	7800	666	70	162	91	91	229	3322	2176	619	12856	95	2	2	82
1	594	1486	130	9	284	1224	188	25	59	17	11	53	4396	3266	50	1808	10	1	1	30
2	867	3182	168	9	860	2912	163	60	79	34	34	107	3236	2700	238	5000	20	1	1	20
1	862	2235	157	8	341	3267	187	20	28	40	26	86	3538	1227	359	4280	31	1	2	25
1	547	1551	155	8	593	2332	179	20	33	23	15	70	3222	2600	105	3728	46	1	1	20
2	539	1690	105	8	512	2250	127	20	34	25	25	68	3200	1856	67	3269	50	1	1	30
2	1719	3163	199	12	713	4990	306	40	96	90	50	190	2940	1954	571	9114	34	1	1	24
2	697	2233	202	10	778	4726	348	60	67	50	50	123	2890	1460	329	8034	46	1	1	32
2	702	2240	204	10	804	4786	238	36	68	52	47	128	3238	1956	428	7373	45	1	1	20
2	683	2108	178	36	774	4230	219	40	56	48	49	111	2940	1857	327	6054	41	3	1	30
1	680	2260	262	16	950	3100	193	30	34	131	26	152	2778	2180	452	5807	18	1	1	20
2	1200	3430	162	9	783	2859	162	20	26	20	20	66	2730	1200	350	6134	11	1	3	86
2	360	1029	262	15	970	2988	262	20	24	110	36	130	2280	1086	650	12913	11	1	3	56
2	560	1748	90	9	420	2381	182	20	19	27	20	76	2460	1032	299	2270	8	1	1	60
1	387	1107	108	11	532	2121	120	25	20	18	2	23	2681	1120	251	2107	10	1	1	50
1	742	1085	110	12	543	1807	131	20	18	15	3	32	2362	1131	312	2027	13	1	1	30
1	386	1106	87	6	320	1406	127	25	63	3	1	3	3359	2452	69	3004	30	1	1	25
2	763	1136	123	10	386	1436	122	33	60	6	1	11	3182	2135	80	1087	17	1	1	20
4	1599	4469	257	76	1446	7301	385	25	49	102	60	141	2960	1980	642	159	46	1	1	25
2	856	2547	96	9	818	4048	235	15	43	65	65	155	2483	1103	1613	1776	26	1	1	30

(续表)

乡、镇、办事处			面积(平方公里)	耕地面积(公顷)	村(居)民委员会(个)	人口(万人)	地方财政收入(万元)	农产品产量(吨)				民营经济					集贸市场	
名称	党委书记	乡镇长主任						粮食	棉花	油料	果品	企业数(个)	从业人员(人)	注册资金(万元)	总产值(万元)	上缴税金(万元)	市场数(个)	成交额(万元)
新城	葛茂金	邹家强	55.4	2013	27	11.40	1341	12533	13	272	15680	69	8970	20930	9900	1371	8	38000
老城	侯庆洋	雷波	78.7	2995	33	8.06	942	16163	6	323	3230	78	6742	19075	4100	455	5	14500
潮泉	于锋	李建民	52.9	2106	11	2.33	596	13192	—	826	8003	12	1265	2260	1456	135	4	7400
王瓜店	名树伟	韩立新	91.8	3894	32	8.07	1171	30252	20	431	472	61	11020	2400	7700	699	5	16000
桃园	雍彦明	孔祥山	100.8	5390	42	5.84	929	14354	—	6	25500	37	1470	2019	8214	313	6	13000
王庄	刘忠军	李向东	93.7	5290	53	5.53	902	40399	43	396	7362	32	1500	1500	13071	165	6	17400
湖屯	翟广西	王长勇	85.3	3565	48	8.23	993	20384	16	—	1789	54	8481	3871	4400	441	5	18100
石横	王新民	陈方	94.4	3988	43	8.48	1328	19639	17	234	371	34	7100	3690	3336	1842	8	18600
仪阳	赵燕军	苏玉国	97.4	4121	49	4.51	698	10575	41	207	7220	36	8530	3000	2401	175	6	11100
安临站	刘培亭	孙刚荣	130.9	4571	48	6.04	945	28021	50	223	9867	13	578	3262	7881	450	7	15900
孙伯	赵宏	王建平	70.9	3379	17	3.12	608	17779	24	186	84	12	2850	2750	3881	91	2	9200
安驾庄	宁洪法	辛涛	134.4	7336	71	8.76	1767	56715	79	258	3676	58	9856	3820	9037	213	3	22400
边院	孙雪峰	孙黎	111.2	6629	80	8.35	1192	53586	34	84	4855	54	1392	1800	7077	91	7	25100
汶阳	王瑞岭	于京山	92.5	4882	53	8.00	621	39673		342	440	26	8000	112100	11629	1680	6	30200
宁阳	纪维瑞	王耀辉	52.0	2581	41	9.10	1328	22777	56	2530	16	470	25582	—	181081	1641	3	—
泗店	王波	张文军	67.0	3766	36	4.31	568	25212	18	4263	—	204	1875	315	17998	161	3	2500
东疏	孙晶	刘明	92.0	4844	49	6.18	772	36674	149	6946	225	460	4486	3145	31577	368	4	2100
鹤山	汪彬	李明臣	105.0	5371	49	5.59	479	31556	369	5353	65	689	5621	258	19900	206	4	1312
伏山	马德芳	徐波	105.0	4954	59	6.63	859	37061	81	3442	6	1107	11238	580	107517	1650	4	14750
堽城	王国强	杨红	118.0	6481	63	8.28	807	44303	341	5279	672	949	10358	5100	97749	750	5	3600
蒋集	李谦华	张涛	72.0	4025	40	5.15	540	19452	—	11774	540	189	1652	2000	16020	190	2	2980
磁窑	张庆峰	肖玉国	126.0	5474	81	9.37	1009	27580	19	3789	5866	175	8602	1200	110088	361	4	15000
华丰	徐涛	孙本伟	114.0	5620	62	9.26	1105	32588	10	7707	2381	1159	12628	31194	158458	1854	5	10440
东庄	董先思	靳恩松	97.0	4381	45	5.99	421	16612	4	1994	135	168	2387	310	41189	179	3	450
葛石	韩庆军	魏百春	129.0	5906	27	7.09	952	32594	223	7638	26677	680	7040	2150	118179	1324	4	720
乡饮	李少华	桑逢杰	67.0	4679	15	3.72	355	18491	135	427	24	828	7424	314	20636	89.2	1	360

教育事业								卫生事业					生活·保障							
普通初中				小学				乡镇卫生院		村级卫生室										
学校数（所）	毕业生数（人）	在校生数（人）	专任教师（人）	学校数（所）	毕业生数（人）	在校生数（人）	专任教师（人）	床位数（张）	专业技术人员（人）	数量（所）	甲级卫生室（所）	乡村医生（人）	居民人均纯收入（元）	居民人均生活支出（元）	享受最低生活保障金人数（人）	65岁以上老人（人）	入住敬老院数（人）	敬老院数（所）	社会福利企业数（个）	福利企业残疾职工数（人）
1	1167	2100	203	9	443	1893	260	40	80	20	20	56	3546	2007	221	4877	39	1	3	46
2	1496	2746	224	11	777	2126	239	64	121	15	15	54	3195	1890	231	5391	44	1	1	8
1	570	1084	65	4	304	888	65	20	33	10	10	30	3128	1660	193	2435	39	1	—	—
3	2052	3357	237	13	877	3029	258	30	57	22	18	87	3326	1960	319	6361	57	1	3	53
1	1508	2538	188	9	718	2725	233	50	85	34	18	96	3165	1890	392	6737	59	1	—	—
2	1392	3050	232	6	749	2735	176	30	62	25	16	81	3201	1624	455	6906	45	1	—	—
1	1385	2676	166	5	738	2669	207	20	61	36	36	73	3109	1700	587	5281	58	1	—	—
3	1497	2731	215	11	655	3367	229	20	89	33	28	81	3482	1686	438	7116	50	1	3	61
2	1233	2323	174	9	598	3080	203	50	67	19	—	81	2746	1538	409	5745	49	1	2	39
3	1764	3309	263	14	903	3623	230	68	89	14	14	51	3062	1604	296	7527	56	1	2	119
1	829	1487	102	8	323	1868	111	30	39	17	17	44	3066	1648	102	3844	55	1	—	—
7	2570	4556	444	16	1308	4938	295	90	116	15	15	77	3216	1250	363	9271	51	1	1	31
3	2282	4218	335	12	1087	3911	298	120	175	30	29	76	3087	1660	159	1067	62	1	—	—
3	2317	3596	264	15	852	4116	262	60	86	34	27	117	3342	1778	447	9758	51	1	—	—
2	1131	3000	250	6	1017	3000	335	470	340	34	32	105	3556	—	141	4621	86	1	1	24
1	791	2396	202	9	728	2399	171	40	49	20	20	88	2992	2375	393	4530	85	1	1	350
1	799	4168	255	10	971	4294	289	40	45	41	35	164	3196	2800	—	7123	76	1	1	350
1	1054	2924	213	9	709	4500	344	54	40	27	23	114	1905	1478	102	6349	74	1	—	—
2	1489	3325	253	15	996	3191	280	50	46	27	27	96	3531	1483	282	7078	108	1	1	18
2	1555	10126	261	10	1532	5007	291	40	54	42	39	173	3405	1895	—	8724	64	2	2	120
1	763	2763	129	11	802	2775	166	28	33	23	20	128	2866	1532	—	5645	65	1	—	—
2	1513	4745	332	26	1559	4265	307	206	86	46	40	174	3006	—	61	8900	96	2	—	—
2	1925	4812	308	17	1334	3557	262	61	66	40	32	111	3298	1950	—	8200	190	1	2	60
2	1202	2789	212	14	701	2954	256	60	30	24	24	99	3402	—	368	6662	56	1	—	—
2	1333	3600	288	8	1018	3600	303	68	50	30	30	178	2766	2600	323	7502	84	1	3	124
1	759	2002	158	7	678	2300	164	30	46	26	20	119	2662	2000	—	4403	30	1	—	—

（续表）

乡、镇、办事处			面积(平方公里)	耕地面积(公顷)	村(居)民委员会(个)	人口(万人)	地方财政收入(万元)	农产品产量(吨)				民营经济					集贸市场	
名称	党委书记	乡镇长主任						粮食	棉花	油料	果品	企业数(个)	从业人员(人)	注册资金(万元)	总产值(万元)	上缴税金(万元)	市场数(个)	成交额(万元)
东平	张昭印	魏长志	140.0	5548	68	8.50	2138	22230	87	357	1042	512	5447	9890	2400	910	4	25800
新湖	靳召宏	刘思山	110.0	5214	54	5.02	876	41282	96	506	1535	12	200	290	17120	80	3	52900
接山	刘思宏	常庆智	149.0	13003	52	6.08	1077	34346	72	388	2288	809	9996	1616	27160	391	8	23000
梯门	王龙	黄建民	93.8	4474	43	3.75	567	10736	11	2512	5329	503	1299	995	5280	112	7	5500
沙河站	徐金华	戴先锋	76.0	4349	65	5.60	857	34545	133	3680	—	48	9763	1939	10260	270	3	11820
老湖	陈庆华	李广义	113.0	4708	71	7.20	1340	8867	560	471	5133	34	996	1421	2318	118	4	8427
彭集	肖国常	陈敏	74.8	4800	53	6.30	1176	20667	—	1015	60	40	3000	8000	120000	2000	5	2000
大羊	陈磊	赵庆国	93.0	81045	42	4.30	997	32054	218	1129	2376	36	4000	3766	—	250	3	1696
州城	刘祥涛	侯圣玉	72.0	3393	71	5.40	1068	25421	38	1800	1030	1602	4441	812.1	42236	888	2	5400
斑鸠店	赵广文	李学军	76.0	4131	40	4.60	930	17360	6	50	650	1290	7027	9815	25492	230	3	6000
银山	刘振华	宫庆会	104.0	3514	44	5.54	1108	21119	77	152	2830	1428	9456	26560	41680	690	3	15800
商老庄	郑中其	彭城	99.4	3000	35	3.00	520	23399	2080	—	300	448	2312	4521	20774	142	1	20100
旧县	赵永恕	陈本坤	73.0	1530	30	2.80	255	8750	—	—	840	1157	9800	2000	28000	230	4	6200
戴庙	王成明	徐天成	87.0	44340	48	3.70	1036	37510	76	173	350	36	4000	1750	2000	380	5	2200
北集坡	王林青	程镇林	100.0	4582	42	5.96	1226	22127	29	3832	12002	71	3141	3506	17461	264	7	6864

基地规模，提升产品质量，发展大蒜冷藏保鲜及精深加工项目。2002年，全镇大蒜种植面积达2000公倾，实现大蒜特产税近200万元，成为农民和财政收入的主要来源。(1)膨胀大蒜基地规模，实现区域布局的新突破。年内，镇里制订出台了《关于鼓励扩种大蒜的政策规定》，投资45万元对堂子排灌站等水利工程进行修复，调动了广大干部群众种植大蒜的积极性。年内，全镇新增大蒜面积400公顷，达2000公倾。(2)实现产品与市场的对接，靠过硬质量和品牌，提升大蒜产品质量。该镇建立健全了优质大蒜产品基地的管理体系、质量检测体系和监督管理体系，引导广大蒜农在合理密植的基础上，采取地膜覆盖、配方施肥、化学除草，严禁施用国家禁用的化肥农药，增施有机肥，提高了大蒜产品的质量。2002年6月，斑鸠店大蒜被省农业厅命名为无公害产品；9月，斑鸠店镇被列为全省首批标准化生产示范区。同时，镇政府已向国家工商局申请注册“斑鸠店”牌商标，为大蒜产品进入国内、国际两大市场奠定了良好的基础。(3)加大龙头企业建设力度，实现大蒜产品的转化增值。镇委、镇政府制定出台了《关于兴建大蒜冷库项目的有关规定》，对兴建1000吨以上冷库项目者奖励1万元；兴建500吨冷库者奖励5000元。年内，全镇新建冷库4座，库容总量达到8000吨，缓解了大蒜、蒜薹集中销售的压力。同时，引导群众发展蒜黄生产，新建蒜黄大棚50多个，转化大蒜500多吨，化解了市场风险，提高了经济效益。(4)抓营销，努力构筑开放型的市场体系。兴建了占地13公顷的大蒜专业批发市场，完善了水、电、路、通信等配套设施，为外地客户提供了良好的交易场所。组建镇、村两级大蒜营销队伍，主动外出抢占市场，大蒜产品已销往内蒙古、辽宁、天津、黑龙江、河北等全国10多个省市，并有一部分大蒜产品出口到日本、韩国等地。

【彭集镇后亭村连续五年被评为“省级文明单位”】　2002年，后亭村党支部一班人紧紧围绕“农业增效，农民增收”

教育事业								卫生事业					生活·保障							
普通初中				小学				乡镇卫生院		村级卫生室			居民人均纯收入(元)	居民人均生活支出(元)	享受最低生活保障金人数(人)	65岁以上老人(人)	入住敬老院数(人)	敬老院数(所)	社会福利企业数(个)	福利企业残疾职工数(人)
学校数(所)	毕业生数(人)	在校生数(人)	专任教师(人)	学校数(所)	毕业生数(人)	在校生数(人)	专任教师(人)	床位数(张)	专业技术人员(人)	数量(所)	甲级卫生室(所)	乡村医生(人)								
2	1978	5481	312	25	2359	4112	457	78	90	68		68	2638	2013	248	9857	56	1	2	—
2	1010	3458	156	12	1160	5747	220	20	40	38	15	105	2600	1976	196	2600	30	1	1	12
2	993	3742	160	22	1519	3600	216	122	81	47	29	138	2598	1968	470	6766	68	1	0	0
2	720	2320	112	17	710	2080	215	40	48	21	8	87	2075	1960	84	4060	30	2	1	8
3	990	3330	185	14	1551	4349	226	40	63	41	13	106	2817	1284	107	3152	101	2	1	12
2	1247	4076	207	10	626	3451	228	60	134	44	17	126	2300	2700	275	8237	60	2	0	0
2	1123	3389	241	22	1348	3705	327	30	19	38	0	38	2732	1410	48	5340	50	1	0	0
1	580	2208	147	7	348	2300	234	20	10	33	5	67	2236	970	152	4680	26	1	2	10
2	1028	3890	234	11	825	3337	296	100	50	53	—	92	2879	2303	166	6268	55	1	0	0
1	516	2480	96	11	715	3143	235	46	53	40	24	103	2638	1725	123	3900	46	—	0	0
3	560	2600	202	28	540	3600	322	50	84	42	36	142	2558	1675	166	3680	50	1	3	42
2	489	1525	85	5	531	1562	162	20	31	18	0	62	2200	1207.61	108	2600	26	1	0	0
1	459	1464	71	7	741	2118	123	15	14	30	—	37	2162	1537	141	3100	19	1	2	52
2	410	1539	124	9	473	2343	171	50	79	24	24	76	2310	1600	108	3860	51	1	1	8
2	784	2122	237	14	780	2349	262	20	47	43	43	116	3204	1430	150	5112	21	1	1	400

目标，按照“围绕经济抓党建，抓好党建促发展”的工作思路，强班子、建制度、搞服务，取得“两个文明”建设双丰收。全年工农业总产值达到2100万元，人均纯收入3120元，集体公共积累230万元。被市委、市政府命名为“市级文明单位”，连续五年被省文明委命名为“省级文明单位”。

2002年4月，该村“两委”换届后，支部一班人廉洁自律，把党建工作与发展农村经济和农村精神文明创建工作结合起来，注重发挥党支部的战斗堡垒作用和党员队伍的先锋模范作用。(1)开展党员联系群众活动。支部成员每人都负责联系一户经济特困户，一般党员也都有自己的联系对象，及时走访了解联系户在生产、生活中遇到的问题，并妥善予以解决，个人不能解决的，及时向党支部汇报，由支部研究解决。年内有8名家境贫寒户的子女得到救助，其学费由村干部帮助解决；两户特困户在架电、安装自来水管道时，由支部书记、村委主任各垫支了240元。(2)开展党员“四带头”活动。鼓励党员带头搞好产业结构调整、带头倡树文明新风、带头科技致富、带头搞好村级服务，尤其在产业结构调整过程中，村“两委”干部每人都带头承包了1～2个大棚，做给群众看，带着群众干，全村138个大棚很快就承包到户。开展“争当文明模范户，倡树文明新风尚”活动，评出文明模范户110户、科技致富户20户、“十佳孝星”10名、“十佳老人”10名。(3)积极为群众办实事、办好事。该村党支部竭尽全力为群众办实事、办好事，先后为群众安上了有线电视、程控电话，修筑了环村柏油路，建起了老年活动中心。年内投资30多万元，新上自来水安装工程，让群众吃上了自来水。

（袁恒常　杨福中）

编辑·校对　周美广

人　物

新任市级领导人

耿文清　中共泰安市委书记、市委党校校长，市人大常委会主任、党组书记。男，汉族，1955年10月生，山东青州人。1984年5月加入中国共产党，1972年6月参加工作，研究生学历，经济学硕士、高级经济师。省八次党代会代表，省九、十届人大代表。

1972年6月至1978年2月，青州市口埠镇黄家里双小学民办教师；1978年2月至1982年1月，山东师范大学政治系学生；1982年1月至1984年12月，福建师范大学经济学专业研究生；1984年12月至1987年2月，山东省经济研究中心综合处干部（其间：1986年5月至1987年5月国务院发展研究中心培训和工作）；1987年2月至1987年12月，山东省经济研究中心综合处主任科员；1987年12月至1990年10月，山东省经济研究中心综合处副处长；1990年10月至1994年6月，山东省经济研究中心综合处处长（其间：1991年5月至1992年10月挂职沾化县委副书记）；1994年6月至1996年11月，山东省体改委综合处处长；1996年11月至2000年3月，山东省农业厅副厅长、党组成员；2000年3月至2001年1月，山东省农业厅副厅长、党组副书记；2001年1月至2001年2月，泰安市委副书记，市政府代市长、党组书记；2001年2月至2002年12月，泰安市委副书记，市政府市长、党组书记；2002年12月至2003年2月，泰安市委书记、市委党校校长；2003年2月以后，泰安市委书记、市委党校校长，市人大常委会主任、党组书记。

贾学英　中共泰安市委副书记，市政府市长、党组书记。男，汉族，1953年9月生，山东鄄城人。1976年11月加入中国共产党，1975年8月参加工作，省委党校大专学历。十届全国人大代表、省十届人大代表。

1973年9月至1975年8月，菏泽师范学校学生；1975年8月至1976年12月，鄄城县闫什口公社工作组副组长；1976年12月至1979年5月，鄄城县直机关团委筹备组组长、团委书记；1979年5月至1980年9月，鄄城团县委副书记；1980年9月至1981年4月，鄄城县吉山公社党委副书记；1981年4月至1986年7月，鄄城县吉山公社党委书记（其间：1984年9月至1986年7月省委党校经济管理专业学习）；1986年7月至1987年1月，鄄城县经协办主任；1987年1月至1991年6月，鄄城县委副书记；1991年6月至1993年1月，郓城县委副书记、县长；1993年1月至1994年6月，菏泽市（县级）委副书记、市政府市长；1994年6月至1995年11月，菏泽市（县级）委书记；1995年11月至2000年12月，菏泽地委委员、菏泽市（县级）委书记；2000年12月至2001年1月，菏泽市委常委；2001年1月至2001年2月，泰安市委常委，市政府党组副书记；2001年2月至2002年12月，泰安市委常委，市政府副市长、党组副书记；2002年12月至2003年1月，泰安市委副书记，市政府副市长、代理市长、党组副书记；2003年1月至2003年2月，泰安市委副书记，市政府副市长、代理市长、党组书记；2003年2月以后，泰安市委副书记，市政府市长、党组书记。

高儒林　中共山东省纪委委员，泰安市委副书记、市纪委书记，泰山学院党委书记。男，汉族，1950年10月生，山东临邑人。1970年7月加入中国共产党，1969年12月参加工作，中央党校大学学历。省八次党代会代表。

1969年12月至1973年3月，1373部队80分队战士、副班长、班长；1973年3月至1973年8月，临邑县高家村小学教师；1973年8月至1976年8月，山东农业大学农学系学生；1976年8月至1979年4月，德州地区农林办公室干事；1979年4月至1985年3月，德州地委办公室干事；1985年3月至1987年11月，德州地委办公室综合科副科长；1987年11月至1988年12月，德州地委办公室副县级秘书；1988年12月至1990年9月，德州地委副秘书长；1990年9月至1992年11月，德州地委副秘书长、办公室主任；1992年11月至1995年2月，德州地委秘书长、机关党委书记（其间：1992年9月至1994年12月中央党校函授经济学专业学习）；1995年2月至1995年3月，德州市委秘书长、机关党委书记；1995年3月至1996年5月，德州市委常委、秘书长兼机关党委书记；1996年5月至2001年1月，德州市委常委、秘书长兼机关工委书记（其间：1997年3月至1999年7月北京大学区域经济学研究生进修班学习）；2001年1月至2002年12月，泰安市委副书记、市纪委书记；2002年12月以后，泰安市委副书记、市纪委书记，泰山学院党委书记。

李洪峰 中共泰安市委副书记。男，汉族，1956年6月生，山东青州人。1975年11月加入中国共产党，1972年12月参加工作，大学学历，哲学学士。

1972年12月至1975年3月，青州市东夏公社李集小学民办教师；1975年3月至1976年11月，青州市农村工作队队员；1976年11月至1978年10月，潍坊昌潍水文分站工人；1978年10月至1982年7月，山东大学哲学系哲学专业学生；1982年7月至1988年8月，山东省委宣传部干事、主任干事；1988年8月至1988年12月，山东省委宣传部副处级巡视员；1988年12月至1994年10月，山东省委宣传部研究室副主任；1994年10月至1996年2月，山东省委宣传部研究室主任（其间：1995年10月至1996年2月挂职汶上县委副书记）；1996年2月至2001年1月，泰安市委常委、宣传部部长；2001年1月至2002年1月，泰安市委副书记、宣传部部长；2002年1月以后，泰安市委副书记。

刘 渊 中共泰安市委副书记、山东省援疆干部总带队。男，汉族，1966年12月生，山东东平人。1988年9月加入中国共产党，1990年7月参加工作，研究生学历，法学硕士。省八次党代会代表。

1986年9月至1990年7月，山东农业大学牧医系学生；1990年7月至1992年12月，山东农业大学牧医系政治辅导员；1992年12月至1993年9月，山东农业大学牧医系团总支副书记；1993年9月至1996年7月，清华大学思想政治教育专业学生（1997年6月获硕士学位）；1996年7月至1996年9月，山东农业大学动物科技学院团委书记；1996年9月至1997年7月，泰安市政府研究室正科级干部；1997年7月至1999年3月，泰安市政府研究室综合科科长；1999年3月至1999年9月，泰安市委组织部研究室副主任、主任科员；1999年9月至2000年11月，新泰市人民政府副市长；2000年11月至2001年1月，共青团泰安市委书记；2001年1月至2002年1月，泰安市委常委、共青团泰安市委书记；2002年1月至2002年7月，泰安市委常委、宣传部部长；2002年7月至2003年3月，泰安市委副书记、宣传部部长，山东省援疆干部总带队；2003年3月以后，泰安市委副书记、山东省援疆干部总带队。

唐家品 中共泰安市委副书记。男，汉族，1952年5月生，山东东平人。1971年11月加入中国共产党，1971年12月参加工作，大专学历。省八次党代会代表。

1971年12月至1972年12月，东平县委农村工作队队员；1972年12月至1973年8月，东平县城关公社党委组织干事；1973年8月至1976年9月，共青团泰安地委常委；1976年9月至1980年9月，泰安地委调研室秘书、副科级秘书；1980年9月至1982年6月，山东大学干部专修科学员；1982年6月至1984年3月，泰安地委调研室副科级秘书；1984年3月至1990年3月，泰安地（市）委副秘书长（其间：1989年6月至1990年2月挂职莱芜市委副书记）；1990年3月至1992年11月，泰安市郊区区委副书记、区长；1992年11月至1994年9月，泰安市郊区区委书记；1994年9月至1994年12月，泰安市中级人民法院党组副书记（正县级）（其间：1994年9月至1995年1月省委党校中青年干部培训班学员）；1994年12月至1996年1月，泰安市委常务副秘书长（正县级）；1996年1月至1997年3月，泰安市委秘书长兼市直机关工委书记；1997年3月至1998年12月，泰安市委常委、秘书长兼市直机关工委书记；1998年12月至2003年2月，泰安市委常委、秘书长；2003年2月至2003年3月，泰安市委副书记、秘书长；2003年3月以后，泰安市委副书记。

黄龙华 中共泰安市委副书记。男，汉族，1956年9月生，山东淄博人。1977年12月加入中国共产党，1974年5月参加工作，大专学历。

1974年5月至1975年5月，淄博市淄川区峪村公社中学民办教师；1975年5月至1978年5月，肥城矿务局陶阳煤矿工人、团委副书记；1978年5月至1982年9月，共青团泰安地委干事、宣传部副部长；1982年9月至1984年6月，山东大学干部专修科学员；1984年6月至1985年12月，共青团泰安市委宣传部部长；1985年12月至1991年5月，共青团泰安市委副书记（其间：1986年8月至1987年8月省委办公厅联络员）；1991年5月至1992年12月，共青团泰安市委书记（其间：1992年2月至1992年4月省委党校培训班学员）；1992年12月至1993年12月，新泰市委副书记、副市长（正县级）；1993年12月至1995年12月，新泰市委副书记、市长；1995年12月至1997年12月，肥城市委书记；1997年12月至2003年2月，泰安市委常委、政法委书记（其间：1998年9月至1998年10月省委党校地厅级干部培训班学习，1998年11月至2000年10月山东大学法学院在职研究生研修班学习）；2003年2月至2003年3月，泰安市委副书记、政法委书记；2003年3月以后，泰安市委副书记。

连传学 中共泰安市委常委、泰安军分区政治委员。男，汉族，1951年8月生，山东荣成人。1972年4月加入中国共产党，1970年12月参加工作，在职大学学历。

1970年12月至1974年6月，济南军区内长山要塞区船运大队战士；1974年6月至1977年2月，济南军区内长山要塞区后勤部直工科书记；1977年2月至1977年6月，济南军区内长山要塞区后勤部政治处书记；1977年6月至1979年12月，济南军区内长山要塞区后勤部政治处副连职干事；1979年12月至1983年5月，济南军区内长山要塞区后勤部政治处正连职干事；1983年5月至1983年9月，济南军区内长山要塞区后勤部政治处副营职干事；1983年9月至1985年9月，南京高级陆军学校陆军指挥专业学员；1985年9月至1990年3月，济南军区内长山守备师后勤部政工科科长；1990年3月至1991年5月，济南军区内长山守备师船运大队政委；1991年5月至1993年2月，济南军区内长山守备师政治部副主任；1993年2月至1996年3月，济南军区内长山要塞区政治部副主任（其间：1993年9月至1996年7月南京政治学院政工专业函授学习）；1996年3月至1999年3月，济南军区内长山要塞区政治部主任；1999年3月至2002年8月，济南军区内长山要塞区副政委；2002年8月至2002年12月，泰安军分区政治委员；2002年12月以后，泰安市委常委、泰安军分区政治委员。

孙承志　中共泰安市委常委、宣传部部长。男，汉族，1956年8月生，山东寿光人。1976年1月加入中国共产党，1974年11月参加工作，在职研究生学历，经济学博士。

1974年11月至1976年5月，寿光县园艺场会计、文书；1976年5月至1977年11月，寿光县委宣传部干事（其间：1976年11月至1977年11月山东大学政治系学习）；1977年11月至1978年7月，寿光县委学大寨工作队、整党工作队队员；1978年7月至1984年2月，昌潍地委办公室、潍坊市委办公室秘书（其间：1981年2月至1984年12月昌潍师专中文专业在职学习）；1984年2月至1986年1月，共青团潍坊市委书记、潍坊市青联主席；1986年1月至1990年3月，潍坊市寒亭区委副书记、区长（其间：1989年9月至1990年8月中央党校中青班学习）；1990年3月至1990年8月，潍坊市寒亭区委副书记（正县级）；1990年8月至1993年1月，潍坊市政府副秘书长（正县级）（其间：1990年9月至1999年5月复旦大学经济学院学习，先后获经济学硕士、博士学位）；1993年1月至1994年7月，潍坊市潍城区委书记、区武装部第一政委；1994年7月至1995年3月，潍坊高新技术产业开发区党工委书记、管委会主任（副厅级）；1995年3月至1996年5月，泰安市政府副市长、党组成员；1996年5月至1996年11月，泰安市政府副市长、党组成员兼泰山管委（市旅游局、文物局）主任（局长）；1996年11月至1997年11月，泰安市政府副市长、党组成员兼泰山管委（市旅游局、文物局）主任（局长）、泰安经济开发区（高新技术产业开发区、旅游度假区）管委会主任；1997年11月至1998年7月，泰安市政府副市长、党组成员兼泰山管委（市旅游局、文物局）主任（局长）；1998年7月至2003年2月，泰安市政府副市长、党组成员；2003年2月至2003年3月，泰安市委常委；2003年3月以后，泰安市委常委、宣传部部长。

杨忠海　中共泰安市委常委、政法委书记。男，汉族，1950年12月生，山东泰安人。1970年5月加入中国共产党，1968年3月参加工作，省委党校大学学历，高级经济师。省八次党代会代表。

1968年3月至1969年12月，泰安汽车制配厂工人；1969年12月至1975年3月，部队服役；1975年3月至1977年3月，泰安汽车制配厂工人、工具车间党支部副书记、党委常委；1977年3月至1981年7月，泰安汽车制配厂党委副书记（其间：1978年4月至1978年8月省委党校学习）；1981年7月至1983年7月，山东大学干部专修科学员；1983年7月至1989年11月，泰安汽车制造厂党委副书记、书记；1989年11月至1990年10月，泰安汽车起重机总厂党委书记兼泰安专用汽车制造厂厂长；1990年10月至1992年12月，泰安市一轻局党委副书记（其间：1991年11月至1992年1月泰安市委党校学员）；1992年12月至1995年8月，肥城市委副书记、副市长（正县级）；1995年8月至1997年12月，泰安市交通局局长、党委书记；1997年12月至2001年1月，泰安市泰山区委书记；2001年1月至2003年1月，泰安市委常委、泰山区委书记（其间：1998年8月至2001年12月省委党校函授学院经济管理专业学习）；2003年1月至2003年3月，泰安市委常委；2003年3月以后，泰安市委常委、政法委书记。

李学法　中共泰安市委常委、组织部部长。男，汉族，1954年1月生，山东沂源人。1979年1月加入中国共产党，1969年11月参加工作，大学普通班学历。省八次党代会代表。

1969年11月至1972年2月，沂源县三岔乡龙汪崖村民办教师；1972年2月至1974年9月，山东农业大学林学系学生；1974年9月至1975年1月，临沂地区林业局干事；1975年1月至1975年11月，临沂市小岭大队工作组组员；1975年11月至1976年6月，临沂地区林业局干事；1976年6月至1981年4月，临沂地区长虹岭农田指挥部秘书；1981年4月至1983年10月，临沂地区农委干事；1983年10月至1984年8月，临沂地委农工部干事；1984年8月至1985年3月，临沂地委农工部秘书科副科长（其间：1984年6月至1985年3月省委组织部青干处帮助工作）；1985年3月至1986年12月，省委组织部青干处干部；1986年12月至1989年1月，省委组织部青干处正科级巡视员；1989年1月至1991年2月，省委组织部青干处副处级巡视员；1991年2月至1999年3月，省委组织部青干处、经宣处、干部管理二处副处长（其间：1991年5月至1992年10月挂职滨州市副市长）；1999年3月至2000年10月，省委组织部组织一处处长；2000年10月至2001年1月，省委组织部企业干部办公室主任；2001年1月以后，泰安市委常委、组织部部长。

李同道　中共泰安市委常委，市政府副市长、党组副书记。男，汉族，1964年5月生，山东寿光人。1989年3月加入中国共产党，1985年7月参加工作，大学学历，工学学士、高级工程师。省八次党代会代表。

1981年9月至1985年7月，山东工业大学学生；1985年7月至1989年5

月，山东新华医疗器械厂四车间团支部书记；1989年5月至1990年5月，淄博市石油化学医药工业公司帮助工作；1990年5月至1990年8月，淄博市委组织部企干处帮助工作；1990年8月至1991年9月，淄博市委组织部企干处干事；1991年9月至1993年7月，淄博市委组织部企干处副科级巡视员；1993年7月至1996年1月，淄博市委组织部企干处副处长；1996年1月至1997年2月，山东新华医疗器械厂厂长、党委书记；1997年2月至1998年7月，山东新华医疗器械股份有限公司董事长、总经理、党委书记兼淄博市医药工业公司副经理；1998年7月至1999年8月，淄博市医药管理局局长、党组副书记，环中集团有限公司总经理，山东新华医疗器械股份有限公司董事长、党委书记；1999年8月至2000年5月，淄博市医药管理局局长、党组书记，环中集团有限责任公司董事长、党委书记，山东新华医疗器械股份有限公司董事长、党委书记；2000年5月至2001年1月，淄博市药品监督管理局局长、党组书记，山东新华医疗器械集团董事长、党委书记；2001年1月至2001年3月，淄博市临淄区委书记；2001年3月至2002年12月，淄博市临淄区委书记兼区人大主任；2002年12月至2003年1月，泰安市委常委，泰安市政府副市长；2003年1月以后，泰安市委常委，泰安市政府副市长、党组副书记。

邹斌芳 中共泰安市委常委，市总工会主席、党组书记。女，汉族，1969年7月生，山东莱西人。1990年12月加入中国共产党，1991年7月参加工作，大学学历，农学学士、助理讲师。

1987年9月至1991年7月，山东农业大学植物保护专业学生；1991年7月至1997年9月，滨州农业学校教师；1997年9月至1998年12月，滨州地委统战部科员；1998年12月至2000年5月，滨州地委统战部办公室副主任；2000年5月至2001年3月，挂职滨州印染集团有限责任公司总经理助理；2001年3月至2002年1月，惠民县委常委、宣传部部长；2002年1月至2002年3月，泰安市委常委；2002年3月至2002年7月，泰安市委常委、市总工会党组书记；2002年7月以后，泰安市委常委，市总工会主席、党组书记。

朱玉合 中共泰安市委常委、秘书长。男，汉族，1953年3月生，山东新泰人。1976年8月加入中国共产党，1975年8月参加工作，省业余大学学历。省八次党代会代表。

1973年9月至1975年8月，新泰师范学校学生；1975年8月至1976年11月，新泰县果都公社白河联中教师；1976年11月至1977年2月，山东省团校学员；1977年2月至1977年6月，团省委帮助工作；1977年6月至1979年3月，新泰团县委干事；1979年3月至1981年12月，新泰团县委副书记；1981年12月至1984年9月，新泰团县(市)委书记；1984年9月至1986年7月，山东农业大学干部专修科学员；1986年7月至1988年5月，新泰市委企业政治部副部长；1988年5月至1989年5月，新泰市财政贸易委员会副主任、党组成员；1989年5月至1992年12月，新泰市禹村镇党委书记；1992年12月至1994年9月，宁阳县委常委、组织部部长(其间：1993年7月至1996年7月山东干部函授大学经管专业学习)；1994年9月至1995年12月，宁阳县委副书记、组织部部长；1995年12月至1996年7月，宁阳县委副书记；1996年7月至1997年12月，泰安市委副秘书长、办公室主任，市接待处处长；1997年12月至2001年1月，东平县委书记；2001年1月至2001年12月，肥城市委书记；2001年12月至2003年1月，肥城市委书记、党校校长；2003年1月至2003年2月，泰安市委常务副秘书长(正县级)；2003年2月至2003年3月，泰安市委常委、市委常务副秘书长；2003年3月以后，泰安市委常委、秘书长。

李秀兰 泰安市人大常委会副主任、党组副书记。女，汉族，1947年5月生，山东章丘人。1965年12月加入中国共产党，1971年12月参加工作，省委党校大专学历。省十届人大代表。

1971年12月至1972年1月，泰安地委常委、章丘县东安村党支部副书记；1972年1月至1973年7月，泰安地委常委、章丘县高官寨公社党委副书记；1973年7月至1973年8月，泰安地委常委、地区妇女联合委员会筹备小组组长；1973年8月至1978年8月，泰安地委常委、地区妇联主任；1978年8月至1980年1月，泰安地委常委、新泰县委副书记；1980年1月至1984年2月，新泰县委副书记；1984年2月至1986年12月，新泰市委常委、纪委书记；1986年12月至1992年4月，泰安市泰山风景名胜区管理委员会党委副书记、纪委书记(其间：1989年9月至1990年7月省委党校业余大专班党政专业学习)；1992年4月至1992年11月，泰安市泰山风景名胜区管理委员会党委副书记、纪委书记、副主任；1992年11月至1993年3月，泰安市纪律检查委员会副书记；1993年3月至2003年2月，泰安市人大常委会副主任、党组成员；2003年2月以后，泰安市人大常委会副主任、党组副书记。

周克峰 泰安市人大常委会副主任、党组成员。男，汉族，1947年12月生，山东莱芜人。1973年8月加入中国共产党，1971年12月参加工作，大专学历。省七次党代会代表、七届市委委员。

1971年12月至1976年3月，莱芜县颜庄公社党委委员、团委书记；1976年3月至1976年11月，莱芜县颜庄公社清泥管理区党总支书记、公社党委委员；1976年11月至1979年11月，莱芜县牛泉公社党委书记；1979年11月至1980年12月，莱芜县农委副主任；1980年12月至1982年9月，山东农机化学院干修科农机专业学员；1982年9月至1984年3月，莱芜县科协副主席；1984年3月至1987年2月，莱芜市委委员、羊里镇党委书记；1987年2月至1990年3月，东平县委常委、副县长；1990年3月至1993年2月，东平县委副书记；1993年2月至1993年12月，东平县委副书记、副县长；1993年12月至1995年12月，东平县委书记；1995年12月至1997年3月，泰安市委政法委书记；1997年3月至2000年1月，临沂市中级人民法院院长；2000年1月至2001年1月，泰安市人民政府市长助理、党组成员(副厅级)；2001年1月至2001年2月，泰安市人民政府市长助理、市人大常委会党组成员(副厅级);2001年2月以后,泰安市人大常委会副主任、党组成员。

李金明 泰安市人大常委会副主任、党组成员。男,汉族,1945年9月生,山东泰安人。1966年4月加入中国共产党,1965年10月参加工作。

1965年10月至1966年10月,泰安县徂徕公社邓家庄管区工作;1966年10月至1968年8月,泰安县徂徕公社崔家庄管区副主任;1968年8月至1971年5月,泰安县化肥厂工人;1971年5月至1975年10月,泰安县粥店公社团委书记;1975年10月至1977年3月,泰安县粥店公社党委常委;1977年3月至1978年5月,泰安县化肥厂党总支书记;1978年5月至1980年8月,泰安县粥店公社党委常委;1980年8月至1984年3月,泰安县(市)粥店公社党委副书记;1984年3月至1986年8月,泰安市泰山区粥店办事处党委书记(其间:1984年1月至1984年7月泰安市干部高中文化补习班学习);1986年8月至1990年3月,泰安市泰山区政府副区长;1990年3月至1992年12月,泰安市泰山区委常委、副区长(其间:1991年11月至1992年1月泰安市委党校培训班学员);1992年12月至1993年2月,泰安市泰山区委副书记、代区长;1993年2月至1995年12月,泰安市泰山区委副书记、区长;1995年12月至1997年12月,泰安市泰山区委书记;1997年12月至1998年3月,泰安市政府市长助理、党组成员;1998年3月至2003年2月,泰安市政府副市长、党组成员;2003年2月以后,泰安市人大常委会副主任、党组成员。

高玉章 泰安市人大常委会副主任、党组成员。男,汉族,1946年2月生,山东新泰人。1972年4月加入中国共产党,1965年8月参加工作,大学学历,高级经济师。

1965年8月至1969年3月,中国人民解放军海军潜艇学院通科部门长专业学生;1969年3月至1970年12月,部队下放学员;1970年12月至1976年9月,平阴标准件厂政工科负责人;1976年9月至1978年3月,泰安电器厂工作队队员;1978年3月至1982年3月,泰安地区机械局政工科干部;1982年3月至1984年4月,泰安地区机械局政工科副科长;1984年4月至1985年11月,泰安地区机械电子公司党委副书记;1985年11月至1988年5月,泰安市委企业政治部副部长;1988年5月至1989年5月,泰安市经济体改委主任;1989年5月至1992年4月,泰安市经济体改委主任、党组书记;1992年4月至1996年1月,泰安市机械电子公司(局)经理(局长)、党委书记;1996年1月至1997年6月,泰安市计划委员会主任、党组书记,市信托投资公司党支部书记;1997年6月至2000年11月,泰安市计划委员会主任、党组书记,市信托投资公司党委书记;2000年11月至2001年1月,泰安市发展计划委员会主任、党组书记,市信托投资公司党委书记;2001年1月至2001年2月,泰安市人大常委会党组成员,市发展计划委员会主任;2001年2月以后,泰安市人大常委会副主任、党组成员。

姜吉叩 泰安市人大常委会副主任、党组成员。男,汉族,1947年3月生,山东东平人。1970年12月加入中国共产党,1968年7月参加工作(1967年7月连续工龄),大专学历。

1964年7月至1967年7月,泰安师范学校学生;1967年7月至1968年7月,留校待分配;1968年7月至1971年4月,东平县沙河站公社、彭集公社联中教师、核心领导成员;1971年4月至1971年10月,泰安师专中文系学习;1971年10月至1976年2月,东平县教育局干部;1976年2月至1980年12月,东平县委宣传部理论干事;1980年12月至1981年9月,共青团东平县委副书记;1981年9月至1983年7月,山东大学干部专修科政治专业学员;1983年7月至1984年2月,东平县接山公社党委副书记;1984年2月至1984年12月,东平县委常委、办公室主任;1984年12月至1990年3月,东平县委副书记;1990年3月至1991年4月,泰安市商业局党委书记;1991年4月至1992年12月,泰安市商业局局长、党委书记;1992年12月至1997年3月,泰安市政府副秘书长,办公室主任、党组副书记;1997年3月至2001年1月,泰安市政府秘书长、党组成员,办公室党组书记;2001年1月至2001年2月,泰安市政府秘书长、办公室党组书记,泰安市人大常委会党组成员;2001年2月以后,泰安市人大常委会副主任、党组成员(其间:2002年9月至2002年12月省委党校学习)。

张显义 泰安市人大常委会副主任、党组成员。男,汉族,1949年7月生,山东宁阳人。1971年2月加入中国共产党,1971年12月参加工作,省业余大学学历,农艺师。七届市委委员。

1971年12月至1973年5月,宁阳县革委会办公室资料员;1973年5月至1975年9月,宁阳县贫协副主任;1975年9月至1979年4月,宁阳县蒋集公社党委副书记;1979年4月至1979年11月,西藏自治区莎嘎县大吉岭区委代理书记;1979年11月至1981年5月,西藏自治区莎嘎县纪委副书记;1981年6月至1982年8月,宁阳县蒋集公社党委副书记、管委会主任;1982年8月至1983年8月,宁阳县蒋集公社党委书记、管委会主任;1983年8月至1985年7月,山东农业大学干修科农经专业学员;1985年7月至1985年12月,宁阳县伏山区委书记;1985年12月至1986年7月,泰安市农牧局副局长、党委副书记;1986年7月至1992年1月,泰安市农业局副局长、党委副书记(其间:1991年5月至1991年7月泰安市委党校学习);1992年1月至1992年11月,泰安市农业综合开发办公室主任;1992年11月至1993年10月,泰安市委农村工作部副部长、市农委副主任、市农业综合开发办公室主任;1993年10月至1994年9月,泰安市委农村工作部部长、市农业委员会主任;1994年9月至2000年5月,泰安市郊区区委书记(其间:1993年9月至1996年7月山东农业大学业余经济管理专业学习);2000年5月至2001年1月,泰安市岱岳区委书记;2001年1月至2001年2月,泰安市人大常委会党组成员;2001年2月以后,泰安市人大常委会副主任、党组成员。

王尹成 泰安市人大常委会副主任、党组成员。男，汉族，1948年8月生，山东荣成人。1975年11月加入中国共产党，1970年1月参加工作，在职研究生学历，高级经济师、律师。

1967年9月至1970年1月，山东省劳动厅技校锻造专业学生；1970年1月至1980年9月，山东光明机器厂工人、生产计划科外协员；1980年9月至1982年9月，山东光明机器厂供运科副科长、科长；1982年9月至1984年7月，山东大学干修科经济管理专业学员；1984年7月至1985年2月，山东光明机器厂三车间主任、党支部书记；1985年2月至1991年7月，山东光明机器厂副厂长（其间：1985年9月至1986年2月北京经济学院学习）；1991年7月至1992年12月，山东光明机器厂厂长（其间：1991年9月至1993年7月中国矿业大学研究生部管理工程专业学习）；1992年12月至1994年9月，新泰市委副书记；1994年9月至1996年3月，新泰市委副书记，市政府副市长、代市长；1996年3月至1997年12月，新泰市委副书记、市政府市长；1997年12月至2001年1月，新泰市委书记；2001年1月至2001年2月，泰安市人大常委会党组成员；2001年2月以后，泰安市人大常委会副主任、党组成员。

滕先森 泰安市人大常委会副主任，民建山东省委常委、泰安市委主委，泰山学院学报编辑部主编。男，汉族，1957年8月生，山东夏津人，1996年12月加入中国民主建国会，1976年6月参加工作，大专学历，研究员。

1976年6月至1978年2月，夏津双庙清凉寺小学教师；1978年2月至1980年1月，泰安师专中文系学生；1980年1月至1984年9月，泰安师专教师；1984年9月至1985年9月，山东大学中文系进修学员；1985年9月至1986年6月，华东师大中文系助教进修班学员；1986年6月至1987年4月，泰安师专函授处助教；1987年4月至1994年10月，泰安师专中文系讲师；1994年10月至1997年3月，泰安师专副教授；1997年3月至1997年5月，泰安师专学报副主编、副教授；1997年5月至1998年3月，民建泰安市委副主委，泰安师专学报副主编、副教授；1998年3月至2001年2月，民建泰安市委副主委，九届泰安市政协常委，泰安师专学报副主编、副教授；2001年2月至2002年1月，民建泰安市委副主委，泰安市政协副主席，泰安师专学报副主编；2002年1月至2002年4月，民建泰安市委主委，泰安市政协副主席，泰安师专学报副主编；2002年4月至2002年5月，民建泰安市委主委，泰安市政协副主席，泰安师专学报主编；2002年5月至2003年2月，民建山东省委常委、泰安市委主委，泰安市政协副主席，泰山学院学报编辑部负责人；2003年2月以后，民建山东省委常委、泰安市委主委，泰安市人大常委会副主任，泰山学院学报编辑部主编。

李惠东 泰安市政府副市长，民革中央常委、山东省委副主委、泰安市委主委。男，回族，1962年9月生，山东泰安人。1996年1月加入民革，1985年9月参加工作，研究生学历，工学博士、教授。八届省政协委员，九届全国青联委员，十届全国政协委员。

1978年10月至1982年7月，武汉水利电力学院动力系电厂化学专业学生；1982年7月至1985年9月，中国原子能科学研究院核材料专业硕士研究生；1985年9月至1990年9月，中国原子能科学研究院反应堆工程技术研究所工作兼任团总支副书记；1990年9月至1994年7月，北京科技大学金属腐蚀与防护专业博士研究生；1994年7月至1997年5月，山东矿业学院科研处副处长；1997年5月至1997年12月，山东矿业学院科研处副处长，民革泰安市委副主委；1997年12月至1998年3月，泰安市政府市长助理，民革泰安市委副主委；1998年3月至2002年1月，泰安市政府副市长，民革泰安市委副主委；2002年1月至2002年5月，泰安市政府副市长，民革泰安市委主委；2002年5月至2002年12月，泰安市政府副市长，民革山东省委副主委、泰安市委主委；2002年至2003年3月，泰安市政府副市长，民革中央常委、山东省委副主委、泰安市委主委；2003年3月以后，泰安市政府副市长，民革中央常委、副秘书长，民革山东省委副主委、泰安市委主委。

白玉翠 泰安市政府副市长、党组成员。女，汉族，1954年10月生，山东泰安人。1975年5月加入中国共产党，1976年2月参加工作，在职大学学历。

1976年2月至1976年5月，泰安县省庄公社党委常委；1976年5月至1981年1月，泰安县省庄公社党委副书记；1981年1月至1982年12月，山东师范大学干修科中文专业学员；1982年12月至1984年3月，泰安县省庄公社党委副书记；1984年3月至1985年5月，泰安市（县级）政府副市长；1985年5月至1990年3月，泰安市郊区副区长；1990年3月至1991年11月，泰安市郊区区委副书记；1991年11月至1991年12月，泰安市卫生局党委副书记；1991年12月至1996年1月，泰安市卫生局局长、党委副书记；1996年1月至1998年6月，泰安市卫生局局长、党委书记（其间：1996年9月至1997年7月省委党校中青年干部培训班学员）；1998年6月以后，泰安市政府副市长、党组成员。

齐承芳 泰安市政府副市长、党组成员。男，汉族，1953年8月生，山东泰安人。1974年8月加入中国共产党，1977年9月参加工作，大学普通班学历，高级经济师。

1972年3月至1974年10月，泰安县徂徕公社崔家庄管区电话员；1974年10月至1977年9月，武汉建筑材料工业学院非金属矿系选矿专业学生；1977年9月至1979年10月，泰安地区明水浅井粘土矿技术员；1979年10月至1984年3月，泰安地区建材工业公司助理工程师；1984年3月至1991年6月，泰安市多种经营乡镇企业局副局长、党组成员（其间：1989年6月至1991年2月挂职肥城县副县长）；1991 年 6 月至 1992 年 2 月，泰安市建材工业公司（局）副经理（副局长）、党委委员；1992 年 2 月至 1992 年 12 月，泰安市建材工业公司（局）副经理（副局长）、党委委员，泰安市复合材料工程筹建处主任、党支部副书记（正县级）；1992 年 12 月至 1993 年 3 月，肥城市委副书记、代市长；1993 年 3 月至 1997 年 12 月，肥城市委副书记、市长；1997 年 12 月至 2001 年 1 月，肥城市委书记；2001 年 1 月至 2001 年 2 月，泰安市人民政府党组成员；2001 年 2 月以后，泰安市人民政府副市长、党组成员。

林华勇 泰安市政府副市长、党组成员。男，汉族，1955 年 8 月生，山东文登人。1984 年 4 月加入中国共产党，1971 年 4 月参加工作，大学普通班学历，行政管理硕士。

1971 年 4 月至 1974 年 4 月，烟台粮油食品进出口公司保管员；1974 年 4 月至 1976 年 10 月，烟台粮油食品进出口公司文书；1976 年 10 月至 1979 年 8 月，山东大学外文系英语专业学生；1979 年 8 月至 1986 年 4 月，山东省外办接待处科员；1986 年 4 月至 1992 年 9 月，山东省外办友城处主任科员（其间：1987 年 8 月至 1988 年 9 月美国哈特福德大学行政学院研究生行政管理专业学习）；1992 年 9 月至 1995 年 5 月，山东省外办友城处副处长；1995 年 5 月至 1996 年 8 月，山东省外办亚洲处副处长；1996 年 8 月至 2000 年 7 月，山东省外办亚洲处处长；2000 年 7 月至 2001 年 2 月，泰安市政府市长助理、党组成员；2001 年 2 月以后，泰安市政府副市长、党组成员。

彭 华 泰安市政府副市长、党组成员。男，汉族，1954 年 2 月生，山东肥城人。1984 年 3 月加入中国共产党，1971 年 2 月参加工作，在职大学学历，高级政工师。省八次党代会代表。

1971 年 2 月至 1973 年 8 月，肥城县城关学校民办教师；1973 年 8 月至 1975 年 7 月，肥城师范学校学生；1975 年 7 月至 1978 年 8 月，肥城县城关公社拾屯中学教师；1978 年 8 月至 1980 年 10 月，肥城县十八中学教师；1980 年 10 月至 1982 年 6 月，肥城县实验小学团总支书记、少先大队辅导员；1982 年 6 月至 1984 年 11 月，肥城县团委干事、学少部长；1984 年 11 月至 1987 年 5 月，肥城县团委副书记（其间：1980 年 8 月至 1985 年 7 月曲阜师范学院中文函授本科班学习）；1987 年 5 月至 1989 年 1 月，肥城县团委书记；1989 年 1 月至 1990 年 3 月，肥城县新城镇党委副书记、镇长；1990 年 3 月至 1992 年 12 月，肥城县新城镇党委书记、肥城市新城办事处党委书记；1992 年 12 月至 1993 年 12 月，泰安市粮油集团总公司（局）副总经理（副局长）、党委委员；1993 年 12 月至 1996 年 1 月，泰安市粮油集团总公司（局）副总经理（副局长）、党委副书记；1996 年 1 月至 1997 年 12 月，泰安市供销合作社联合社主任、党委书记，市供销集团总公司总经理；1997 年 12 月至 2003 年 1 月，宁阳县委书记；2003 年 1 月至 2003 年 2 月，泰安市政府市长助理、党组成员；2003 年 2 月以后，泰安市政府副市长、党组成员。

宋 鲁 泰安市政府副市长、党组成员。男，汉族，1957 年 12 月生，山东肥城人。1976 年 3 月加入中国共产党，1972 年 12 月参加工作，省委党校大学学历。省八次党代会代表、省九届人大代表。

1972 年 12 月至 1975 年 9 月，新泰县运输公司工人；1975 年 9 月至 1976 年 8 月，新泰县运输公司汽车队长；1976 年 8 月至 1979 年 2 月，新泰县交通局副局长；1979 年 2 月至 1984 年 4 月，新泰县羊流公社党委副书记；1984 年 4 月至 1985 年 9 月，新泰县羊流办事处党委副书记、主任；1985 年 9 月至 1987 年 6 月，省委党校干部专修科学员；1987 年 6 月至 1990 年 4 月，新泰市经委党委副书记、副主任；1990 年 4 月至 1993 年 2 月，新泰市经委党委书记；1993 年 2 月至 1995 年 12 月，新泰市副市长（其间：1994 年 9 月至 1994 年 11 泰安市委党校县级干部培训班学习）；1995 年 12 月至 1997 年 7 月，新泰市委常委、副市长；1997 年 7 月至 1997 年 12 月，泰安市经贸委副主任、党委副书记（其间：1995 年 9 月至 1997 年 12 月省委党校业余本科班经济管理专业学习）；1997 年 12 月至 1998 年 2 月，东平县委副书记、代县长；1998 年 2 月至 2001 年 1 月，东平县委副书记、县长；2001 年 1 月至 2003 年 1 月，东平县委书记；2003 年 1 月至 2003 年 2 月，泰安市政府市长助理、党组成员；2003 年 2 月以后，泰安市政府副市长、党组成员。

刘汉玲 泰安市政府副市长、党组成员。女，汉族，1956 年 3 月生，山东泰安人。1976 年 11 月加入中国共产党，1978 年 12 月参加工作，省委党校研究生学历。省八次党代会代表。

1975 年 11 月至 1978 年 12 月，泰安地委驻肥城、宁阳、章丘工作队队员、副队长、队长（计算连续工龄）；1978 年 12 月至 1979 年 3 月，泰安地委驻平阴县城关镇工作队秘书；1979 年 3 月至 1984 年 9 月，泰安县（市）妇联干事、办公室主任；1984 年 9 月至 1986 年 7 月，泰安师专干修科学员；1986 年 7 月至 1986 年 10 月，泰安市郊区妇联办公室主任；1986 年 10 月至 1989 年 1 月，泰安市郊区委组织部干事、组织科副科长；1989 年 1 月至 1991 年 11 月，泰安市郊区委组织部副局级组织员；1991 年 11 月至 1992 年 5 月，泰安市郊区委组织员办公室副主任（其间：1988 年 6 月至 1992 年 6 月高教自考省教育学院本科汉语言文学专业学习）；1992 年 5 月至 1992 年 12 月，泰安市郊区委组织员办公室主任；1992 年 12 月至 1995 年 12 月，泰安市郊区委常委、妇联主席；1995 年 12 月至 1997 年 12 月，泰安市郊区委常委、宣传部长（其间：1997 年 9 月至 1997 年 11 月省委党校县级干部进修班学习）；1997 年 12 月至 1998 年 2 月，泰安市计生委副主任、党组副书记；1998 年 2 月至 1998 年 3 月，泰安市计生委党组书记；1998 年 3 月至 2001 年 1 月，泰安市计生委主任、党组书记；2001 年 1 月至 2001 年 3 月，泰安市岱岳区委书记、泰安市计生委主任；2001 年 3 月至 2003 年 1 月，泰安市岱岳区委书记（其间：1999 年 9 月至 2002 年 6 月省委党校在职干部研究生班经管专业学习);2003年1月至2003年2月,泰安市政府市长助理、党组成员;2003年2月以后,泰安市政府副市长、党组成员。

张树禹 泰安市政协主席、党组书记。男,汉族,1944年1月生,山东泰安人。大专学历,1966年1月加入中国共产党,1963年7月参加工作。省八次党代会代表。

1960年9月至1963年7月,泰安师范学校学生;1963年7月至1964年7月,章丘县明水小学教师;1964年7月至1968年4月,章丘县团委干事;1968年4月至1976年1月,章丘县革委组织部、政治部干事;1976年1月至1977年5月,章丘县委组织部副部长;1977年5月至1980年9月,泰安地委组织部组织科副科长;1980年9月至1982年7月,山东大学干部专修科学员;1982年7月至1984年4月,泰安地委组织部组织科副科长;1984年4月至1988年9月,泰安地(市)委组织部副部长;1988年9月至1990年1月,泰安市委组织部部长;1990年1月至1992年9月,泰安市委常委、组织部部长;1992年9月至2002年7月,泰安市委副书记(其间:1994年2月至1994年7月中央党校进修部学习);2002年7月至2002年12月,泰安市委副书记兼泰山学院党委书记;2002年12月至2003年2月,泰安市委副书记(正厅级);2003年2月以后,泰安市政协主席、党组书记。

李凤明 泰安市政协副主席、党组副书记。女,汉族,1950年10月生,山东肥城人。1971年2月加入中国共产党,1969年12月参加工作,大专学历。六、七届市委委员。省妇联七届执委、八、九届常委,全国妇联七届执委。

1969年12月至1972年3月,肥城县汶阳公社塔坊中学民办教师、肥城县委整党办公室工作人员;1972年3月至1973年8月,肥城县委宣传部干事、县妇联常委;1973年8月至1975年12月,泰安地区妇联委员、干事;1975年12月至1981年9月,泰安地区知青办副主任;1981年9月至1983年10月,曲阜师范大学干部专修科中文专业学员;1983年10月至1984年3月,泰安地委委员;1984年3月至1985年5月,泰安地委委员、地区妇联主任、党组书记;1985年5月至1990年1月,泰安市委常委、市妇联主任、党组书记;1990年1月至1992年3月,泰安市妇联主任、党组书记(其间:1990年9月至1991年7月省委党校中青年培训班学员);1992年3月至1993年3月,泰安市政协副主席、党组成员兼市妇联主任、党组书记;1993年3月以后,泰安市政协副主席、党组副书记。

于连荣 泰安市政协副主席、党组成员。女,汉族,1951年6月生,山东东平人。1973年9月加入中国共产党,1969年9月参加工作,中央党校在职研究生学历。七届市委委员。

1969年9月至1973年9月,东平县宿城公社于寺村卫生室医生、村团总支书记;1973年9月至1975年8月,淄博医专学生;1975年8月至1976年4月,东平县宿城乡于寺村卫生室医生、村党总支副书记;1976年4月至1979年10月,泰安地区卫生局副局长、党组副书记(其间:1976年7月至1976年9月山东省赴唐山医疗队党委副书记、泰安医疗队长,1977年8月至1978年8月章丘县学大寨工作队平岭副分队长、龙山工作组长);1979年10月至1981年4月,泰安地区卫生局副局长、党组副书记兼宁阳县第二人民医院副院长;1981年4月至1984年2月,宁阳县第二人民医院副院长;1984年2月至1984年10月,宁阳县政府副县长;1984年10月至1986年7月,山东农业大学干部专修科学员;1986年7月至1989年5月,泰安市计划生育委员会副主任、党组副书记;1989年5月至1992年11月,泰安市计划生育委员会主任、党组书记;1992年11月至1993年1月,泰安市委宣传部部长,市计划生育委员会主任、党组书记;1993年1月至1993年12月,泰安市政府副市长、党组成员,市计生委主任、党组书记(其间:1993年9月至1994年7月中央党校中青年干部培训班学习);1993年12月至1998年3月,泰安市政府副市长、党组成员(其间:1993年9月至1996年1月中央党校在职研究生班法学专业学习);1998年3月以后,泰安市政协副主席、党组成员。

李正明 泰安市政协副主席、党组成员。男,汉族,1948年1月生,山东肥城人。1971年11月加入中国共产党,1969年12月参加工作,省业余大学学历。

1969年12月至1971年12月,肥城县安站公社布山大队团支部书记、民办教师;1971年12月至1975年9月,肥城县安驾庄公社干部、团委副书记、书记;1975年9月至1976年3月,肥城县安驾庄公社党委委员、团委书记;1976年3月至1980年6月,肥城县委常委、县农委主任;1980年6月至1980年10月,肥城县委常委、边院公社党委副书记;1980年10月至1982年6月,山东农业大学干部专修科学员;1982年6月至1983年12月,肥城县委常委、边院公社党委书记;1983年12月至1984年9月,肥城县政府副县长、代县长;1984年9月至1985年11月,肥城县委副书记、县政府县长;1985年11月至1992年10月,泰安市泰山风景名胜区管理委员会主任、泰山林场场长、市文物局局长、党委书记;1992年10月至1993年3月,泰安市政府副市长;1993年3月至1998年3月,山东农业大学副校长、党委委员(其间:1993年7月至1996年7月山东农业大学业余农经专业学习);1998年3月以后,泰安市政协副主席、党组成员。

夏作理 泰安市政协副主席,农工党中央委员、山东省委副主委、泰安市委主委,泰山医学院副院长。男,汉族,1944年4月生,山东青岛人。1987年3月加入中国农工民主党,1967年8月参加工作,大学学历,教授。省八、九届人大常委,十届全国人大代表。

1961年9月至1967年8月,山东医学院医疗系医疗专业学生;1967年8月至1976年8月,东阿县古官屯医院医师;1976年8月至1984年12月,聊城地区新医医院医师；1984年12月至1986年7月，泰山医学院讲师；1986年7月至1990年12月，泰山医学院副教授；1990年12月至1992年9月，农工党泰安市委主委，泰山医学院副教授；1992年9月至1993年3月，农工党山东省委副主委、泰安市委主委，泰山医学院副教授；1993年3月至1993年12月，农工党山东省委副主委、泰安市委主委，泰安市政协副主席，泰山医学院教授；1993年12月至1997年12月，农工党山东省委副主委、泰安市委主委，泰安市政协副主席，泰山医学院副院长、教授；1997年12月以后，农工党中央委员、山东省委副主委、泰安市委主委，泰安市政协副主席，泰山医学院副院长、教授。

赵成道 泰安市政协副主席、党组成员，市委统战部部长。男，汉族，1950年10月生，山东宁阳人。1974年1月加入中国共产党，1969年1月参加工作，在职大学学历。省八届政协委员、七届市委委员。

1969年1月至1969年8月，宁阳县东疏公社赵茂学校民办教师；1969年8月至1975年7月，宁阳县鹤山公社罗山小学、王卞联中教师、负责人；1975年7月至1976年3月，宁阳县教育局教研员；1976年3月至1981年1月，泰安地区教育局干事(其间：1980年5月至1985年5月曲阜师范大学函授中文专业学习)；1981年1月至1984年7月，泰安地委组织部干事；1984年7月至1986年2月，泰安地(市)委组织部秘书科科长；1986年2月至1992年11月，泰安市委组织部副部长；1992年11月至1997年6月，泰安市委组织部常务副部长(正县级)；1997年6月至1998年3月，泰安市委统战部部长；1998年3月以后，泰安市政协副主席、党组成员，泰安市委统战部部长。

温孚江 泰安市政协副主席，民盟中央常委、山东省委副主委、泰安市委主委，山东农业大学校长，泰安市科协主席。男，汉族，1955年9月生，山东龙口人。1994年4月加入中国民主同盟，1995年3月加入中国共产党，1976年2月参加工作，研究生学历，哲学博士、教授。九、十届全国人大代表。

1976年2月至1978年3月，黄县二中教师；1978年3月至1982年1月，山东农学院植保系学生；1982年1月至1984年12月，山东农业大学硕士研究生；1984年12月至1986年7月，山东农业大学植保系助教；1986年7月至1992年10月，美国普渡大学植物基因工程专业(分子病毒学)博士研究生，并从事博士后研究；1992年10月至1994年11月，山东农业大学遗传所副所长、副教授；1994年11月至1997年6月，山东农业大学校长助理、遗传所副所长、教授；1997年6月至1997年7月，民盟泰安市委主委，山东农业大学校长助理、遗传所副所长、教授；1997年7月至1998年3月，民盟山东省委副主委、泰安市委主委，山东农业大学副校长、教授；1998年3月至2001年2月，民盟山东省委副主委、泰安市委主委，山东农业大学副校长、教授，九届泰安市政协常委；2001年2月至2001年6月，民盟山东省委副主委、泰安市委主委，泰安市政协副主席，山东农业大学副校长；2001年6月至2002年1月，民盟山东省委副主委、泰安市委主委，泰安市政协副主席，山东农业大学副校长，泰安市科学技术协会主席；2002年1月至2003年1月，民盟山东省委副主委、泰安市委主委，泰安市政协副主席，山东农业大学校长，泰安市科学技术协会主席；2003年1月以后，民盟中央常委、民盟山东省委副主委、泰安市委主委，泰安市政协副主席，山东农业大学校长，泰安市科学技术协会主席。1994年获省科技进步二等奖；1995年获国家教委、人事部全国优秀教师、省专业技术拔尖人才称号；1997年获国家中青年有突出贡献专家，中国科协全国优秀科技工作者称号，享受国务院特殊津贴；1998年入选全国百千万人才工程第一、第二层次人选；1999年获省科技进步二等奖。

黄自伟 泰安市政协副主席，九三学社山东省委常委、泰安市委主委。男，汉族，1946年10月生，山东广饶人。1995年6月加入九三学社，1968年11月参加工作，大学学历，工学学士、教授级高级工程师。省八届政协委员。

1968年11月至1976年10月，新泰县供电局工作；1976年10月至1978年3月，泰安楼德化肥厂工作；1978年3月至1982年1月，同济大学工业自动化专业学生；1982年1月至1987年9月，山东矿业学院矿压研究所教师；1987年9月至1992年10月，山东矿业学院矿压研究所工程师；1992年10月至1993年12月，山东矿业学院矿压研究所工程师、副所长；1993年12月至1996年9月，山东矿业学院矿压研究所高级工程师、副所长；1996年9月至1997年6月，山东矿业学院矿压研究所教授级高级工程师、副所长；1997年6月至1998年3月，九三学社泰安市委副主委，山东矿业学院矿压研究所教授级高级工程师、副所长；1998年3月至1998年10月，九三学社泰安市委副主委，九届泰安市政协常委，山东矿业学院矿压研究所教授级高级工程师、副所长；1998年10月至2001年2月，九三学社泰安市委副主委，九届泰安市政协常委，山东科技大学智能工程研究所所长、教授级高级工程师；2001年2月至2002年1月，九三学社泰安市委副主委，泰安市政协副主席，山东科技大学智能工程研究所所长、教授级高级工程师；2002年1月至2002年5月，九三学社泰安市委主委，泰安市政协副主席，山东科技大学智能工程研究所所长、教授级高级工程师；2002年5月以后，九三学社山东省委常委、泰安市委主委，泰安市政协副主席，山东科技大学智能工程研究所所长、教授级高级工程师。

张庆明 泰安市政协副主席，省工商业联合会常委、市工商业联合会会长。男，汉族，1961年7月生，山东泰安人。1989年2月加入中国民主建国会，工商联界别，1983年7月参加工作。大学学历，历史学学士。

1979年9月至1983年7月，曲阜师范大学历史系历史专业学生；1983年7月至1985年7月，莱芜师范政教组教师；1985年7月至1988年4月，泰安师专政史系教师；1988年4月至1989年12月，泰安市工商联工作；1989年12月至1992年9月，民建泰安市委筹备组、民建泰安市委驻会干部；1992年9月至1996年10月，民建泰安市委驻会秘书

(副科级)；1996年10月至1998年1月，新泰市翟镇副镇长(正科级)；1998年1月至1998年2月，新泰市人民政府市长助理；1998年2月至2001年2月，新泰市人民政府副市长(其间：1998年9月至2000年6月山东大学管理学院研究生课程进修班企管专业学习)；2001年2月至2001年12月，泰安市政协副主席，市工商业联合会副会长；2001年12月以后，泰安市政协副主席，省工商业联合会常委、市工商业联合会会长。

孙宗明　泰安市政协副主席，民进中央委员、山东省委常委、泰安市委主委，泰山学院数学与计算机系教授。男，汉族，1945年5月生，山东嘉祥人。1988年12月加入中国民主促进会，1968年7月参加工作，研究生学历，教授。省八、九届人大代表、市十二届人大常委。市七、九届政协委员会常务委员。

1963年9月至1968年7月，山东师范学院学生；1968年7月至1977年7月，兖州铁路中学教师；1977年7月至1979年9月，东平县六中教师(其间：1978年11月至1979年9月山东师范学院进修学习)；1979年9月至1981年9月，聊城师范学院研究生班学生；1981年9月至1983年7月，聊城师范学院教师、讲师；1983年7月至1994年12月，泰安师专讲师、副教授、教授；1994年12月至2002年5月，民进中央候补委员、委员、泰安市委主委，泰安师专教授、科研处副处长(其间：1999年3月至1999年6月中央社会主义学院学习)；2002年5月至2003年2月，民进中央委员、山东省委常委、泰安市委主委，泰山学院数学与计算机系教授；2003年2月以后，民进中央委员、山东省委常委、泰安市委主委，泰安市政协副主席，泰山学院数学与计算机系教授。

高峰岭　泰安市中级人民法院院长、党组书记。男，汉族，山东淄博人。山东省委党校研究生学历，三级高级法官，1952年4月生，1972年1月参加中国共产党，1972年5月参加工作，省八次党代会代表、省十届人大代表。

1972年5月至1972年6月，淄博市临淄区敬仲公社工作队队员；1972年6月至1974年8月，淄博市临淄区齐陵公社团委干事；1974年8月至1980年12月，淄博市临淄区齐陵公社团委书记、党委常委、党委副书记；1980年12月至1982年9月，山东农机化学院干部专修科学员；1982年9月至1984年3月，淄博市临淄区边河公社党委副书记、管委副主任；1984年3月至1989年11月，淄博市临淄区政府副区长；1989年11月至1992年1月，淄博市农委副主任、党组副书记；1992年1月至1993年5月，淄博市水利局党委书记、局长；1993年5月至1996年10月，淄博市水利局党委书记、局长兼市引黄指挥部副指挥(其间：1993年9月至1996年7月山东经济学院国贸专业学习)；1996年10月至1999年2月，淄博市博山区委书记(其间：1997年9月至2000年6月省委党校在职研究生班政治学专业学习)；1999年2月至2000年12月，淄博市政府党组成员、市长助理，市农委主任、市委农工委书记；2000年12月至2001年1月，泰安市中级人民法院党组书记；2001年1月至2001年2月，泰安市中级人民法院代院长、党组书记；2001年2月以后，泰安市中级人民法院院长、党组书记。

傅光仁　泰安市人民检察院检察长、党组书记。男，汉族，1948年11月生，山东济南人。山东省委党校大专学历，二级高级检察官，1981年12月参加中国共产党，1967年9月参加工作，省八次党代会代表、省十届人大代表。

1964年8月至1967年7月，新泰师范学校学生；1967年7月至1968年7月，留校待分配；1968年7月至1969年1月，济南市章丘县平陵公社孙家小学教师；1969年1月至1969年9月，济南市历城县孙村公社白谷堆学校教师；1969年9月至1970年9月，济南市历城县孙村镇联中教师；1970年9月至1972年9月，济南市历城县孙村镇王家联中教师；1972年9月至1975年9月，济南市历城县孙村镇西顿邱联中教师；1975年9月至1978年1月，济南市农业学大寨工作团；1978年1月至1981年1月，济南市历城县孙村镇东彩石联中负责人；1981年1月至1982年2月，济南市历城县孙村镇西芦联中教导处副主任；1982年2月至1985年4月，济南市历城区委办公室秘书；1985年4月至1987年3月，济南市历城区委办公室副主任；1987年3月至1993年1月，济南市历城区港沟镇党委书记(其间：1989年4月至1994年12月省委党校干部大专班党政管理专业学习)；1993年1月至1998年3月，济南市历城区检察院检察长；1998年3月以后泰安市人民检察院检察长、党组书记。

(市委组织部)

中共十六大代表

鲍志强　中共泰安市委书记，泰安市委党校校长。男，汉族，1949年2月生于辽宁丹东，祖籍山东省胶州。研究生学历，1968年9月参加工作，1973年12月加入中国共产党。

1968年9月至1970年9月，辽宁省凤城县赛马公社东甸二队知识青年；1970年9月至1974年4月，辽宁省凤城县赛马粮库工人、经营员、化验员；1974年4月至1974年9月，辽宁省凤城县赛马粮库副主任；1974年9月至1975年3月，辽宁省凤城县委组织部干事；1975年3月至1976年6月，辽宁省凤城县汤山城公社党委副书记、副主任；1976年6月至1978年9月，辽宁省凤城县刘家河公社党委书记、主任；1978年9月至1984年5月，共青团辽宁省委常委、办公室主任；1984年5月至1985年6月，共青团辽宁省委副书记、党组成员；1985年6月至1988年12月，共青团辽宁省委书记、党组书记(其间：1988年5月至1990年12月共青团中央常委)；1988年12月至1989年1月，共青团辽宁省委书记、党组书记，辽宁省旅游局局长、党组书记；1989年1月至1991年8月，辽宁省旅游局局长、党组书记；1991年8月至1998年12月，朝阳市委书记(其间：1995年9月至1996年7月，中央党校学习)；1998年12月至1999年1月，泰安市委副书记，市政府党组书记；1999年1月至2月，泰安市委副书记，市政府副市长、代市长、党组书记；1999年2月至2001年1月，泰安市委副书记，泰安市人民政府市长、党组书记；2001年1月，泰安市委书记，市政府市长、党组书记；2001年1月至4月，泰安市委书记；2001年4月至2002年12月，中共泰安市委书记，泰安市委党校校长；2002年12月以后，调至济南市工作。

金兰英 泰安市民族宗教事务局副局长、党组成员，泰山区岱庙街道党工委副书记（上挂），市场社区党支部书记。女，回族，1946年1月生，山东泰安人。1965年5月加入中国共产党，2001年4月参加工作，初中学历。七、八、九、十届全国人大代表、泰安市第十二、十三、十四届人大代表、中共十六大代表。1983年、1993年获全国"三八"红旗手称号；1988年、1991年获省优秀共产党员称号；1995年获全国优秀居委会主任称号；1997年荣立省社区服务三等功；1988年、1999年获全国民族团结进步先进个人称号。

1965年12月至1992年8月，泰安市泰山区岱庙办事处市场街民兵连连长、居委会副主任、主任、党支部副书记、书记；1992年8月至1998年2月，泰安市泰山区岱庙街道办事处党委副书记（上挂）、市场街党支部书记；1998年2月至2001年4月，泰安市泰山区人大常委会副主任（不驻会）、岱庙街道办事处党委副书记（上挂）、市场街党支部书记；2001年4月至2002年6月，泰安市泰山区人大常委会副主任、岱庙街道办事处党委副书记（上挂）、市场街党支部书记；2002年6月至2002年11月，泰安市泰山区人大常委会副主任、岱庙街道党工委副书记（上挂）、市场社区党支部书记；2002年11月至2003年1月，泰安市民族宗教事务局副局长、党组成员，泰山区人大常委会副主任，岱庙街道党工委副书记（上挂），市场社区党支部书记；2003年1月以后，泰安市民族宗教事务局副局长、党组成员，泰山区岱庙街道党工委副书记（上挂），市场社区党支部书记。

（市委组织部）

十届全国人大代表

贾学英 参见《市级领导人》

郎庆田 新汶矿业（集团）有限责任公司董事长、党委书记。男，汉族，1949年7月生，山东新泰人。1969年9月加入中国共产党，1968年3月参加工作，省业余大学学历，高级工程师。十届全国人大代表。

1968年3月至1971年4月，部队服役；1971年4月至1971年9月，新泰市禹村邮电局投递员；1971年9月至1976年8月，新汶矿务局汶南煤矿掘进一区工人、党支部书记；1976年8月至1980年8月，新汶矿务局协庄煤矿党委常委、汶南煤矿党委副书记；1980年8月至1982年10月，北京煤校企业管理专业学员；1982年10月至1986年8月，新汶矿务局泉沟煤矿副矿长；1986年8月至1988年2月，新汶矿务局南冶煤矿矿长；1988年2月至1994年8月，新汶矿务局协庄煤矿矿长；1994年8月至1996年11月，新汶矿务局副局长（其间：1993年9月至1996年6月山东干部函授大学经济管理专业学习）；1996年11月至1998年3月，新汶矿务局局长、党委常委；1998年3月至1999年12月，新汶矿业（集团）有限责任公司董事长、总经理、党委常委；1999年12月至2001年4月，新汶矿业（集团）有限责任公司董事长、党委常委；2001年4月以后，新汶矿业（集团）有限责任公司董事长、党委书记。

金兰英 参见《中共十六大代表》

温孚江 参见《市级领导人》

夏作理 参见《市级领导人》

俞书伟 山东科技大学系统工程研究所所长。男，汉族，1946年9月生，浙江省宁波人。大学学历，教授，无党派人士，

1968年12月参加工作。十届全国人大代表。

1963年9月至1968年12月，清华大学水利水电系枢纽站构筑专业学生；1968年12月至1971年4月，中国人民解放军0258部队军垦农场劳动；1971年4月至1973年4月，云南思茅第二机械厂工人；1973年4月至1977年5月，山东兖州煤炭生产建设指挥部技术员；1977年5月至1984年10月，兖州矿务局技术员、工程师；1984年10月至1987年6月，山东矿业学院工程师；1987年6月至1992年3月，山东矿业学院副教授；1992年3月至1998年3月，山东矿业学院教授；1998年3月至1999年10月，山东矿业学院教授，省企业管理信息化专家委员会副主任；1999年10月以后，山东科技大学系统工程研究所所长，中国广义优化学会理事，省企业管理信息化专家委员会副主任。1992年获新闻出版署第六届全国优秀科技图书二等奖〈参编〉；1992、1995、1998年获煤炭部部级优秀成果一等奖；2001年获中国煤炭工业管理现代化部级优秀成果一等奖。

刘 岩 山东百大商贸股份有限公司董事长、党委书记、总经理。女，汉族，山东宁津人。1954年7月生，1984年9月加入中国共产党，1972年9月参加工作，省业余大学学历，高级经济师。十届全国人大代表。

1972年9月至1974年7月，新汶县四中教师；1974年7月至1976年7月，新泰师范学校学生；1976年7月至1979年9月，新汶县一中教师；1979年9月1983年12月，肥城县百货大楼会计；1983年12月至1990年12月，肥城县百货大楼副经理（其间：1986年10月至1989年10月省高教自学考试山东经济学院统计专业学习）；1990年12月至1999年6月，肥城市〈县〉百货大楼总经理（其间：1995年7月至1998年

7月省经济管理干部学院业余本科班企业管理专业学习)；1996年6月以后，山东百大商贸股份有限公司董事长、党委书记、总经理。1995年获全国内贸系统巾帼建功标兵称号；1998年获省劳动模范称号；2000年获全国劳动模范、全国内贸系统劳动模范称号；2001年获省优秀共产党员称号。

张志法 泰山玻璃纤维股份有限公司董事长、党委书记。男，汉族，1953年3月生，山东东平人。1973年11月加入中国共产党，1978年1月参加工作，大学普通班学历，高级工程师。十届全国人大代表。

1974年9月至1978年1月，南京化工学院硅酸盐专业学生；1978年1月至1986年6月，东平县水泥厂技术员、生产股长、副厂长、厂长；1986年6月至1993年8月，泰安市建材工业局副科长、科长、副局长、党委委员；1993年8月至1996年8月，泰安市建材工业局党委委员、副局长，泰安市复合材料工程筹建处副书记、副主任；1996年8月至1997年9月，泰安市建材工业局党委委员、副局长，泰安市复合材料工程筹建处副书记、主任；1997年9月至2001年12月，泰安市泰山复合材料有限公司党委书记、董事长、总经理(其间：1998年5月至2000年4月天津财经学院研究生课程进修班学习)；2001年12月以后，泰山玻璃纤维股份有限公司董事长、党委书记，泰山玻璃纤维股份有限公司技术开发中心(国家863科研成果转化基地)主任，博士后科研工作站负责人，中国玻纤协会副会长，中国建材工业协会常务理事，国家建材工业科教委委员，中国硅酸盐学会、玻璃钢学会理事会理事，中国建材工业经济研究会理事会理事，山东复合材料学会副理事长。1999年全国建材行业第八次优秀工程设计一等奖、省科技进步三等奖、省科技星火二等奖；2000年全国建材系统劳动模范，省科技进步二等奖；2002年国家科技进步奖，全国建材行业(部级)优秀工程咨询成果一等奖。

宋文新 泰安南关中学政治教研组组长。女，汉族，1966年11月生，新疆阿克苏人。1989年7月参加工作，大学学历，中学高级教师。十届全国人大代表。

1985年9月至1989年7月，新疆维吾尔自治区委党校学生；1989年7月至1992年4月，新疆阿勒泰地委党校理论教员；1992年4月以后，泰安市泰山区南关中学教师、政治教研组组长。1997年全国首届中学思想政治优质课评选一等奖；2001年被评为全国优秀教师；2002年被评为山东省特级教师。

王元成 泰安市东方计算机学校(民办)校长，泰安市东方电脑产业有限公司总经理。男，汉族，1967年11月生，山东宁阳人。中央党校在职大学学历，高级经济师，九三学社社员。十届全国人大代表。

1985年8月至1988年6月，宁阳县东疏镇开办个体书店；1988年6月至1991年6月，泰安广告公司务工；1991年6月以后，泰安市东方印社经理，泰安市东方计算机学校(民办)校长，泰安市东方电脑产业有限公司总经理(其间：1993年4月至1997年9月省高教自学考试省电大经济管理专业学习；1997年9月至1999年12月中央党校函授学院政法专业学习；2001年5月泰安市进城务工青年培训学校校长；2001年11月泰安市青联副主席；2002年1月泰安市工商联副会长；2002年3月泰安市政协常委；2002年8月泰安市光彩事业促进会副会长)。1998年获全国优秀外来务工青年称号；2001年获全国十大杰出进城务工青年称号；2001年获首届全国进城务工青年奖学金。

(宗呈亮)

十届全国政协委员

李惠东 参见《市级领导人》

于振文 山东农业大学教授、博士研究生导师，全国著名的小麦专家。男，汉族，1944年6月生，辽宁省旅顺人。1963年参加工作，研究生学历，无党派人士。全国九届、十届政协委员。

参加工作40年来，一直从事小麦高产栽培理论与技术研究和教学工作。曾获国家科技进步二等奖2项、省部级科研成果奖5项，培养博士生18名、硕士生20名，编写著作10部，发表学术论文55篇，为中国农业科学、教育和生产发展作出突出贡献。1998年4月获全国“五一”劳动奖章，同年9月被国家教育部、人事部评为全国教育系统劳动模范并授予全国模范教师称号；2000年4月被国务院授予全国先进工作者称号。现任山东农业大学教授、博士研究生导师，小麦研究所所长，山东省小麦工程技术研究中心主任，农业部小麦栽培生理与遗传改良重点开放实验室主任。全国九届、十届政协委员。

模范人物

梁兴泰 山东肥城矿业集团有限责任公司董事长、党委书记。男，汉族，1946年2月生，山东肥城人。中共党员，大学文化，高级政工师。2002年，荣获全国“五一”劳动奖章。

该同志自任职以来，迎难而上，和党

政一班人作出并实施构建煤电铝、煤电化工、煤电建材"三个一体化"格局，建设多种经营、多业并举、多种所有制形式并存的大型现代企业集团的战略规划；自筹资金开发建设新矿井、煤矸石热电、电解铝、煤炭地下气化等十大工程。领导和组织实施了产权、产业、产品、组织结构四个调整，开展了体制、机制、管理、科技四个创新，形成了"精、严、细、实"的管理风格，其管理经验在全省推广。工作中坚持两手抓，始终把思想政治工作、精神文明建设、职工民主管理与企业改革、安全生产、营销清欠紧密结合，实现了"两促进双丰收"。廉洁勤政，严于律己，当领导干部近20年，时刻与职工同甘共苦。先后被授予全国煤炭工业优秀矿长、全国能源工业劳动模范、山东省优秀企业思想政治工作者、全国煤炭工业优秀党委书记、全国煤矿模范职工之友等荣誉称号，1998年当选山东省第七次党代会代表。

束怀瑞　山东农业大学教授、园艺学院苹果工程中心主任，中国工程院院士，兼任中国园艺学会常务理事，山东省人民政府农业专家顾问团林果分团团长。男，汉族，1929年9月生，山东淄博人，中共党员。2002年荣获全国"五一"劳动奖章。

该同志从事果树教学、科研及推广工作52年，在山东农业大学建成硕士点、博士点和博士后流动站，培养硕士28人、博士26人，指导博士后16人。主编教材、专著5部，发表论文70余篇。在果树碳氮营养、根系生物学和丰优技术原理等方面取得丰硕成果，科技成果获国家科技进步二等奖1项、省部级科技进步一等奖2项、二等奖4项。发明的"地膜覆盖穴贮肥水技术"被国家科委列为重点推广项目，在17省市推广31万公顷，新增产值7.6亿元。"山东省百万亩苹果幼树丰产优质技术开发研究"开发7.2万公顷，单产由129千克提高到1010千克，纯增效益56亿元。积极倡导和推广保护地生产，创建了果树保护生产技术新体系。1997年获中华农业科技奖，1999年获全国科普先进工作者称号，2001年获全国农业科技先进工作者称号，为中国果树产业作出了突出贡献。

周振红　新泰市振宏复合包装有限公司经理。女，汉族，1964年3月生，山东新泰市人，中专学历。2002年9月被山东省人民政府评为下岗再就业劳动模范。

1993年9月下岗后，与人合购了一台塑料印刷机，搞起了普通塑料包装；1997年又自筹资金70多万元，购进了一条塑料复合包装生产流水设备，组建了新泰市振宏复合包装有限公司。她刻苦钻研技术，高薪聘请技术人员，主动到外地联系客户，与十几个地市的数十家单位建立了稳定的业务关系，公司年产值由最初的十几万元提高到一百多万元，年创利税30万元。她始终坚持质量第一、诚信为本、顾客至上的经营原则，树立了良好的企业形象。她致富不忘回报社会，先后主动接收了8名下岗职工、安排了20名待业人员进厂工作。

（陈长举）

鲍志强　时任中共泰安市委书记、泰安市委党校校长。在2001年8月东平湖抗洪抢险中成绩突出。2002年5月被山东省人民政府表彰为全省抗洪抢险先进个人，记一等功。（参见《中共十六大代表》）

耿文清　时任泰安市委副书记，市政府市长、党组书记。在2001年8月东平湖抗洪抢险中成绩突出。2002年5月被山东省人民政府表彰为全省抗洪抢险先进个人，记一等功。（参见《新任市级领导人》）

赵一民　时任泰安市政府副市长、党组成员。男，汉族，1943年9月生，山东省泰安人。大学文化，1962年8月参加工作，1976年2月加入中国共产党。在2001年8月东平湖抗洪抢险中成绩突出。2002年5月被山东省人民政府表彰为全省抗洪抢险先进个人，记一等功。

该同志在2001年8月东平湖抗洪抢险中，精心部署，科学调度，尽职尽责。在防汛期间，连夜察看防汛准备工作，组织水利专家制定科学抢险方案，及时调度有关情况，合理调集人员物资，及时了解全市的雨情、水情，把握全局。加强与省政府等有关部门的联系，积极争取专家、人员、物资的支持，形成省、市、县、乡联动抗洪抢险大格局。在防汛期间，该同志忍受着韧带拉伤的疼痛，深入一线，带头巡坝，检查险情，每天行走十几公里；在20多个日夜里，哪里有险情，他就赶到哪里，喝不上开水，吃不上饱饭，有时连续几个昼夜不能休息，以实际行动感动了身边的工作人员和广大干部群众，发挥了共产党员的先锋模范作用。

（陈建军）

宋　鲁　时任东平县委书记。在2001年8月东平湖抗洪抢险中成绩突出，2002年5月被山东省人民政府表彰为全省抗洪抢险先进个人，记一等功。（参见《新任市级领导人》）

朱永强　时任东平县委副书记、县长。男，汉族，1955年8月生，山东省莱芜市人。1974年8月加入中国共产党，1972年12月参加工作，大学文化。2001年8月，在东平湖抗洪抢险中做出重大贡献。2002年5月被山东省人民政府表彰为全省抗洪抢险先进个人，记一等功。

2001年8月，东平湖遭遇百年不遇的特大洪水袭击，该同志始终战斗在抗洪抢险第一线，哪里有险情，哪里就会看到他的身影，哪里情况最危急，他就在哪里拚搏，表现出卓越的组织指挥能力和大无畏的英雄气慨。在险情最为紧张的日子里，他曾连续3天3夜没休息，一直在抗洪抢险第一线指挥、战斗，团结带领干部群众堵管涌、战裂缝、斗洪魔，经过12个昼夜的浴血奋战，取得东平湖抗洪抢险战斗的全面胜利，确保了沿湖十几万人民群众生命财产安全。　（东平县史志办）

赵爱兰　泰安市水利与渔业局副局长。女，汉族，1951年6月生，大专学历，1969年12月参加工作，中共党员。2001年8月，在东平湖抗洪抢险中做出重大贡献。

2002年5月被山东省人民政府表彰为全省抗洪抢险先进个人,记一等功。

该同志在东平湖、田村水库抗洪抢险中,组织带领工程技术人员,克服困难,奋战在田村水库、东平湖抗洪抢险前线。特别是在金山坝上,每天都跑十几个来回,查看险情,制定抢险方案,落实工程技术人员包段、查险排险责任制,组织抢险人员战胜管涌、滑坡等大小险情100余次,为确保金山坝安全提供了重要的技术支撑。她两个孩子都不在身边,家中还有病重的丈夫,但她舍小家顾大家,昼夜奋战在抗洪抢险第一线,充分表现了一名共产党员对人民的赤胆忠心,以实际行动实践了"三个代表",得到了省市领导和同志们的高度赞扬,成为抗洪抢险前线的女豪杰。

（梁进涛）

辛显明　时任新泰市委副书记、市长。男,汉族,山东肥城人,1958年10月生。1981年加入中国共产党,1974年7月参加工作,大学学历,学士学位。2001年8月在抗洪抢险中做出重大贡献。2002年5月被山东省人民政府表彰为全省抗洪抢险先进个人。

该同志在第一时间赶到抢险现场,面对险情,沉着冷静,果断决策,迅速成立抢险指挥部,科学制定抢险方案,认真组织动员全市上下,充分发挥处理突发事件的指挥能力,为夺取抗洪抢险的胜利提供了强有力的领导保证。在抢险过程中,他既当指挥员,又当战斗员,带病坚守在一线,以坚强的意志、饱满的热情,从容指挥,严密组织,率先垂范,忘我工作,带动广大党员干部冲锋陷阵,充分发挥了先锋模范作用。（新泰市史志办）

王润君　中共泰安市委副秘书长、市直机关工委书记。男,汉族,1949年7月生,泰安岱岳区人。中共党员,1971年参加工作,大学学历。中共泰安市委委员,市十四届人大常委。2001年8月,在东平湖抗洪抢险中做出重大贡献。2002年5月被山东省人民政府表彰为全省抗洪抢险先进个人。

该同志在2001年东平湖抗洪抢险期间,按照市委安排,在泄洪道清淤指挥部内部,设立了前线指挥部和物资、生活、医疗卫生、安全保卫、工程技术、宣传报道、群众工作等专门保障小组,为在泄洪道清淤的426名解放军官兵搞好服务。协助和协调省里有关部门调用了大批抗洪抢险物资;协调组织了各县(市、区)、东平县各乡镇上前线慰问抗洪战士的活动;协调规范新闻宣传报道工作,搞好信息传递,保证了后勤保障工作;与东平湖管理局、出湖闸管理局和东平县委、县政府及各乡镇密切配合、协调动作,形成整体合力;及时调度水情、民情、社情,为领导决策当好参谋。东平湖抗洪抢险结束后,结合近半个月的抗洪实践,参与总结出夺取东平湖抗洪抢险胜利的基本经验,积累了宝贵的精神财富。

（贾贞刚）

张树友　泰安市公安局党委书记、局长(享受副市级干部待遇)。男,1949年7月生,山东金乡人。1970年1月参加工作,1970年12月加入中国共产党,大专文化,1998年2月起任泰安市公安局党委书记、局长(享受副市级干部待遇)至今。2001年8月,在抗洪抢险中做出重大贡献。2002年5月被山东省人民政府表彰为全省抗洪抢险先进个人。

该同志在2001年8月东平湖出现险情后,立即带领市局有关人员连夜赶赴东平湖区,指挥全市公安机关发挥职能作用,先后完成东平湖黄河口河道加深、拓宽爆破任务,道路交通的疏导和管理,金山坝以西村民的动迁疏散工作,维护了东平湖区的社会治安稳定。在抗洪抢险中,该同志身先士卒、率先垂范,带病坚持工作,全天靠在一线指挥,并承但着省领导的警卫任务,冒酷暑,忍饥困,连续奋战,为东平湖抗洪抢险斗争做出突出贡献。

（王书项）

李兴诚　东平县人大常委会副主任。男,汉族,1944年5月生,东平县东平镇人。1960年12月加入中国共产党,1959年10月参加工作。2001年8月,在抗洪抢险中做出重大贡献。2002年5月被山东省人民政府表彰为全省抗洪抢险先进个人。

该同志在2001年8月东平湖金山坝抗洪抗险中,身先士卒,率先垂范,与广大干部群众一道,顶风冒雨,鏖战洪魔,确保了坝西2667公顷土地和3万人民群众的生命财产安全。积极做好组织协调、物料供应、疏散群众等工作的,始终奋战在抗洪第一线,带领当地干部群众化解管涌、滑坡、渗水漏水等大小险情上百次,确保了金山坝十里长堤的安全。汛情最紧急时,他连续两天两夜没有吃饭,两次晕倒在大坝上。他以自己的实际行动,树立了一名党员领导干部为人民群众利益奋不顾身、坚忍不拔、顽强拼搏的良好形象。

（东平县史志办）

武嘉宏　泰安市水利与渔业局党委书记、局长。男,汉族,1947年12月生,泰安市岱岳区人。中共党员,1968年2月参加工作,大专学历。山东省人民满意的公务员,省政府一等功。

该同志任职以来,注重加强思想作风建设,勤政敬业,开拓创新,带出了团结奋进的领导班子和高素质的干部职工队伍。在2001年东平湖抗洪抢险中,他身先士卒,现场指挥抗洪抢险15个昼夜;金山坝险情最危急的时刻,他连续三天三夜没有合眼,为东平湖抗洪抢险做出突出贡献。在他的带领下,局机关各项工作都取得新进展,先后完成各类规划和科研报告20余项,争取省以上投资10亿多元,其中国家无偿资金2亿多元,开工建设了大汶河防洪五期治理工程、黄前、大河、东周水库除险加固等大批水利基本建设项目,组织群众完成各类水利工程5.2万项,新增加改善灌溉面积6.7万公顷,发展节水灌溉面积4万公顷,治理水土流失面积360平方公里。

（梁进涛）

王成金　东平县委组织部副部长、东平县人事局局长。男，汉族，1958年3月生，东平县老湖镇人，中共党员，本科学历。山东省人民满意公务员，省政府一等功。

该同志自1998年3月任东平县人事局局长后，始终恪守求真务实做人，脚踏实地做事的人生信条，严格执行组织人事纪律，加强公务员、专业技术人员和企业管理人才队伍建设，大力开发、引进、使用和培养人才，引导机关干部积极投身经济建设。他始终牢记党的宗旨，时刻注意为群众办实事、办好事，密切了党群、干群关系。

陈贞民　泰安市民政局副局长。男，汉族，1951年4月生。1968年3月参加工作，中共党员，大专文化。2003年1月被国家人事部、民政部记一等功。

该同志自1996年6月任市民政局副局长以来，认真履行职责，秉公办事，创造性地开展工作。1999年被山东省人事厅、民政厅评为先进个人；2001年被中共泰安市委、泰安市人民政府记三等功。尤其是在勘界工作中，他以高度的历史责任感和无私奉献的精神，翻山越岭，始终战斗在野外第一线，高质量完成了全面勘定泰安行政区域界限的历史重任，为维护边界地区社会稳定、促进经济发展作出了积极贡献。

范维琴　泰安市复退军人精神病院护理部主任。女，汉族，泰安市岱岳区人，1953年8月出生，1972年参加工作，中共党员，大专文化，副高级职称。2002年，荣获国家民政部最高荣誉——孺子牛奖、荣获全国民政系统先进工作者称号。

该同志自参加工作以来，始终兢兢业业，任劳任怨，护理病人无微不至，全身心投入，自1983年以来，在优抚对象中树立起一个民政工作者、一个共产党员敬业奉献的良好形象。先后被授予"山东省民政系统先进工作者"，泰安市"优秀共产党员"、"三八红旗手"等光荣称号，4次荣立三等功，1999年获泰安市"振兴泰安劳动奖章"，2000年被评为泰安市"劳动模范"，2001年4月被泰安市授予"文明市民标兵"称号，2001年7月被中共山东省委授予"优秀共产党员"称号，受到江泽民等党和国家领导人的亲切接见。

王秀梅　泰山区民政局副局长。女，汉族，1962年12月出生，大学文化，1976年参加工作，中共党员，2002年被中共山东省委、省人民政府、省军区记一等功。

该同志自参加工作以来，善思好学，求真务实。特别是从事民政工作以来，始终把双拥工作放在心里，抓在手上，积极为部队和优抚对象办实事、解难题。改进传统的工作方式，探索出一条双拥工作新路子。近年来，先后荣获"全省爱心献功臣行动先进个人"、"泰安市拥军优属先进个人"、"泰安市国防教育先进个人"和泰山区"十佳公仆"、"优秀共产党员"等荣誉称号。（陈绪锋）

谷志坚　武警泰安市支队警务装备股股长。男，汉族，1971年4月生，1991年3月加入中国共产党，1989年11月入伍，大专文化。2002年12月，被表彰为第十三届山东省"十大杰出青年"。

该同志政治立场坚定，全心全意为人民服务的意识牢固，身先士卒，英勇顽强，不怕流血牺牲，在执行各项急、难、险、重任务时，总是把国家和人民的利益放在高于一切的位置上，坚持冲在一线，圆满完成了上级交给的各项工作任务。他所带的中队连续两年被树为"基层建设标兵中队"，连续5年荣立集体三等功；5次被总队党委表彰为"先进党支部"、"学雷锋先进集体"；5次被泰安市委、市政府命名为"拥政爱民"模范单位。1998年12月被省武警总队表彰为"优秀带兵干部"，1999年12月、2000年12月又分别被总队表彰为"十佳好队长"；2000年4月被共青团泰安市委表彰为"十大杰出青年"；2000年9月被共青团山东省委表彰为"山东杰出青年卫士"，被山东省政府记二等功一次；2000年12月被武警总部党委表彰为"优秀带兵干部"；2001年7月又被表彰为"优秀共产党员"；2001年12月被共青团中央、最高人民法院、最高人民检察院、公安部、武警总部等12家单位联合表彰为第三届"中国优秀青年卫士"。（潘利军）

编辑·校对　武永明

统计资料

泰安市各县市区经济发展主要指标

指 标 名 称	单 位	全 市	泰山区	岱岳区	新泰市	肥城市	宁阳县	东平县
土地面积	平方公里	7762	337	1750	1933	1277	1125	1340
年末总户数	万户	160.86	20.13	27.60	41.21	27.90	22.35	21.67
年末总人口	万人	546.41	61.3	95.87	134.84	96.72	80.68	77.00
非农业人口	万人	167.59	44.87	19.25	35.22	32.13	18.66	17.46
人口自然增长率	‰	5.91	10.14	4.31	5.75	6.14	5.16	5.24
常用耕地	公顷	321152	9191	64109	68112	59795	58147	61798
粮食总产量	吨	1860662	71386	366099	341836	373265	374081	333995
国内生产总值	亿元	515.2	41.68	60.36	119.85	104.21	48.8	43.02
第一产业	亿元	75.81	2.77	19.38	13.2	15.18	13.2	12.08
第二产业	亿元	246.19	23.15	26.71	69.38	51.82	19.5	16.1
第三产业	亿元	193.2	15.76	14.27	37.27	37.21	16.1	14.84
人均国内生产总值	元	9458	11985	6326	8908	10792	6058	5596
全社会固定资产投资	亿元	167.44	13.86	21.19	35.84	33.52	18.49	13.66
社会消费品零售总额	亿元	162.03	23.04	22.44	34.78	34.29	20.43	14.01
地方财政收入	万元	237676	21244	25189	46710	45210	20568	17460
地方财政支出	万元	330410	26955	36220	61856	58767	35554	29963
在岗职工人数	万人	47.01	2.04	3.11	13.00	10.97	4.60	3.73
在岗职工工资总额	亿元	43.23	1.61	2.22	12.86	10.01	3.25	2.42
在岗职工平均工资	元	9262	7789	7099	9977	9393	7092	6456
城市居民人均可支配收入	元	7369.2	—	—	—	—	—	—
农民人均纯收入	元	3134.63	3568.93	3426.55	3219.03	3239.11	2998.26	2548.17

泰安市各县市区主要农产品产量

单位:吨

指标名称	泰山区	岱岳区	新泰市	肥城市	宁阳县	东平县
粮食	71386	366099	341836	373265	374081	333995
小麦	33394	163350	110075	160055	180914	152442
豆类	159	674	513	4340	3807	22069
油料	69	14437	28267	3788	61142	23635
棉花	—	235	8	343	1406	1558
蔬菜瓜类	134491	2880101	1006749	1432213	1122815	798853
水果	13721	215702	48254	108549	36607	40165
肉类	8507	62946	81977	72594	53279	37239
猪肉	5577	40435	57174	46831	35375	20767
禽蛋	8833	35538	69573	53188	25020	24563
奶类	13419	11359	4073	608	2583	660
水产品	420	3640	4000	1585	1402	46520

泰安市平均每天主要社会经济活动情况

项目	单位	1999年	2000年	2001年	2002年	2002年比2001年增长%
全市每天创造的财富						
国内生产总值	万元	9762.0	10860.0	12274.0	14115.0	13.9
财政收入	万元	464.5	522.4	630.7	651.2	22.1
粮食	吨	7308.0	6419.0	6067.0	5098.0	-16.0
原煤	万吨	5.7	5.0	6.0	6.4	6.7
发电量	万千瓦时	2047.0	2049.0	2104.0	2276.0	8.2
布	万米	11.0	14.6	19.4	23.2	19.6
其他经济活动						
公路运输工具客运人数	万人	5.2	6.1	6.8	7.1	4.1
城镇住宅竣工面积	平方米	3806.0	3640.0	2840.5	3421.9	20.5
全市人口变动						
出生	人	161	167	152	186	22.4
死亡	人	88	99	88	98	11.4

泰安市旅游事业发展情况

项　目	单　位	1999年	2000年	2001年	2002年	2002年比2001年增长%
旅游人次数总计	万人次	434.2	449.7	515.7	590.7	14.5
海外旅客	万人次	5.4	6.3	6.4	7.0	10.4
国内旅客	万人次	428.8	443.4	509.3	583.7	14.6
国内旅游收入	亿元	19.8	21.8	26.3	33.1	23.9
旅游外汇总收入	万美元	785	1500	2000	2192	9.6

城市不同层次居民家庭基本情况

指　标	单位	平　均	最低收入户	低收入户	中下收入户	中等收入户	中上收入户	高收入户	最高收入户
调查户数	户	100	10	10	20	20	20	10	10
平均每户家庭人口	人	3.02	3.11	3.13	3.05	3.05	2.93	2.94	2.93
平均每户就业人口	人	1.81	1.8	1.79	1.88	1.79	1.72	1.85	1.9
每一就业者负担人口	人	1.7	1.7	1.7	1.6	1.7	1.7	1.6	1.5
平均每户就业面	%	59.9	57.9	57.2	61.6	58.7	58.7	62.9	64.8
家庭人口数	人	302	31	31	61	61	59	29	29
有收入者人数	人	206	18	20	49	42	42	41	22
就业人口数	人	181	18	18	38	36	34	19	19
国有单位职工	人	145	13	12	25	30	30	16	18
集体单位职工	人	29	3	4	10	5	4	1	1
个体经营者	人	2	—	—	1	1	—	—	—
离退休人员	人	25	—	2	3	6	8	3	3
无收入者人数	人	96	13	11	20	19	16	8	8
家庭总收入	元	7883.88	1650.6	3407.16	4999.32	7093.8	9257.4	12245.8	19779.5
可支配收入	元	7369.2	1427.4	3200.04	4674.12	6558.4	8620.32	11436.6	18817.4
借贷收入	元	1461.24	867.72	2043.24	431.16	1957.2	966.36	2379	2643.36
家庭总支出	元	7026.12	3200.88	4963.32	4264.92	7257.8	7615.32	10215.1	14154.4
消费性支出	元	5442.72	2711.28	3163.32	3550.92	5536.9	6131.28	8373.36	10184.9
食　品	元	1894.32	1135.2	1334.28	1507.2	1807	2167.56	2484.48	3143.88
社会保障支出	元	452.28	149.52	185.76	272.52	476.52	587.4	720.6	818.52
借贷支出	元	2151.12	165.96	537.96	979.8	1830.6	2477.28	4237.68	6329.4
期末人均手存现金	元	5134.08	2317.2	2428.2	3799.56	4791	5985.36	6682.8	11236.8

农村居民家庭基本情况

指 标	单 位	2001 年	2002 年
调查户数	户	730	730
常住人口	人	2662	2646
整半劳力	人	1819	1896
乡镇企业从业人员	人	2016	2130
常住人口外出劳动人数	人	110	198
平均每个劳动力负担人口	人	1.46	1.4
人均经营耕地	亩	1.08	1.12
总收入	元/人	4075	4275
纯收入	元/人	2956	3135
总支出	元/人	2844	2818
家庭经营费用支出	元/人	901	880
税费支出	元/人	83.2	71.3
生活消费支出	元/人	1678	1687
其他非生产性支出	元/人	152.3	140.5
现金收入	元/人	3060	3599
现金支出	元/人	2274	2287
人均拥有住房价值	元/人	4774	5404
农民人均住房面积	平方米	24.65	26.05
钢混结构	平方米	4.07	5.21
砖木结构	平方米	17.59	17.76

全社会固定资产投资

单位:万元

指 标 名 称	2002 年	比上年增长%
全社会固定资产投资	1674405	56.57
国有单位	763129	37.11
集体单位	362962	76.50
城镇集体	55033	23.32
农村集体	307929	91.24
个体投资	305272	71.86
城镇个体	20044	130.47
农村个体	285228	68.84
其他投资	252852	95.10
在国有及其他投资中		
基本建设	606985	74.30
更新改造	204781	21.37
房地产开发	54804	13.89
其 他	5547	0.85

泰安市在岗职工构成情况

项目	在岗职工年末人数		在岗女职工年末人数	
	人数(人)	占在岗职工比重(%)	人数(人)	占本行业职工比重(%)
总计	470121	100.0	168903	35.9
农、林、牧、渔业	6002	1.3	1527	25.4
采掘业	121548	25.9	33872	27.9
制造业	113352	24.1	50747	44.8
电力、煤气及水的生产和供应业	10758	2.3	3566	33.1
建筑业	20068	4.3	3925	19.6
地质勘查业、水利管理业	3231	0.7	833	25.8
交通运输、仓储及邮电通信业	11262	2.4	3916	34.8
批发和零售贸易、餐饮业	41041	8.7	20085	48.9
金融保险业	8713	1.9	3531	40.5
房地产业	1745	0.4	663	38.0
社会服务业	11559	2.5	5026	43.5
卫生、体育和社会福利业	19505	4.1	10546	54.1
教育、文化艺术及广播电影电视业	65327	13.9	22756	34.8
科学研究和综合技术服务业	2133	0.5	594	27.8
国家机关、政党机关和社会团体	32580	6.9	7044	21.6
其他行业	1297	0.3	272	21.0

对外贸易与经济合作

指标名称	单位	2002年	比上年增长%
出口总额	万美元	22749	29.2
三资企业	万美元	7350	4.7
进口总额	万美元	7415	−28.4
合同外资金额	万美元	12162	183.8
外商直接投资	万美元	11112	173.8
实际利用外资	万美元	7006	74.6
外商直接投资	万美元	4614	79.0
新批外资项目	个	55	266.8
外商直接投资	个	50	233.3
对外承包工程和劳务合作	项	231	111.9
合同金额	万美元	3221	−35.8
完成营业额	万美元	3291	−21.8

泰安市分行业在岗职工人数及工资分配情况

	年末人数(人)	平均人数(人)	工资总额(万元)	平均工资(元)
总　计	470121	466774	432337	9262
国有经济单位	300194	299582	313002	10447
城镇集体经济单位	74941	75380	35040	4648
其他各种经济类型单位	94986	91812	84295	9181
按国民经济行业分				
农、林、牧、渔业	6002	6018	4946	8218
采掘业	121548	116644	134987	11572
制造业	113352	113743	72395	6364
电力、煤气及水的生产和供应业	10758	10682	16074	15048
建筑业	20068	20212	12865	6365
地质勘查业、水利管理业	3231	3260	3323	10192
交通运输、仓储及邮电通信业	11262	11596	12464	10748
批发和零售贸易、餐饮业	41041	42107	17174	4078
金融保险业	8713	8858	10890	12294
房地产业	1745	1708	2231	13063
社会服务业	11559	11440	9271	8104
卫生、体育和社会福利业	19505	19414	23982	12353
教育、文化艺术及广播电影电视业	65327	65210	69894	10718
科学研究和综合技术服务业	2133	2136	2991	14002
国家机关、政党机关和社会团体	32580	32471	37241	11469
其他行业	1297	1275	1607	12604

泰安市教育事业基本情况

项　目	学校数(所)	学生数(人)			教职工数(人)	
		毕业生	招生	在校生	计	专任教师
合　计	1948	234981	244229	882575	66695	52496
普通高校	5	7292	19507	56825	7059	3482
普通中专	7	8120	5280	16321	1196	643
中技	7	7160	5280	15060	1196	643
中师	—	960	—	1261	—	—
成人中专	28	3919	4870	14054	1652	828
技工学校	8	3230	5005	10550	1345	899
职业中专	16	7207	13010	32478	1997	1393
普通中学	248	127864	113460	394960	27836	22239
高中	44	22119	36618	97838	—	5346
初中	204	105745	76842	297122	—	16893
小学	903	77221	42014	294785	22068	20475
特殊教育	7	128	92	860	307	185
幼儿园	726	—	40991	61742	3235	2352

2002年山东省各市主要指标(一)

单位:万元

地 区	总人口(人)	#农业人口(人)	农林牧渔业总产值	社会消费品零售总额	规模工业企业单位数(个)	产品销售收入	利润总额	利税总额
全省总计	90693156	64351892	14208803	31819024	13468	110385253	6218859	11619227
济南市	5750081	2891778	1062650	4464927	1125	9173146	321339	927128
青岛市	7156537	4025200	1110671	4004873	2065	19874515	683990	1494149
淄博市	4120348	2344636	561165	2307838	1125	10273147	367574	904699
枣庄市	3622467	2476611	584061	1052849	563	2699331	126240	341271
东营市	1753957	995476	311050	843518	237	5656757	1269368	1765879
烟台市	6467217	4283860	1158038	3206380	1725	12293486	705874	1173282
潍坊市	8474665	6299348	1647386	3134870	1435	8590545	400635	824108
济宁市	7967668	5899439	1229696	2086549	550	5400554	443359	775848
泰安市	5464133	3788232	835574	1620316	510	3405724	133015	331026
威海市	2476178	1443292	382106	1885965	920	10261297	724450	1049891
日照市	2775179	2079720	402809	749148	233	1399507	49269	108218
莱芜市	1238763	822107	165135	565963	131	1462095	49061	169246
临沂市	10084460	8106664	1332712	2160002	875	4540471	200222	395302
德州市	5436018	4248513	1229128	1527451	862	3836539	298798	523674
聊城市	5613113	4486725	1197785	640790	416	3520084	210928	352398
滨州市	3647886	2837240	680578	630350	385	3504496	182501	342825
菏泽市	8644486	7323051	1384180	943935	310	1298368	36621	103481

2002年山东省各市主要指标(二)

地 区	地方财政收入(万元)	地方财政支出(万元)	出口总额(万美元)	进口总额(万美元)	实际利用外资(万美元)	全部在岗职工平均工资(元)	农民人均纯收入(元)	农民人均年末住房面积(平方米)
全省总计	6102242	8606484	2111511	1282664	586190	11374	—	—
济南市	662511	775046	69510	79755	36283	14171	3355.82	30.62
青岛市	1007193	1243880	1057141	635426	250576	14114	4195.45	26.56
淄博市	331482	398829	74985	57243	20326	12082	3648.34	29.97
枣庄市	135092	209200	14062	4367	4661	9191	3096.56	26.49
东营市	186805	225721	29596	22316	8104	19282	3166.57	25.25
烟台市	452311	648516	256907	190784	120493	12032	3825.86	25.17
潍坊市	382791	526313	128244	56140	25898	9845	3643.43	27.14
济宁市	392691	516412	35657	27733	8840	10838	2973.42	28.01
泰安市	237676	330410	22749	7415	5620	9264	3131.08	26.01
威海市	286470	382813	192182	100346	60104	10230	4401.94	26.77
日照市	103994	147896	67252	25081	5583	9305	3121.48	27.12
莱芜市	63471	82435	16672	8701	2806	11309	3621.73	31.93
临沂市	263125	448166	46811	19860	10179	9101	2602.49	24.58
德州市	193698	312728	24301	9683	10153	7698	2735.12	27.22
聊城市	166562	288924	14039	5439	6004	8972	2494.39	28.35
滨州市	142989	239431	45815	31112	6658	9433	2670.92	26.92
菏泽市	136145	286056	15587	1264	3990	7027	2298.43	22.37

附　录

法　规

泰安市人民政府关于公布第一批取消和变更的市级行政审批事项的决定
（2002 年 3 月 1 日泰安市人民政府发布）

为转变政府职能，提高行政效率，优化发展环境，推动政府工作全面提速，促进我市经济和社会事业的发展，市政府对市级行政审批事项进行了全面清理。第一批清理审查结果已经 2002 年 2 月 27 日第 3 次市政府常务会议研究通过。市政府决定：

一、取消行政审批事项 78 项，下放 2 项，变更 12 项。

二、对取消的行政审批项目，自公布之日起有关审批部门和单位一律停止审批，也不得搞变相审批，否则，一经发现按违纪处理。对变更的项目，凡是移交有关部门审批的，原审批部门停止审批，新确定的审批部门要与原审批部门作好衔接，履行好审批职责；对审批变更为核准或备案的项目，要制定相应的操作程序，按照核准或备案的条件办理。

三、对保留的行政审批项目，各审批部门要强化服务意识，改进审批方式，减少审批环节，简化审批程序，公开审批条件，提高审批效率，建立健全监督制约机制，严禁擅自设立行政审批项目。

附：泰安市第一批取消和变更的行政审批项目目录

泰安市第一批取消和变更的行政审批项目目录

泰安市教育局

取消事项 7 项

县市区“两基”工作达标

县市区级中小学规范化学校评选

市体育传统项目学校、乡镇

县市区属大中专学校师范类毕业生调配派遣方案

教师进修学校学生学籍注册与毕业证书验印

乡镇普及初级中等义务教育达标验收

乡镇扫盲工作达标验收

下放事项 2 项

民办初中、小学设立（下放到县市区教育部门审批）

市直及以上驻泰单位举办幼儿园（下放到区教育部门审批）

由审批变更为备案的事项 1 项

职业中专专业设置调整

由审批变更为核准的事项 1 项

普通高中生休学、复学

核准变更为备案的事项 1 项

普通中小学布局结构调整方案

泰安市司法局

取消事项 8 项

申请参加全国律师考试资格的认定

考试授予律师资格

特邀律师执业证

律师事务所实习人员工作证

法律服务所实习人员工作证

仲裁机构的设立

企业法律顾问执业资格的授予

律师事务所主任任免

由审批变更为备案的事项 1 项

合作制律师事务所律师的进入、退出

泰安市财政局

取消事项 16 项

预算内机关、事业单位、驻泰大中专院校因公出国用汇

固定资产折旧方法、年限及净残值率等财务事项

企业自补流动资金

地方财政资金"拨改贷"转作国家投资

企业提取推销费计入销售费用

企业债权债务的清理、财务分设与合并等资产损失的处理

社会集团购买专控商品

工效挂钩工资清算方案

企业对外提供财产担保

企业费用开支范围和标准

企业清产核资资金核实

企业资产损失
企业清产核资等损失冲销盈余公积金、资本公积金和实收资本
企业兼并过程中资产评估损失、资本金合并
企业坏帐损失
企业盈余公积金、资本公积金转增资本
移交市建设局统一审批的1项
建设工程审价中介机构业务资质

泰安市对外经济贸易局

取消事项7项
设立海外企业(由上级审批)
驻香港劳务管理人员
进出口总体计划
出口收汇计划
外商投资企业在国内设立分支机构
出口收汇核销
外经贸企业及劳动工资

泰安市审计局

取消事项1项
建设项目开工前审计

泰安市统计局

取消事项6项
涉外社会调查活动
统计专业技术人员继续教育
统计岗位证书
固定资产投资项目新开工和竣工统计登记
大中型工业企业规模确认
小康乡镇验收
由审批变更为备案的事项1项
部门统计调查项目

泰安市体育局

取消事项5项
全国体育先进县
体育竞赛管理
后备人才训练基地
市级优秀单项训练基地
教练员上岗许可

泰安市粮食局

取消事项2项
“农转非”供粮凭证
非农业人口粮食供应证

泰安市广播电视局

取消事项1项
自播节目许可
移交市文化局审批的1项
音像制品出租经营许可

泰安市旅游局

取消事项3项
旅游涉外业务定点(旅游餐馆、商店、游乐场所、旅游汽车公司、游船公司)
旅行社经理资格的认证
新建旅游涉外饭店项目
移交市旅游协会管理的2项
旅游定点单位(饭店、餐馆、旅游购物商店、旅游娱乐场所、旅游汽车公司等)的认定
见习导游员资格认定

泰安市中小企业局

取消事项4项
成立企业集团、挂泰安市企业牌子
乡镇企业新建、扩建项目
乡镇企业示范小区
中小企业技术改造

泰安市经济协作办公室

由审批变更备案的事项1项
外地驻泰办事机构设立

泰安市国有资产管理局

取消事项2项
公物拍卖机构指定
营运机构向权属企业收取管理费

市菜篮子工程办公室

取消事项1项
申报“菜篮子工程”定点、鲜活农产品中心批发市场

泰安市质量技术监督局

取消事项6项
重要商品标准化审查
工业企业计量定级、升级认证
防伪技术产品生产资格认证
计量监督员资格认证
质量监督员资格认证
山东省优质产品审定

泰安市老龄工作委员会办公室

取消事项1项
兴办老年经济实体

泰安市电业局

移交市经济贸易委员会审批的事项1项
小火电机组建设项目

泰安市邮政局

取消事项2项
信封生产监制证书
山东省集邮票品经营许可

泰安市台湾工作办公室

取消事项2项
台湾记者来大陆采访
在我市举办海峡两岸学术研讨会

泰安市总工会

取消事项1项
工会兴办企业
由审批改为备案的事项1项
职工技术协会的成立

泰安市盐务局

取消事项2项
食盐和其他用盐运输准运证的颁发
各类盐产品专卖许可

泰安市无线电管理办公室

取消事项1项
泰山、徂徕山设台许可

泰安市人民政府关于公布第二批取消、下放和变更的市级行政审批事项的决定

(2002年7月16日泰安市人民政府发布)

第二批市级行政审批事项清理工作已经结束,经2002年第6次市政府常务会研究决定:

一、取消行政审批事项193项,下放23项,变更26项。

二、自公布之日起,对取消(包括下放)的行政审批事项,有关审批部门和单位要一律停止审批,也不得搞变相审批。对变更的事项,凡是移交有关部门审批的,原审批部门要停止审批,新确定的审批部门要与原审批部门搞好衔接,认真履行好审批职责;对审批变更为核准、审核或备案的事项,要制定相应的操作办法和程序,按照核准、审核或备案的规定办理。

三、对取消、下放和变更的事项,各部门要认真执行,决不允许有令不行、有禁不止。否则,一经发现,严肃追究部门主要负责人及其相关人员的行政责任。

附:泰安市第二批取消、下放和变更的市级行政审批事项目录

泰安市第二批取消、下放和变更的市级行政审批事项目录

泰安市卫生局

取消事项7项

涉及饮用水卫生安全产品生产卫生许可

碘缺乏地区划定

地方区域卫生规划

医院信息系统软件评审

利月新资源生产的食品、食品添加剂的新品种卫生许可

利月新原料生产的食品容器、包装材料和食品用工具、设备的新品种卫生许可

食品用洗涤剂、消毒剂生产经营卫生许可

泰安市公安局

取消事项6项

经营原子印章业治安许可

公民更换出境卡

外国人旅行许可

易燃易爆化学物品消防安全许可

易燃易爆化学物品准运许可

企事业单位经济民警队的建立

下放县市区公安部门审批的事项6项

单位自建内部保安组织

个人饲养观赏犬

市外非农业户口迁入

异地安置退役士兵落户

异地安置大中专毕业生落户

外国人及港、澳、台居民临时住宿登记

变更事项1项

经销计算机信息系统安全专用产品许可(由审批变更为备案)

泰安市计生委

取消事项1项

计划生育药具零售经营许可

泰安市经贸委

取消事项11项

机电产品进口审核(由省以上主管部门审批)

包装企业生产许可

企业集团设立

企业升级

企业使用银行贷款和自有资金投资的技改项目

二轻企业集体资产产权转让

商业网点规划及建设审查

地方煤矿出省煤炭计划

锅炉房等级评定

企业管理示范工程

节能新产品认定

泰安市外办(侨办)

取消事项1项

泰安市泰山华文教育基地命名

变更事项1项

接受华侨捐赠(由审批变更为备案)

泰安市劳动和社会保障局

取消事项13项

农村劳动力务工许可

机关事业单位人员退休

提前退休工种(由省以上主管部门审批)

各类职业培训办班审批

市级职业技能竞赛审批

建设征用占地农民“农转非”

单位再就业培训资金审批

农民轮换工转农民合同制工人

下岗职工基本生活保障资金审批

下岗职工再就业方案

企业内部分配方案

企业职工转正定级

外地技校毕业生来我市就业核准

变更事项1项

技工学校专业设置(由审批变更为备案)

泰安市交通局

取消事项22项

交通水运工程评奖

车辆价格征收车购费费基

车辆配件经营资格认定

浮桥经营企业设立

开设公路平交道口

汽车维护周期

浮桥经营企业停业

车辆购置附加费征费凭证

车辆购置附加费免征

交能科技项目立项

市直交通系统成立公司或局直属企业组建下属单位

局直属企业变更法人代表、注册资金、经营范围等

公路货物运输合同鉴证

交通归口产品生产许可

交通全优工程、优质工程评定

交通工程优秀设计评定

交通企业设备管理四级标准评定

船用产品证书

交通企业管理达标和管理示范企业考核认定

交通企业类型申报、认定

公路建设监理人员资格认定
路政人员资格认定
变更事项 5 项
市内水路运输企业停业(由审批变更为备案)
水路运输服务企业停业(由审批变更为备案)
渡口设置、迁移、撤销(由审批变更为备案)
道路运输业户停业(由审批变更为备案)
汽车维修从业人员岗位资格认定(由审批变更为备案)

泰安市民政局

取消事项 9 项
社团兴办实体
社团超标准收取会费
社会福利企业录用残疾人
社会福利企业改制
农村公益性公墓审批备案
乡镇殡葬服务机构审批备案
社区服务中心设立
社区服务项目的审批
社团收费
变更事项 1 项
在乡特一等伤残军人家属农转非(由审批变更为审核)

泰安市发展计划委

取消事项 10 项
投资许可证
全社会基本建设投资计划指标分解下达
全社会技术改造投资计划指标分解下达
全社会房地产投资计划指标分解下达
全社会其他投资计划指标分解下达
农产品生产计划
一般性商品分配计划
企业集团实行市计划单列
企业规格认定
对技术改造项目进行联合审批(由经贸委一家审批)
下放县市区计划部门审批的事项 1 项
国家鼓励不需要中央、省、市投资项目、农林水利项目、社会事业项目、商贸设施项目的审批
变更事项 1 项
企业在竞争性领域投资 5000 万元以下的建设项目(由审批变更为备案)

泰安市人事局

取消事项 3 项
出国(境)培训项目审批
企业、非财政拨款事业单位专业技术岗位设立审批
外语免试审批
变更事项 3 项
自收自支事业单位工资福利审批(由审批变更为备案)
省内院校大中专毕业生省内就业协议鉴证(由审批变更为备案)
专业技术人员继续教育证书(由审批变更为备案)

泰安市物价局

取消事项 10 项
宾馆、招待所客房和会议室收费
绸缎价格
餐饮价格
私立学校、企业和个人投资办幼儿托儿所收费价格
城区蔬菜零售价格盖章控制
猪肉、鸡蛋零售价格控制
粮油主食品盖章控制
食糖、洗衣粉、肥皂、酱油、牛奶盖章控制
金饰品销售价格
电煤价格

泰安市电信局

取消事项 10 项(由省以上主管部门审批)
无线电寻呼业务
800 兆赫集群电话业务
450 兆赫无线电移动通信业务
国内甚小天线卫星终端通信业务
移动通信终端设备的销售和维修业务
可视图文业务
电话信息服务业务
在线数据库信息服务业务
电子信箱和语言信箱业务
电子数据交换业务

泰安市水利与渔业局

取消事项 7 项
渔用药物、饲料生产许可(由省以上主管部门审批)
进出口水生野生动物及产品(由省以上主管部门审批)
外国人在我省进行水生野生动物科学考察等活动(由省以上主管部门审批)
鱼苗、鱼种、原种、良种的引进(由省以上主管部门审批)
全国"菜篮子工程"定点鲜活水产品批发市场设立(由省以上主管部门审批)
在渔港内兴建设施进行水上、水下施工作业及其他
核发防汛车辆通行证(由公安、交通有关部门依法办理)
变更事项 4 项
入河排污口的设置(由审批变更为审核)
县市区水长期供求计划(由审批变更为备案)
堵填或废除城市原有河道沟叉、贮水湖塘洼地和废除防洪围堤(由审批变更为审核)
防洪工程等项目建设的防洪规划审查(由审批变更为审核)

泰安市林业局

取消事项 5 项
濒危动植物种进出口许可
国有林场苗圃设立、变更、终止
特许猎捕审批
野生植物管理(由省以上主管部门或其授权机构审批)
城市以外古树名木认定
下放县市区林业部门审批事项 5 项
造林验收
进入林区人员证明
生产用火许可
进入林区经营证明
森林公园经营范围的林地的占用、征用或转让
变更事项 4 项
木材加工经营许可(由审批变更为核准)
省重点保护野生动物驯养繁殖许可(由审批变更为审核)
林木种子生产许可(由审批变更为备案)
林木种子经营许可(由审批变更为备案)

泰安市药监局

取消事项 20 项
仿制药品批准文号的审核(由省以上主管部门审批)

新药批准文号的审核(由省以上主管部门审批)
药品包装、标签和说明书的审核(由省以上主管部门审批)
药品生产企业(GMP)认证的审核
药品从业人员健康检查合格证
药品经营企业(GSP)认证的审核
第二类、第三类医疗器械经营企业许可
第二类、第三类医疗器械生产企业许可
核发《药品生产企业合格证》
核发药品批发企业《药品经营企业合格证》
核发药品零售企业《药品经营企业合格证》
外省市药品进泰销售许可
医疗新产品研制计划的初审
药品科技成果鉴定的审核
医疗器械科技成果鉴定的审核
药品产品生产定点许可
医疗器械产品生产定点许可
药品包装用材料、容器生产企业许可
所属企业公司制或股份制改造审批
药品储备许可
变更事项1项
从业药师的资格认定(由审批变更为审核)

泰安市农业局

取消事项6项
无公害农产品证书和标志(由省以上主管部门审批)
无公害农产品初审(由省以上主管部门审批)
主要农作物种子进出口许可
农作物种子广告审查
颁发农作物种子质量合格证
合作经济组织审批

泰安市农机办

取消事项6项
脱粒机、内燃机等农业机械审验操作证
农业机械新产品质量鉴定(由省以上主管部门审批)
农业机械修配厂(点)技术等级认定
农业机械修配行业厂(点)标志牌
换发《农机产品经营技术合格证》
农用柴油指标分配

泰安市畜牧办

取消事项4项
市级家畜配种经营许可
出口畜禽饲养场资格认证
出口饲养场用兽药产品及生产企业认定
出口饲养场用饲料产品及生产企业认定
下放县市区畜牧部门审批的事项1项
动物诊疗许可

泰安市科学技术局

取消事项8项
农业良种产业化开发项目审批
中国专利奖、山东专利奖审批
专利广告审查
促进专利技术产业化示范工程项目审批
山东省企业专利协会会员资格认证
山东省专利明星企业认定
泰安市科技示范乡镇资格认定
市级可持续发展示范单位认定
变更事项3项
民营科技企业设立(由审批变更为审核)
科技类民办非企业单位设立(由审批变更为备案)
市科技进步奖评审(由审批变更为核准)

泰安市档案局

取消事项1项
档案人员岗位资格证书

泰安市文化局

取消事项6项
文化类民办非企业单位登记(由民政部门登记)
印刷内部资料审批
图书、报刊出租许可
演出经济机构设立(由省以上主管部门审批)
涉外演出项目(由省以上主管部门审批)
邀请港、澳、台及外国演员演出(由省以上主管部门审批)
下放县市区文化部门审批的事项5项
电影放映经营许可
音像制品零售、出租许可
专门从事名片印刷经营许可
图书、报刊零售许可
营业性个人演出许可
变更事项1项
网络文化准营(由审批变更为审核)

泰安市工商局

取消事项3项
进口照相机备案
彩电专营许可
外商投资企业成为公司股东或发起人

泰安市人防办

取消事项1项
人防工程防护设备定点生产厂资格

泰安市国家税务局

取消事项9项
电话初装费税前扣除
计算机联网费税前扣除
软件开发费税前扣除
开办费税前扣除
固定资产修理费税前扣除
租入固定资产改良支出税前扣除
租赁费税前扣除
信用社计算机购置费税前扣除
金融保险企业10万元以下装修费税前扣除
下放县市区国税部门审批的事项1项
新办商业企业一般纳税人资格认定

泰安市建设局

取消事项9项
村镇建筑工匠从业资格认定
建设工业产品准用证
房地产开发企业转让土地使用权备案
新建民用建筑防空地下室建设
地下工程专用设备、器材定型、生产许可
外国人私有房屋出租、出借备案
建筑安装工程承包合同备案
非等级施工企业资质审查
城市客运车保修单位资质

泰安市教育局

取消事项2项

全市性的中小学各类竞赛、评奖活动
教育网校、网站设立

泰安市环保局

取消事项3项
丙级污染防治工程设计单位资质认定
建设项目环境保护设施初步(施工)设计审核
建设项目环境影响评价实施方案

下放县市区环保部门审批的4项
建设项目试生产审批
日排废水500吨以下且化学需氧量排放量150公斤以下的排污许可
市控县市区重点污染源污染防治设施闲置或拆除审批
县市区部门立项或企业自主立项及不需要立项的建设项目环境影响报告(造纸、酿造项目除外)审批

泰安市人民政府关于公布保留的市级行政审批事项的决定

(2002年7月21日泰安市人民政府发布)

为加快政府职能的转变,提高行政效率,优化发展环境,建立适应市场经济要求的行政管理机制,推动政府工作全面提速,市政府对市级行政审批事项进行了全面清理。经2002年第6次市政府常务会议研究决定:

一、保留市级行政审批事项621项。其中审批事项197项,核准事项142项,审核事项204项,备案事项78项。

二、有行政审批职能的部门要严格按照公布保留的项目,规范审批行为。对本决定公布保留的审批项目,各部门都要将项目名称、审批条件、审批程序、审批时限向社会公开。要改进审批方式,简化审批环节,提高审批效率。凡是已经取消的项目要立即停止审批;对审批变更为核准、审核或备案的事项,要制定相应的操作办法和程序,按照核准、审核或备案的规定办理。经清理认定为非行政审批事项的,要纳入正常工作,搞好服务,不得搞变相审批。今后,除法律、法规、规章设定的审批项目外,各个部门不得自行设立审批项目,也不得依据规范性文件增设行政审批项目。

三、对保留的市级审批项目实行动态管理。随着市场经济的发展和法律体系的完善,行政审批制度改革将更加深入,市级保留的这些审批项目还要再精减、再压缩。各部门要及时与上级部门对接,凡上级明令取消的项目,要及时取消,停止审批。对依据法律、法规、规章需要增加的审批项目,须向市政府先预备案后,再行使行政审批权。

附:泰安市市级保留的行政审批项目目录

泰安市市级保留的行政审批项目目录

泰安市教育局13项

审批事项3项
特殊教育学校(农村办弱智儿童学校除外)的设置、合并、撤销、变更,社会力量举办中等学校和高等教育自学考试助学机构
职业中专(高中)、成人中专、普通高中招生计划
各类学校在泰发布招生广告

核准事项4项
普通高中、成人中专、中师、职业中专(高中)学生学籍管理
高中教师、中等职业学校教师(含实习指导教师)资格认定
全市校办企业认定
普通高中生休学、复学

审核事项4项
职业中专(高中)、成人中专、普通高中学校的设置、合并、撤销、变更
普通高校驻泰函授教育辅导站设置
市直校办企业设立
市属普通中专招生计划

备案事项2项
普通中小学布局结构调整方案
职业中专(高中)专业设置调整

泰安市国家安全局3项

审核事项3项
因公出国(境)人员安全保密教育
卫星电视地面接收设施技术性能
涉外建设项目国家安全事项

泰安市经协办1项

备案事项1项
外地驻泰办事机构设立

泰安市台办7项

审批事项2项
台属接受台胞捐赠价值2万元～10万元的小型生产工具
台湾人士题词

审核事项5项
赴台从事经贸活动
接受台胞捐赠价值100万元人民币以下的资金和物品
台湾居民参加我市学术、文化社团
发布涉台广告
应邀赴台交流

泰安市司法局14项

核准事项2项
涉外、涉台继承、收养公证
基层法律服务所的设立、变更、注销

审核事项11项
律师事务所及分所的设立、变更、注销、年检
申请参加国家司法考试资格及申领《法律职业资格证书》资格认定
律师执业证申领、注册
法律咨询服务机构的设立、变更、终止
律师资格考核授予
公证员注册
申报办理涉外公证业务资格
基层法律服务所的年检及法律服务工作者执业登记、注册
法律服务所工作者资格授予
司法鉴定机构设立、变更、年检、注销
参加司法鉴定人职业考试资格及申请司法鉴定人执业资格的认定

备案事项1项
合作制律师事务所律师的进入、退出

泰安市旅游局7项

审批事项3项
国内旅行社及其分支机构的设立

三星级以下旅游涉外饭店的评定
旅游饭店从事涉外经营许可
核准事项 1 项
初级和中级导游人员等级考核
审核事项 3 项
导游人员申领导游证
国际旅行社及其分支机构的设立
新建、改建、扩建旅游景区、景点项目

泰安市总工会 3 **项**
审批事项 2 项
基层工会法人资格
职工持股会的设立
备案事项 1 项
职工技术协会的成立

泰安市保密局 5 **项**
审批事项 4 项
向境外组织和个人提供社会调查资料
携运国家秘密文件、资料和其他物品出境
印刷、复印等行业复制国家秘密载体的定点
涉及国家秘密的通信、办公自动化和计算机信息系统的投入使用
核准事项 1 项
涉嫌涉及国家秘密事项密级鉴定

泰安市盐务局 1 **项**
审批事项 1 项
两区食盐零售许可

泰安市质量技术监督局 29 **项**
审批事项 3 项
锅炉、压力容器安装、修理、改造单位资格
压力管道安装许可
锅炉、压力容器焊工考试委员会资格
核准事项 9 项
制造、修理计量器具
计量检定机构授权
锅炉、压力容器安装、修理、改造方案
锅炉、压力容器、电梯、防爆电器等特种设备作业人员资格
锅炉、压力容器安装、修理、改造竣工验收
锅炉、压力容器、电梯、防爆电器等特种设备安装、修理、改造竣工验收
医用氧舱安装、修理、改造竣工验收
公用压力管道竣工验收
计量检定员资格
审核事项 10 项
锅炉化学清洗资格认定
压力容器(BR 及 DR5 级)制造许可
气瓶充装单位注册登记
锅炉、压力容器、电梯、防爆电器等特种设备制造、安装、维修、改造单位资格认定
锅炉、压力容器焊工、司炉工、水处理操作人员、无损检测人员资格认定
锅炉、压力容器、压力管道、气瓶、特种设备检验单位资格认定
组织机构代码登记
商品条码印刷企业资格认定
工业产品临时生产许可
计量标准考核认定
备案事项 7 项
锅炉、压力容器、电梯、防爆电器等特种设备安装、大修、改造方案
锅炉、压力容器、电梯、防爆电器等特种设备使用
医用氧舱安装
压力管道元件制造安全注册
销售计量器具
企业产品执行标准
企业产品标准

泰安市安全监督管理局 11 **项**
审批事项 2 项
建设项目劳动安全卫生设施"三同时"
特种劳动防护用品生产经营许可
核准事项 8 项
危险化学品登记注册
集体矿山企业和个体采矿单位安全生产资格
锅炉、压力容器、电梯等以外的特种作业人员资格
锅炉、压力容器、电梯等以外的特种作业人员培训单位资格
矿长安全资格
锅炉、压力容器、电梯、防爆电器等特种设备以外的制造、安装、修理、使用的安全资格
矿山承包工程施工单位安全资格
伤亡事故调查处理报告
备案事项 1 项
爆炸危险场所等级划分

泰安市地税局 7 **项**
审批事项 2 项
纳税人申请减税、免税和延期缴纳税款及其他相关税
总机构向分支机构提取管理费
核准事项 3 项
纳税人税务登记、变更、注销
确定纳税人申报、纳税方式及纳税期限
个体工商户固定资产因特殊原因缩短折旧年限
审核事项 1 项
外国企业和外籍个人转让营业税减免
备案事项 1 项
纳税人的财务、会计处理办法和会计核算软件

泰安市无线电管理办公室 4 **项**
审批事项 1 项
无线电台(站)设置、使用和无线电频率指配
备案事项 3 项
船舶、机车和航空器上设置制式无线电台(站)
指配电台呼号
生产无线电发射设备

泰安市财政局 19 **项**
审批事项 7 项
会计人员继继教育初级培训点设立
会计电算化初级培训点和考点设立
预算收入退库
行政事业单位开设银行帐户
彩票发行额度和销售方案
计算机替代手工记帐
境外(国有或国家控股)企业终止清算、投资无法收回偿付的坏帐审批

核准事项 5 项
会计从业资格认定
国有资本保值增值结果确认
预算单位清产核资资金核实
地方金融企业费用指标计划批复
特殊行业的年度会计报表
审核事项 3 项
地方金融企业呆帐贷款核销
行政事业性收费项目审核
罚(没)款许可证审核、发放
备案事项 4 项
国有企业内部财务管理办法
企业实施兼并向政府主管部门提出的报告
外商投资企业财政登记
地方金融机构财政登记
泰安市对外经济贸易局 8 项
审批事项 3 项
3000 万美元以下鼓励类、允许类外商投资企业、台港澳侨投资企业设立及合同、章程
外国企业及港澳台地区企业常驻代表机构设立
加工贸易业务
核准事项 2 项
外商投资的产品出口企业和先进技术企业
生产企业进出口经营资格
审核事项 3 项
外商投资企业办理进口设备
进出口商品配额认定
设立境外贸易公司和代表处
泰安市老龄工作委员会办公室 1 项
核准事项 1 项
核发老年人优待证
泰安市残疾人联合会 1 项
核准事项 1 项
核发残疾人证
泰安市经济体制改革办公室 1 项
审核事项 1 项
股份有限公司设立
泰安市邮政局 1 项
审核事项 1 项
快件寄递许可
泰安市统计局 4 项
审批事项 1 项
跨部门统计调查项目
核准事项 2 项
统计管理登记
统计资料公布
备案事项 1 项
部门统计调查项目
泰安市国有资产管理局 16 项
审批事项 5 项
企业国有资产无偿划转
国有资产评估立项
国有资产产权界定
国有资产产权纠纷裁定
国有资产处置
核准事项 2 项
国有资产产权登记
国有资产评估结果确认
审核事项 3 项
营运机构重大资产财务决策事项
营运机构章程
股份公司国有股权变动
备案事项 6 项
项目投资国有资本 1000 万元以下的
营运机构权属企业年度改革计划、方式、目标
营运机构权属企业重大经济行为
营运机构经营情况
营运机构董事会工作情况
国有资产重大损失
泰安市民族与宗教事务局 9 项
审批事项 4 项
宗教活动场所的设立及年检
宗教性培训许可
申请变更民族成份
本市范围内组织跨县、市、区行政区域的宗教活动
核准事项 1 项
在宗教活动场所从事建设、经营等活动
审核事项 2 项
新建、重建、拆除、迁移寺观教堂
成立宗教团体
备案事项 2 项
宗教教职人员身份认定和解除
宗教房地产权属
泰安市广播电视局 2 项
审核事项 2 项
单位设置境内、境外卫星接收站
个人设置境内卫星接收站
泰安市体育局 11 项
审批事项 3 项
体育经营活动
市级体育传统项目学校
社会力量举办少儿体育学校
核准事项 6 项
体育专业技术人员经营资格
体育经纪人资格
二级运动员资格
二段、三段武士资格
二级裁判员资格
二级社会体育指导员资格
审核事项 2 项
成立体育社会团体、体育协会
设立体育类民办非企业单位
泰安市地震办公室 1 项
核准事项 1 项
重大及一般新建建设工程的抗震设防要求
泰安市粮食局 2 项
审核事项 2 项
粮食收购、批发经营
粮食加工企业粮食收购资格认定
泰安市环保局 6 项
审批事项 5 项
排污许可

建设项目竣工验收
市管建设项目环境影响报告
污染防治设施闲置或拆除
危险废物经营许可
审核事项 1 项
废物进口

泰安市规划局 8 项

审批事项 7 项
建设项目选址
建设用地规划许可
建设工程规划许可
临时建设用地规划许可
临时建设工程规划许可
设置城市雕塑、建筑小品和大型广告牌等规划许可
编制城市非重要详细规划
审核事项 1 项
丙、丁级城市规划设计单位资格认定

泰安市烟草专卖局 1 项

审批事项 1 项
烟草专卖零售许可

泰安市农业综合开发办公室 2 项

审核事项 2 项
申报利用世界银行贷款灌溉农业项目立项
申报农业综合开发项目

泰安市气象局 5 项

核准事项 2 项
广播、电视改变气象预报播出时间
建设工程防雷设计
审核事项 3 项
建筑物防雷装置的检测、设计、变更及验收
施放氢气球技术资格认定
施放氢气球上岗资格认定

人行泰安市中心支行 4 项

审批事项 2 项
金融机构的设立、变更和终止
境内机构、个人等涉及外汇的事项
核准事项 2 项
单位存款户开立或撤销
贷款卡的发放、变更和停用

泰安市国土资源局 12 项

审批事项 6 项
储量规模小型矿产资源开采许可
临时用地
企业改制土地使用权处置方案
地质灾害治理方案
采矿权使用费减免
建设用地预审
核准事项 1 项
土地他项权利登记
审核事项 4 项
土地权属登记
土地开发、复垦验收
土地征用、农用地转用
土地使用权转让、出租、抵押
备案事项 1 项
土地估价结果

泰安市卫生局 22 项

审批事项 8 项
食品生产经营、公共场所、集中式供水单位、二次供水设施清洗消毒单位卫生许可
预防性健康检查医疗卫生机构资格
单位自备水源与城镇集中式供水系统连接卫生许可
区域性中小学卫生保健机构的设立
用人单位拆除或停止使用职业卫生防护设施
从事放射性来料加工卫生许可
医疗机构的设置、登记、检验
从事婚前医学检查的医疗、保健机构和人员许可
核准事项 7 项
特定行业(从事食品、饮用水、消毒产品、化妆品、公共场所、有害作业、放射工作、易使传染病扩散)工作人员办理健康合格证
用人单位自行检测职业危害因素资格
托运、承运和自行运输放射性同位素或装过放射性同位素的空容器
医师、护士执业注册
结核病定点治疗机构
眼镜验光人员资格
医疗机构等级评审
审核事项 3 项
新建、改建、扩建等建设项目(食品生产经营、公共场所、供水单位、涉及有害作业、校舍、放射工作场所)的选址、设计和竣工验收
单位发布食品广告
从事医疗用品、卫生用品、消毒药剂、消毒器械、化妆品生产经营
备案事项 4 项
集中式供水单位水质检验结果
用人单位职业危害因素检测结果报告
从事销售放射性消费品
从事放射性同位素的订购、销售、转让、调拨和借用

泰安市公安局 58 项

审批事项 19 项
剧毒化学品购买运输许可
颁发《运钞车安全防护合格证》
公共场所开办、变更、注销治安许可(限火车站广场范围内)
开办旅馆业治安许可(限火车站广场范围内)
民间举办的或营业性的大型经贸、文化、体育等涉及公共安全活动的治安许可(限火车站广场范围内)
开办、变更旧货业治安许可
开办拍卖业治安许可
公共安全技术防范产品生产、销售许可及技术防范工程的设计、施工许可
民用爆炸物品生产、储存、运输、销售、购买、使用许可
在生产爆破器材工厂外设置试验场地许可
省内枪支运输许可
跨县、市、区举行集会、游行、示威许可
农转非户口迁移
军官家属子女随军户口迁移
公民因私出境、因私往来香港、澳门地区和台湾地区(限定居、探亲、处理婚丧事宜)(含公民出境前护照延期、变更、加注、换发、补发,往来港、澳、台通行证补发)

申领学习驾驶证、申领机动车驾驶证
机动车申领移动证、临时号牌、试车号牌
特殊车辆安装警报器、标志灯具许可
市内机动车通行许可
核准事项 27 项
建筑工程(包括内装修)消防的设计、变更及竣工验收
公共聚集场所开业和举办具有火灾危险的大型集会、烟火晚会、灯会等群众性活动消防检查
易燃易爆等特种岗位人员及企业专(兼)职消防人员资格
金融机构新建和改建营业场所、金库的安全防范设施的建设及工程竣工验收
单位内部使用和境外在华办事机构自用多色复印机
爆破作业人员资格
大型爆破作业和特殊地区控制爆破作业
猎枪、麻醉注射枪的配购、持有
从事工程爆破设计施工企业安全资质
保安服务公司的法定代表人、管理人员、保安员资格
中华人民共和国边境管理区通行证的签发
台湾居民停留延期、多次有效签注
外国人签证、证件的延期或变更
外国人、外国机构设立住所或办公住所
机动车驾驶证审验、换证、补证、注销
机动车驾驶员的变更、转籍
机动车牌证补换
机动车登记(包括注册、过户、转出、转入、变更、抵押、停驶、复驶、临时入境、注销)
机动车延缓报废
机动车定期检验、缓检、异地检验、临时检验、特殊检验
货运机动车载人
机动车载运危险物品和载运超过规定体积不可解体的物品通行
公共汽车、电车、长途汽车的行驶路线和站点
宣传车上路行驶
占用、挖掘道路
停车场的设计、验收、改变使用性质及临时停车场的设立
邮政车通行
审核事项 8 项
开办互联网上网服务的营业场所
专用运钞车的购置
开办报废汽车回收(拆解)企业治安许可
开办出版印刷、包装装潢印刷品印刷及多色复印业企业治安许可
开办典当业治安许可
台湾居民来我市定居
台湾居民往来大陆一次有效出境通行
因私出入境中介机构的设立
备案事项 4 项
单位和个人使用计算机信息系统进行国际联网
机关、团体、企事业单位保卫组织的设立、变更、撤销及负责人的任免
销毁变质和过期失效爆破器材
经销计算机信息系统安全专用产品

泰安市人口与计划生育委员会 4 项

审批事项 2 项
计划生育技术服务机构的设立及服务项目
计划生育技术服务人员资格
备案事项 2 项
节育新技术推广应用
计划生育宣传品

泰安市经贸委 25 项

审批事项 7 项
关闭煤矿、报废矿井
资源综合利用工程方案
经营回收和加工生产性废旧金属单位许可
新增、更新、改造锅炉等大型用能设备
用能设备操作人员资格
危险化学品经营许可
小火电机组建设项目
核准事项 1 项
资源综合利用产品、项目
审核事项 16 项
山东省技术创新项目计划
山东省技术开发中心设立
铁路专用线共用
铁路道口监护方案
新建、改建、扩建加油站
典当行经营
电工进网作业资格认定
承装(修、试)电力设施资质认定
国有企业改制方案
固定资产投资工程项目节能审查
民用爆破器材经营企业资质认定
市辖区设立生猪定点屠宰厂(场)
设立拍卖企业
设立旧机动车交易企业
设立煤炭经营企业
煤矿企业土地复垦实施方案
备案事项 1 项
重点用能单位聘任能源管理人员

泰安市外办(侨办) 8 项

核准事项 1 项
三侨考生高考身份证明
审核事项 6 项
授予泰安市荣誉市民
早期归侨退休补助
邀请外国人(记者除外)来访
设立华文教育基地
因公出国赴港澳台事项
建立对外友好关系
备案事项 1 项
接受华侨捐赠

泰安市劳动和社会保障局 24 项

审批事项 5 项
政策性安置人员劳动关系调配与特殊人员政策性招工“农转非”
设立职业技能培训机构
设立职业技能鉴定机构
单位招用农村劳动力
企业工资总额
核准事项 10 项

设立劳动职业介绍机构
企业不定时工作制和综合计算工时工作制
职业资格证书核发
集体劳动合同审查
企业职工提前退休和市统筹企业职工退休
企业职工工伤认定
基本医疗保险定点医疗机构及定点零售药店
失业人员登记
劳动就业服务企业设立
单位和个人招工广告
审核事项 7 项
招收文艺、体育及其他特种工艺人员
外国人、港澳台人员内地就业
国有企业经营者年薪
职业培训招生广告
技工学校的设置、调整和撤并
发放工人技师、高级技师证书
技工学校农转非招生计划
备案事项 2 项
劳动合同鉴证
技工学校专业设置

泰安市交通局 33 项

审批事项 10 项
道路运输许可
客运线路许可
特种货物运输
内河船员适任资格
船舶检验
船舶签证
超限运输车辆在公路上行驶
挖掘、占用公路及公路用地、公路附属设施
在公路用地范围内设立非公路标志、标牌
公路建筑控制区内修建建筑物、地面构筑物以及埋设管线、电缆等设施
核准事项 3 项
道路旅客运输企业资质
核发车辆道路运输证
车辆维修企业经营资格
审核事项 15 项
高速公路客运资格
外商投资运输业
设立汽车综合性能检测机构
开办机动车驾驶员培训学校
营运驾驶员从业资格
设立水路运输企业
设立浮桥
港口码头使用岸线
船舶登记
公路收费站和稽查站的设置与调整
交通工程建设从业单位资质登记
跨越、穿越公路修建桥梁、渡漕或者架设、埋设管线等设施，以及在公路用地范围内架设埋设管线、电缆等设施
铁轮车、履带车和其他损害公路路面的机械在公路上行使
公路行道树砍伐
公路、水路工程监理机构资质和监理工程师资格认定
备案事项 5 项
市内水路运输企业停业
水路运输服务企业停业
渡口设置、迁移、撤销
道路运输业户停业
汽车维修从业人员岗位资格

泰安市民政局 18 项

审批事项 3 项
社团登记
民办非企业单位登记
在乡复员军人身份认定
核准事项 7 项
设立社会福利机构
市直特殊困难救助人员
革命伤残人员伤残鉴定
社会福利企业资格
社会福利企业年检
涉华侨、澳、港、台及出国人员婚姻登记
涉港澳台华侨人员收养子女登记
审核事项 5 项
伤残军人配制假肢、三轮车等辅助器械
授予革命烈士
农村籍退伍义务兵农转非
设立经营性公墓企业
在乡特一等伤残军人家属农转非
备案事项 3 项
社团印章、银行帐户
民办非企业单位印章、银行帐户
城市居民享受最低生活保障待遇人员

泰安市发展计划委 11 项

审批事项 2 项
权限内固定资产投资立项和投资计划
废金属准运许可
核准事项 1 项
工程建设项目招标
审核事项 7 项
压煤搬迁协议
粮食加工企业收购粮食资格认定
棉花收购与加工企业资格认定
企业发行债券
国外贷款项目
进口设备免税项目确认
符合条件的境外非贸易性投资项目
备案事项 1 项
企业在竞争性领域投资 5000 万元以下的建设项目

泰安市人事局 14 项

审批事项 3 项
人才招聘广告
举办人才交流会
设立人才中介机构
核准事项 4 项
事业单位登记
专业技术人员及党政管理干部家属“农转非”
机关事业单位工作人员工伤认定
机关事业单位工作人员伤残等级鉴定

审核事项 1 项
引进国外智力项目
备案事项 6 项
组建技术职称评审委员会
企业聘用干部
专业技术人员和管理人员聘用合同鉴证
自收自支事业单位工资福利发放
省内院校大中专毕业生省内就业协议鉴证
专业技术人员继续教育

泰安市物价局 5 **项**
审批事项 1 项
省授权范围内商品与服务价格
核准事项 2 项
行政事业性收费年检
收费员资格认定
审核事项 2 项
行政事业性收费许可
省以上管理的商品与服务价格

泰安市水利与渔业局 25 **项**
审批事项 13 项
水土保持方案
林区采伐林木方案中水土保持措施
渔业捕捞许可
水产苗种生产许可
取水许可
中小型水利工程项目建设
河道管理范围内采砂、取土、淘金、建设等活动许可
河道管理范围内开垦荒地许可
利用河道堤顶或戗台兼作公路许可
在洪泛区、蓄滞洪区内建设非防洪建设项目的洪水影响评价报告
兴建小(一)型水库
乙级水利凿井队技术资质
河道、湖泊管理范围内工程项目建设
审核事项 8 项
国有水面渔业养殖
国家二级保护水生野生动物的捕捉、驯养繁殖、经营或利用
国家重点保护水生野生动物或产品的运输、携带
大型、重点中型及跨地市水利工程项目建设
河道护堤护岸林木的采伐
入河排污口的设置
堵填或废除城市原有河道沟叉，贮水湖塘洼地和废除防洪围堤
防洪工程等项目建设的防洪规划审查
备案事项 4 项
水土保持规划
县市区内河道、区域、城市防洪规划
县市区水长期供求计划
丁级、丙级水利凿井队技术资质

泰安市林业局 14 **项**
审批事项 7 项
林木采伐许可
木材运输许可
征占用林地
沙化土地的治理方案
调运植物及产品检疫
国家和省非重点保护的陆生野生动物经营利用和准运许可
市级森林公园设立、撤销、变更
核准事项 1 项
木材加工经营
审核事项 4 项
林权登记
地方自然保护区设立
申报林业科技进步奖项目
省重点保护野生动物驯养繁殖
备案事项 2 项
林木种子生产
林木种子经营

泰安市药监局 20 **项**
审批事项 10 项
药品零售企业药品经营许可
麻醉药品购用印鉴卡的核发
精神药品(第一类)购用卡的核发
第二类精神药品经营许可
罂粟壳定点经营单位许可
普通商业企业开办药品乙类非处方药零售许可
医疗用毒性药品收购、经营、配方单位定点许可
第一类医疗器械注册许可
对药品研制、生产、经营、使用单位从业人员的资格认定
第一类医疗器械生产企业、经营企业许可
审核事项 9 项
药品批发企业药品经营
药品生产企业药品生产
医疗机构配制制剂
开办药品包装材料和容器企业及产品注册
药品广告
放射性药品使用
放射性药品生产、经营
执业药师的注册
从业药师的资格认定
备案事项 1 项
一次性使用无菌医疗器械生产企业销售人员

泰安市农业局 6 **项**
审批事项 1 项
农作物种子生产经营许可
核准事项 1 项
农作物植物检疫
审核事项 4 项
农药经营
发布农药广告
大型农村能源工程技术方案
农业建设项目环境影响预审

泰安市农机办 4 **项**
审核事项 4 项
农用拖拉机行驶证
农用拖拉机号牌
农用拖拉机驾驶证
农机特有工种职业技能鉴定

泰安市畜牧办 10 **项**
审批事项 3 项

兽药经营许可
种畜禽生产经营许可
饲料、饲料添加剂经营企业设立
核准事项 1 项
动物及产品检疫
审核事项 6 项
兽药生产许可
动物检疫员资格认定
动物防疫员资格认定
地方种畜禽场建场
饲料生产企业审查登记
种畜禽广告
泰安市科学技术局 11 项
审批事项 2 项
保密范围内科技项目密级认定
设立技术贸易机构
核准事项 1 项
市科技进步奖评审
审核事项 6 项
国家重点高新技术企业和省、市级高新技术企业认定
科技型中小企业创新基金项目
国家、省级科技进步奖参评项目
国家、省火炬计划项目
国家、省科技攻关计划项目
民营科技企业设立
备案事项 2 项
科技成果登记
科技类民办非企业单位设立
泰安市档案局 1 项
审核事项 1 项
档案工作规范化
泰安市文化局 10 项
审批事项 3 项
文化经营许可
电子出版物零售、出租经营许可
单位营业性演出许可
核准事项 1 项
原已设立的音像制品放映经营单位登记
审核事项 5 项
印刷经营
图书、报刊批发
出版物、包装装潢印刷品和其他印刷品印刷经营
国家定点印刷厂设立
网络文化经营
备案事项 1 项
单位内部设立印刷厂
泰安市工商局 16 项
审批事项 1 项
广告经营许可
核准事项 11 项
企业名称预先核准
公司、非公司法人单位、合伙企业、个人独资企业、个体工商户、私营企业登记
企业集团登记
外商投资企业办事机构登记
企业筹建许可证的颁发
营业执照年度检验及个体工商户验照
商品交易市场、商品展销会登记
经纪人资格认定
印制商标单位资格认定
新旧机动车交易验证
抵押登记
备案事项 4 项
户外广告、印刷品广告登记
印刷品广告发布登记
拍卖活动备案
合同鉴证
泰安市人防办 4 项
审批事项 2 项
开发、利用人民防空工程和设施
人民防空警报设施拆除
审核事项 2 项
城市新建民用建筑建设防空地下室
拆除人防工程
泰安市国家税务局 19 项
审批事项 7 项
限额以下资源综合利用建材产品减免增值税
出口货物多缴增值税款退库
市管理的外商投资企业和外国企业税前扣除项目
限额以下内资企业所得税减免(含技改抵免额度审批)
限额以下内资企业所得税税前扣除项目
出口货物退(免)税
出口退税税务登记
核准事项 2 项
外商投资企业税务年检
新办或改制社会福利企业享受税收优惠政策资格认定
审核事项 9 项
延期缴纳税款
衔头发票印制
金银首饰消费税纳税人认定登记
饲料产品、限额以上的资源综合利用建材产品减免增值税
外商投资企业减免企业所得税
省以上管理的外商投资企业和外国企业税前扣除项目
限额以上内资企业所得税减免(含技改抵免项目确认)
限额以上内资企业所得税税前扣除项目
备案事项 2 项
外国企业减免所得税(预提税)
加工贸易备案登记
泰安市建设局 29 项
审批事项 18 项
建设工程初步设计、施工图审查
房地产开发经营许可
工程造价咨询单位(建设工程审价中介机构)资质
依附于城市道路建设多种管线、杆线等设施建设
在城市规划区自建专用道路、管线与城市道路、管线连接
城市房屋拆迁许可
二级拆迁单位资质
建筑业新技术应用示范工程
占用绿化用地或绿地
砍伐、移植树木(十棵以上五十棵以下)、修剪树木、迁移

古树名木

城市雕塑建设

建筑工程施工许可

城市客运交通营运

挖掘城市道路

城市供水企业资质、燃气燃烧器具安装维修企业资质

城市排水许可

三级和三级以下城市园林绿化企业资质、城市环境卫生企业资质

施工企业工程取费许可

审核事项 9 项

工程勘察、设计单位资质

新型墙材、建筑节能技术产品应用认定

建设项目附属绿化工程设计方案

房地产开发企业资质

建筑业企业资质

建筑起重机械拆装资质

工程监理企业资质

房屋拆迁工作人员资格认定

城市燃气具准销

备案事项 2 项

跨市(地)承包勘察设计项目

房屋建筑工程、市政基础设施工程竣工验收

泰安市房产管理局 10 项

审批事项 2 项

商品房预售许可

经济适用房购买

城市廉租房承租

核准事项 6 项

城市房屋登记确权

城市房屋产权转让、抵押

设立房产中介服务机构

城市房屋安全鉴定

物业管理企业资质

城市房屋修缮企业资质

备案事项 1 项

城市房屋租赁

文　件

泰安市人民政府关于进一步深化政务公开工作的实施意见

(2002 年 1 月 9 日泰安市人民政府印发)

各县、市、区人民政府，市政府各部门，省属以上驻泰各有关单位：

为进一步深化政务公开工作，加强和改进政府机关的工作作风，树立政府机关的良好形象，密切政府同人民群众的联系，促进改革、发展和稳定，根据《山东省人民政府关于进一步深化政务公开工作的意见》的要求，现就全市各级政府机关进一步深化政务公开工作提出如下实施意见。

一、政务公开的指导思想

政务公开要以邓小平理论、党的十五届六中全会精神和江泽民同志“三个代表”重要思想为指导，围绕加强社会主义民主政治建设和依法行政，本着依法公开、注重实效、有利监督的原则，以公正便民、廉洁高效为基本要求，规范政府职责，增强工作透明度，加强对行政权力的监督制约，进一步密切党群干群关系，促进全市的改革开放、经济发展和社会稳定。

二、政务公开的范围

全市各级政府机关都要实行政务公开。具体范围包括：市政府及其工作部门；各县(市、区)人民政府及其工作部门；各乡镇(办事处)政府及基层站、所；省属以上驻泰各部门和具有行政管理职能的事业单位；法律、法规授权的组织；各级政府机关派出、委托的组织；各级各类公益性事业单位等。

三、政务公开的内容

政务公开应在不涉及党和国家秘密的前提下，最大限度地向社会公开。

(一)市政府政务公开的内容

1、市政府确定的经济建设和社会发展的重要事项；

2、关系全市改革、发展和稳定的重大决策事项；

3、优化经济发展环境的事项；

4、需要市政府办理的审批事项；

5、大宗商品的政府采购及重点建设工程项目招投标等事项；

6、对一定时期内社会关注、群众关心或反映比较强烈的社会热点、难点问题，市政府提出的解决办法及制定的标准、程序等事项；

7、市政府确定的需要公开的其他事项。

(二)市政府各工作部门政务公开的内容

1、本部门的职能、职责和权限；

2、领导干部分工、主要职责和廉洁自律情况；

3、部门年度工作计划、目标，各项工作措施、方案和具有指导意义的重大决策及决策过程等事项；

4、部门工作制度、工作纪律、办事依据、办事程序、办事时限、办事标准和办事结果等事项；

5、部门财务收支情况以及收费(罚款)项目的收缴、管理和使用情况，上级部门下拨的各专项经费的分配、使用情况；

6、干部群众关心的其他重要事项。

(三)各县(市、区)人民政府政务公开的内容

1、县(市、区)经济和社会发展计划的制定及运行情况、年度工作目标完成情况、重大事项进展情况和财政收支情况等；

2、领导干部分工、主要职责和廉洁自律情况；

3、重大政策性调整、国有资产出售、政府采购、工程建设项目招投标及投资使用情况；

4、干部任免、公务员录用、复员军人和军转干部的安排使用、住房分配、职称评定、招生和毕业生就业、青年入伍、救济(救灾)款物的发放、社会保障资金管理使用情况等事项；

5、需要由各县(市、区)人民政府审批的事项；

6、其他需要公开的事项，如公益事业建设、土地征用等涉及群众切身利益的重大事项。

(四)各县(市、区)政府工作部门政务公开的内容

1、部门的职能、职责和法定权限；

2、领导干部的分工、职责和廉洁自律情况；

3、部门的年度工作计划、目标及各项工作措施、实施方案和情况进展等事项；

4、由部门行使的各项行政审批、财政资金的管理和使用、各项收费和罚没款的收缴等事项；

5、部门的各项工作制度、纪律，办事的程序、标准、依据和结果等事项；

6、“收支两条线”落实情况、经费来源、支出等事项；

7、部门干部群众关心的其他重要事项。

（五）乡镇（办事处）政府及基层站、所政务公开的内容

1、乡镇（办事处）需要公开的事项：(1)乡镇（办事处）的年度工作目标、中长期发展规划、重大项目投资、各项改革措施和方案；(2)领导干部的分工职责及廉洁自律情况；(3)年度财政预决算及执行情况；(4)上级政府或部门下拨的专项经费及使用情况；(5)债权债务情况；(6)五项统筹、农村各项税费的收缴、管理使用情况；(7)乡镇（办事处）集体企业及其他经济实体承包、租赁、拍卖等情况；(8)工程项目招投标和办公用品的采购情况；(9)乡镇（办事处）所属部门及企业负责人的人事任免情况；(10)经费开支情况；(11)社会公益事业建设情况；(12)优抚、抚恤、救济、救灾等款物的拨付、发放情况；(13)预算外资金和基金的征收政策、标准、依据等情况；(14)征用土地补偿、安置补助费的发放情况；(15)由乡镇（办事处）代管资金的收支情况；(16)群众关心的其他重要事项。

2、乡镇（办事处）基层站、所政务公开的内容：(1)工作职责、办事程序、办事依据、办事期限、办事纪律和办事结果；(2)执收执罚的收费、罚款标准和收缴情况；(3)上级主管部门明确要求必须公开的其他事项。

（六）省属以上驻泰各部门和具有行政管理职能的事业单位，法律、法规授权的组织，各级政府机关派出、委托的组织，各级各类公益性事业等单位，也要根据自己的工作性质及任务，向社会公开办事制度或服务承诺等事项。

以上内容是政务公开的基本内容。各级政府机关政务公开的具体内容应结合自身实际，在公开以上内容的同时，根据各级政府、各部门各单位的工作性质、特点以及群众关心的程度，在不涉及党和国家秘密的情况下研究确定。

四、政务公开的形式

政务公开工作要本着简便易行、方便群众和有利于监督的原则，注重实效，采取因地制宜、灵活多样的形式，根据不同政务的内容、性质、要求、对象等，采取多种形式和层次予以公开。

一是设立固定的政务公开栏，定期或随时公开；二是设立专线咨询电话、咨询服务台，与群众直接对话或面对面交流；三是印发文件资料，制作《政务公开指南》或便民卡片等，以方便基层单位和人民群众查询；四是利用报刊、广播、电视等新闻媒体，开辟政务公开专栏或专题论坛等；五是设立政务公开大厅，实行集中办公，实施“一个窗口”对外、“一个大厅”办理和“一条龙”服务；六是政府上网，实现政府与基层和群众的网上沟通；七是有条件的单位可采用触屏式电脑查询系统、声讯电话等现代化手段的形式实行政务公开。

乡镇（办事处）政府及其基层站、所政务公开的形式，主要是设立公开栏。各县（市、区）政府及其工作部门，主要是建立便民服务政务大厅，实行敞开式办公，在重要位置设置公开栏，公布举报投诉电话，重要事项通过新闻媒体公开等。市政府及其工作部门，主要通过会议、文件、公告及新闻媒体公开，重要事项设立公开栏，建立政务公开大厅，建设网上工程等实行公开。省属驻泰各部门具有行政管理职能的事业单位，法律、法规授权的组织，各级政府机关派出、委托的组织，各级各类公益性事业等单位，政务公开的形式要采取以公开栏为主、其它形式为补充的方式实行政务公开。

政务公开的时间，各级各部门可以结合本地、本单位实际，实行每月、每季或每半年公开一次；阶段性工作分段公布，临时性工作随时公布。实行网上公开的部门或单位，对有关内容必须及时更新网页，以方便群众查询。

五、总体安排和要求

全市的政务公开工作在市委、市政府的统一领导下进行。为切实加强对这项工作的领导，成立泰安市政务公开工作领导小组。由市长任组长，常务副市长任副组长，有关部门的主要领导为成员（与行政审批制度改革领导小组人员相同）；领导小组下设办公室，办公室设在市监察局，工作人员分别从市政府办公室、市监察局、市人事局、市民政局、市财政局、市农业局、市直机关工委抽调，具体负责全市政务公开工作的组织协调。各县市区、市政府部门和其它部门也要成立相应的组织领导机构，提高对深化政务公开工作重要性的认识，切实把政务公开工作列入重要议事日程，结合本地、本单位的实际，制定切实可行的实施方案，认真负责地抓好工作的落实。要坚持试点先行，在不断总结政务公开工作经验的基础上，逐步完善提高。2002年6月底前，争取有一个县（市、区）建立起政务公开大厅；2002年12月底，争取有3个县（市、区）建立起政务公开大厅，年内使全市政务公开工作走上规范化、法制化轨道。

泰安市城市居民最低生活保障实施细则

（2002年7月2日泰安市人民政府印发）

第一条　为了加强对城市居民最低生活保障工作的管理，保障城市困难居民的基本生活，根据国务院《城市居民最低生活保障条例》和《山东省实施〈城市居民最低生活保障条例〉办法》，结合我市实际，制定本实施细则。

第二条　本实施细则适用于泰山区、岱岳区行政区域。凡持有常住非农业户口的城镇居民，且共同生活的家庭成员月人均收入低于城市居民最低生活保障标准的，均可申请享受城市居民最低生活保障待遇。

非农业户口和农业户口混合的家庭，月人均收入低于城市居民最低生活保障标准的，系非农业户口的家庭成员可享受城市居民最低生活保障待遇。

第三条　市民政部门负责城市居民最低生活保障工作的综合协调和监督管理，确保城市居民最低生活保障政策的贯彻落实；市财政部门负责城市居民最低生活保障资金的筹集和管理，确保资金按时足额划拨到位。

区民政部门负责本辖区最低生活保障的具体管理工作，负责保障对象的审查、审批、统计和上报工作；负责提报最低生活保障资金的年度预算计划。

街道办事处和乡镇人民政府，负责城市居民最低生活保障的申请受理、入户调查、审核上报以及最低生活保障资金的发放工作。

社区居民委员会受街道办事处或者乡镇人民政府的委托，承担城市居民最低生活保障的日常管理服务工作。

第四条　城市居民最低生活保障标准，由市民政部门会同市财政、统计、物价等部门按照有关规定制定，报市人民政府批准后公布执行。

城市居民最低生活保障标准，根据经济发展和居民基

本生活必需品价格变动情况适时进行调整。

第五条　城市居民最低生活保障所需资金，由市、区两级财政根据当年预算总额按比例负担，市财政50％，泰山区财政30％，岱岳区财政20％，列入当年同级财政预算。区财政要按照规定时间将保障资金上解市财政专户，市财政部门按照两区的实际支出计划按月拨付。

省属以上单位困难家庭的最低生活保障资金，从省以上划拨的城市居民最低生活保障资金中支付。

第六条　城市居民的家庭收入包括下列内容：

(一)工资、奖金、补贴、津贴、租金收入和其他劳动收入；

(二)离退休费、下岗职工基本生活费、养老金和失业保险金；

(三)法定赡养人、扶养人或者抚养人应当给付的赡养费、扶养费或者抚养费；

(四)储蓄存款、有价证券、入股分红及其孳息；

(五)继承的遗产和接受的赠与；

(六)市人民政府确定应当计入的其他收入。

第七条　城市居民的下列收入不计入家庭收入：

(一)优抚对象按照国家规定享受的抚恤金、补助金、护理费及保健金；

(二)在职人员按规定缴纳的住房公积金、社会保险金；

(三)政府和社会给予贫困在校生的补助金；

(四)市人民政府确定不计入的其他收入。

第八条　家庭收入的计算，按照居民家庭申请享受城市居民最低生活保障时前三个月收入的平均数计算。家庭成员本人收入按下列规定计算：

(一)在职人员，按其应得收入计算(其收入不得低于当地最低工资标准)；

(二)下岗人员，按应得基本生活费计算；

(三)失业人员，领取失业保险金期间，按应得失业保险金计算；

(四)离退休人员，按应得离退休费或养老金计算；

(五)无固定职业的或其他从业人员，按实际收入计算；

(六)未参加社会保险而又停产多年的城镇集体企业的退休和下岗人员、已关闭破产的资源枯竭矿山职工，按其实际收入计算。

第九条　城市居民申请享受最低生活保障待遇，按下列程序办理：

(一)由户主向户籍所在地的社区居民委员会提出申请(暂未设立社区居民委员会的，经所在单位签署意见后直接向街道办事处或乡镇人民政府提出申请)，并携带户口簿、居民身份证、家庭成员所在单位出具的收入状况证明、已分居子女收入状况证明，以及家庭成员中的残疾人、在校生等其他相关证明；

(二)社区居民委员会或街道办事处、乡镇人民政府在接到申请人的申请后，可以通过入户调查、邻里访问以及信函索证等方式，了解核实申请人的家庭人均收入情况和实际消费水平。入户调查须两人以上，填写《困难家庭财产及收入状况调查核实登记表》，申请人及有关单位、组织应当积极配合接受调查，如实提供有关情况；

(三)社区居民委员会对符合城市居民最低生活保障条件的，应当填写《城市居民最低生活保障待遇审批表》，报街道办事处或乡镇人民政府复核。街道办事处或乡镇人民政府依据市政府公布的城市居民最低生活保障标准，按照差多少补多少的原则，确定补助金额，并在申请人所在单位和居住区进行张榜公布(一般不少于五天)，接受群众监督。无异议后，报区民政部门审批；

(四)区民政部门对街道办事处或乡镇人民政府上报的审批表和证明材料进行严格审查，对符合条件的予以批准，并发放《城市居民最低生活保障证》，定期报市民政局备案；对不符合条件的，应当书面通知申请人，并说明理由。

城市居民最低生活保障的申请，自申请人提出申请之日起30日内办理完毕。

第十条　城市居民最低生活保障金由街道办事处或乡镇人民政府按月发放。

第十一条　街道办事处、乡镇人民政府和社区居民委员会应当对享受最低生活保障待遇的城市居民的家庭收入情况按季度进行核查，其家庭人均收入情况发生变化的，应当按规定程序及时办理停发、减发或者增发保障金的手续。对停发保障金的，应收回《城市居民最低生活保障证》。

第十二条　享受城市居民最低生活保障待遇的居民，在就业年龄内有劳动能力但尚未就业的，应当参加其所在社区居民委员会的公益性社区服务劳动，劳动和社会保障部门及社区就业指导部门优先推荐就业。对无正当理由拒绝劳动就业的，取消其本人享受的城市居民最低生活保障待遇。

第十三条　市、区有关部门应关心、支持城市居民最低生活保障工作，对保障对象在就业培训、子女教育、医疗保健、住房、水电暖、燃气等方面制定相应的优惠政策。

第十四条　城市居民采取虚报、隐瞒、仿造等手段，骗取享受城市居民最低生活保障待遇的或者在享受城市居民最低生活保障待遇期间家庭收入情况好转，不按规定告知管理审批机关，继续享受城市居民最低生活保障待遇的，由区民政部门依据国务院《城市居民最低生活保障条例》第十四条的规定，给予批评教育或者警告，追回其冒领的城市居民最低生活保障资金；情节恶劣的，处冒领金额1倍以上3倍以下的罚款。

第十五条　城市居民对审批机关作出的不批准享受城市居民最低生活保障待遇或减发、停发保障金决定或者给予的行政处罚不服的，可依法申请行政复议；对复议决定不服的，可依法提起行政诉讼。

第十六条　从事城市居民最低生活保障管理工作的人员，对符合享受城市居民最低生活保障待遇条件的家庭故意作出不予批准，或者对不符合城市居民最低生活保障待遇条件的家庭故意作出批准的，以及玩忽职守、徇私舞弊、贪污、挪用、扣压和拖欠城市居民最低生活保障资金的，由其单位或上级主管机关给予批评教育，依法给予行政处分；构成犯罪的，移交司法机关依法追究刑事责任。

第十七条　城市居民最低生活保障工作所需业务经费，年初由市、区民政部门会同财政部门编制预算，报同级政府批准。

第十八条　审计、监察、财政、民政等部门，要加强对保障资金筹集、管理以及发放情况的监督检查，发现问题及时纠正，并按有关规定作出处理。

第十九条　泰安高新技术产业开发区管理范围内的城市居民最低生活保障工作，由泰安高新技术产业开发区管委会负责。市财政与开发区财政保障资金的承担比例，由市财政部门另行规定。

第二十条　本实施细则执行中的具体问题，按泰政办发〔1993〕78号文《关于市政府行政性规章解释权限和程序问题的通知》规定进行解释。

第二十一条　本实施细则自二OO二年七月一日起施行。各县市可参照本细则制定相关规定。泰政发〔1996〕134

号文《泰安市城市居民最低生活保障暂行办法》及《实施细则》同时停止执行。

【编者按】 市场经济是环境经济。2003年，市委、市政府把优化发展环境作为扩大招商引资、实现建设经济强市进程新跨越的重要保证措施，专门成立了优化发展环境领导小组及其办公室，出台了一系列规定，并公布投诉电话6992175、6992171。我们选编了下列文件规定，供读者参考。

泰安市对损害投资发展环境行为的处理规定(摘要)

本规定适用于国家行政机关及其公务员，具有行政管理职能的事业单位、法律法规授权的组织及其工作人员。企业或个体业户办理项目审批手续，审批部门或单位应当在承诺的期限内予以办理。无正当理由超过承诺期限不予办理的，给予直接责任者警告直至记大过处分。造成项目流失或者严重影响的，对直接责任者给予降级处分；对负有主要领导责任者，给予记过或者记大过处分。行政执法人员违法处罚或违法实施行政强制措施，造成企业经营者或个体业户人身伤害、财产损失的，使用或损毁扣押财物，或逾期不做出处理，给企业或个体业户造成较大损失的，依法吊销直接责任者的行政执法证件，并给予降级处分；对负有主要领导责任者，给予记过或者记大过处分。在土地使用权出让、国有资产产权交易、工程项目建设和政府采购等事项中，应当实行招标投标、拍卖等方式而未实行的，以及在招标活动中有虚假招标、泄露标底等违规行为的，对直接责任者给予记大过直至撤职处分；对负有主要领导责任者，给予记过直至降级处分。对外来投资者本人及其直系亲属户口迁入、子女入托入学等合理要求，有关部门不在承诺的期限内办理，或借机乱收费的，对直接责任者给予记大过直至撤职处分；对负有主要领导责任者，给予记过直至降级处分。违反《泰安市规范对企业检查行为的办法》规定，擅自对企业或个体业户实施检查，干扰正常生产、经营秩序的，对主要责任者调离工作岗位，并视情节给予警告、记过或记大过处分。违反规定，向企业或个体业户乱收费，获取的违法收入一律退还，不能退还的由有关部门收缴，并分别根据其乱收费的数额和情节轻重，给予主要责任人员下列处分：乱收费数额不满5万元的，给予警告或记过处分；乱收费数额5万元以上不满10万元的，给予记过或记大过处分；乱收费数额10万元以上的，给予记大过、降级或撤职处分。未获取违法收入的，一般可免予处分；情节较重的，给予警告、记过或记大过处分。违反规定对企业或个体业户乱罚款，或者企业、个体业户要求行政机关履行职权保护其合法权益而不履行的，对直接责任者调离工作岗位，并给予警告或者记过处分。情节严重的，对直接责任者给予记大过直至撤职处分；对负有主要领导责任者，给予记过直至降级处分。强制企业或个体业户参加不必要的会议、培训、学术研讨、技术考核、检查评比和学会、协会、研究会接受指定的服务从中牟利，或强行向企业或个体业户拉广告、索要赞助、收取储蓄金、集资、推销产品，向企业或个体业户摊派费用及安排人员的，除摊派款全额退还或按规定由有关部门收缴外，对负有直接责任的主管人员和其他人员给予警告或者记过处分，并调离工作岗位；情节严重的，给予记大过直至撤职处分。除省政府批准设置的道路检查站卡外，任何单位和个人一律不准擅自设卡，进行查车、收费。违反上述规定的，对负有直接责任的主管人员和其他人员给予警告或者记过处分；情节较重的，给予记大过或者降级处分；情节严重的，给予降级或者撤职处分。利用职务和工作便利，向企业或个体业户借款、借物、索取财物的，给予直接责任人或批准借款、借物的单位负责人警告或者记过处分；情节严重的，给予记大过或者降级处分。因索要财物未遂而刁难报复对方的，从重处分。企业和个体业户有权自主选择会计、律师、公证、审计、评估、咨询、职业介绍、人事代理、商业保险及信息等中介服务机构。为企业或个体业户指定、强行介绍中介服务机构，对责任人员给予降级或者撤职处分；从中收受好处费、介绍费的，收取的好处费、介绍费退还被收单位和个人，或按照规定由有关部门收缴。给企业或个体业户造成经济损失的，从重处分。利用职务或者工作便利，将应当由本人或其亲属个人支付的费用，到企业或个体业户报销的，除全额退还或按规定由有关部门收缴外，给予警告直至记大过处分；情节较重的，给予降级或者撤职处分；情节严重的，给予开除处分。强迫企业或个体业户为其他单位提供担保造成损失的，对负有直接责任的主管人员和其他人员，给予记大过直至撤职处分。因工作不负责任，受到企业或个体业户两次投诉，责任在被投诉方的，对直接责任者给予警告直至记大过处分。受到三次以上投诉，责任在被投诉方的，对直接责任者给予降级处分，并调离工作岗位；对负有主要领导责任者，给予记过或者记大过处分。对以上损害经济发展环境的行为，单位和个人均可向各级优化发展环境领导小组办公室或行政监察机关进行举报、投诉。经查证属实的，给予举报、投诉人200到2000元的奖励，奖励资金由同级财政支付。

泰安市规范对企业检查行为的办法(摘要)

本办法所称检查是指各级行政机关及工作人员到企业进行的工作检查、评比、达标、收费、集资、赞助、摊派、征订报刊、培训人员、要求加入行业协会、社团等行为。我市各级行政机关及其公务人员、法律法规授权以及受委托进行行政管理的组织及其工作人员(以下简称行政机关及工作人员)，必须遵守本办法。各级行政机关及工作人员到企业检查，实行预先备案制度。市及市以上行政机关向市行政监察部门备案。县(市、区)所属的行政机关及乡镇(办事处)工作机构，到县(市、区)行政监察部门备案。对企业的检查备案应遵守下列规定：

(一)法律、法规明确规定到企业进行检查的，有关行政机关应在年初提出计划，检查次数由行政监察部门根据工作情况确定并予以备案；

(二)上级部署或管理工作必需的临时检查，应提前3个工作日到行政监察部门说明理由，准予备案后实施；

(三)对群众举报、应急或具有保密性的检查，行政机关应在检查结束后5个工作日内补办备案手续，并说明理由；

(四)对相同或相近的检查，由行政监察部门统一协调备案，合并进行检查；

(五)已经对企业检查过的事项或检查内容有重复的，其他行政机关申请检查备案的，行政监察部门应当不予备案，协调有关行政机关为其提供检查资料。

行政监察部门接到行政机关的备案申请后，应认真进行审查，及时核发《对企业进行检查备案通知书》。行政机关工作人员到企业进行检查，必须向企业出示同级行政监察部门核发的《对企业进行检查备案通知书》，亮明身份，并向企业公开检查的内容、时限以及举报、投诉电话。对不出示《对企业进行检查备案通知书》的，企业有权拒绝检查，并可以向行政监察部门举报。行政监察部门应定期或不定期到企业抽查行政机关的检查情况，发现有违纪违规行为的，按照有关规定严肃处理。行政监察部门应设立举报、投诉电话，并向社会公开。行政监察部门对群众的举报、投诉案件，应及时调查处理。处理结果必须向举报、投诉人反馈。实行举报、投诉奖励制度。对举报、投诉查证属实的，由行政监察部门给予举报或投诉人200到10000元的奖励。奖励资金由同级财政承担。行政监察部门应当为举报、投诉人保密。违反本办法规定，不办理备案手续，擅自到企业进行检查的，或被举报、投诉查处属实的，行政监察部门予以通报批评，公开曝光，并取消其评选文明单位资格；对直接责任者和单位负责人按照有关规定严肃处理。行政机关及工作人员对个体工商业户的检查，依照本办法的规定执行。

泰安市人民政府关于为市外投资者发放《客商证》的通知（摘要）

市外投资的独资或合资、合作企业，凡固定资产投资规模在500万元以上、年纳税额50万元以上、安排我市就业人员100人以上或新增就业人员50人以上的，只要符合其中一项条件，均为其法人代表及主要经营管理者发放《客商证》。对持有《客商证》的外商，有关部门不得对其车辆进行检查、罚款、扣车；未经市公安局长批准，公安机关不得对其住宿及休闲娱乐等活动随意进行检查。持有《客商证》的外商到各医院就诊或治疗，不需挂号，并优先予以安排；卫生部门要组织对这些外商每年体检一次，费用减半收取。具体实施办法由市卫生局制定。持有《客商证》和本市户籍证明（户口本或暂住证）的外商，其子女入托、就学，只要符合年龄条件，可以任选一处学校就读，收费标准与本地学生等同。具体实施办法由市教育局制定。对阻碍、扰乱客商正常经营活动或侵害客商人身安全的行为，客商打“110”报警，公安机关接警后，市区内的必须在10分钟内、市区外的必须在半小时内赶到予以处理。

泰安市优化发展环境投诉事项办理暂行办法（摘要）

本市行政区域内各类企业或个体业户对影响发展环境的投诉以及对投诉事项的受理、督办、处理和答复，必须遵守本办法。企业及个体业户发现有关行政机关及其公务员（包括具有行政管理职能的事业单位、法律法规授权的组织及其工作人员），违反市政府《处理规定》和《办法》，在行政审批、收费处罚、实施检查等方面，不按规定办事，服务态度差，工作效率低，或故意设置障碍，变相增加企业负担以及具有其他违规违纪行为的，均可向市优化发展环境领导小组办公室进行投诉。投诉者进行投诉，可以采取书面投诉、来人来访或电话投诉。投诉者应当将投诉人姓名、地址、联系方式以及被投诉机关的名称、有关人员的姓名、投诉事项内容、有关证据、请求解决的问题和理由等基本情况表明清楚。市优化发展环境领导小组办公室明确专人受理投诉事项，并对投诉人的书面投诉、来人来访或电话投诉，上级和市级领导的批办投诉，有关机关转办的投诉，登记建档。受理投诉人应提出办理建议，报市优化发展环境领导小组办公室负责人批示。对涉及县级以上干部的，报市领导批示。市优化发展环境领导小组办公室对受理的投诉事项，应当根据不同情况，按照下列规定办理：

（一）一般违规违纪案件，由市优化发展环境领导小组办公室转有关行政机关或县市区办理。对事实清楚、情节简单的投诉事项，有关行政机关或县市区应当自接到交办通知之日起2个工作日内办理完毕。对事实不清或情况复杂的投诉事项，有关行政机关或县市区应当自接到交办通知之日起5个工作日内办理完毕，最长不得超过10个工作日。

（二）须由几个机关共同办理的投诉事项，由市优化发展环境领导小组办公室指定其中一个行政机关负责组织有关部门在第（一）项规定的期限内办理完毕。

（三）违规违纪严重的案件和市级领导交办的案件，由市优化发展环境领导小组办公室立案查处，并在第（一）项规定的期限内办理完毕。

因特殊情况需要延长办理期限的，应当提前报市优化发展环境领导小组办公室负责人批准。对已经申请行政复议或提起行政诉讼以及不属于优化发展环境的投诉事项，市优化发展环境领导小组办公室不予受理，但可以移送有关机关办理并向投诉者说明情况。

有下列情形之一的投诉事项，可以中止办理：

（一）在投诉事项调查取证过程中投诉人不予配合或投诉事项查无实据的；

（二）在受理投诉过程中，投诉者就投诉申请行政复议或提起行政诉讼的；

（三）投诉人匿名投诉无法查证的；

（四）有其他中止办理的情形。

投诉事项由市优化发展环境领导小组办公室办理的，应当自办理完毕之日起2个工作日内将处理结果答复投诉者；交有关行政机关或县市区办理的，应当自办理完毕之日起1个工作日内将处理结果直接答复投诉者，并抄报市优化发展环境领导小组办公室备案。市优化发展环境领导小组办公室对各类投诉案件的办理情况，定期综合，向市委市政府汇报；对外来投资者投诉事项和其他重大投诉事项的办理情况，及时向市人民政府报告。有关行政机关或县市区对市优化发展环境领导小组办公室交办的投诉事项应当及时办理。对弄虚作假、推诿推延或者不按照要求办理投诉事项的，由市优化发展环境领导小组办公室给予通报批评；造成不良影响后果的，提请有关部门依法追究单位负责人和直接责任人的党纪政纪责任。

文件选目

中共泰安市委、市委办公室文件

泰发[2002]2号　中共泰安市委关于进一步加强和改进街道、社区党建工作的实施意见

泰发[2002]3号　中共泰安市委、泰安市人民政府关于

批转市纪委、市监察局《关于2002年全市党风廉政建设和反腐败工作实施意见》的通知

泰发[2002]4号　中共泰安市委、泰安市人民政府关于加快泰安高新技术产业开发区建设的意见

泰发[2002]5号　中共泰安市委、泰安市人民政府关于泰安高新技术产业开发区行使市级管理权限的试行意见

泰发[2002]6号　中共泰安市委、泰安市人民政府关于泰安高新技术产业开发区领导管理体制改革的实施意见

泰发[2002]7号　中共泰安市委批转市政协《关于泰山景区综合整治情况的视察报告》的通知

泰发[2002]8号　中共泰安市委、泰安市人民政府关于进一步加快民营经济发展的意见

泰发[2002]10号　中共泰安市委、泰安市人民政府关于进一步加快高新技术产业发展的意见

泰发[2002]11号　中共泰安市委、泰安市人民政府关于进一步优化金融环境大力发展金融业促进全市经济发展的意见

泰发[2002]12号　中共泰安市委、泰安市人民政府关于应对入世实施经济国际化战略的意见

泰发[2002]13号　中共泰安市委、泰安市人民政府关于加快发展农业产业化经营的意见

泰发[2002]15号　中共泰安市委、泰安市人民政府关于进一步做好困难群众帮扶工作的意见

泰发[2002]18号　中共泰安市委、泰安市人民政府关于全面推行集体合同和劳动合同制度的意见

泰办发[2002]7号　市委办公室、市政府办公室关于印发全市2002年招商引资目标任务的通知

泰办发[2002]16号　市委办公室印发市关工委《关于进一步加强全市关心下一代工作的意见》的通知

泰办发[2002]17号　市委办公室、市政府办公室关于印发《泰安市2002年双拥工作要点》的通知

泰办发[2002]19号　市委办公室、市政府办公室关于转发市委组织部、市委老干部局、市劳动局和社会保障局、市财政局、市经贸委、市卫生局《关于离休干部离休费、医药费财政保障工作的意见(试行)》和《关于进一步完善离休干部离休费保障工作的意见(试行)》的通知

泰办发[2002]22号　市委办公室、市政府办公室关于印发《泰安市专业技术拔尖人才选拔管理暂行办法》的通知

泰办发[2002]29号　市委办公室、市政府办公室关于成立泰安市行政审批服务中心的通知

泰安市人民政府、市政府办公室文件

泰政发[2002]1号　关于印发《泰安妇女发展规划(2001—2010年)》和《泰安儿童发展规划(2001—2010年)》的通知

泰政发[2002]2号　关于进一步深化政务公开工作的实施意见

泰政发[2002]4号　关于泰安市开发区新区范围内土地利用总体规划调整的通知

泰政发[2002]5号　2001年度县市区企业养老保险工作情况的通报

泰政发[2002]7号　关于加快城市市区村庄改造工作的通知

泰政发[2002]8号　关于印发泰安市城市道路综合改造工程房屋拆迁补偿安置试行意见的通知

泰政发[2002]9号　关于制定实施三峡移民安置优惠政策的通知

泰政发[2002]11号　关于印发《农业科技推广体制建设试验方案》的通知

泰政发[2002]12号　关于支持市城市信用社加快业务发展的通知

泰政发[2002]13号　关于表彰全市林业和森林资源保护工作先进单位的通报

泰政发[2002]16号　关于印发泰安市组建县级药品监督管理机构实施方案的通知

泰政发[2002]17号　关于组织评选泰安市劳动模范和先进工作者的通知

泰政发[2002]18号　关于做好市属中等职业学校布局结构调整工作的通知

泰政发[2002]19号　关于印发泰安市民营经济工作考核奖励办法的通知

泰政发[2002]20号　关于印发《泰安市2002年国民经济和社会发展计划》的通知

泰政发[2002]21号　关于大力推进仲裁制度建设的通知

泰政发[2002]22号　关于印发泰安市离休人员医疗保障管理暂行规定的通知

泰政发[2002]23号　关于加快畜牧业发展的意见

泰政发[2002]24号　关于印发第十六届泰山国际登山节总体方案的通知

泰政发[2002]25号　关于2000～2001年度泰安市科技进步奖励的决定

泰政发[2002]26号　关于印发《泰安市所得税和营业税收入分享改革方案》的通知

泰政发[2002]27号　关于印发开展清费治乱优化发展环境工作实施方案的通知

泰政发[2002]28号　关于认真搞好2002年市定重点项目建设的通知

泰政发[2002]29号　关于下达2002年市级地方财政收入计划的通知

泰政发[2002]30号　关于印发《市属国有企业改革资产处置暂行办法》等四个办法的通知

泰政发[2002]31号　关于印发《泰安市依法行政第三个五年规划》的通知

泰政发[2002]32号　关于加强职业培训教育 全面提高劳动者素质的通知

泰政发[2002]33号　关于加快农村卫生改革与发展的意见

泰政发[2002]34号　关于印发《泰安市城市居民最低生活保障实施细则》的通知

泰政发[2002]35号　关于给予刘泽永同志记二等功奖励的决定

泰政发[2002]36号　关于印发《泰安市泰山广场管理规定》的通知

泰政发[2002]37号　关于加强贸促会、国际商会工作的意见

泰政发[2002]38号　关于重新确定市高新技术产业开发区财政体制的通知

泰政发[2002]39号　关于农村优抚对象优待金问题的通知

泰政发[2002]40号　关于切实搞好今冬明春农田水利基本建设的通知

泰政发[2002]41号 关于进一步做好增收节支工作的通知

泰政发[2002]42号 关于上收部分建设用地规划指标的通知

泰政发[2002]43号 关于大力组织实施名牌战略的通知

泰政发[2002]44号 关于进一步做好墙体材料革新与建筑节能工作的通知

泰政发[2002]45号 关于做好2002年冬季进藏兵员征集工作的通知

泰政发[2002]46号 关于进一步放开搞活住房二级市场的通知

泰政发[2002]47号 关于切实做好2001年冬季退役士兵接收安置工作的通知

泰政发[2002]48号 关于印发泰安市生态环境建设与保护规划的通知

泰政发[2002]49号 关于大力推进流通现代化建设的通知

泰政发[2002]50号 关于印发《泰安市优待老年人规定》的通知

泰政发[2002]51号 关于特色商业街及公益事业项目建设有关政策问题的通知

泰政办发[2002]1号 关于加强森林防火基础设施和扑火队伍建设的通知

泰政办发[2002]2号 关于印发泰安市工业污染治理设施再提高工程项目实施计划的通知

泰政办发[2002]3号 关于印发泰安市市区环境功能区达标工作实施方案的通知

泰政办发[2002]4号 关于认真做好第七届村委会换届选举工作的通知

泰政办发[2002]5号 关于印发《泰安市易燃易爆化学危险品重特大火灾恶性事故扑救和处置实施方案》等三个实施方案的通知

泰政办发[2002]6号 关于进一步加强统计基层基础工作的通知

泰政办发[2002]7号 关于编制《泰安市矿产资源总体规划》的通知

泰政办发[2002]9号 关于印发2002届东岳庙会暨齐鲁民间文化游总体方案的通知

泰政办发[2002]11号 关于城市道路建设有关问题的通知

泰政办发[2002]12号 关于印发《泰安市2002年制定规范性文件计划》的通知

泰政办发[2002]13号 关于2001～2002年度县市区长环境保护责任书2001年完成情况的通报

泰政办发[2002]14号 关于印发泰安市2002年整顿和规范旅游市场秩序工作实施方案的通知

泰政办发[2002]17号 关于认真开展提高效率优化服务公开承诺工作的通知

泰政办发[2002]18号 关于印发企业注册登记前置并联审批实施方案(试行)的通知

泰政办发[2002]19号 关于印发泰安市2002年及2003年无偿献血储备计划的通知

泰政办发[2002]20号 关于印发《环山路征地储备工作实施方案》的通知

泰政办发[2002]22号 关于印发泰安市公众聚集场所消防安全专项整治实施方案的通知

泰政办发[2002]25号 关于现役军人免费游览泰山的通知

泰政办发[2002]26号 关于表彰2001年度全市政务信息工作先进单位和优秀信息员的通报

泰政办发[2002]27号 关于印发改进市政府常务会议组织工作的意见和关于改进公文处理工作的意见的通知

泰政办发[2002]30号 关于治理向机动车辆乱收费和整顿道路站点有关问题的通知

泰政办发[2002]31号 关于印发泰安市高新技术产品和高新技术企业认定工作意见的通知

泰政办发[2002]34号 关于加强全市政府系统计算机网络建设做好公文传输工作的通知

泰政办发[2002]35号 关于进一步加强泰安市城市市区户外广告管理工作的通知

泰政办发[2002]36号 关于印发《泰安市2002年汛期地质灾害防灾减灾预案》的通知

泰政办发[2002]37号 关于印发泰安市防震减灾规划纲要的通知

泰政办发[2002]38号 关于做好2002年大中专学校毕业生就业工作的通知

泰政办发[2002]42号 关于清理政府系统各类简报的通知

泰政办发[2002]43号 关于泰安市高新技术园区认定工作的通知

泰政办发[2002]45号 关于开展创建金融安全区活动的通知

泰政办发[2002]46号 转发市环境保护局关于扩大泰安市城市市区烟尘控制区范围的报告的通知

泰政办发[2002]47号 关于成立泰安市土地开发整理规划编制工作领导小组的通知

泰政办发[2002]49号 关于严禁在泰山风景名胜区内开山采石的通知

泰政办发[2002]50号 关于认真搞好土地建筑和房产市场清理整顿的通知

泰政办发[2002]52号 关于进一步对客运市场秩序进行集中整顿的通知

泰政办发[2002]53号 关于进一步加强大气污染防治工作的通知

泰政办发[2002]54号 关于放宽政策支持重点出口企业扩大出口的通知

泰政办发[2002]56号 转发市林业局关于加强松材线虫病预防工作的报告的通知

泰政办发[2002]62号 关于迅速解决“三大市场”清理整顿中有关问题的通知

泰政办发[2002]63号 转发市国有资产管理局 市直机关事务管理局关于对市政大楼内各单位实物资产进行统一登记管理的报告的通知

泰政办发[2002]65号 关于印发泰安市学生饮用奶计划实施方案的通知

泰政办发[2002]67号 关于进一步规范劳动关系有关问题的通知

泰政办发[2002]69号 关于印发泰安市固定资产投资项目定期调查实施方案的通知

泰政办发[2002]71号 关于成立国有重点煤矿关闭破产工作领导小组的通知

泰政办发[2002]74号 关于墙体材料革新与建筑节能

试点小区审定等有关问题的通知

泰安市人民政府令第79号　《泰安市按比例安排残疾人就业办法》

泰安市人民政府令第80号　《关于公布第一批取消和变更的市级行政审批事项的决定》

泰安市人民政府令第81号　《泰安市实施〈山东省水资源费征收使用管理办法〉细则》

泰安市人民政府令第82号　《泰安市法律援助实施办法》

泰安市人民政府令第83号　《关于公布第二批取消、下放和变更的市级行政审批事项的决定》

泰安市人民政府令第84号　《关于公布保留的市级行政审批事项的决定》

泰安市人民政府令第85号　《泰安市建筑工程施工安全管理办法》

省级以上先进单位名录(部分)

全国五一劳动奖状

泰安市中心医院

全国先进基层党组织

泰山区岱庙街道市场街党支部
岱岳区山口镇油坊村党委

全国创建文明村镇工作先进单位

泰山区财源办事处
新泰市新汶办事处孙村

全国创建文明行业工作先进单位

泰安市国税局
泰安市中心医院

全国精神文明建设先进单位

泰安市地税局

国家级青年文明号

肥城市农业银行石横办事处
新泰市地税局新汶征收分局
新泰市建设银行新汶矿区专业银行
泰山站客运服务房

国家级巾帼文明示范岗

泰安市工商局五马市场管理所
104国道洪沟收费站
宁阳县公路局"三八"女子养护工区

2002年度新增省级文明单位

山东移动通信有限责任公司泰安分公司
济南铁路工程集团泰安工程公司
山东省泰安市实验学校
泰安市公安局交通巡逻警察支队
泰安市东岳国家税务局
宁阳县地方税务局
宁阳县宁阳镇青川寺村
东平县农村信用合作社联合社
东平县自来水公司
肥城矿业集团有限责任公司白庄煤矿
泰安市泰山区农村信用合作社联合社
肥城市公安局
新泰市计划生育服务站

2002年度复查合格的省级文明单位

泰安市泰山区财源街道办事处
泰安市中医二院
泰安市市区国家税务局
泰安市泰山区岱庙街道办事处
泰安市泰山区地方税务局
泰安市泰山区上高街道办事处凤台村(原泰山区上高乡凤台村)
泰安市岱岳区山口镇
泰安市岱岳区徂徕镇
泰安市岱岳区角峪镇鲁东冶西村
泰安市岱岳区下港乡
泰安市第一人民医院
新泰市汶河发电厂
新泰市新汶办事处孙村
新泰市第一中学
新泰市农村信用合作社联合社
新泰市国家税务局
新泰市地方税务局
中国建设银行新汶矿区专业支行
山东百大商贸股份有限公司
肥城市国家税务局
肥城市地方税务局
肥城市中医院
山东省通信公司肥城分公司(原山东省电信公司肥城市电信局)
肥城市燃气公司
宁阳第一中学
宁阳县第一人民医院
宁阳县电业局
中国石化山东泰山石油股份有限公司宁阳分公司
中国人民银行宁阳县支行
东平县工商行政管理局
东平县交通局
东平县国家税务局
新汶矿业集团有限责任公司南冶煤矿
山东泰山能源有限责任公司翟镇煤矿
新汶矿业集团有限责任公司鄂庄煤矿
肥城高余焊接材料公司
泰安泰山旅游索道有限责任公司
泰山生力源集团股份有限公司
山东泰开电气有限公司(原山东鲁能泰山开关集团)

泰安市自来水公司
泰安出入境检验检疫局
泰安海关
泰安供电公司(原泰安电业局)
泰安市中心医院
泰安市博物馆
泰安市复员退伍军人精神病院
山东石横发电厂
山东农业大学
山东省通信公司泰安市分公司(原山东省电信公司泰安市分公司)
山东电力管道工程公司
山东省电力学校
济南铁路分局泰安工务段
泰安市国家税务局
泰安市地方税务局
泰安市气象局
泰安市公安消防支队
山东省泰安卫生学校
济南铁路分局泰山站
鲁能泰山电缆电器有限责任公司
泰山玻璃纤维股份有限公司
山东省世界银行贷款项目培训中心
泰安市城市排水管理处

山东省社会治安综合治理先进单位

新泰市
肥城市

市财政局被国家人事部、财政部授予全国财政系统先进集体荣誉称号

市计划生育委员会被评为全国计划生育工作先进集体

市文化局(新闻出版局)被文化部评为全国文化市场管理先进单位,被国家新闻出版总署、公安部、全国扫黄打非领导小组办公室评为全国扫黄打非先进单位

九三学社泰安市委员会被九三学社中央委员会授予九三学社科教服务支边扶贫先进集体荣誉称号

市农机办被国家农业部评为全国跨区机收工作先进单位

市卫生防疫站被国家卫生部授予全国消灭脊髓灰质炎工作先进集体称号

泰安高等职业技术学院(筹)被国家教育部、劳动和社会保障部、国家经济贸易委员会授予全国职业教育先进单位荣誉称号

新泰市人民法院荣获全国人民满意的好法院荣誉称号

新汶矿业集团鄂庄煤矿、翟镇煤矿分别被中国煤炭工业协会评为全国十佳煤矿、全国文明煤矿

便民服务

泰城主要药店情况一览表

药店名称	地　址	电　话
中心药店	泰山大街96号	8415559
永春堂药店	青年路36号	8200147
泰山药店	财源大街200号	8331956
金山药店	金山路南首	8268029
云海药店	虎山路云海大厦西	8273935
新特药店	泮河路18号	8209270
岱宗药店	校场街北段	8276631
永济药店	虎山东路	8235372
梅园药店	梅园小区	8517546
永欣药店	中心医院对过	8296650
泰联药店	东岳大街106号	8265151
南关药店	通天街与灵山大街交汇处	8291327
红门药店	科技大学西门对过	8224916
荣康药店	泰山大街荣疗西	8413913
财东药店	校场街中段	8239714
泰安大药店	交通宾馆东邻	8424037
永惠药店	东岳大街新汽车站对过	8275760
银座药店	银座商城内	8208383
齐鲁药店	岱宗大街齐鲁大厦西邻	8282301
岱安药店	岱宗大街373号	8503555

注:以上均隶属泰安永春堂药业有限公司

药店名称	地　址	电　话
泰安鲁康大药店	泰山大街136号	8414606
红康药店	龙潭路21号	8207450
工商联医药商行	龙潭路22号	8336005
时珍药店	省庄镇	8541480
神州药店	灵山东路252号	8206274

泰山站旅客列车时刻表

车次	车种	运行区间	到	开	终到	车次	车种	运行区间	到	开	终到
1552	普快	南昌一青岛	8:08	8:13	14:55	4907	普快	济南一连云港	9:06	9:10	16:25
2416	普快	重庆北一济南	8:40	8:50	9:47	4905	普快	济南一日照	10:02	10:05	15:38
*4946	普快	徐州一济南	8:57	9:01	9:57	K55	快速	哈尔滨一上海	10:35	10:38	21:36
1366	普快	宁波一吉林	9:34	9:38	7:58	1345	普快	长春一上海	11:05	11:09	22:48
7822/3	普客	莱芜东一湖屯	10:09	10:21	11:36	1033	普快	沈阳一金华西	11:33	11:37	7:33
K414	快速	徐州一青岛	10:55	10:59	17:41	*1419	普快	济南一广州	11:51	11:55	18:14
1470	普快	徐州一哈尔滨	13:06	13:10	11:35	*4945	普快	济南一徐州	11:51	11:55	15:01
K498	快速	泰山一青岛		14:00	19:35	K255	快速	包头一宁波	12:07	12:10	5:06
7812	普客	泰山一淄博		14:15	20:14	7811	普客	淄博一泰山	12:45		
4906	普快	日照一济南	14:27	14:30	15:25	K497	快速	青岛一泰山	12:59		
L508	普快	徐州一泰山	14:47			1469	普快	哈尔滨一徐州	13:44	13:49	17:20
1034	普快	金华西一沈阳北	14:55	14:59	7:39	7824/1	普客	湖屯一莱芜东	13:54	14:06	18:03
1228	普快	上海一阜新	15:10	15:16	7:57	T159	特快	青岛一广州东	14:14	14:17	14:00
K46	快速	福州一北京	15:27	15:30	22:20	K413	快速	青岛一徐州	14:49	14:53	18:24
1416	普快	菏泽一哈尔滨	16:16	16:20	15:10	1365	普快	吉林一宁波	14:59	15:03	8:36
T160	特快	广州东一青岛	16:50	16:56	22:50	T189	特快	济南一乌鲁木齐	15:27	15:30	15:58
4908	普快	连云港一济南	17:00	17:06	18:02	K45	快速	北京一福州	16:05	16:08	19:44
K56	快速	上海一哈尔滨	19:57	20:00	16:31	L2147	普快	泰山一上海西		16:18	6:13
T190	特快	乌鲁木齐一济南	20:32	20:34	21:28	2523	普快	济南东一洛阳	17:24	17:28	6:02
4922	普快	曹县一青岛	20:44	20:50	4:49	2551	普快	济南一杭州	17:36	17:41	9:21
1346	普快	上海一长春	21:02	21:06	15:42	2043	普快	青岛一武昌	18:05	18:11	10:41
4942	普快	徐州一烟台	22:00	22:04	7:35	2581	普快	烟台一上海西	18:33	18:37	7:36
L2148	普快	上海西一泰山	22:12			1341	普快	齐齐哈尔一杭州	18:43	18:47	10:40
2582	普快	上海西一烟台	22:22	22:26	7:00	K67	快速	青岛一福州	19:16	19:21	5:38
2556	普快	南京西一东营	22:35	22:39	4:50	K205	快速	青岛一成都	19:55	19:58	5:45
K52	快速	日照一北京	22:59	23:03	5:50	2105	普快	青岛一上海	20:51	20:59	10:35
K68	快速	福州一青岛	23:13	23:16	5:30	2555	普快	东营一南京西	21:53	22:11	7:29
1478	普快	镇江一天津	23:25	23:29	6:28	2033	普快	青岛一郑州	22:33	22:48	7:41
K256	快速	宁波一包头	23:40	23:43	20:51	1461	普快	北京一上海	22:59	23:03	12:27
K206	快速	成都一青岛	23:53	23:56	5:58	L507	普快	泰山一徐州		23:15	3:00
2566	普快	徐州一北京	0:14	0:17	9:31	1551	普快	青岛一南昌	23:19	23:40	15:20
K174	快速	西宁兰州一青岛	0:26	0:29	6:26	2415	普快	济南一重庆北	23:54	23:59	16:14
2106	普快	上海一青岛	0:38	0:42	6:53	K173	快速	青岛一兰州西宁	0:04	0:07	9:58
1462	普快	上海一北京	4:06	4:09	11:50	1425	普快	北京一南京西	0:18	0:32	10:04
2524	普快	洛阳一济南东	4:16	4:31	6:06	2131	普快	烟台一西安	0:44	0:57	18:57
2132	普快	西安一烟台	4:58	5:02	13:48	1477	普快	天津一镇江	1:19	1:35	11:14
K188	快速	上海一沈阳北	5:14	5:17	22:00	T131	特快	大连一上海	2:46	2:48	11:57
*1420	普快	广州一济南	5:26	5:29	6:23	2565	普快	北京一徐州	3:32	3:36	7:20
2034	普快	郑州一青岛	5:39	5:44	12:32	K371	快速	太原一上海	3:44	3:47	15:26
1426	普快	常州一北京	5:54	5:58	14:13	K187	快速	沈阳北一上海	4:14	4:17	15:06
K372	快速	上海一太原	6:32	6:36	17:32	K51	快速	北京一日照	5:14	5:20	11:58
1342	普快	杭州一齐齐哈尔	7:13	7:17	9:46	4921	普快	青岛一曹县	5:27	5:31	9:55
2552	普快	杭州一济南	7:24	7:27	8:23	1227	普快	阜新一上海	5:43	5:47	21:29
						K101	快速	北京一温州	6:10	6:14	5:30
						4941	普快	烟台一徐州	6:23	6:27	9:40
						K405	快速	济南一菏泽	7:06	7:09	10:05

注：*为隔日开　　L为临客

泰安汽车总站发车时刻表

车次	到站	发车时间	车次	到站	发车时间	车次	到站	发车时间	车次	到站	发车时间	车次	到站	发车时间	车次	到站	发车时间	车次	到站	发车时间
083	莘县	5:40	094	北京		1185	鄄城		1837	汶上		3047	威海	9:40	904	枣庄		028	德州	
3515	青岛		70	沙河站	9:00	039	濮阳		853	南麻	7:00	875	日照		015	临清		1159	潍坊	
011	邢台	6:00	859	临沂	9:20	71	沙河站	15:30	036	濮阳		863	沂源		1369	沂南		053	沭阳	15:00
032	开封		2198	菏泽		861	临沂	15:40	1183	鄄城		018	保定		824	博兴	13:30	838	菏泽	
3510	青岛		1053	东营		026	长治	16:00	2784	黄岛		3750	菏泽	10:20	846	梁山	13:40	879	日照	
3511			3054	烟台		81	老湖		1483	沂水		857	临沂		1835	汶上		839	曹县	
009	石家庄		845	梁山	11:30	098	北京		031	商丘		046	范县		0342	安阳		858	临沂	15:20
010			862	沂源		2787	诸城	16:00	831	菏泽	7:30	634	明水		872	日照		834	淄博	
040	新乡		1487	沂水	11:40	022	天津	17:00	1152	临朐	7:40	841	梁山	11:00	850	临沂		096	北京	
3181	平度		2783	胶南	12:00	034	濮阳	6:15	870	日照		1155	临朐	12:20	024	衡水		专线班车		
672	邯郸		013	临清		3042	蓬莱	6:20	3048	威海	8:00	1343	蒙阴		3050	莱阳		聊城 20 分钟一班依维柯		
873	临沂		843	梁山		871	日照		0810	枣庄		048	台前		901	徐州	14:00	新泰 20 分钟一班中巴		
3044	招远		082	滨州		2782	胶南		019	河涧		525	水河船		819	茌平		东平快客每 30 分钟一班宇通		
1050	东营		3183	平度	13:20	636	明水		3043	蓬莱		3185	平度	12:40	833	菏泽		莱芜 15 分钟一班巴士		
638	明水		1153	临朐		1051	东营		878	五莲		835	郓城		64	沙河站		济宁 20 分钟一班依维柯		
515	州城	7:20	836	菏泽		0340	安阳		2196	菏泽		876	日照		678	邯郸	14:30	东平 20 分钟一班中巴		
854	临沂		2786	黄岛		2194	菏泽	6:30	674	邯郸	8:20	1485	沂水		821	高唐		济南 20 分钟一班中巴		
1367	沂南		1052	东营		016	长治	6:40	852	临沂		2785	黄岛		906	枣庄	14:40	济南 30 分钟一班依维柯		
905	枣庄		1157	潍坊		3046	威海		3517	即墨	8:30	855	沂源		856	临沂		济南 30 分钟一班大宇		
3515	青岛		730	成武	14:20	3052	烟台		017	保定	8:40	037	濮阳	13:00	837	单县		淄博 30 分钟一班		
038	范县		877	五莲		050	临沂		3049	威海		851	临沂		865	沂源				
086	郑州		1055	东营		903	徐州		80	老湖	9:30	676	邯郸		844	梁山				

泰安汽车站高级、中级、普通班车发车时刻表

线路	发车时间	间隔
济南	6:30—18:00	每30分钟一班
莱芜	6:30—18:00	每30分钟一班
临沂	7:00—17:00	每60分钟一班
济宁	6:00—18:00	每20分钟一班
聊城	6:00—18:00	每20分钟一班
淄博	6:20—17:20	每30分钟一班
莱芜	6:00—18:00	每20分钟一班
临沂	6:20—16:30	每40分钟一班
东平	8:25—17:25	每30分钟一班
		途径
北京	8:30	济南
苏州	10:20	张家港 常熟
常州	20:20	淮阴 江阴
石家庄	6:20	临清 清河
徐州	6:20	邹县 滕州
蓬莱	6:40	潍坊 莱州
烟台	7:00	潍坊 莱州
商丘	8:00	金乡 单县
郑州	9:00	菏泽 开封
保定	9:00	济南 德州
台前	12:40	东阿 阳谷
曹县	13:40	金乡 成武
潍坊	14:00	临朐 昌乐
博兴	14:00	淄川 淄博
德州	15:00	禹城 平原
北京	16:30	河涧 任丘
济南		每20分钟一班
莱芜		每20分钟一班
新汶		每20分钟一班
新泰		每20分钟一班
东平		每20分钟一班
宁阳		隔段发车
		途径
开封	6:20	菏泽 兰考
新乡	6:20	阳谷 濮阳
济宁	6:40	宁阳 兖州
河涧	7:40	德州 献县
州城	7:40	孝直 梯门
阳谷	11:20	平阴 东阿
曲阜	11:20	汶口 磁窑
老湖	12:40	潮泉 肥城
蒙阴	12:40	新泰 常路
郓城	12:40	汶上 梁山
寿张	13:20	东阿 阳谷
莘县	14:00	东阿 阳谷
张河桥	14:20	安庄 东平
青州	15:00	沂源 临朐
安阳	6:20 13:50	阳谷 南乐

线路	发车时间	间隔
邢台	6:20 13:20	临清 威县
长治	7:00 16:20	邯郸 涉县
平度	6:20 13:20	昌乐 潍坊
胶南	6:40 12:10	马站 诸城
鄄城	7:40 14:40	梁山 郓城
沂水	7:20 12:50	新泰 蒙阴
沂南	7:40 13:40	新泰 蒙阴
范县	8:00 10:20	阳谷 朝城
楼德	9:30 16:00	旧县 良庄
华丰	11:00 15:40	汶口 磁窑
城东	11:00 17:20	良庄 天宝
临清	12:20 13:40	东阿 博平

线路	时间				
杨庄矿	10:10	16:00			
莲花山	10:00	16:10			
斑鸠店	13:20	14:20			
青岛	5:50	6:20	8:00		
黄岛	7:20	12:40	13:40		
威海	6:40	7:40	8:40		
枣庄	7:00	13:20	14:40		
临朐	8:00	12:20	13:20		
明水	6:30	8:00	11:00		
东向	9:00	15:00	17:30		
茶叶	8:20	11:30	15:20		
马庄	7:30	12:00	16:30		
安阜	8:00	12:30	17:00		
石碑	7:10	11:10	17:00		
白楼	7:00	12:00	16:20		
鲁里	8:00	12:00	17:30		
渐汶河	7:00	11:00	16:00		
岔河店	8:00	11:00	17:00		
邯郸	6:20	8:20	13:20	14:40	
濮阳	6:00	7:20	13:20	14:40	
汶上	8:00	12:40	13:40	14:20	
宣洛	10:00	11:00	15:40	16:20	
日照	6:40	8:00	13:20	14:20	15:20
沂源	7:20	10:00	12:10	13:20	14:50
梁山	11:30	12:40	13:40	14:40	15:40
寨里	10:00	11:00	12:40	15:40	16:20
天宝	6:20	8:20	13:20	14:20	17:00
东营	6:50 13:40	7:20 14:40	9:50	12:40	
上庄	7:30 13:40	8:00 14:40	11:00 16:40	18:00	
菏泽（中级）	6:50 14:20	7:50 15:20	8:20	13:20	
菏泽	9:40	10:40	11:40		

索　引

说明：

1. 本索引为综合性主题索引，索引标目按汉语拼音字母顺序，同音字按声调顺序，同音同声调者按笔画顺序排列。
2. 索引款目用宋体字标明，数字表示内容所在的页码，数字后的字母 a 为左栏，b 为中栏（两栏者为右栏），c 为右栏。图、表名称后注有"图"、"表"字样。
3. 内容有交叉的款目，在索引中重复出现，以便检索。

A

B

C

D

E

F

G

H

J

K

L

T

W

Z

编辑·校对　安　丽

图书在版编目(CIP)数据

泰安年鉴/泰安市地方史志办公室 编 —济南:山东省地图出版社, 2003.8

ISBN 7-80532-642-8

Ⅰ.泰… Ⅱ.泰… Ⅲ.泰安市—2003—年鉴

Ⅳ.Z525.23

中国版本图书馆 CIP 数据核字(2003)第 075261 号

山东省地图出版社出版发行

山东省新华印刷厂 印刷

2003 年 9 月第 1 版 2003 年 9 月第 1 次印刷

开本:850×1168 毫米 1/16 印张:20.3125 字数:650 千字

印数:1—2000 册 定价:98.00 元

泰山医学院

2001年4月，中共中央政治局委员、山东省委书记吴官正，省委常委、秘书长杨传升，副省长邵桂芳来我院视察工作时与院领导合影

党委书记、院长　王家富教授

泰山医学院是山东省省属高等医学院校，其前身是山东医学院楼德分院，自1974年起独立办学。1981年迁至泰安。经国务院和省人民政府批准，定名为“泰山医学院”。1998年通过了教育部本科教学工作合格评估，同年经国务院学位办批准为硕士学位授予单位。

学校现有普通在校硕士研究生、本专科生1.12万人，成人教育学生8900余人。教职工1059人，其中，专任教师782人，有副教授以上职称266人，有硕士学位以上者148人。占地216公顷，另有药学试验种植基地140公顷，校舍建筑面积53万平方米。图书馆藏书80万册，中外文期刊1230种，建立了中国教育和科研网校园网。

学校现设有14个教学部系；设22个本科专业和专业方向，专业领域涵盖医、工、文、理、管等学科。有外科学、影像医学与核医学、病理学与病理生理学、老年医学等硕士学位授权点，与山东大学、山东师范大学、潍坊医学院等高校联合培养在职申请硕士研究生。

2个省重点学科，2个省医药卫生重点学科，1个省级强化重点建设实验室。4所附属医院，15所教学实习医院，1万余张床位。另有大中型制药厂、医药研究所、等实践教学基地67个。

学校与日本、韩国、乌克兰、台湾等15个国家或地区的高校、医院建立了比较稳定的学术交流关系。先后派出60余名教师出国合作研究或攻读学位；派出访问学者100多人次，接待外国专家、学者、留学生等500多人次，与国外友好学校商定，每年选拔数名在校本科生出国学习。

地　址：泰安市迎胜东路2号
电　话：0538-6222148
传　真：0538-6222505
邮　编：271000

新校区主体规划鸟瞰图

省部级重点学校
省级文明单位
全国青年文明号
全国“五四”红旗团委

山东省

校领导班子合影

教职工代表参与新校区规划论证

山东省泰安卫生学校坐落在举世闻名的泰山脚下，学校始建于1956年，占地面积103亩。校舍建筑面积5.5万平方米，教职工211人，固定资产4000万元，教学实验设备800余万元，图书21.5万册，300余台高档教学用微机，现开设14个大中专专业，有二级甲等以上实习医院42所，全日制在校生5200人，系省部级重点学校。学校经过40余年的办学实践，逐步形成了自己的学科优势和特色专业，近年来已与北京、上海、广州、天津、济南、深圳等大城市公立医院和解放军301、304、305、272等医院以及日本、新加坡等地医疗机构建立了长期稳定的人才合作关系。还先后与北京大学、北京中医药大学等实行联合办学，与美国护理协会签定了定向培养合同，与澳大利亚国际教育投资公司联合创办中澳国际护理学校。建校以来，学校共为社会培养了2万余名合格的大中专卫生人才，其中西藏学员158名，为国家医疗卫生事业的发展做出了积极贡献。

学校曾先后被授予“国家级青年文明号”、“中国优秀志愿者服务集体”、“省级文明单位”等荣誉称号，学校以其悠久的办学历史、丰富的教学经

抗击“非典”青年志愿者宣誓

泰 安 卫 生 学 校

验、精良的教学设备、雄厚的师资力量、良好的社会效益得到了社会各界的广泛认可，树立了良好的社会形象。

校　　长
党委书记　邱玉水

地　　址　山东省泰安市迎胜东路8号

电　　话　(0538) 6230128　6212964

传　　真　(0538) 6212140

邮　　编　271000

网　　址　http://www.tawx.com.cn

E-mail　tawx-sd-cn@sina.com

中澳国际护理学校签字仪式

防治“非典”护士预备队

走向工作岗位的部分优秀毕业生

泰 山

校长　刘玉森

泰山外国语学校是经泰安市人民政府批准，于2001年8月成立的公办民助性质学校，隶属于市教育局。学校国有，校长承办，管理自主，投资多元，政府监督。干部能上能下，教师能进能出，优质优酬，多劳多得。

学校立足泰山文化，以培养融科学精神与人文精神于一身，适应未来国际化的人才为己任，使学生“学会认知，学会做事，学会合作，学会生存”。

学校占地107亩，北倚泰山，西依泰安时代发展线，位于市区中心高校林立的文化路上，校园环境优雅，地理位置优越，文化氛围浓厚，是莘莘学子求学深造的绝佳选择。

学校通过多元化办学，先后投资2000多万元装备了现代化教学设施。多媒体教室让孩子每堂课都有全新感受；藏书丰富的阅览室、图书室让孩子遨游书海，乐此不疲；高档微机室、语音室、校园信息网让孩子走出小天地，放眼大世界；高标准舞蹈房、琴房、风雨球场、400米塑胶跑道让理想在这里放飞，让个性在这里张扬。

“工欲善其事，必先利其器。”泰山外国语学校省

全校教师合影

外 国 语 学 校

内一流的教学设施为培养孩子的学习兴趣、创造能力，提供了一方肥沃的土地。

学校办学方式灵活，对外合作活跃，先后与日本东京国际交流学院合作创办“泰山东京国际交流学校”，与山东英才银座幼儿教育集团合作创办“泰山外国语学校幼儿园”。经过两年的跨越式发展，该校已成为拥有幼儿教学、初中教学、高中教学、出国留学四个学段、70个教学班、近3000名学生的集团化学校。

地　址　山东省泰安市文化路56号
电　话　(0538) 8297716　2190199　2190166
　　　　2190115　2190109
传　真　(0538) 8299510
网　址　http://www.tfls.taian.edu.cn
邮　编　271000

校长刘玉淼(右一)陪同北京外国语大学教授陈琳(前排中)参观学校

学 习 生 活 剪 影

山东省委副书记姜大明（中）、泰安市委书记耿文清（右）在校长邢丕侠陪同下视察学校工作

泰山学院附中座落在风景秀丽的泰山脚下，占地56亩。现有教职工160人，42个教学班，学生2700人。

泰山学院附中自1994年建校以来，在市委、市政府的亲切关怀下，在市教育局的直接领导下，经过全体教职工的共同努力，各方面工作取得了优异成绩。尤其是进入新世纪以来，学校工作以邓小平理论和“三个代表”重要思想为指导，坚持把发展作为第一要务，坚持以人为本的教育理念，坚持全面实施素质教育，锐意改革，勇于创新，在较短的时间内实现了跨越式发展：在全市中小学率先实现了基础设施建设的现代化，开全市小班化教学之先河，为家长、为社会提供了优质教育；与社区联合创办民办公助

泰　山　学

泰安市副市长白玉翠（前右）来我校检查指导工作

学校——泰山双语学校，成为泰安市初中第一个实行名校扩张的公办学校；聘请新西兰外教一名，另有2名兼职外籍文教专家，积极引导学生为适应未来社会做准备。

领导班子：团结、务实、开拓、创新。

教师队伍：120名教师，80%以上为30岁左右的青年教师，思想敏锐，思维活跃，善于接受新事物，创新意识强，富有朝气，为学校的可持续发展提供了条件。

自建校以来，学校先后被授予教育部、科技部“重点课题中小幼科技教育研究实验学校”、“山东省公民道德建设示范点”、“泰安市规范化学校”、“泰安市十佳职业道德建设先进单位”、“泰安市十佳青少年道德教育示范学校”、“泰安市体育传统项目学校”、“泰安市艺术教育示范学校”、“泰安市普通话校园语言示范学校”等称号。

泰安市教育局局长桑新华（右）来校检查指导工作

外教执教

英语角

  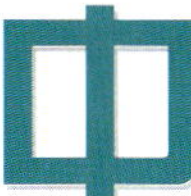

学校教师与外国友人交谈

女教工风采

英语课本剧

运动会开幕式

泰安世经电子有限公司

董事长　黄寅寿

该公司位于闻名世界的泰山脚下，是由韩国株式会社世经电子公司于2002年4月1日独资设立，项目总投资10万美元，现有员工总数为222人，其中管理人员18名，技术人员2名，外籍职员2名，工人200名，并且拥有雄厚的技术力量与生产设备。主要生产高档扬声器，精密触动开关及其它电子产品。年产4000万个，销售收入700万美元，利润42万美元，产品全部出口。

地　址：泰安市东湖路东首世经电子有限公司（花园邮局向东200米）
电　话：（0538）6110700
传　真：（0538）6127295

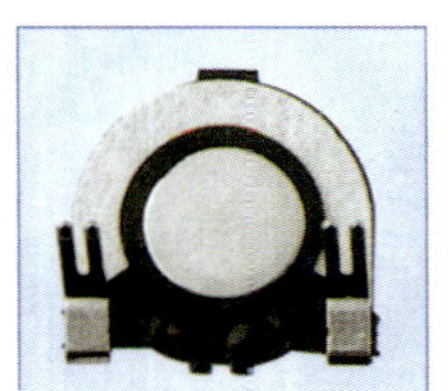

车间生产线

跨跃式发展的

中国人民解放军第八十八医院

88医院院长吴复元（左）和政委谢仁利（右）与参加医院庆功大会的军地领导合影

解放军第88医院连续四年被表彰为全军为军服务先进单位，医院党委连续五年被上级表彰为先进党委，2003年1月21日，被济南军区通令表彰为“基层建设标兵单位”和集体三等功。全院硕士生以上人才达到140多名，医疗设备总值过亿元，有300多项成果获得国家和军队科技进步奖。

关心失学儿童

与多家乡镇医院创建军民共建医疗服务站

3月2日医院为文文、双双两亲生姐妹做了免费心脏手术，山东齐鲁电视台对手术进程进行了现场直播

医院环境发生巨大变化

山东石横特

山东省劳动模范、山东石横特钢有限公司董事长　张武宗

董事长张武宗被授予泰安市“十大文明市民标兵”荣誉称号

山东石横特钢有限公司是集电炉炼钢、炼铁、轧钢为一体的大型股份制民营钢铁企业。公司控股泰顺轧钢有限责任公司、肥城泰山焦化有限公司、济南黄河特钢有限责任公司等。占地面积155.22万平方米，有职工4000余人，其中工程技术和管理人员600余人。有电炉冶炼、精炼、连铸、炼铁、轧钢、焦炭化工、机械制造等先进的专业化生产线和配套齐全的生产辅助设施，主要产品有：线材、小型材、中型材、生铁、焦炭、机械产品等。近两年投资5亿元，建成具有世界先进水平的意大利引进项目65吨康斯迪电炉炼钢生产线和具有国内先进水平的高炉炼铁生产线及其配套项目；投资2.8亿元，具有世界先进水平的高速线材生产线正在建设之中。3年来累计实现销售收入50亿元，实现利税总额4亿多元，向地方上缴各种税费2亿多元。重大工程项目建设促进了企业的快速发展，同时对地方经济产生了具大的辐射和带动作用。公司先后被授予泰安市明星民营企业、市级文明单位、思想政治工作优秀企业、山东省百家诚信纳税企业、省级花园式工厂等荣誉称号；董事长张武宗被授予山东省劳动模范、山东省优秀民营企业家、泰

具有世界先进水平的意大利引进项目——65吨康斯迪电炉炼钢生产线